大学赤本シリーズ

414

明治大学

農学部－学部別入試

JN060903

教学社

は　し　が　き

　おかげさまで，大学入試の「赤本」は，今年で創刊 70 周年を迎えました。

　これまで，入試問題や資料をご提供いただいた大学関係者各位，掲載許可をいただいた著作権者の皆様，各科目の解答や対策の執筆にあたられた先生方，そして，赤本を使用してくださったすべての読者の皆様に，厚く御礼を申し上げます。

　以下に，創刊初期の「赤本」のはしがきを引用します。これからも引き続き，受験生の目標の達成や，夢の実現を応援してまいります。

　本書を活用して，入試本番では持てる力を存分に発揮されることを心より願っています。

編者しるす

＊　　＊　　＊

　学問の塔にあこがれのまなざしをもって，それぞれの志望する大学の門をたたかんとしている受験生諸君！　人間として生まれてきた私たちは，自己の欲するままに，美しく，強く，そして何よりも人間らしく生きることをねがっている。しかし，一朝一夕にして，この純粋なのぞみが達せられることはない。私たちの行く手には，絶えずさまざまな試練がまちかまえている。この試練を克服していくところに，私たちのねがう真に人間的な世界がはじめて開かれてくるのである。

　人生最初の最大の試練として，諸君の眼前に大学入試がある。この大学入試は，精神的にも身体的にも，大きな苦痛を感ぜしめるであろう。あるスポーツに熟達するには，たゆみなき，はげしい練習を積み重ねることが必要であるように，私たちは，計画的・持続的な努力を払うことによって，この試練を克服し，次の一歩を踏みだすことができる。厳しい試練を経たのちに，はじめて満足すべき成果を獲得できるのである。

　本書は最近の入学試験の問題に，それぞれ解答を付し，さらに問題をふかく分析することによって，その大学独特の傾向や対策をさぐろうとした。本書を一般の参考書とあわせて使用し，まとはずれのない，効果的な受験勉強をされるよう期待したい。

（昭和 35 年版「赤本」はしがきより）

挑む人の、いちばんの味方

赤本創刊70周年

1954 年に大学入試の過去問題集を刊行してから 70 年。赤本は大学に入りたいと思う受験生を応援しつづけてきました。これからも，苦しいとき落ち込むときにそばで支える存在でいたいと思います。

そして，勉強をすること，自分で道を決めること，努力が実ること，これらの喜びを読者の皆さんが感じることができるよう，伴走をつづけます。

そもそも赤本とは…

受験生のための大学入試の過去問題集！

70年の歴史を誇る赤本は，500点を超える刊行点数で全都道府県の370大学以上を網羅しており，過去問の代名詞として受験生の必須アイテムとなっています。

・・・・・・・・・ なぜ受験に過去問が必要なのか？ ・・・・・・・・・

大学入試は大学によって問題形式や頻出分野が大きく異なるからです。

記述式？ マーク式？
問題のレベルは？ 時間配分は？ 自分に足りないのは？
頻出分野は？ どんな対策が必要？
どんな問題が出るの？

みんなの疑問に答える赤本！

赤本で志望校を研究しよう！

赤本の掲載内容

傾向と対策

これまでの出題内容から，問題の「**傾向**」を分析し，来年度の入試に向けて具体的な「**対策**」の方法を紹介しています。

問題編・解答編

- 年度ごとに問題とその解答を掲載しています。
- 「**問題編**」ではその年度の試験概要を確認したうえで，実際に出題された過去問に取り組むことができます。
- 「**解答編**」には高校・予備校の先生方による解答が載っています。

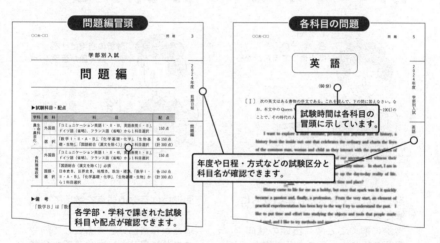

他にも，大学の基本情報や，先輩受験生の合格体験記，在学生からのメッセージなどが載っていることがあります。

2024年度から見やすいデザインに！ NEW

● 掲載内容について ●

著作権上の理由やその他編集上の都合により問題や解答の一部を割愛している場合があります。
なお，指定校推薦入試，社会人入試，編入学試験，帰国生入試などの特別入試，英語以外の外国語科目，商業・工業科目は，原則として掲載しておりません。また試験科目は変更される場合がありますので，あらかじめご了承ください。

受験勉強は

過去問に始まり,

STEP 1 なにはともあれ

まずは解いてみる

しずかに…
今，自分の心と向き合ってるんだから

それは問題を解いてからだホン！

ムーン

過去問は，**できるだけ早いうちに解くのがオススメ！**
実際に解くことで，**出題の傾向，問題のレベル，今の自分の実力が**つかめます。

STEP 2 じっくり具体的に

弱点を分析する

分析の結果だけど英・数・国が苦手みたい

スリー

必須科目だホン頑張るホン

間違いは自分の弱点を教えてくれる**貴重な情報源。**
弱点から自己分析することで，**今の自分に足りない力や苦手な分野**が見えてくるはず！

合格者があかす
赤本の使い方

傾向と対策を熟読
（Fさん／国立大合格）

大学の出題傾向を調べるために，赤本に載っている「傾向と対策」を熟読しました。

繰り返し解く
（Tさん／国立大合格）

1周目は問題のレベル確認，2周目は苦手や頻出分野の確認に，3周目は合格点を目指して，と過去問は繰り返し解くことが大切です。

過去問に終わる。

STEP 3 （志望校にあわせて）

苦手分野の重点対策

明日からはみんなで頑張るよ！
参考書も！問題集も！
よろしくね！

呼んだ？

なにを!?
どこから!?

グッ　グッ

参考書や問題集を活用して，苦手分野の**重点対策**をしていきます。**過去問を指針**に，合格へ向けた具体的な学習計画を立てましょう！

STEP 1 ▶ 2 ▶ 3

実践を繰り返す

（サイクルが大事！）

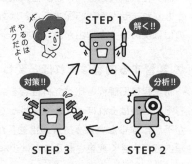

やるのはボクだよ〜

STEP 1　解く!!

分析!!

STEP 2

対策!!

STEP 3

STEP 1〜3を繰り返し，実力アップにつなげましょう！
出題形式に慣れることや，**時間配分を考える**ことも大切です。

目標点を決める
(Yさん／私立大合格)

赤本によっては合格者最低点が載っているので，それを見て目標点を決めるのもよいです。

時間配分を確認
(Kさん／私立大学合格)

赤本は時間配分や解く順番を決めるために使いました。

添削してもらう
(Sさん／私立大学合格)

記述式の問題は先生に添削してもらうことで自分の弱点に気づけると思います。

新課程も赤本でばっちり！

新課程入試 Q&A

2022年度から新しい学習指導要領（新課程）での授業が始まり，2025年度の入試は，新課程に基づいて行われる最初の入試となります。ここでは，赤本での新課程入試の対策について，よくある疑問にお答えします。

使える？

Q1. 赤本は新課程入試の対策に使えますか？

A. もちろん使えます！

OK

旧課程入試の過去問が新課程入試の対策に役に立つのか疑問に思う人もいるかもしれませんが，心配することはありません。旧課程入試の過去問が役立つのには次のような理由があります。

● 学習する内容はそれほど変わらない

新課程は旧課程と比べて科目名を中心とした変更はありますが，学習する内容そのものはそれほど大きく変わっていません。また，多くの大学で，既卒生が不利にならないよう「経過措置」がとられます（Q3参照）。したがって，出題内容が大きく変更されることは少ないとみられます。

● 大学ごとに出題の特徴がある

これまでに課程が変わったときも，各大学の出題の特徴は大きく変わらないことがほとんどでした。入試問題は各大学のアドミッション・ポリシーに沿って出題されており，過去問にはその特徴がよく表れています。過去問を研究してその大学に特有の傾向をつかめば，最適な対策をとることができます。

出題の特徴の例	・英作文問題の出題の有無
	・論述問題の出題（字数制限の有無や長さ）
	・計算過程の記述の有無

新課程入試の対策も，赤本で過去問に取り組むところから始めましょう。

Q2. 赤本を使う上での注意点はありますか？

A. 志望大学の入試科目を確認しましょう。

　過去問を解く前に，過去の出題科目（問題編冒頭の表）と 2025 年度の募集要項とを比べて，課される内容に変更がないかを確認しましょう。ポイントは以下のとおりです。科目名が変わっていても，実際は旧課程の内容とほとんど同様のものもあります。

英語・国語	科目名は変更されているが，実質的には変更なし。 ▶▶ ただし，リスニングや古文・漢文の有無は要確認。
地歴	科目名が変更され，「歴史総合」「地理総合」が新設。 ▶▶ 新設科目の有無に注意。ただし，「経過措置」(Q3参照)により内容は大きく変わらないことも多い。
公民	「現代社会」が廃止され，「公共」が新設。 ▶▶ 「公共」は実質的には「現代社会」と大きく変わらない。
数学	科目が再編され，「数学 C」が新設。 ▶▶ 「数学」全体としての内容は大きく変わらないが，出題科目と単元の変更に注意。
理科	科目名も学習内容も大きな変更なし。

　数学については，科目名だけでなく，どの単元が含まれているかも確認が必要です。例えば，出題科目が次のように変わったとします。

旧課程	「数学Ⅰ・数学Ⅱ・数学A・数学B（数列・ベクトル）」
新課程	「数学Ⅰ・数学Ⅱ・数学A・**数学B（数列）・数学C（ベクトル）**」

　この場合，新課程では「数学C」が増えていますが，単元は「ベクトル」のみのため，実質的には旧課程とほぼ同じであり，過去問をそのまま役立てることができます。

Q3. 「経過措置」とは何ですか？

A. 既卒の旧課程履修者への対応です。

　　多くの大学では，既卒の旧課程履修者が不利にならないように，出題において「経過措置」が実施されます。措置の有無や内容は大学によって異なるので，募集要項や大学のウェブサイトなどで確認しておきましょう。

○旧課程履修者への経過措置の例

- ●旧課程履修者にも配慮した出題を行う。
- ●新・旧課程の共通の範囲から出題する。
- ●新課程と旧課程の共通の内容を出題し，共通範囲のみでの出題が困難な場合は，旧課程の範囲からの問題を用意し，選択解答とする。

例えば，地歴の出題科目が次のように変わったとします。

旧課程	「日本史 B」「世界史 B」から1科目選択
新課程	「歴史総合，日本史探究」「歴史総合，世界史探究」から1科目選択※ ※旧課程履修者に不利益が生じることのないように配慮する。

　　「歴史総合」は新課程で新設された科目で，旧課程履修者には見慣れないものですが，上記のような経過措置がとられた場合，新課程入試でも旧課程と同様の学習内容で受験することができます。

新課程の情報は WEB もチェック！
より詳しい解説が赤本ウェブサイトで見られます。
https://akahon.net/shinkatei/

科目名が変更される教科・科目

	旧 課 程	新 課 程
国語	国語総合 国語表現 現代文A 現代文B 古典A 古典B	現代の国語 言語文化 論理国語 文学国語 国語表現 古典探究
地歴	日本史A 日本史B 世界史A 世界史B 地理A 地理B	歴史総合 日本史探究 世界史探究 地理総合 地理探究
公民	現代社会 倫理 政治・経済	公共 倫理 政治・経済
数学	数学Ⅰ 数学Ⅱ 数学Ⅲ 数学A 数学B 数学活用	数学Ⅰ 数学Ⅱ 数学Ⅲ 数学A 数学B 数学C
外国語	コミュニケーション英語基礎 コミュニケーション英語Ⅰ コミュニケーション英語Ⅱ コミュニケーション英語Ⅲ 英語表現Ⅰ 英語表現Ⅱ 英語会話	英語コミュニケーションⅠ 英語コミュニケーションⅡ 英語コミュニケーションⅢ 論理・表現Ⅰ 論理・表現Ⅱ 論理・表現Ⅲ
情報	社会と情報 情報の科学	情報Ⅰ 情報Ⅱ

大学のサイトも見よう

目　次

2024 年度 問題と解答

2023 年度 問題と解答

2022 年度
問題と解答

解答用紙は，赤本オンラインに掲載しています。

https://akahon.net/kkm/mej/index.html

※掲載内容は，予告なしに変更・中止する場合があります。

掲載内容についてのお断り

自己推薦特別入試は掲載していません。

基本情報

🏛 沿革

1881（明治 14）	明治法律学校開校
1903（明治 36）	専門学校令により明治大学と改称
1904（明治 37）	学則改正により法学部・政学部・文学部・商学部を設置
1920（大正　9）	大学令により明治大学設立認可
1949（昭和 24）	新制明治大学設置認可。法学部・商学部・政治経済学部・文学部・工学部・農学部を置く
1953（昭和 28）	経営学部設置
1989（平成元年）	工学部を理工学部に改組
2004（平成 16）	情報コミュニケーション学部設置
2008（平成 20）	国際日本学部設置
2013（平成 25）	総合数理学部設置
2021（令和　3）	創立 140 周年

明治大学には，「伝統を受け継ぎ，新世紀に向けて大きく飛躍・上昇する明治大学」をイメージした大学マークがあります。この大学マークのコンセプトは，明治大学の「M」をモチーフとして，21世紀に向けて明治大学が「限りなく飛翔する」イメージ，シンプルなデザインによる「親しみやすさ」，斬新な切り口による「未来へのメッセージ」を伝えています。

 # 学部・学科の構成

大　学

●法学部　1・2年：和泉キャンパス／3・4年：駿河台キャンパス

法律学科（ビジネスローコース，国際関係法コース，法と情報コース，公共法務コース，法曹コース）

●商学部　1・2年：和泉キャンパス／3・4年：駿河台キャンパス

商学科（アプライド・エコノミクスコース，マーケティングコース，ファイナンス＆インシュアランスコース，グローバル・ビジネスコース，マネジメントコース，アカウンティングコース，クリエイティブ・ビジネスコース）

●政治経済学部　1・2年：和泉キャンパス／3・4年：駿河台キャンパス

政治学科

経済学科

地域行政学科

●文学部　1・2年：和泉キャンパス／3・4年：駿河台キャンパス

文学科（日本文学専攻，英米文学専攻，ドイツ文学専攻，フランス文学専攻，演劇学専攻，文芸メディア専攻）

史学地理学科（日本史学専攻，アジア史専攻，西洋史学専攻，考古学専攻，地理学専攻）

心理社会学科（臨床心理学専攻，現代社会学専攻，哲学専攻）

●**理工学部**　生田キャンパス

電気電子生命学科（電気電子工学専攻，生命理工学専攻）

機械工学科

機械情報工学科

建築学科

応用化学科

情報科学科

数学科

物理学科

●**農学部**　生田キャンパス

農学科

農芸化学科

生命科学科

食料環境政策学科

●**経営学部**　1・2年：和泉キャンパス／3・4年：駿河台キャンパス

経営学科

会計学科

公共経営学科

（備考）学部一括入試により，2年次から学科に所属となる。

●**情報コミュニケーション学部**　1・2年：和泉キャンパス／3・4年：駿河台キャンパス

情報コミュニケーション学科

●**国際日本学部**　中野キャンパス

国際日本学科

●**総合数理学部**　中野キャンパス

現象数理学科

先端メディアサイエンス学科

ネットワークデザイン学科

大学院

法学研究科 / 商学研究科 / 政治経済学研究科 / 経営学研究科 / 文学研究科 / 理工学研究科 / 農学研究科 / 情報コミュニケーション研究科 / 教養デザイン研究科 / 先端数理科学研究科 / 国際日本学研究科 / グローバル・ガバナンス研究科 / 法務研究科（法科大学院）/ ガバナンス研究科（公共政策大学院）/ グローバル・ビジネス研究科（ビジネススクール）/ 会計専門職研究科（会計大学院）

（注）学部・学科・専攻および大学院に関する情報は 2024 年 4 月時点のものです。

📍 大学所在地

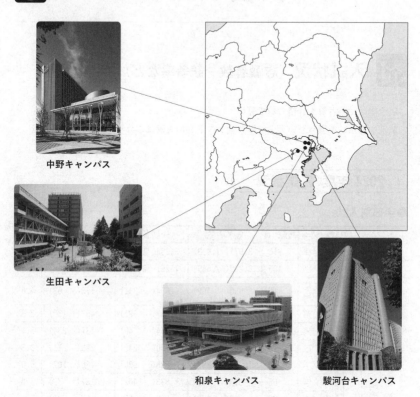

中野キャンパス

生田キャンパス

和泉キャンパス

駿河台キャンパス

駿河台キャンパス	〒 101-8301	東京都千代田区神田駿河台 1-1
和泉キャンパス	〒 168-8555	東京都杉並区永福 1-9-1
生田キャンパス	〒 214-8571	神奈川県川崎市多摩区東三田 1-1-1
中野キャンパス	〒 164-8525	東京都中野区中野 4-21-1

入 試 デ ー タ

 ## 入試状況（志願者数・競争率など）

○競争率は受験者数÷合格者数で算出。
○個別学力試験を課さない大学入学共通テスト利用入試は１カ年分のみ掲載。

2024 年度　入試状況

●学部別入試　　　　　　　　　　　　　　　　　　　　　　　（　）内は女子内数

学部・学科等		募集人員	志願者数	受験者数	合格者数	競争率
法	法　　　　律	315	3,971(1,498)	3,283(1,229)	771(256)	4.3
商	学　部　別	485	8,289(2,589)	7,251(2,278)	1,301(346)	5.6
	英語4技能試験利用	15	950(402)	834(351)	173(62)	4.8
政治経済	政　　　　治	105	1,132(346)	1,057(321)	453(130)	2.3
	経　　　　済	290	3,779(785)	3,564(740)	1,137(234)	3.1
	地　域　行　政	70	769(249)	730(240)	223(71)	3.3
文	文	日本文学	70	1,018(587)	896(520)	180(107)	5.0
		英米文学	68	912(440)	833(402)	182(79)	4.6
		ドイツ文学	23	393(177)	359(166)	67(30)	5.4
		フランス文学	24	297(151)	270(139)	62(31)	4.4
		演劇学	29	245(191)	213(167)	44(35)	4.8
		文芸メディア	43	617(388)	547(347)	105(58)	5.2
	史学地理	日本史学	51	760(250)	683(229)	138(42)	4.9
		アジア史	20	282(115)	249(103)	51(22)	4.9
		西洋史学	32	452(163)	392(143)	69(23)	5.7
		考古学	24	358(133)	321(115)	57(13)	5.6
		地理学	27	318(72)	279(63)	55(13)	5.1
	心理社会	臨床心理学	24	524(337)	460(288)	58(38)	7.9
		現代社会学	26	606(361)	534(318)	96(53)	5.6
		哲　　学	20	279(110)	239(94)	48(17)	5.0

（表つづく）

学部・学科等		募集人員	志願者数	受験者数	合格者数	競争率
理 工	電気電子工学（電気電子・生命理工） 電気電子工学	80	835(62)	795(59)	308(28)	2.6
	生命理工学	27	406(131)	382(125)	123(37)	3.1
	機 械 工	75	1,784(137)	1,715(128)	413(37)	4.2
	機 械 情 報 工	66	754(76)	719(73)	276(27)	2.6
	建 築	88	1,542(465)	1,473(448)	340(105)	4.3
	応 用 化	60	1,509(465)	1,442(442)	472(126)	3.1
	情 報 科	65	1,853(238)	1,745(222)	418(43)	4.2
	数	32	556(56)	529(52)	192(11)	2.8
	物 理	35	908(111)	867(103)	273(22)	3.2
農	農	90	1,240(426)	1,049(351)	266(98)	3.9
	農 芸 化	84	1,037(647)	860(527)	201(116)	4.3
	生 命 科	92	1,316(630)	1,060(494)	257(113)	4.1
	食料環境政策	79	1,158(470)	1,037(414)	186(89)	5.6
経 営	3 科 目	342	7,211(2,169)	6,938(2,088)	1,457(404)	4.8
	英語 4 技能試験活用	40	248(105)	240(100)	64(27)	3.8
情報コミュニケーション	情報コミュニケーション	357	5,014(2,249)	4,855(2,189)	971(422)	5.0
国際日本	3 科 目	130	2,182(1,389)	2,105(1,347)	554(341)	3.8
	英語 4 技能試験活用	100	1,079(687)	1,051(669)	536(346)	2.0
総合数理	現 象 数 理	35	678(103)	579(95)	99(11)	5.8
	先端メディアサイエンス	51	931(269)	792(232)	128(36)	6.2
	ネットワークデザイン	27	359(58)	292(47)	62(10)	4.7
合 計		3,716	58,551(20,287)	53,519(18,458)	12,866(4,109)	―

（備考）数値には追加合格・補欠合格（農学部のみ）を含む。

●全学部統一入試

（　）内は女子内数

学部・学科等			募集人員	志願者数	受験者数	合格者数	競争率
法	法	律	115	2,343(894)	2,237(849)	570(208)	3.9
商		商	80	2,310(832)	2,232(808)	349(113)	6.4
政治経済	政	治	20	523(172)	502(162)	117(32)	4.3
	経	済	50	1,517(335)	1,447(319)	316(59)	4.6
	地 域 行 政		20	495(157)	480(154)	82(23)	5.9
文	文	日本文学	16	409(234)	387(221)	77(46)	5.0
		英米文学	18	441(236)	430(229)	92(37)	4.7
		ドイツ文学	7	125(56)	122(55)	22(10)	5.5
		フランス文学	8	181(85)	169(82)	37(20)	4.6
		演 劇 学	8	155(124)	150(120)	26(18)	5.8
		文芸メディア	7	268(170)	254(161)	45(25)	5.6
	史学地理	日本史学	15	318(102)	310(99)	66(18)	4.7
		アジア史	6	129(60)	121(58)	24(9)	5.0
		西洋史学	8	232(89)	220(84)	52(17)	4.2
		考 古 学	7	162(63)	159(63)	29(12)	5.5
		地 理 学	11	191(48)	186(45)	49(8)	3.8
	心理社会	臨床心理学	11	285(199)	275(193)	42(28)	6.5
		現代社会学	10	371(241)	356(233)	57(32)	6.2
		哲 学	8	144(56)	131(53)	35(12)	3.7
理 工	電気電子生命	電気電子工学	20	283(28)	263(27)	104(13)	2.5
		生命理工学	10	174(61)	165(59)	67(22)	2.5
	機 械 工		12	514(35)	451(31)	100(5)	4.5
	機 械 情 報 工		17	302(32)	278(28)	99(9)	2.8
	建 築		19	513(161)	477(147)	108(35)	4.4
	応 用 化		12	314(96)	280(84)	92(15)	3.0
	情 報 科		12	543(84)	495(79)	93(10)	5.3
		数	10	181(26)	172(23)	49(3)	3.5
	物	理	5	185(25)	165(22)	51(6)	3.2

（表つづく）

学部・学科等			募集人員	志願者数	受験者数	合格者数	競争率
農	3科目	農	15	501(174)	464(165)	95(38)	4.9
		農芸化	15	399(269)	384(260)	78(49)	4.9
		生命科	10	423(209)	398(196)	74(35)	5.4
		食料環境政策	5	254(106)	241(104)	56(23)	4.3
	英語4技能3科目	農	5	148(67)	140(65)	29(14)	4.8
		農芸化	5	172(121)	167(118)	27(18)	6.2
		生命科	5	171(93)	164(88)	32(17)	5.1
		食料環境政策	3	178(95)	173(93)	28(12)	6.2
経営	3科目		27	1,505(521)	1,454(503)	134(40)	10.9
	英語4技能3科目		3	517(234)	506(228)	55(19)	9.2
情報コミュニケーション	情報コミュニケーション		25	1,469(706)	1,424(684)	166(70)	8.6
国際日本	3科目		10	680(415)	662(401)	59(29)	11.2
	英語4技能3科目		18	774(494)	759(482)	117(64)	6.5
総合数理	3科目	現象数理	4	78(13)	73(12)	8(1)	9.1
		先端メディアサイエンス	2	65(24)	54(22)	2(0)	27.0
	4科目	現象数理	12	207(38)	201(37)	43(4)	4.7
		先端メディアサイエンス	15	326(107)	308(102)	63(10)	4.9
		ネットワークデザイン	26	293(51)	277(46)	82(5)	3.4
	英語4技能4科目	現象数理	1	79(17)	76(16)	12(1)	6.3
		先端メディアサイエンス	2	101(37)	95(35)	18(6)	5.3
		ネットワークデザイン	1	90(15)	87(15)	14(1)	6.2
合　　計			751	22,038(8,507)	21,021(8,160)	4,042(1,301)	―

●大学入学共通テスト利用入試

（　）内は女子内数

学部・方式・学科等				募集人員	志願者数	受験者数	合格者数	競争率
	法	3科目	法　　律	60	2,367(1,017)	2,364(1,016)	927(445)	2.6
		4科目	法　　律	40	582(251)	581(250)	318(155)	1.8
		5科目	法　　律	40	1,776(631)	1,774(630)	990(365)	1.8
	商	4科目	商	50	542(203)	539(203)	193(70)	2.8
		5科目	商	45	371(124)	370(123)	147(59)	2.5
		6科目	商	30	1,041(319)	1,037(317)	412(140)	2.5
	政治経済	3科目	政　　治	8	343(121)	342(121)	80(33)	4.3
			経　　済	15	640(164)	638(163)	103(28)	6.2
		7科目	政　　治	15	295(93)	293(92)	165(62)	1.8
			経　　済	50	1,487(284)	1,469(282)	720(145)	2.0
			地 域 行 政	12	201(68)	199(68)	78(28)	2.6
前期日程	文	3科目	文 日本文学	7	434(279)	433(278)	72(49)	6.0
			文 英米文学	6	235(121)	234(120)	49(24)	4.8
			文 ドイツ文学	3	78(46)	77(45)	18(10)	4.3
			文 フランス文学	2	53(26)	52(26)	12(5)	4.3
			文 演劇学	3	133(101)	133(101)	28(20)	4.8
			文 文芸メディア	5	250(162)	250(162)	54(37)	4.6
			史学地理 日本史学	6	281(94)	281(94)	54(16)	5.2
			史学地理 アジア史	3	134(53)	131(52)	27(17)	4.9
			史学地理 西洋史学	4	213(88)	213(88)	53(18)	4.0
			史学地理 考古学	4	164(81)	164(81)	32(20)	5.1
			史学地理 地理学	4	150(39)	150(39)	34(12)	4.4
			心理社会 臨床心理学	4	194(138)	192(136)	36(31)	5.3
			心理社会 現代社会学	3	246(147)	245(147)	35(25)	7.0
			心理社会 哲学	4	153(74)	153(74)	37(18)	4.1
		5科目	文 日本文学	3	57(24)	57(24)	20(5)	2.9
			文 英米文学	3	28(12)	28(12)	14(6)	2.0
			文 ドイツ文学	2	25(13)	25(13)	6(2)	4.2
			文 フランス文学	1	6(2)	6(2)	3(0)	2.0
			文 演劇学	1	15(13)	15(13)	2(2)	7.5
			文 文芸メディア	2	26(17)	26(17)	11(7)	2.4
			史学地理 日本史学	4	74(18)	74(18)	21(2)	3.5
			史学地理 アジア史	2	27(7)	26(7)	10(1)	2.6
			史学地理 西洋史学	1	51(14)	51(14)	10(2)	5.1
			史学地理 考古学	1	22(6)	22(6)	6(2)	3.7
			史学地理 地理学	1	55(13)	54(12)	10(3)	5.4

（表つづく）

学部・方式・学科等				募集人員	志願者数	受験者数	合格者数	競争率
前期日程	文	5科目	心理社会 臨床心理学	2	72(42)	71(42)	10(8)	7.1
			現代社会学	2	81(53)	81(53)	20(16)	4.1
			哲 学	2	46(18)	46(18)	15(6)	3.1
	理 工	3教科	電生気命電子 電気電子工学	9	297(25)	297(25)	122(10)	2.4
			生命理工学	3	259(74)	258(73)	78(21)	3.3
			機 械 工	5	804(70)	802(70)	221(22)	3.6
			機械情報工	6	460(61)	460(61)	168(20)	2.7
			情 報 科	7	784(100)	783(100)	211(21)	3.7
		4教科	電生気命電子 電気電子工学	5	163(28)	163(28)	69(11)	2.4
			生命理工学	2	200(89)	200(89)	71(35)	2.8
			機 械 工	7	639(109)	636(109)	219(46)	2.9
			建 築	12	793(292)	792(292)	175(66)	4.5
			応 用 化	7	762(250)	759(249)	203(76)	3.7
			情 報 科	7	589(115)	586(115)	171(27)	3.4
			数	6	294(44)	293(44)	136(19)	2.2
			物 理	6	573(93)	571(91)	210(35)	2.7
	農		農	12	644(248)	631(245)	192(70)	3.3
			農 芸 化	12	529(359)	526(357)	186(131)	2.8
			生 命 科	15	851(427)	839(425)	331(184)	2.5
			食料環境政策	16	446(199)	442(198)	157(78)	2.8
	経 営	3科目		25	1,468(540)	1,460(539)	300(128)	4.9
		4科目		25	531(187)	531(187)	171(61)	3.1
	情報コミュニケーション	3科目	情報コミュニケーション	30	1,362(648)	1,344(638)	244(127)	5.5
		6科目	情報コミュニケーション	10	449(177)	449(177)	161(65)	2.8
	国際日本	3科目	国際日本	20	1,277(813)	1,275(812)	350(217)	3.6
		5科目	国際日本	10	313(195)	312(195)	184(119)	1.7
	総 合 数 理		現象数理	7	167(31)	167(31)	55(8)	3.0
			先端メディアサイエンス	10	278(95)	273(92)	68(21)	4.0
			ネットワークデザイン	4	183(48)	180(47)	54(18)	3.3

（表つづく）

学部・方式・学科等			募集人員	志願者数	受験者数	合格者数	競争率
後期日程	商	商	30	138(46)	134(45)	43(13)	3.1
	理工	電気電子 電気電子工学	3	72(11)	72(11)	32(4)	2.3
		生命 生命理工学	2	30(12)	29(12)	14(6)	2.1
		機械情報工	3	45(7)	45(7)	23(4)	2.0
		建築	2	46(18)	46(18)	17(4)	2.7
		応用化	2	23(12)	23(12)	5(2)	4.6
		情報科	2	55(6)	55(6)	23(2)	2.4
		数	2	22(6)	22(6)	4(2)	5.5
		物理	2	22(1)	22(1)	3(0)	7.3
	総合数理	現象数理	1	15(4)	14(4)	3(1)	4.7
		先端メディア サイエンス	1	20(5)	20(5)	5(0)	4.0
		ネットワーク デザイン	1	19(9)	19(9)	3(2)	6.3
合計			779	28,570(10,430)	28,426(10,384)	9,514(3,570)	—

2023 年度　入試状況

●学部別入試

（　）内は女子内数

学部・学科等		募集人員	志願者数	受験者数	合格者数	競争率
法	法　　　　　律	375	4,325(1,510)	3,637(1,254)	1,027(342)	3.5
商	学　部　別	485	8,504(2,660)	7,481(2,322)	1,513(433)	4.9
	英語4技能試験利用	15	936(409)	808(352)	151(64)	5.4
政治経済	政　　　　　治	105	1,642(498)	1,540(466)	450(138)	3.4
	経　　　　　済	290	4,418(927)	4,204(879)	1,204(225)	3.5
	地　域　行　政	70	534(174)	511(170)	160(49)	3.2
文	文　　日本文学	70	1,062(591)	947(515)	203(111)	4.7
	英米文学	68	822(400)	721(360)	220(100)	3.3
	ドイツ文学	23	305(139)	283(127)	87(35)	3.3
	フランス文学	24	291(163)	268(149)	55(32)	4.9
	演　劇　学	29	275(214)	245(189)	54(40)	4.5
	文芸メディア	43	719(428)	639(382)	123(73)	5.2
	史学地理　日本史学	51	679(225)	610(191)	154(45)	4.0
	アジア史	20	201(77)	171(65)	55(21)	3.1
	西洋史学	32	479(174)	409(148)	93(37)	4.4
	考　古　学	24	254(89)	220(78)	64(21)	3.4
	地　理　学	27	268(62)	229(48)	68(14)	3.4
	心理社会　臨床心理学	24	592(373)	528(337)	61(40)	8.7
	現代社会学	26	594(352)	518(308)	111(69)	4.7
	哲　　　学	20	312(122)	266(103)	67(21)	4.0
理工	電気電子生命　電気電子工学	80	817(59)	772(54)	289(23)	2.7
	生命理工学	27	360(96)	331(85)	120(37)	2.8
	機　械　工	75	1,291(81)	1,239(76)	463(26)	2.7
	機械情報工	66	847(91)	799(83)	250(29)	3.2
	建　　　築	88	1,521(437)	1,447(421)	332(104)	4.4
	応　用　化	60	1,350(399)	1,293(381)	495(167)	2.6
	情　報　科	65	1,853(172)	1,752(161)	374(32)	4.7
	数	32	519(67)	484(62)	178(21)	2.7
	物　　　理	35	789(95)	740(85)	276(29)	2.7

（表つづく）

学部・学科等			募集人員	志願者数	受験者数	合格者数	競争率
農		農	90	1,136(425)	912(334)	275(120)	3.3
		農 芸 化	84	929(580)	773(482)	232(157)	3.3
		生 命 科	92	1,381(655)	1,123(531)	304(154)	3.7
		食料環境政策	79	1,106(425)	1,008(378)	217(76)	4.6
経 営	3科目	経 営	342	7,428(2,264)	7,165(2,191)	1,772(526)	4.0
		会 計					
		公共経営					
	英語4技能試験活用	経 営	40	320(146)	309(139)	68(34)	4.5
		会 計					
		公共経営					
情報コミュニケーション	情報コミュニケーション		372	4,878(2,129)	4,741(2,075)	1,005(441)	4.7
国際日本	3 科 目		130	2,418(1,503)	2,332(1,449)	589(372)	4.0
	英 語 4 技 能試 験 活 用		100	1,225(795)	1,198(778)	592(387)	2.0
総合数理	現 象 数 理		35	690(115)	554(91)	95(18)	5.8
	先端メディアサイエンス		51	952(245)	813(214)	108(23)	7.5
	ネットワークデ ザ イ ン		28	521(80)	416(59)	31(4)	13.4
合 計			3,792	59,543(20,446)	54,436(18,572)	13,985(4,690)	―

（備考）数値には追加合格・補欠合格（農学部のみ）・特別措置を含む。

●全学部統一入試

（　）内は女子内数

学部・学科等			募集人員	志願者数	受験者数	合格者数	競争率
法*	法	律	115	2,620(1,011)	2,489(966)	577(217)	4.3
商*		商	80	1,834(632)	1,764(661)	348(116)	5.1
政治経済*	政	治	20	467(156)	445(148)	109(36)	4.1
	経	済	50	1,281(320)	1,204(303)	263(77)	4.6
	地 域 行 政		20	251(76)	244(73)	60(18)	4.1
文	文	日本文学	16	346(185)	328(172)	71(44)	4.6
		英米文学	18	458(257)	440(248)	108(57)	4.1
		ドイツ文学	7	109(58)	108(58)	30(17)	3.6
		フランス文学	8	138(72)	134(70)	36(19)	3.7
		演 劇 学	8	180(144)	176(140)	32(23)	5.5
		文芸メディア	7	334(212)	320(204)	58(36)	5.5
	史学地理	日本史学	15	300(102)	292(98)	68(29)	4.3
		アジア史	6	110(49)	109(48)	28(14)	3.9
		西洋史学	8	206(69)	200(67)	64(17)	3.1
		考 古 学	7	97(37)	93(37)	19(6)	4.9
		地 理 学	11	141(42)	136(40)	40(11)	3.4
	心理社会	臨床心理学	11	333(210)	324(203)	41(25)	7.9
		現代社会学	10	309(201)	300(196)	75(56)	4.0
		哲 学	8	151(57)	147(57)	39(13)	3.8
理 工*	電気生命電子	電気電子工学	20	307(22)	281(18)	109(10)	2.6
		生命理工学	10	201(59)	188(56)	71(20)	2.6
	機 械 工		12	418(35)	362(29)	130(13)	2.8
	機 械 情 報 工		17	344(34)	320(29)	113(10)	2.8
	建 築		19	489(163)	447(147)	110(39)	4.1
	応 用 化		12	374(126)	350(119)	110(46)	3.2
	情 報 科		12	636(90)	585(85)	107(21)	5.5
	数		10	161(19)	151(19)	60(7)	2.5
	物 理		5	138(9)	118(6)	41(0)	2.9

（表つづく）

学部・学科等			募集人員	志願者数	受験者数	合格者数	競争率
農	3科目	農	15	378(157)	346(146)	86(35)	4.0
		農芸化	15	290(195)	274(183)	63(41)	4.3
		生命科	10	387(172)	358(162)	69(35)	5.2
		食料環境政策	5	218(110)	210(107)	32(17)	6.6
	英語4技能3科目	農	5	166(83)	159(80)	22(10)	7.2
		農芸化	5	164(115)	161(115)	28(21)	5.8
		生命科	5	162(81)	153(76)	21(9)	7.3
		食料環境政策	3	166(82)	163(81)	24(13)	6.8
経営*	3科目	経営	27	1,388(471)	1,343(459)	134(34)	10.0
		会計					
		公共経営					
	英語4技能3科目	経営	3	623(271)	605(265)	48(17)	12.6
		会計					
		公共経営					
情報コミュニケーション	情報コミュニケーション		25	1,298(652)	1,260(640)	170(91)	7.4
国際日本	3科目		10	679(433)	661(420)	62(39)	10.7
	英語4技能3科目		18	815(530)	798(520)	123(73)	6.5
総合数理*	3科目	現象数理	4	71(15)	68(15)	12(1)	5.7
		先端メディアサイエンス	3	64(16)	55(15)	4(1)	13.8
	4科目	現象数理	12	199(29)	194(28)	58(9)	3.3
		先端メディアサイエンス	20	400(113)	385(110)	53(9)	7.3
		ネットワークデザイン	27	282(54)	267(51)	85(17)	3.1
	英語4技能4科目	現象数理	1	63(8)	61(8)	15(3)	4.1
		先端メディアサイエンス	2	122(37)	117(36)	13(2)	9.0
		ネットワークデザイン	1	47(9)	45(8)	15(0)	3.0
合　計			758	20,715(8,080)	19,738(7,772)	4,054(1,474)	—

(備考)

- ＊印の学部の数値には，追加合格・特別措置を含む。
- 農学部は補欠合格を含む。

2022 年度 入試状況

●学部別入試

（　）内は女子内数

学部・学科等		募集人員	志願者数	受験者数	合格者数	競争率
法	法　　　律	375	4,739(1,582)	3,996(1,312)	844(303)	4.7
商	学　部　別	485	7,568(2,246)	6,664(1,954)	1,628(468)	4.1
	英語4技能試験利用	15	910(425)	798(365)	150(60)	5.3
政治経済	政　　　治	105	1,377(427)	1,284(391)	508(172)	2.5
	経　　　済	290	3,685(685)	3,490(648)	1,329(252)	2.6
	地 域 行 政	70	632(201)	598(189)	189(56)	3.2
文	文　日本文学	70	994(550)	889(492)	216(126)	4.1
	英米文学	68	736(355)	660(317)	210(105)	3.1
	ドイツ文学	23	355(160)	319(146)	85(44)	3.8
	フランス文学	24	325(183)	295(167)	76(45)	3.9
	演 劇 学	29	317(238)	270(201)	56(40)	4.8
	文芸メディア	43	694(435)	621(394)	138(96)	4.5
	史学地理　日本史学	51	753(232)	672(205)	134(32)	5.0
	アジア史	20	218(81)	187(66)	63(14)	3.0
	西洋史学	32	458(138)	384(108)	98(27)	3.9
	考 古 学	24	277(100)	242(84)	63(16)	3.8
	地 理 学	27	312(77)	273(63)	71(15)	3.8
	心理社会　臨床心理学	24	588(363)	512(315)	90(56)	5.7
	現代社会学	26	588(337)	517(298)	108(64)	4.8
	哲　　　学	20	288(114)	251(97)	62(21)	4.0
理工	電気電子生命　電気電子工学	80	1,079(74)	1,028(69)	320(18)	3.2
	生命理工学	27	316(83)	295(77)	131(36)	2.3
	機　械　工	75	1,377(109)	1,305(103)	480(44)	2.7
	機械情報工	66	706(50)	671(48)	274(19)	2.4
	建　　　築	88	1,669(501)	1,597(482)	326(105)	4.9
	応　用　化	60	1,259(330)	1,204(316)	472(129)	2.6
	情　報　科	65	1,706(175)	1,621(168)	375(28)	4.3
	数	32	394(42)	373(39)	155(14)	2.4
	物　　　理	35	673(64)	637(58)	253(18)	2.5

（表つづく）

学部・学科等			募集人員	志願者数	受験者数	合格者数	競争率
農		農	90	1,132(406)	942(323)	297(110)	3.2
		農 芸 化	90	852(524)	698(420)	250(166)	2.8
		生 命 科	92	1,081(467)	916(404)	306(133)	3.0
		食料環境政策	79	1,108(430)	996(376)	211(91)	4.7
経 営	3科目	経 営	342	6,316(1,781)	6,041(1,693)	1,638(435)	3.7
		会 計					
		公共経営					
	英語4技能試験活用	経 営	40	337(135)	327(129)	96(34)	3.4
		会 計					
		公共経営					
情報コミュニケーション	情報コミュニケーション		392	4,887(2,143)	4,741(2,100)	1,078(460)	4.4
国際日本	3 科 目		130	2,420(1,525)	2,335(1,475)	681(441)	3.4
	英語4技能試験活用		100	1,516(992)	1,476(962)	664(421)	2.2
総合数理	現 象 数 理		35	717(132)	574(107)	97(13)	5.9
	先端メディアサイエンス		51	889(216)	749(173)	101(14)	7.4
	ネットワークデザイン		28	494(74)	414(62)	55(5)	7.5
合 計			3,818	56,742(19,182)	51,862(17,396)	14,378(4,746)	─

（備考）数値には追加合格・補欠合格・特別措置を含む。

●全学部統一入試

( )内は女子内数

学部・学科等			募集人員	志願者数	受験者数	合格者数	競争率
法	法	律	115	2,348(818)	2,224(772)	687(215)	3.2
商		商	80	1,674(569)	1,607(546)	332(109)	4.8
政治経済	政	治	20	427(134)	407(128)	101(33)	4.0
	経	済	50	1,399(316)	1,330(291)	253(55)	5.3
	地 域 行 政		20	458(154)	443(149)	68(29)	6.5
文	文	日本文学	16	356(196)	343(190)	70(42)	4.9
		英米文学	18	281(165)	272(158)	93(55)	2.9
		ドイツ文学	7	118(56)	113(54)	24(12)	4.7
		フランス文学	8	201(113)	191(104)	39(17)	4.9
		演 劇 学	8	152(115)	145(109)	40(29)	3.6
		文芸メディア	7	279(187)	265(180)	61(38)	4.3
	史学地理	日本史学	15	325(102)	314(98)	78(27)	4.0
		アジア史	6	82(30)	78(29)	30(17)	2.6
		西洋史学	8	176(62)	171(60)	43(15)	4.0
		考 古 学	6	133(51)	128(50)	30(10)	4.3
		地 理 学	11	236(58)	231(56)	40(12)	5.8
	心理社会	臨床心理学	11	313(200)	302(192)	63(39)	4.8
		現代社会学	10	296(184)	287(181)	55(29)	5.2
		哲 学	8	140(50)	133(47)	30(8)	4.4
理 工	電気生命電子	電気電子工学	20	404(24)	366(24)	120(13)	3.1
		生命理工学	10	153(55)	141(50)	55(19)	2.6
	機 械 工		12	347(28)	318(23)	109(11)	2.9
	機 械 情 報 工		17	289(26)	270(24)	96(9)	2.8
	建 築		19	514(152)	473(144)	99(33)	4.8
	応 用 化		12	327(103)	306(97)	105(44)	2.9
	情 報 科		12	532(69)	482(63)	76(11)	6.3
	数		10	158(20)	149(19)	52(6)	2.9
	物 理		5	189(18)	177(17)	52(1)	3.4

(表つづく)

学部・学科等			募集人員	志願者数	受験者数	合格者数	競争率
農	3科目	農	15	411(163)	385(149)	90(41)	4.3
		農芸化	15	336(222)	314(211)	62(44)	5.1
		生命科	10	341(133)	311(127)	58(23)	5.4
		食料環境政策	5	245(103)	239(98)	34(15)	7.0
	英語4技能3科目	農	5	119(52)	114(50)	25(9)	4.6
		農芸化	5	163(116)	156(110)	31(23)	5.0
		生命科	5	142(76)	135(75)	21(16)	6.4
		食料環境政策	3	196(106)	190(103)	22(14)	8.6
経営	3科目	経営	27	833(282)	792(265)	158(54)	5.0
		会計					
		公共経営					
	英語4技能3科目	経営	3	480(202)	461(194)	59(20)	7.8
		会計					
		公共経営					
情報コミュニケーション	情報コミュニケーション		25	1,204(615)	1,154(595)	151(83)	7.6
国際日本	3科目		10	750(474)	722(454)	60(29)	12.0
	英語4技能3科目		18	940(596)	915(578)	120(71)	7.6
総合数理	3科目	現象数理	4	63(19)	57(17)	13(1)	4.4
		先端メディアサイエンス	4	58(29)	53(28)	5(3)	10.6
	4科目	現象数理	12	174(37)	166(36)	56(12)	3.0
		先端メディアサイエンス	20	332(92)	313(89)	57(14)	5.5
		ネットワークデザイン	27	265(44)	249(42)	77(21)	3.2
	英語4技能4科目	現象数理	1	52(11)	51(11)	14(5)	3.6
		先端メディアサイエンス	2	99(32)	96(31)	11(3)	8.7
		ネットワークデザイン	1	76(20)	72(18)	5(1)	14.4
合　計			758	19,586(7,479)	18,611(7,136)	4,030(1,440)	―

（備考）数値には特別措置を含む。

合格最低点 （学部別・全学部統一入試）

2024 年度　合格最低点

●学部別入試

学部・学科等			満点	合格最低点	合格最低得点率
法	法	律	350	241	68.9
商	学　　部　　別		350	241	68.9
	英 語 4 技 能 試 験 利 用		550	378	68.7
政 治 経 済	政	治	350	237	67.7
	経	済	350	242	69.1
	地　　域　　行　　政		350	235	67.1
文	文	日 本 文 学	300	209	69.7
		英 米 文 学	300	207	69.0
		ド イ ツ 文 学	300	196	65.3
		フ ラ ン ス 文 学	300	195	65.0
		演 劇 学	300	201	67.0
		文 芸 メ デ ィ ア	300	212	70.7
	史学地理	日 本 史 学	300	216	72.0
		ア ジ ア 史	300	207	69.0
		西 洋 史 学	300	214	71.3
		考 古 学	300	211	70.3
		地 理 学	300	208	69.3
	心理社会	臨 床 心 理 学	300	216	72.0
		現 代 社 会 学	300	214	71.3
		哲 学	300	205	68.3

（表つづく）

学部・学科等			満点	合格最低点	合格最低得点率
理　　工	電気電子生命	電 気 電 子 工 学	360	243	67.5
		生 命 理 工 学	360	257	71.4
	機　　　　械　　　　工		360	269	74.7
	機 械 情 報 工		360	252	70.0
	建　　　　　　　　　築		360	274	76.1
	応　　　用　　　化		360	266	73.9
	情　　　報　　　科		360	275	76.4
	数		360	255	70.8
	物　　　　　　　　　理		360	276	76.7
農	農		450	317	70.4
	農　　　　芸　　　　化		450	318	70.7
	生　　　命　　　科		450	320	71.1
	食 料 環 境 政 策		450	328	72.9
経　　　　営	3科目	経　　　　　　　営	350	231	66.0
		会　　　　　　　計			
		公 共 経 営			
	英語4技能試験活用	経　　　　　　　営	230	128	55.7
		会　　　　　　　計			
		公 共 経 営			
情報コミュニケーション	情 報 コ ミ ュ ニ ケ ー シ ョ ン		300	189	63.0
国　際　日　本	3　　　科　　　目		450	332	73.8
	英 語 4 技 能 試 験 活 用		250	170	68.0
総　合　数　理	現　　象　　数　　理		320	192	60.0
	先 端 メ デ ィ ア サ イ エ ン ス		320	190	59.4
	ネ ッ ト ワ ー ク デ ザ イ ン		320	173	54.1

●全学部統一入試

学部・学科等			満点	合格最低点	合格最低得点率
法	法	律	300	197	65.7
商	商		450	304	67.6
政治経済	政	治	350	238	68.0
	経	済	350	232	66.3
	地 域 行 政		350	232	66.3
文	文	日 本 文 学	300	202	67.3
		英 米 文 学	300	195	65.0
		ド イ ツ 文 学	300	191	63.7
		フ ラ ン ス 文 学	300	192	64.0
		演 劇 学	300	196	65.3
		文 芸 メ デ ィ ア	300	210	70.0
	史学地理	日 本 史 学	300	205	68.3
		ア ジ ア 史	300	199	66.3
		西 洋 史 学	300	207	69.0
		考 古 学	300	201	67.0
		地 理 学	300	197	65.7
	心理社会	臨 床 心 理 学	300	201	67.0
		現 代 社 会 学	300	206	68.7
		哲 学	300	200	66.7
理工	電気生命電子	電 気 電 子 工 学	400	234	58.5
		生 命 理 工 学	400	247	61.8
	機 械 工		400	260	65.0
	機 械 情 報 工		400	243	60.8
	建 築		400	264	66.0
	応 用 化		400	257	64.3
	情 報 科		400	280	70.0
	数		400	243	60.8
	物 理		400	255	63.8

（表つづく）

学部・学科等			満点	合格最低点	合格最低得点率
農	3科目	農	300	184	61.3
		農　芸　化	300	187	62.3
		生　命　科	300	195	65.0
		食 料 環 境 政 策	300	192	64.0
	英語4技能3科目	農	300	231	77.0
		農　芸　化	300	227	75.7
		生　命　科	300	225	75.0
		食 料 環 境 政 策	300	231	77.0
経　　　　営	3科目	経　　　　営	350	244	69.7
		会　　　　計			
		公　共　経　営			
	英語4技能3科目	経　　　　営	350	292	83.4
		会　　　　計			
		公　共　経　営			
情報コミュニケーション	情 報 コ ミ ュ ニ ケ ー シ ョ ン		350	240	68.6
国　際　日　本	3　　　科　　　目		400	285	71.3
	英 語 4 技 能 3 科 目		400	343	85.8
総　合　数　理	3科目	現　象　数　理	400	266	66.5
		先端メディアサイエンス	400	274	68.5
	4科目	現　象　数　理	500	317	63.4
		先端メディアサイエンス	500	333	66.6
		ネットワークデザイン	500	297	59.4
	英語4技能4科目	現　象　数　理	400	297	74.3
		先端メディアサイエンス	400	305	76.3
		ネットワークデザイン	400	294	73.5

2023 年度 合格最低点

●学部別入試

学部・学科等		満点	合格最低点	合格最低得点率
法	法　　　　　　　　律	350	222	63.4
商	学　　部　　別	350	238	68.0
	英語 4 技能試験利用	550	388	70.5
政　治　経　済	政　　　　　　　治	350	240	68.6
	経　　　　　　　済	350	233	66.6
	地　　域　　行　　政	350	227	64.9
文	文　日　本　文　学	300	209	69.7
	英　米　文　学	300	201	67.0
	ド　イ　ツ　文　学	300	196	65.3
	フ　ラ　ン　ス　文　学	300	198	66.0
	演　　劇　　学	300	204	68.0
	文　芸　メ　デ　ィ　ア	300	213	71.0
	史学地理　日　本　史　学	300	211	70.3
	ア　ジ　ア　史	300	202	67.3
	西　洋　史　学	300	211	70.3
	考　　古　　学	300	200	66.7
	地　　理　　学	300	200	66.7
	心理社会　臨　床　心　理　学	300	216	72.0
	現　代　社　会　学	300	214	71.3
	哲　　　　　　学	300	211	70.3
理　　　　工	電気電子生命電子　電　気　電　子　工　学	360	233	64.7
	生　命　理　工　学	360	243	67.5
	機　　　械　　　工	360	236	65.6
	機　械　情　報　工	360	245	68.1
	建　　　　　　　築	360	257	71.4
	応　　用　　化	360	244	67.8
	情　　報　　科	360	259	71.9
	数	360	235	65.3
	物　　　　　　　理	360	247	68.6

（表つづく）

学部・学科等			満点	合格最低点	合格最低得点率
農		農	450	263	58.4
		農　芸　化	450	263	58.4
		生　命　科	450	268	59.6
		食　料　環　境　政　策	450	300	66.7
経　　　　営	3科目	経　　　　営	350	211	60.3
		会　　　　計			
		公　共　経　営			
	英語4技能試験活用	経　　　　営	230	128	55.7
		会　　　　計			
		公　共　経　営			
情報コミュニケーション		情報コミュニケーション	300	203	67.7
国　際　日　本		3　　　科　　　目	450	354	78.7
		英語4技能試験活用	250	186	74.4
総　合　数　理		現　　象　　数　　理	320	228	71.3
		先端メディアサイエンス	320	238	74.4
		ネットワークデザイン	320	235	73.4

●全学部統一入試

学部・学科等			満点	合格最低点	合格最低得点率
法	法	律	300	211	70.3
商	商		450	312	69.3
政　治　経　済	政	治	350	251	71.7
	経	済	350	243	69.4
	地　域　行　政		350	234	66.9
文	文	日　本　文　学	300	212	70.7
		英　米　文　学	300	206	68.7
		ド　イ　ツ　文　学	300	209	69.7
		フ　ラ　ン　ス　文　学	300	202	67.3
		演　劇　学	300	207	69.0
		文　芸　メ　デ　ィ　ア	300	218	72.7
	史学地理	日　本　史　学	300	211	70.3
		ア　ジ　ア　史	300	209	69.7
		西　洋　史　学	300	214	71.3
		考　古　学	300	205	68.3
		地　理　学	300	205	68.3
	心理社会	臨　床　心　理　学	300	218	72.7
		現　代　社　会　学	300	207	69.0
		哲　学	300	215	71.7
理　　工	電気電子生命電子	電　気　電　子　工　学	400	237	59.3
		生　命　理　工　学	400	249	62.3
	機　械　工		400	246	61.5
	機　械　情　報　工		400	250	62.5
	建　築		400	269	67.3
	応　用　化		400	270	67.5
	情　報　科		400	284	71.0
	数		400	234	58.5
	物　理		400	248	62.0

（表つづき）

学部・学科等			満点	合格最低点	合格最低得点率
農	3科目	農	300	190	63.3
		農　芸　化	300	198	66.0
		生　命　科	300	196	65.3
		食 料 環 境 政 策	300	208	69.3
	英語4技能3科目	農	300	241	80.3
		農　芸　化	300	233	77.7
		生　命　科	300	241	80.3
		食 料 環 境 政 策	300	241	80.3
経　　　　　営	3科目	経　　　　　営	350	258	73.7
		会　　　　　計			
		公　共　経　営			
	英語4技能3科目	経　　　　　営	350	310	88.6
		会　　　　　計			
		公　共　経　営			
情報コミュニケーション		情 報 コ ミ ュ ニ ケ ー シ ョ ン	350	250	71.4
国　際　日　本		3　　　　科　　　　目	400	300	75.0
		英 語 4 技 能 3 科 目	400	353	88.3
総　合　数　理	3科目	現　象　数　理	400	250	62.5
		先端メディアサイエンス	400	287	71.8
	4科目	現　象　数　理	500	303	60.6
		先端メディアサイエンス	500	350	70.0
		ネットワークデザイン	500	301	60.2
	英語4技能4科目	現　象　数　理	400	291	72.8
		先端メディアサイエンス	400	314	78.5
		ネットワークデザイン	400	275	68.8

2022 年度 合格最低点

●学部別入試

学部・学科等			満点	合格最低点	合格最低 得点率
法	法	律	350	238	68.0
商	学　部　別		350	243	69.4
	英 語 4 技 能 試 験 利 用		550	401	72.9
政　治　経　済	政	治	350	221	63.1
	経	済	350	216	61.7
	地　域　行　政		350	217	62.0
文	文	日　本　文　学	300	183	61.0
		英　米　文　学	300	177	59.0
		ド　イ　ツ　文　学	300	176	58.7
		フ　ラ　ン　ス　文　学	300	174	58.0
		演　　劇　　学	300	182	60.7
		文　芸　メ　デ　ィ　ア	300	187	62.3
	史学地理	日　本　史　学	300	190	63.3
		ア　ジ　ア　史	300	184	61.3
		西　洋　史　学	300	194	64.7
		考　　古　　学	300	178	59.3
		地　　理　　学	300	183	61.0
	心理社会	臨　床　心　理　学	300	184	61.3
		現　代　社　会　学	300	192	64.0
		哲　　　　　学	300	186	62.0
理　　　　工	電気電子生命	電 気 電 子 工 学	360	246	68.3
		生　命　理　工　学	360	236	65.6
	機　　械　　工		360	248	68.9
	機　械　情　報　工		360	241	66.9
	建　　　　築		360	265	73.6
	応　　用　　化		360	240	66.7
	情　　報　　科		360	261	72.5
	数		360	239	66.4
	物　　　　理		360	255	70.8

（表つづく）

学部・学科等			満点	合格最低点	合格最低得点率
農		農	450	257	57.1
		農　芸　化	450	257	57.1
		生　命　科	450	262	58.2
		食　料　環　境　政　策	450	295	65.6
経　　　　　営	3科目	経　　　　　営	350	225	64.3
		会　　　　　計			
		公　共　経　営			
	英語4技能試験活用	経　　　　　営	230	132	57.4
		会　　　　　計			
		公　共　経　営			
情報コミュニケーション		情　報　コ　ミ　ュ　ニ　ケ　ー　シ　ョ　ン	300	187	62.3
国　際　日　本		3　　　科　　　目	450	338	75.1
		英　語　4　技　能　試　験　活　用	250	173	69.2
総　合　数　理		現　　象　　数　　理	320	191	59.7
		先　端　メ　デ　ィ　ア　サ　イ　エ　ン　ス	320	195	60.9
		ネ　ッ　ト　ワ　ー　ク　デ　ザ　イ　ン	320	181	56.6

●全学部統一入試

学部・学科等		満点	合格最低点	合格最低得点率
法	法　　　　　　　　律	300	222	74.0
商	商	450	350	77.8
政 治 経 済	政　　　　　　　　治	350	275	78.6
	経　　　　　　　　済	350	274	78.3
	地　　域　　行　　政	350	268	76.6
文	文 — 日　本　文　学	300	226	75.3
	文 — 英　米　文　学	300	216	72.0
	文 — ド イ ツ 文 学	300	221	73.7
	文 — フ ラ ン ス 文 学	300	218	72.7
	文 — 演　　劇　　学	300	219	73.0
	文 — 文 芸 メ デ ィ ア	300	230	76.7
	史学地理 — 日　本　史　学	300	231	77.0
	史学地理 — ア ジ ア 史	300	222	74.0
	史学地理 — 西　洋　史　学	300	227	75.7
	史学地理 — 考　　古　　学	300	224	74.7
	史学地理 — 地　　理　　学	300	225	75.0
	心理社会 — 臨　床　心　理　学	300	224	74.7
	心理社会 — 現　代　社　会　学	300	230	76.7
	心理社会 — 哲　　　　　学	300	224	74.7
理 工	電気電子生命 — 電 気 電 子 工 学	400	280	70.0
	電気電子生命 — 生 命 理 工 学	400	276	69.0
	機　　　械　　　工	400	286	71.5
	機　械　情　報　工	400	286	71.5
	建　　　　　　　築	400	302	75.5
	応　　　用　　　化	400	290	72.5
	情　　　報　　　科	400	321	80.3
	数	400	293	73.3
	物　　　　　　　理	400	299	74.8

（表つづく）

学部・学科等			満点	合格最低点	合格最低得点率
農	3科目	農	300	219	73.0
		農芸化	300	225	75.0
		生命科	300	228	76.0
		食料環境政策	300	230	76.7
	英語4技能3科目	農	300	232	77.3
		農芸化	300	243	81.0
		生命科	300	250	83.3
		食料環境政策	300	250	83.3
経営	3科目	経営	350	264	75.4
		会計			
		公共経営			
	英語4技能3科目	経営	350	303	86.6
		会計			
		公共経営			
情報コミュニケーション	情報コミュニケーション		350	274	78.3
国際日本	3科目		400	326	81.5
	英語4技能3科目		400	353	88.3
総合数理	3科目	現象数理	400	270	67.5
		先端メディアサイエンス	400	300	75.0
	4科目	現象数理	500	363	72.6
		先端メディアサイエンス	500	383	76.6
		ネットワークデザイン	500	344	68.8
	英語4技能4科目	現象数理	400	318	79.5
		先端メディアサイエンス	400	330	82.5
		ネットワークデザイン	400	324	81.0

募集要項（出願書類）の入手方法

　一般選抜（学部別入試・全学部統一入試・大学入学共通テスト利用入試）は Web 出願となっており，パソコン・スマートフォン・タブレットから出願できます。詳細は一般選抜要項（大学ホームページにて 11 月上旬公開予定）をご確認ください。

問い合わせ先

　明治大学　入学センター事務室
　〒101-8301　東京都千代田区神田駿河台 1-1
　月曜〜金曜：9：00〜11：30，12：30〜17：00
　土　　曜：9：00〜12：00
　日曜・祝日：休　業
　TEL　03-3296-4138
　https://www.meiji.ac.jp/

 明治大学のテレメールによる資料請求方法

| スマートフォンから | QRコードからアクセスしガイダンスに従ってご請求ください。 |
| パソコンから | 教学社 赤本ウェブサイト(akahon.net)から請求できます。 |

合格体験記
募集

　2025 年春に入学される方を対象に，本大学の「合格体験記」を募集します。お寄せいただいた合格体験記は，編集部で選考の上，小社刊行物やウェブサイト等に掲載いたします。お寄せいただいた方には小社規定の謝礼を進呈いたしますので，ふるってご応募ください。

• 応募方法 •

下記 URL または QR コードより応募サイトにアクセスできます。ウェブフォームに必要事項をご記入の上，ご応募ください。
折り返し執筆要領をメールにてお送りします。

※入学が決まっている一大学のみ応募できます。

☞ http://akahon.net/exp/

• 応募の締め切り •

総合型選抜・学校推薦型選抜	2025年 2 月 23 日
私立大学の一般選抜	2025年 3 月 10 日
国公立大学の一般選抜	2025年 3 月 24 日

受験にまつわる川柳を募集します。
入選者には賞品を進呈！
ふるってご応募ください。

応募方法　http://akahon.net/senryu/　にアクセス！☞

気になること、聞いてみました！

在学生メッセージ

大学ってどんなところ？　大学生活ってどんな感じ？
ちょっと気になることを，在学生に聞いてみました。

以下の内容は 2020〜2023 年度入学生のアンケート回答に基づくものです。ここで触れられている内容は今後変更となる場合もありますのでご注意ください。

メッセージを書いてくれた先輩　[商学部] N.S. さん　A.N. さん　[政治経済学部] R.S. さん
　　　　　　　　　　　　　　　[文学部] R.Y. さん　[経営学部] M.H. さん
　　　　　　　　　　　　　　　[情報コミュニケーション学部] I.M. さん

Message from current students

大学生になったと実感！

　自由になったのと引き換えに，負わなければならない責任が重くなりました。例えば，大学では高校のように決められた時間割をこなすということはなくなり，自分が受けたい授業を選んで時間割を組むことができるようになります。時間割は細かいルールに従って各々で組むため，さまざまなトラブルが発生することもありますが，その責任は学生個人にあり，大学が助けてくれることはありません。大学に入ってから，高校までの手厚い支援のありがたみに気づきました。（N.S. さん／商）

　自由な時間が増えたことです。それによって遊びに行ったりバイトをしたりとやりたいことができるようになりました。その反面，自由なので生活が堕落してしまう人もちらほら見られます。やるべきことはしっかりやるという自制心が必要になると思います。（R.S. さん／政治経済）

　自分から行動しないと友達ができにくいことです。高校まではクラスが

存在したので自然と友達はできましたが，私の所属する学部に存在するの
は便宜上のクラスのみで，クラス単位で何かをするということがなく，そ
れぞれの授業でメンバーが大幅に変わります。そのため，自分から積極的
に話しかけたり，サークルに入るなど，自分から何かアクションを起こさ
ないとなかなか友達ができないなということを実感しました。(I.M. さん
／情報コミュニケーション)

 ## 大学生活に必要なもの

　持ち運び可能なパソコンです。パソコンが必須の授業は基本的にありま
せんが，課題でパソコンを使わない授業はほとんどありません。大学には
借りられるパソコンもありますが，使用できる場所や時間が決まっていた
り，データの管理が難しくなったりするので，自分のパソコンは必要です。
私の場合はもともとタブレットをパソコン代わりにして使っていたので，
大学では大学のパソコン，自宅では家族と共用しているパソコン，外出先
では自分のタブレットとキーボードというふうに使い分けています。
(N.S. さん／商)

　パソコンは必要だと思います。また，私は授業のノートを取ったり，教
科書に書き込む用の iPad を買いました。パソコンを持ち歩くより楽だし，
勉強のモチベーションも上がるのでおすすめです！(M.H. さん／経営)

 ## この授業がおもしろい！

　演劇学という授業です。グループのなかで台本，演出，演者の役割に分
かれて，演劇を作成し発表します。自分たちで演劇を作り上げるのは難し
いですが，ああでもない，こうでもない，と意見を交換しながら作り上げ
る作業はやりがいを感じられて楽しいです。また，1，2年生合同のグル
ープワーク形式で行うため，同級生はもちろん，先輩や後輩とも仲良くな
れます。(I.M. さん／情報コミュニケーション)

　ビジネス・インサイトという，ビジネスを立案する商学部ならではの授業です。この授業の最大の特徴は，大学の教授だけでなく，皆さんも知っているような大企業の方も授業を担当されるということです。金融や保険，不動産，鉄道など，クラスによって分野が異なり，各クラスで決められた分野について学んだ後，与えられた課題についてビジネスを立案し，その内容を競うというアクティブな授業です。準備は大変でしたが，グループの人と仲良くなれたり，プレゼンのスキルが上がったりと，非常に充実した授業でした。（N.S. さん／商）

　ネイティブスピーカーによる英語の授業です。発音などを教えてくれるので，高校までではあまり学べなかった，実際に「話す」ということにつながる内容だと思います。また，授業中にゲームや話し合いをすることも多いので，友達もたくさん作れます!!（M.H. さん／経営）

大学の学びで困ったこと＆対処法

　時間の使い方が難しいことです。私は，大学の授業と並行して資格試験の勉強に力を入れているのですが，正直，今のところうまくいっていません。特に空きコマの時間の使い方が難しいです。やっと大学の仕組みがわかってきたので，これからは課題や自習も時間割化して，勉強のペースを整えたいと思います。（N.S. さん／商）

　「大学のテストはどのように勉強すればよいのだろうか？　高校と同じような方法でよいのか？」ということです。サークルに入るなどして，同じ授業を履修していた先輩から過去問をゲットしたり，アドバイスをもらったりするのが最も効果的だと思います。（I.M. さん／情報コミュニケーション）

　困ったのは，履修登録の勝手がわからず，1 年生はほとんど受けていない授業などを取ってしまったことです。周りは 2 年生だし，友達同士で受講している人が多かったので課題やテストで苦しみました。しかし，違う

Message from current students

学年でも話しかければ「最初，履修全然わかんないよね〜」と言って教え
てくれました。何事も自分から動くことが大切だと思います。（M.H. さ
ん／経営）

 ## 部活・サークル活動

　マーケティング研究会という，マーケティングを学ぶサークルに入って
います。基本的には週1回1コマの活動なので，他のサークルを掛け持ち
したり，勉強やバイトに打ち込んだりしながら，サークル活動を続けるこ
とができます。他大学との合同勉強会やビジネスコンテストもあり，とて
も刺激を受けます。（N.S. さん／商）

　バドミントンサークルに所属しています。土日や長期休みに，長野や山
梨などに合宿に行くこともあります！（R.Y. さん／文）

　運動系のサークルに入っています。週1，2回活動しています。サーク
ルなので行けるときに行けばよく，それでも皆が歓迎してくれるし，高校
の部活のように厳しくなくてマイペースに活動できているので，とても楽
しいです。友達も増えるので何かしらのサークルに入るのはとてもおスス
メです。（I.M. さん／情報コミュニケーション）

 ## 交友関係は？

　自分の所属するコミュニティはそこまで広くなく，クラスとしか関わり
はありません。クラスは高校のときとほとんど変わりありません。先輩と
交友関係をもちたいのであれば，やはりサークルに入ることをおススメし
ます。入学して2カ月ほどは新入生歓迎会をやっているサークルがほとん
どなので，ぜひ参加してみてください。（R.S. さん／政治経済）

　SNSで「＃春から明治」を検索して同じ専攻の人と仲良くなりました。

また，専攻ごとに交流会があるので，そこでも仲良くなれます。先輩とはサークルや部活で知り合いました。（R.Y. さん／文）

　経営学部にはクラスがあり，特に週に2回ある語学の授業で毎回会う友達とはかなり仲が良くて，遊びに行ったり，空きコマでご飯に行ったりします。なお，サークルは男女関係なく集団で仲良くなれるので，高校までの友達の感覚とはちょっと違う気がします。サークルの先輩は高校の部活の先輩よりラフな感じです。気楽に話しかけることが大切だと思います！（M.H. さん／経営）

 ## いま「これ」を頑張っています

　英語の勉強です。やりたい職業は決まっているのですが，少しでも夢に近づきたいのと，やりたいことが現在所属している学部系統から少し離れるので，進路選択に柔軟性をもたせたいという意味でも，英語の勉強に力を入れています。（N.S. さん／商）

　高校野球の指導です。自分は少しですが野球が得意なので現在母校で学生コーチをやらせてもらっています。大学生になると本気で何かに打ち込むということは少なくなるので，選手が必死に球を追いかけている姿を見るととても刺激になります。（R.S. さん／政治経済）

 ## 普段の生活で気をつけていることや心掛けていること

　授業にしっかり出席するということです。高校生からすると当たり前と思うかもしれませんが，大学は欠席連絡をする必要もないし，大学から確認の電話がかかってくることも基本的にはありません。どうしても夜寝る時間が遅くなってしまう日もあると思いますが，そんなときでも授業には絶対に出席するようにして生活が乱れないようにしています。（R.S. さん／政治経済）

提出物の期限やテストの日程などを忘れないようにすることです。一人ひとり時間割が違うので，自分で気をつけていないと，忘れてしまって単位を落としてしまうということにもなりかねません。また，バイトやサークルなどの予定も増えるので，時間をうまく使うためにもスケジュール管理が大切です。（M.H. さん／経営）

おススメ・お気に入りスポット

ラーニングスクエアという施設です。とてもきれいで近未来的なデザインなので，気に入っています。（R.Y. さん／文）

明治大学周辺には，美味しいご飯屋さんが数多く存在し，大抵のものは食べることができます。特に，「きび」という中華そば屋さんがとても美味しいです。こってり系からあっさり系まで自分好みの中華そばを食べることができます。（I.M. さん／情報コミュニケーション）

食堂がお気に入りです。お昼休みの時間に友達と話をするためによく使っています。3 階建てで席数も多く，綺麗なので快適です。Wi-Fi もあるので，パソコン作業をすることもできます。また，隣にコンビニがあるので食べたいものが基本的に何でもあり便利です。（A.N. さん／商）

入学してよかった！

施設が全体的に新しく，充実していることです。快適に過ごせるので，大学に行くモチベーションになったり，勉強が捗ったりしています。また，各キャンパスが大きすぎないのも，移動時間の観点から効率が良くて気に入っています。（N.S. さん／商）

厳しい受験を乗り越えてきた人たちばかりなので，「やるときはちゃんとやる」人が多いように感じます。テスト前に「一緒に勉強しよう！」と誘ってきてくれたり，わからないところを教え合ったりできるので，「真面目なことが恥ずかしいことではない」と感じることができ，毎日とても楽しいです。(I.M. さん／情報コミュニケーション)

たくさんの友達と出会えることです。明治大学では，自分でチャンスを探せばたくさんの人と出会えるし，コミュニティも広がると思います。また，図書館が綺麗で空きコマや放課後に作業するにも快適で気に入っています。ソファ席もたくさんあるので，仮眠も取れてとてもいいと思います。(M.H. さん／経営)

高校生のときに「これ」をやっておけばよかった

写真や動画をたくさん撮っておきましょう。文化祭や体育祭など，行事の際はもちろんですが，休み時間や，皆で集まって試験勉強をしているときなど，高校での日常の1コマを残しておくことも，後で見返したときにとても良い思い出になります。今になってそれらを見返して，ああ制服って愛おしかったな，とノスタルジーをおぼえます。(I.M. さん／情報コミュニケーション)

英語の勉強をもっとしておけばと思いました。英語は大学生になっても，社会人になっても必要です。大学では英語の授業だけでなく，他の授業でも英語を読まなければならないときがあるので，とても大事です。高校生のときにちゃんと勉強しておくだけでだいぶ変わってくると思います。(A.N. さん／商)

合格体験記

みごと合格を手にした先輩に，入試突破のためのカギを伺いました。
入試までの限られた時間を有効に活用するために，ぜひ役立ててください。

（注）ここでの内容は，先輩方が受験された当時のものです。2025 年
度入試では当てはまらないこともありますのでご注意ください。

・アドバイスをお寄せいただいた先輩・

K.T. さん　農学部（農芸化学科）
学部別入試 2024 年度合格，神奈川県出身

　第 1 志望の大学だけは早めに（個人的に夏まで未定だと遅い）決め
ることです。過去問を早くから研究することで他の受験者と差がつけ
られます。「過去問に取り組むのは冬からでよいのでは？」と感じて
いる皆さん，各科目には癖のある出題形式があるため冬まで取ってお
く人は損します。過去問に触れた時間が長いほど合格の可能性が高ま
るので，ぜひ第 1 志望の大学の過去問を早めに見てみてください。

その他の合格大学　工学院大（先進工），北里大（理），神奈川大（化学生
命）

○ **H.O. さん**　農学部（食料環境政策学科）
学部別入試 2023 年度合格，東京都出身

　合格のポイントは，過去問の研究を丁寧にすることだと思います。過去問研究は自分の得意な部分，苦手な部分を明らかにし，合格への最短ルートを教えてくれます。私は学校，模試の成績ともに良くありませんでしたが，合格できたのは人一倍過去問の研究と演習を丁寧にしたからだと思います。過去問の研究と演習，苦手分野の解き直しを繰り返せば確実に合格に近づきます。

その他の合格大学　中央大（文），武蔵大（人文），駒澤大（法），専修大（文〈共通テスト利用〉）

○ **H.M. さん**　農学部（食料環境政策学科）
学部別入試 2023 年度合格，千葉県出身

　合格のポイントは，後悔しないことです。毎日予定を立てて，しっかり勉強することは大事ですが，休憩することも同じくらい大事です。しかし，休憩にすら罪悪感を抱いてしまうこともあると思います。休憩してしまったことを後悔するのではなく，この休憩が次の勉強の力になったと思考を転換させることが大事です。

その他の合格大学　日本大（経済），東洋大（経営〈共通テスト利用〉），駒澤大（商）

Message

○ **M.F. さん** 農学部（農芸化学科）
学部別入試 2022 年度合格，愛知県出身

　合格のポイントは，最後まであきらめずに勉強し続けることと絶対に合格するって自信をもつこと。不安で周りが気になるときもあるけど最後まで問題に向き合って解ききること。どれだけ模試の判定が悪くても，私は絶対合格するぞって気持ちをもって臨んだ結果合格することができたので，あきらめないことが大事だと思います。

その他の合格大学　立命館大（食マネジメント），法政大（生命科），東洋大（食環境科），名城大（農〈共通テスト利用〉）

入試なんでも Q & A

受験生のみなさんからよく寄せられる，
入試に関する疑問・質問に答えていただきました。

 「赤本」の効果的な使い方を教えてください。

A 赤本は自分と志望校の距離を確かめるために用いました。8月から解き始め，最初は問題の形式を確かめるため，2回目からは解いている時点での得意分野と苦手分野を知るために用いました。知らなかった語やわからなかった語・文法，勘で解けてしまったところなどを見つけ，参考書などを用いて復習しました。その結果，回数を重ねるごとに正答率も上がっていき，「この調子で頑張れば合格できるかも」という自信につながって勉強を続けるモチベーションになりました。

（H.O. さん／食料環境政策学科）

A 自分の目標を見失わないために，毎日机の上の見えるところに赤本を置いて勉強していました。自分の学力不足に何度も心が折れそうになりましたが，赤本を眺めたり，合格体験記を読むことで「絶対ここに行く！」という気持ちになりました。最初のうちは解けないのが当たり前です。勉強しているうちに，だんだんとわかる問題が増えていくのが勉強の醍醐味です！　入試当日までに解けるようになればいいのです！　焦らずに自分の学力と赤本に向き合うことが大切です。

（H.M. さん／食料環境政策学科）

Q　どのように学習計画を立て，受験勉強を進めていましたか？

A　1週間のうち月曜日から土曜日を問題演習と復習の期間，日曜日を予備日に設定していました。こうすることで，演習と復習に時間を多くとることができるうえに計画倒れすることなく学習を進められました。8月に過去問演習を始めてからは1週間ごとに演習と復習をする大学を決め，月曜日から土曜日の6日間で英語・世界史・国語の3科目の演習と復習を行えるように設定しました。6日間で3科目は無理なく進められたのでおすすめです。　　　　　　　　　　　　（H.O. さん／食料環境政策学科）

Q　明治大学農学部を攻略するうえで特に重要な科目は何ですか？

A　明治大学農学部の合格は英語でどれだけ点数を取れるかにかかっていると思います。明治大の英語の長文は他大学と比べても長いほうだと思うので，他学部の長文問題を読むなどして慣れることが大事です。単語や英文法などの基本知識で解ける問題も多いので，使い慣れた単語帳や文法書での学習を毎日行うと後々楽になります。国語と選択科目は合わせて120分で解かなければいけないので，過去問演習の際はスピードを重視して解き進めてみるのがおすすめです。

（H.O. さん／食料環境政策学科）

A　社会科目だと思います。共通テスト対策で基本的な知識を詰め込み，そこを間違えることがないようにしておけば私立入試はだいぶ楽になります。しかしそれだけでは戦えません。社会科目はどれだけ興味を持てるかが大事で，興味を持ち，いかに掘り下げたり広げたりすることができるかがコツになってくると思います。政治・経済の場合は時事問題が大事になってきます。明治大の他学部でも多く出題されています。ニュースを見るなど，早いうちから時事問題を意識して勉強することが大事です。

（H.M. さん／食料環境政策学科）

苦手な科目はどのように克服しましたか？

A 　私は数学が苦手でした。毎日最低5問は必ずやりました。やりたくないときは簡単な問題をやり，今日はできるって思う日は数学の中でも苦手な単元をやりました。苦手科目は気分が乗らないときが多いので，無理にやるのではなく，思い切って気分に任せてやるのもありだと思います。最初のうちは全然できなくて楽しくないしつらかったけど，毎日解いていたおかげで，受験直前くらいには問題を見てパッと解法が思いつくようになりました。そうなってくるといつの間にか苦手意識はなくなり，解けるから楽しいと思えるようになりました。

(M.F. さん／農芸化学科)

 スランプに陥ったとき，どのように抜け出しましたか？

A 　私は，身近な人に相談するようにしていました。学校の友達に相談してみると，皆も同じように悩んでいることがわかり，少し気持ちが楽になることがありました。自分のつらい気持ちを話すと意外とちっぽけな悩みだと気づいたりすることもあるものです。私のおすすめは，受験勉強をしていない友達に話してみることです。少し受験と離れて楽しく話すことも気分転換になっていいと思います。スランプのときこそ勉強という意識から離れて，現代文を「解く」のではなく，楽しんで「読む」ということに意識を変えるなどするといいと思います。

(H.M. さん／食料環境政策学科)

 模試の上手な活用法を教えてください。

A 　模試は共通テストや私立大入試の記述対策に活用しました。共通テストをイメージした問題を本番さながらの雰囲気で解けるのは模試だけだったので，共通テスト模試は特に力を入れました。記述模試も受

験する大学の形式と似ている部分が多々あったので，満点を狙いにいくつもりで解きました。また，模試の判定は国公立志望の人も含まれるので難関校ほど低く出ることがあります。気にしすぎると落ち込んだり油断したりしてしまうので，良くても悪くても気にしないほうがいいです。

(H.O. さん／食料環境政策学科)

**Q　併願大学を決めるうえで重視したことは何ですか？
また，注意すべき点があれば教えてください。**

A　その大学に行って自分がやりたいことができるのか，将来やりたいことにつながるのかを一番に考えて決めました。私は私立志望だったので，日程は第1志望の大学が最後になるように考えて組みました。連続受験は最高でも3日までにし，その後は少し休んだり復習したりできるように間隔をあけて組みました。試験科目は第1志望の大学と傾向が大きく異ならないようにすると勉強の負担が大きく減り，対策も楽になると思います。

(M.F. さん／農芸化学科)

**Q　試験当日の試験場の雰囲気はどのようなものでしたか？
緊張のほぐし方，交通事情，注意点等があれば教えてください。**

A　都内の電車は遅延が多いので，早めに着くようにしました。会場の雰囲気に慣れて落ち着いて受験できるので，早め早めの行動を心がけるといいです。自分は試験開始直前に深呼吸をして緊張をほぐしていましたが，人それぞれだと思うので，模試などでイメージをしておくといいと思います。また，会場に入ったら会場外に出られないところが多いので，昼食が必要な場合は外で購入するなどしてから入場しましょう。

(H.O. さん／食料環境政策学科)

普段の生活のなかで気をつけていたことを教えてください。

A　入試 1 カ月前くらいから起きる時間と寝る時間を早めました。入試当日の集合時間から逆算して起きる時間は 5 時半に設定しました。12 月頃までは塾が終わる 22 時半まで勉強をしていましたが，1 月からは 20 時半には家に着くようにして，家族と一緒にご飯を食べるようにしていました。睡眠時間は 6 時間半以上はとるようにしました。10 月頃は焦りもあり，3 時間睡眠で学校に行き，体調を崩して保健室で休むこともありました。その時期は勉強しても頭に入らず，眠い状態で勉強をしていたために集中力も続きませんでした。睡眠は本当に大事です。寝ないと頭はまわりません。寝たほうが圧倒的に効率が上がります。

（H.M. さん／食料環境政策学科）

受験生へアドバイスをお願いします。

A　入試が終わり合格発表が出た後にどんな自分でいたいか，を考えながら勉強することが大事です。もちろん志望大学に受かりたいけれど，うまくいかないこともあるかもしれません。そのときに後悔しない自分でいることが未来の自分のためになると思います。どんなにつらくても絶対に諦めず机に向かうこと，気持ちだけは誰にも負けないことを意識していました。そして，合格したときのイメトレをしていました。合格の文字を見て親と喜び，応援してくれていた友達や先生に報告して，今までずっと我慢してきたことをたくさんする。そんな楽しい未来が待っています。未来の自分のために，頑張ってみてください！

（H.M. さん／食料環境政策学科）

A　私が大切だと思うことは，現役生なら毎日ちゃんと学校に行く，浪人生ならちゃんと塾に行くとか決まった時間に勉強を始めるなど，生活リズムを崩さずに最後まで同じように勉強し続けることだと思います。どんなにつらくても勉強から逃げたらどんどん嫌になってしまうと思いま

す。たまに休憩することは大切です。でも，つらいけど最後まで継続でき
た人が合格できるチャンスが大きくなるし，最後まで学力は伸びるので，
信じて逃げずに頑張ってください。そして親や先生に感謝をしましょう。

（M.F. さん／農芸化学科）

科目別攻略アドバイス

みごと入試を突破された先輩に，独自の攻略法や
おすすめの参考書・問題集を，科目ごとに紹介していただきました。

英　語

英語は，解答順序が最も大切だと思います。どの順番がよいかはその人
にしかわかりません。形式が変わっていない年度の過去問をできる限り多
く解いて，解答時間・やりやすさ・正答率などから判断してみてください。

（K.T. さん／農芸化学科）

英単語や英文法などの基本知識で解ける問題が，文法・語彙問題だけで
なく会話文，読解問題にもあります。そこを落とさないことが攻略の鍵で
す。

（H.O. さん／食料環境政策学科）

📖 **おすすめ参考書　『システム英単語』**（駿台文庫）
『関正生の英文法ポラリス』（KADOKAWA）

英検は入試勉強としても役に立ち，また入試に利用できる大学も多くあ
るので，できれば準1級まで取っておくと特に有利になります。英語が苦
手な人は早いうちに英検の勉強をすることをおすすめします。

（H.M. さん／食料環境政策学科）

世界史

　正誤問題が判別しにくいものが多いです。出来事や人物の名前だけでなく出来事の背景や内容，人物の業績などの中身も知っておくと解きやすくなります。　　　　　　　　　　　　　　　　（H.O. さん／食料環境政策学科）

📖 **おすすめ参考書　『世界史用語集』**（山川出版社）
『HISTORIA［ヒストリア］世界史精選問題集』（Gakken）

数　学

　数学は，発想力が大切です。自分が知っている典型問題に帰着させる練習を夏からやっておくと，過去問を解く際にとても楽です。そのためには入試の典型問題を夏までに記憶しておく必要があります。

　　　　　　　　　　　　　　　　　　　　（K.T. さん／農芸化学科）

📖 **おすすめ参考書　『合格る計算 数学Ⅰ・A・Ⅱ・B』**（文英堂）

　基礎を固めること。試験時間が短いので素早く解法が思いつくようになること。できる問題からやるようにすること。（M.F. さん／農芸化学科）

📖 **おすすめ参考書　『Focus Gold』シリーズ**（啓林館）

化　学

　高3の授業がスタートする前に，理論分野の苦手項目をすべてつぶしておくことができれば順調だと思います。　　　　（K.T. さん／農芸化学科）

国　語

　漢字と文学史は毎年出題されているので，参考書などを使った対策が必要です。選択科目との時間配分は要注意。

　　　　　　　　　　　　　　　　　　（H.O. さん／食料環境政策学科）

📖 **おすすめ参考書　『SPEED 攻略 10 日間 国語 文学史』**（Z 会）

TREND & STEPS

傾向 と 対策

　科目ごとに問題の「傾向」を分析し，具体的にどのような「対策」をすればよいか紹介しています。まずは出題内容をまとめた分析表を見て，試験の概要を把握しましょう。

=== 注 意 ===

　「傾向と対策」で示している，出題科目・出題範囲・試験時間等については，2024年度までに実施された入試の内容に基づいています。2025年度入試の選抜方法については，各大学が発表する学生募集要項を必ずご確認ください。

英　語

年度	番号	項　目	内　容
2024 ◗	〔1〕	読　　解	選択：アクセント，発音，語句整序，同意表現，空所補充，内容真偽 記述：空所補充，語形変化
	〔2〕	会　話　文	選択：内容説明，同意表現，内容真偽 記述：内容説明
	〔3〕	文法・語彙	選択：共通語による空所補充
2023 ◗	〔1〕	読　　解	選択：発音，アクセント，同一用法，語句整序，同意表現，内容説明，空所補充，内容真偽 記述：同意表現，語形変化
	〔2〕	会　話　文	選択：内容説明，同意表現 記述：内容説明
	〔3〕	文法・語彙	選択：共通語による空所補充
2022 ◗	〔1〕	読　　解	選択：アクセント，発音，同意表現，内容説明，語句整序，空所補充，内容真偽 記述：内容説明
	〔2〕	会　話　文	選択：同意表現，内容説明 記述：内容説明
	〔3〕	文法・語彙	選択：共通語による空所補充

（注）　●印は全問，◗印は一部マークシート式採用であることを表す。

読解英文の主題

年度	番号	主　題
2024	〔1〕	人口増に伴う食料需要にどう対応するか
2023	〔1〕	ヴィクトリア朝英国人になる方法
2022	〔1〕	幸福を論じるには哲学と科学が必要

読解力を中心に総合的な力を試す
文法・語彙問題では基本的な知識が問われる

01 出題形式は？

読解問題1題，会話文問題1題，文法・語彙問題1題の計3題となっている。選択式と記述式の併用だが，記述問題の比率は小さく，例年3，4問程度で，その他はすべてマークシート式による選択問題。解答用紙は，表面がマーク記入用，裏面が記述用になっている。例年，〔2〕の会話文問題のみ，設問文も英文である。試験時間は60分である。

02 出題内容はどうか？

読解問題：英文のテーマは，環境・生物など広く自然科学に関するものと，言語・教育・哲学など社会・文化に関するものに大別できる。設問は内容を問う問題と文法・語彙に関する問題が出題されている。ただし，空所を補充したり同意表現を選択する問題でも，知識だけではなく文脈を把握する力が求められることが多い。発音・アクセント問題や同じ用法を選ぶ問題もほぼ毎年出題されている。記述問題は，同意表現，内容説明，空所補充などが出題されている。文脈判断に加えて単語や熟語表現の知識を問うものである。

会話文問題：設問はすべて英語である。会話の内容に即した内容説明問題を中心に，同意表現も出題されている。記述式の問題は，会話の内容と一致する英文を完成するために空所に入る語を会話文中から抜き出す問題である。いずれの設問も，会話の流れに沿ってよく考えることが大切である。

文法・語彙問題：2つの英文に共通語を補充する問題が出題されている。代表的な熟語表現や基本的な文法事項，多義語の知識が問われている。

03 難易度は？

読解問題・会話文問題は読みやすく，設問も無理のないものが中心で，

極端な難問が出題されることはない。文法・語彙問題も代表的な熟語や基本事項を問うものであり，取り組みやすい。おおむね標準レベルの問題である。ただ，試験時間が60分と短いので，時間配分が合否の決め手となる。文法・語彙問題にあまり時間をかけないようにしたい。

01 読解問題対策

(1)過去に出題された英文は，環境・生物などをテーマとした自然科学の分野と，言語・教育・哲学などをテーマとした社会・文化の分野に大別できる。これらのテーマの英文にバランスよく取り組むことが大切である。テーマに特徴的な単語や表現をまとめてノートを作成しておくと，類似した英文を読むときに役立つだろう。ただし，難しい単語には注釈がつくことが多いので，難語や専門的な用語にまで無理に手を広げる必要はない。大切なことは，これらの英文に慣れておくことである。『大学入試 ぐんぐん読める英語長文』（教学社）など，入試頻出の英文を扱い，解説も詳しい問題集を選び訓練するのもよいだろう。

(2)指示語や代名詞，英文の中で何度も繰り返される表現とその言い換え表現，抽象表現と具体例などに注意しながらパラグラフの大意をつかむ練習をしよう。内容真偽や表題を選択する問題に効果的である。

(3) but, however, yet, still などの〈逆接・対比〉を表す語句や，may 〜 but … / It is true that 〜, but … などの〈譲歩〉を表す語句に着目する習慣を身につけよう。意味のわからない単語を前後から推測する際に役立つ。

02 会話文問題対策

口語表現に関する見慣れない語句が問われた場合でも，話の流れや選択肢からその意味を推測できる問題がほとんどである。口語表現を覚えるのはもちろんのこと，推測する力をつけることが大切である。日頃から設問

の意味をとらえる訓練を心がけよう。

03 文法・語彙問題対策

　文法事項については，例外的用法よりも基本用法の習得に徹することが大切である。時制・仮定法，助動詞，準動詞（不定詞・分詞・動名詞），関係詞，比較などには特に重点的に取り組もう。that, as, but などの用法に関する知識も大切である。また，come, look, make, put, take などに前置詞や副詞が結合した群動詞や，〈理由〉〈目的〉〈譲歩〉〈否定〉などの意味をもつ基本的な熟語表現や多義語を整理しておこう。例えば，受験生が間違えやすいポイントを完全網羅した総合英文法書『大学入試 すぐわかる英文法』（教学社）などを手元において，調べながら学習すると効果アップにつながるだろう。

04 発音・アクセント対策

　発音・アクセント問題はいずれも基本的な出題である。気になる単語は辞書を活用してこまめにチェックすることが大切である。特に名詞で第1音節にアクセントがないものは入試でよく出題される。また，品詞によって発音やアクセントが異なる語にも注意しよう。

明治大「英語」におすすめの参考書

　✓ 『大学入試 ぐんぐん読める英語長文』（教学社）
　✓ 『大学入試 すぐわかる英文法』（教学社）
　✓ 『明治大の英語』（教学社）

日本史

年度	番号	内　　容	形　　式
2024 ◑	〔1〕	古墳文化，古代の東北地方	記述・選択・正誤・配列
	〔2〕	室町幕府，室町文化	記述・選択・配列・正誤
	〔3〕	列強の接近，幕末の動き　　　✓**史料・年表**	選択・記述・正誤
	〔4〕	近世～近現代の教育　　　　　✓**史料**	記述・選択・正誤・配列
	〔5〕	日露戦争後の国際関係，協調外交の挫折　✓**グラフ・史料**	選択・記述・正誤・配列
2023 ◑	〔1〕	弥生文化，天平文化～国風文化	選択・記述・正誤・配列
	〔2〕	院政期の文化，土一揆と下剋上の社会	記述・選択・配列・正誤
	〔3〕	江戸時代の政治・社会・文化	選択・正誤・記述・配列
	〔4〕	近代産業の発展，政党政治の展開　　✓**グラフ**	記述・選択・正誤
	〔5〕	恐慌の時代，占領と民主改革　　　　✓**グラフ**	選択・記述・正誤
2022 ◑	〔1〕	古墳時代の外交，飛鳥～平安時代の社会・経済　✓**史料**	選択・記述・正誤・配列
	〔2〕	執権政治の確立，日明貿易　　　✓**年表**	記述・選択・配列・正誤
	〔3〕	江戸時代の経済・社会・政治　　✓**史料**	記述・選択・正誤
	〔4〕	幕末期の外交，第一次世界大戦後の女性　✓**グラフ**	選択・記述・配列・正誤
	〔5〕	近世～現代の交通　　　　　　　✓**グラフ・史料**	選択・記述・正誤・配列

（注）　●印は全問，◑印は一部マークシート式採用であることを表す。

教科書の内容に沿った幅広い時代・分野からの出題

01 出題形式は？

　例年，大問 5 題の出題で，解答個数 50 個である。試験時間は 2 科目で 120 分。解答形式は記述式とマークシート式による選択式の併用である。解答用紙は，表面がマーク記入用，裏面が記述用になっている。記述式の問題は例年 10 問程度で，用語や人名などが問われている。選択式の問題では，正文・誤文選択問題のほか，年代の順序を問う配列問題や，複数の文章の正誤の組み合わせを問う正誤問題も出題されている。史料問題は 2023 年度は見られなかったが，例年小問で出題されている。

　なお，2025 年度は出題科目が「歴史総合，日本史探究」となる予定である（本書編集時点）。

02 出題内容はどうか？

　時代別では，例年，古代 1 題，中世 1 題，近世 1 題，近現代 2 題の構成となっている。2023 年度は原始からの出題も見られた。近現代は，戦後の知識を問う出題も見られる。

　分野別では，政治史・外交史・社会経済史・文化史からほぼ満遍なく出題されているが，過去には文化史の比重が大きかった年度もある。どの分野においても苦手意識をもたないように学習することが大切である。

　史料問題は小問で出題されている。出題されているものはほとんどが教科書必出の史料であり，設問レベルも基本的なものが中心であるが，やや詳細な内容を問われることもあるので注意が必要である。

03 難易度は？

　ほとんどが教科書中心の標準的な問題である。ただし，正文・誤文選択問題の中にはやや難しいものも含まれ，判断に迷うかもしれない。年代の順序を問う配列問題も出来事や事項の年代が接近しており，精緻な判断が

求められる。標準的な問題に手早く的確に解答し，残りの時間で正文・誤文選択問題や配列問題などをじっくり検討したい。

01　教科書学習の徹底

　一部に難問も見られるが，ほとんどが教科書レベルの標準的な問題である。特にここ数年はその傾向が強まっており，記述問題での漢字の誤記などのイージーミスによる取りこぼしは致命的なダメージになると考えられる。また，正文・誤文選択問題などに見られる難問以外の標準的な問題は，確実に正解しなければならない。そのためには，まず教科書の精読が最も有効な学習方法である。その際，図表や脚注もおろそかにせず，人名や重要歴史用語などは『日本史用語集』（山川出版社）などを併用し，他の分野や時代とも関連づけて，より深い理解を伴った知識の定着が必要である。

02　図表の活用

　年表やグラフを使った問題が例年出題されている。教科書の文章を読みこなす学習のみならず，日頃から図表を活用し，地図，写真や表，グラフなど幅広い資料を用いた学習を心がけておきたい。

03　過去問の研究

　基本的な出題傾向や形式に大きな変化はないので，過去問にあたっておくことが大切である。過去問の類題が出題されることもよくあるので，他学部のものも含めてできるだけ多くの過去問にあたり，出題内容や傾向をつかんでほしい。難関校過去問シリーズ『明治大の日本史』（教学社）には，他学部の過去問も含めて明治大学の頻出テーマが網羅されているので，ぜひ取り組んでおきたい。

世界史

年度	番号	内　　容	形　式
2024◑	〔1〕	古代ギリシア史と文化	正誤・選択・記述・配列
	〔2〕	イスラーム教の成立とその広がり	正誤・選択・配列・記述
	〔3〕	日清戦争から日中戦争までの中国	選択・記述・正誤
	〔4〕	第一次世界大戦後のヨーロッパ	選択・正誤・記述
	〔5〕	20世紀のアメリカとラテンアメリカ諸国	記述・選択・正誤
2023◑	〔1〕	春秋・戦国時代から秦・漢の歴史	記述・選択・正誤・配列
	〔2〕	古代ローマ史とキリスト教	配列・正誤・選択・記述
	〔3〕	中世ヨーロッパ史	選択・記述・正誤
	〔4〕	16世紀から20世紀初めまでの中南米	正誤・記述・選択・配列
	〔5〕	イギリスのインド支配	選択・記述・正誤・配列
2022◑	〔1〕	古代オリエント史	記述・正誤・配列・選択
	〔2〕	イスラーム教の成立と中世イスラーム世界	正誤・選択・記述・配列
	〔3〕	北魏から明清時代までの中国経済史	記述・正誤・選択
	〔4〕	20世紀初めまでのアメリカ合衆国と中南米	正誤・選択・配列・記述
	〔5〕	ロシア革命，ヴェルサイユ体制	記述・選択・正誤

（注）　●印は全問，◑印は一部マークシート式採用であることを表す。

多彩な出題形式
問題数が多い

01 出題形式は？

　大問5題で，解答個数は50個である。マークシート式による選択式が中心で，一部空所補充問題などで記述式が用いられている。例年，4択の誤文（正文）選択問題の占める割合が高く，次いで2つの文の正誤の組み合わせを問う正誤問題，さらに記述問題と続き，この3つの形式の最近の設問数は順に，20問程度・15問程度・10問である。また，年代の順序を問う配列問題も5問程度出題されている。試験時間は2科目で120分。

　なお，2025年度は出題科目が「歴史総合，世界史探究」となる予定である（本書編集時点）。

02 出題内容はどうか？

　地域別では，例年，欧米地域ないし欧米地域中心の大問が2，3題，アジア地域ないしアジア地域中心の大問が2，3題と，バランスよく出題されている。

　欧米地域については，一国史やヨーロッパ全体，複数の国家に関する大問が幅広い地域から出題される。2023年度はスペインなどの植民活動を含むラテンアメリカ史からの大問が出題され，2024年度も第二次世界大戦後のラテンアメリカ史からの出題が見られた。

　アジア地域についても，アジア全体から幅広く出題されている。近年は中国史からの大問が毎年出題されている。また，2023年度にはイギリスのインド支配に関する大問が，2022・2024年度はイスラーム世界に関する大問が出題された。

　時代別では，古代から第二次世界大戦後も含む現代まで出題されている。近年はオリエント・ギリシア・ローマなど，古代史の大問が毎年出題されている。

　分野別では，全体として政治史が中心となっているが，学部に関連のある経済史関係からの出題も目立つ。2022年度には中国の通史的な経済史，

2023 年度にはイギリスのインド支配時代の税制が出題された。また，文化史からの出題も年度によってはかなりあり，2024 年度は，全50 問中 6 問程度が文化史からのものであった。

03　難易度は？

　明治大学の他学部の問題に比べて難度は低く，やや易しめの標準的な問題である。ただ，基本的・標準的な問いが多いなかで，一部に難度の高い問いが見られるのも特徴となっている。試験時間が 2 科目で 120 分のため，解答に 60 分を割り当てることにして，10 分程度の見直し時間をつくろうと思うと，1 問平均 1 分で解答しなければならない。一部の問題に時間をとられすぎないようにしよう。

対　策

01　教科書・用語集中心の学習を

　ほとんどの問題が教科書で対応できるので，教科書中心の学習がまず基本となる。特に文の正誤を判断する問題には教科書を細部まで読み込む学習が必要である。また，記述問題対策として，中国史を中心に「書いて覚える」学習も大切である。年代配列問題がよく出題されているので，出来事の生起順を常に意識した教科書学習を心がけたい。なお，教科書の本文のみならず，脚注や本文周辺の図表・地図・写真の解説などにも目を通しておきたい。教科書学習をある程度終えたら，『世界史用語集』（山川出版社），『必携世界史用語』（実教出版）などを用いて重要事項に付随する内容を確認していくようにしよう。

02　図説・歴史地図・年表の活用を

　図説・歴史地図・年表の活用も有効である。各テーマごとにまとめてある図説の内容を確認したり，歴史地図でその時代の世界や地域の状況を確

認したり，年表で出来事の生起順や同時代に各地域・国で並行して起こった出来事を確認したりして，教科書と併用していきたい。

03 農業関連の社会・経済史に注意する

　農学部らしいテーマをもつ大問が出題されることもある。過去にはヨーロッパを中心とした各地域・時代における農業経営形態とその影響が出題されている。中国・ヨーロッパ以外のアジア諸地域や南北アメリカなども含めて，農業経営・土地制度・農作物など農業に関わることには注意して学習しておこう。

04 過去問の傾向を把握しておこう

　農学部のみならず他学部の過去問にあたることも大切である。農学部の出題は他学部に比べると難度が低い傾向があるが，他学部でも，例えば誤文（正文）選択問題などは農学部と似た形式で出題されている。他学部の問題もできる限り多く解いておくことは，実力の養成につながる。

地　理

年度	番号	内　容	形　式
2024 ◐	〔1〕	G7広島サミットの参加国について　　　　　⦿統計表	記述・選択
	〔2〕	中国・東南アジア・インドの地誌　　⦿地図・統計表	選択・配列・記述
	〔3〕	アフリカの地誌　　　⦿地図・グラフ・統計表	記述・配列・選択
	〔4〕	愛知県犬山市と岐阜県各務原市の地形図読図　　　　　　　　　　　　　　　⦿地形図・視覚資料	選択・計算
2023 ◐	〔1〕	ウクライナおよびヨーロッパの地誌　　　　　　　　　　　　　　⦿地図・グラフ・統計表	選択・記述・配列
	〔2〕	南北アメリカ大陸の地誌　　　　　⦿統計表	選択・記述
	〔3〕	世界の農業と食料　　　　⦿グラフ・統計表	選択・記述
	〔4〕	五島列島福江島および対馬の地形図読図　　　　　　　　　　　⦿地形図・視覚資料	記述・選択・計算
2022 ◐	〔1〕	アジアの地誌　　⦿地図・グラフ・統計表	選択・配列・記述
	〔2〕	イギリスおよびその関連問題　　⦿地図・統計表	選択・記述
	〔3〕	稚内市の地形図読図　⦿地形図・統計表・グラフ	選択・計算・記述

（注）　●印は全問，◐印は一部マークシート式採用であることを表す。

世界・日本の地誌と時事的事項に注意
資料問題への対応力が必要

01 出題形式は？

　大問数は3～4題，解答個数はどの年度も50個程度である。出題形式は，マークシート式による選択式が大部分を占め，一部に記述式が含まれている。解答用紙は，表面がマーク記入用，裏面が記述用になっている。選択式では配列問題や計算問題も出題されている。試験時間は2科目で120分。

　なお，2025年度は出題科目が「地理総合，地理探究」となる予定である（本書編集時点）。

02 出題内容はどうか？

　全分野から幅広くさまざまな事項が出題されているが，学部の性格上，自然環境や農業に関する理解を問うものが多い。大問ごとに見ると，地誌分野からの出題が多いが，系統分野からの出題ももちろんある。どの大問でも設問は，用語や地名に関する知識を問うものが大半であるが，雨温図や統計表・グラフの判定なども含まれており，地理的な情報処理能力も必要である。統計判定問題では，国名や品目の判定にやや詳細な内容が問われる場合もあるので，統計に関する十分な学習が望まれる。また，地形図読図問題も出題されており，実際の距離や面積を計算する設問もある。さらに，2022年度〔2〕のイギリスのEU離脱や2023年度〔1〕のウクライナの地誌，2024年度〔1〕のG7広島サミットの参加国など，時事的な性格の強い設問も見られる。

03 難易度は？

　全体としては標準レベルであるが，問題によって難易度の差が大きい。高校地理の基本的な用語・地名を答えさせるものから，かなり詳細な統計数値に関するものまでさまざまである。とはいえ，基本事項に関する問題が全体の過半を占めるので，これらを取りこぼしのないようにすることが何よりも大切である。また，120分で2科目を解かなければならないので，時間配分にも注意が必要である。

01 基本事項を確実に習得しよう

　全分野から幅広く出題されるので，どの分野もおろそかにせずに学習す

ることが望まれる。授業で使用したノートやプリントを繰り返し読み，意味がはっきりわからない用語については『地理用語集』（山川出版社）などで調べる習慣をつけたい。また，自然環境や農業に関しては，やや詳細な事項が問われることが多いので，資料集なども利用して，自然環境では成因から理解し，農業では立地条件をしっかり押さえて系統的に理解するといった，一歩踏み込んだ学習をするように心がけたい。

02　地図帳を常に参照しよう

　教科書を読むときには，必ず地図帳を横に置いて常に参照する習慣をつけよう。地図帳の一頁一頁には膨大な情報が記載されている。そのなかで，国土の広がり，位置（経緯度や隣国との関係），形や都市の位置，山脈とその走向，河川とその流路など最も基本的な情報を読み取り，確実に頭の中に入れるようにしたい。地図帳とは別に白地図を用意して，自分で必要な項目を書き入れる作業をすれば理解度がいっそう高まるので，ぜひ実行してもらいたい。

03　統計問題に強くなろう

　やや詳細な統計数値や順位について問われることもあるので，最新版の統計集を入手して，各国の国勢や産業，貿易などの項目を丁寧に見ておく必要がある。その際，統計数値や国の順位などを丸暗記しようとするのではなく，なぜそのような数値や順位になっているのかを考え，表からわかる地域性を読み取るよう努めたい。統計は，教科書で説明されている地域の特色を数値を通じて確認し，より深く理解するために利用しよう。なお，市販の統計集では，『データブック オブ・ザ・ワールド』（二宮書店）が，国別の要覧も掲載されていて，情報量が豊富である。

04　日本についての学習，地形図読図，時事的事項

　日本の自然環境，産業，人口など基本事項は中学校までに学習することが多い。それだけに学習の盲点となりがちなので，地図帳に記載されてい

る分布図なども活用して地理的情報を整理しておくこと。産業や人口につ
いての都道府県別統計にも触れておいたほうがよいだろう。また，地形図
の読図問題に対応できるように，等高線の読み取り，距離や面積，傾斜
（勾配）の計算，地図記号の習得に努めよう。地形図読図では慣れが大切
なので，自宅や学校の周辺を地形図で確認する，教科書や資料集所載の地
図を活用する，入試の読図問題を解く，といった方法で，できるだけたく
さんの地形図に触れるようにしたい。さらに，新聞やニュースを活用して
その時々の出来事についても地理的観点から理解するようにしておこう。

政治・経済

　2025年度は「政治・経済」に代えて「公共，政治・経済」が課される予定である（本書編集時点）。

年度	番号	内　　　容	形　　式
2024 ◑	〔1〕	日本国憲法における統治制度	選択・記述
	〔2〕	国際政治経済	選択・記述
	〔3〕	日本経済の近況	選択・記述
	〔4〕	地球環境問題	選択・記述
	〔5〕	食料・農業問題	記述・選択
2023 ◐	〔1〕	日本国憲法における統治制度	選択・記述
	〔2〕	国際政治経済	選択・記述
	〔3〕	日本経済の近況と景気循環	選択・記述
	〔4〕	日本の公害と地球環境問題	選択・記述
	〔5〕	食料・農業問題	選択・記述
2022 ◑	〔1〕	日本国憲法における統治制度・基本的人権	選択・記述
	〔2〕	国際政治	選択・記述
	〔3〕	景気循環と労働問題	選択・記述
	〔4〕	日本の公害と地球環境問題	選択・記述
	〔5〕	食料・農業問題	選択・記述

（注）　●印は全問，◑印は一部マークシート式採用であることを表す。

政治分野・経済分野から幅広く出題
農業・環境問題には要注意

01 出題形式は？

　大問5題，解答個数は50個程度である。マークシート式による選択式が中心で，記述式も出題されている。記述問題は用語を記入するもので，「漢字○文字で」「カタカナで」などと指定されることが多い。解答用紙は，表面がマーク記入用，裏面が記述用となっている。試験時間は2科目で

120分。

02　出題内容はどうか？

　近年は政治分野・経済分野両面から幅広く出題されている。地球環境問題と農業問題はそれぞれ大問〔4〕〔5〕として必ず出題されている点が特徴的である。

　政治分野に関しては，教科書レベルの基本問題であり，広く政治の各分野から出題されている。経済分野でも，農業や環境問題以外の経済分野は，政治分野と同じく教科書レベルの基本問題であり，これも広く経済の各分野から基本的知識を問う問題が出題されている。

　最も特色があるのは，環境問題などを含んだ農業分野であり，これは農学部食料環境政策学科の選択科目ということを考えると当然の傾向であろう。農業問題に関しては，安全性などの食関連問題，食料自給率，農家の分類などが頻出である。環境問題でも，農業分野を意識した出題が多い。農業・環境問題に関しての十分な理解が求められる。

03　難易度は？

　大半は教科書・資料集レベルの内容であり，全体としての難易度は標準である。しかし，農業問題の一部には教科書レベルを超える出題が見られ，かなり突っ込んだ対策が必要になる。試験時間は2科目120分なので，「政治・経済」で60分と考えると，大問1題あたり10分程度となる。正文・誤文選択問題も多いので，手早く解答していく必要があるだろう。

対　策

01　教科書・資料集の通読を

　農業問題を除く問題は教科書レベルのものが多い。したがって，学習の第一歩は教科書の通読からである。教科書の本文，注釈，図表などをしっ

かり読み込もう。教科書とあわせて『政治・経済資料 2024 年度用』（とうほう）などの資料集を用意し，不足している事項を確認しておこう。

02　時事問題にも関心を

　地球環境に関して，パリ協定，SDGs などの時事問題も例年出題されている。時々刻々と変化する時事問題に関心をもち，日頃のニュースをチェックしたり，『2024 年度版 ニュース検定公式テキスト「時事力」発展編』（毎日新聞出版）などで振り返ったりすることが大切である。

03　農業問題への関心と対応を

　農業問題，それに関連した国際貿易問題，環境問題，食料問題などに関しては，教科書・資料集だけでは不足である。現在の日本農業や広く世界の農業問題・環境問題などに関心をもち，日頃から新聞やニュースに注意をしておくことが必要である。その上で，「食料・農業・農村基本法」や関連の事項や統計について教科書・資料集で再度確認しておくことが対策になる。

04　問題演習を

　内容・出題形式は例年ほぼ同様である。したがって，標準的な問題集を 1 冊用意して，問題演習を通して知識を確認することで教科書レベルの内容をマスターしたい。マークシート式の設問に関しては，『共通テスト 公共，政治・経済 集中講義』（旺文社）など大学入学共通テスト用の参考書で確認し，『2025 実戦攻略 公共，政治・経済 大学入学共通テスト問題集』（実教出版）などを用いて演習をしてもよいだろう。また，記述問題は，用語集（例えば，清水書院の『用語集 政治・経済』など）を活用して，用語を正確に書けるようにしておくことが必要である。

　問題演習の仕上げには，本書の活用が必須である。農業問題をはじめとして，例年同種の問題が出題されていることを自分で確認して，十分な対策をして受験に臨みたい。

数　学

年度	番号	項　目	内　容
2024 ◑	〔1〕	ベクトル	ベクトルの大きさ・内積
	〔2〕	指数・対数関数	対数を含む方程式
	〔3〕	場合の数	条件を満たす4桁の整数の個数
	〔4〕	図形と計量，三角関数	正十二角形の辺の中点を通る円
	〔5〕	積分法	放物線と接線，囲まれる部分の面積
	〔6〕	図形と計量	立体図形，四面体と外接球
	〔7〕	数列	群数列
2023 ◑	〔1〕	指数・対数関数，微分法	対数の計算，3次関数の最大
	〔2〕	確率	条件付き確率
	〔3〕	整数の性質	最大公約数，最小公倍数
	〔4〕	積分法	3次関数のグラフと面積
	〔5〕	数列	漸化式の利用
	〔6〕	ベクトル	平面ベクトル，三角形の外心，2直線の交点
	〔7〕	三角関数，図形と方程式	2つの三角形の面積が等しくなる条件
2022 ◑	〔1〕	場合の数，確率	反復試行に関する確率・場合の数
	〔2〕	整数の性質	2次不定方程式
	〔3〕	図形と方程式	座標平面上の軌跡としての円，円上の格子点
	〔4〕	指数・対数関数	対数を含む計算，関数の最小値
	〔5〕	図形と計量，数列	帰納的に定められる図形
	〔6〕	ベクトル	空間座標，空間ベクトル
	〔7〕	微・積分法	2つの放物線の共通接線，面積

(注)　●印は全問，◑印は一部マークシート式採用であることを表す。

出題範囲の変更

　2025 年度入試より，数学は新教育課程での実施となります。詳細については，大学から発表される募集要項等で必ずご確認ください（以下は本書編集時点の情報）。

2024 年度（旧教育課程）	2025 年度（新教育課程）
数学 I・II・A・B（数列，ベクトル）	数学 I・II・A・B（数列）・C（ベクトル）

旧教育課程履修者への経過措置

　2025 年度入試においては，旧教育課程履修者に配慮して出題する。

傾　向　マークシート式中心
基礎〜標準レベルの出題

01 出題形式は？

　大問 7 題の出題が続いている。解答形式は，解答群から正解を選ぶマークシート式と，答えを記入する空所補充の記述式からなる。大半がマークシート式であり，得られた解答が正しいかどうかを判断しやすく取り組みやすい。解答用紙は，表面がマーク記入用，裏面が記述用になっている。試験時間は 2 科目で 120 分である。

02 出題内容はどうか？

　ここ数年の頻出の項目は，微・積分法，場合の数・確率，数列，ベクトル，図形と方程式，整数の性質などである。

03 難易度は？

　典型問題と標準問題を少しひねった問題が出題されている。試験時間が 2 科目 120 分なので，1 科目 60 分で解くと考えると，大問 1 題につき 8 〜10 分しかかけられない。できる問題から手早く解答していくことが必要である。

01　基礎学力の充実

　出題される典型問題は確実に得点したい。教科書を中心に，標準的なレベルの参考書や問題集を利用して，基本的な問題が確実に解けるよう解法をマスターしておくことが重要となる。

02　過去問の研究

　近年の出題傾向では，図形と方程式，整数の性質，微・積分法，数列，ベクトル，場合の数・確率が頻出である。したがって，これらの単元は特に重点的に演習をこなしておきたい。また，2次関数，図形と計量もよく出題されているので，過去問の演習を通じて，これらの単元についても丁寧に重要事項の整理をしておきたい。また，方針から自分で考えなければならないやや発展的な問題についても習熟しておくとよい。

03　計算力の強化

　マークシート式では途中過程が採点の対象とならないため，ミスなく解答を導くことができる正確な計算力が要求される。日頃から，正確に無駄なく計算できたかを確認しながら，計算力を養成する意識をもって勉強していくとよいだろう。

化　学

年度	番号	項　目	内　　　容
2024 ◗	〔1〕	構造・変化	塩化ナトリウム NaCl のイオン結晶の構造と性質，結合の極性，イオン結合，アンモニアソーダ法（ソルベー法），原子やイオンの構造と性質 ⨀計算
	〔2〕	有機・変化	油脂の構造と性質，生成熱と燃焼熱，燃料電池，代表的な一次電池と二次電池 ⨀計算
	〔3〕	無機・変化	鉄の性質と反応，合金，金属イオンの分離 ⨀計算
	〔4〕	有　　機	元素分析，芳香族化合物の構造決定，ニトロベンゼンの誘導体，元素の検出反応，アニリンの性質，芳香族化合物の分離，フェノールの性質 ⨀計算
2023 ◗	〔1〕	総　　合	糖類の構造と性質，沸点上昇と凝固点降下，再生繊維，濃硫酸の性質 ⨀計算
	〔2〕	有機・変化	熱化学，スクロースの性質，酸化数，化学平衡 ⨀計算
	〔3〕	無　　機	さらし粉，塩素の発生と性質，ハロゲンの単体とハロゲンの化合物の性質，酸化数 ⨀計算
	〔4〕	有　　機	油脂の性質と構造，セッケンと合成洗剤の性質，エステル，エタノールの性質，構造異性体 ⨀計算
2022 ◗	〔1〕	構造・有機	尿素の合成，結合の極性，炭素原子の電子軌道，ダイヤモンドの単位格子と密度，パルミチン酸に含まれる酸素原子の数，油脂のけん化価と付加できる H_2 の体積 ⨀計算
	〔2〕	変　　化	NO_2（気）の生成熱，$2NO_2 \rightleftharpoons N_2O_4$ の反応熱，ルシャトリエの原理，酢酸水溶液の pH，中和滴定 ⨀計算
	〔3〕	無機・変化	カルシウムの単体と化合物，金属イオンの沈殿，硬水と軟水の性質 ⨀計算
	〔4〕	有　　機	分子量 88 の脂肪族化合物，異性体

（注）　●印は全問，◗印は一部マークシート式採用であることを表す。

計算問題が必出
基本的・標準的な内容の理解が問われる

01 出題形式は？

　大問 4 題で，ほとんどが選択肢の中から解答を選ぶマークシート式であるが，反応式や構造式，有効数字指定の計算問題などの記述問題もある。

解答用紙は,表面がマーク記入用,裏面が記述用となっている。試験時間は2科目で120分。

02 出題内容はどうか？

出題範囲は「化学基礎・化学」である。

例年,理論・無機・有機がバランスよく出題されている。物質の化学的性質と理論計算を組み合わせた問題は必ず出題されている。これらは,与えられた条件をもとに化学的な思考力や応用力を試される問題であるが,決して難しい内容ではない。平素の基本的な学習が重要である。

03 難易度は？

基礎的・標準的な内容がほとんどで,一部に発展的な内容も含まれているが教科書レベルである。教科書の基礎的な内容をしっかり理解しておけば,十分対応できる。文章量が多いので,スピードが要求される。できる問題から手早く解いていくことが重要になる。

対 策

01 理 論

原子の構造,周期表と元素の性質,気体の法則,平衡,酸・塩基,酸化・還元などを中心に,教科書の例題や章末問題をしっかりと練習しておこう。また,計算問題についても,教科書や『実戦 化学重要問題集 化学基礎・化学』(数研出版)などの例題と基本問題・標準問題を繰り返し演習し,迅速に関係式が立てられるようにして,数値計算にも習熟しておくことが大切である。

02　無　機

　周期表を中心に，金属元素や非金属元素の性質や反応をしっかりと整理
しておく必要がある。特に，気体の製法と捕集法，イオン化傾向と金属の
性質，沈殿反応と錯イオン生成反応などを中心に整理し，反応式も書ける
ようにしておこう。また，無機工業化学についてもおろそかにせず，『マ
ーク式基礎問題集　化学［理論・無機］』（河合出版）などを利用して学習
しておきたい。

03　有　機

　官能基に注目して，脂肪族化合物や芳香族化合物の反応や性質を教科書
を用いて整理しておこう。また近年，高分子分野も出題されているので，
酵素やタンパク質，糖，油脂についても細かい知識を含めて，十分に整理
しておきたい。元素分析も頻出なので，計算方法などを確認し，『マーク
式基礎問題集　化学［有機］』（河合出版）などを利用して演習を積んでお
こう。

生　物

年度	番号	項　目	内　容
2024 ●	〔1〕	遺 伝 情 報	DNA 修復遺伝子の発現調節，プログラム細胞死，遺伝子導入
	〔2〕	代　謝，遺 伝 情 報	代謝，酵素反応と阻害物質，ゲノム編集，遺伝子の変異と小進化　✅**計算**
	〔3〕	植物の反応，遺 伝 情 報	植物の組織系と反応，細胞内共生説，植物ホルモン，ABC モデル
	〔4〕	生　　態，進化・系統	種間関係，分類と系統樹，集団遺伝と種分化，社会性昆虫と血縁度　✅**計算**
2023 ●	〔1〕	遺 伝 情 報，代　　謝	真核生物の遺伝子発現，生命現象とアミノ酸・ポリペプチド，抗原と抗体　✅**計算**
	〔2〕	生殖・発生，動物の反応	骨格筋と眼の発生・構造・反応，両生類の形成体　✅**計算**
	〔3〕	生態，代謝	植生の遷移，光合成色素，物質生産，生物多様性の維持　✅**計算**
	〔4〕	進化・系統	派生形質による分類と系統樹，分子系統樹，集団遺伝と種分化
2022 ●	〔1〕	遺 伝 情 報，細　　胞	DNA の構造，ウイルスの性質，細胞・細胞小器官・ウイルスの大きさと観察
	〔2〕	体 内 環 境	ヒトの体温調節，ホルモン受容体の性質と反応，自然免疫と適応免疫
	〔3〕	代　　謝，植物の反応	イネの発芽の実験，植物の光受容と反応，環境ストレスに対する植物の反応
	〔4〕	生殖・発生，遺 伝 情 報	動物の精子形成，染色体の観察，赤緑色覚異常と血友病の伴性遺伝　✅**計算**
	〔5〕	生　　態	バイオーム，植生の遷移と環境，環境形成作用，里山の特徴，暖かさの指数　✅**計算**

（注）　●印は全問，◗印は一部マークシート式採用であることを表す。

標準問題中心だが問題数が多い
計算問題が重要

01　出題形式は？

　大問4，5題の出題で，全問マークシート式である。計算問題は必出で

ある。試験時間は 2 科目で 120 分。問題数が多く，全問マークシート式と
はいえ，誤文・正文の組み合わせを答えさせるものや，正しいものを選択
肢の中からすべて選ぶものなども多く出題されているので，時間配分が重
要である。

02　出題内容はどうか？

　出題範囲は「生物基礎・生物」である。

　高校生物全般から満遍なく出題されている。遺伝情報が必出であり，生
殖・発生，動物の反応，植物の反応，生態，代謝が頻出で，これらの計算
問題もよく出題されている。

03　難易度は？

　全体の 8 割程度は教科書レベルの知識で対応できるが，問題文が長く，
選択肢が複数の組み合わせとなっているものもあるので，マークシート式
の問題としては難しい部類に入る。じっくり読んで慎重に答えなければな
らない。全体的に問題数が多い上に，計算問題に時間がかかることもある。
時間配分を間違えると思わぬ失点をする可能性があるだろう。また，細か
い知識や思考力を試される問題もあり，解答にかなりのスピードが要求さ
れる。

対 策

01　基礎事項を徹底する

　まず，基礎事項を正確に理解し，基本〜標準的な問題を確実に得点でき
る力をつけよう。基礎事項の学習には教科書が最も適している。教科書の
太字の語句や本文だけでなく，図の説明，グラフの読み方，表の読み取り
などをしっかりと学習すること。問題数が多いので，速く正確に答えなく
てはならない。瞬時に正答できるくらい知識を確かなものにしておこう。

02 計算問題対策

計算問題は必ず出題されると考えて，十分に対策を立てておくべきである。遺伝情報の計算が頻出であり，そのほかに生態系における物質生産，暖かさの指数，興奮の伝導速度，暗順応曲線に関する計算問題なども出題されている。生物で扱う計算問題は典型的であることが多く，それほど難しいものではない。しかし，短時間で解く必要があるので，なるべく多くの問題にあたって力をつけておく必要がある。計算問題を扱った問題集で演習を積み重ねておくこと。

03 考察問題対策・難問対策

教科書外のテーマや考察問題も扱われており，そうした問題が解けるのと解けないのとでは大きな差がつく。基本～標準レベルの問題を確実に解ける力をつけた上で，考察問題対策・難問対策にも取り組んでいきたい。『セミナー生物基礎＋生物』（第一学習社）などで演習をしておくとよい。グラフの読み取りや，それをもとに考察する問題に対しては，いろいろなパターンにあたっておくことが最良の対策である。過去問を用いて実験・考察問題に取り組んで，実験方法や結果の見方，考察の仕方などを練習しておこう。

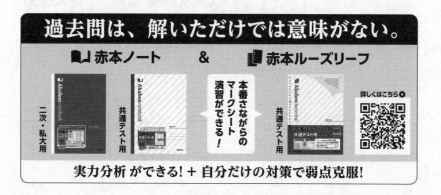

国　語

年度	番号	種類	類別	内　容	出　典
2024 ◑	〔1〕	国語常識		記述：書き取り	
	〔2〕	国語常識		記述：読み	
	〔3〕	現代文	評論	選択：内容説明，空所補充，内容真偽	「人形論」　金森修
	〔4〕	古　文	説話	選択：内容説明，口語訳，文法，空所補充，内容真偽，文学史 記述：口語訳，文法	「十訓抄」
2023 ◑	〔1〕	国語常識		記述：書き取り	
	〔2〕	国語常識		記述：読み	
	〔3〕	現代文	評論	選択：内容説明，空所補充，内容真偽 記述：語意	「ディズニーランド化する社会で希望はいかに語りうるか」　長谷川一
	〔4〕	古　文	歌物語	選択：口語訳，人物指摘，文法，内容説明，語意，内容真偽，文学史 記述：読み，文法，口語訳，空所補充	「伊勢物語」
2022 ◑	〔1〕	国語常識		記述：書き取り	
	〔2〕	国語常識		記述：読み	
	〔3〕	現代文	評論	選択：内容説明，空所補充，内容真偽 記述：箇所指摘	「共に生きる」　塩原良和
	〔4〕	古　文	日記	選択：口語訳，内容説明，文の構造，人物指摘，敬語，語意，文学史 記述：指示内容	「更級日記」　菅原孝標女

（注）　●印は全問，◑印は一部マークシート式採用であることを表す。

現代文はやや難の評論の出題
古文は有名作品からの出題が続く

01　出題形式は？

　例年，〔1〕〔2〕は記述式の漢字の書き取りと読み，〔3〕現代文，〔4〕古文の大問4題の構成となっている。試験時間は2科目で120分。解答形式はマークシート式と記述式の併用である。解答用紙は，表面がマーク記入用，裏面が記述用となっている。〔3〕〔4〕のうち記述式の設問は，例年は2題合わせて2～5問程度であったが，2024年度は〔4〕の2問のみで，〔3〕の現代文に記述式の出題がなかった。過去には字数指定のある内容説明が出題されたこともある。

02　出題内容はどうか？

　現代文では，毎年本格的な評論が出題されている。設問形式は，空所補充，内容説明，内容真偽などのオーソドックスなものである。空所補充問題は複数出題されることも多い。また，本文の主旨や内容と合致するかどうかを問う内容真偽の設問は，毎年最後の一問として出題されている。全体として，文章全体の流れがつかめているかどうかが問われる出題内容である。

　古文は，中古・中世の有名作品が出題されている。過去には近世の作品も出されており，時代やジャンルに偏りはない。文法や助動詞などの詳細な知識をもとに文脈判断をさせる問題となっている。記述式は，口語訳，指示内容や文法などが出題されている。2023年度には和歌の空所補充問題が出題された。全体的な読解力を求める出題も多い。また，文学史が毎年出題されている。

03　難易度は？

　現代文は文章の難度が高めであり，設問の形式・内容はオーソドックスであるものの，問題レベルは高い。古文は本文が比較的読みやすいものの，

設問から考えるとやはり標準レベルである。時間配分としては，〔1〕〔2〕を合計5分程度で終わらせ，〔4〕を20〜25分程度，残りの時間を〔3〕にあてればよいだろう。

01　現代文

　毎年本格的な評論文が出題されるので，十分な評論対策が必要である。新書などを利用して，実際に硬質な文章に触れてみることが大切である。どの本を読めばいいか迷う場合は，教科書に採用されている著作を取り寄せて，教科書に載っていない部分を読んでみるほか，『高校生のための現代思想エッセンス　ちくま評論選』（筑摩書房）などを利用するのもよいだろう。その際，漠然と読むのではなく，文章の対立軸に注意し，印をつけながら読む方法を薦めたい。また，自分なりにキーワードを図にする読み方をしておくと，選択肢の吟味や，適語の抜き出しの際に正解を導き出しやすい。段落ごとの要点を短くまとめる訓練も，読解力を高める上で有効である。問題演習にあたっては，難関校過去問シリーズの『明治大の国語』（教学社）を利用して，他学部の過去問も演習するとよい。

　基本的な語彙力がないために評論が不得手という受験生も案外多いので，『読み解くための現代文単語［評論・小説］』（文英堂）などを利用して重要単語を効率的に覚えてしまうのもよい。漢字は，学校で使ってきた問題集でもよいので，それを繰り返しやっておこう。

02　古文

　意訳を求められたり，本文に直接書かれていない内容を考えさせられる問題が出題されることもあるが，やはり文法や基本古語，古典常識といった基本には十分な学習時間を要する。むしろ，基本ができていなければ応用問題は解けないという心づもりで，できるだけ早めに徹底的に基礎を固めておきたい。古典常識については，『大学入試　知らなきゃ解けない古文

常識・和歌』（教学社）を利用して学習するのもよいだろう。秋から冬にかけては，過去問などを利用して明治大学の傾向に慣れておきたい。過去問以外の問題集を選ぶ際は，中古の物語だけではなく中世や近世の文章も載っているものが望ましい。解釈を求められる問いが多いので，日頃から逐語訳をする習慣をつけ，さらに，文脈からも訳を考えられるように練習を積んでおこう。

明治大「国語」におすすめの参考書

- ✓ 『高校生のための現代思想エッセンス ちくま評論選』（筑摩書房）
- ✓ 『明治大の国語』（教学社）
- ✓ 『読み解くための現代文単語［評論・小説］』（文英堂）
- ✓ 『大学入試 知らなきゃ解けない古文常識・和歌』（教学社）

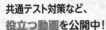

問題と解答

学部別入試

問 題 編

▶試験科目・配点

学科	教科	科　　　目	配　　点
農・生命科学・農芸化学	外国語	「コミュニケーション英語Ⅰ・Ⅱ・Ⅲ，英語表現Ⅰ・Ⅱ」，ドイツ語（省略），フランス語（省略）から1科目選択	150点
	選択	「数学Ⅰ・Ⅱ・Ａ・Ｂ」，「化学基礎・化学」，「生物基礎・生物」，「国語総合（漢文を除く）」から2科目選択	各150点（計300点）
食料環境政策	外国語	「コミュニケーション英語Ⅰ・Ⅱ・Ⅲ，英語表現Ⅰ・Ⅱ」，ドイツ語（省略），フランス語（省略）から1科目選択	150点
	国語・選択	「国語総合（漢文を除く）」必須 日本史Ｂ，世界史Ｂ，地理Ｂ，政治・経済，「数学Ⅰ・Ⅱ・Ａ・Ｂ」，「化学基礎・化学」，「生物基礎・生物」から1科目選択	各150点（計300点）

▶備　考

「数学Ｂ」は「数列，ベクトル」から出題する。

英　語

(60分)

〔Ⅰ〕　次の英文を読んで、下の問に答えなさい。

In 2010 the UN Population Division's medium estimate predicted that there
(i)
would be 9.3 billion people in the world in 2050.　In 2013 a *New York Times*
article calculated that agriculture currently produces 2,700 calories for each of the
7 billion inhabitants of the world. If there were to be no increase in food output,
current production would still produce just over 2,000 calories per person for the
2050 population, which is perfectly adequate for survival. So is there anything to
(ii)
worry about?

It's not quite as simple as that.　About a third of those calories currently go
to feed animals, some will be wasted as they go through the food chain, and at
(ア)
present about 5 per cent will be converted into biofuels. The remaining supplies
are not evenly distributed, because the industrialized countries get more per
(イ)
person than [*develop*] countries, and richer people everywhere can spend more
on food than poorer people.　Not only that, but people in the future may have
different food demands, and the resources and technologies available to produce
food will be different.　This current essay is far too short to produce a
considered estimate of the likely world food balance in 2050, but we can at least
look at some of the things to think about in doing so.

The two main factors (　5　)(　　) are the number of (　6　)
(ウ)
(　　) and the amount of (　7　)(　　).　That medium population
(エ)
estimate of 9.3 billion assumes that the average woman will have 2.17 children in
2045 − 50.　In 2005 − 10 she had 2.52 children.　But if she has 2.64 children, the
high estimate, there could be 10.6 billion mouths to feed.　Factors affecting

female fertility, such as education, income, access to birth control, religion, and culture are therefore crucial as far as future food demand is concerned. On the (オ) whole, as societies become (10), people tend to have (11) children. But they also eat more, and have a (12) diet. There is an increase in demand for pork, and consequently in demand for feed grains, as the Chinese (iii) economy has grown, and we would expect other emerging economies to increase (カ) their demand for animal protein and fats as their consumers spend their increased incomes. In short, we should expect the demand for food to grow by more than the growth in population, but by how much more is considerably more difficult to predict.

What we do know is that in the past increasing demand, and especially increasing population, has been more than met by increases in supply. The historian Giovanni Federico calculated that while the world population rose six or sevenfold between 1800 and 2000, world agricultural production rose by at least ten times in the same period. In the 19th century most of the increase came from land in North and South America, and Australia and New Zealand, that had not previously produced food and fibre for the world market. In the 20th century the increase was mainly the result of increases in output from each hectare of land and/or person working on it. Can either of these solutions be applied again in the 21st century?

We are still cutting down trees in countries such as Argentina and Brazil in order to grow maize and soya beans, but this is increasingly coming under political pressure, and we are likely to lose land as a result of sea-level rises, (X), and (Y) as global warming continues. It is not easy to predict how these trends will balance out in detail, but it does seem clear that we cannot (キ) expect anything like the sort of extra-land-based production increase that we saw in the 19th century.

That (16)( )(17)( )(18)( )(19) of (ク) agricultural land. In the past, faced with an increase of demand relative to supply, and consequently increased prices, farmers have been good at producing

more by using extra inputs — from more hand labour in weeding to extra fertilizers and pesticides. Scientists and technologists have also been good at producing better plant varieties, <u>livestock</u> breeds, machinery, and so on. While
(iv)
world population increased by just over 80 per cent between 1970 and 2009, world maize production increased three times and wheat and rice production more than doubled. Can this continue into the future?

In industrialized countries, the scope for easy ways to increase output may be limited, but there already exists a highly trained and sophisticated agricultural labour force that is used to adopting new technologies such as integrated pest management in their search for the desirable realization of sustainable intensification.

The greatest opportunities for increasing output per hectare are also where the increase in demand is likely to be greatest: (　20　). They are the ones in which a little extra fertilizer, or slightly better seeds, or a little extra draught
（注1）
power from cattle or donkeys, can make the greatest difference. Farmers can use mobile phones both to receive technical advice and also to find out which local markets have the best prices. Even simple things such as a nearby piped water supply, or a way of cooking food that does not require a woman to spend two or three hours a day searching for firewood, could mean that more time is available for (　21　). Bringing the world average yields of crops and livestock up to the levels already being achieved on the more productive farms is therefore the challenge for the 21st century.

Adapted from *Agriculture: A Very Short Introduction* by Paul Brassley and Richard Soffe（Oxford University Press, 2016）

（注1）　draught power ＝（家畜などに）荷を引かせて得られる力

問 1. 問題本文中の下線部(i)～(iv)について、それぞれの問に答えなさい。

　(i)　es·ti·mate と強勢（アクセント）の置かれる位置が同じものを次から一つ

選び、その記号をマークしなさい。（解答番号 1 ）

- A．im・bal・ance
- B．in・fa・mous
- C．in・ter・pret
- D．in・ter・rupt

(ii) ad・e・quate と強勢（アクセント）の置かれる位置が同じものを次から一つ選び、その記号をマークしなさい。（解答番号 2 ）

- A．ad・ven・ture
- B．her・it・age
- C．mu・se・um
- D．em・ploy・ee

(iii) con・se・quent・ly と強勢（アクセント）の置かれる位置が同じ語を次から一つ選び、その記号をマークしなさい。（解答番号 3 ）

- A．ac・cu・rate・ly
- B．ex・ter・nal・ly
- C．in・ces・sant・ly
- D．pic・tur・esque・ly

(iv) livestock に含まれる i と比較して、下線部の発音が同じ語を次から一つ選び、その記号をマークしなさい。（解答番号 4 ）

- A．g<u>ui</u>dance
- B．pol<u>i</u>ce
- C．rece<u>i</u>pt
- D．w<u>o</u>men

問 2．問題本文中の下線部(ア) food chain についての説明を完成させるため、次の文の空所に入る最も適切な 1 語を解答欄に記入しなさい。（解答番号 101）
The food chain is a series of living things which are linked to each other because each thing（　　　）on the one next to it in the series.

問 3．問題本文中の下線部(イ)が正しい英文になるように、[　　　]内の語を最も適切な語形にして解答欄に記入しなさい。（解答番号 102）

問 4．問題本文中の下線部(ウ)が正しい英文になるよう各空所に下記の語句から選んで入れるとき、空所（ 5 ）（ 6 ）（ 7 ）に入るものをそれぞれ一つ選び、その記号をマークしなさい。（解答番号は空所の番号と同じ）

(ウ) The two main factors (　5　)(　　　) are the number of (　6　) (　　　) and the amount of (　7　)(　　　).

A．future food demand 　　　　　B．in the world

C．money 　　　　　　　　　　　D．people

E．that influence 　　　　　　　　F．they have to spend

問 5．問題本文中の下線部(エ)の意味に最も近いものを下記の中から一つ選び、その記号をマークしなさい。（解答番号 8 ）

A．approximate current world population

B．growth rate of population that mass media predicted

C．interim report on the world's population growth

D．moderate scenario for future population growth

問 6．問題本文中の下線部(オ)の意味として最も適切なものを下記の中から一つ選び、その記号をマークしなさい。（解答番号 9 ）

A．dangerous 　　　　　　　　　B．good-looking

C．very important 　　　　　　　　D．outrageous

問 7．問題本文中の空所（　10　）（　11　）（　12　）に入るものを下記の中からそれぞれ一つ選び、その記号をマークしなさい。

（解答番号は空所の番号と同じ）

A．deeper 　　　　　　　　　　　B．fewer

C．less 　　　　　　　　　　　　D．more competitive

E．more varied 　　　　　　　　　F．needier

G．richer 　　　　　　　　　　　H．slimmer

問 8．問題本文中の下線部(カ) emerging economies が意味するものとして最も適切なものを下記の中から一つ選び、その記号をマークしなさい。

（解答番号 13 ）

A．countries with remarkable economic growth

B．downward economic tendencies requiring to be urgently addressed

C．markedly favourable conditions for world business

D．theories that contribute to increasing tax revenues

問 9．問題本文中の空所（　X　）と（　Y　）に入る最も適切な組み合わせを下記
の中から一つ選び、その記号をマークしなさい。（解答番号 14）

A．（　X　）heavy rain 　　　　　（　Y　）air pollution

B．（　X　）abundant harvest 　　（　Y　）land erosion

C．（　X　）droughts 　　　　　　（　Y　）desertification

D．（　X　）thunder 　　　　　　（　Y　）energy shortage

問10．下線部(キ)の意味に最も近いものを下記の中から一つ選び、その記号をマー
クしなさい。（解答番号 15）

A．future stability in food supply and demand

B．how to figure out these tendencies

C．the overall effect of all these changes

D．whether fair trade will succeed or not

問11．問題本文中の下線部(ク)が次に示す意味になるよう各空所に下記の語から選
んで入れるとき、空所（　16　）～（　19　）に入るものをそれぞれ一つ選び、
その記号をマークしなさい。（解答番号は空所の番号と同じ）
「そのことにより、耕地 1 ヘクタール当たりの生産量を増やすしかなくな
る。」

That（　16　）（　　　）（　17　）（　　　）（　18　）（　　　）（　19　）of
(ク) agricultural land.

A．hectare 　　　B．leaves 　　　C．more 　　　　D．per

E．producing 　　F．us 　　　　　G．with

問12．問題本文中の空所（　20　）に入る最も適切なものを下記の中から一つ選
び、その記号をマークしなさい。（解答番号 20）

A．in the emerging and developing economies

B．in the active and fully grown economies

C．in countries where the industrialized society enjoy its profit

D．in the submerging societies

問13．問題本文中の空所（　21　）に入る最も適切なものを下記の中から一つ選
び、その記号をマークしなさい。（解答番号 21）

A．engaging in good management practices to ensure the vitality of the
crop pests

B．ignoring the weeds in a crop or allowing them to grow freely

C．growing income that enables them to buy more food

D．weeding a crop or growing a second crop or looking after animals

問14．以下の(1)～(6)について、問題本文の内容に照らして正しいものにはTを、
正しくないものにはFを、それぞれマークしなさい。

(1) According to the *New York Times*, the current agriculture supplies 2,700
calories to the world population as of 2023.　　　　　（解答番号 22）

(2) The distribution of agricultural crops is quite unbalanced on a global
scale.　　　　　　　　　　　　　　　　　　　　　（解答番号 23）

(3) It is expected that enough farmland will become available due to
clearing South American rainforests.　　　　　　　　（解答番号 24）

(4) Progress in agriculture due to new scientific findings and technological
innovations will continue at the same pace as in the 20th century.

（解答番号 25）

(5) In the last two centuries the growth rate in food supply greatly excelled
the demand of the increasing population.　　　　　　（解答番号 26）

(6) The main task we need to accomplish in the 21st century is to increase
the average agricultural production to the current best levels.

（解答番号 27）

〔Ⅱ〕　READ THE DIALOG AND CHOOSE OR WRITE THE BEST ANSWERS.

Emma: The other day I had a delicious cup of Japanese black tea.

James: Japanese black tea?　Not from India or Sri Lanka?

Emma: No, didn't you know that black tea is now also produced in Japan?

James: Well, I know that Japan is famous for green tea, but I've never seen locally produced Japanese black tea.

Emma: Actually, some producers have switched to black tea to keep their businesses in the black.[Q1]

James: Really! But why are their businesses struggling? I see lots of green tea sold all over Japan.

Emma: Well, there is a lot of green tea still sold in Japan, but much of it is sold in plastic bottles, which means there is less of a market for higher quality loose leaf tea. Also, the spread of Western culture over the last few decades has meant that people often choose other types of drinks like black tea or coffee.　So, because of this, some producers started to make black tea to satisfy[Q2] consumer demand.

James: But does that mean the producers have to rip out their old green tea bushes and plant new black tea bushes?

Emma: Not necessarily.　Both green tea and black tea can be made from the same leaves.　The difference is what happens to the leaves after they are picked.[Q4] The leaves for black tea are allowed to dry out and oxidize, which stimulates enzyme reactions in the tea leaves that cause them to turn brown. It's the same process that makes apples or avocados turn brown when you cut them open.

James: But aren't green tea leaves also dried?　Why don't they turn brown?

Emma: It's because they are heated soon after they are picked, either by steaming or roasting.　This quickly inactivates the enzymes and stops the browning process. Actually, oolong tea can also be made from the same tea plants. You just need to heat the leaves when they are partially oxidized.

James: OK, I get that.[97]　But why then are green tea and oolong tea mostly produced in countries like Japan and China, while black tea is produced in countries like India and Sri Lanka?

Emma: That's a good question.[98]　I guess that different historical and cultural factors regarding black or green tea meant that some regions became more associated with one kind of tea.

James: So, can I buy Japanese black tea?

Emma: Yes, there are now about 900 black tea producers in Japan.　Some of them have won international awards for their quality, and some are starting to export their tea.

James: Wow, that's great.　I'm going to keep an eye out for it. And maybe one day we'll be able to have "Japanese afternoon tea" in London.　What do you think?

Emma: Well, I guess nothing's impossible!

Q 1.　What does Emma mean by 'in the black'?　　　　　　（解答番号 28）

　　A．The companies keep selling black tea.

　　B．The companies want to remain profitable.

　　C．It is bad news for the companies.

　　D．The companies want to use black packaging.

Q 2.　What does Emma mean by 'satisfy'?　　　　　　（解答番号 29）

　　A．She is happy about the situation.

　　B．Foreigners want to buy Japanese tea.

　　C．Customers order a cup of black tea.

　　D．Farmers make tea that people want to buy.

Q 3.　Emma says that　　　　　　（解答番号 30）

　　A．Japanese people drink more coffee than green tea.

B. Japanese bottled green tea is made from imported tea.

C. Japanese farmers ripped up green tea bushes and planted black tea bushes.

D. Japanese people are drinking less high-quality loose leaf green tea than before.

Q 4. What is an appropriate word to replace 'picked'?　　　（解答番号 31）

　　A. selected

　　B. harvested

　　C. processed

　　D. dried

Q 5. Which of these statements is correct ACCORDING TO THE DIALOG?

　　　　　　　　　　　　　　　　　　　　　　　　　（解答番号 32）

　　A. Heating tea leaves turns them brown.

　　B. Black tea leaves are heated longer than green tea leaves.

　　C. Tea leaves turn brown if they are left to dry naturally.

　　D. Tea leaves are cut open to turn them brown.

Q 6. How does Emma say that oolong tea is made?　　　（解答番号 33）

　　A. Leaves for oolong tea are dried longer than leaves for black tea.

　　B. Oolong tea is made from a mixture of green tea and black tea.

　　C. Oolong tea leaves are dried for longer than green tea leaves.

　　D. Only part of the tea leaves is dried when making oolong tea.

Q 7. Why does James say 'I get that'?　　　（解答番号 34）

　　A. He wants to buy black tea.

　　B. He understands what Emma explained.

　　C. He was confused.

　　D. He prefers green tea.

Q 8.　Why does Emma say 'That's a good question'?　　　　　　（解答番号 35）

　　A.　Emma thinks that James has mentioned a crucial point related to this

　　　　issue.

　　B.　James has just asked a question that is difficult for Emma to answer

　　　　immediately.

　　C.　Emma was waiting for James to ask her that question.

　　D.　The question is so simple that James should already know the answer.

Q 9.　Fill in the blanks with TWO words FROM THE DIALOG.　（解答番号 103）

　　Emma says that apples and avocados turn brown due to _____

　　_____.

Q10.　Fill in the blank with ONE word FROM THE DIALOG.　（解答番号 104）

　　Emma believes that there are various _____ that determine the types of

　　tea produced in different countries.

〔Ⅲ〕　次の(1)～(6)の各組の英文の空所に共通して入る最も適した語句を、それぞれ下記の中から一つ選び、その記号をマークしなさい。

（解答番号は空所の番号と同じ。）

(1) 　{ Bob decided to take （　36　） when he received the letter.
　　　 Jill couldn't enjoy her first （　36　） because of her fear of heights.

　　　A．charge　　　　B．flight　　　　C．place　　　　D．refuge

(2) 　{ The results of the physical checkup （　37　） out those children.
　　　 The king （　37　） the nation for over thirty years.

　　　A．filled　　　　B．picked　　　　C．ruled　　　　D．signed

(3) 　{ Honestly speaking, that movie was not my （　38　）.
　　　 A dry tongue may affect your ability to （　38　） the wine.

　　　A．mind　　　　B．sense　　　　C．taste　　　　D．value

(4) 　{ I'd say their victory was no （　39　） achievement.
　　　 I don't （　39　） to contradict you, but we only have a limited budget.

　　　A．clear　　　　B．mean　　　　C．point　　　　D．round

(5) 　{ This hot weather will （　40　） two more weeks.
　　　 George is the （　40　） candidate I would vote for.

　　　A．advance　　　　B．firm　　　　C．last　　　　D．steady

(6) 　{ Meg seems to have wrongly remembered her father's （　41　） of death.
　　　 How did they manage to （　41　） these fossils in the end?

　　　A．cause　　　　B．date　　　　C．fix　　　　D．gain

日　本　史

（2科目120分）

〔Ⅰ〕　次の1と2の文章を読み、以下の設問に答えよ。（解答番号1〜8、101〜102）

1　古墳時代前期には自然の丘陵を利用した　　(1)　　が多く、埋葬施設は竪穴式石室である。墳丘には葺石をふき、埴輪をめぐらしている。これに対し、古墳時代中期になると、大阪府の大仙陵古墳(仁徳天皇陵古墳)のように、平地に墳丘を盛り上げた巨大な　　(1)　　がつくられた。また、関東・瀬戸内・南九州などの地域にも、かなり大規模な　　(1)　　がつくられており、この時期にはこれらの地域の有力者(豪族)がヤマト政権のなかで重んじられていたことが
（ア）
わかる。

　副葬品は、前期には銅鏡・玉・剣という呪術に関係のあるものが多かったが、中期には鉄製の武具・馬具など軍事的なものにかわった。これはほうむら
（イ）
れた者が、祭りを司る者から軍事的な指導者にかわったことを示している。

　古墳時代の人びとは、農耕に関する儀礼を重んじ、春には豊作を祈り(祈年祭)、秋には収穫を感謝する祭りをおこなった(新嘗祭)。また、人びとは山や巨木・巨岩などに神がやどると考え、ものをささげてこれをまつった。大和の
（ウ）
三輪山を神体とする大神神社などは、このような古くからの信仰に由来している。また、呪術的な風習として、災いをまぬかれるための　　(2)　　が行われた。

問1　空欄(1)に入る適切な用語を解答用紙裏面の解答欄に漢字五文字で記入せよ。（解答番号101）

問2　空欄(2)に当てはまる用語としてもっとも適切なものを一つ選んで、その記号を解答欄にマークせよ。（解答番号1）

　　A　加持祈禱　　　　　　　　B　禊・祓

　　C　盟神探湯　　　　　　　　D　太占の法

問3　下線部(ア)について、ヤマト政権に関する記述の正誤の組み合わせとして
　　もっとも適切なものを一つ選んで、その記号を解答欄にマークせよ。(解
　　答番号2)

　　①　新しい文化や鉄資源を求めて加耶諸国とつながりをもっていた。

　　②　現在の奈良県南部に位置していたとされる。

　　〔選択肢〕

　　　A　①-正　②-正　　　B　①-正　②-誤

　　　C　①-誤　②-正　　　D　①-誤　②-誤

問4　下線部(イ)に関連して、古墳時代中期につくられたとされる古墳の名称と
　　して適切でないものを一つ選んで、その記号を解答欄にマークせよ。(解
　　答番号3)

　　A　太田天神山古墳　　　　　B　箸墓古墳

　　C　誉田御廟山古墳　　　　　D　男狭穂塚古墳

問5　下線部(ウ)に関連して、九州にある巨石群の地名としてもっとも適切なも
　　のを一つ選んで、その記号を解答欄にマークせよ。(解答番号4)

　　A　三内丸山　　　B　吉野ヶ里　　　C　五色塚　　　D　沖ノ島

2　ヤマト政権の支配のおよばない東北地方の人びとは、古くから「蝦夷」とよば
　れ、異民族のようにみられることもあった。7世紀なかば以降、中央政府はた
　びたび東北地方に軍勢をおくり、前進基地として城柵を設けて支配を浸透させ
　　　　　　　　　　　　　　　　　　　　　(エ)
　ていった。城柵は政庁を中心に外郭のなかに役所群・倉庫群が配置され、行政
　の拠点としての性格をもっていた。政府は帰順する蝦夷を優遇し、一部を俘囚
　として諸国において組織する一方、反抗する蝦夷は武力でおさえつけたので、
　しばしば戦いがおこった。桓武天皇の時代には、北上川中流域の族長阿弖流為
　　　　　　　　　　　　　(オ)
　が政府軍を大敗させた事件もおこったが、　　(3)　　の働きもあり、中央政府

による東北地方の支配は次第にすすんだ。

　11世紀、陸奥・出羽の「俘囚の長」の地位を継承した ┃ (4) ┃ は、
┃ (5) ┃ が陸奥守を離任すると、奥州産の金・馬などの特産品や北方との交易による経済力を背景に、白河関から津軽外ヶ浜まで勢力をのばし、平泉に居館をかまえ、壮大な中尊寺をたてた。

　平泉の文化には、京都と北方文化の影響がみられる。奥州の特産品は朝廷や
(カ)
大寺院におくられ、一方、都の文化が平泉にもたらされた。中国産のすぐれた陶磁器や経典、瀬戸（愛知県）、珠洲（石川県）などのやきものの大甕なども平泉に集まっていた。

問6　空欄(3)に入る適切な人名を解答用紙裏面の解答欄に漢字六文字で記入せよ。（解答番号102）

問7　空欄(4)と(5)に当てはまる人名の組み合わせとしてもっとも適切なものを一つ選んで、その記号を解答欄にマークせよ。（解答番号5）

　　A　(4)　藤原清衡　　　(5)　源義家

　　B　(4)　藤原清衡　　　(5)　源頼義

　　C　(4)　藤原秀衡　　　(5)　源義家

　　D　(4)　藤原秀衡　　　(5)　源頼義

問8　下線部(エ)について、城柵に該当しないものを下記から一つ選んで、その記号を解答欄にマークせよ。（解答番号6）

　　A　秋田城　　　　　B　志波城　　　　　　C　胆沢城

　　D　多賀城　　　　　E　小谷城

問9　下線部(オ)に関連して、下記の①から③はいずれも桓武天皇および嵯峨天皇の時代の出来事である。年代の古いものから順に並べたものとしてもっとも適切なものを一つ選んで、その記号を解答欄にマークせよ。（解答番号7）

　　①　蔵人所の設置

　　②　平安京への遷都

　　③　最澄・空海の入唐

〔選択肢〕

　　A　①②③　　　　　　　B　①③②　　　　　　　C　②①③

　　D　②③①　　　　　　　E　③①②　　　　　　　F　③②①

問10　下線部㈔について、中尊寺金色堂に関する記述の正誤の組み合わせとし

　　てもっとも適切なものを一つ選んで、その記号を解答欄にマークせよ。

　　(解答番号8)

　　①　中央で流行した浄土信仰が奥州にも広まっていたことを示している。

　　②　内陣の螺鈿の装飾には南海産の夜光貝が使われている。

〔選択肢〕

　　A　①-正　②-正　　　　B　①-正　②-誤

　　C　①-誤　②-正　　　　D　①-誤　②-誤

〔Ⅱ〕　次の1と2の文章を読み、以下の設問に答えよ。(解答番号9〜16、103〜104)

1　室町幕府の支配が安定したのは、3代将軍足利義満のときであった。義満は
　　　　　　　　　　　　　　　(ア)
京都の室町に壮麗な将軍邸(花の御所)をつくり、ここで政治をおこなったこと

から、この幕府を室町幕府とよぶ。

　　室町幕府のしくみは、将軍を頂点としてそれを有力守護が支える形でととの

えられた。重要な役職は、将軍を補佐する　　(1)　　と、京都市中の警備や刑

事裁判を司る侍所の長官(所司)であった。　　(1)　　には足利一門である細川

・斯波・畠山の3氏が交代で任命され、所司には赤松・山名などの4氏から任

命された。これらの有力守護はつねに京都にいて幕府政治の運営にあたり、そ
　　　　　　　　　　　(イ)
の領国は守護代に統治させた。

　　幕府の財源としては、諸国にある御料所からの収入や、守護や地頭に対する

割当て金があった。その他、高利貸業者である土倉や酒屋へは営業税として土

倉役・酒屋役をかけ、関所を設けて関銭とよばれる通行料をとった。さらに全

国に賦課する段銭・棟別銭のほか、日明貿易の利益なども幕府の財源となった。
（ウ）

　幕府の地方機関としては、鎌倉府や九州探題などがあった。足利尊氏は関東をとくに重視し、子の　(2)　を鎌倉公方として鎌倉府をおいた。鎌倉府の権限は大きく、やがて京都の幕府としばしば衝突するようになった。

問1　空欄(1)に入る適切な用語を解答用紙裏面の解答欄に漢字で記入せよ。
　（解答番号103）

問2　空欄(2)に入る適切な人名を下記から一つ選んで、その記号を解答欄にマークせよ。（解答番号9）
　A　貞氏　　　　　B　基氏　　　　　C　泰氏
　D　氏満　　　　　E　持氏

問3　下線部(ア)に関連して、下記の①から③はいずれも足利義満が将軍であった時期の出来事である。年代の古いものから順に並べたものとしてもっとも適切なものを一つ選んで、その記号を解答欄にマークせよ。（解答番号10）
　①　花の御所の造営
　②　明徳の乱
　③　土岐康行の乱
〔選択肢〕
　A　①②③　　　　B　①③②　　　　C　②①③
　D　②③①　　　　E　③①②　　　　F　③②①

問4　下線部(イ)に関連して、1467（応仁元）年におこった応仁の乱において、西軍として戦った人名としてもっとも適切なものを下記から一つ選んで、その記号を解答欄にマークせよ。（解答番号11）
　A　畠山持富　　B　斯波義廉　　C　足利義政　　D　細川勝元

問5　下線部(ウ)について、日明貿易に関する記述の正誤の組み合わせとしても
っとも適切なものを一つ選んで、その記号を解答欄にマークせよ。（解答
番号12)

①　明が朝貢貿易を要求したのに対し、足利義満は「日本国王臣源」と名乗
って要求を受け入れ、明から勘合をもらって貿易をおこなった。

②　朝貢形式の貿易は、滞在費・運搬費などすべて明側が負担したため、
日本側の利益は大きかった。

〔選択肢〕

A　①－正　②－正　　　B　①－正　②－誤
C　①－誤　②－正　　　D　①－誤　②－誤

2　室町時代には、14世紀なかばの南北朝文化についで、14世紀末の北山文
化、15世紀末の東山文化が形成された。これらの京都を中心とした文化は、
16世紀の戦国時代に広く地方へ普及していき、今日の日本の伝統文化の原型
を形成していった。

　南北朝時代には、動乱のなかで時代の転換期をみすえた歴史書や軍記物語が
書かれた。　(3)　は、南朝の皇統の正統性を論じた歴史書『神皇正統記』を
著した。軍記物語では、南北朝動乱をえがいた　(4)　がまとめられた。

　茶を飲む習慣は、禅宗の流行とともに鎌倉時代から広まっていたが、南北朝
時代以後、各地で茶寄合がおこなわれ、とくに茶の飲みわけを賭ける闘茶が流
行した。

　応仁の乱後、8代将軍足利義政は京都の東山に山荘をつくり、ここに銀閣を
たてた。このころの文化は東山山荘に代表されるので東山文化とよばれ、禅の
精神にもとづく簡素さと伝統文化の奥深いおもむきを特色としている。東求堂
　(5)　にみられる書院造は、近代の和風住宅の原型となった。義政は、書
院造の一室に花をかざり、水墨画を床の間にかけたり、襖絵にえがかせたりし
て、静かに茶をたてて趣味の生活にひたった。

　墨だけの一色の濃淡でえがく水墨画は、北山文化のころに五山の僧が中国の
　　　　　　　　　　　　　　　　　　　　　　　　　(エ)
影響をうけてえがいていたが、このころに雪舟が出て日本的な水墨画を大成し
た。また、水墨画のえがき方を大和絵にとり入れた狩野派が成立した。
　　　　　　　　　　　　　　　　　　　　　(オ)

茶の湯では　　(6)　　が出て茶室で心静かに茶を味わう侘茶がはじまり、そののち千利休によって完成された。

問 6　空欄(3)には人名、空欄(4)には作品名がそれぞれ入るが、それらの組み合わせとしてもっとも適切なものを一つ選んで、その記号を解答欄にマークせよ。（解答番号13）

A　(3)　北畠親房　　(4)　吾妻鏡

B　(3)　北畠親房　　(4)　太平記

C　(3)　後醍醐天皇　(4)　吾妻鏡

D　(3)　後醍醐天皇　(4)　太平記

問 7　空欄(5)に入る、慈照寺東求堂にある書院造の茶室の名称としてもっとも適切なものを下記から一つ選んで、その記号を解答欄にマークせよ。（解答番号14）

A　如庵　　　　　B　同仁斎　　　　C　待庵　　　　D　密庵席

問 8　空欄(6)に入る適切な人名を解答用紙裏面の解答欄に漢字で記入せよ。（解答番号104）

問 9　下線部(エ)に関連して、京都五山に該当し̇な̇い̇寺院の名称を下記から一つ選んで、その記号を解答欄にマークせよ。（解答番号15）

A　相国寺　　　　B　東福寺　　　　C　建仁寺

D　天龍寺　　　　E　建長寺

問10　下線部(オ)について狩野派に関する記述の正誤の組み合わせとしてもっとも適切なものを一つ選んで、その記号を解答欄にマークせよ。（解答番号16）

①　狩野山楽による唐獅子図屏風は、本能寺の変の後、豊臣秀吉が毛利輝元におくった品とされている。

②　安土城、大坂城などの城郭の室内の襖や屏風には、狩野派の絵師が濃

絵による金碧濃彩の障壁画をえがいた。

〔選択肢〕

A　①-正　②-正　　　B　①-正　②-誤

C　①-誤　②-正　　　D　①-誤　②-誤

〔Ⅲ〕　次の1の文章と2の年表を読み、以下の設問に答えよ。（解答番号17～24、105～106）

1　<u>1792（寛政4）年</u>、ロシア使節 ＿＿(1)＿＿ が根室へ来航し、日本の漂流民をお
(ア)
くりとどけるとともに通商を求めた。幕府はこれを拒否したが、長崎への入港
許可証を渡し、その後、江戸湾・蝦夷地の海防を強化した。この間、幕府は近
藤重蔵や ＿＿(2)＿＿ を蝦夷地調査にむかわせ、一時、蝦夷地を直接支配して警
備を固めた。1804（文化元）年、ロシア使節 ＿＿(3)＿＿ が、さきの入港許可証を
もって長崎へ来航し、ふたたび通商を求めたが、幕府はこれを拒否したため、
後日、ロシア軍艦は樺太や択捉島を銃撃した。その後も、ロシア船はしばしば
蝦夷地にあらわれ、日本側と紛争をおこした。

北方での緊張に加えて、1808（文化5）年に、オランダと敵対関係にあったイ
ギリスの軍艦フェートン号が、長崎湾内にまで侵入する事件がおこった（フェ
ートン号事件）。その後もイギリス船が、日本近海に姿をみせた。そこで幕府
は、1825（文政8）年、異国船打払令（無二念打払令）を出して、外国船をみたら
ただちに撃退するように命じた。従来の<u>「四つの窓口」</u>で結ばれた外交秩序（鎖
(イ)
国）の外側に、ロシア・イギリスなどの列強をあらたな外敵として想定するこ
(ウ)
とになった。

問1　空欄(1)と(3)に入る人名の組み合わせとしてもっとも適切なものを一つ選
んで、その記号を解答欄にマークせよ。（解答番号17）

A　(1)　プチャーチン　　　(3)　ラクスマン

B　(1)　プチャーチン　　　(3)　レザノフ

C　(1)　ラクスマン　　　　(3)　プチャーチン

D　(1)　ラクスマン　　　　(3)　レザノフ

E (1) レザノフ (3) プチャーチン

F (1) レザノフ (3) ラクスマン

問2 空欄(2)には、樺太が島であることを確認した人名が入る。その人名を解答用紙裏面の解答欄に漢字四文字で記入せよ。(解答番号 105)

問3 下線部(ア)に関連して、寛政の改革を風刺した川柳や狂歌としてもっとも適切なものを一つ選んで、その記号を解答欄にマークせよ。(解答番号 18)

A 役人の子はにぎにぎを能く覚え

B 侍が来ては買ってく高楊枝

C 世の中に蚊ほどうるさきものはなし　ぶんぶといふて夜もねられず

D 年号は安く永しと変れども　諸色高直いまに明和九

E 世わたりに春の野に出て若菜つむ　わが衣手の雪も恥かし

問4 下線部(イ)について、異国船打払令(無二念打払令)に関する記述の正誤の組み合わせとしてもっとも適切なものを一つ選んで、その記号を解答欄にマークせよ。(解答番号 19)

① 異国船打払令(無二念打払令)は、清・蘭船以外は二念なく(ためらうことなく)撃退することを命じた法令である。

② 異国船打払令(無二念打払令)は、フェートン号事件に続くオランダ国王開国勧告、ゴローウニン事件に対する対応措置であった。

③ アヘン戦争の結果、文化の薪水給与令により、江戸幕府は異国船打払令(無二念打払令)を緩和する命令を発令した。

〔選択肢〕

A ①-正 ②-正 ③-正

B ①-正 ②-正 ③-誤

C ①-正 ②-誤 ③-誤

D ①-正 ②-誤 ③-正

E ①-誤 ②-正 ③-正

F ①-誤 ②-誤 ③-正

G ①-誤 ②-正 ③-誤

H ①-誤 ②-誤 ③-誤

問5 下線部(ウ)について、「四つの窓口」として適切でないものを一つ選んで、その記号を解答欄にマークせよ。(解答番号20)

A 対馬 B 松前 C 下関

D 薩摩 E 長崎

2 年表：幕末の動き(月は陰暦)

1854年 3月	日米和親条約
1856年 7月	ハリス着任
1858年 6月	日米修好通商条約 (エ)
9月	安政の大獄(~59年) (オ)
1859年 6月	横浜・長崎・箱館で自由貿易を開始 (カ)
1860年 3月	桜田門外の変
1861年 10月	和宮、江戸にくだる
1862年 1月	坂下門外の変
8月	生麦事件 (キ)
1863年 5月	長州藩、外国船を砲撃
7月	薩英戦争
8月	八月十八日の政変
1864年 7月	禁門の変
	長州征討(第1次、~12月)
8月	四国艦隊下関砲撃事件
1865年 4月	長州再征を発令
10月	条約勅許
1866年 1月	薩長連合
6月	長州征討(第2次、~8月)

1867 年　8 月	「ええじゃないか」おこる
10 月	大政奉還、討幕の密勅
12 月	王政復古の大号令

(ク)

問 6　下線部(エ)について、日米修好通商条約に関する記述の正誤の組み合わせ
　　としてもっとも適切なものを一つ選んで、その記号を解答欄にマークせ
　　よ。(解答番号 21)

①　日米修好通商条約では、(1)神奈川・長崎・新潟・兵庫の開港と江戸・
　　大坂の開市、(2)自由貿易の開始、(3)開港場に居留地を設け、外国人の内
　　地旅行を制限すること、などが定められた。

②　江戸幕府はオランダ、ロシア、イギリス、フランスとも日米修好通商
　　条約とほぼ同じ内容の条約を結んだ。

③　大老となった彦根藩主井伊直弼は、勅許をえたうえで、日米修好通商
　　条約に調印した。

〔選択肢〕

A　①-正　　②-正　　③-正
B　①-正　　②-正　　③-誤
C　①-正　　②-誤　　③-誤
D　①-正　　②-誤　　③-正
E　①-誤　　②-正　　③-正
F　①-誤　　②-誤　　③-正
G　①-誤　　②-正　　③-誤
H　①-誤　　②-誤　　③-誤

問 7　下線部(オ)について、安政の大獄により刑死した吉田松陰の私塾の名称を
　　解答用紙裏面の解答欄に漢字四文字で記入せよ。(解答番号 106)

問 8　下線部(カ)について、開港後の貿易・経済に関する記述として適切でない
　　ものを一つ選んで、その記号を解答欄にマークせよ。(解答番号 22)

A　貿易開始後、金の大量流出がはじまり、江戸幕府はこれを阻止するため、金貨の質を大きく上げる改鋳をおこなった。

B　輸出品では、生糸、蚕卵紙、茶などが主で、輸入では、毛織物・綿織物などの繊維製品や武器、艦船などの軍需品が中心で、当初は輸出が輸入を上まわっていた。

C　開港場には居留地が設けられ、外国商人と日本商人のあいだで貿易取り引きが行われた。

D　最大の貿易港は、神奈川にかわって開港された横浜で、相手国はイギリスが圧倒的であった。

問 9　下線部(キ)について、生麦事件に関する記述としてもっとも適切なものを一つ選んで、その記号を解答欄にマークせよ。(解答番号 23)

A　薩摩藩の島津久光が京都へもどる途中、薩摩藩士がイギリス人を殺傷した事件。

B　建設中のイギリス公使館を襲撃して全焼させた事件。

C　水戸藩浪士 14 人が、イギリス仮公使館を襲撃した事件。

D　駐日アメリカ公使館の通訳官ヒュースケンが暗殺された事件。

問10　下線部(ク)について、以下は王政復古の大号令の一部である。下線部(ケ)の天皇名としてもっとも適切なものを一つ選んで、その記号を解答欄にマークせよ。(解答番号 24)

徳川内府、従前御委任ノ大政返上、将軍職辞退ノ両条、今般断然聞シメサレ候、抑癸丑以来未曾有ノ国難、先帝頻年宸襟ヲ悩マセラレ候御次第、衆庶ノ知ル所ニ候、之ニ依リ、叡慮ヲ決セラレ、王政復古、国威挽回ノ御基立テサセラレ候間、……(以下略)　　　(『明治天皇紀』)

〔選択肢〕

A　孝明天皇　　　B　仁孝天皇　　　C　光格天皇

D　桜町天皇　　　E　明正天皇

〔Ⅳ〕　次の1～3の文章を読み、以下の設問に答えよ。(解答番号25～32、107～
　　　108)

1　幕藩体制が築かれた寛永期(1624～44年)には、幕藩体制にみあった新しい
　　文化がうまれた。学問では、朱子学を中心に、儒学がさかんになった。朱子学
　　　　　　　　　　　(ア)
　　は君臣・父子の別をわきまえ、上下の身分秩序を重んじたので、幕府や藩にう
　　け入れられた。

　　　18世紀以降、多くの藩では、藩士の子弟教育のために藩校(藩学)が設立さ
　　　　　　　　　　　　　　　　　　　　　　　　　　　(イ)
　　れ、朱子学を主とする儒学や武術を習得させた。また、藩の援助をうけて藩士
　　や庶民を教育する郷学がつくられることもあった。さらに、民間でも各地で私
　　塾が開かれた。一方で、庶民の子どもたちは寺子屋と呼ばれる私塾で学んだ。
　　　　　　　　　　　　　　　　　　　　　　(ウ)
　　これらの庶民教育は、近世後期の民衆文化の発展に大きく寄与した。

問1　下線部(ア)に関連して、朱子学への理解を試すために、幕府が旗本・御家
　　　人とその子弟に対して行った学術試験はどこで実施されたか。その教育機
　　　関名を解答用紙裏面の解答欄に漢字六文字で記入せよ。(解答番号107)

問2　下線部(イ)に関連して、水戸藩の藩校である弘道館を創設した徳川斉昭に
　　　関する記述としてもっとも適切なものを一つ選んで、その記号を解答欄に
　　　マークせよ。(解答番号25)
　　　A　聖人の道を明らかにした『弁道』などの著書で経世論を説くと共に、詩
　　　　　文の革新にも努めた。
　　　B　保科正之の後見で藩政を固めた。農地を直接支配する改作法を実施し
　　　　　た。木下順庵らを招いて学問を振興させた。
　　　C　大倹約令を発して財政整理を行い、殖産興業に努めた。折衷学派の細
　　　　　井平洲を招き、藩士・農民の文教教化を盛んにした。
　　　D　ペリー来航当時、幕政に参画し尊王攘夷論を主張した。将軍継嗣問題
　　　　　では一橋派として活動した。

問3　下線部(ウ)について、寺子屋に関する記述の正誤の組み合わせとしてもっ

とも適切なものを一つ選んで、その記号を解答欄にマークせよ。(解答番号26)

① 寺子屋は、村役人・僧侶・神職・富裕な町民などによって運営された。

② 師匠(教師)が、出版された教科書を用いて、読み・書き・そろばんなどの日常生活に役立つことや、幕府の法、道徳などを教えた。

③ 女性の心得を説く『女大学』などを教科書として、女子教育も進められた。

〔選択肢〕

A ①－正　　②－正　　③－正

B ①－正　　②－正　　③－誤

C ①－正　　②－誤　　③－誤

D ①－正　　②－誤　　③－正

E ①－誤　　②－正　　③－正

F ①－誤　　②－誤　　③－正

G ①－誤　　②－正　　③－誤

H ①－誤　　②－誤　　③－誤

2 明治時代の文化の最大の特徴は、開国をきっかけとして、西洋文化が一気に流入し、当時の日本社会がこれを積極的にとり入れ、国民的な広がりをみせたことであった。しかし、この国民的な広がりは、政府の指導・育成のもとにすすんだ面もあり、教育・学問などの分野では、国家主義的な性格もあらわれた。

　明治初期の学制は自由主義的な特徴をもっていた。その後、1886(明治19)
　　　(エ)
年のいわゆる学校令で、国民は4年間の義務教育をうけることになり、のちには6年間に延長された。小学校の就学率は急上昇し、就学率は1902(明治35)年に　　(1)　　%をこえた。

　1880年代からしだいに国家主義的な風潮が高まり、1890(明治23)年には、教育勅語が発布され、忠君愛国の道徳が強調された。学問でも国家の関与がめ
(オ)
だった。明治初期に政府は高給を払って外国人教師を多くまねき、研究・教育
　　　　　　　　　　　　　　　　　　　　(カ)

をすすめたが、明治中期以降は日本人学者の手でおこなわれるようになった。経済学では、まず自由放任の経済政策や自由貿易を主張する　(2)　の経済学が導入されたが、やがて保護貿易論や社会政策の学説が主流となった。

問4　空欄(1)と(2)に当てはまる数値と国名の組み合わせとしてもっとも適切なものを一つ選んで、その記号を解答欄にマークせよ。（解答番号27）

A　(1) 90　　　　　(2) ドイツ

B　(1) 90　　　　　(2) イギリス

C　(1) 98　　　　　(2) ドイツ

D　(1) 98　　　　　(2) イギリス

問5　下線部(エ)に関連して、以下の文章は「学事奨励に関する太政官布告－被仰出書」の一部である。空欄(3)と(4)に当てはまる文章の組み合わせとしてもっとも適切なものを一つ選んで、その記号を解答欄にマークせよ。（解答番号28）

人々　(3)　、其産ヲ治メ、其業ヲ昌ニシテ、以テ其生ヲ遂ル所以ノモノハ他ナシ、身ヲ修メ智ヲ開キ才芸ヲ長スルニヨルナリ。而シテ其身ヲ修メ智ヲ開キ才芸ヲ長スルハ、学ニアラサレハ能ハス。是レ学校ノ設アル所以ニシテ、…（中略）…自今以後、　(4)　必ス邑ニ不学ノ戸ナク、家ニ不学ノ人ナカラシメン事ヲ期ス。……（以下略）

（『法令全書』）

A　(3) 其愛育ノ情ヲ厚クシ　(4) 一般ノ人民華士族卒農工商及婦女子

B　(3) 其愛育ノ情ヲ厚クシ　(4) 一般ノ人民華士族卒農工商及男子

C　(3) 自ラ其身ヲ立テ　(4) 一般ノ人民華士族卒農工商及婦女子

D　(3) 自ラ其身ヲ立テ　(4) 一般ノ人民華士族卒農工商及男子

問6　下線部(オ)に関連して、①から③は教育勅語発布前後の出来事である。年代の古いものから順に並べたものとしてもっとも適切なものを一つ選ん

で、その記号を解答欄にマークせよ。（解答番号29）

①　大日本帝国憲法の発布

②　下関条約の調印

③　内閣制度の制定

〔選択肢〕

A　①②③　　　　　　B　①③②　　　　　　C　②①③

D　②③①　　　　　　E　③①②　　　　　　F　③②①

問7　下線部㈹に関連して、1886（明治19）年に政府顧問として来日し、明治
憲法の制定や市町村制など地方自治制の成立に尽力したドイツの法学者の
人名としてもっとも適切なものを一つ選んで、その記号を解答欄にマーク
せよ。（解答番号30）

A　グナイスト　　　　B　クラーク　　　　　C　シュタイン

D　ナウマン　　　　　E　モッセ　　　　　　F　コンドル

3　日中戦争以降の戦時下の国民生活において、教育においても、国家主義教育
の強化がはかられた。小学校は、1941（昭和16）年に　　(5)　　と改称され、
「皇国の道」にもとづいて、臣民をつくりあげることが教育の目的とされた。

　戦争遂行のために、国をあげての大量の徴兵と労働力の動員が行われた。中
　　　　　　　　　　　　　　　　　　㈼
等学校・高等女学校以上の生徒には勤労動員が命じられ、未婚の女性も女子挺
身隊に組織されて、それぞれ軍需工場に配置された。

　第二次世界大戦後、ＧＨＱは、戦時中の軍国主義教育をとりのぞくため、教
　㈽
育界から国家主義者や軍国主義者を追放し、教科書から軍国主義的な部分を削
除することを指示した。1946（昭和21）年に来日したアメリカ教育使節団の勧
告を受け、翌年制定された　　(6)　　は、教育勅語にかわり、日本国憲法の精
神に立脚して「個人の尊厳を重んじ、真理と平和を希求する人間の育成」をめざ
す教育の理念を示した。

問8　空欄(5)と(6)に当てはまる用語の組み合わせとしてもっとも適切なものを
一つ選んで、その記号を解答欄にマークせよ。（解答番号31）

A　(5)　高等小学校　　(6)　学校教育法

B　(5)　高等小学校　　(6)　教育基本法

C　(5)　国民学校　　　(6)　学校教育法

D　(5)　国民学校　　　(6)　教育基本法

問9　下線部(キ)に関連して、以下は徴兵告諭の一部である。二重下線部は
　　1871(明治4)年の出来事を指している。この出来事を解答用紙裏面の解答
　　欄に漢字四文字で記入せよ。(解答番号108)

徴兵告諭

　……然ルニ太政維新列藩版図ヲ奉還シ、辛未ノ歳ニ及ヒ遠ク郡県ノ
古ニ復ス。…(中略)…西人之ヲ称シテ血税ト云フ。其生血ヲ以テ国
ニ報スルノ謂ナリ。……(以下略)

　　　　　　　　　　　　　　　　　　　　　　　　　　　　(『法令全書』)

問10　下線部(ク)について、第二次世界大戦後の家族制度・地方制度・宗教制度
　　に関する記述の正誤の組み合わせとしてもっとも適切なものを一つ選ん
　　で、その記号を解答欄にマークせよ。(解答番号32)

①　民法は憲法第24条の趣旨に従って、戸主・家督相続制を廃止し、男
　女同権・夫婦中心の家族制度を定めた。

②　地方自治法により首長は間接選挙制となり、地方行政や警察に権力を
　ふるってきた内務省は廃止された。

③　GHQは神社神道に対する政府の保護・監督の廃止を命じ、国家神道
　は消滅した。

〔選択肢〕

A　①-正　　②-正　　③-正

B　①-正　　②-正　　③-誤

C　①-正　　②-誤　　③-誤

D　①-正　　②-誤　　③-正

E　①-誤　　②-正　　③-正

F　①－誤　　②－誤　　③－正

G　①－誤　　②－正　　③－誤

H　①－誤　　②－誤　　③－誤

〔Ⅴ〕　次の1と2の文章を読み、以下の設問に答えよ。(解答番号33〜40、109〜110)

1　<u>日露戦争</u>開戦直後、日本は韓国に日韓議定書を強要し、軍事行動の自由を確
(ア)
保した。さらに第1次日韓協約をむすび、日露戦争後に締結された第2次日韓
協約では、外交権をうばい統監府を設置した。また、桂－タフト協定と第2次
日英同盟をむすび、アメリカのフィリピン統治、イギリスの　(1)　支配を
容認するかわりに、日本の韓国への保護権に対する両国の承認をとりつけた。

　1909(明治42)年、<u>初代統監</u>が暗殺されると、日本は駐韓軍を増強した。翌
(イ)
1910(明治43)年、日本は韓国併合条約を韓国に調印させ、首都の漢城を
　(2)　と改め、朝鮮総督府をおいて、植民地支配をはじめた。朝鮮総督府
は、土地調査事業をすすめて所有権の不明確を理由に土地を接収し、国策会社
として設立された　(3)　が農業経営や金融事業をすすめ、鉄道建設や沿岸
航路の開設も本格化した。

　学校では、日本史や日本語が必修となり、朝鮮の文化や歴史は軽視された。
他方で、<u>日本の満州進出</u>が本格化し、1906(明治39)年には、関東州を統治す
(ウ)
る関東都督府が旅順におかれ、南満州鉄道株式会社(満鉄)が大連に設立され
た。

問1　空欄(1)と(3)に当てはまる用語の組み合わせとしてもっとも適切なものを
　　一つ選んで、その記号を解答欄にマークせよ。(解答番号33)

A　(1)　インド　　　　(3)　東洋拓殖会社

B　(1)　インド　　　　(3)　日窒コンツェルン

C　(1)　香港　　　　　(3)　東洋拓殖会社

D　(1)　香港　　　　　(3)　日窒コンツェルン

問2　空欄(2)にあてはまる都市名を解答用紙裏面の解答欄に漢字二文字で記入せよ。(解答番号109)

問3　下線部(ア)に関連して、1885(明治18)年と1913(大正2)年の日本の品目別の輸出入割合を示したものである。図中の①と②に当てはまる用語の組み合わせとしてもっとも適切なものを一つ選んで、その記号を解答欄にマークせよ。(解答番号34)

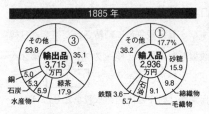

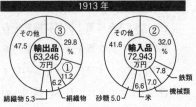

出典：『日本貿易精覧』

　　〔選択肢〕

　　　A　①　綿花　　②　綿糸
　　　B　①　綿花　　②　生糸
　　　C　①　綿糸　　②　綿花
　　　D　①　綿糸　　②　生糸
　　　E　①　生糸　　②　綿花
　　　F　①　生糸　　②　綿糸

問4　下線部(イ)の人物がその生涯で行った政策に関する正誤の組み合わせとしてもっとも適切なものを一つ選んで、その記号を解答欄にマークせよ。
(解答番号35)
　①　華族令を創設した。
　②　シベリア出兵を行った。
　③　日英同盟協約を結び、ポーツマス条約に調印した。

〔選択肢〕

A	①－正	②－正	③－正
B	①－正	②－正	③－誤
C	①－正	②－誤	③－誤
D	①－正	②－誤	③－正
E	①－誤	②－正	③－正
F	①－誤	②－誤	③－正
G	①－誤	②－正	③－誤
H	①－誤	②－誤	③－誤

問 5　下線部(ウ)に関連して、①から③は日本の満州進出前後の出来事である。年代の古いものから順に並べたものとしてもっとも適切なものを一つ選んで、その記号を解答欄にマークせよ。（解答番号 36）

①　桂－ハリマン協定の締結

②　日英同盟の改定（第 3 次）

③　第 1 次日露協約の調印

〔選択肢〕

A　①②③	B　①③②	C　②①③
D　②③①	E　③①②	F　③②①

2　1926（昭和元）年 12 月、昭和天皇が即位し、昭和と改元された。翌年、首相となった田中義一は外務大臣を兼任し、中国に対しては、それまでの協調的な外交とは異なる強硬外交を展開した。
　(エ)　　　　　　　　　　　　　　　　　　　　　　(オ)

　1926 年 7 月、孫文のあとをついだ蒋介石は中国全土の統一をめざし、軍事行動を開始していた。軍事行動は順調にすすみ、1927（昭和 2 ）年には国民政府を樹立した。さらに田中内閣は満州軍閥の張作霖を支援して、それまでの満州における権益をまもろうとした。

　1928（昭和 3 ）年、暗殺された張作霖の子　　(4)　　が国民政府への帰属を表
　(カ)
明したことから、国民党による中国全土の統一がほぼ達成された。国民政府は、日本が掌握している満州の権益をとりもどすと宣言した。これに対し、日

本は協調外交の姿勢を保ち、中国の主権を尊重しながら日本の権益をまもろう
と交渉したが、成果はあがらなかった。

　満州の主要地をほぼ占領した関東軍は、1932(昭和7)年、溥儀を　(5)
にすえ、満州国の建国を宣言した。満州国では、軍事・外交はもとより、内政
の実権も関東軍や日本人官僚がにぎっており、中国は満州国を認めなかった。
(キ)

問6　空欄(4)と(5)に当てはまる用語の組み合わせとしてもっとも適切なものを
　　一つ選んで、その記号を解答欄にマークせよ。(解答番号37)

　　A　(4)　張学良　　　　(5)　皇帝

　　B　(4)　張学良　　　　(5)　執政

　　C　(4)　張景恵　　　　(5)　皇帝

　　D　(4)　張景恵　　　　(5)　執政

問7　下線部(エ)について、田中義一内閣に関する記述の正誤の組み合わせとし
　　てもっとも適切なものを一つ選んで、その記号を解答欄にマークせよ。
　　(解答番号38)

　　①　中国関係の外交官・軍人を集めて東方会議を開き、満州における日本
　　　の権益を実力で守る方針を決めた。

　　②　日本人居留民保護を名目として、3次にわたる山東出兵をおこなっ
　　　た。

　　③　西原亀三を通じて巨額の借款を無担保で与えるなど、積極的な支援を
　　　おこない、中国に対する影響力の拡大をはかった。

　　〔選択肢〕

　　A　①-正　　　②-正　　　③-正

　　B　①-正　　　②-正　　　③-誤

　　C　①-正　　　②-誤　　　③-誤

　　D　①-正　　　②-誤　　　③-正

　　E　①-誤　　　②-正　　　③-正

　　F　①-誤　　　②-誤　　　③-正

　　G　①-誤　　　②-正　　　③-誤

　　H　①-誤　　②-誤　　③-誤

問8　下線部(オ)について、加藤高明内閣から若槻礼次郎内閣まで協調外交を展開した外務大臣の人物名を解答用紙裏面の解答欄に漢字五文字で記入せよ。(解答番号 110)

問9　下線部(カ)に関連して、1928(昭和3)年に日本が調印した条約の文章としてもっとも適切なものを一つ選んで、その記号を解答欄にマークせよ。(解答番号 39)

　　A　第一条　締約国ハ、国際紛争解決ノ為戦争ニ訴フルコトヲ非トシ、且其ノ相互関係ニ於テ、国家ノ政策ノ手段トシテノ戦争ヲ抛棄スルコトヲ、其ノ各自ノ人民ノ名ニ於テ厳粛ニ宣言ス。

　　B　第一号……第一条　支那国政府ハ、独逸国カ山東省ニ関シ条約其他ニ依リ支那国ニ対シテ有スル一切ノ権利利益譲与等ノ処分ニ付、日本国政府カ独逸国政府ト協定スヘキ一切ノ事項ヲ承認スヘキコトヲ約ス…(以下略)

　　C　第四条　総て国地に輸入輸出の品々、別冊の通、日本役所へ運上を納むべし。

　　D　第二条　一九一〇年八月二十二日以前に大日本帝国と大韓帝国との間で締結されたすべての条約及び協定は、もはや無効であることが確認される。

問10　下線部(キ)について、満州国建国直後の日本の農業・農村に関する記述の正誤の組み合わせとしてもっとも適切なものを一つ選んで、その記号を解答欄にマークせよ。(解答番号 40)

　①　綿花・菜種・藍などの生産は急速に衰える一方、生糸輸出の増大により桑の栽培や養蚕は急成長し、世界第1位の生糸輸出国になった。

　②　米価を維持する食糧管理制度のもとで米の生産は増大したが、農産物の輸入自由化により果樹・畜産の生産者価格は低迷した。

　③　商品経済の発展に伴う商業的農業の展開によって、農民は、農業経営

　　　　　に失敗して土地を失い、賃稼ぎや小作をおこなうようになった者と、土

　　　　地を集積し経営を拡大していく者とに階層分化していった。

　　〔選択肢〕

　　　　A　①－正　　　②－正　　　③－正

　　　　B　①－正　　　②－正　　　③－誤

　　　　C　①－正　　　②－誤　　　③－誤

　　　　D　①－正　　　②－誤　　　③－正

　　　　E　①－誤　　　②－正　　　③－正

　　　　F　①－誤　　　②－誤　　　③－正

　　　　G　①－誤　　　②－正　　　③－誤

　　　　H　①－誤　　　②－誤　　　③－誤

世界史

（2科目120分）

〔Ⅰ〕 次の文章を読み、下記の設問に答えなさい。

　　東地中海沿岸では、紀元前2000年頃にクレタ文明がはじまり、紀元前16世紀頃
　（ア）
にミケーネ文明がはじまった。紀元前8世紀頃には、ギリシア人のなかにポリス
　　　　　　　　　　　　　　　　　　　　　　　　　　　　　　　　　　（イ）
とよばれる定住形態がうまれ、最も典型的なのはアテネとスパルタであった。紀
　　　　　　　　　　　　　　　　　　　　（ウ）　　（エ）
元前500年にはじまったペルシア戦争では、ギリシア人はアケメネス朝ペルシア
　　　　　　　　（オ）
をやぶり、紀元前431年におきたペロポネソス戦争では、スパルタがアテネをや
　　　　　　　　　　　　　（カ）
ぶった。ギリシア人はポリスの精神風土を反映し、哲学や文学を含む様々な分野
　　　　　　　　　　　　　　　　　　　　　　　（キ）　（ク）
で、合理的で人間中心的なギリシア文化をうみだした。

　　マケドニアのフィリッポス2世は、紀元前338年にアテネとテーベの連合軍を
やぶり、ギリシアの覇権をにぎった。その子のアレクサンドロスは東方遠征を行
　　　　　　　　　　　　　　　　　　　　　　（ケ）
い、中央アジアやインダス川流域にまで及ぶ大帝国を築いた。これによって、ギ
リシア文化が中央アジアにまで普及し、ヘレニズム文化がうみだされた。
　　　　　　　　　　　　　　　　　（コ）

問1　下線部(ア)に関連し、①と②の文の正誤の組合せとして最も適したものを下
　　から一つ選び、解答番号(1)の記号にマークしなさい。

　　① クレタ文明のクノッソス宮殿を発掘したのはヴェントリスである。

　　② ミケーネ文明のトロイアを発掘したのはエヴァンズである。

　　　A ①-正 ②-正

　　　B ①-正 ②-誤

　　　C ①-誤 ②-正

　　　D ①-誤 ②-誤

問2　下線部(イ)に関連し、**誤りのあるもの**を下から一つ選び、解答番号(2)の記号

にマークしなさい。

A　アクロポリス（城山）とアゴラ（広場）を中心に人々が集住する都市国家である。

B　地中海や黒海の沿岸各地に多数の植民市を建設した。

C　互いに抗争を繰り返した結果、同一民族としての意識は失われた。

D　住民は自由人の市民とこれに隷属する奴隷からなり、市民には貴族と平民の区別があった。

問3　下線部(ウ)に関連し、紀元前5世紀半ば頃に徹底した民主政を実現し、ペロポネソス戦争中に死亡した指導者の人物名を解答番号(101)に記入しなさい。

問4　下線部(エ)に関連し、**誤りのあるもの**を下から一つ選び、解答番号(3)の記号にマークしなさい。

A　ドーリア人のポリスだった。

B　市民が、商工業に従事するヘイロータイと隷属農民のペリオイコイを支配した。

C　市民は少年期から集団生活をして厳格な軍事訓練を行った。

D　他国との自由な行き来を禁止する鎖国政策をとった。

問5　下線部(オ)に関連し、①〜③の出来事を年代の古い順に正しく並べたものを下から一つ選び、解答番号(4)の記号にマークしなさい。

①　プラタイアの戦い

②　サラミスの海戦

③　マラトンの戦い

A　①→②→③

B　①→③→②

C　②→①→③

D　②→③→①

E　③→①→②

　　　　F　③→②→①

問 6　下線部㋕に関連し、その歴史を証拠に基づいて記述し、歴史記述の祖とさ
　　　れる人物名を解答番号(102)に記入しなさい。

問 7　下線部㋖に関連し、①と②の文の正誤の組合せとして最も適したものを下
　　　から一つ選び、解答番号(5)の記号にマークしなさい。
　　　①　ソクラテスは、「人間は万物の尺度である」とする相対主義を唱えた。
　　　②　プロタゴラスは、真理の絶対性と知徳の合一を説いた。
　　　　A　①-正　②-正
　　　　B　①-正　②-誤
　　　　C　①-誤　②-正
　　　　D　①-誤　②-誤

問 8　下線部㋗に関連し、三大悲劇詩人に含まれない人物名を下から一つ選び、
　　　解答番号(6)の記号にマークしなさい。
　　　　A　アリストファネス
　　　　B　アイスキュロス
　　　　C　ソフォクレス
　　　　D　エウリピデス

問 9　下線部㋘に関連し、①と②の文の正誤の組合せとして最も適したものを下
　　　から一つ選び、解答番号(7)の記号にマークしなさい。
　　　①　イッソスの戦いやアルベラの戦いに勝利し、アケメネス朝ペルシアを滅
　　　　ぼした。
　　　②　東方遠征の後にスサで死亡した。
　　　　A　①-正　②-正
　　　　B　①-正　②-誤
　　　　C　①-誤　②-正
　　　　D　①-誤　②-誤

問10　下線部(コ)に関連し、最も適したものを下から一つ選び、解答番号(8)の記号
　　　にマークしなさい。

　　　A　エウクレイデスは平面幾何学を大成した。

　　　B　アルキメデスは地球の周囲を計測した。

　　　C　エラトステネスは太陽を中心とする地動説を唱えた。

　　　D　アリスタルコスは浮体の原理を発見した。

〔Ⅱ〕　次の文章を読み、下記の設問に答えなさい。

　　　　イスラーム教は7世紀にアラビア半島で成立し、正統カリフ時代にイスラーム
　　　(ア)
　　勢力の支配はオリエント世界一体に及んだ。661年に成立したウマイヤ朝は、北
　　　　　　　　　　　　　　　　　　　　　　　　　　　　　(イ)
　　アフリカやイベリア半島を含む広大な地域を支配したが、アッバース朝時代の10
　　　　　　　(エ)　　　　　　　　　　　　　　　　　　　(オ)
　　世紀になると、イスラーム世界は3人のカリフがならびたつ分裂状態となった。
　　イスラーム勢力は、10世紀以降にインド、東南アジア、サハラ砂漠以南のアフリ
　　　　　　　　　　　　　　(カ)　　(キ)　　　　　(ク)
　　カにも広がった。イスラーム世界は、西アジア周辺地域の文化を積極的に吸収
　　し、イスラームによる社会秩序に融合させ、新たなイスラーム文化を築いた。イ
　　　　　　　　　　　　　　　　　　　　　　　　　(ケ)
　　スラーム法では、六信五行が義務とされている。
　　　　　　　　(コ)

問1　下線部(ア)に関連し、①と②の文の正誤の組合せとして最も適したものを下
　　　から一つ選び、解答番号(9)の記号にマークしなさい。

　　　①　スンナ派は、第4代カリフだったアリーの子孫のみを共同体(ウンマ)の
　　　　　指導者(イマーム)と認める政治的党派から出発している。

　　　②　シーア派は、正統カリフ、ウマイヤ朝、アッバース朝とつづいた政権の
　　　　　正当性を認める現状肯定派を母体としている。

　　　A　①-正　②-正

　　　B　①-正　②-誤

　　　C　①-誤　②-正

　　　D　①-誤　②-誤

問2　下線部(イ)に関連し、**誤りのあるもの**を下から一つ選び、解答番号(10)の記号にマークしなさい。

A　ムアーウィヤがカリフ位を宣言して開いた。

B　ダマスクスを都とした。

C　トゥール・ポワティエ間の戦いでフランク王国をやぶった。

D　征服地の異民族に地租(ハラージュ)と人頭税(ジズヤ)を課した。

問3　下線部(ウ)に関連し、①～③の王朝名を成立年の古い順に正しく並べたものを下から一つ選び、解答番号(11)の記号にマークしなさい。

①　トゥールーン朝

②　ファーティマ朝

③　アイユーブ朝

A　①→②→③

B　①→③→②

C　②→①→③

D　②→③→①

E　③→①→②

F　③→②→①

問4　下線部(エ)に関連し、①～③の王朝名を成立年の古い順に正しく並べたものを下から一つ選び、解答番号(12)の記号にマークしなさい。

①　ナスル朝

②　ムワッヒド朝

③　ムラービト朝

A　①→②→③

B　①→③→②

C　②→①→③

D　②→③→①

E　③→①→②

F　③→②→①

問 5　下線部(オ)に関連し、黄金時代の第5代カリフだった人物名を解答番号
　　　(103)に記入しなさい。

問 6　下線部(カ)に関連し、最も適したものを下から一つ選び、解答番号(13)の記号
　　　にマークしなさい。

　　　A　アフガニスタンに成立したトルコ系のゴール朝は、インドへの侵攻を繰
　　　　り返した。

　　　B　イラン系とされるガズナ朝は、12世紀にインドに侵攻しその一部を支配
　　　　した。

　　　C　インドで最初のイスラーム王朝は、アイバクが創始した奴隷王朝であ
　　　　る。

　　　D　デリーを首都とするデリー＝スルタン朝の公用語はアラビア語だった。

問 7　下線部(キ)に関連し、①と②の文の正誤の組合せとして最も適したものを下
　　　から一つ選び、解答番号(14)の記号にマークしなさい。

　　　①　15世紀にマラッカの王がイスラーム教に改宗し、イスラーム化が進展し
　　　　た。

　　　②　15世紀にスマトラでマタラム王国、ジャワでアチェ王国が成立した。

　　　A　①-正　②-正

　　　B　①-正　②-誤

　　　C　①-誤　②-正

　　　D　①-誤　②-誤

問 8　下線部(ク)に関連し、**誤りのあるもの**を下から一つ選び、解答番号(15)の記号
　　　にマークしなさい。

　　　A　10世紀までに、ムスリム商人がガーナ王国を訪れ岩塩と金を交換する塩
　　　　金交易が進展した。

　　　B　10世紀以降に、マリンディ、モンバサなどの海港都市にムスリム商人が
　　　　住みつき、アラビア語の影響をうけたスワヒリ語が用いられるようになっ
　　　　た。

C　11世紀頃から、ザンベジ川の南ではインド洋交易によってモノモタパ王
　　国が栄えた。

D　13世紀にソンガイ王国、15世紀にマリ王国が成立し、それらの支配階級
　　はイスラーム教徒だった。

問 9　下線部㈜に関連し、『世界史序説』を著した14世紀の歴史学者の人物名を解
　　答番号(104)に記入しなさい。

問10　下線部㈳に関連し、五行として**誤りのあるもの**を下から一つ選び、解答番
　　号⒃の記号にマークしなさい。

A　信仰告白

B　ラマダーン月の断食

C　喜捨

D　メディナへの巡礼

〔Ⅲ〕　次の文章（1～2）を読み、下記の設問に答えなさい。

1　日清戦争の敗北を機に、清朝の政治的基盤が揺らぎはじめた。列強は、清朝
　の弱体化を機に利権獲得競争に乗り出した。清朝内部では、日清戦争敗北の衝
　　　　　　(ア)
　撃を受けて、根本的な制度改革を主張する勢力が台頭した。しかしながら、
　1898年に断行された政治革新である　　(1)　　の変法は失敗に終わった。
　　他方、列強の進出を受けて、義和団事件などの民衆の排外運動が激化した。
　　　　　　　　　　　　　　　(イ)
　事件後、清朝は改革を試みたが、地方の有力者や民衆の反発を招いたこともあ
　り失敗した。
　　海外では漢人による清朝の打倒を目指す革命運動が盛んになった。孫文は、
　1905年に中国同盟会を組織し、革命諸団体の結集を図った。1911年には辛亥革
　　　　　　　　　　　　　　　　　　　　　　　　　　　　　　　　　　(ウ)
　命が勃発し、翌年には二千年以上にわたる中国の皇帝政治は終わりを告げた。
　しかし、その後も不安定な政治状況が続いた。
　　　　　　　　(エ)

問 1　下線部(ア)に関連し、最も適したものを下から一つ選び、解答番号(17)の記号にマークしなさい。

A　ドイツは膠州湾を租借した。

B　イギリスは広州湾を租借した。

C　ロシアは威海衛を租借した。

D　フランスは東清鉄道の敷設権を得た。

問 2　空欄(1)にあてはまる最も適した語句を解答欄(105)に漢字で記入しなさい。

問 3　下線部(イ)に関連し、**誤りのあるもの**を下から一つ選び、解答番号(18)の記号にマークしなさい。

A　義和団は、「扶清滅洋」をとなえて鉄道やキリスト教会を破壊した。

B　清朝は、列強の介入を防ぐためにこの運動を抑圧した。

C　連合軍は共同出兵にふみきり、在留外国人を救出した。

D　清朝は、巨額の賠償金を支払い、外国軍隊の北京駐屯を認めた。

問 4　下線部(ウ)に関連し、①と②の文の正誤の組合せとして最も適したものを下から一つ選び、解答番号(19)の記号にマークしなさい。

①　中国国内で革命軍を指揮した孫文が、臨時大総統に選出された。

②　南京で中華民国の建国が宣言された。

A　①-正　②-正

B　①-正　②-誤

C　①-誤　②-正

D　①-誤　②-誤

問 5　下線部(エ)に関連し、**誤りのあるもの**を下から一つ選び、解答番号(20)の記号にマークしなさい。

A　袁世凱が、清帝の退位と共和政の維持を条件に臨時大総統に就任した。

B　袁世凱は議会の力をおさえようとし、国民党と激しく対立した。

C 宋教仁らの武装蜂起を鎮圧して袁世凱は大総統の座についた。

D 袁世凱の死後、列強の支援をうけた軍閥が各地で分立し、抗争を繰り返した。

2 1925年に国民党は広州で国民政府を樹立した。1926年には全国統一をめざし、蔣介石の指揮のもと北京に向けて北伐を開始した。蔣介石は、新たに南京に国民政府をたてて主席となった。一方、1921年に結成された中国共産党は、土地改革を進めながら各地に拠点を構築し、農村と緊密な関係をもつ紅軍を組織し、1931年には江西省瑞金に (2) 臨時政府を樹立した。

1931年の満州事変に際して、国民政府は、国内の安定を優先して、共産党への攻撃を続けた。その後日本との全面的交戦状態にはいることにより、抗日民族統一戦線が展開された。

問 6 下線部(オ)に関連し、**誤りのあるもの**を下から一つ選び、解答番号(21)の記号にマークしなさい。

A 国民革命軍は、上海や南京を占領した。

B 日本は国民政府の全国統一を妨害するために山東出兵を繰り返した。

C 浙江財閥は、北伐を支持した。

D 張作霖が北伐軍に勝利し、東北を支配下においた。

問 7 下線部(カ)に関連し、①と②の文の正誤の組合せとして最も適したものを下から一つ選び、解答番号(22)の記号にマークしなさい。

① 毛沢東を初代委員長として結成された。

② コミンテルンの方針に従い、1924年に国民党と協力関係を結んだ。

A ①-正 ②-正

B ①-正 ②-誤

C ①-誤 ②-正

D ①-誤 ②-誤

問 8 空欄(2)にあてはまる最も適した語句を解答欄(106)に記入しなさい。

問 9　下線部(キ)に関連し、**誤りのあるもの**を下から一つ選び、解答番号(23)の記号にマークしなさい。

　　A　日本の軍部は、盧溝橋で鉄道を爆破し、これを口実に軍事行動をおこした。

　　B　日本の軍部は、溥儀をかついで満州国を建てた。

　　C　日本の軍部は、国際社会の注意をそらすために上海事変をおこした。

　　D　国際連盟で、リットン調査団の報告にもとづいて満州国の不承認が決議された。

問10　下線部(ク)に関連し、最も適したものを下から一つ選び、解答番号(24)の記号にマークしなさい。

　　A　国民党は、八・一宣言を出して、内乱停止、民族統一戦線結成を呼びかけた。

　　B　日中両国は、柳条湖事件を機に全面戦争に突入した。

　　C　日本側は、汪兆銘を首班とする親日政権を南京に建てた。

　　D　中国側は、首都を南京から西安に移して抗戦した。

〔Ⅳ〕　次の文章を読み、下記の設問に答えなさい。

　　第一次世界大戦の終結に向け様々な動きがあった。まず、1918年1月にアメリカのウィルソン大統領は世界秩序のあり方を<u>十四カ条</u>として示した。その後、(ア)
1919年1月に連合国代表が集まり、<u>パリ講和会議</u>が開かれた。1919年6月になる(イ)
と、ドイツとの間に<u>ヴェルサイユ条約</u>が締結された。このヴェルサイユ条約以外(ウ)
にもいくつかの<u>講和条約</u>が結ばれている。そして、1920年には、十四カ条に基づ(エ)
いた国際的な平和維持機構として、　(1)　　が発足した。

　　ヴェルサイユ体制以降の各国の動向もみてみよう。戦後<u>ドイツ</u>では様々な変革(オ)
が試みられた。イギリスでは、1928年に<u>第5回選挙法改正</u>がおこなわれた。イタ(カ)
リアでは、<u>ムッソリーニ</u>の率いるファシスト党が勢力を拡大した。東ヨーロッパ(キ)
・バルカン地域では、<u>多くの新興国</u>が成立した。ソ連では、レーニンの死後、(ク)
　(2)　　が実権を握った。

問1　下線部(ア)の内容として、**誤りのあるもの**を下から一つ選び、解答番号㉕の
　　　記号にマークしなさい。

　　A　秘密外交の廃止

　　B　関税障壁の廃止

　　C　植民地を含む全世界の民族自決

　　D　海洋の自由

問2　下線部(イ)に関連し、①と②の文の正誤の組合せとして最も適したものを下
　　　から一つ選び、解答番号㉖の記号にマークしなさい。

　　①　戦勝国が開いた第一次世界大戦終結についての会議である。

　　②　ドイツも参加した。

　　　A　①-正　②-正

　　　B　①-正　②-誤

　　　C　①-誤　②-正

　　　D　①-誤　②-誤

問 3　下線部(ウ)に関連し、最も適したものを下から一つ選び、解答番号(27)の記号にマークしなさい。

A　ルール地方はフランスに返還された。

B　ドイツはすべての植民地を失った。

C　ドイツにおける軍用機や潜水艦の保有や開発は許された。

D　ザール地方は引き続きドイツが統治した。

問 4　下線部(エ)に関連し、①と②の文の正誤の組合せとして最も適したものを下から一つ選び、解答番号(28)の記号にマークしなさい。

①　オーストリアとの間にはサン゠ジェルマン条約が結ばれた。

②　オスマン帝国との間にはセーヴル条約が結ばれた。

A　①-正　②-正

B　①-正　②-誤

C　①-誤　②-正

D　①-誤　②-誤

問 5　空欄(1)にあてはまる最も適した語句を解答番号(107)に記入しなさい。

問 6　下線部(オ)に関連し、**誤りのあるもの**を下から一つ選び、解答番号(29)の記号にマークしなさい。

A　民主的なヴァイマル憲法が制定された。

B　ドイツ共産党のエーベルトが初代大統領に選出された。

C　シュトレーゼマンは経済を立て直した。

D　アメリカ合衆国はドイツの復興に協力した。

問 7　下線部(カ)に関連し、①と②の文の正誤の組合せとして最も適したものを下から一つ選び、解答番号(30)の記号にマークしなさい。

①　イギリスの首相は保守党のマクドナルドであった。

②　21歳以上の女性に参政権が認められた。

A　①-正　②-正

　　　B　①-正　②-誤

　　　C　①-誤　②-正

　　　D　①-誤　②-誤

問8　下線部(キ)に関連し、**誤りのあるもの**を一つ選び、解答番号(31)の記号にマークしなさい。

　　　A　ファシスト党を結成した。

　　　B　1922年に「ローマ進軍」を組織した。

　　　C　一党独裁体制を確立した。

　　　D　1929年にトリノ条約を結びローマ教皇庁と和解した。

問9　下線部(ク)に関連し、**誤りのあるもの**を一つ選び、解答番号(32)の記号にマークしなさい。

　　　A　チェコスロヴァキアは強権政治で国民を統合した。

　　　B　ハンガリーではロシア革命にならった革命が成功したが、まもなく革命政権は倒された。

　　　C　ポーランドではピウスツキが実権を握った。

　　　D　セルビアなど南スラヴ系民族はセルブ＝クロアート＝スロヴェーン王国としてまとまり、後にユーゴスラヴィアと改称した。

問10　空欄(2)にあてはまる最も適した語句を解答番号(108)に記入しなさい。

〔V〕 次の文章（1〜2）を読み、下記の設問に答えなさい。

1　第一次世界大戦後のアメリカは、1921年からハーディング・クーリッジ・

　　　(1)　　の3代12年にわたる共和党政権下で「永遠の繁栄」を謳歌した。本格

的な大量生産・大量消費社会が展開し、自動車等の耐久消費財が生活の中に定

着した。

　　しかしながら、1929年10月にニューヨーク株式市場での株価暴落からアメリ

カで大恐慌がはじまった。1930年代に入るとアメリカは大不況に陥る。大不況
　　　(ア)

を克服するために実施されたのが、ローズヴェルトのニューディール政策で、
　　　　　　　　　　　　　　　　　　　　　　　(イ)

政府が積極的に経済に介入した。

　　第二次世界大戦後をみすえて、1944年にブレトン＝ウッズ会議で戦後世界の
　　　　　　　　　　　　　　　　　(ウ)

経済体制が構想された。また、アメリカは、東欧でのソ連の進出を受けて積極
　　　　　　　　　　　　　　　　　　　　(エ)

的に西欧に援助をおこなった。

問1　空欄(1)にあてはまる最も適した人物名を解答欄(109)に記入しなさい。

問2　下線部(ア)に関連し、**誤りのあるもの**を下から一つ選び、解答番号(33)の記号
　　にマークしなさい。

　　A　大恐慌以前から、世界的な農業不況でアメリカの農民は痛手をうけてい
　　　た。

　　B　アメリカ資本の引き上げによってヨーロッパ諸国も恐慌にまきこまれ
　　　た。

　　C　ヨーロッパ諸国からアメリカへの戦債・賠償の支払いは継続された。

　　D　各国は、経済ブロックをつくり、ブロック外からの輸入に高関税をかけ
　　　て恐慌を乗り切ろうとした。

問3　下線部(イ)に関連し、①と②の文の正誤の組合せとして最も適したものを下
　　から一つ選び、解答番号(34)の記号にマークしなさい。

　　①　ワグナー法によって労働者の団結権と団体交渉権が認められた。

　　②　全国産業復興法で工業製品の価格協定を禁止して、自由競争を促進し

た。

A　①-正　②-正

B　①-正　②-誤

C　①-誤　②-正

D　①-誤　②-誤

問4　下線部(ウ)に関連し、**誤りのあるもの**を下から一つ選び、解答番号(35)の記号にマークしなさい。

A　ドルが基軸通貨とされた。

B　この体制の枠内で「関税と貿易に関する一般協定」が発足し、自由貿易の原則に立った貿易秩序の形成がめざされた。

C　国際通貨基金と国際復興開発銀行の設立が合意された。

D　各国の通貨の為替相場が変動化された。

問5　下線部(エ)に関連し、最も適したものを下から一つ選び、解答番号(36)の記号にマークしなさい。

A　アメリカは、ギリシャとトルコを対象に軍事援助を実施した。

B　アメリカは、ヨーロッパ経済復興のためにトルーマン＝ドクトリンを発表した。

C　ヨーロッパは、ヨーロッパ経済共同体を設立し、アメリカの援助を受け入れた。

D　ソ連は、コミンフォルムを組織してソ連圏の経済的結びつきを固めた。

2　冷戦が激化する一方で、各地では局地的な戦争や政治変動が続いた。第二次世界大戦後もアメリカの強い影響下におかれたラテンアメリカ諸国においても、強い民族主義に根差した政権が登場しはじめ、アメリカの干渉に反発する
(オ)
動きが出てきた。このような状況下で、アメリカは中南米各国と対立し、緊張関係はキューバ危機で頂点を迎えた。
(カ)
　　南ベトナムでは、1960年に　　(2)　　が結成され、ベトナム民主共和国（北ベトナム）と連携して、ゲリラ戦を展開した。アメリカは、「自由世界の防衛」

をかかげてベトナム戦争に本格的な軍事介入をおこなった。また、発展途上国
_(キ)
では1960年代から政治運動や社会運動を抑圧しながら工業化を強行していく、
開発独裁が登場しはじめた。
_(ク)

問 6　下線部(オ)に関連し、**誤りのあるもの**を下から一つ選び、解答番号(37)の記号
　　　にマークしなさい。

　　　A　アルゼンチンでは、ヴァルガスが反米的な民族主義を掲げて社会改革に
　　　　　着手した。

　　　B　グアテマラでは、左翼政権が土地改革に着手したが、クーデタによって
　　　　　失敗した。

　　　C　キューバでは、カストロが指導する革命運動が成功した。

　　　D　ボリビアでは革命が起き、民主化の改革が行われた。

問 7　下線部(カ)に関連し、最も適したものを下から一つ選び、解答番号(38)の記号
　　　にマークしなさい。

　　　A　アメリカが、ソ連のキューバにおけるミサイル基地建設に反発し、キュ
　　　　　ーバを海上封鎖した。

　　　B　一方的にアメリカが譲歩して核戦争は回避された。

　　　C　この危機以降、アメリカとソ連の軍事的緊張関係はさらに高まった。

　　　D　危機後に、米・仏・ソ連3国間で部分的核実験禁止条約が結ばれた。

問 8　空欄(2)にあてはまる最も適した語句を解答番号(110)に記入しなさい。

問 9　下線部(キ)に関連し、①と②の文の正誤の組合せとして最も適したものを下
　　　から一つ選び、解答番号(39)の記号にマークしなさい。

　　　①　ケネディ大統領が、北ベトナムへの爆撃(北爆)にふみきった。

　　　②　ジョンソン大統領が、50万人の大軍をベトナムに派遣した。

　　　　A　①-正　②-正

　　　　B　①-正　②-誤

　　　　C　①-誤　②-正

　　　D　①-誤　②-誤

問10　下線部(ク)に関連し、**誤りのあるもの**を下から一つ選び、解答番号(40)の記号
　　にマークしなさい。

　　A　フィリピンでは、マルコス大統領が親米路線をとり、開発を進めた。

　　B　インドネシアでは、スカルノの失脚後、スハルトが大統領となり、工業
　　　化や近代化を推進した。

　　C　イランでは、国王パフレヴィー2世の指導で白色革命と呼ばれる近代化
　　　事業が開始された。

　　D　大韓民国では、李承晩がクーデタで権力をにぎったうえで日本と国交を
　　　結んだ。

$$\boxed{\text{地　理}}$$

（2科目120分）

〔Ⅰ〕　次の文章を読み、下記の設問に答えよ。

　　　　2023年のG7サミットは、5月19日～21日に広島市で開催された。日本での
開催は7回目であり、今回の招待国はオーストラリア、ブラジル、コモロ（アフ
　　　　　　　　　　　　　　（イ）
リカ連合議長国）、クック諸島（太平洋諸島フォーラム議長国）、インド（G20議
　　　　　　　　　（ウ）
長国）、インドネシア（ASEAN議長国）、韓国、ベトナムであり、ゲスト国はウ
クライナであった。「法の支配に基づく国際秩序の堅持」、「グローバル・サウス
への関与の強化」を2つの視点として、「地域情勢」、「核軍縮・不拡散」、「経済的
強靱性・経済安全保障」、「気候・エネルギー」、「食料」、「保健」、「開発」などを
重要課題に掲げ、9つのセッションを行った。そして、「ウクライナに関する
G7首脳声明」、「核軍縮に関するG7首脳広島ビジョン」、「経済的強靱性及び経
済安全保障に関するG7首脳声明」、「G7クリーン・エネルギー経済行動計画」、
　　　　（エ）　　　　　　　　　　　　　　　　　　　　（オ）
「強靱なグローバル食料安全保障に関する広島行動声明」を発出し、閉幕した。
（カ）

問1　下線部(ア)に関して、下記の設問に答えよ。

　　(1)　広島市は太田川の下流の　　X　　に発展した都市である。

　　　　　空欄　　X　　に当てはまる用語をカタカナ3文字で解答番号101に
　　　　記入せよ。

　　(2)　(1)の　　X　　に発展した都市として、適切なものを一つ選び、記号
　　　　をマークせよ。（解答番号1）

　　　　A　アムステルダム　　　　　　B　シアトル

　　　　C　ニューオーリンズ　　　　　D　パ　リ

　　　　E　ロンドン

問2　G7サミット期間中に、広島のソウルフードといわれるお好み焼きをある
　　首脳が調理したことも話題となった。お好み焼きの材料は小麦粉、キャベツ
　　等である。表1は、小麦、はだか麦、六条大麦について、収穫量の都道府県
　　別割合上位5位までを示したものである。①〜③に該当する農作物の組み合
　　わせとして、適切なものを一つ選び、記号をマークせよ。なお、はだか麦は
　　味噌等に、六条大麦は飼料、食用、麦茶等に使われる。（解答番号2）

表1

（単位：%）

①		②		③	
福井県	27.8	北海道	61.8	愛媛県	25.5
富山県	20.6	福岡県	7.6	大分県	16.8
石川県	9.4	佐賀県	5.7	香川県	13.6
滋賀県	8.8	愛知県	3.0	福岡県	9.8
宮城県	7.3	三重県	2.5	佐賀県	6.9

統計年次：2022年産。
資料：農林水産省「作物統計」より作成。

	①	②	③
A	小　麦	はだか麦	六条大麦
B	小　麦	六条大麦	はだか麦
C	はだか麦	小　麦	六条大麦
D	はだか麦	六条大麦	小　麦
E	六条大麦	小　麦	はだか麦
F	六条大麦	はだか麦	小　麦

問3　表2はキャベツの収穫量の都道府県別割合上位3位までを示したものであ
　　る。X、Yに当てはまる県名の組み合わせとして適切なものを一つ選び、記
　　号をマークせよ。なお、Xは夏・秋、Yは春・冬の産地である。（解答番号
　　3）

表 2
(単位：％)

X	19.7
Y	18.0
千葉県	8.1

統計年次：2021 年産。
資料：農林水産省「作物統計」より作成。

	X	Y
A	愛知県	群馬県
B	愛知県	山梨県
C	群馬県	愛知県
D	群馬県	山梨県
E	山梨県	愛知県
F	山梨県	群馬県

問 4　下線部(イ)に関して、表 3 は日本とインド、インドネシア、ベトナムとの輸出額及び輸入額の上位 7 品目とその割合を示したものである。①～③に該当する国名の組み合わせとして適切なものを一つ選び、記号をマークせよ。

（解答番号 4 ）

表3

(単位：%)

① 輸　出		① 輸　入		② 輸　出		② 輸　入	
機械類	39.6	機械類	34.5	機械類	31.5	石　炭	14.7
鉄　鋼	9.2	衣　類	15.8	鉄　鋼	14.6	機械類	13.1
プラスチック	5.4	はきもの	4.5	自動車部品	11.2	銅　鉱	8.7
鉄鋼くず	5.1	魚介類	4.2	自動車	4.3	液化天然ガス	4.9
織物類	4.5	家　具	4.1	無機化合物	3.7	天然ゴム	4.3
科学光学機器	3.2	織物類	3.7	プラスチック	3.7	衣　類	4.3
自動車	2.5	プラスチック製品	3.1	金属製品	3.0	魚介類	3.0

③ 輸　出		③ 輸　入	
機械類	32.5	機械類	15.4
無機化合物	11.0	有機化合物	15.2
銅・同合金	8.8	石油製品	11.1
プラスチック	8.5	魚介類	7.8
鉄　鋼	7.7	アルミニウム	5.0
自動車部品	4.6	ダイヤモンド	4.9
有機化合物	4.1	鉄　鋼	4.6

注：輸出、輸入は日本からみたもの。
統計年次：2021年。
資料：『日本国勢図会2023/24』より作成。

	①	②	③
A	インド	インドネシア	ベトナム
B	インド	ベトナム	インドネシア
C	インドネシア	インド	ベトナム
D	インドネシア	ベトナム	インド
E	ベトナム	インド	インドネシア
F	ベトナム	インドネシア	インド

問5　下線部(ウ)に関して、クック諸島は に属しており、日付変更線

より　　Y　　にある。空欄　　X　　、　　Y　　に当てはまる語句の組み合わせとして、適切なものを一つ選び、記号をマークせよ。（解答番号5）

	X	Y
A	ポリネシア	東
B	ポリネシア	西
C	ミクロネシア	東
D	ミクロネシア	西
E	メラネシア	東
F	メラネシア	西

問6　下線部(エ)に関して、かつてアメリカ合衆国の核実験場があり、日本の漁船が被曝したことで知られ、2010年にユネスコの世界遺産に登録された場所として、適切なものを一つ選び、記号をマークせよ。（解答番号6）

A　エニウェトク環礁　　　B　ハオ環礁　　　　C　ビキニ環礁

D　ムルロア環礁　　　　E　ロンゲラップ環礁

問7　下線部(オ)に関して、表4は、アメリカ合衆国、ドイツ、日本の一次エネルギー供給(熱量換算)の構成割合を示したものである。①～③の国名の組み合わせとして、適切なものを一つ選び、記号をマークせよ。（解答番号7）

表4

(単位：%)

	①	②	③
石　炭	27.8	12.4	18.3
石　油	38.4	35.8	33.9
天然ガス	22.2	33.5	25.7
原子力	4.0	9.9	6.6
水　力	1.6	1.1	0.6
風力など	2.2	2.1	5.4
バイオ燃料と廃棄物	3.8	4.9	10.5
その他	──	0.2	-1.0

注：その他は電力の輸出入と熱生産。マイナスは輸出超を示す。
統計年次：2019年。
資料：『世界国勢図会 2022/23』より作成。

	①	②	③
A	アメリカ合衆国	ドイツ	日　本
B	アメリカ合衆国	日　本	ドイツ
C	ドイツ	アメリカ合衆国	日　本
D	ドイツ	日　本	アメリカ合衆国
E	日　本	アメリカ合衆国	ドイツ
F	日　本	ドイツ	アメリカ合衆国

問 8　下線部(カ)に関し、黒海を通じたウクライナからの穀物輸出等に関する4者
　　　合意「黒海穀物イニシアティブ」は、2023年7月18日、ロシアの延長反対で
　　　停止した。ウクライナの主要な穀物積み出し港がある都市の名前として、適
　　　切なものを一つ選び、記号をマークせよ。（解答番号8）

　　　A　オデーサ(オデッサ)　　　　　B　キーウ(キエフ)

　　　C　ザポリッジャ(ザポロージエ)　D　ドネツク

　　　E　ヤルタ

問 9 以下の国の中で、黒海に面していないのはどれか、適切なものを一つ選び、記号をマークせよ。(解答番号9)

A ジョージア B トルコ C ブルガリア
D モルドバ E ルーマニア

問10 問 8 の港から海路で穀物を輸出するルートは、黒海の出口である ┌─ X ─┐ 海峡を通り、マルマラ海に出て、ダーダネルス海峡を経て ┌─ Y ─┐ に至る。┌─ X ─┐ に当てはまる語句をカタカナ5文字で解答番号 102 に記入せよ。また、空欄 ┌─ Y ─┐ に当てはまる語句として、適切なものを一つ選び、記号をマークせよ。(解答番号 10)

A アドリア海 B イオニア海 C エーゲ海
D クレタ海 E ティレニア海

〔Ⅱ〕　次の地図を参照して、下記の設問に答えよ。

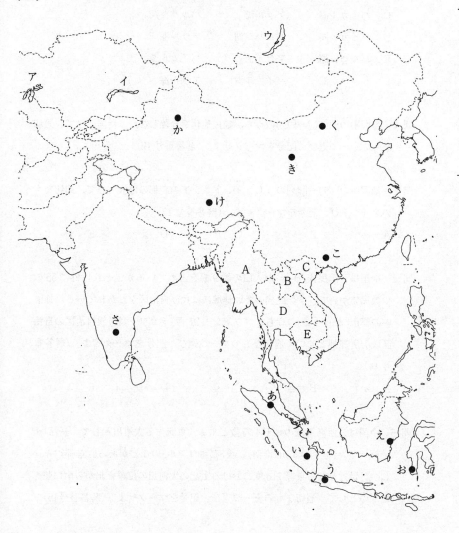

問1　地図中の「ア」〜「ウ」は、アラル海、バイカル湖、バルハシ湖のいずれかで
　　　ある。「ア」〜「ウ」の名称の組み合わせとして、適切なものを一つ選び、記号
　　　をマークせよ。（解答番号11）

　　　　　　　　　　ア　　　　　　　イ　　　　　　　ウ
　　A　　アラル海　　　　バイカル湖　　　バルハシ湖

B	アラル海	バルハシ湖	バイカル湖
C	バイカル湖	アラル海	バルハシ湖
D	バイカル湖	バルハシ湖	アラル海
E	バルハシ湖	アラル海	バイカル湖
F	バルハシ湖	バイカル湖	アラル海

問 2　地図中の国「A」～「E」のうち、植民地化を経験しなかった国として、適切なものを一つ選び、記号をマークせよ。(解答番号12)

問 3　地図中の「あ」～「お」のうち、インドネシアの首都の位置として、適切なものを一つ選び、記号をマークせよ。(解答番号13)

　　A　あ　　　　B　い　　　　C　う　　　　D　え　　　　E　お

問 4　中国は、漢民族(漢族)が人口の約9割を占めているが、それ以外に55の少数民族がいて、少数民族の多い地域には民族自治区がおかれている。地図中の都市「か」～「こ」のうち、コワンシー(広西)チョワン(壮)族自治区の自治区政府所在地として、適切なものを一つ選び、記号をマークせよ。(解答番号14)

　　A　か　　　　B　き　　　　C　く　　　　D　け　　　　E　こ

問 5　中国は、西高東低の地形を特徴とする。東流する大河川として、長江(チャンチヤン)、ホワイ川(淮河)、黄河(ホワンホー)などがある。首都ペキン(北京)付近を通る東経116度における上記の大河川の位置を北から南に並べたものとして、適切なものを一つ選び、記号をマークせよ。(解答番号15)

	←北		南→
A	長　江	ホワイ川	黄　河
B	長　江	黄　河	ホワイ川
C	ホワイ川	長　江	黄　河
D	ホワイ川	黄　河	長　江
E	黄　河	長　江	ホワイ川

　　F　黄　河　　　　　ホワイ川　　　長　江

問 6　地図中の「さ」は、情報通信技術(ICT)産業が盛んな都市である。「さ」の都市名として、適切なものを一つ選び、記号をマークせよ。(解答番号 16)

　　A　コルカタ(カルカッタ)　　　　　B　チェンナイ(マドラス)

　　C　デリー　　　　　　　　　　　　D　ベンガルール(バンガロール)

　　E　ムンバイ(ボンベイ)

問 7　インドの中南部には比較的平坦な　　 X 　　高原が広がる。　　 X 　　高原に広く分布する肥沃な黒土は　　 Y 　　とよばれ、　　 Z 　　の栽培に適している。

　⑴　空欄　　 X 　　に当てはまる適切な語句を、解答番号 103 に記入せよ。

　⑵　空欄　　 Y 　　に当てはまる適切な語句を、カタカナ 4 文字で解答番号 104 に記入せよ。

　⑶　空欄　　 Z 　　に当てはまる作物として、適切なものを一つ選び、記号をマークせよ。(解答番号 17)

　　A　油やし　　　　　　B　米　　　　　　　C　ジュート

　　D　茶　　　　　　　　E　綿　花

問 8　表 1 は、カンボジア、ベトナム、ラオスの人口と面積、1 人当たり GNI (国民総所得)を示したものである。①～③に当てはまる国名の組み合わせとして、適切なものを一つ選び、記号をマークせよ。(解答番号 18)

表 1

	①	②	③
人　口(千人)	98,187	16,768	7,529
面　積(千 km²)	331	181	237
1 人当たり GNI(米ドル)	3,564	1,523	2,414

統計年次：人口は 2022 年、面積と 1 人当たり GNI は 2021 年。
資料：『世界国勢図会 2023/24』より作成。

	①	②	③
A	カンボジア	ベトナム	ラオス
B	カンボジア	ラオス	ベトナム
C	ベトナム	カンボジア	ラオス
D	ベトナム	ラオス	カンボジア
E	ラオス	カンボジア	ベトナム
F	ラオス	ベトナム	カンボジア

問9　表2は、インドと中国のオレンジ類、バナナ、リンゴの生産量を示したものである。①〜③に当てはまる果実の組み合わせとして、適切なものを一つ選び、記号をマークせよ。（解答番号19）

表2

（単位：千トン）

	①	②	③
インド	31,504	9,854	2,734
中　国	11,513	30,620	40,500

注：オレンジ類はミカン等を含む。
統計年次：2020年。
資料：『世界国勢図会 2022/23』より作成。

	①	②	③
A	オレンジ類	バナナ	リンゴ
B	オレンジ類	リンゴ	バナナ
C	バナナ	オレンジ類	リンゴ
D	バナナ	リンゴ	オレンジ類
E	リンゴ	オレンジ類	バナナ
F	リンゴ	バナナ	オレンジ類

問10　表3は、世界のコーヒー生豆、茶葉、葉たばこの生産量上位6カ国とその割合を示したものである。表3に関する、下記の設問に答えよ。

表3

(単位：%)

	①		②		③	
1位	X	48.8	X	36.1	ブラジル	30.2
2位	Y	19.4	Y	12.9	Z	18.6
3位	ケニア	8.3	ブラジル	12.6	インドネシア	7.7
4位	トルコ	5.1	インドネシア	4.0	コロンビア	5.6
5位	スリランカ	4.6	アメリカ合衆国	3.7	エチオピア	4.6
6位	Z	3.8	パキスタン	2.9	ホンジュラス	4.0

統計年次：2021 年。

資料：『日本国勢図会 2023/24』より作成。

(1) ①〜③に該当する農産物の組み合わせとして、適切なものを一つ選び、記号をマークせよ。(解答番号 20)

	①	②	③
A	コーヒー生豆	茶 葉	葉たばこ
B	コーヒー生豆	葉たばこ	茶 葉
C	茶 葉	コーヒー生豆	葉たばこ
D	茶 葉	葉たばこ	コーヒー生豆
E	葉たばこ	コーヒー生豆	茶 葉
F	葉たばこ	茶 葉	コーヒー生豆

(2) X〜Zは、インド、中国、ベトナムのいずれかである。X〜Zに当てはまる国名の組み合わせとして、適切なものを一つ選び、記号をマークせよ。(解答番号 21)

	X	Y	Z
A	インド	中国	ベトナム
B	インド	ベトナム	中 国
C	中 国	インド	ベトナム
D	中 国	ベトナム	インド
E	ベトナム	インド	中 国
F	ベトナム	中 国	インド

〔Ⅲ〕　次の地図を参照して、下記の設問に答えよ。

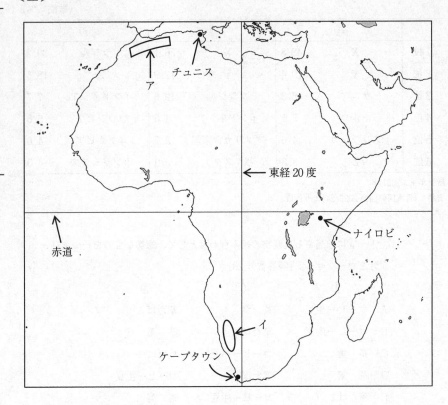

問1　赤道と東経20度線が交わる地点を含む盆地の名前を、解答番号105に記
　　入せよ。

問2　ケッペンの気候区分によれば、東経20度線が赤道と交わるあたりは熱帯
　　雨林気候（弱い乾季のある熱帯雨林気候を含む）である。そこから東経20度
　　線をさらに北上したときの気候区分の変化として、適切なものを一つ選び、
　　記号をマークせよ。（解答番号22）

　　　　　　　　　　　　　→北
　　A　砂漠気候　　　　　サバナ気候　　　　　ステップ気候
　　B　砂漠気候　　　　　ステップ気候　　　　サバナ気候

C	サバナ気候	砂漠気候	ステップ気候
D	サバナ気候	ステップ気候	砂漠気候
E	ステップ気候	砂漠気候	サバナ気候
F	ステップ気候	サバナ気候	砂漠気候

問 3　東経 20 度線上にある国の名前として、適切なものを一つ選び、記号をマークせよ。(解答番号 23)

A　イタリア　　　　　B　ウクライナ　　　　C　ドイツ

D　フランス　　　　　E　ポーランド

問 4　赤道上にあるラテンアメリカの国の名前として、適切なものを一つ選び、記号をマークせよ。(解答番号 24)

A　アルゼンチン　　　B　キューバ　　　　　C　コロンビア

D　チ リ　　　　　　E　パナマ

問 5　地図中の山脈「ア」の名前を、カタカナ 4 文字で解答番号 106 に記入せよ。

問 6　砂漠はその形成要因によって、いくつかのタイプに分けられる。地図中の「イ」と同じタイプの砂漠の名前として、適切なものを一つ選び、記号をマークせよ。(解答番号 25)

A　アタカマ砂漠　　　　　　　　B　カラハリ砂漠

C　グレートヴィクトリア砂漠　　D　大インド砂漠

E　タクラマカン砂漠

問 7　アフリカ大地溝帯に関する記述として、適切なものを一つ選び、記号をマークせよ。(解答番号 26)

A　アフリカ大地溝帯は、アフリカプレートとインド・オーストラリアプレートが衝突することで生じた大地の褶曲であり、付近にはキリマンジャロ山などの火山がある。

B　アフリカ大地溝帯は、アフリカプレートの広がる境界であり、その裂け

目に水がたまることでヴィクトリア湖などの断層湖が形成された。

C　アフリカ大地溝帯は、アフリカプレートとインド・オーストラリアプレートが互いにすれ違い、南北方向にずれ動いたことで生じた断層である。

D　アフリカ大地溝帯は、モザンビークから北に延び、タンガニーカ湖、ナイル川を経て、シナイ半島に至る全長約 7,000 km の地溝である。

E　アフリカ大地溝帯は、モザンビークから北に延び、その一部はエチオピア高原、紅海を経て、ヨルダン渓谷の北まで達する。

問 8　アフリカには内陸国(海に面していない国)が多くある。アフリカの内陸国の名前として、適切でないものを一つ選び、記号をマークせよ。(解答番号 27)

A　エチオピア　　　　B　スーダン　　　　　C　チャド

D　ニジェール　　　　E　マ リ

問 9　図 1 の①～③は、地図中のケープタウン、チュニス、ナイロビのいずれかにおける雨温図を示したものである。①～③の雨温図に当てはまる都市名の組み合わせとして、適切なものを一つ選び、記号をマークせよ。(解答番号 28)

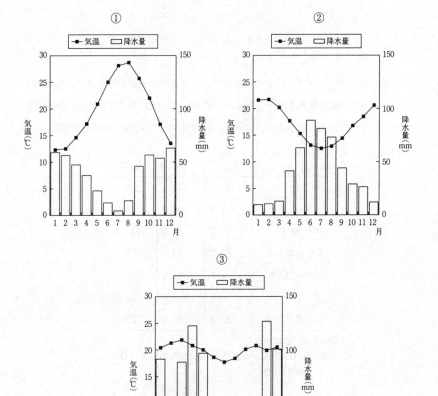

図 1

統計年次：1991 〜 2020 年の平均値。

資料：気象庁ウェブサイトの「世界の地点別平年値」より作成。

	①	②	③
A	ケープタウン	チュニス	ナイロビ
B	ケープタウン	ナイロビ	チュニス
C	チュニス	ケープタウン	ナイロビ
D	チュニス	ナイロビ	ケープタウン

E　ナイロビ　　　　　ケープタウン　　　チュニス

F　ナイロビ　　　　　チュニス　　　　　ケープタウン

問10　表1は、エジプト、ナイジェリア、マダガスカルの穀物およびイモ類の1人当たり食用供給量を示したものである。①～③に該当する国名の組み合わせとして、適切なものを一つ選び、記号をマークせよ。(解答番号29)

表1

(単位：kg/年)

	①	②	③
小　麦	147.9	26.7	13.2
米(籾米)	48.2	41.9	144.0
トウモロコシ	59.7	34.4	7.5
その他穀物	7.1	34.9	0.4
キャッサバ	0.0	124.8	84.5
その他イモ類	33.4	146.8	29.5

統計年次：2020年。

資料：FAOSTAT, Food Balances(2023年5月17日更新版)より作成。

	①	②	③
A	エジプト	ナイジェリア	マダガスカル
B	エジプト	マダガスカル	ナイジェリア
C	ナイジェリア	エジプト	マダガスカル
D	ナイジェリア	マダガスカル	エジプト
E	マダガスカル	エジプト	ナイジェリア
F	マダガスカル	ナイジェリア	エジプト

問11　表2は、世界のカカオ豆、ごま、なつめやしの生産量上位7カ国とその割合を示したものである。表2に関する、下記の設問に答えよ。

表2

（単位：%）

	①		②		③	
1位	X	17.6	エジプト	18.1	コートジボワール	39.4
2位	インド	12.9	サウジアラビア	16.2	ガーナ	14.7
3位	タンザニア	11.0	イラン	13.5	インドネシア	13.0
4位	ミャンマー	10.1	Z	12.3	ブラジル	5.4
5位	中　国	7.2	イラク	7.8	エクアドル	5.4
6位	Y	6.9	パキスタン	5.5	カメルーン	5.2
7位	ブルキナファソ	4.2	X	4.8	Y	5.0

統計年次：2021年。

資料：FAOSTAT, Production（2023年3月23日更新版）より作成。

(1)　①～③に該当する農産物の組み合わせとして、適切なものを一つ選び、記号をマークせよ。（解答番号30）

	①	②	③
A	カカオ豆	ご ま	なつめやし
B	カカオ豆	なつめやし	ご ま
C	ご ま	カカオ豆	なつめやし
D	ご ま	なつめやし	カカオ豆
E	なつめやし	カカオ豆	ご ま
F	なつめやし	ご ま	カカオ豆

(2)　X～Zは、アルジェリア、スーダン、ナイジェリアのいずれかである。X～Zに当てはまる国名の組み合わせとして、適切なものを一つ選び、記号をマークせよ。（解答番号31）

	X	Y	Z
A	アルジェリア	スーダン	ナイジェリア
B	アルジェリア	ナイジェリア	スーダン
C	スーダン	アルジェリア	ナイジェリア
D	スーダン	ナイジェリア	アルジェリア

E　ナイジェリア　　　　アルジェリア　　　　スーダン

F　ナイジェリア　　　　スーダン　　　　　　アルジェリア

問12　タンザン鉄道は、　X　の銅鉱石を　Y　経由で輸出すること
を目的に、　Z　の援助により建設され、1976年に完成した。空欄
X　～　Z　に当てはまる国名の組み合わせとして、適切なもの
を一つ選び、記号をマークせよ。(解答番号32)

	X	Y	Z
A	ザンビア	タンザニア	アメリカ合衆国
B	ザンビア	タンザニア	ソ　連
C	ザンビア	タンザニア	中　国
D	タンザニア	ザンビア	アメリカ合衆国
E	タンザニア	ザンビア	ソ　連
F	タンザニア	ザンビア	中　国

問13　表3は、コンゴ民主共和国、南アフリカ共和国、モロッコの輸出額上位6
品目とその割合を示したものである。①～③に該当する国名の組み合わせと
して、適切なものを一つ選び、記号をマークせよ。(解答番号33)

表3

(単位：%)

	①		②		③	
1位	機械類	15.7	白金族	19.1	銅	64.6
2位	化学肥料	15.6	自動車	8.8	無機化合物	23.7
3位	自動車	13.8	鉄鉱石	8.1	銅　鉱	6.6
4位	野菜・果実	10.3	機械類	6.9	金属製品	0.6
5位	衣　類	9.3	金(非貨幣用)	6.0	カカオ豆	0.4
6位	魚介類	7.0	鉄　鋼	5.3	石油製品	0.3

統計年次：2021年。

資料：『世界国勢図会 2023/24』より作成。

	①	②	③
A	コンゴ民主共和国	南アフリカ共和国	モロッコ

B	コンゴ民主共和国	モロッコ	南アフリカ共和国
C	南アフリカ共和国	コンゴ民主共和国	モロッコ
D	南アフリカ共和国	モロッコ	コンゴ民主共和国
E	モロッコ	コンゴ民主共和国	南アフリカ共和国
F	モロッコ	南アフリカ共和国	コンゴ民主共和国

〔Ⅳ〕　次の地形図を参照して、下記の設問に答えよ。

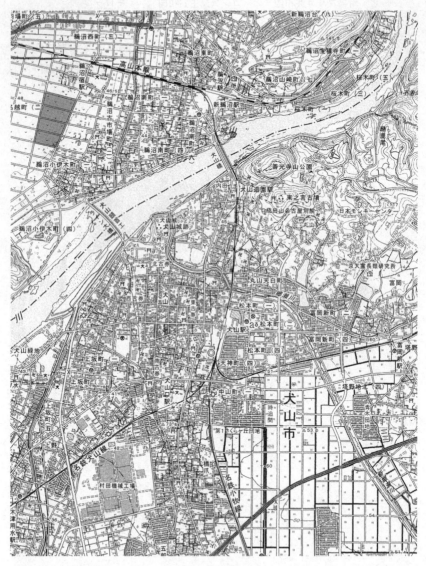

資料：国土地理院発行2万5千分の1地形図「犬山」(令和3年2月1日発行)を原寸で表示(一部加工)。

編集部注：編集の都合上，80％に縮小

問 1　地形図の中で県境となっている河川について、河川名と右岸及び左岸の県名の組み合わせとして、適切なものを一つ選び、記号をマークせよ。（解答番号 34）

	河川名	右岸	左岸
A	揖斐川	岐阜県	三重県
B	揖斐川	三重県	岐阜県
C	木曽川	愛知県	岐阜県
D	木曽川	岐阜県	愛知県
E	長良川	愛知県	三重県
F	長良川	三重県	愛知県

問 2　地形図の中の河川が流入する海域の名称として、適切なものを一つ選び、記号をマークせよ。（解答番号 35）

A　渥美湾　　　　　B　伊勢湾　　　　　C　駿河湾

D　知多湾　　　　　E　三河湾

問 3　地形図の「犬山橋」が架けられている場所の実際の川幅に最も近いものを一つ選び、記号をマークせよ。（解答番号 36）

A　100 m　　　　　B　250 m　　　　　C　500 m

D　750 m　　　　　E　1,000 m

問 4　地形図の「鵜沼宿駅」の南西にある網掛け部分の実際の面積に最も近いものを一つ選び、記号をマークせよ。（解答番号 37）

A　5 万 m²　　　　　B　10 万 m²　　　　　C　20 万 m²

D　50 万 m²　　　　　E　100 万 m²

問 5　犬山市役所の緯度は、おおよそ北緯 35 度 20 分である。緯度が犬山市の緯度に最も近い都市を一つ選び、記号をマークせよ。（解答番号 38）

A　津　市　　　B　徳島市　　　C　長崎市　　　D　福島市　　　E　横浜市

問 6　地形図の「善光寺山公園」は善光寺山の頂上付近にある。善光寺山の実際の標高に最も近いものを一つ選び、記号をマークせよ。(解答番号 39)

A　100 m　　B　120 m　　C　140 m　　D　160 m　　E　180 m

問 7　「犬山城」は、日本国内で江戸時代以前の天守が現存している 12 の城のうちの 1 つである。これら 12 の城に含まれ、ユネスコの世界遺産に登録されているものを一つ選び、記号をマークせよ。(解答番号 40)

A　大阪城　　　　　　B　熊本城　　　　　　C　名古屋城

D　姫路城　　　　　　E　若松城

問 8　地形図の中に「ライン大橋」があるが、この名前は、この橋が架けられている河川がヨーロッパのライン川にたとえられることに由来する。ライン川が通る、あるいはライン川に面する都市として、適切でないものを一つ選び、記号をマークせよ。(解答番号 41)

A　ストラスブール　　B　デュッセルドルフ　　C　バーゼル

D　ハンブルク　　　　E　ロッテルダム

問 9　犬山市内にある野外民族博物館リトルワールドには、世界各国の伝統建築物が展示されている。ライン川が流れるアルザス地方の家屋の写真として適切なものを一つ選び、記号をマークせよ。(解答番号 42)

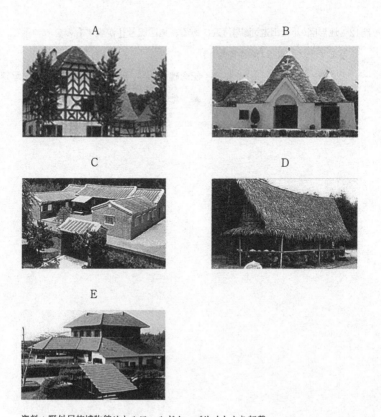

資料：野外民族博物館リトルワールドウェブサイトより転載。

問10 地形図の「犬山頭首工」を取水口とし、下流部の農業地帯を潤す用水群の総称として、適切なものを一つ選び、記号をマークせよ。（解答番号43）

A 大井川用水 　　 B 豊川用水 　　 C 濃尾用水

D 三方原用水 　　 E 明治用水

問11 地形図の「犬山駅」の東にあるaの場所には、実際には犬山簡易裁判所がある。裁判所を表す地図記号として適切なものを一つ選び、記号をマークせよ。（解答番号44）

A ✗ 　　 B ⊕ 　　 C Y 　　 D ⚲ 　　 E 血

問12　地形図の「犬山遊園駅」付近にある、地図記号 ⏻ が表すものを一つ選び、記
　　　号をマークせよ。（解答番号 45）

A　煙　突　　　　　　B　記念碑　　　　　　C　自然災害伝承碑

D　電波塔　　　　　　E　墓　地

政治・経済

（2科目120分）

〔Ⅰ〕 政治について、下記の設問に答えなさい。

問1 国家や人権に関する記述として、次のなかから最も適切でないものの記号を一つ選び、解答欄1にマークしなさい。

A 国家の三要素とは、領域、国民、主権をさす。

B フランス人権宣言につづいて、アメリカでもヴァージニア権利章典がつくられた。

C 「法の支配」は、中世から存在する観念である。

D ボーダンのいう主権国家は君主が統治する国家であった。

問2 人権に関する記述として、次のなかから最も適切でないものの記号を一つ選び、解答欄2にマークしなさい。

A 国際人権規約のB規約（自由権規約）について、日本は第一、第二選択議定書をいずれも批准していない。

B 日本では1985年に男女雇用機会均等法が制定されたが、女子差別撤廃条約を批准していない。

C 1965年に人種差別撤廃条約が採択され、日本も批准している。

D 1989年に子どもの権利条約が採択され、日本でも2000年に児童虐待防止法が制定された。

問3 日本国憲法について、第25条の生存権は努力目標を示したものであって、国の施策がこの規定に反しても法的判断を裁判で争うことはできない、という説を何と言うか。最も適切な語句を解答欄101に「説」という文字を含めた8文字で記入しなさい。

問 4　日本の政治に関する記述として、次のなかから最も適切でないものの記号
　　　を一つ選び、解答欄 3 にマークしなさい。

　　A　第 1 回帝国議会が開催される前年の 1889 年に大日本帝国憲法が発布さ
　　　れた。

　　B　満州事変を経て、1936 年には治安維持法が制定された。

　　C　1925 年に満 25 歳以上の男子の普通選挙制度が確立した。

　　D　1946 年の戦後初の総選挙において初めて男女平等選挙が行われた。

問 5　日本の国会に関する規定として、次のなかから最も適切なものの記号を一
　　　つ選び、解答欄 4 にマークしなさい。

　　A　衆議院の解散中に、緊急の必要がある場合、内閣は参議院の緊急集会を
　　　求めることができる。

　　B　通常国会は、毎年 1 月に召集され、会期は 90 日間である。

　　C　特別国会は、衆議院総選挙の日から 30 日後に召集される。

　　D　臨時国会は、内閣またはいずれかの議院の総議員の 5 分の 1 以上の要求
　　　で召集される。

問 6　日本の行政や立法に関する記述として、次のなかから最も適切なものの記
　　　号を一つ選び、解答欄 5 にマークしなさい。

　　A　官僚が政治家に転身する天下りによって、行政府と立法府の境界が曖昧
　　　になることが問題視されている。

　　B　官僚の役割が大きくなって行政機構が肥大した国家を、夜警国家とい
　　　う。

　　C　戦後日本では、議員提出法案よりも内閣提出法案の方が成立率は高い傾
　　　向にある。

　　D　法律の委任にもとづいて立法府以外の機関が制定する法規を、機関立法
　　　という。

問 7　日本国憲法下で日本の内閣がもつ機能として、次のなかから最も適切でな
　　　いものの記号を一つ選び、解答欄 6 にマークしなさい。

A 恩赦の決定

B 条約の締結

C 弾劾裁判所の設置

D 天皇の国事行為に対する承認

問 8 現在の日本の司法に関する記述として、次のなかから最も適切でないもの
の記号を一つ選び、解答欄 7 にマークしなさい。

A 国や地方公共団体による行政上の行為に対する行政裁判は刑事裁判の一
種である。

B 検察審査会が同一事件で起訴相当と 2 回議決した場合には、必ず起訴さ
れる。

C 国会による立法権の独占の憲法上の例外として、裁判所の内部規律など
についての規則制定権が最高裁判所に認められている。

D 判決が確定して裁判が終了した事件でも、一定の重大な欠陥を理由に裁
判をやり直す制度がある。

問 9 裁判所の役割について、高度に政治的な国家行為の合憲性は審査すべきで
ないという考え方を何というか。最も適切な語句を解答欄 102 に漢字で記入
しなさい。

問10 日本の地方自治に関する記述として、次のなかから最も適切なものの記号
を一つ選び、解答欄 8 にマークしなさい。

A 三割自治とは、地方自治体の事務の多くが機関委任事務であることを指
摘した言葉である。

B 自治の実践として住民投票が注目されているが、まだ行われたことがな
い。

C 住民による事務監査請求のことをイニシアティブという。

D 地域の住民が中央政府に対して自立した分権的団体をつくることを、団
体自治という。

〔Ⅱ〕 国際的な政治や経済について、下記の設問に答えなさい。

問11 国際法をめぐる説明で、最も適切でないものの記号を一つ選び、解答欄9
にマークしなさい。

A 国際法は、明文化されていないものを含んでいる。

B 国際法は、主権国家間の条約などから形成されている。

C 現代の国際法は、人権保障、環境保全などの原則を掲げるものもある。

D 『永久平和のために』を著したグロティウスは「国際法の父」と呼ばれてい
る。

問12 国際連盟には、その目的を遂行するうえで限界があったと言われている。
その要因として、最も適切でないものの記号を一つ選び、解答欄10にマー
クしなさい。

A 決定事項は、原則として勧告にすぎず、侵略国に対して、軍事措置をと
れなかった。

B 国際連盟の提唱国であるアメリカが、議会の反対により参加しなかっ
た。

C ソ連が設立当初より加盟して、特定の立場の多数派を形成した。

D 総会や理事会の議決方式が全会一致であったため、有効な決定ができな
かった。

問13 国際連合の「UNCTAD」をめぐり、最も適切でないものの記号を一つ選
び、解答欄11にマークしなさい。

A 先進国に対して、発展途上国の軽工業製品に対する特恵関税などの要求
をした。

B 国際連合の総会の機関として設置されている。

C 日本語では「国連貿易援助会議」と呼ばれている。

D 発足当初は発展途上国の求める「援助より貿易を」の実現を目指した。

問14 冷戦下における、西側諸国による社会主義の封じ込め政策はアメリカ大統

領の名をとり　□1□　＝ドクトリンと言われている。空欄　□1□　にあ
てはまる語句を解答欄 103 にカタカナで記入しなさい。

問15　国際分業と貿易に関する記述として、最も適切でないものの記号を一つ選
び、解答欄 12 にマークしなさい。

A　国際分業のなかで、水平的分業は同じような経済発展レベルの先進国間
にみられる。

B　19 世紀にフランスのリストは、経済発展段階説に基づいた保護貿易論
を唱えた。

C　19 世紀には、イギリスは植民地にも自由貿易を求めたので、植民地の
工業化が遅れた。

D　イギリスのリカードは、比較生産費説を唱え、自由貿易に理論的根拠を
与えた。

問16　世界全体で貿易拡大を図るために、1995 年に WTO が発足した。WTO に
関する説明のうち最も適切でないものの記号を一つ選び、解答欄 13 にマー
クしなさい。

A　加盟国の貿易紛争時には、正式な紛争処理メカニズムを持っている。

B　以前からの経緯により、サービス貿易や知的所有権は対象外である。

C　WTO 協定には各国の農業政策にも関係する農業協定も含んでいる。

D　その前身は GATT（関税と貿易に関する一般協定）である。

問17　先進国は開発途上国にも貿易の自由化を促す一方、様々な形でその経済開
発を支援している。そうした途上国支援に関する記述のうち、最も適切でな
いものの記号を一つ選び、解答欄 14 にマークしなさい。

A　政府による公的な開発支援は ODA とよばれる。

B　JICA は日本における途上国支援の実行機関である。

C　開発途上国への開発金融の中心は IMF が担っている。

D　DAC は国家間の ODA に関わる政策調整を行っている。

問18　民間でも途上国の支援のためできることは多い。立場が弱い現地生産者や
　　　労働者のために、原料や製品などをあるべき価格で継続的に購入することを
　　　何というか。カタカナで、解答欄104に記入しなさい。

問19　次のEU（欧州連合）に関する記述の中で最も適切でないものの記号を一つ
　　　選び、解答欄15にマークしなさい。

　　A　EUに加盟しなくともユーロ（EURO）を通貨として使用している国・地
　　　　域もある。

　　B　2020年のイギリスのEU離脱は2016年の国民投票の結果行われた。

　　C　EUは1993年に発足し、2023年の時点で加盟国は27か国に及んでい
　　　　る。

　　D　EUの歴史は1960年代のECSC（欧州石炭鉄鋼共同体）の創設にさかのぼ
　　　　ることができる。

問20　地域的経済統合の英語アルファベット表記と日本語の呼称の組み合わせと
　　　して最も適切でないものの記号を一つ選び、解答欄16にマークしなさい。

　　A　MERCOSUR　－　南米南部共同市場

　　B　NAFTA　－　北米自由貿易協定

　　C　TPP　－　環太平洋パートナーシップ協定

　　D　ASEAN　－　アジア・オセアニア諸国連合

〔Ⅲ〕　2019年7月に発表された次の文章を読んで、下記の設問に答えなさい。

　　　平成の30年間、日本経済はバブル崩壊やデフレ、世界的な金融危機など様々
　　　　　　　　　　　　　　　　　　　(ア)
　な困難に直面し、それを乗り越える努力を続けてきました。現在、名目GDPは
　　　　　　　　　　　　　　　　　　　　　　　　　　　　　　　(イ)
　過去最大となる550兆円まで拡大し、企業収益は過去最高、雇用環境も大きく改
　　　　　　　　　　　　　　　　　　(ウ)
　善し、有効求人倍率は1.6倍を超えて45年ぶりの高水準となっています。

　　　この間、日本経済のグローバル化は大きく進展し、貿易額は平成元年の67兆
　円から164兆円と2.5倍、海外直接投資は6倍、さらにインバウンド(訪日外国
　人数)は10倍になっています。

　　　こうしたグローバル化の進展や第4次産業革命の技術革新は、「令和」という新
　しい時代の我が国経済を大きく発展させることが期待されます。
　　　　　　　　　　　(エ)
　　　一方で、平成から令和に引き継がれた課題も多くあります。特に、人口減少・
　　　　　　　(オ)
　少子高齢化が進む中で、生産性の向上により潜在成長率を高めていくことは喫緊
　の課題です。また、海外で保護主義的な動きもみられる中、自由貿易体制を維持
　　　　　　　　　　　　　　　　　　　　　　　　　　　　　(カ)
　・発展させ、グローバル化の恩恵を持続的で包摂的な経済発展につなげることも
　重要な課題です。
　　　(キ)
　　　これらの課題に対応するためには、①第4次産業革命が拓く「Society5.0」を実
　現し、新たな財・サービスを創出して消費や投資を喚起しつつ生産性を向上させ
　　　　　　　(ク)　　　　　　　　(ケ)
　る、②人生100年時代を見据え、誰もが幾つになっても活躍できる場を拡げてい
　　　　　　　　　　　　　　　　　　　　　　　　　　　　(コ)
　く、③自由貿易体制を維持・発展させ、グローバルな交流を通じて日本の成長力
　の強化を図っていくことが重要です。

(出典)内閣府「令和元年度年次経済財政報告」(一部改変)。

問21　下線部(ア)「デフレ」について、物価や景気を安定させる中央銀行の金融政策
　　　に関する記述のうち、次のなかから最も適切なものの記号を一つ選び、解答
　　　欄17にマークしなさい。

　　A　日銀が市中銀行に貸し出しを行う際の金利を公定歩合といい、これが現
　　　　在の政策金利の主な対象にあたる。

　　B　市中銀行が日銀に支払準備金として預ける割合を上下させる預金準備率

操作は、2008 年のリーマン・ショックの際にも行われた。

　C　景気が悪くデフレーションの時には、国債などを売ることで経済活動を
　　刺激する。

　D　コール市場における無担保での資金貸借のうち、借りた翌日に返すもの
　　を無担保コール翌日物という。

問22　下線部(イ)「名目 GDP」について、これを GDP デフレーターで割って 100 を
　　かけた数値を何と言うか。最も適切な語句を解答欄 105 に記入しなさい。

問23　下線部(ウ)「企業」に関する記述として、次のなかから最も適切でないものの
　　記号を一つ選び、解答欄 18 にマークしなさい。

　A　異業種企業を合併・買収することで生まれた複合企業をコングロマリッ
　　トという。

　B　市場の支配を目的として同種産業の企業が合併により一体化することを
　　コンツェルンという。

　C　高い利潤を確保するために同種産業の企業が価格や生産量などについて
　　協定を結ぶことをカルテルという。

　D　他企業の株式を買い占めて合併・買収する方法をM＆Aという。

問24　下線部(エ)について、一般に経済成長につれて産業の中心が第 1 次産業から
　　第 2 次産業へ、さらに第 3 次産業へシフトしていく傾向を、主張した 2 人の
　　名前をとって何の法則というか。カタカナで解答欄 106 に記入しなさい。

問25　下線部(オ)「平成」に至るまでにも日本経済は様々な経験をしている。そのな
　　かでも戦後の日本経済復興についての記述として最も適切なものの記号を一
　　つ選び、解答欄 19 にマークしなさい。

　A　石炭・鉄鋼・肥料などの基幹産業に資源を重点的に投じる傾斜生産方式
　　をおこなった。

　B　復興金融金庫の設立等によって通貨の供給量が増加しデフレが深刻化し
　　た。

C　ドッジ・ラインによって直接税を中心とした簡素な税制が採用されインフレが激化した。

D　シャウプ勧告によって補助金の廃止などの金融緩和政策をおこない安定恐慌が生じた。

問26　下線部(カ)「自由貿易体制を維持・発展」には為替の変動が大きくかかわっている。円高と円安に関する記述として最も適切なものの記号を一つ選び、解答欄20 にマークしなさい。

A　円高になると日本の輸出企業は有利になる。

B　円安になると日本国外での日本の商品の競争力は弱くなる。

C　為替レートは国際通貨基金(IMF)が世界の経済状況を考慮して決定している。

D　2011 年 3 月の震災直後には円が 1 ドル＝76 円台となって史上最高値(当時)を更新した。

問27　下線部(キ)「課題」について、従来から続く課題として公害問題もある。日本の公害に関する記述として最も適切なものの記号を一つ選び、解答欄21 にマークしなさい。

A　イタイイタイ病は工場廃液中に含まれる有機水銀をめぐる訴訟で争われた公害である。

B　1960 年代半ばに公害健康被害補償法が世界にさきがけて実施された。

C　企業の無過失責任制では故意・過失の有無にかかわらず損害があれば賠償責任を負うことになる。

D　1997 年には道路やダムだけでなくすべての経済活動を対象とした環境アセスメント法が成立した。

問28　下線部(ク)「財・サービス」について、政府がこれらを供給する場合があり、また政府がこれらに支出する場合もある。こうした家計、企業に並ぶ経済主体としての政府による財政政策に関する記述として、次のなかから最も適切でないものの記号を一つ選び、解答欄22 にマークしなさい。

A　国の歳出は公債や借入金以外の歳入を財源とすることが原則だが、建設国債の発行は財政法で認められている。

B　国債残高が増えていくと、財政の硬直化がすすむ恐れがある。

C　プライマリーバランスは、財政の自動安定化装置により正常に保たれる。

D　非排除性と非競合性をもつ財を供給することが政府の役割の一つである。

問29　下線部(ケ)「消費」について、家計と消費支出に関する記述のうち、次のなかから最も適切でないものの記号を一つ選び、解答欄23にマークしなさい。

A　家計が保有する株や土地などの価格が上がることで消費支出も増えることを、資産効果という。

B　家計の貯蓄は、金融機関を通じて企業に提供されることで投資に使われる。

C　財やサービスに課される消費税は、家計が負担するため直接税に分類される。

D　消費支出に占める食料費の割合をエンゲル係数という。

問30　下線部(コ)「活躍できる場」は労働問題と深くかかわっている。日本の労働問題に関する記述として最も適切でないものの記号を一つ選び、解答欄24にマークしなさい。

A　労働3権とは団結権、団体交渉権、団体行動権を指す。

B　労働3法とは労働組合法、労働関係調整法、労働基準法を指す。

C　2008年のリーマン・ショック直後に完全失業率は一時的に5％を超えた。

D　育児・介護休業法が2005年にはじめて制定された。

〔Ⅳ〕　環境問題について、次の文章を読んで、下記の設問に答えなさい。

　　　この<u>地球規模の課題</u>である<u>気候変動</u>問題の解決に向けて、2015年に<u>パリ協定</u>
　　　（ア）　　　　　　　　　　　　　　（イ）　　　　　　　　　　　　　　　（ウ）
が採択され、世界各国が世界共通の長期目標として、世界的な平均気温上昇を工
業化以前に比べて2℃より十分低く保つとともに、1.5℃に抑える努力を追求す
ることや、今世紀後半に<u>温暖化の原因となるガスの人為的な発生源による排出量</u>
　　　　　　　　　　　　（エ）
と吸収源による除去量との間の均衡を達成することなどを<u>合意</u>しました。この実
　　　　　　　　　　　　　　　　　　　　　　　　　　　　（オ）
現に向けて、世界が取組を進めており、<u>120以上の国と地域</u>が「<u>2050年カーボン</u>
　　　　　　　　　　　　　　　　　　（カ）　　　　　　　　　（キ）
<u>ニュートラル</u>」という目標を掲げています。また、気候変動による影響は、<u>生物</u>
<u>多様性や資源循環</u>に影響を与える可能性があります。生物多様性や資源循環の問
（ク）
題も、<u>我が国</u>だけではなく<u>世界全体</u>でこの問題に取り組むことが重要と言えま
　　　（ケ）　　　　　　　　　（コ）
す。

（出典）環境省「令和5年版　環境・循環型社会・生物多様性白書」（抜粋および一
部改変）。

問31　下線部(ア)「地球規模の課題」には様々な問題がある。そうした問題とその主
　　　な原因および被害の組み合わせとして最も適切なものの記号を一つ選び、解
　　　答欄25にマークしなさい。

　　　　　　問題　　　　　　　原因　　　　　　　　被害
　　　A　オゾン層の破壊　　化石燃料の消費増加　湖沼の魚の死滅
　　　B　酸性雨　　　　　　過度の薪炭材採取　　都市への人口集中
　　　C　熱帯林減少　　　　非伝統的な焼き畑　　地球温暖化の加速
　　　D　砂漠化　　　　　　過放牧や過耕作　　　皮膚がんの増加

問32　下線部(イ)「気候変動」について、二酸化炭素などによって地球の温暖化がも
　　　たらされる効果のことを何効果というか。「効果」を含めて漢字4文字で解答
　　　欄107に記入しなさい。

問33　下線部(ウ)「パリ協定」に至るまでには、過去数十年にわたり環境問題に関す

る国際会議が行われてきた。その代表的なものの説明として適切なものの記
号を一つ選び、解答欄26にマークしなさい。

A　環境問題に関する初めての国際会議として国連人間環境会議がヨハネス
　　ブルクで開催された。

B　ナイロビ国連環境会議で温暖化防止条約が採択され「地球サミット」と呼
　　ばれた。

C　国連環境開発会議でアジェンダ21が採択され、同年には生物多様性条
　　約も採択されている。

D　人間環境宣言を採択した第2回地球サミットがリオデジャネイロで開催
　　された。

問34　下線部(エ)はこれまでのエネルギー利用についての歴史的変遷の結果と言え
　　　る。これについて最も適切でないものの記号を一つ選び解答欄27にマーク
　　　しなさい。

A　1950年代のエネルギー源の中心は石炭で、発電は主に水力に依存して
　　いた。

B　1960年代に石油による「エネルギー革命」が生じ、急速な高度経済成長
　　が実現した。

C　1973年の第1次中東戦争を機にOECDが原油価格を4倍に引き上げ
　　「オイルショック」が生じた。

D　1970年代後半にいわゆる「第2次オイルショック」が生じ化石燃料依存
　　のリスクがより顕在化した。

問35　下線部(オ)のような「合意」を実効的なものにするためには条約や議定書を採
　　　択することが一般的である。そうした条約や議定書について、これまで採択
　　　されてきたものの採択年および主な内容として最も適切なものの記号を一つ
　　　選び解答欄28にマークしなさい。

	条約・議定書名	採択年	主な内容
A	モントリオール議定書	1971年	オゾン層破壊物質の規制
B	バーゼル条約	1989年	有害廃棄物の越境移動規制

C　ラムサール条約　　　　1987年　　水鳥と湿地の保護

D　ワシントン条約　　　　1994年　　砂漠化防止

問36　下線部(カ)のように多くの国が協力して問題に取り組むためには、先進国と
　　発展途上国の意見を折衷することがありうる。例えばリオ宣言などにおいて
　　両者の主張を取り入れる考え方として用いられたのが「　　　　　責任」とい
　　う言葉である。空欄に当てはまる語句を解答欄108に記入しなさい。

問37　下線部(キ)「カーボンニュートラル」について原子力発電の是非が議論されて
　　いる。2023年10月現在日本で運転中の原子力発電所の立地場所として最も
　　適切でないものの記号を一つ選び解答欄29にマークしなさい。

A　福井県おおい町　　　　　　　B　福井県高浜町

C　鹿児島県薩摩川内市　　　　　D　静岡県御前崎市

問38　下線部(ク)「生物多様性」に関連し、生物多様性条約が目指すものとして最も
　　適切でないものの記号を一つ選び解答欄30にマークしなさい。

A　あらゆる生物種の多様性の保存

B　遺伝子資源からの利益の公平な分配

C　効率的なモノカルチャーの促進

D　生物多様性の恩恵に関する分析や把握

問39　下線部(ケ)「我が国」にも資源循環に関連する様々な法律がある。実際に存在
　　する法律の名称(略称を含む)として、適切でないものの記号を一つ選び、解
　　答欄31にマークしなさい。

A　グリーン購入法　　　　　　　B　小型家電リサイクル法

C　エシカル消費促進法　　　　　D　容器包装リサイクル法

問40　下線部(コ)のように世界の皆が協力するためには英語表記のスローガンもプ
　　ラスに働くと考えられる。例えばリデュース、リユース、リサイクルの3R
　　にもう一つのRとしてリフューズを加えた4Rと言われることがあるが、

そのリフューズの意味として最も適切なものの記号を一つ選び解答欄 32 に
マークしなさい。

A　レアメタルを含む商品の製造拒否

B　廃棄物を増やす商品の購入拒否

C　新しい法令の順守拒否

D　過剰な分別の拒否

〔Ⅴ〕　下記の文章は、『食料・農業・農村白書』(正式名称は「令和４年度食料・農業・
　　　農村の動向」、文中では「本報告書」と表現されている)の「はじめに」から引用した
　　　ものである。この文章を読んで、下記の設問に答えなさい。

　　本報告書は　[　1　]　に基づき、毎年、　[　2　]　に提出しているものです。

　　農業は、国民生活に不可欠な食料を供給する機能等を有するとともに、農村
は、農業の持続的な発展の基盤たる役割を果たしています。一方で、我が国の農
業・農村は、人口減少に伴う国内市場の縮小や生産者の減少・高齢化等の課題に
　　　　　　　(ア)
直面しているほか、世界的な食料情勢の変化に伴う　[　3　]　上のリスクの高ま
りや、気候変動等の今日的課題への対応にも迫られ、大きなターニングポイント
を迎えています。このため我が国は、輸入に依存している作物の生産拡大等
　　　　　　　　　　　　　　　　(イ)
[　3　]　の強化を図りつつ、スマート農業や世界の食市場を獲得するための農
林水産物・食品の輸出促進等を推進し、農業が次世代に引き継がれるよう、若者
が意欲と誇りを持って活躍できる魅力がある産業とすることを目指しているとこ
ろです。このような背景を踏まえ、本報告書では、冒頭の特集において、
「　[　3　]　の強化に向けて」と題し、現下の食料情勢や価格高騰の影響とその対
　　　　　　　　　　　　　　　　　　　　(ウ)
応、将来にわたって国民に食料を安定的に供給していくための取組について記述
しています。

　　また、トピックスでは、2022 年度における特徴的な動きとして、「農林水産物
・食品の輸出額が過去最高を更新」のほか、「動き出した『みどりの食料システム
戦略』」、「スマート農業・農業ＤＸによる成長産業化を推進」、「高病原性鳥イン
フルエンザ及び豚熱への対応」等の六つのテーマを取り上げています。特集、ト
ピックスに続いては、食料、農業及び農村の動向に関し、食料自給率の動向や食
　　　　　　　　　　　　　　　　　　　　　　　　　　　　(エ)　　　　　　(オ)
品の安全確保等を内容とする「食料の安定供給の確保」、担い手の育成・確保や主
　　　　　　　　　　　　　　　　　　　　　　　　(カ)

要な農畜産物の生産動向等を内容とする「農業の持続的な発展」、農村人口の動向や農村における活力の創出等を内容とする「農村の振興」の三つの章立てを行い、記述しています。また、これらに続けて、「災害からの復旧・復興や防災・減災、国土強靭化等」の章を設け、東日本大震災や大規模自然災害からの復旧・復興、2022年度に発生した災害の状況と対応等について記述しています。

（出典）農林水産省ホームページ（一部改変）。

問41　空欄　1　にはある法律が入る。その法律名を解答欄109に記入しなさい。

問42　空欄　2　にあてはまる適切なものの記号を一つ選び、解答欄33にマークしなさい。

　　A　農林水産省　　B　国会　　　　C　内閣府　　　　D　総理官邸

問43　下線部(ア)「人口減少」にかかわり、日本の1980年代以降の状況として最も適切でないものの記号を一つ選び、解答欄34にマークしなさい。

　　A　未婚の人が増えたことや、晩婚化が進んだことが人口減少の直接的な原因となっている。

　　B　都市部の利便性により、東京都の出生率は相対的に高い。

　　C　待機児童の解消のために保育施設の充実が各地で行われている。

　　D　子育てや教育に大きな費用がかかることも人口減少の原因のひとつと言える。

問44　空欄　3　にあてはまる用語を、解答欄110に漢字で記入しなさい。なお、文中に同じ空欄が複数ある。

問45　下線部(イ)「輸入に依存している作物」にかかわり、その作物として最も適切でないものの記号を一つ選び、解答欄35にマークしなさい。

　　A　小麦　　　　　B　大豆　　　　C　野菜　　　　D　飼料作物

問46　下線部(ウ)「現下の食料情勢や価格高騰の影響」にかかわり、その説明として最も適切でないものの記号を一つ選び、解答欄 36 にマークしなさい。

A　とうもろこしの国際価格は、バイオエタノール向け需要拡大の影響を受けている。

B　小麦の国際価格は、主要輸出国である米国や中国での生産動向の影響を受けている。

C　日本の穀物輸入価格は、原油価格の上昇や為替相場の影響を受けている。

D　日本の肥料原料の輸入価格は、ロシアによるウクライナ侵略の影響を受けている。

問47　下線部(エ)「食料自給率」にかかわり、わが国の食料自給率(カロリーベース)の 1965 年度、2005 年度、2021 年度の組み合わせとして適切なものの記号を一つ選び、解答欄 37 にマークしなさい。

A　1965 年度＝60 ％　　　2005 年度＝44 ％　　　2021 年度＝38 ％

B　1965 年度＝73 ％　　　2005 年度＝40 ％　　　2021 年度＝38 ％

C　1965 年度＝73 ％　　　2005 年度＝44 ％　　　2021 年度＝40 ％

D　1965 年度＝60 ％　　　2005 年度＝48 ％　　　2021 年度＝40 ％

問48　下線部(オ)「食品の安全確保」にかかわり、それを脅かした食品事件がわが国では既に 1950 年代に発生している。その事件の名称として適切なものの記号を一つ選び、解答欄 38 にマークしなさい。

A　毒入りギョウザ事件　　　　　　　B　森永ヒ素ミルク事件

C　カネミ油症事件　　　　　　　　　D　サリドマイド事件

問49　下線部(カ)「担い手」にかかわり、農業の担い手不足に伴う現象として最も適切でないものの記号を一つ選び、解答欄 39 にマークしなさい。

A　地域内の耕作放棄地が増加する。

B　地域内の農業生産額が減少する。

C　地域内の小作料が高騰する。

D　地域内の農地面積が減少する。

問50　下線部(キ)「農村における活力の創出」にかかわり、農林水産省がそのために
　　現在実施している政策として最も適切でないものの記号を一つ選び、解答欄
　　40 にマークしなさい。

A　戸別所得補償の推進　　　　　B　農福連携の推進

C　グリーンツーリズムの推進　　D　六次産業化の推進

数　学

（**2 科目 120 分**）

〔Ⅰ〕 次の設問の $\boxed{}$ から $\boxed{}$ の空欄の正解を解答群から選び、該当する解答欄にマークしなさい。

$|\vec{a}| = 2$、$|\vec{b}| = 3$、$|\vec{a} - \vec{b}| = \sqrt{3}$ とする。

(1) $\vec{a} \cdot \vec{b} = \boxed{}$ である。

(2) $\vec{a} + t\vec{b}$ と $\vec{b}$ が垂直となるとき、実数 t の値は $\boxed{}$ である。

このとき、$|s\vec{a} - t\vec{b}|$ が最小となる実数 s の値は $\boxed{}$ である。

（1 の解答群）

A　-10　　B　$-\dfrac{15}{2}$　　C　-5　　D　$-\dfrac{5}{2}$　　E　-2　　F　2

G　$\dfrac{5}{2}$　　H　5　　I　$\dfrac{15}{2}$　　J　10　　K　その他

（2 の解答群）

A　$-\dfrac{10}{9}$　　B　$-\dfrac{5}{6}$　　C　$-\dfrac{5}{9}$　　D　$-\dfrac{5}{18}$　　E　$-\dfrac{2}{9}$　　F　$\dfrac{2}{9}$

G　$\dfrac{5}{18}$　　H　$\dfrac{5}{9}$　　I　$\dfrac{5}{6}$　　J　$\dfrac{10}{9}$　　K　その他

（3 の解答群）

A　$-\dfrac{25}{9}$　　B　$-\dfrac{25}{18}$　　C　$-\dfrac{25}{36}$　　D　$-\dfrac{25}{72}$　　E　$-\dfrac{5}{18}$　　F　$\dfrac{5}{18}$

G　$\dfrac{25}{72}$　　H　$\dfrac{25}{36}$　　I　$\dfrac{25}{18}$　　J　$\dfrac{25}{9}$　　K　その他

〔Ⅱ〕　次の設問の　┃101┃　について、各自で得た答えを解答欄に書きなさい。

　　　　方程式 $\log_{\sqrt{3}}(x-9) - \log_3(15-x) - 1 = 0$ の解は、$x =$ ┃101┃ である。

〔Ⅲ〕　次の設問の　┃4┃　から　┃6┃　の空欄の正解を解答群から選び、該当する解答欄にマークしなさい。

　　　0、1、2、3、4、5、6、7、8、9と記された札が各1枚ある。この中から異なる4枚を選んで並べ、4桁の整数をつくる。

(1)　全部で　┃4┃　通りの整数ができる。

(2)　千の位が奇数となる場合は　┃5┃　通りある。

(3)　5の倍数となる場合は　┃6┃　通りある。

（4の解答群）

A	504	B	720	C	3024	D	4536	E	5040	F	6561
G	7200	H	8100	I	9000	J	10000	K	その他		

（5の解答群）

A	120	B	504	C	720	D	2016	E	2268	F	2520
G	2880	H	3024	I	3600	J	4320	K	その他		

（6の解答群）

A	448	B	504	C	672	D	896	E	952	F	1008
G	1024	H	1296	I	1458	J	2000	K	その他		

〔IV〕　次の設問の　　7　　の空欄の正解を解答群から選び、該当する解答欄にマークしなさい。

　　　半径1の円が正十二角形の各辺の中点を通るとき、この正十二角形の面積は　　7　　である。

（7の解答群）

A　3　　　　　　　　　B　$12(2-\sqrt{3})$　　　　C　$12(2\sqrt{3}-3)$

D　6　　　　　　　　　E　$6(3-\sqrt{3})$　　　　　F　$6(4-\sqrt{3})$

G　$6(3+\sqrt{3})$　　　H　$6(4+\sqrt{3})$　　　　　I　$12(2+\sqrt{3})$

J　$12(3+\sqrt{3})$　　　K　その他

〔V〕　次の設問の　　8　　から　　12　　の空欄の正解を解答群から選び、該当する解答欄にマークしなさい。

　　　座標平面上の曲線 $y=-x^2+a_1x$ を C_1、曲線 $y=-x^2+a_2x$ を C_2、直線 $y=-x+4$ を ℓ とし、ℓ は C_1 と C_2 のどちらにも接しているとする。ただし a_1、a_2 は実数であり、$a_1<a_2$ を満たすとする。

(1)　$a_1=$　　8　　、$a_2=$　　9　　である。

(2)　C_1 と ℓ の接点の x 座標は　　10　　、C_2 と ℓ の接点の x 座標は　　11　　である。

(3)　C_1 と C_2 と ℓ で囲まれる部分の面積は　　12　　である。

（8の解答群）

A　-6　　B　-5　　C　-4　　D　-3　　E　-2　　F　-1

G　1　　　H　2　　　I　3　　　J　4　　　　K　その他

（9の解答群）

A　－5　　B　－4　　C　－3　　D　－2　　E　－1　　F　1

G　2　　H　3　　I　4　　J　5　　K　その他

（10の解答群）

A　－3　　B　$-\frac{5}{2}$　　C　－2　　D　$-\frac{3}{2}$　　E　－1　　F　$-\frac{1}{2}$

G　$\frac{1}{2}$　　H　1　　I　$\frac{3}{2}$　　J　2　　K　その他

（11の解答群）

A　－2　　B　$-\frac{3}{2}$　　C　－1　　D　$-\frac{1}{2}$　　E　$\frac{1}{2}$　　F　1

G　$\frac{3}{2}$　　H　2　　I　$\frac{5}{2}$　　J　3　　K　その他

（12の解答群）

A　3　　B　$\frac{37}{12}$　　C　$\frac{13}{4}$　　D　$\frac{10}{3}$　　E　$\frac{14}{3}$　　F　$\frac{61}{12}$

G　$\frac{16}{3}$　　H　6　　I　$\frac{19}{3}$　　J　$\frac{31}{4}$　　K　その他

〔Ⅵ〕 次の設問の ┃ 13 ┃ と ┃ 14 ┃ の空欄の正解を解答群から選び、該当する
解答欄にマークしなさい。また、┃ 102 ┃ については、各自で得た答えを解答
欄に書きなさい。

1辺の長さが1の正三角形 ABC を底面とする四面体 OABC を考える。
OA = OB = OC = 2、頂点 O から三角形 ABC に下ろした垂線を OH とする。
ただし H は三角形 ABC と同一平面上にあるとする。

(1) AH = ┃ 13 ┃ である。

(2) OH = ┃ 14 ┃ である。

(3) 四面体 OABC の4つの頂点を通る球の半径 r を求めると、r = ┃ 102 ┃ で
ある。

(13 の解答群)

A $\dfrac{\sqrt{3}}{6}$ B $\dfrac{1}{3}$ C $\dfrac{1}{2}$ D $\dfrac{\sqrt{3}}{3}$ E $\dfrac{\sqrt{3}}{2}$

F 1   G $\dfrac{2\sqrt{3}}{3}$ H $\sqrt{3}$ I 2   J $2\sqrt{3}$

K その他

(14 の解答群)

A $\dfrac{\sqrt{6}}{3}$ B $\dfrac{2\sqrt{2}}{3}$ C 1   D $\dfrac{\sqrt{11}}{3}$ E $\sqrt{3}$

F $\dfrac{2\sqrt{6}}{3}$ G $\dfrac{\sqrt{33}}{3}$ H $\dfrac{\sqrt{15}}{2}$ I $\dfrac{\sqrt{35}}{3}$ J $\dfrac{\sqrt{141}}{6}$

K その他

〔VII〕 次の設問の ☐15☐ から ☐17☐ の空欄の正解を解答群から選び、該当する解答欄にマークしなさい。また、☐103☐ については、各自で得た答えを解答欄に書きなさい。

正の整数を下のように並べることとする。

```
              1
            2   3
          6   5   4
        7   8   9   10
     15  14  13  12  11
   16  17  ·  ·  ·  ·
     ·   ·   ·   ·   ·   ·   ·
```

(1) n が正の奇数のとき、上から n 段目の一番左の整数を n を用いて表すと、☐15☐ である。

(2) 上から 11 段目にある整数の和は ☐103☐ である。

(3) 2000 は上から ☐16☐ 段目、左から ☐17☐ 番目にある。

(15 の解答群)

A $\dfrac{1}{2}n(n-1)$ B $\dfrac{1}{2}(n^2-1)$ C $\dfrac{1}{2}n^2$

D $\dfrac{1}{2}(n^2+1)$ E $\dfrac{1}{2}n(n+1)$ F $n(n-1)$

G n^2-1 H n^2 I n^2+1

J $n(n+1)$ K その他

(16 の解答群)

A 53   B 54   C 55   D 63   E 64   F 65

G 73   H 74   I 75   J 76   K その他

(17 の解答群)

A 16   B 17   C 18   D 20   E 22   F 32

G 42   H 43   I 45   J 46   K その他

化 学

（2 科目 120 分）

注意： 1. 原子量が必要な場合は、次の数値を用いなさい。

$H = 1$ $C = 12$ $N = 14$ $O = 16$ $F = 19$ $Na = 23$

$Mg = 24$ $Si = 28$ $P = 31$ $S = 32$ $Cl = 35.5$ $K = 39$

$Ca = 40$ $Fe = 56$ $Cu = 64$ $Zn = 65$ $Br = 80$ $Ag = 108$

$Sn = 119$ $I = 127$ $Pb = 207$

2. 気体定数 $R = 8.31 \times 10^3 \, [Pa \cdot L/(K \cdot mol)]$

または $R = 8.31 \, [J/(K \cdot mol)]$

3. アボガドロ定数 $N_A = 6.0 \times 10^{23} \, [/mol]$

4. 絶対温度 $T \, [K] = 273 + t \, [℃]$

5. 標準状態： $P = 1.013 \times 10^5 \, [Pa]$、$T = 273 \, [K]$

6. ファラデー定数 $= 9.65 \times 10^4 \, [C/mol]$

〔Ⅰ〕 以下の問いに答え、 1 ～ 9 にあてはまる答えとして最も適切
なものを各解答群の中から1つ選び、記号をマークしなさい。また、解答欄
101 ～ 102 には数値を書きなさい。

　　　ナトリウムはヒトが生命活動を行うために必要な元素であり、細胞の浸透圧の
調節、pH の調節、神経伝達などの働きを担っている。ナトリウムの塩化物であ
る塩化ナトリウムの結晶はイオン結晶であり、このことは、ナトリウムと塩素の
　1　 の差が大きいことや、その電気伝導性からも理解できる。固体の塩化
ナトリウムでは、多数のナトリウムイオンと塩化物イオンが 2 で結びつ
いている。図1は、塩化ナトリウムの結晶の単位格子である。この単位格子中に
ナトリウムイオンは 3 個含まれている。

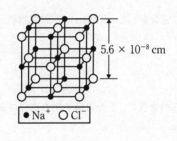

5.6×10^{-8} cm

● Na^+ ○ Cl^-

図1

(1) 文章中の ┃ 1 ┃ にあてはまる語句を下記より選びなさい。

┃ 1 ┃

A 半減期 B 中性子の数 C 質量数

D 配位数 E 電気陰性度

(2) 文章中の ┃ 2 ┃ にあてはまる語句を下記より選びなさい。

┃ 2 ┃

A イオン化エネルギー B 電子親和力

C クーロン力 D 共有結合

E 水素結合

(3) 文章中の ┃ 3 ┃ にあてはまる数値を下記より選びなさい。

┃ 3 ┃

A 1 B 2 C 3 D 4 E 5

F 6 G 7 H 8 I 9 J 10

K 11 L 12 M 13 N 14

(4) 図1における塩化ナトリウムの結晶の密度は ┃ 101 ┃ g/cm³ である。数値
を有効数字2桁で、解答欄 ┃ 101 ┃ に書きなさい。ただし、$5.6^3 = 176$ と

し、アボガドロ定数を 6.0×10^{23}/mol として計算しなさい。

　　　101

(5)　下記のA〜Eの物質で、2つの原子間の結合の極性が最も大きいものは、
　　　4　　である。

　　　4

　　A　NaCl　　　B　NaI　　　C　NaF　　　D　NaBr　　　E　Cl_2

(6)　下記のA〜Dの記述で、塩化ナトリウムの電気伝導性として正しいものは、
　　　5　　である。

　　　5

　　A　固体の状態では電気を通すが、水溶液の状態では電気を通さない。

　　B　固体の状態では電気を通さないが、水溶液の状態では電気を通す。

　　C　固体と水溶液のどちらの状態でも、電気を通す。

　　D　固体と水溶液のどちらの状態でも、電気を通さない。

(7)　下記のA〜Fの物質が固体で存在しているとき、イオン結合を持つものは、
　　　6　　である。

　　　6

　　A　二酸化ケイ素　　　B　銅　　　　　　C　フェノール

　　D　酸化カルシウム　　E　ダイヤモンド　F　二酸化炭素

(8)　炭酸ナトリウムは、ガラスやセッケンなどの原料として多量に用いられてお
　　り、工業的には、アンモニアソーダ法と呼ばれる方法を用いて、塩化ナトリウ
　　ムと石灰石($CaCO_3$)から製造される。下記のA〜Fの物質の中で、アンモニア
　　ソーダ法の中間生成物や最終生成物ではない物質は、　　7　　である。

```
7
```

| A | NH₄Cl | B | NaHCO₃ | C | Na₂O |

A NH_4Cl　　　　　B $NaHCO_3$　　　　　C Na_2O

D $Ca(OH)_2$　　　　E $CaCl_2$　　　　　F CaO

(9) 質量パーセント濃度が3.65％の塩化ナトリウム水溶液 $1.0\,t(1.0 \times 10^3\,kg)$ を原料として、アンモニアソーダ法により炭酸ナトリウムの合成を試みたところ、この水溶液に含まれる塩化ナトリウムのうちの60％が残存していた。得られた炭酸ナトリウム無水物の量を有効数字2桁で表すと、　8　 kgである。なお、残存した塩化ナトリウム以外のナトリウムはすべて炭酸ナトリウムに変換されたものとする。

```
8
```

A 1.1　　B 3.6　　C 13　　D 20　　E 27　　F 33

G 40　　H 53　　I 66　　J 79　　K 90

(10) $0.100\,mol/L$ 硝酸銀水溶液 $200\,mL$ に、$0.300\,mol/L$ 塩化ナトリウム水溶液 $100\,mL$ を加えた。完全に反応が進行した場合に生じる塩化銀の質量は　102　 gである。数値を有効数字3桁で、解答欄　102　 に書きなさい。なお、塩化銀は水へ溶解しないものとする。

```
102
```

(11) 下記のA～Fの記述で、誤りのあるものは　9　 である。

```
9
```

A 原子がイオンになる、あるいはほかの原子と結合するとき重要な役割を果たす電子を価電子という。

B 周期表における同じ周期の原子のイオン化エネルギーは原子番号とともに大きくなる。

C 地球上のどの場所でも、^{35}Cl と ^{37}Cl の存在比はほぼ一定である。

　　D　¹H とその放射性同位体である ³H との化学的性質はほぼ同じである。

　　E　同じ電子配置をもつイオンで比べると、イオン半径は原子番号とともに
　　　　大きくなる。

　　F　原子内の電子は、原子核に近いほど、より強く原子核に引きつけられ
　　　　る。

〔Ⅱ〕　以下の問いに答え、　| 10 | ～ | 15 | にあてはまる答えとして最も適切
　　なものを各解答群の中から1つ選び、記号をマークしなさい。また、解答欄
　　| 103 | には数値を書きなさい。

　　ヒトはエネルギー源として、また細胞の構成成分として、食品から油脂を摂取
　している。油脂には、脂溶性のビタミンやカロテノイドなどの微量栄養成分を含
　む食品と一緒に調理して摂取することで、これらの栄養成分を体内に吸収されや
　すくする働きもある。食用油脂の構成成分のうち、ヒトが体内で合成できない
　か、合成できても必要量を満たすことができず、食事から摂ることが必要な成分
　は必須脂肪酸と呼ばれ、生命の維持に不可欠である。
　　油脂は、さまざまな高級脂肪酸と（　ア　）からなるエステルの混合物で、動植
　物の体内に含まれる。油脂を構成する各脂肪酸の炭素数は（　イ　）であることが
　知られている。牛脂やラードのように、常温で固体の油脂を（　ウ　）といい、
　（　エ　）脂肪酸を多く含む。一方、大豆油やオリーブ油などの油脂は、（　ウ　）
　などに比べ、構成脂肪酸中の（　オ　）脂肪酸の割合が高いため、融点が
　（　カ　）。このような油脂に、ニッケルを触媒として水素を付加すると、固化す
　る。このようにしてつくった油脂を硬化油といい、植物性油脂からつくったもの
　はマーガリンの原料になる。

⑴　文章中の（　ア　）～（　ウ　）にあてはまる最も適切な語句の組み合わせとし
　　て正しいものは | 10 | である。

10

	(ア)	(イ)	(ウ)		(ア)	(イ)	(ウ)
A	エタノール	偶数	脂肪	G	グリセリン	奇数	脂肪
B	エタノール	偶数	脂肪油	H	グリセリン	奇数	脂肪油
C	エタノール	奇数	脂肪	I	エチレングリコール	偶数	脂肪
D	エタノール	奇数	脂肪油	J	エチレングリコール	偶数	脂肪油
E	グリセリン	偶数	脂肪	K	エチレングリコール	奇数	脂肪
F	グリセリン	偶数	脂肪油	L	エチレングリコール	奇数	脂肪油

(2)　文章中の（　エ　）～（　カ　）にあてはまる最も適切な語句の組み合わせとして正しいものは　11　である。

11

	(エ)	(オ)	(カ)		(エ)	(オ)	(カ)
A	飽和	飽和	高い	E	不飽和	飽和	高い
B	飽和	飽和	低い	F	不飽和	飽和	低い
C	飽和	不飽和	高い	G	不飽和	不飽和	高い
D	飽和	不飽和	低い	H	不飽和	不飽和	低い

　　近年、大気中の二酸化炭素を増加させない「カーボンニュートラル」な資源が注目されている。このような資源として、木材・草木・古紙などからつくったバイオメタノールやバイオエタノール、廃棄された食用油脂からつくられるバイオディーゼル燃料などがある。

(3)　以下の表に示した値を用いて、メタノール CH_3OH（液）の生成熱を求めると、　103　〔kJ/mol〕である。適切な整数値を解答欄　103　に書きなさい。なお、水 H_2O の状態はすべて液体であるものとする。

103

表：燃焼熱の例

物質（状態）	燃焼熱〔kJ/mol〕
メタン CH_4（気）	891
エタン C_2H_6（気）	1561
水素 H_2（気）	286
炭素 C（黒鉛、固）	394
一酸化炭素 CO（気）	283
メタノール CH_3OH（液）	726
エタノール C_2H_5OH（液）	1368

(4) メタノール CH_3OH（液）1.0 kg を大気圧下で完全燃焼させて、その燃焼熱を利用して、25℃の水 H_2O（液）を温めたい。95℃まで加熱することができる水 H_2O（液）は 　12　 kg である。ただし、燃焼熱はすべて水 H_2O（液）の温度上昇に使われるとする。また、この温度範囲では、水 H_2O（液）1.0 g の温度を 1℃上昇させるのに必要な熱量は 4.2 J であるとする。表に示した値を用いて計算しなさい。

12

A　0.0057　　B　0.057　　C　0.57　　D　5.7　　E　57

F　0.0077　　G　0.077　　H　0.77　　I　7.7　　J　77

水素などがもつ化学エネルギーを、直接、電気エネルギーとして取り出す装置を 　13　 電池という。従来から使われてきた石炭や石油を用いた火力発電のエネルギー変換効率に比べて、 　13　 電池の変換効率は大きい。水素だけでなく、天然ガス、メタノールなどが用いられる。

図2は、メタノールを用いた 　13　 電池の模式図である。この電池の両極で起こる化学反応は次の式で示される。

負極：$CH_3OH + H_2O \rightarrow CO_2 + 6H^+ + 6e^-$

正極：$O_2 + 4H^+ + 4e^- \rightarrow 2H_2O$

　メタノールを用いることで二酸化炭素が発生するが、バイオメタノールを用いることで、カーボンニュートラルな効果が期待でき、地球環境への負荷が小さくなる。

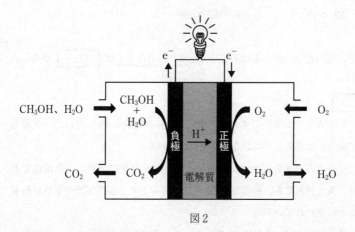

図 2

(5)　文章中の　　13　　に当てはまる語句として最も適切なものを下記より選びなさい。

　13

A　ボルタ　　　　　　　B　ダニエル　　　　　　C　酸化銀

D　ニッケル水素　　　　E　鉛蓄　　　　　　　　F　空気

G　燃料　　　　　　　　H　太陽　　　　　　　　I　リチウムイオン

J　マンガン乾

(6)　図 2 の電池を放電させたところ、平均 0.30 A の電流が流れ、メタノールが 0.01 mol 消費された。電流が流れた時間に最も近いものは　　14　　分である。ただし、メタノールが電解質を透過することはなく、作動中の電流は一定であり、メタノールは前頁で示した負極の反応のように消費されたものとする。なお、ファラデー定数は 9.65×10^4 C/mol とする。

14

A	1.9×10^2	B	1.9×10^4	C	1.9×10^6
D	1.9×10^8	E	3.2×10^2	F	3.2×10^4
G	3.2×10^6	H	3.2×10^8		

(7) 以下の実用電池に関する記述として、誤りのあるものは 15 である。

15

A　アルカリマンガン電池は、正極に MnO_2、負極に Zn を用いた一次電池
であり、家電のリモコンなどに使われている。

B　リチウムイオン電池は、Li を含む黒鉛 C を負極に用いた一次電池であ
り、長く使用でき、起電力が約 4 V と大きいため、携帯電話や電気自動車
などに使われている。

C　酸化銀電池は、正極に Ag_2O を用いた一定の電圧が持続する一次電池で
あり、腕時計などに使われている。

D　鉛蓄電池は、電解液に希硫酸を用いた二次電池であり、自動車のバッテ
リーなどに使われている。

E　ニッケル・水素電池は、電解液に濃水酸化カリウム水溶液などのアルカ
リ溶液を用いる二次電池であり、ハイブリッド自動車などに使われてい
る。

F　ニッケル・カドミウム(ニカド)電池は、電解液に水酸化カリウム水溶液
を用いた二次電池の一種であり、電動工具などに使われている。

〔Ⅲ〕　以下の問いに答え、 16 ～ 29 にあてはまる答えとして最も適切なものを各解答群の中から1つ選び、記号をマークしなさい。また、解答欄 104 、 105 には化学式を書きなさい。

［A］　鉄 Fe は原料となる鉱石などが世界各地で豊富に産出されるので、最も生産量が多い金属であり、人間が利用している全金属の約 90 ％に達している。比較的安価な金属であり、機械的強度が高く、建物の構造材や機械・器具などに使用されている。また、多くの生物にとって必須な元素である。母乳・涙・汗・唾液などの外分泌液中には、ラクトフェリンとよばれる鉄結合性のタンパク質が含まれており、抗菌作用を示すことが知られている。これは、多くの細菌が生育に鉄を必要としており、ラクトフェリンが鉄を奪うことで、増殖を抑制するためである。

(1)　以下の (a) ～ (e) の文章で、鉄に関する正しい記述の組み合わせは 16 である。

　　(a)　高純度の鉄はさびにくく、酸に侵されにくい。

　　(b)　銑鉄は赤みを帯びており、軟らかく展性に富む。

　　(c)　鉄は銀白色で、最も電気伝導性が高い金属である。

　　(d)　鉄(Ⅲ)イオンは緑色植物の葉緑素であるクロロフィルに含まれる。

　　(e)　鉄(Ⅱ)イオンは赤血球中の色素タンパク質であるヘモグロビンに含まれる。

16

A	(a)と(b)	C	(a)と(d)	E	(b)と(c)	G	(b)と(e)	I	(c)と(e)
B	(a)と(c)	D	(a)と(e)	F	(b)と(d)	H	(c)と(d)	J	(d)と(e)

(2)　鉄は天然に産出する赤鉄鉱や磁鉄鉱などの鉄鉱石を原料とし、溶鉱炉で次のような方法で得られる。はじめに、コークスと酸素から生じる（　ア　）により

鉄鉱石中の酸化鉄を還元し、銑鉄を得る。銑鉄は硬くてもろいために用途が限られるが、融解した銑鉄に（　イ　）を吹き込むことにより、硬くて粘り強くなり、建物の構造材として広く用いられる。

　文章中の（　ア　）、（　イ　）にあてはまる物質の化学式を解答欄 104 、 105 にそれぞれ書きなさい。

　　　　104 、 105

(3)　鉄イオンには酸化数が +2 と +3 の状態をとる 2 種類が存在する。鉄(Ⅱ)イオン水溶液は 17 色で、水酸化ナトリウム水溶液を加えると、 18 色の沈殿が生じる。一方、鉄(Ⅲ)イオン水溶液は 19 色であり、水酸化ナトリウム水溶液を加えると 20 色の沈殿が生じる。

　　 17 ～ 20 にあてはまる答えとして最も適切なものをそれぞれ解答群から選びなさい。

　　　　17 、 18 、 19 、 20

　　A　黒　　　　B　赤褐　　　C　黄褐　　　D　淡緑　　　E　緑白
　　F　青白　　　G　濃青　　　H　赤紫　　　I　白

(4)　鉄の 3 種類の酸化物 FeO、Fe_2O_3、Fe_3O_4 のうち 1 つを、空気中で質量の変化がなくなるまで強熱したら、約 7.4 % 質量が増加した。強熱する前の酸化物は（　ウ　）であったと考えられる。また、この強熱により得られた化合物は（　エ　）と呼ばれる。

　　（　ウ　）と（　エ　）にあてはまる答えとして最も適切なものの組み合わせは 21 である。

　　　　21

	(ウ)	(エ)		(ウ)	(エ)
A	FeO	黒さび	D	FeO	赤さび
B	Fe_2O_3	黒さび	E	Fe_2O_3	赤さび
C	Fe_3O_4	黒さび	F	Fe_3O_4	赤さび

(5) 金属に他の金属や非金属を融かしこんだものを合金という。合金に関して述べた以下の(a)〜(f)の文章で、正しいものの組み合わせは　22　である。

(a) 銅とスズの合金は青銅といい、5円硬貨に用いられている。

(b) 銅と亜鉛の合金は黄銅といい、10円硬貨に用いられている。

(c) 銅とニッケルの合金は白銅といい、100円硬貨に用いられている。

(d) 変形しても温度を変えると元の形に戻る合金は超電導合金と呼ばれ、温度センサーなどに利用されている。

(e) 結晶構造をもたない非晶質の合金はアモルファス合金と呼ばれ、太陽電池シートなどに利用されている。

(f) ある温度以下で電気抵抗がほぼゼロになる合金は水素吸蔵合金と呼ばれ、リニアモーターカーなどに利用されている。

22

A	(a)と(b)	D	(a)と(e)	G	(b)と(d)	J	(c)と(d)	M	(d)と(e)
B	(a)と(c)	E	(a)と(f)	H	(b)と(e)	K	(c)と(e)	N	(d)と(f)
C	(a)と(d)	F	(b)と(c)	I	(b)と(f)	L	(c)と(f)	O	(e)と(f)

[B] Ag^+、Na^+、Cu^{2+}、Pb^{2+}、Zn^{2+}、Fe^{3+} のイオンのうち何種かが含まれている水溶液Aに、図3に示すように操作1〜8を行った。

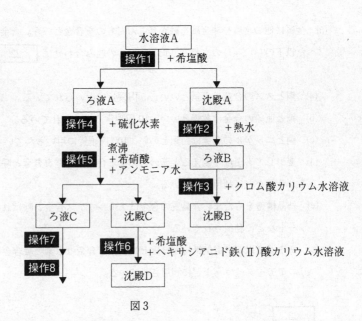

図 3

（操作1）　水溶液 A に希塩酸を加えて、沈殿をろ別し、沈殿 A とろ液 A を得た。

（操作2）　ろ紙上の沈殿 A に熱水をかけたところ、沈殿は全て溶解し、ろ液 B を得た。

（操作3）　ろ液 B にクロム酸カリウム水溶液を加えたところ、沈殿 B が得られた。

（操作4）　ろ液 A に硫化水素を通じたが、沈殿は得られなかった。

（操作5）　操作 4 後の水溶液を煮沸したのち、希硝酸を加えた。これに過剰にアンモニア水を加えたところ、沈殿が得られたので、これをろ別し、沈殿 C とろ液 C を得た。

（操作6）　沈殿 C に希塩酸を加えて、沈殿を溶かした後に、ヘキサシアニド鉄（Ⅱ）酸カリウム水溶液を加えたところ、沈殿 D が得られた。

（操作7）　ろ液 C に硫化水素を通じたが、沈殿は得られなかった。

（操作8）　操作 7 後のろ液 C は黄色の炎色反応を示した。

(1)　沈殿 A は　│　23　│、沈殿 B は　│　24　│、沈殿 C は　│　25　│、沈殿 D は　│　26　│　である。

| 23 | 、 | 24 | 、 | 25 | 、 | 26 |

A	$AgCl$	B	$AgNO_3$	C	$NaCl$
D	Na_2CO_3	E	$Cu(OH)_2$	F	$CuSO_4$
G	$PbCl_2$	H	$PbCrO_4$	I	$ZnCl_2$
J	$Zn(OH)_2$	K	$Fe(OH)_3$	L	$KFe[Fe(CN)_6]$

(2)　操作4の結果から　27　が水溶液Aに含まれていないことが分かる。
また、操作7の結果から　28　が水溶液Aに含まれていないことが分か
る。

| 27 | 、 | 28 |

| A | Ag^+ | B | Na^+ | C | Cu^{2+} |
| D | Pb^{2+} | E | Zn^{2+} | F | Fe^{3+} |

(3)　水溶液Aに含まれている金属イオンは、　29　種類である。

| 29 |

| A | 1 | B | 2 | C | 3 |
| D | 4 | E | 5 | F | 6 |

〔Ⅳ〕 以下の問いに答え、 30 ～ 37 にあてはまる答えとして最も適切なものを各解答群の中から1つ選び、記号をマークしなさい。また、解答欄 106 には組成式を、解答欄 301 、 302 には構造式を書きなさい。

　ベンゼン環とよばれる炭素骨格を含む環式炭化水素は特有の性質を示すので、芳香族化合物として分類される。芳香族化合物の一部は、バニリンのように良い香りをもつものも含まれ、19世紀の発見当初は、良い香りをもつ化合物が多かったことから芳香族と呼ばれるようになった。しかしその後、芳香族化合物の研究が進むにつれて、くさいものや無臭でもベンゼン環を有するものが存在することが知られるようになったため、良い香りを有することは、芳香族化合物の共通の特徴ではなくなった。

　炭素、水素、酸素だけからなる分子量が180の芳香族化合物（Ⅰ）は、炭酸水素ナトリウム水溶液に加えると気体を発生しながら溶けた。化合物（Ⅰ）の組成式を調べるために、図4に示した装置を組み立てて実験を行った。18.0 mgの化合物（Ⅰ）を完全に燃焼したところ、二酸化炭素が39.6 mg、水が7.20 mg得られた。

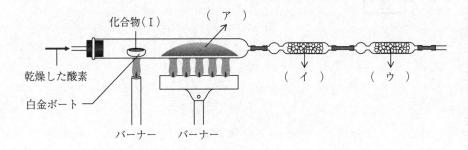

化合物（Ⅰ）　　　　（　ア　）

乾燥した酸素

白金ボート

バーナー　　　バーナー

（　イ　）　　　（　ウ　）

図4

　続いて、化合物（Ⅰ）を水酸化ナトリウム水溶液に溶かして加熱したところ、反応が起こり、メタノールが生じた。反応後の溶液に希硫酸を加えたところ、化合物（Ⅱ）の結晶が生じた。化合物（Ⅱ）を取り出して加熱したところ、（　エ　）反応が起こり、分子量148の化合物（Ⅲ）が得られた。化合物（Ⅲ）は可塑剤の原料として良く利用される。なお、可塑剤とは、プラスチックなどの材料に柔軟性を与え

たり、加工しやすくするために添加する物質である。

　ベンゼン環をもち分子量が123で、窒素原子を含んでいる化合物(Ⅳ)は、特有のにおいをもつ淡黄色の液体で、水に加えたところ水に溶けずに沈んだ。化合物(Ⅳ)にスズと塩酸を作用させて還元し、さらに塩基を加えると化合物(Ⅴ)が得られた。化合物(Ⅴ)と無水酢酸を反応させるとアセトアニリドが得られた。化合物(Ⅴ)の希塩酸溶液を冷やしながら亜硝酸ナトリウムを作用させると(オ)が生成した。この水溶液にナトリウムフェノキシドの水溶液を加えると、(カ)色の p-ヒドロキシアゾベンゼンが生成した。この反応はジアゾカップリングと呼ばれる。

(1)　図4に示した実験装置の中で(ア)～(ウ)にあてはまる適切な物質の組み合わせは　30　である。

30

	(ア)	(イ)	(ウ)
A	ソーダ石灰	塩化カルシウム	酸化銅(Ⅱ)
B	ソーダ石灰	酸化銅(Ⅱ)	塩化カルシウム
C	塩化カルシウム	酸化銅(Ⅱ)	ソーダ石灰
D	塩化カルシウム	ソーダ石灰	酸化銅(Ⅱ)
E	酸化銅(Ⅱ)	ソーダ石灰	塩化カルシウム
F	酸化銅(Ⅱ)	塩化カルシウム	ソーダ石灰

(2)　化合物(Ⅰ)の組成式を解答欄　106　に書きなさい。

106

(3)　化合物(Ⅱ)の構造式を解答欄　301　に書きなさい。構造式を書く際には、図5に示した例のように書きなさい。

301

構造式の記載例

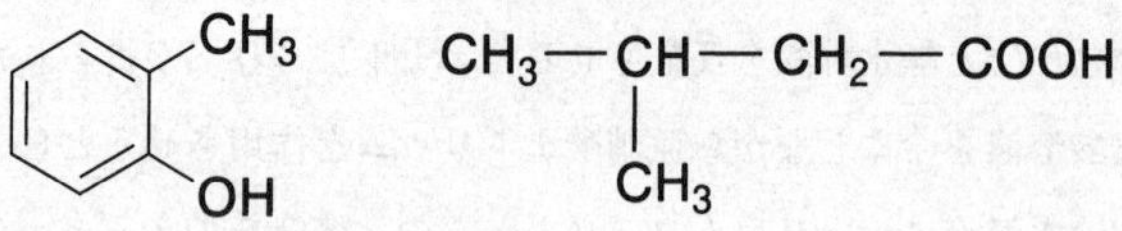

図5

(4) 文章中の（ エ ）〜（ カ ）にあてはまる適切な語句の組み合わせは
　　 31 　である。

31

	(エ)	(オ)	(カ)
A	脱水	アニリン塩酸塩	赤橙
B	脱水	アニリン塩酸塩	黒
C	脱水	塩化ベンゼンジアゾニウム	赤橙
D	脱水	塩化ベンゼンジアゾニウム	黒
E	加水分解	アニリン塩酸塩	赤橙
F	加水分解	アニリン塩酸塩	黒
G	加水分解	塩化ベンゼンジアゾニウム	赤橙
H	加水分解	塩化ベンゼンジアゾニウム	黒

(5) 以下のA〜Eの文章は有機化合物に含まれる成分元素を検出するための実験
　　方法と結果に関する記述である。これらの中でアミノ基をもつ有機化合物に窒
　　素が含まれていることを検出するための手法について記述したものは
　　 32 　である。

> **32**
>
> A　水酸化ナトリウムとともに加熱した後、水に溶かすと硫化ナトリウムが生成した。
> B　熱した銅線につけて赤熱すると塩化銅(Ⅱ)が生成した。
> C　酸素気流中で酸化銅(Ⅱ)と熱すると二酸化炭素が発生した。
> D　水酸化ナトリウムとともに加熱するとアンモニアが発生した。
> E　酸素気流中で酸化銅(Ⅱ)と熱すると水が生成した。

(6)　化合物(Ⅳ)の構造式を　**302**　に書きなさい。構造式を書く際には、図5に示した例のように書きなさい。

> **302**

(7)　以下の(a)〜(e)の文章で、化合物(Ⅴ)に関する記述として正しいものの組み合わせは　**33**　である。

(a)　無色の油状物質である。
(b)　水に溶けやすい。
(c)　水酸化ナトリウムよりも強い塩基である。
(d)　二クロム酸カリウムで十分に酸化すると、緑色の物質が生じる。
(e)　さらし粉の水溶液で酸化すると赤紫色に呈色する。

> **33**

A	(a)と(b)	F	(b)と(d)
B	(a)と(c)	G	(b)と(e)
C	(a)と(d)	H	(c)と(d)
D	(a)と(e)	I	(c)と(e)
E	(b)と(c)	J	(d)と(e)

　　　3種類の化合物(化合物(Ⅰ)、化合物(Ⅳ)、化合物(Ⅴ))を溶かしたジエチルエ
ーテル溶液を、分液ろうとを用いて図6に示した操作によって分離した。ただ
し、分離操作の際に、化合物は分解しないものとする。

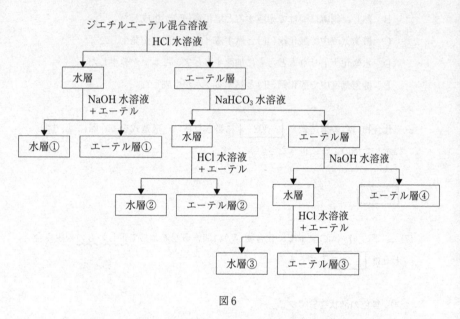

図 6

(8)　分離操作の結果、化合物(Ⅰ)は主に　　34　　に、化合物(Ⅳ)は主に
　　35　　に、化合物(Ⅴ)は主に　　36　　に含まれていた。　34　　～
　　36　　にあてはまる最も適切なものを解答欄から選択せよ。

　　34　　、　　35　　、　　36

A　水層①　　　　　　　　　　　　B　水層②

C　水層③　　　　　　　　　　　　D　エーテル層①

E　エーテル層②　　　　　　　　　F　エーテル層③

G　エーテル層④

(9)　ベンゼン環にヒドロキシ基が直接結合した構造の化合物をフェノール類とい
う。以下の(a)～(e)の文章で、フェノールに関する記述として誤りのあるものの
組み合わせは　　37　　である。

37

(a) 安息香酸よりも強い酸である。

(b) フェノールを溶かしたジエチルエーテル溶液を、図6の操作で分離すると、エーテル層②に分配される。

(c) 臭素と反応した場合、オルト(o-)、パラ(p-)の位置で置換反応が起こりやすい。

(d) ナトリウムと反応して水素を発生する。

(e) 塩化鉄(Ⅲ)水溶液を加えると青～紫色の呈色反応を示す。

A	(a)と(b)	F	(b)と(d)
B	(a)と(c)	G	(b)と(e)
C	(a)と(d)	H	(c)と(d)
D	(a)と(e)	I	(c)と(e)
E	(b)と(c)	J	(d)と(e)

生　物

（2科目120分）

〔Ⅰ〕　次の文章を読み、該当する解答番号の解答欄にマークしなさい。一つの解答欄に一つだけマークすること。

　　私たちの細胞は絶えず有害なストレスにさらされている。DNAは紫外線や放射線、ある種の化学物質などの影響によって変化し、損傷を受けていることが知られている。細胞は紫外線の照射や酸化ストレスによってDNAが損傷しても、DNA修復と呼ばれるしくみによってただちに修復することができるが、修復能力を超えた損傷が起こるとその細胞では、アポトーシスによる細胞死が生じる。
(ア)
一方、細胞にはDNA修復に関わる遺伝子が複数存在するが、修復に関係する遺伝子に変異のある細胞は、損傷したDNAを修復することができず、ストレスによる細胞死が生じやすくなる。

　　健常なヒトHから採取した細胞を細胞H、DNA修復遺伝子に変異のある患者m1、m2、m3から採取した細胞をそれぞれ細胞m1、m2、m3とする。細胞m1、m2、m3はそれぞれ一つのDNA修復遺伝子の変異以外はすべて細胞Hと同じとする。また、細胞m1は細胞m2よりも紫外線による細胞死が生じやすいことがわかっている。

　　DNA修復に関わる遺伝子と細胞について次の実験1から5を行った。

＜実験1＞

　　細胞H、m1、m2に紫外線を照射したときの照射量と細胞の生存率を調べた。図1はその結果を示している。

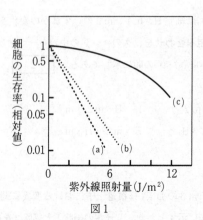

図 1

問 1　文章中の下線部㋐アポトーシスに関して記述した①～⑤の説明文のうち、**正しいもの二つの組み合わせとして最も適切なもの**を、次のA～Jの中から一つ選びなさい。　　1

① プログラム細胞死のうち、細胞の DNA が断片化し、それが引き金となって細胞が死滅することをアポトーシスという。

② 細胞膜や細胞小器官は正常な形を保つことができず、断片化して死に至る。断片化した細胞はマクロファージなどにより貪食され、細胞の内容物の流出が生じる。

③ 外傷によって引き起こされ、細胞内の物質を放出することによって起こる細胞死をアポトーシスという。

④ ニワトリやマウスの指の発生過程は、水かきにあたる部分の組織がアポトーシスを起こして消失し、指が形成される。

⑤ 小胞と細胞膜の融合による物質の分泌をエキソサイトーシス、物質の取り込みをアポトーシスという。

A　①と②　　　B　①と③　　　C　①と④　　　D　①と⑤

E　②と③　　　F　②と④　　　G　②と⑤　　　H　③と④

I　③と⑤　　　J　④と⑤

問2 図1の(a)～(c)は細胞H、m1、m2のいずれかの変化を表している。**最も適切な細胞の組み合わせ**を、次のA～Fの中から一つ選びなさい。ただし、選択肢の語は(a)・(b)・(c)の順に示してある。 | 2 |

A H・m1・m2　　　B H・m2・m1　　　C m1・H・m2
D m1・m2・H　　　E m2・H・m1　　　F m2・m1・H

＜実験2＞

　細胞m1、m2、m3のDNA修復遺伝子における変異に関する情報を得るために、図2の概念図に示すとおり、2種類の細胞①と細胞②を融合し、細胞①-②を得る実験を行った。

　細胞m1と細胞m2を融合した細胞m1-2、細胞m1と細胞m3を融合した細胞m1-3について、実験1のように紫外線照射量と細胞の生存率を調べ、その結果を図2のグラフに示した。融合した細胞において、複数の対立遺伝子の中に一つ以上の正常なDNA修復遺伝子があれば、損傷したDNAを修復することができるものとする。

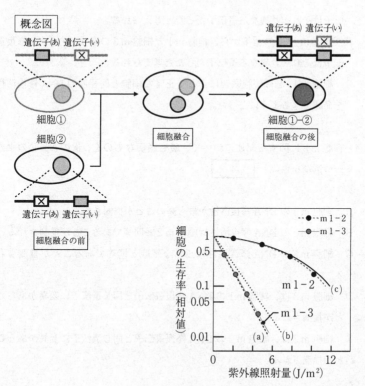

グラフ中の(a)、(b)、(c)は図1と同じ細胞を示す。

図2

問3　実験2の結果から得られる考察として**最も適切なもの**を、次のA～Gの中
　　から一つ選びなさい。　　3

A　細胞m1のDNA修復活性が最も高いことが推測される。

B　細胞m2のDNA修復活性が最も高いことが推測される。

C　細胞m1-2は、細胞m1と細胞m2の融合によって、DNA修復活性
　　が細胞m1よりさらに低下してしまった。

D　細胞m1-3は、細胞m1と細胞m3の融合によって、DNA修復活性
　　が細胞m1よりさらに低下してしまった。

E　細胞m1-2の結果から、細胞m1と細胞m2の変異したDNA修復遺

伝子はそれぞれ異なる遺伝子だったと考えられる。

F　細胞 m 1-3 の結果から、細胞 m 1 と細胞 m 3 の変異した DNA 修復遺
　　伝子はそれぞれ異なる遺伝子だったと考えられる。

G　細胞 m 1-3 は細胞融合によって正常な細胞と同程度の DNA 修復活性
　　を発揮できるようになった。

問 4　細胞 m 3 に関する記述について、**最も適切なもの**を、次の A ～ E の中か
　　ら一つ選びなさい。　　4

A　細胞 m 3 の DNA 修復活性が最も高いことが推測される。

B　細胞 m 3 の DNA 修復活性は細胞 m 2 と同等であることが推測される。

C　細胞 m 3 の DNA 修復活性は正常な細胞と同等であることが推測され
　　る。

D　細胞 m 3 は、細胞 m 1 の DNA 修復遺伝子と同じ遺伝子に変異がある
　　ことが推測される。

E　細胞 m 3 は、細胞 m 2 の DNA 修復遺伝子と同じ遺伝子に変異がある
　　ことが推測される。

問 5　細胞 m 2 と細胞 m 3 を融合した細胞 m 2-3 に紫外線を照射したときの細
　　胞の生存率を示すグラフについて、**最も適切なもの**を、次のグラフ A ～ F の
　　中から一つ選びなさい。　　5

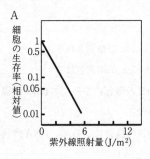

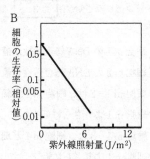

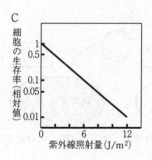

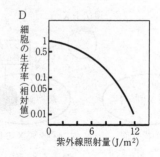

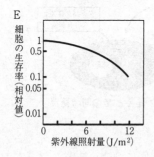

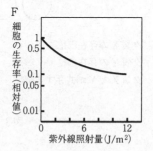

　　患者m1と患者m2のDNA修復遺伝子の研究から、新たにDNA修復に関わるタンパク質Xとタンパク質Yが見出された。細胞内において、タンパク質Xの機能はDNA修復酵素の発現を誘導することであり、タンパク質Yにより調節され、タンパク質Y以外のタンパク質による制御は受けないものとする。両タンパク質について、さらに調べるために次の実験を行った。

<実験3>

　　タンパク質Xあるいはタンパク質Yを発現するプラスミドDNAを準備した。このプラスミドを細胞に導入すると、細胞内でそれぞれのタンパク質が発現する。それぞれを単独で発現させると、タンパク質Xは核に、タンパク質Yは細胞質に局在した。一方、タンパク質XとYを同時に発現させると、両者は細胞質に存在することがわかった。実験3の概略は図3に示した。

（イ）

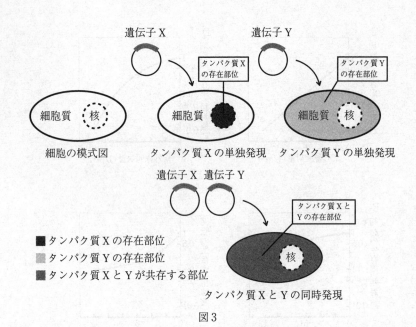

図3

問6　文章中の下線部(イ)このプラスミドに関して記述した①～④の説明文のうち、**正しいものすべてを含むもの**を、次のA～Oの中から一つ選びなさい。

　　6

① プラスミドはゲノムDNAの一部であり、細菌内で自己増殖する。

② プラスミドはゲノムDNAとは別の小さな環状のDNAで、細菌内で自己増殖する。

③ このプラスミドは目的の遺伝子が組み込まれており、ベクター(運び屋)と呼ばれる。

④ アグロバクテリウムからプラスミドを取り出し、遺伝子組換え操作によって目的の遺伝子を組み込むことができる。

A　①のみ　　　　　　　B　②のみ　　　　　　　C　③のみ

D　④のみ　　　　　　　E　①と②　　　　　　　F　①と③

G　①と④　　　　　　　H　②と③　　　　　　　I　②と④

J　③と④	K　①と②と③	L　①と②と④
M　①と③と④	N　②と③と④	O　①と②と③と④

＜実験4＞

　細胞内で発現させたタンパク質Xによる DNA 修復遺伝子の mRNA の発現を調査した。タンパク質Xのみを発現させると DNA 修復遺伝子の発現が誘導された(図4、a)が、タンパク質Yとともに発現させると DNA 修復遺伝子の発現は抑制された(図4、b)。以上の結果は、生体での状況を反映しており、この実験系を用いると生体におけるタンパク質XとYの機能を解析できることがわかった。

　タンパク質Xには、プロモーターに結合する領域、転写活性を促進する領域、核に局在するための領域、タンパク質Yと相互作用する領域の4つがあり、それぞれの領域は単一の機能のみをもつ。存在する4つの領域の機能について調べるために、遺伝子組換え技術を用いてタンパク質Xの4つの領域をそれぞれ欠失させた変異体 X-Δp、変異体 X-Δq、変異体 X-Δr、変異体 X-Δs を発現する DNA を作製した(図4)。これらのプラスミド DNA を用いて、DNA 修復遺伝子の mRNA の発現を調査する実験を行った。なお、この実験系において、元の細胞の染色体から発現されるタンパク質XとYによる影響はないものとする。

　実験3で行ったように、変異体 X-Δp を発現するプラスミド DNA を細胞に導入すると、タンパク質 X-Δp は細胞質に局在した(図4、c)。また、変異体 X-Δs を発現するプラスミド DNA を細胞に導入すると、タンパク質 X-Δs は核内に局在したが、DNA 修復遺伝子の発現は認められず(図4、i)、その理由は DNA 修復遺伝子のプロモーター領域に結合できないためであることがわかった。実験4の概略と修復遺伝子の発現の有無について図4に示した。

タンパク質Xの構造				タンパク質Y の有無	タンパク質X の細胞内局在	DNA修復遺伝子の発現	
野生型	領域 p	領域 q	領域 r	領域 s	−	核	○	a
					+	細胞質	×	b
変異体 X−Δp	■	領域 q	領域 r	領域 s	−	細胞質	×	c
					+	細胞質	×	d
変異体 X−Δq	領域 p	■	領域 r	領域 s	−	核	○	e
					+	核	○	f
変異体 X−Δr	領域 p	領域 q	■	領域 s	−	核	×	g
					+	細胞質	×	h
変異体 X−Δs	領域 p	領域 q	領域 r	■	−	核	×	i
					+	細胞質	×	j

図 4

　図4中の「タンパク質Xの構造」を示す模式図において、黒塗りの領域は欠失を示す。黒塗りの領域の両端に領域がある場合は、連結して発現する。「タンパク質Yの有無」の＋または−は、タンパク質Yを同時に発現させる、または発現させないことを示す。「タンパク質Xの細胞内局在」は、タンパク質Xの存在場所を示している。「DNA修復遺伝子の発現」の○または×は、DNA修復遺伝子が発現したこと、または発現しなかったことを示す。

問 7　タンパク質Xの4つの領域 p、q、r、s のいずれかは、タンパク質Yと相互作用することが推定された。図4のデータにもとづき、タンパク質Xのどの領域がタンパク質Yと相互作用する可能性があるか、**最も適切なもの**を、次のA〜Dの中から一つ選びなさい。　　| 7 |

　　A　領域 p　　　　B　領域 q　　　　C　領域 r　　　　D　領域 s

問 8　タンパク質Xの領域 p に関して記述した①〜④の説明文のうち、**正しいものすべてを含むもの**を、次のA〜Oの中から一つ選びなさい。　　| 8 |

①　領域 p は核への移行に必要なシグナル配列を含む領域である。

②　領域 p は細胞質への移行に必要なシグナル配列を含む領域である。

③　領域 p がタンパク質Yと協調してはたらく領域であることは、領域 p

を欠損させると DNA 修復遺伝子が発現しないことからわかる。

④　領域 p を欠損させると DNA 修復遺伝子が発現しないことから、転写活性を促進する領域であることは明らかである。

A	①のみ	B	②のみ	C	③のみ
D	④のみ	E	①と②	F	①と③
G	①と④	H	②と③	I	②と④
J	③と④	K	①と②と③	L	①と②と④
M	①と③と④	N	②と③と④	O	①と②と③と④

＜実験5＞

細胞 H に酸化ストレス剤を処理したところ、DNA 修復遺伝子が発現し、細胞死は生じなかった。また、タンパク質 X とタンパク質 Y は酸化ストレス剤の有無にかかわらず、常に細胞中に存在することがわかった。

問9　実験5において、酸化ストレス剤の効果に関して記述した①〜④の説明文のうち、**正しいものすべてを含むもの**を、次のA〜Oの中から一つ選びなさい。　　9

①　酸化ストレスによって、タンパク質 X のプロモーターへの結合が阻害される。

②　酸化ストレスによって、タンパク質 X の転写を促進するはたらきが阻害される。

③　酸化ストレスによって、タンパク質 X の核への移行が抑制される。

④　酸化ストレスによって、タンパク質 X とタンパク質 Y と相互作用が阻害される。

A	①のみ	B	②のみ	C	③のみ
D	④のみ	E	①と②	F	①と③
G	①と④	H	②と③	I	②と④

| J ③と④ | K ①と②と③ | L ①と②と④ |
| M ①と③と④ | N ②と③と④ | O ①と②と③と④ |

〔Ⅱ〕　次の文章を読み、該当する解答番号の解答欄にマークしなさい。一つの解答欄に一つだけマークすること。

　恒常性を保っている生物の体は一見変化がないように見えるが、細胞内では体を構成する分子が絶え間なく分解と合成を繰り返しており、またそれに関連したエネルギーの受け渡しが起こっている。生体分子の分解・合成の一つ一つの反応は酵素を介した化学反応であることが多く、このような反応の過程を代謝と呼(ア)ぶ。代謝におけるエネルギーの受け渡しにはすべての生物で共通してATPが利用され、多くの代謝経路は生物種間で共通しているが、生物種によって利用される代謝経路のバランスは異なる。同一の種の中でも運動のような個体の活動によ(イ)　　　　　　　　　　　　　　　　　　　　　　　　　　(ウ)って代謝反応の方向や使用される代謝系が変わることもある。代謝反応を促進する酵素の活性は常に一定ではなく、体内環境や基質濃度などによって変化する。(エ)代謝酵素遺伝子の塩基配列の違いは、酵素活性の変化に結びつくことがあり、そ(オ)の結果正常な代謝が阻害されることが疾患の症状として現れる場合がある。このように生物の体の中では、絶え間なく続く代謝反応がバランスをとっており、またそのバランスは個体の活動や置かれた環境、代謝酵素遺伝子の配列などに応じて変化する。近年では遺伝子改変により代謝酵素の活性を変化させることにより、ヒトに有益な代謝産物が多く含まれる作物の生産も試みられている。

問1　文章中の下線部(ア)代謝に関する次の文章を読み、問い(1)、(2)に答えなさい。

　代謝反応の中で、単純な物質から複雑な物質を合成する過程を　(カ)　、逆に複雑な物質を単純な物質に分解する過程を　(キ)　といい、一般に　(カ)　はエネルギーを　(ク)　する反応であり、　(キ)　はエネルギーを　(ケ)　する反応である。代表的な　(キ)

の反応として呼吸があげられる。呼吸では解糖系、クエン酸回路、電子伝達系を通じてグルコースを CO_2 と H_2O に分解し、その過程で ATP が合成される。呼吸で起こる代謝反応は酸化還元反応として捉えることもでき、その観点からは電子伝達系は ┃(コ)┃ が ┃(サ)┃ によって酸化される反応である。一般にヒトの細胞では一日に 0.83 ng の ATP が使用（分解）されていると考えられている。細胞 1 つあたりの ATP 分子の量をおよそ 0.00084 ng とすると、ATP 分子は毎日およそ ┃(シ)┃ 回の分解と合成を繰り返すことになる。仮にヒトの体には 60 兆個程度の細胞があると考えると、全身のATP 分子の質量はおよそ ┃(ス)┃ g であり、物質量はおよそ 0.1 モルとなる。1 モルの ATP が分解される際に放出されるエネルギーをおよそ 30 kJとすると、ATP の分解でヒトが一日に得るエネルギーはおよそ ┃(セ)┃ kJとなる。

(1) 文章中の空欄 ┃(カ)┃ ┃(キ)┃ ┃(ク)┃ ┃(ケ)┃ ┃(コ)┃ ┃(サ)┃ に入る語の組み合わせとして**最も適切なもの**を、次のA～Jの中から一つ選びなさい。 ┃10┃

	(カ)	(キ)	(ク)	(ケ)	(コ)	(サ)
A	同化	異化	吸収	放出	NADH や $FADH_2$	酸素
B	同化	異化	放出	吸収	ピルビン酸	NAD^+ や FAD
C	同化	異化	吸収	放出	NADH や $FADH_2$	ATP 合成酵素
D	同化	異化	放出	吸収	NADH や $FADH_2$	酸素
E	同化	異化	吸収	放出	ATP 合成酵素	NADH や $FADH_2$
F	異化	同化	放出	吸収	ピルビン酸	NAD^+ や FAD
G	異化	同化	吸収	放出	NADH や $FADH_2$	酸素
H	異化	同化	放出	吸収	酸素	NADH や $FADH_2$
I	異化	同化	吸収	放出	NAD^+ や FAD	ピルビン酸
J	異化	同化	放出	吸収	NADH や $FADH_2$	酸素

(2) 文章中の空欄 ┃(シ)┃ ┃(ス)┃ ┃(セ)┃ に入る数字の組み合わせとして**最も適切なもの**を、次のA～Iの中から一つ選びなさい。ただし、

選択肢の数字はシ・ス・セの順に示してある。　　11

A　100・5・30　　　　　B　100・50・300　　　　C　100・500・3,000

D　1,000・5・30　　　　E　1,000・50・3,000　　F　1,000・500・300

G　10,000・5・3,000　　H　10,000・50・30　　　I　10,000・500・300

問2　文章中の下線部(イ)生物種によって利用される代謝経路のバランスは異なる
　　　に関する次の文章を読み、問い(1)、(2)に答えなさい。

　　　呼吸の基質として使われる物質には、糖、脂肪、タンパク質などがあり、
　　それぞれを基質とした際の呼吸商(呼吸の際に発生する二酸化炭素の体積/
　　必要とする酸素の体積)はおよそ1、0.7、0.8であることが知られている。
　　さまざまな生物種の呼吸商を調べることで、その生物が主に使用する呼吸基
　　質の割合を推定することができる。下の図1のAのフラスコとBのフラスコ
　　に植物の発芽種子を同量入れ、一定時間後にメスピペット内の着色液の移動
　　度からフラスコ内の気体の減少量を測定した。コムギおよびトウゴマを使用
　　して実験を行った結果は表1のようになった。ここからコムギとトウゴマの
　　発芽種子の呼吸商はおよそ　(ソ)　と　(タ)　であり、すなわちコムギ
　　とトウゴマは発芽の過程で主に　(チ)　と　(ツ)　を利用して呼吸をし
　　ていることが推測できる。

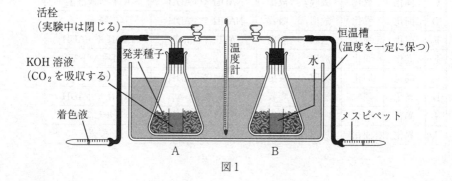

図1

表1　気体の減少量(mm³)

フラスコ	コムギ	トウゴマ
A(KOHあり)	982	1,124
B(KOHなし)	20	326

(1) 文章中の空欄 (ソ) (タ) (チ) (ツ) に入る数字や語の**組み合わせとして最も適切なもの**を、次のA~Fの中から一つ選びなさい。ただし、選択肢の数字や語はソ・タ・チ・ツの順に示してある。

　　12

A　0.98・0.71・糖・脂肪　　　　　B　0.98・0.81・糖・タンパク質
C　0.81・0.71・タンパク質・脂肪　D　0.71・0.98・脂肪・糖
E　0.81・0.98・タンパク質・糖　　F　0.71・0.81・脂肪・タンパク質

(2) さまざまな動物の呼吸商を調べたところ、下の図2のようになった。ここから推測できる動物種と呼吸商の関係として**最も適切なもの**を、次のA~Dの中から一つ選びなさい。　　13

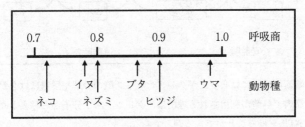

図2

A　体重の重い動物種は蓄えた脂肪を呼吸基質として使用する割合が大きく呼吸商が小さくなる。

B　草食の動物は植物性脂質を呼吸基質として使用する割合が大きく呼吸商が大きくなる。

C　肉食の動物はタンパク質や脂肪を呼吸基質として使用する割合が大きく

　　　　呼吸商が小さくなる。

　　Ｄ　体重の軽い動物種は体内に脂肪を蓄えることが難しいため、糖を呼吸基
　　　　質として使用する割合が大きく呼吸商が大きくなる。

問3　文章中の下線部(ウ)運動のような個体の活動によって代謝反応の方向や使用
　　される代謝系が変わるに関する問い(1)、(2)に答えなさい。

(1)　運動中の筋肉では連続した筋収縮のために大量の ATP が必要となる。
　　そのために筋肉は通常の呼吸以外にも ATP を供給する複数の代謝反応を
　　利用しており、下の図3はその概要を示している。筋肉のエネルギー代謝
　　に関して記述した①～④の説明文のうち、**正しいものすべてを含むもの**
　　を、次のＡ～Ｏの中から一つ選びなさい。　　14

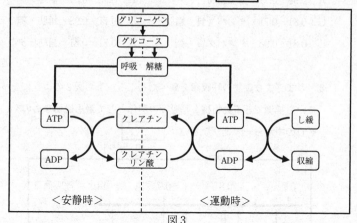

図3

①　酸素は呼吸には必要だがクレアチンリン酸の分解や解糖には必要ない。

②　筋肉で解糖が利用される理由は、グルコース1分子から呼吸よりも多く
　　の ATP を得ることができるからである。

③　運動時にはクレアチンリン酸合成の同化反応が起き、安静時にはクレア
　　チンリン酸分解の異化反応が起きている。

④　クレアチンリン酸はクレアチンよりも高エネルギーリン酸結合を多くも
　　つ分子である。

Ａ　①のみ　　　　　　　Ｂ　②のみ　　　　　　　Ｃ　③のみ
Ｄ　④のみ　　　　　　　Ｅ　①と②　　　　　　　Ｆ　①と③

G　①と④　　　　　　　H　②と③　　　　　　I　②と④

J　③と④　　　　　　　K　①と②と③　　　　L　①と②と④

M　①と③と④　　　　　N　②と③と④　　　　O　①と②と③と④

(2)　運動以外の体内環境の変化に応じて酵素のはたらきや代謝の方向が変化

することに関連して記述した①〜④の説明文のうち、**正しいものすべてを**

含むものを、次のA〜Oの中から一つ選びなさい。　　15

① 病原体などの異物が侵入すると、樹状細胞が取り込み、分解酵素で消化

分解するとともに、抗原の情報を細胞表面に示す。

② 出血時には、酵素活性のないプロトロンビンが酵素活性のあるトロンビ

ンになり、フィブリノーゲンからフィブリンが形成され、血液の凝固が起

こる。

③ 血糖値が上がるとすい臓のランゲルハンス島のB細胞からインスリン

が分泌され、肝臓でグルコースからグリコーゲンを合成する反応が促進さ

れる。

④ 体温が低下すると交感神経がはたらき、副腎髄質からアドレナリンが分

泌され、肝臓での物質の合成や分解を促進して熱の産生を促進する。

A　①のみ　　　　　　　B　②のみ　　　　　　C　③のみ

D　④のみ　　　　　　　E　①と②　　　　　　F　①と③

G　①と④　　　　　　　H　②と③　　　　　　I　②と④

J　③と④　　　　　　　K　①と②と③　　　　L　①と②と④

M　①と③と④　　　　　N　②と③と④　　　　O　①と②と③と④

問4　文章中の下線部(エ)酵素の活性は常に一定ではなくに関する次の文章を読

み、①〜⑤の説明文のうち、**正しいものの数**を、次のA〜Fの中から一つ選

びなさい。　　16

酵素の活性は温度やpHなどの周囲の環境や、阻害物質などの他の分子と

の結合によって変化する。図4はある酵素について基質濃度と反応速度の関係を表したものである。実線(a)は阻害物質などの他の分子との結合のない状態を、点線(b)および(c)はそれぞれ異なる種類の阻害物質が存在している場合を示している。

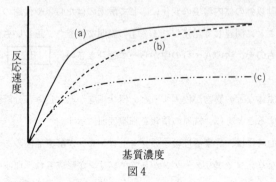

図4

①　阻害物質の有無にかかわらず、基質濃度を一定以上に上げても反応速度が上がらないのは、基質の濃度が高すぎると基質どうしが結合し、沈殿してしまうからである。

②　活性部位とは異なる場所に結合し阻害作用を引き起こす非競争的阻害物質が存在すると、基質濃度と反応速度の関係は(b)のようになる。

③　(c)のように反応速度の最大値を下げる阻害物質は非競争的である。

④　代謝の最終産物が代謝酵素を抑制することを負のフィードバックと呼ぶ。

⑤　活性部位以外の部位に、基質以外の物質が作用することではたらきが変わる酵素のことをアロステリック酵素と呼ぶ。

A　0個　　　　　B　1個　　　　C　2個　　　　D　3個

E　4個　　　　　F　5個

問5　文章中の下線部(オ)塩基配列の違いに関する次の文章を読み、問い(1)、(2)に答えなさい。

　　フェニルケトン尿症はアミノ酸のフェニルアラニンをチロシンに変えるPAHと呼ばれる酵素に変異が生じて正常にはたらかなくなる、常染色体劣

性の遺伝性疾患である。フェニルケトン尿症の患者では PAH 遺伝子のさまざまな位置に変異が見られるが、日本人の患者に多く見られるのは 413 番目のコドンの変異である。このコドンが CGC から CCC に変わることで PAHタンパク質の 413 番目のアミノ酸がアルギニンからプロリンに変化し、PAH 酵素活性が失われ、血中にフェニルアラニンが蓄積してしまう。フェニルケトン尿症には対処法が確立されており、多くの場合では重篤な症状を抑制することができる。

(1)　上記の変異から疾患症状を呈するまでの過程から考えて、対処法として効果が見込まれるものはどれか、**最も適切なもの**を、次のA～Fの中から一つ選びなさい。　　17

A　グアニンがシトシンに変異することが原因なので、摂取する食事中のシトシンを減らしグアニンを増やすことで治療効果が見込まれる。

B　グアニンがシトシンに変異することが原因なので、摂取する食事中のグアニンを減らしシトシンを増やすことで治療効果が見込まれる。

C　アルギニンがプロリンに変化することが原因なので、摂取する食事中のアルギニンを減らしプロリンを増やすことで治療効果が見込まれる。

D　アルギニンがプロリンに変化することが原因なので、摂取する食事中のプロリンを減らしアルギニンを増やすことで治療効果が見込まれる。

E　血中にフェニルアラニンが蓄積してしまうことが原因なので、摂取する食事中のフェニルアラニンを減らすことで治療効果が見込まれる。

F　フェニルアラニンをチロシンに変える酵素の活性が低くなることが原因なので、摂取する食事中のチロシンを減らすことで治療効果が見込まれる。

(2)　近年、細胞のゲノム DNA を改変する技術「ゲノム編集」を用いてフェニルケトン尿症を治療する構想が検討されている。「ゲノム編集」で患者の細胞のゲノムの変異を元に戻す（例えば上記変異を持つ患者の 413 番目のコドンを CCC から CGC に戻す）ことでその細胞で正常な酵素が作られるようになり、疾患の症状も回復すると考えられる。修復された遺伝子配列は

その細胞の子孫にも引き継がれるため、一度の治療で継続的な効果が期待されるが、「ゲノム編集」でどの細胞の変異を修復するかによって効果は異なる。PAH がはたらくのは主に肝臓であること、フェニルケトン尿症が遺伝性疾患であり、患者の子孫も疾患症状を示す可能性があることを踏まえ、「ゲノム編集」で変異を修復する細胞の種類を選択できると仮定すると、その効果は表2のようになると考えられる。表中の（　テ　）、（　ト　）、（　ナ　）に当てはまる**適切な語の組み合わせ**を、次のA～Hの中から一つ選びなさい。ただし、選択肢の語はテ・ト・ナの順に示してある。なお、「ゲノム編集」による修復の効率は 100 ％であり、想定外の配列になるなどのエラーは起こらないものとする。　18

表2

修復する細胞	患者の肝臓の細胞	患者の生殖細胞	患者の全身の細胞
疾患が回復する効果	（　テ　）	（　ト　）	（　ナ　）

A　患者自身・患者自身・患者の子孫

B　患者自身・患者の子孫・患者自身と患者の子孫

C　患者の子孫・患者自身・患者自身と患者の子孫

D　患者の子孫・患者自身と患者の子孫・患者自身と患者の子孫

E　患者自身と患者の子孫・患者自身と患者の子孫・患者自身と患者の子孫

F　患者自身・患者自身・患者自身

G　患者の子孫・患者の子孫・患者自身と患者の子孫

H　患者の子孫・患者の子孫・患者の子孫

問 6　文章中の下線部(オ)塩基配列の違いに関する次の文章を読み、問いに答えなさい。

　　代謝や呼吸に関わる重要な遺伝子に変異が生じることは個体に不利益になる（適応度を下げる）可能性が高いと予想されるが、周囲の環境要因によっては逆に適応度をあげる結果となることがある。最近のゲノム研究から、山岳

地帯など高度の高い環境に住む鳥類には、他の地域の鳥類では見られないヘモグロビン遺伝子の変異が生じていることが報告された。興味深いことに、ヘモグロビン遺伝子に生じている変異の位置（何番目のコドンが変化しているか）は種によってさまざまだが、多くの種で変異の結果、酸素とヘモグロビンの親和性が高まっていることがわかった。次の①〜④の説明文のうち、この報告から導かれる推定として**適切なものすべてを含むもの**を、次のA〜Oの中から一つ選びなさい。　　19

①　ヘモグロビン遺伝子の変異はこれらの鳥類の共通祖先で一度だけ起こった。

②　酸素とヘモグロビンの親和性を高めることは、高度の高い環境での生存や繁殖に有利であったと考えられる。

③　ヘモグロビンのタンパク質中には酸素の親和性に関与するアミノ酸が複数存在する。

④　高度の高い環境においてはヘモグロビン遺伝子に突然変異が起きやすい。

A　①のみ	B　②のみ	C　③のみ
D　④のみ	E　①と②	F　①と③
G　①と④	H　②と③	I　②と④
J　③と④	K　①と②と③	L　①と②と④
M　①と③と④	N　②と③と④	O　①と②と③と④

〔Ⅲ〕　次の文章を読み、該当する解答番号の解答欄にマークしなさい。一つの解答欄に一つだけマークすること。

　　植物は、春になると芽生え、冬になる前に落葉して枯れるまで、さまざまな環境の中で生活している。植物を構成している器官のうち、基本となるものは、水や無機養分を吸収する根、光合成の場である葉、葉を支え、根との連絡路となる茎の３種類である。植物は、生涯を通じて、光や温度、水、化学物質、重力など、さまざまな環境要因の影響を受ける。植物は、光や接触などの刺激を受けると、屈曲することがある。植物が刺激の方向に対して一定の方向に屈曲する性質を屈性という。一方、植物が刺激の方向とは無関係に一定の方向に屈曲する性質を傾性という。
（ア）（イ）（ウ）（エ）

　　植物の形態形成や生理的状態は、植物体内の特定の部位で合成される植物ホルモンと総称される一群の物質によって調節されている。植物ホルモンは、植物体の一部で生産され、組織間、器官間を移動して、ごく微量で濃度に応じた作用を発揮する。環境要因の変化の感知は、多くの場合、まず植物ホルモンの生産量や移動の変化を引き起こす。植物の環境応答には、こうした植物ホルモンの移動が深くかかわっている。おもな植物ホルモンには、オーキシンやサイトカイニン、ジベレリン、アブシシン酸、エチレン、ブラシノステロイド、ジャスモン酸などがある。発芽した植物は、地上では茎を伸ばして葉を茂らせ、地下では根を伸ばして成長していく。種子植物は、決まった季節になると花を咲かせ、種子をつくることで生命をつないでいる。栄養成長を続けていた茎頂分裂組織の細胞が、光や温度などの影響を受けて生殖成長に切り替わることで花芽となり、花を形成する。葉などの器官は、やがて老化し、植物体から脱落する。落葉し、果実中の種子を放出することにより厳しい冬を越えたあと、翌春に種子が発芽して再び生活が始まる。
（オ）（カ）（キ）（ク）（ケ）（コ）

　　問１　植物の器官はどれも、基本的な組織の構成は共通しており、表皮系、維管束系、基本組織系の３つの組織系から成り立っている。文章中の下線部(ア)器官に関して、次のカッコ内の用語のうち、維管束系に含まれるものはいくつあるか、次のＡ～Ｎの中から一つ選びなさい。　　20

［　孔辺細胞　・　クチクラ　・　毛　・　さく状組織　・　海綿状組織
　・　木部(道管・仮道管)　・　師部(師管)　・　気孔　・　内皮　・　髄
　・　皮層　・　根毛　・　葉肉細胞　］

A　0　　　　B　1　　　　C　2　　　　D　3　　　　E　4
F　5　　　　G　6　　　　H　7　　　　I　8　　　　J　9
K　10　　　L　11　　　M　12　　　N　13

問 2　文章中の下線部(イ)光合成に関して記述した①～④の説明文のうち、**正しい
ものすべてを含むもの**を、次のA～Oの中から一つ選びなさい。　　| 21 |

①　光合成を行う葉緑体は、外膜と内膜の2枚の生体膜からなり、内膜はク
リステと呼ばれるひだ状の入り組んだ構造をしている。内膜に囲まれた内
部のマトリックスには、クロロフィルやカロテノイドなどの光合成に関与
する色素が多く含まれる。

②　C_4植物では、二酸化炭素をC_4化合物として固定するのは維管束鞘細胞
で行われるが、カルビン・ベンソン回路で有機物が合成されるのはおもに
葉肉細胞である。

③　原核生物である多くの細菌は葉緑体をもたないが、中には光合成を行う
ものがいる。このような細菌はまとめて、光合成細菌と呼ばれる。

④　真核生物の葉緑体は、好気性細菌の細胞内に光合成を行う嫌気性細菌が
共生した結果できたという細胞内共生説(共生説)が有力である。

A　①のみ　　　　　　B　②のみ　　　　　　C　③のみ
D　④のみ　　　　　　E　①と②　　　　　　F　①と③
G　①と④　　　　　　H　②と③　　　　　　I　②と④
J　③と④　　　　　　K　①と②と③　　　　L　①と②と④
M　①と③と④　　　　N　②と③と④　　　　O　①と②と③と④

問 3　文章中の下線部(ウ)葉に関して記述した①～④の説明文のうち、**正しいもの**

すべてを含むものを、次のA～Oの中から一つ選びなさい。　　22

①　表裏の区別がある葉は、葉の表側にさく状組織があり、密に規則正しく
　　細胞が並んでいる。細胞中にある葉緑体の数も多く、効率よく光を吸収す
　　ることができる。
②　1本の木でも、日当たりのよい場所につく葉は陽葉、日当たりの悪い場
　　所につく葉は陰葉と呼ばれ、光飽和点に違いがある。
③　温帯では、夏の好適な季節に高い光合成を行える寿命の短い葉をもつ落
　　葉性の植物と、落葉樹が葉を落としている期間にも光合成を行える寿命の
　　長い葉をもつ常緑性の植物が混在する。
④　植物の葉を用い、細胞分画法により細胞をすりつぶして細胞の破砕液を
　　遠心分離機にかけると、葉緑体は核に比べて弱い遠心力で沈殿する。

A　①のみ　　　　　　　B　②のみ　　　　　　　C　③のみ
D　④のみ　　　　　　　E　①と②　　　　　　　F　①と③
G　①と④　　　　　　　H　②と③　　　　　　　I　②と④
J　③と④　　　　　　　K　①と②と③　　　　　L　①と②と④
M　①と③と④　　　　　N　②と③と④　　　　　O　①と②と③と④

問4　文章中の下線部(エ)傾性に関して、傾性の例として記述した①～⑥の説明文
　　のうち、正しいもの二つの組み合わせとして最も適切なものを、次のA～O
　　の中から一つ選びなさい。　　23

①　花粉はめしべの柱頭につくと発芽して、花粉管を胚珠に向かって伸ば
　　す。
②　キュウリの巻きひげが支柱に巻き付く。
③　チューリップの花が気温の上昇に伴って開く。
④　オジギソウの葉に触ると、急速に葉を閉じて葉柄を下げる。
⑤　マカラスムギの幼葉鞘に一方向から光を当てると、幼葉鞘は光のほう
　　へ屈曲する。

⑥　マカラスムギの芽ばえを暗所で水平におくと、茎では下側の成長が促進
されて上方に屈曲する。

A　①と②　　　　B　①と③　　　　C　①と④　　　　D　①と⑤

E　①と⑥　　　　F　②と③　　　　G　②と④　　　　H　②と⑤

I　②と⑥　　　　J　③と④　　　　K　③と⑤　　　　L　③と⑥

M　④と⑤　　　　N　④と⑥　　　　O　⑤と⑥

問 5　文章中の下線部(オ)オーキシンに関して記述した①〜④の説明文のうち、**正**
しいものすべてを含むものを、次のA〜Oの中から一つ選びなさい。
　　　24

①　オーキシンは、もともと光屈性にかかわる成長促進物質を探し求める過
程で見つかった植物ホルモンである。

②　オーキシンとは、植物細胞の成長を促進するはたらきのある一群の化学
物質の総称であり、植物が合成する天然のオーキシンはナフタレン酢酸と
いう物質である。

③　植物体内におけるオーキシンの移動には方向性があり、極性移動と呼ば
れるが、これは細胞膜上のオーキシン輸送タンパク質のはたらきによる。

④　根はオーキシンに対する感受性が高く、低濃度のオーキシンで成長が促
進され、高濃度のオーキシンでは成長が抑制される。

A　①のみ　　　　　　B　②のみ　　　　　　C　③のみ

D　④のみ　　　　　　E　①と②　　　　　　F　①と③

G　①と④　　　　　　H　②と③　　　　　　I　②と④

J　③と④　　　　　　K　①と②と③　　　　L　①と②と④

M　①と③と④　　　　N　②と③と④　　　　O　①と②と③と④

問 6　文章中の下線部(カ)ジベレリンに関して記述した①〜④の説明文のうち、**正**
しいものすべてを含むものを、次のA〜Oの中から一つ選びなさい。
　　　25

① オオムギやイネなどの種子では、水や温度、酸素などの条件が発芽に適するようになると、胚乳でジベレリンが合成される。ジベレリンは、胚乳の外側にある糊粉層（こふんそう）にはたらきかけてアミラーゼ遺伝子などの発現を誘導する。

② 光発芽種子に赤色光を照射すると、種子内のフィトクロムは赤色光吸収型（Pr 型）に変化する。種子の中で Pr 型のフィトクロムが増えるとジベレリンの合成が誘導されて、光発芽種子の発芽が促進される。

③ ジベレリンは、細胞壁のセルロース繊維を横方向にそろえることで、細胞の肥大成長を抑え、茎の伸長成長を促進する。

④ ブドウの花をジベレリンの水溶液に浸すと、受粉しなくても子房が成長し、種子のない果実（種なしブドウ）ができる。

A	①のみ	B	②のみ	C	③のみ
D	④のみ	E	①と②	F	①と③
G	①と④	H	②と③	I	②と④
J	③と④	K	①と②と③	L	①と②と④
M	①と③と④	N	②と③と④	O	①と②と③と④

問 7　文章中の下線部(キ)アブシシン酸に関して記述した①～④の説明文のうち、**正しいものすべてを含むもの**を、次のA～Oの中から一つ選びなさい。
　　　26

① 種子の休眠は、種皮が水や酸素をほとんど通さないことや、アブシシン酸が発芽を抑制することによって維持されている場合が多い。

② 種子が成熟する際には、アブシシン酸の含有量が減り、その作用により、貯蔵物質の蓄積と脱水が誘導され、種子は乾燥に対する耐性を獲得する。

③ アブシシン酸は孔辺細胞内の浸透圧の上昇を引き起こし、水が細胞外に流出して膨圧が低下するため、気孔が閉じる。

④ アブシシン酸は、葉の老化を誘導する。

A ①のみ	B ②のみ	C ③のみ
D ④のみ	E ①と②	F ①と③
G ①と④	H ②と③	I ②と④
J ③と④	K ①と②と③	L ①と②と④
M ①と③と④	N ②と③と④	O ①と②と③と④

問 8　文章中の下線部(ク)エチレンに関して記述した①～④の説明文のうち、**正しいものすべてを含むもの**を、次のA～Oの中から一つ選びなさい。

　　　27

① 植物が振動や接触の刺激を受けると、エチレンの合成が増大し、茎を太く短くする。

② エチレンは、細胞膜を透過して細胞内に移動する。

③ 未成熟のバナナを成熟したリンゴとともに密封した容器に入れると、バナナは通常よりも早く成熟する。

④ エチレンによって離層の形成が引き起こされる。

A ①のみ	B ②のみ	C ③のみ
D ④のみ	E ①と②	F ①と③
G ①と④	H ②と③	I ②と④
J ③と④	K ①と②と③	L ①と②と④
M ①と③と④	N ②と③と④	O ①と②と③と④

問 9　（設問省略）

問10　文章中の下線部(ロ)花芽に関連して、図1は日長と花芽形成の関係について
　　調べるために行った実験を示している。短日植物を実験①〜④の条件で生育
　　させたときの予想される花芽形成の有無に関する**組み合わせとして最も適切**
　　なものを、次のA〜Oの中から一つ選びなさい。　　29

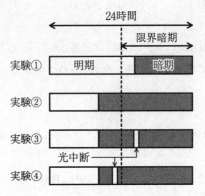

図1　日長と花芽形成の実験

	実験①	実験②	実験③	実験④
A	○	○	○	○
B	○	○	○	×
C	○	○	×	×
D	○	×	×	×
E	×	×	×	×
F	×	○	○	○
G	×	×	○	×
H	×	×	×	×
I	○	○	×	○
J	×	○	○	×
K	○	×	○	×
L	×	○	×	○
M	○	×	○	×
N	×	○	×	×
O	○	○	×	○

○：花芽を形成する。　×：花芽を形成しない。

問11 文章中の下線部(コ)花芽に関して、植物は日長を葉で感じ取ることにより花芽形成する。長日植物、短日植物、中性植物の**組み合わせとして最も適切な**ものを、次のA～Oの中から一つ選びなさい。ただし、選択肢の語は長日植物・短日植物・中性植物の順に示してある。 30

A	アサガオ	・ アブラナ	・ トウモロコシ
B	アサガオ	・ アブラナ	・ ホウレンソウ
C	アブラナ	・ アサガオ	・ トウモロコシ
D	アブラナ	・ アサガオ	・ ホウレンソウ
E	エンドウ	・ コムギ	・ カーネーション
F	エンドウ	・ コムギ	・ キク
G	オナモミ	・ ダイズ	・ エンドウ
H	オナモミ	・ ダイズ	・ トマト
I	コムギ	・ トマト	・ カーネーション
J	コムギ	・ トマト	・ キク
K	カーネーション	・ キク	・ ホウレンソウ
L	ダイズ	・ オナモミ	・ エンドウ
M	ダイズ	・ オナモミ	・ トマト
N	ホウレンソウ	・ トウモロコシ	・ カーネーション
O	ホウレンソウ	・ トウモロコシ	・ キク

問12 文章中の下線部(コ)花芽に関して、被子植物の花は、図2に示すとおり、がく片、花弁、おしべ、めしべという4種類の部分からなり、花の形成には3種類の調節遺伝子(Aクラス、Bクラス、Cクラス)がはたらいている。花の形成に関して記述した①～④の説明文のうち、**正しいものすべてを含むもの**を、次のA～Oの中から一つ選びなさい。 31

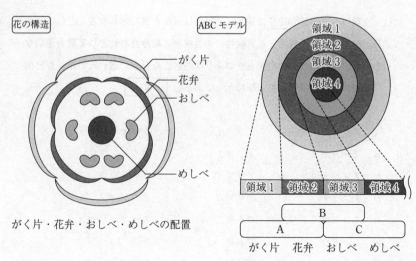

図2　花の構造とABCモデル

① 3種類の調節遺伝子(Aクラス、Bクラス、Cクラス)はホメオティック遺伝子である。

② Aクラスの遺伝子がはたらかなくなると、がく片→めしべ、花弁→おしべの転換が起きる。

③ Bクラスの遺伝子がはたらかなくなると、おしべもめしべもできない。

④ Cクラスの遺伝子がはたらかなくなると、おしべ→がく片、めしべ→花弁の転換が起きる。

A　①のみ　　　　　　　B　②のみ　　　　　　　C　③のみ

D　④のみ　　　　　　　E　①と②　　　　　　　F　①と③

G　①と④　　　　　　　H　②と③　　　　　　　I　②と④

J　③と④　　　　　　　K　①と②と③　　　　　L　①と②と④

M　①と③と④　　　　　N　②と③と④　　　　　O　①と②と③と④

〔Ⅳ〕 次の文章を読み、該当する解答番号の解答欄にマークしなさい。一つの解答欄に一つだけマークすること。

　一つの地域内で生活している生物は、通常異種の生物とも関係をもっている。これを種間関係という。特に、生活の様式が似ている異なる生物種が同じ場所で生活すると、食物や生活空間などの共通の資源を求めて争いが起こる場合がある。この争いを種間競争という。しかし、必要とする資源の要素が似た種どうしでも、同じ地域に共存する場合がある。また、動物の場合、ほかの生物を捕食することによって、自らの体を維持し、子孫を残すための栄養を得ている。このような関係を被食者－捕食者相互関係といい、捕食者は被食者の個体数に影響を及ぼすだけでなく、形態や行動などの適応をもたらすことがある。競争や捕食のように、一方の種が不利益を受ける関係ではなく、種間関係が双方に利益をもたらす場合もある。このような関係を相利共生という。
　同種個体群内においても個体間でさまざまな影響を及ぼすことがある。特に、ハチやアリなどのような社会性昆虫では、極めて多くの個体が集団生活を営むため、お互い与え合う影響が大きく、集団内における分業体制がみられる。

問1　文章中の下線部(ア)種間競争に関して、次の問いに答えなさい。

　(1)　ゾウリムシとヒメゾウリムシをそれぞれ単独で飼育すると、下の図1ＡとＢのような成長曲線を示す。ところが、両種を一緒に飼育すると、図1Ｃのようにゾウリムシの個体数が減り、やがてヒメゾウリムシだけになってしまう。図1に関して記述した①～⑤の説明文のうち、**最も適切なものの組み合わせ**を、次のＡ～Ｊの中から一つ選びなさい。　　32

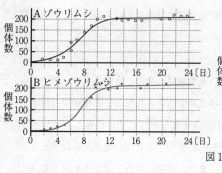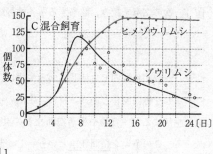

図1

① ゾウリムシとヒメゾウリムシはそれぞれ同じ資源を求めて競争関係にある。

② ヒメゾウリムシはゾウリムシを捕食することで効率良く成長することが可能である。

③ ゾウリムシとヒメゾウリムシ間では速やかに増殖できる種の方がその後、優占することになる。

④ ゾウリムシとヒメゾウリムシの間では競争(的)排除が生じる。

⑤ 種間競争において、いずれの種が消滅するかは環境条件に依存しない。

A	①と②	B	①と③	C	①と④	D	①と⑤
E	②と③	F	②と④	G	②と⑤	H	③と④
I	③と⑤	J	④と⑤

問2　文章中の下線部(イ)共存に関して、次の問いに答えなさい。

　　　ガラパゴス諸島には島ごとにさまざまな植物食のフィンチが生息している。また、島によって生態的地位が似た2種のフィンチが生息している場合(図2 A)と他種のフィンチが生息していない場合(図2 B、C)で、くちばしの高さ(厚さ)に違いがある。図2に関して記述した①～⑤の説明文のうち、**最も適切なものの組み合わせ**を、次のA～Jの中から一つ選びなさい。

　33

① 　2種のフィンチが競争することで、一方の種のくちばしの高さ(厚さ)が しだいに変化し、競争が緩和されることで共存が可能となった。

② 　2種のフィンチが共存する島では、食物をめぐる種間競争が生じ、その 結果それぞれの種のくちばしの高さ(厚さ)が変化し共存が可能となった。

③ 　異所的に生息する2種は同様の形質を示す一方で、同所的に生息する2 種間で形質の分化が生じている現象を形質置換という。

④ 　2種のフィンチが共存する島では、2種間での相利共生によってくちば しの高さ(厚さ)に違いが生じた。

⑤ 　2種のフィンチが共存する島では、くちばしの高さ(厚さ)が変化するこ とで2種とも同じ食物資源を利用することが可能となり共存が可能となった。

A 　①と②　　　B 　①と③　　　C 　①と④　　　D 　①と⑤

E 　②と③　　　F 　②と④　　　G 　②と⑤　　　H 　③と④

I 　③と⑤　　　J 　④と⑤

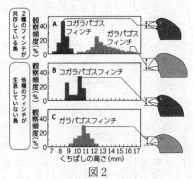

図2

問3　文章中の下線部(ウ)被食者－捕食者相互関係に関して、次の問いに答えなさ い。

　　図3は、ある2種類の動物XとYの個体数を長期的に観察した際の個体 数の動態を示す。動物XとYの個体数の経年変化を示す図として**最も適切 なもの**を、次のA〜Hの中から一つ選びなさい。なお、図3中の矢印は時間 の経過する方向を表し、観察期間中の環境は変化しなかったとする。

34

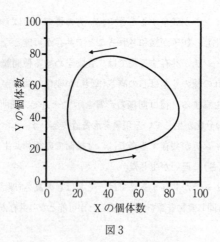

図3

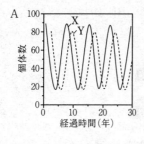

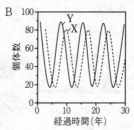

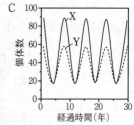

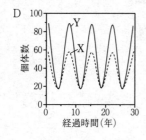

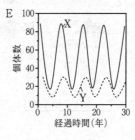

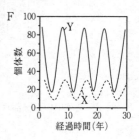

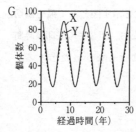

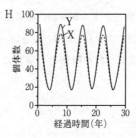

問 4　文章中の下線部(エ)形態や行動などの適応に関して、次の問い(1)、(2)に答え
　　　なさい。

(1)　被食者に見られる適応の一例として、テントウムシの翅の模様(斑紋)が
　　挙げられる。テントウムシの1種であるナミテントウには多様な斑紋が見
　　られるが、これは捕食者に対する警告色であると考えられている。警告色
　　に関して記述した①～⑤の説明文のうち、**最も適切なものの組み合わせ**
　　を、次のA～Jの中から一つ選びなさい。　　| 35 |

①　警告色とは捕食者に発見されにくい体色のこと。

②　警告色とは捕食者による捕食を促進する体色のこと。

③　警告色は被食者自身が毒をもつことをアピールすることで、捕食者から
　　逃れることを促進する体色のこと。

④　一般に警告色は目立つ色や模様であることが多い。

⑤　一般に警告色は目立ちにくい、単色もしくは2色であることが多い。

A	①と②	B	①と③	C	①と④	D	①と⑤
E	②と③	F	②と④	G	②と⑤	H	③と④
I	③と⑤	J	④と⑤				

(2)　ナミテントウの多彩な翅の模様は一つの遺伝子のはたらきにより制御さ
　　れることが知られており、単一遺伝子座に複数の対立遺伝子が存在する。
　　2種類の表現型(斑型と紅型)をもつナミテントウ個体が混存する二つの異
　　なるナミテントウの集団(集団アと集団イ)が独立して生息している。ま
　　た、斑型の対立遺伝子は紅型の対立遺伝子に対して優性であり、二つの集
　　団ともにハーディ・ワインベルグの法則が成り立っている。集団アと集団
　　イからそれぞれ任意にナミテントウを100個体ずつ捕獲し、斑型と紅型の
　　個体数をそれぞれ調べたところ、表1の結果が得られた。表1の100個体
　　の集団における、ナミテントウの翅の模様の遺伝子型に関して記述した①
　　～④の説明文のうち、**正しいものすべてを含むもの**を、次のA～Oの中か

ら一つ選びなさい。 36

表1

	斑型	紅型	合計
集団アから捕獲した集団	84 個体	16 個体	100 個体
集団イから捕獲した集団	51 個体	49 個体	100 個体

① 集団アから捕獲した集団では、斑型と紅型をあわせたホモ接合体の個体数は、ヘテロ接合体の個体数より多い。

② 集団アから捕獲した集団では、紅型のホモ接合体の個体数は、斑型のホモ接合体の個体数より多い。

③ 集団イから捕獲した集団では、斑型のホモ接合体の個体数は、ヘテロ接合体の個体数より多い。

④ 集団アから捕獲した集団のヘテロ接合体の個体数は、集団イから捕獲した集団のヘテロ接合体の個体数より多い。

A ①のみ	B ②のみ	C ③のみ
D ④のみ	E ①と②	F ①と③
G ①と④	H ②と③	I ②と④
J ③と④	K ①と②と③	L ①と②と④
M ①と③と④	N ②と③と④	O ①と②と③と④

問 5 文章中の下線部(オ)相利共生の例①～④のうち、**正しいものすべてを含むもの**を、次のA～Oの中から一つ選びなさい。 37

① ヒトとカイチュウ

② アブラムシとテントウムシ

③ キク科植物と根粒菌

④ クマノミとイソギンチャク

A ①のみ	B ②のみ	C ③のみ
D ④のみ	E ①と②	F ①と③

G　①と④　　　　　　H　②と③　　　　　　I　②と④

J　③と④　　　　　　K　①と②と③　　　　L　①と②と④

M　①と③と④　　　　N　②と③と④　　　　O　①と②と③と④

問6　文章中の下線部(カ)社会性昆虫に関して、次の問い(1)〜(3)に答えなさい。

(1)　〔設問省略〕

(2)　社会性昆虫と血縁度に関して記述した①〜⑤の説明文のうち、**最も適切なものの組み合わせ**を、次のA〜Jの中から一つ選びなさい。　　39

①　社会性昆虫が残そうとしているのは自己の遺伝子ではなく、自己の子であると考えられる。

②　自己と血縁関係にある他個体によって、自己の遺伝子をどれだけふやせるのかの尺度を包括適応度という。

③　包括適応度にもとづく形質の進化を性選択という。

④　社会性昆虫にみられる他個体の子の養育を補助する行動は自己の包括的適応度を低下させる行動である。

⑤　社会性昆虫にみられる分業体制のことをカースト制という。

A　①と②　　　B　①と③　　　C　①と④　　　D　①と⑤

E　②と③　　　F　②と④　　　G　②と⑤　　　H　③と④

I　③と⑤　　　J　④と⑤

(3)　ハチやアリなどの社会性昆虫は節足動物である。節足動物に関して記述した①〜⑤の説明文のうち、**最も適切なものの組み合わせ**を、次のA〜Jの中から一つ選びなさい。　　40

①　脊椎骨が神経管を囲んで脊椎を形成する。

②　体表はリグニン質の硬い外骨格で覆われている。

③　体には形の異なる体節がある。

④　分子系統学的解析にもとづくと、環形動物と節足動物の体節は同一の起源から派生したと考えられる。

⑤　節足動物は線形動物と同じく脱皮動物である。

A　①と②　　　B　①と③　　　C　①と④　　　D　①と⑤

E　②と③　　　F　②と④　　　G　②と⑤　　　H　③と④

I　③と⑤　　　J　④と⑤

C　所かまわず人を中傷していると傲慢な者だと思われるので、時と場所を選ぶよう心掛けるべきである。

D　自然に漏れ聞こえてきた人の隠しごとについて、誰それが話したのだろうなどと疑ってはならない。

問一〇　文学史上、『十訓抄』（鎌倉時代）と同じ時代の作品を次の中から一つ選び、その記号をマークしなさい。解答番号は 18 。

A　万葉集

B　土佐日記

C　日本永代蔵

D　新古今和歌集

E　大鏡

い。解答番号は　15　。

A　意図的であるにもかかわらず
B　意図的でないにもかかわらず
C　意図的であってさえ
D　意図的でなくてさえ

問七　二つの空欄　X　に入る同じ副詞を一つ書きなさい。解答番号は　109　。

A　意図的であるにもかかわらず
B　意図的でないにもかかわらず
C　意図的であってさえ
D　意図的でなくてさえ

問八　空欄　16　。

Y　に入る言葉として最も適切なものを次の中から一つ選び、その記号をマークしなさい。

A　多言
B　狂言
C　虚言
D　繰言

問九　次のA〜Dのうち、本文の内容と一致するものを一つ選び、その記号をマークしなさい。解答番号は　17　。

A　不用意に人を批判すると思わぬ災難に見まわれるので、相手を選んで発言しなければならない。
B　人をむやみに非難すると、その悪影響は自らに及ぶので、無思慮な発言は控えることが大切である。

問六　傍線部5「さらでだにも」の文脈に即した解釈として、最も適切なものを次の中から一つ選び、その記号をマークしなさ

問五　二重傍線部イ〜ニの中に一つだけ助動詞があるが、それはどれか。適切なものを一つ選び、その記号をマークしなさい。

解答番号は　14　。

A　イ

B　ロ

C　ハ

D　ニ

問四　傍線部4「恥をも与へられ」とあるが、恥を与えられることになるのはどのような人か。次の中から最も適切なものを一つ選び、その記号をマークしなさい。解答番号は　13　。

A　秘密をあばかれた人

B　悪口を言い散らす人

C　批判されたと憤る人

D　未熟さを取り繕う人

C　思い入れも持ててない間に

D　深く考えてもいないのに

〔註〕

○口とく……口軽く。

○慎み……「慎む」の連用形。用心する。注意する。

問一　傍線部1「いふまじきこと」を現代語に訳しなさい。解答番号は　201　。

問二　傍線部2「これらはすべてあるまじきわざなり」とあるが、その理由の説明として**当てはまらないものはどれか**。次の中から一つ選び、その記号をマークしなさい。解答番号は　11　。

A　かわいそうな者だと思われるから。

B　人から信用されないようになるから。

C　身を滅ぼすようなことになるから。

D　疎まれてしまうようになるから。

問三　傍線部3「思ひも入れぬほどに」の解釈として、最も適切なものを次の中から一つ選び、その記号をマークしなさい。解答番号は　12　。

A　感情移入もできない程に

B　まったく思いもよらずに

する人間の特徴を示している。

B　愛玩の対象としての人形は、子どもの特権的時間を支えるために、より精巧な作りを求められ、やがて鑑賞の対象としても定位されるようになる。

C　愛玩的成分を多く含む人形は、〈亜人〉的要素を最も明白に現わすことになるが、それは人間の成長に起因する事態として理解されていることでもある。

D　〈境界人間〉を生み出し、その者たちを人外に貶めるのは、愛情を注いだ人形に対して関心を失い始めるというような人形的経験の帰結にほかならない。

〔Ⅳ〕

次の文章を読んで、後の問に答えなさい。

　ある人いはく、「人は慮りなく、いふまじきことを口とくいひ出だし、人の短きをそしり、したることを難じ、隠すことを顕はし、恥ぢがましきことをただす。これらはすべてあるまじきわざなり。われはなんとなくいひ散らして、思ひも入れぬほどに、いはるる人は、思ひつめて、憤り深くなりぬれば、図らざるに、恥をも与へられ、身の果つるほどの大事にも及ぶなり。笑みの中の剣は、さらにも恐るべきものぞかし。」また「よくも心得ぬことを、あしざまに難じつれば、かへりて身の不覚現はるるものなり。おほかた、口軽きものになりぬれば、それがしにそのこと　X　聞かせそ。かの者に　X　見せそ。などいひて、人に心をおかれ隔てらるる、口惜しかるべし。」また「人のつつむことの、おのづから漏れ聞こえたるにつけても、かれ話されしなど疑はれんは、面目なかるべし。しかれば、かたがた人の上を慎み、　Y　をやむべきなり。」

（『十訓抄』より）

A 人間と〈亜人〉の境界は、政治や社会を主導する人間集団の考え方次第で揺れ動くということ。

B 〈境界人間〉の扱いは、それらの人々が有力者とのつながりを持つかどうかで決まるということ。

C 〈人間圏〉の境界は、そのつどの経済状況や科学技術の発達状況によって変動するということ。

D 人が〈亜人〉や〈人外〉と見なされるのは、個人の主体的な政治的選択の結果であるということ。

問九　傍線部8「人間存在の複雑さを同型的に体現する」とあるが、それはどういうことか。その説明として最も適切なものを次の中から一つ選び、その記号をマークしなさい。解答番号は　9　。

A 人形の呪術的、愛玩的、鑑賞的成分などの要素は、人間が〈超人〉的でもあれば〈亜人〉でもあり、また〈人外〉でもありうるという多様なあり方の裏返しであるということ。

B 人形は、聖なるものの媒介者として重んじられるときもあれば、〈亜人〉として人間未満の扱いを受けるときもあるという点で、人間と同等の価値を有するということ。

C 人形が人間との関わりにおいて〈超人〉から〈亜人〉のあいだを揺れ動くありかたと、人間が人間として扱われたり扱われなかったりするあり方は、相似しているということ。

D 呪術的な力を発揮したり、子どもの特権的時間を支えたり、趣味的な楽しみを与えたりするなどの人形の多様な役割は、人間の多様な生の鏡にほかならないということ。

問一〇　次のA～Dのうち、本文の内容と一致するものを一つ選び、その記号をマークしなさい。解答番号は　10　。

A 人の脳には、三点が集まった図形を人の顔として見る傾向があるが、これは、あらゆるものに自らの似姿を見出そうと

い。解答番号は　6　。

〔X〕　〔Y〕

A　呪術的成分　——　人間

B　愛玩的成分　——　人間

C　鑑賞的成分　——　亜人

D　呪術的成分　——　亜人

E　愛玩的成分　——　這子

F　鑑賞的成分　——　這子

問七　傍線部6「〈人間の亜人化〉」とあるが、それはどういうことか。その説明として最も適切なものを次の中から一つ選び、その記号をマークしなさい。　解答番号は　7　。

A　人間間における冷たい眼差しを人形的経験に転移させること。

B　人間が単なる人形として見なされるようになること。

C　差別、揶揄、侮辱、無視、追放、殺害の対象にされること。

D　〈境界人間〉が〈人外〉として扱われるようになること。

問八　傍線部7「当の境界なるもの自体が孕む政治的曖昧性」とあるが、それはどのようなことか。その説明として最も適切なものを次の中から一つ選び、その記号をマークしなさい。　解答番号は　8　。

由の説明として最も適切なものを次の中から一つ選び、その記号をマークしなさい。解答番号は　4　。

A　人形が持つ呪術的な要素は、人形と人間との関わりを強固にし、這子的残滓を消すことのできないものにするから。

B　呪術はつねに超越的な存在に関わるものであり、そのような説明不可能な要素を人形から消し去ることはできないから。

C　およそ人間は呪術的なものへの願望をもつので、前近代的な人形の記憶もまた、完全に消滅することはないから。

D　現代のようにあらゆることが機能化された社会の中では、人形の持つ呪術的な仄暗い側面は消える運命にあるから。

問五　傍線部5「それは一見、逆説的にみえる」とあるが、それはどういうことか。その説明として最も適切なものを次の中から一つ選び、その記号をマークしなさい。解答番号は　5　。

A　人形の鑑賞的成分を度外視して愛玩的成分に注目することにより、玩具としての人形の特性を見失うという事態は、道理に反するように見えるということ。

B　愛玩の対象としての人形が人間的に扱われることと、それが〈亜人〉的様相を最も強く示すということとは、矛盾した事態であるように見えるということ。

C　子どもが人形を愛玩する特権的な時間は長いが、忘却や廃棄に費やされる時間は極めて短いという事態は、合理的な理解を拒むように見えるということ。

D　子どもが人形を可愛がるほど、愛情の飽和状態がすぐに訪れて飽きられてしまうという事態は、玩具の皮肉な運命を表しているように見えるということ。

問六　空欄　X　と　Y　に入る語の組合せとして最も適切なものを次の中から一つ選び、その記号をマークしなさ

問二　傍線部2「一般に呪術の成分を担う人形群は、人形一般と人間との関係性の定位を難しくする」とあるが、それはなぜか。その理由の説明として最も適切なものを次の中から一つ選び、その記号をマークしなさい。解答番号は　2　。

A　呪術的背景を持った人形は、人間の意味づけによって恣意的に成り立つので、人体の輪郭をほとんど持たない現代彫刻のようなものであっても、人形として見なされる場合があるから。

B　呪術的背景を持った人形は、人々の畏怖の対象として近寄りがたい特殊な空気に包まれているにもかかわらず、超越的で守護的な存在として感謝や崇拝の対象にもなっているから。

C　呪術的背景を持った人形は、本性的には異界と通じる〈超人〉の存在であり、そのような神々しい存在を人間が正確に認識したり位置づけたりすることは、きわめて困難であるから。

D　呪術的背景を持った人形は、人の代替物として見れば人間ほどの配慮を必要としない位階にあるはずだが、神的なものとされる存在としては、人間を超えた位階にあるとも言えるから。

問三　傍線部3「目の前の人形とは、自分と同じ姿に模型化させた「異物」なのである」とあるが、それはどのような意味か。その説明として最も適切なものを次の中から一つ選び、その記号をマークしなさい。解答番号は　3　。

A　人形は鏡のように、人間のもつ超人願望を投影したものであるということ。

B　人形は人間の体を模倣することで、物を超えた力をもつようになるということ。

C　人形は聖なるものを、人間の似姿を通して感じさせる媒体であるということ。

D　人形は呪術的背景を持つことで、人間の理解を超える存在になるということ。

問四　傍線部4「人形が呪術に絡む限り、それが完全に〈近代〉の諸物の中に収まることはない」とあるが、それはなぜか。その理

は、人間存在の複雑さを同型的に体現する特殊な対象なのである。

（金森修『人形論』より。一部改変）

〔註〕

○おしらさま……男女や馬に見立てた一対の桑の棒を神体とする東北地方の民間信仰、またはその対象。

○這子……四つ這いの幼児の姿に似せて作った魔除けの人形。

問一　傍線部1「おしらさまは、いわば人形未満の人形だが」とあるが、なぜ「おしらさま」は「人形未満の人形」と言われているのか。その理由の説明として最も適切なものを次の中から一つ選び、その記号をマークしなさい。解答番号は　1　。

A　木の幹や壁の染みなどと同じように、「おしらさま」はシミュラクル現象によって人間のように見えるものにすぎないから。

B　東北の庶民によって作られる「おしらさま」は、職人や芸術志向の強い作家によって作られた価値あるものではないから。

C　「おしらさま」は、棒のようなものに布が巻きつけてあるだけで顔も見えず、人体としての輪郭を持つとは言い難いから。

D　民間信仰の対象である「おしらさま」は、統合性や安定性といったものを欠いている、いわば〈人間未満〉のものであるから。

2024年度　学部別入試　国語

　　X　　が見えにくくなり、機能化し合理化する近現代の社会の中では、人形の

出る場合さえある。自動車の衝突実験でのダミー人形は、例えば時速六〇キロメートルで壁に激突する時、車の中で激しく破損

するが、ダミー人形に〈人間性〉の萌芽を看て取ろうとするエンジニアはいない。〈人間中心〉の社会の中で、人形は、あくまでも

人間が心を振り向ける限りで意味をもつに過ぎない〈人間未満〉になる。

　ただ、人形的経験を介したこの種の〈亜人〉的定位は、人形的経験を原基点にしてか、人間間の経験こそが人形的経験を条件づ

けるものか、そのどちらなのかの即答は困難だが、その冷たい眼差しを人間そのものに転移させ、〈人間の亜人化〉という見過ご

せない動向を成立させることがある。〈人間の亜人化〉とは不可解で聞き捨てにならない表現だと思われるかもしれないが、私は人

間が、生物学的に同種である人間集団が〈人間として見なす〉ことがセットになって初めて、それなり

に人間らしく生きていける条件が整うと考えている。その意味で〈人間圏〉は絶えず揺れ動き、特にその境界付近に住まう〈境界

人間〉は〈人外〉としての差別、揶揄、侮辱、無視、追放、殺害などの危険に晒された存在だ。〈人間の亜人化〉とは主にそのこと

を指す。しかも、当の境界なるもの自体が孕む政治的曖昧性のために、〈境界人間〉扱いされることなど金輪際ありえない人など

は、実はほとんどいない。ロボットやレプリカント、強制収容所のユダヤ人、さらには黒人、ヒスパニック、アジア系移民な

ど、亜人化するための理屈は、文化相即的にかなり自在に決まる。

　繰り返すが、他人を配慮の位階から脱落させ、人外に貶めるという亜人化の眼差しは、子どもに限らず、人間が広く人形的存

在を扱う中で、気遣いや愛玩の途絶がもたらす無関心性の経験を〈原型〉とするものなのか、それとも、人形的経験は他に数多く

存在する亜人化の一事例に過ぎないのか、どちらが正しいのかはよく分からない。いずれにしろ、人形が人間世界に占める地位

は、〈人間超え〉と〈人間未満〉との随時反転の上下運動の中で、ほんの一瞬安定化するだけの儚さを身に纏う。穢れを引き受け

る代替物、守護神的な媒介者、子どもに愛玩される特権的玩具、倉庫に放置されるがらくた——そのいずれでもありうる人形

　　　　　　　　　　　　　　　　　　　　　　　　　Y　　的性格規定が、露骨かつ純粋に

緻を楽しむためのものとして、人形制作に従来以上の真摯(しんし)な努力が注がれる。そうして人形は、鑑賞の対象としても定位されるようになる。

いま話を若干単純化するために、この鑑賞的成分をやや周辺化し、特に愛玩的成分に注意を集中して、その限りで定位される人形群のことを考える。その場合、人間との関係における人形の〈人間未満〉的な性格が他の成分の場合よりも強く浮き彫りになる。

5それは一見、逆説的にみえる。愛玩、つまり可愛がることなのだから、その文脈で人形は子どもたちに服を着替えさせてもらい、ダッコされ、言葉をかけられる。だが、愛玩はほぼ必ず忘却や廃棄とセットになっている。子ども自身の成長によって、きめ細やかな愛情の発露が行われる〈特権的時間〉はそう長くは続かない。その場合、人形は、それまで身に纏っていたはずの人間的情念の衣を引き剥(は)がされ、単なる物体になる。そうなれば、倉庫にうち捨てられ、埃(ほこり)に塗(まみ)れ、それでも誰も気遣わないものになる。人形が〈人間的生〉を模倣できたのは、あくまでもそれを気遣う子どもの気持ちがあったからだ。それがなくなれば、人形はただの物体に成り下がり、〈人間未満〉の姿を晒(さら)すだけなのだ。

要するに、呪術的成分や鑑賞的成分に比べて、愛玩的成分こそが最も時間の破壊作用の対象になりやすく、それだけに、その成分を多く含む人形は、人形が元々抱える〈亜人〉的な要素を最も露わに晒すことになる。それは確かに逆説的な事態ではある。だが、同時にわれわれは人間の成長に伴う興味の変化、一つのことを続けることの困難、気紛れや心変わりなどの感情の機微を熟知しているので、それらが、時間の経過の中で破壊的に働くことにどこか納得しもする。

いままで人形の〈人間未満〉的な様相、〈亜人〉的な様相に注意を払う際、主に子どもと人形とのやり取りを典型とした愛玩的成分との関係におけるそれをみてきた。それが人間と人形との関わり合いの根源的部分を指示する一つなのは間違いないが、人形は人間世界とあまりに深く複雑に関わりすぎているので、子どもの経験だけでは話は終わらない。

る守護的な存在として感謝され、大切にもされる。呪術的な背景をもった人形は、あたかも異世界を呼び出す巫女が人々を憑かせる

ように、人々に、人形が単なる人間の〈小道具〉的な存在ではないことを思い知らせる。

その限りで、人形は人間未満の存在、人間ほどの気遣いや配慮がいらない存在、つまり〈亜人（sub-human）〉なのではない。そ

の逆に、例えば荒俣宏に言わせれば、人形は〈亜人〉どころか、本性的に人間を超える存在、自らの神的起源を隠そうともしない

〈超人（super-human）〉だ。荒俣は言う、「ふつう、「異界のもの」はあまりに神々しいので肉眼で見ることができない。しかし人

間はそれを見たくてしかたがない。そこで人間は、模型づくりを思いついた。目の前の人形とは、自分と同じ姿に模型化させた

「異物」なのである。あるいは、もう少し救いのあるいい方をすれば、自分よりも優れた自分に、うっとりと見惚れることができ

る「鏡」なのである」。自分を超えた神的なもの――世俗化された現代世界でも、聖なるものの在り方を何気ない人体模造の所作

を通して垣間見させる存在。荒俣にとっては、それが人形なのだ。

このような呪術的な成分のおかげで、人間に対する人形の立ち位置には複雑な揺れが入り込む。呪術は多少とも超越的な存在との

交感を含意するので、完全な合理的接近を拒むところがある。人形が呪術に絡む限り、それが完全に〈近代〉の諸物の中に収まる

ことはない。

確かに、いわゆる近代よりも前の時代から既に、人形には愛玩の対象物としての側面があった。だが逆に、江戸時代の華やか

な雛飾りの場合でも、愛玩や鑑賞だけではなく、時に這子的残滓が見られる場合があったように、前近代的な人形の記憶はどの

時代でも完全に消滅することはなく、現代のように機能化された社会の中でも、時々その仄暗い顔を覗かせる。人形には、どこ

かに必ず呪術的な影がつき纏うものなのだ。

ともあれ、時代を下るに従い、その呪術的な成分が徐々に見えにくくなるにつれ、愛玩の成分がより強く前面に押し出されるよ

うになった。愛玩の対象としての人形は、主に子どもたちの特権的な時間を支える。他方で、大人がゆっくり美的な特徴や技術的な精

〔Ⅲ〕　次の文章を読んで、後の問に答えなさい。

　初めに、馬鹿らしい確認のようにも思えるが、改めて述べておく。人形とは原則的に人の形をしたものだ。現代創作人形には通常の人体の輪郭から外れた作品が数多く存在するが、それでも現代彫刻のように、ほとんど人体の痕跡を留めないものや、周囲環境と一体化して、人体としての統合性をもたないものほどには、人体輪郭から逸脱していない。

　ただ一言で人体といっても、それにはただちに、〈人間の体〉だけには限らない人間の特性が絡むので、話は少し複雑になる。

　例えばシミュラクル現象。人間の脳には、三つの点が集まった図形を人の顔として見る傾向が組み込まれているらしい。そのせいか、薬罐、木の幹、木目、壁の染みなど、至るところにわれわれは人の顔を看て取る。人の顔が遍在するなら、それに人体がついて回るのは当然だ。人間の側からの意味づけが起点となって、周囲環境には至るところに〈人形未満〉が出現する。昔日の職人的作家、または現代の芸術的志向性の強い人形作家のどちらの場合でも、彼らの集中的な努力と研鑽によって、周囲に散在する〈人形未満〉の存在が、一つの統合性をもつ〈人形〉として凝固し、対象としての安定性を獲得する。

　それでは、東北地方で信仰の対象となってきたおしらさまはどうだろうか。包頭型のおしらさまの場合、棒のようなものに布が簡単に巻きつけてあり、顔は見えない。伝統的に、その布を解いて顔を見ようとすると命を落とすと伝えられており、人々の畏怖の対象になってきた。それは触られず、見られず、人々の近寄れない特殊な空間を身に纏う。おしらさまは、いわば人形未満の人形だが、明らかにそこには呪術の要素が強く効いている。そしておしらさまに限らず、一般に呪術の成分を担う人形群は、人形一般と人間との関係性の定位を難しくする。這子は、病魔などの災厄が幼児に襲いかかるのを代わりに受けてくれるための人形だ。それが災厄に見舞われても、あくまでも幼児が護られればそれでいいのだから。だが、だからこそそこの種の使われ方をする人形は、幼児など、人々が保護したい人や物を護ってくれればそれでいいのだ。その限りで、這子は幼児よりも〈低位〉の位階にあるはずだ。だが、だからこそそこの種の使われ方をする人形は、幼児など、人々が保護したい人や物を護ってくれ

国語

（二科目一二〇分）

（解答番号は1〜18、101〜109、201。記述式の解答は、解答用紙に**横書き**で記入すること。）

〔Ⅰ〕　次の傍線部のカタカナを**漢字**に直しなさい。解答番号は 101 〜 104 。

1　相互フジョの精神を大切にする。

2　シンチョウに行動する。

3　注意がサンマンになる。

4　村おこしのイッカンとして行う。

〔Ⅱ〕　次の傍線部の漢字の読み方を**ひらがな**で書きなさい。解答番号は 105 〜 108 。

1　安穏とした生活を送る。

2　鐘を鋳る。

3　妙なうわさが流布している。

4　高尚な趣味を持つ。

解 答 編

英 語

Ⅰ **解答** 問1．(i)—B　(ii)—B　(iii)—A　(iv)—A
問2．feeds　問3．developing
問4． 5—E　6—D　7—C　**問5．**D　**問6．**C
問7． 10—G　11—B　12—E　**問8．**A　**問9．**C　**問10．**C
問11． 16—B　17—G　18—C　19—A　**問12．**A　**問13．**D
問14． (1)—F　(2)—T　(3)—F　(4)—F　(5)—T　(6)—T

─────────────── 全 訳 ───────────────

《人口増に伴う食料需要にどう対応するか》

① 2010 年，国連人口部の中位推計では，2050 年の世界人口は 93 億人になると予測された。2013 年のニューヨーク・タイムズ紙の記事の計算によると，農業は現在，世界人口 70 億人の 1 人につき 2,700 カロリーを生産している。仮に食料生産の増加がなくても，現在の生産量は 2050 年の人口に対して一人当たり 2,000 カロリー強を生産することになり，生存にはまったく十分である。では，心配することはないのだろうか？

② ことはそれほど単純ではない。現在，これらのカロリーの約 3 分の 1 は家畜の飼料に使われており，一部は食物連鎖の過程で無駄になり，また現在約 5 パーセントがバイオ燃料に転換される。残りの供給は均等には分配されない。なぜなら，先進工業国は発展途上国よりも一人当たりの供給量が多く，どこの国でも富裕層は貧困層よりも食費を多く費やすことができるからだ。それだけでなく，将来の人々の食料需要は異なるかもしれないし，食料生産に利用できる資源や技術も異なるだろう。今回の論文は，2050 年における世界の予測食料収支について熟慮を重ねた推計を行うにはあまりにも短すぎるが，少なくともそのために考えるべきことのいくつ

かを見ていくことはできる。

③　将来の食料需要に影響する２つの主要な要因は，世界人口と，人が食料に費やす必要のある金額である。93 億人という中位の人口推計は，2045～50 年に女性が平均 2.17 人の子どもを産むことを想定している。2005～10 年の平均は 2.52 人であった。しかし，高めに見積もった 2.64 人の子どもを産むとすれば，106 億人に食料を供給することになりうる。したがって，教育，所得，避妊へのアクセス，宗教，文化など，女性の出生率に影響を与える要因は，将来の食料需要に関する限り，極めて重要である。全体として，社会が豊かになるにつれて，人々が産む子どもの数は減る傾向がある。しかし，人々が食べる量も増え，そして食生活もより多様化する。中国の経済成長に伴い，豚肉の需要が増加し，その結果，飼料用穀物の需要も増加しており，他の新興国において消費者が可処分所得を増やすにつれて，動物性タンパク質と脂質の需要が増加すると予想される。要するに，食料需要は人口の増加分以上に高まると予想されるが，どの程度高まるかを予測するのはかなり難しい。

④　確実にわかっているのは，過去において需要の増加，とりわけ人口の増加は，供給の増加によって十二分に満たされてきたということである。歴史家のジョヴァンニ＝フェデリコは，1800 年から 2000 年の間に世界人口が６～７倍に増加したのに対し，世界の農業生産は同じ期間に少なくとも 10 倍に増加したと計算している。19 世紀には，増加分のほとんどが，それまで世界市場向けの食料や繊維を生産していなかった南北アメリカやオーストラリア，ニュージーランドの土地からもたらされた。20 世紀の増加は，主に１ヘクタールの土地やそこで働く人々の生産量が増加した結果であった。これらの解決策が，21 世紀に再び適用できるだろうか？

⑤　アルゼンチンやブラジルのような国々では，トウモロコシや大豆を栽培するためにいまだに木を伐採しているが，これはますます政治的な圧力にさらされており，また地球温暖化が続くことで海面上昇や干ばつ，砂漠化によって土地を失う可能性が高い。これらの傾向がどのような釣り合いをとるかを詳細に予測するのは容易ではないが，19 世紀に見られた，追加の土地に基づくような種類の生産量の増加を期待できないことは明らかに思える。

⑥　そのことにより，耕地１ヘクタール当たりの生産量を増やすしかなくな

る。過去においては，供給に比例する需要の増加，および結果として生じる価格の上昇に直面して，農家は除草における手作業の増加から肥料や農薬の追加に至るまで，労力の投入を追加することで生産量を増やすことを得意としてきた。科学者や技術者もまた，より優れた植物品種，家畜品種，機械などを生産することに長けてきた。1970 年から 2009 年の間に世界人口が 80 ％強増加した一方で，世界のトウモロコシ生産量は 3 倍に，小麦と米の生産量は 2 倍以上に増加した。これが将来も続くことはありえるだろうか？

7　先進工業国では，生産高を簡単に増加させる余地は限られているかもしれないが，持続可能な集約化の望ましい実現を求めて，総合的病害虫管理などの新技術を採用することに慣れている，高度に訓練され洗練された農業労働力がすでに存在している。

8　1 ヘクタール当たりの生産高を増加させる最大の機会もまた，需要の増加が最大となる可能性が高い場所，つまり新興国や発展途上国にある。そうした国々は，肥料を少し増やしたり，種子を少し良くしたり，牛やロバに荷を引かせて得られる力を少し追加したりすることで，最も大きな違いを生み出すことができる国である。農民は携帯電話を使って，技術的なアドバイスを受けることと，地元の市場で最も安い価格を知ることとの両方ができる。近くに水道があるとか，女性が 1 日に 2 時間も 3 時間も薪を探す必要がない調理法があるといった簡単なことでも，作物の雑草を取ったり，第二の作物を栽培したり，動物の世話をしたりするのに使える時間が増えることになる。したがって，農作物や家畜の世界平均収量を，すでに生産性の高い農場で達成されているレベルにまで引き上げることが，21 世紀の課題なのである。

=========== 解説 ===========

問 2. 空所を含む文の意味は，「食物連鎖とは，生物それぞれがその一連の中で隣の生物を（　　）ために，互いにつながり合っている一連の生物のことである」である。空所には，後に前置詞 on を伴う動詞が入り，またそれは「食物連鎖」の定義から考えて「食べる」という意味の語だとわかる。eat は他動詞であるため入らず，ここでは feed on ～「～を餌とする」の形をとる feeds が最適である。3 単現の s を忘れないよう注意しよう。別解としては，prey on ～「～を捕食する」が挙げられる。

問3. 下線部(イ)に industrialized countries「先進工業国」が出てくるため，その対義語となる developing countries「発展途上国」となるよう現在分詞形の developing とするのが適切である。

問4. 正しく並べ替えた英文は，(The two main factors) that influence future food demand (are the number of) people in the world (and the amount of) money they have to spend(.) である。文の動詞が are であるため，The two main factors に修飾要素が加わり，長い主語を形成していることがわかる。Eの that は主格の関係代名詞であり，これがまず空所5に入る。次に，他動詞 influence「〜に影響する」の目的語としてはAの future food demand が意味的に最適である。さらに，the number of の後には可算名詞が入り，the amount of の後には不可算名詞が入ることを考えれば，空所6にはDの people が，空所7にはCの money がそれぞれ最適であるとわかる。

問5. A.「現在の世界人口の概算」

B.「マスメディアが予測した人口増加率」

C.「世界の人口増加に関する中間報告」

D.「将来の人口増加に関する中程度のシナリオ」

　medium population estimate「中位の人口推計」の言い換えとしてはDが最適である。medium と moderate の意味が近いこと，estimate は将来のことに関する推計を指すことから判断しよう。

問6. crucial「決定的な」の言い換えとしては，Cの very important「とても重要な」が最適である。

問7. 空所を含む文の後の具体例から考える。空所12の直後の文(There is an …)で「中国の経済成長」および「その他の新興国の所得の増加」に言及しているから，空所10にはGが入る。続いて空所11には，直後に続く文の先頭で逆接の接続詞 But を用いて「だが同時に食べる量も増え」と述べていることから，2つの文の間には意味的な矛盾があるはずなので，「減る」という意味の語が入ると判断してBを選ぶ。空所12については，直前の more と and で等位接続の関係にあることから「増加」を表す形容詞が入ると予測でき，続く文で中国やその他の新興国における動物性タンパク質や脂質の需要増加に触れていることから，「食の多様化」を表すEが最適である。

問8. A.「経済成長が著しい国」

B.「早急な対応が必要な経済の下降傾向」

C.「世界のビジネスにとって著しく有利な条件」

D.「税収の増加に貢献する理論」

emerging「新興の」 economies は，ここでは経済の観点から見た国家を比喩的に指しているので，Aが最適である。下線部の直前で Chinese economy が登場した上で，other ～ に続いていることから判断しよう。

問9. 空所(X)と(Y)は，いずれも地球温暖化が続くことで生じ，かつ農地を失うことにつながる事象を指す語句が入るため，C の droughts「干ばつ」と desertification「砂漠化」の組み合わせが最適である。

問10. A.「将来の食料需給の安定性」

B.「これらの傾向を把握する方法」

C.「これらすべての変化がもたらす全体的な影響」

D.「フェアトレードが成功するかどうか」

balance out「（2つ以上の物事が）釣り合いをとる」 these trends は，直前の文で挙げられた樹木伐採への政治的圧力や温暖化に伴う農地消失などの傾向を指しているため，意味として最も近いのは trends を changes で言い換え，「釣り合い」を「全体的な影響」と捉えたCである。

問11. 正しく並べ替えた文は，(That) leaves us with producing more per hectare (of agricultural land.) となる。leave A with B は「A に B を残す」の意味で，直訳すると「そのことは私たちに，耕地1ヘクタール当たりより多く生産することを残す」となるが，これはいわゆる無生物主語の構文であるため，日本語では問題文に与えられているような，人を主語にした表現となる。

問12. A.「新興国および発展途上国で」

B.「活発で成長しきった国で」

C.「先進工業社会が利益を享受している国で」

D.「沈滞しつつある社会で」

空所の直前にあるコロン（:）は「つまり～」という同格の関係を表すため，空所には where the increase … to be greatest「需要増が最大になりそうな場所」と同じものを指す語句が入る。需要が増えるのはこれから経済が成長していく国であるから，Aが最適である。

問13. A.「作物の害虫の生命力を確保するために，適切な管理を行う」

B.「作物の雑草を無視したり，自由に生育させたりする」

C.「より多くの食料を購入できるよう，収入を増やす」

D.「作物の除草や第二の作物の栽培，動物の世話をする」

　空所を含む最終段の趣旨は，同段第1文（The greatest opportunities …）にある通り「耕地1ヘクタール当たりの生産量を増やすこと」だから，それにつながる方法であるDが最適である。

問14. (1)「ニューヨーク・タイムズ紙によると，現在の農業は2023年時点で世界人口に2,700カロリーを供給している」

　第1段第2文（In 2013 a …）より，ニューヨーク・タイムズ紙の記事は2013年時点のものなので，一致しない。

(2)「農作物の分配は，地球規模で見るとかなり偏っている」

　第2段第3文（The remaining supplies …）の記述に一致する。

(3)「南米の熱帯雨林の伐採により，十分な農地が確保されると予想される」

　第5段最終文（It is not …）の後半で，農地の拡大に基づく生産量増加は期待できないと述べているので，一致しない。

(4)「新しい科学的発見や技術革新による農業の進歩は，20世紀と同じペースで続くだろう」

　第6段第3・4文（Scientists and technologists … more than doubled.）で，科学技術の進歩が20世紀の生産量を大きく増やしたことが述べられた後で，続く同段最終文（Can this continue …）ではそれが将来も続く可能性に疑義を呈しているので，一致しない。

(5)「過去2世紀において，食料供給の増加率は人口増加による需要を大きく上回っていた」

　第4段第2文（The historian Giovanni …）の記述に一致する。

(6)「21世紀に我々が達成しなければならない主な課題は，平均農業生産高を現在の最良のレベルにまで増加させることである」

　最終段最終文（Bringing the world …）の記述に一致する。

Ⅱ　解答　**Q1.** B　**Q2.** D　**Q3.** D　**Q4.** B
Q5. C　**Q6.** C　**Q7.** B　**Q8.** A
Q9. enzyme reactions　**Q10.** factors

‥‥‥‥‥‥‥‥‥‥‥‥‥‥‥‥ 全訳 ‥‥‥‥‥‥‥‥‥‥‥‥‥‥‥‥

《異なる種類のお茶の作られ方》

エマ：この間，美味しい日本の紅茶を飲んだわ。

ジェームズ：日本の紅茶？　インドやスリランカ産じゃなくて？

エマ：いいえ，紅茶は今や日本でも生産されているのを知らなかった？

ジェームズ：うん，日本が緑茶で有名なのは知っているけど，日本産の紅茶は見たことがないよ。

エマ：実は，商売を黒字にするために紅茶に切り替えた生産者もいるの。

ジェームズ：本当かい！　でも，なぜ彼らの商売は苦戦しているのかな。たくさんの緑茶が日本中で売られているのを見るよ。

エマ：うーん，日本ではまだたくさんの緑茶が売られているけど，たいていはペットボトルで売られているでしょう。つまり，高品質の茶葉の市場が減っているということなの。それに，ここ数十年西洋文化が普及して，日本人は紅茶やコーヒーなどの他の種類の飲み物を選ぶことも多くなっているわ。だからそのために，生産者の中には消費者の需要を満たすために紅茶を作り始めた人もいるの。

ジェームズ：けど，それなら生産者が古い緑茶の木を切り倒して，新しい紅茶の木を植えなきゃならないということかい？

エマ：そうとは限らないわ。緑茶も紅茶も同じ茶葉から作ることができるの。違いは，摘んだ後の葉がどうなるかよ。紅茶用の葉は乾燥させ，酸化させる。そうすると，茶葉の酵素反応が刺激されて，葉が茶色くなるの。リンゴやアボカドを切ったときに茶色くなるのと同じ過程よ。

ジェームズ：でも，緑茶の葉も乾燥させるんじゃないのかい。どうして緑茶は茶色くならないの？

エマ：茶葉を摘んですぐに，蒸すか焙じるかして加熱するからよ。そうすると酵素がすぐに失活して，褐変が止まるの。実は，烏龍茶も同じ茶の木から作ることができるの。葉が部分的に酸化しているときに加熱すればいいだけよ。

ジェームズ：なるほど，わかった。でも，それならなぜ緑茶や烏龍茶は日

本や中国のような国で多く生産されていて，一方で紅茶はインドやス
リランカなどで生産されているんだい？

エマ：いい質問ね。紅茶や緑茶に関する歴史的，文化的な要因の違いから，
ある地域がある種類の茶とより密接に結びついたんじゃないかしら。

ジェームズ：じゃあ，日本の紅茶を買うことはできる？

エマ：ええ，日本には現在約 900 の紅茶生産者がいるわ。中には品質の高
さで国際的な賞を受賞しているところもあるし，茶の輸出を始めてい
るところもあるのよ。

ジェームズ：わあ，それはすごい。目を光らせておくよ。そしていつかロン
ドンで「日本のアフタヌーンティー」を楽しめる日が来るかもしれ
ないね。どう思う？

エマ：ええ，不可能なことはないと思うわ！

=========== 解説 ===========

Q1. 「エマの言う in the black とはどういう意味か」

A．「企業は紅茶を売り続けている」

B．「企業は利益を上げ続けたい」

C．「それは企業にとって悪いニュースだ」

D．「企業は黒い包装を使いたがっている」

in the black は「黒字で，利益を上げて」の意味なので，profitable
「利益を生む」を用いて言い換えたBが最適。対義語は in the red「赤字
で」である。文脈的にはジェームズの3番目の発言（Really! But why
…）に「緑茶が日本中でたくさん売れているのに，どうして商売が苦戦し
ているの」とあることから推測できる。

Q2. 「エマの言う satisfy とはどういう意味か」

A．「彼女はこの状況に満足している」

B．「外国人は日本茶を買いたがっている」

C．「客は1杯の紅茶を注文する」

D．「農家は人々が買いたいお茶を作る」

satisfy consumer demand は「消費者の需要を満たす」の意味である。
下線部に対応する主語は some producers であるから，これを Farmers
と言い換え，demand を want to buy と表現しているDが正解。

Q3. 「エマは…と言っている」

A.「日本人は緑茶よりコーヒーをよく飲む」

B.「日本のペットボトルの緑茶は輸入茶から作られている」

C.「日本の農家は緑茶の木を切り倒し，紅茶の木を植えた」

D.「日本人は，以前ほど高品質の茶葉の緑茶を飲まなくなった」

　エマの4番目の発言第1文（Well, there is …）で「日本で売られている緑茶の多くはペットボトル入りで，より高品質の茶葉の市場が減っている」と言っているから，Dが正解。Aについては，同発言の第2文（Also, the spread …）で「西洋文化の普及で，人々は紅茶やコーヒーをよく選ぶ」と言っているものの，コーヒーと緑茶の消費量を比較してはいないので，一致しない。Bは会話中に一致する記述なし。Cはジェームズの4番目の発言（But does that …）で「生産者は古い緑茶の木を切り倒し，新しい紅茶の木を植えるのか」と尋ねたのに対し，エマが Not necessarily.「必ずしもそうではない」と答えていることに一致しない。

Q4. 下線部の picked は，「～を摘む」という意味の動詞 pick の過去分詞形。これに最も意味が近いのはBの harvested「収穫される」である。

Q5.「会話によると，正しい記述はどれか」

A.「茶葉を加熱すると茶色になる」

B.「紅茶の葉は緑茶の葉より長く加熱される」

C.「茶葉は自然乾燥させると茶色になる」

D.「茶葉を切り開くと茶色になる」

　エマの5番目の発言第4文（The leaves for …）で「紅茶の葉は乾燥，酸化させられ，そうすると酵素反応が刺激されて茶色になる」と言っているので，これに一致するCが正解。AとBは会話中に一致する記述なし。Dはエマの同発言の最終文（It's the same …）より，茶葉ではなくリンゴやアボカドに関する記述であるから，一致しない。

Q6.「エマは，烏龍茶はどのように作られると言っているか」

A.「烏龍茶に用いる葉は，紅茶の葉より長く乾燥させる」

B.「烏龍茶は，緑茶と紅茶を混ぜて作られる」

C.「烏龍茶の葉は，緑茶の葉よりも長く乾燥させる」

D.「烏龍茶を作るには，茶葉の一部だけを乾燥させる」

　烏龍茶に関する記述は，エマの6番目の発言第3・4文（Actually, oolong tea … are partially oxidized.）に「烏龍茶は，葉が部分的に酸化

しているときに加熱することで作られる」という内容がある。また，エマの5番目の発言第4文（The leaves for …）に「紅茶の葉を乾燥および酸化させると褐変する」とあり，続くエマの6番目の発言第1・2文（It's because they … the browning process.）に「緑茶の葉が乾燥させるにもかかわらず褐変しないのは，摘んですぐに加熱され，酵素が失活するからだ」という内容がある。よって，烏龍茶の葉は緑茶の葉よりも長く乾燥させて酸化させているとわかるので，正解はC。Aは，エマの5番目の発言第4文（The leaves for …），6番目の発言最終文（You just need …）より，部分的にしか酸化させない烏龍茶より，紅茶に用いる葉の方が長く乾燥・酸化させると考えられるので，一致しない。Bは該当する記述なし。Dは，エマの6番目の発言最終文（You just need …）に「烏龍茶の葉を部分的に酸化させる」とあり，一部を乾燥させるとは書かれていないため，一致しない。

Q7.「ジェームズはなぜ I get that と言うのか」

A.「彼は紅茶を買いたいと思っている」

B.「彼はエマの説明を理解した」

C.「彼は混乱していた」

D.「彼は緑茶の方が好きだ」

ここでの get は「わかる，把握する」の意味なので，Bが正解。

Q8.「エマはなぜ That's a good question と言うのか」

A.「エマは，ジェームズがこの問題に関連するきわめて重要な点を述べたと考えている」

B.「ジェームズはエマにとって即答しにくい質問をした」

C.「エマはジェームズがその質問をするのを待っていた」

D.「その質問はとても簡単なので，ジェームズはすでに答えを知っているはずだ」

good question「良い質問」と言っているので，Aが正解。B～Dはいずれもそのように判断する根拠が会話中にない。

Q9.「エマが言うには，リンゴやアボカドが茶色くなるのは…のためだ」

エマの5番目の発言第4文（The leaves for …）で，茶葉が茶色くなるのは enzyme reactions のためであると言っており，続く同発言の第5文（It's the same …）で「それはリンゴやアボカドを切ったときに茶色くな

るのと同じ過程だ」と言っているから，enzyme reactions「酵素反応」が
正解。

Q10.「エマの考えでは，異なる国で生産される茶の種類を決める…には
様々なものがある」

　エマの７番目の発言第２文（I guess that …）で「紅茶や緑茶に関する
歴史的，文化的な要因の違いから，ある地域がある種類の茶とより密接に
結びついたのではないか」と言っているから，factors「要因」が正解。

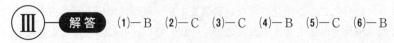

Ⅲ　解答　⑴—B　⑵—C　⑶—C　⑷—B　⑸—C　⑹—B

━━━━━━━━━━━ 解説 ━━━━━━━━━━━

⑴「ボブはその手紙を受け取って，逃走すると決めた」
「ジルは高所恐怖症のために，初めてのフライトを楽しめなかった」

　fear of heights「高所恐怖症」とあるから，２文目で flight「（飛行機
の）フライト」を選ぶのは難しくないだろう。１文目の flight は動詞 flee
「逃げる」の名詞形であり，take flight の形で「逃走する」の意味となる。

⑵「健康診断の結果によって，それらの子どもが除外された」
「王はその国を 30 年以上にわたって支配した」

　１文目の rule out ～ は「～を除外する」，２文目の他動詞 rule は「～
を支配する」の意味。２文目の主語が The king「王」，目的語が the
nation「国」であることから正解を選べるだろう。

⑶「正直に言って，その映画は私の好みではなかった」
「舌が乾いていると，ワインを味わう能力に影響しかねない」

　２文目で taste「～を味わう」を選ぶのは難しくないだろう。１文目の
taste は名詞で「好み」の意味である。

⑷「彼らの勝利は並はずれた成果だったと言えよう」
「お言葉を返すようですが，私たちには限られた予算しかありません」

　２文目の方が答えを選びやすいだろう。I don't mean to *do* は「～する
つもりはないが」という会話でよく使う表現で，特にこのように
contradict「～に反論する」を伴って「お言葉を返すようですが」の形で
用いられる。１文目の mean は形容詞で「卑しい，けちな」の意味だが，
no mean と否定形にすると「卑しくない」＝「すばらしい，並はずれた」

の意味になる。

⑸「この暑い天気はあと2週間続くだろう」

「ジョージは私が一番投票したくない候補者だ」

　1文目の last は自動詞で「続く」の意味。2文目の the last は not を使わない否定表現の一種で,「順番が最後になる」=「最も～しそうにない」という意味を表す。本問のように,後に関係詞節か to 不定詞を伴って「何をしそうにないか」を表す形で用いる。

⑹「メグは,父親の命日を間違って覚えていたようだ」

「彼らは結局,どうやってこれらの化石の年代を特定したのか」

　1文目の of death とのつながりだけを考えると,cause「原因」と date「日付」の2つが候補になるが,2文目の these fossils「これらの化石」を目的語にとる動詞として意味が通るのは date「～の年代を特定する」の方である。

講 評

　例年通り,読解問題1題,会話文問題1題,文法・語彙問題1題という構成であった。基礎～標準問題が中心である。

　Ⅰ　読解問題:世界人口の増加に対応するための食料供給の方法について,これまでの歴史を振り返りつつ,今後取るべき方策を論じた英文である。英文量は多いものの,語彙レベルは標準的であり,論旨も明快であるため,読みづらくはないはずだ。設問数が多いので,手際よく問題を解くことが求められている。選択肢に紛らわしいものも含まれるので,慎重に解答する必要がある。設問の多くはマークシート式だが,一部に記述式があり,問2は本文中の語句の定義を完成させる空所補充問題,問3は語形変化の問題であった。設問内容は,発音・アクセント問題,文法・語彙の知識を問う問題,内容説明,内容真偽のように内容に関する問題などがある。問4と問11は比較的長い英文の中で語句整序を行う問題で,文法項目に着目して選択肢を絞っていくとよいだろう。同意表現・空所補充問題は,いずれも前後の文脈を読み取る力を測るものだが,問9では選択肢の語句がやや難しいので,語彙力も同時に問われていると言えよう。問14の内容真偽問題は該当箇所の特定が必要だ

が，英文量が多いので，手際よく見つけるために段落ごとの要旨を把握しながら読み進めるとよい。

　　Ⅱ　会話文問題：日本における茶の生産と，異なる種類の茶の製造法に関する男女間の会話である。会話文だが，長文読解に近い内容である。設問は内容説明，語・慣用句の意味を問う問題が中心であり，2023 年度より問題数が 2 問減っている。選択肢に紛らわしいものも含まれているので，会話文を正確に把握した上で，正解を選ぶように心がけたい。Q9 と Q10 は本文中から 1 ～ 2 語を選んで空所に補充する内容説明が出題されている。

　　Ⅲ　文法・語彙問題：2 つの英文の空所に入る共通語を選択する問題で，ここ数年この形式が続いている。1 語で複数の品詞に使われる多義語を中心に学習するとよいだろう。

日 本 史

 **解 答**　問1．前方後円墳　問2．B　問3．B　問4．B
　　　　　問5．D　問6．坂上田村麻呂　問7．A　問8．E
問9．D　問10．A

―――――――――――― 解 説 ――――――――――――

《古墳文化，古代の東北地方》

問2． 禊は心身の罪や穢れを清浄な水で身を洗い，祓は身についた穢れや災いを神に祈って払い除く神事。古墳時代の人びとは，災いをまぬかれるための禊・祓や，神意を占うための太占の法や盟神探湯を行った。

問4． 奈良県にある箸墓古墳は，古墳時代出現期のなかで最大規模の前方後円墳である。

問5． 玄界灘の孤島である沖ノ島は，福岡県宗像大社の沖津宮がまつられていた。巨石群を中心とした4〜9世紀の祭祀遺跡である。

問6． 空欄(3)の前にある「桓武天皇の時代」「阿弖流為」や，設問文の「漢字六文字」から坂上田村麻呂を導き出そう。桓武天皇により征夷大将軍に任じられた坂上田村麻呂は，軍を北上川中流域にまで進め，802年に蝦夷の族長阿弖流為を降伏させた。

問8． 小谷城は，戦国大名浅井氏の居城である。A〜Dの城柵は基本事項のため，消去法を利用して正答を導きたい。

問9． ②平安京への遷都（794年）→③最澄・空海の入唐（804年）→①蔵人所の設置（810年）の順である。

II **解 答**　問1．管領　問2．B　問3．B　問4．B
　　　　　問5．A　問6．B　問7．B　問8．村田珠光
問9．E　問10．C

―――――――――――― 解 説 ――――――――――――

《室町幕府，室町文化》

問1． 管領は，室町幕府で将軍を補佐し，政務を統轄した職。三管領と呼ばれる細川・斯波・畠山の3氏が交代で任命された。

問3. ①花の御所の造営（1378年）→③土岐康行の乱（1390年）→②明徳の乱（1391年）の順である。

問7. 慈照寺東求堂同仁斎は，足利義政の書斎で茶室にも使用された。銀閣の下層と並んで書院造の代表的な建築である。

問8. 空欄(6)の後ろにある「侘茶がはじまり」から村田珠光を導き出そう。村田珠光は，質素な茶室で心の平静を求める侘茶をはじめ，これを武野紹鷗が受け継ぎ，千利休が完成させた。

問9. 建長寺は鎌倉五山の寺院である。京都五山は，天龍寺・相国寺・建仁寺・東福寺・万寿寺。

問10. ①誤文。「狩野山楽」が誤り。『唐獅子図屛風』は，狩野永徳が描いた。②正文。

Ⅲ **解　答** **問1.** D　**問2.** 間宮林蔵　**問3.** C　**問4.** C
　　　　　　　問5. C　**問6.** B　**問7.** 松下村塾　**問8.** A
問9. A　**問10.** A

━━━━━━━━━━━━━ 解　説 ━━━━━━━━━━━━━

《列強の接近，幕末の動き》

問2. 間宮林蔵は，1808年，幕命によって樺太から黒竜江河口を探検し，樺太が島であることを確認した。

問3. 「世の中に蚊ほどうるさきものはなし　ぶんぶといふて夜もねられず」とは，蚊のぶんぶんという羽音と，文武奨励をかけて，寛政の改革を風刺した狂歌。A・Dは田沼時代，Bは武士，Eは貧しい庶民を風刺している。

問4. ①正文。②誤文。「オランダ国王開国勧告，ゴローウニン事件」が誤り。1825年に発令された異国船打払令は，フェートン号事件に続く，1818年のイギリス人ゴルドンの通商要求，1824年の常陸大津浜・薩摩宝島でのイギリス捕鯨船暴行事件などに対する措置であった。オランダ国王開国勧告は1844年，ゴローウニン事件は1811～13年の出来事で，異国船打払令とは関係がない。

③誤文。「文化の薪水給与令」が誤り。アヘン戦争の結果，江戸幕府は天保の薪水給与令を発令し，異国船打払令を緩和した。1806年に出された文化の薪水給与令は異国船打払令で廃止されている。

問5．鎖国体制のもとでも，江戸幕府は「四つの窓口」（長崎・対馬・薩摩・松前）を通じて異国・異民族との交流を持った。

問6．①・②正文。③誤文。「勅許をえた」が誤り。1858年，大老となった彦根藩主井伊直弼は，勅許をえないまま，日米修好通商条約に調印した。

問7．松下村塾は，長州萩にあった私塾で，1856年から吉田松陰が主催者となり，高杉晋作ら尊攘倒幕派の人材を輩出した。

問8．Ａ．誤文。「金貨の質を大きく上げる」が誤り。開港後，金銀比価の相違から金貨が大量に海外へ流出したため，幕府は金貨の質を大きく下げる改鋳を行った（万延改鋳）。

問10．孝明天皇の急死（1866年12月）→明治天皇の即位（1867年1月）→大政奉還（1867年10月）→王政復古の大号令（1867年12月）という幕末の動きを理解しておけば，「先帝」が孝明天皇と判断できる。なお，下線部(ケ)の前にある「癸丑」は1853年のペリー来航を指している。

 解答　問1．昌平坂学問所　問2．D　問3．A　問4．B
問5．C　問6．E　問7．E　問8．D
問9．廃藩置県　問10．D

=== 解説 ===

《近世〜近現代の教育》

問2．徳川斉昭は，水戸藩の後期藩政改革を推進した藩主。ペリー来航後は，老中首座阿部正弘の進める安政の改革に協力し，将軍継嗣問題では大老井伊直弼と対立して蟄居処分となった。Ａは荻生徂徠，Ｂは前田綱紀，Ｃは上杉治憲に関する記述である。

問4．(1) 1900年に義務教育期間の授業料が廃止されたため，小学校の就学率は1902年に90％をこえた。

(2) 明治期における日本の経済学は，自由放任の経済政策や自由貿易を主張するイギリスの学説から，保護貿易論や社会政策を主張するドイツの学説が主流になった。空欄の前に「学問でも国家の関与がめだった」とあり，明治中期以降，日本はドイツの影響を強く受けていることから，当初はイギリスの経済学が導入されたが，やがてドイツの経済学が優勢になったと判断して正答を導きたい。

問5．文章は学制の理念を示した太政官布告の一部で，立身出世主義や四

民平等主義など，開明的な色彩がみられる。学制では，個人の立身・発達のために学問があるとし，男女に等しく学ばせる国民皆学の理念が示された。この教科書記述の知識を援用して，(3)には「自ラ其身ヲ立テ」，(4)には「一般ノ人民華士族卒農工商及婦女子」が当てはまると判断したい。

問6. ③内閣制度の制定（1885年）→①大日本帝国憲法の発布（1889年）→②下関条約の調印（1895年）の順である。

問7. ドイツの法学者であるモッセは，政府顧問として来日し，明治憲法の制定に助言を与えたほか，市制・町村制など地方自治制の整備に貢献した。

問9. 設問文の「1871（明治4）年」や，二重下線部の「遠ク郡県ノ古ニ復ス」から廃藩置県を導き出そう。版籍奉還後も旧藩支配は継続しており，中央集権国家を確立するためには藩の廃止が必要であった。そこで明治新政府は1871年に廃藩置県を断行してすべての藩を廃止した。その結果，3府302県が設置され，中央政府から府知事・県令が任命派遣され，中央集権化が達成された。

問10. ①・③正文。②誤文。「間接選挙制」が誤り。地方自治法により首長は住民の直接選挙制となり，内務省もGHQの指示で廃止された。

　**Ⅴ**　**解答**　　**問1.** A　**問2.** 京城　**問3.** C　**問4.** C
　　　　　　　　　　　問5. B　**問6.** B　**問7.** B　**問8.** 幣原喜重郎
問9. A　**問10.** H

━━━━━━━━━━　**解説**　━━━━━━━━━━

《日露戦争後の国際関係，協調外交の挫折》

問3. 幕末以来，最大の輸出品は生糸であった。よって，③は生糸と導き出せ，選択肢をAとCに絞る。日清戦争後，貿易の規模は拡大したが，大幅な輸入超過となった。紡績業では安価な綿花を輸入し，それを加工して綿糸や綿織物として輸出したことから，①を綿糸，②を綿花と判断したい。

問4. 下線部(イ)の人物は，1905年に初代統監となり，1909年に安重根によって暗殺された伊藤博文。①正文。②誤文。シベリア出兵を行ったのは寺内正毅内閣。③誤文。日英同盟協約を結び，ポーツマス条約に調印したのは第1次桂太郎内閣。

問5. ①桂－ハリマン協定の締結（1905年）→③第1次日露協約の調印

（1907年）→②日英同盟の改定（第3次）（1911年）の順である。

問6.（4）父の死を受けて，張学良は敵対していた国民政府に帰属することを決め，抗日運動に努めた。

⑸　1932年，満州国の建国が宣言され，清朝最後の皇帝であった溥儀が執政（1934年に皇帝）に迎えられた。

問7.①・②正文。③誤文。袁世凱の死後に実権を掌握した段祺瑞に対し，西原亀三を通じて巨額の借款を無担保で与えるなど，積極的な支援（西原借款）を行ったのは寺内正毅内閣。

問8.「協調外交」から幣原喜重郎を導き出そう。憲政会・立憲民政党内閣の外務大臣として活躍した幣原喜重郎は，米英との武力的対立を避け，中国に対しては内政不干渉方針をとる協調外交を展開した。

問9.条約の文章の「戦争ヲ抛棄」から不戦条約（戦争放棄に関する条約）を導き出し，正解したい。この条約は，1928年にパリで調印され，国際紛争の解決と国家政策の手段としての戦争放棄が定められた。

　Bは1915年の二十一カ条の要求，Cは1858年の日米修好通商条約，Dは1965年の日韓基本条約の一部。

問10.満州国建国は1932年。①・②・③誤文。①は開港後〜明治末期，②は1960年代後半以降，③は江戸中期に関する記述であるため，時期が誤り。

講評

　Ⅰ　古墳文化，古代の東北地方からの出題である。全体的に教科書の内容に沿った標準的な出題であり，比較的解答しやすかった。ケアレスミスをなくし，しっかりと得点をしたい。

　Ⅱ　室町幕府，室町文化を中心とした出題であった。語句記述問題2問とも基本的な歴史用語であり，標準的な難易度の問題で構成されていた。

　Ⅲ　列強の接近，幕末の動きからの出題である。問4の異国船打払令に関する問題は，教科書に加えて用語集を用いた学習で正確な知識を習得していないと正答を導くことは難しい。

　Ⅳ　近世〜近現代の教育に関する問題が出題された。問3の寺子屋や

問10の民法に関する正誤問題は，やや詳細な内容が含まれていたため，判断できなかった受験生も多かったのではないだろうか。問9の史料自体は頻出史料であったため，史料対策の有無で差がついたと考えられる。

Ⅴ　日露戦争後の国際関係，協調外交の挫折からの出題である。問3の品目別の輸出入割合の円グラフは，多くの教科書に掲載されているものの，綿糸と綿花の判別で迷ったかもしれない。問5の年代配列問題は，正確な西暦年を把握していないと解答を導き出すのが難しく，差がつく問題となったと思われる。重要用語を暗記する際，可能な限り，西暦年も意識して覚えたい。問10の正誤問題は，受験生が苦手とする社会経済史からの出題であるが，学部の特質上，この分野を中心に教科書を精読して内容をしっかりと把握しておきたい。

世　界　史

Ⅰ 解答 　問1．D　問2．C　問3．ペリクレス
　　　　　問4．B　問5．F　問6．トゥキディデス
問7．D　問8．A　問9．B　問10．A

━━━━━━━━━ 解説 ━━━━━━━━━

《古代ギリシア史と文化》

問1．①誤文。クレタ文明のクノッソス宮殿を発掘したのはエヴァンズ。
②誤文。トロイアを発掘したのは，シュリーマン。

問2．C．誤文。ギリシア人は，自らをヘレネスと呼んで異民族（バルバロイ）と区別し，同一民族としての意識を持っていた。

問4．B．誤文。市民は，商工業に従事するペリオイコイと，隷属農民のヘイロータイを支配した。

問5．ペルシア戦争の主な戦闘は，③マラトンの戦い→テルモピレーの戦い→②サラミスの海戦→①プラタイアの戦いの順である。

問6．トゥキディデスは，ヘロドトスが著した物語風のペルシア戦争史とは異なり，証拠に基づいたペロポネソス戦争史を記述した。

問7．①誤文。「人間は万物の尺度」は，プロタゴラスの言葉。②誤文。真理の絶対性を説いたのはソクラテス。

問8．Aのアリストファネスは，喜劇詩人である。

問9．①正文。②誤文。アレクサンドロスは，バビロンで死亡した。

問10．A．正文。

B．誤文。エラトステネスが，地球の周囲を計測した。

C．誤文。アリスタルコスが，太陽を中心とする地動説を唱えた。

D．誤文。アルキメデスが，浮体の原理を発見した。

Ⅱ 解答 　問1．D　問2．C　問3．A　問4．F
　　　　　問5．ハールーン＝アッラシード　問6．C
問7．B　問8．D　問9．イブン＝ハルドゥーン　問10．D

========================== 解　説 ==========================

《イスラーム教の成立とその広がり》

問1. ①誤文。アリーの子孫のみを指導者と認めるのは，シーア派。②誤文。現状肯定派は，スンナ派。

問2. C．誤文。ウマイヤ朝は，トゥール・ポワティエ間の戦いでフランク王国に敗れた。

問3. やや難。①トゥールーン朝は，868年に，アッバース朝のエジプト代理総督だったイブン=トゥールーンが建てた王朝。10世紀初頭まで続いた。②ファーティマ朝は，909年にイスマーイール派がチュニジアに建国し969年にカイロを建設した。③アイユーブ朝は，サラディンがファーティマ朝を倒して建国した王朝。したがって，解答はAとなる。

問4. 1056年建国の③ムラービト朝と1130年建国の②ムワッヒド朝は同じベルベル人の政権であったが，前者が遊牧民王朝，後者がその王朝を倒した定住民王朝であった。①ナスル朝は，後ウマイヤ朝の流れをくむ1232年建国のイベリア半島南部の王朝で，1492年まで独立を保った。したがって，解答はFとなる。

問6. 難問。A．誤文。ゴール朝は，イラン系とされる王朝である。

B．誤文。ガズナ朝は，トルコ系の王朝である。

C．正文。

D．誤文。デリー=スルタン朝は，4つのトルコ系王朝とアフガン系のロディー朝であり，アラビア語を公用語とはせずに，ペルシア語を公用語とした。

問7. ①正文。②誤文。マタラム王国はジャワ島に，アチェ王国はスマトラ島に成立した。

問8. D．誤文。西アフリカでは，7世紀にガーナ王国，13世紀にマリ王国，15世紀にソンガイ王国が成立した。

問10. D．メディナへの巡礼ではなく，カーバ神殿のあるメッカへの巡礼である。

 **解答**　**問1.** A　**問2.** 戊戌　**問3.** B　**問4.** C

問5. C　**問6.** D　**問7.** C

問8. 中華ソヴィエト共和国　**問9.** A　**問10.** C

━━━━ **解 説** ━━━━

《日清戦争から日中戦争までの中国》

問1. A. 正文。

B. 誤文。広州湾を租借したのは，フランス。

C. 誤文。威海衛を租借したのは，イギリス。

D. 誤文。東清鉄道の敷設権を獲得したのは，ロシア。

問3. B. 誤文。清朝は，「扶清滅洋」を掲げた義和団と連携して列強に宣戦布告した。

問4. ①誤文。孫文は1911年の辛亥革命勃発時にはアメリカで革命のための資金集めなどの活動をしており，革命勃発の報を得て急遽帰国した。革命軍の指揮はしていない。②正文。

問5. C. 誤文。国民党のリーダー宋教仁は，議会での活動を重視しており，武装蜂起はしていない。

問6. D. 誤文。奉天軍閥張作霖は北伐軍に敗れ，北京から奉天に撤退する途上，日本軍により謀殺され，その後日本軍が東北を支配下においた。

問7. ①誤文。中国共産党の初代委員長は，陳独秀。②正文。

問9. A. 誤文。盧溝橋ではなく，奉天郊外の柳条湖。

問10. A. 誤文。八・一宣言は，中国共産党が長征の途上で発表した。

B. 誤文。日本と中国は，盧溝橋事件を契機に全面戦争に入った。

C. 正文。

D. 誤文。中国側は，首都を南京から武漢・重慶へと移して抗戦した。

IV **解答** 問1. C 問2. B 問3. B 問4. A
問5. 国際連盟 問6. B 問7. C 問8. D
問9. A **問10.** スターリン

━━━━ **解 説** ━━━━

《第一次世界大戦後のヨーロッパ》

問1. C. 誤文。「民族自決」は，アジア・アフリカの植民地には適用されなかった。

問2. ①正文。②誤文。パリ講和会議には，戦勝国のみが参加した。

問3. A. 誤文。ルール地方はフランス領にはならなかったが，のちの1923～25年に，賠償金支払い問題を巡ってフランスが一時的に軍事占領

した。

B．正文。

C．誤文。ドイツの軍用機・潜水艦の保有は禁じられた。

D．誤文。ザール地方は，国際連盟の管理後に住民投票でその帰属を決定することとされた。

問6．B．誤文。エーベルトは，ドイツ社会民主党党首であった。

問7．①誤文。マクドナルドは，労働党党首であった。②正文。

問8．D．誤文。ムッソリーニは，1929年にラテラン条約を結んで，ローマ教皇庁と和解した。

問9．A．誤文。チェコスロヴァキアでは，チェック人のマサリクが新憲法に基づく選挙で大統領に選出された。強権政治ではない。

 **解答**　**問1**．フーヴァー　**問2**．C　**問3**．B　**問4**．D
問5．A　**問6**．A　**問7**．A
問8．南ベトナム解放民族戦線　**問9**．C　**問10**．D

══════════════ 解説 ══════════════

《20世紀のアメリカとラテンアメリカ諸国》

問2．C．誤文。英仏の戦債返済やドイツの賠償金支払いは，滞った。

問3．やや難。①正文。②誤文。全国産業復興法は，工業製品についての価格協定を許容していた。

問4．D．誤文。ブレトン゠ウッズ国際経済体制は，米ドルと各国通貨の固定為替相場制を前提としていた。

問5．A．正文。

B．誤文。アメリカは，ヨーロッパ経済復興のためにマーシャル゠プランを発表した。

C．誤文。ヨーロッパは，ヨーロッパ経済協力機構を設立し，アメリカの経済援助を受け入れた。

D．誤文。ソ連は，コメコンを組織してソ連圏の経済的結びつきを固めた。

問6．やや難。A．誤文。ヴァルガスは，ブラジルの大統領である。

問7．A．正文。

B．誤文。ソ連は，キューバから核ミサイルを撤去した。

C．誤文。キューバ危機後の1963年，米ソ直通通信（ホットライン）協

定が結ばれた。

Ｄ．誤文。部分的核実験禁止条約は，米英ソの３国で締結された。フランスは締結していない。

問9. やや難。①誤文。北爆を開始したのは，ジョンソン大統領である。②正文。1965年には，50万人の大軍がベトナムに派遣されていた。

問10. Ｄ．誤文。1965年の日韓基本条約で日韓の国交回復を実現したのは，朴正熙大統領である。

（講評）

　Ⅰ　ヘレニズム時代までの古代ギリシア史とその文化に関する大問である。すべて教科書レベルの基本問題であった。文化史分野からの出題が多く見られたが，いずれも標準的な出題。

　Ⅱ　イスラーム教の成立とその広がりについての大問である。教科書レベルの基本問題が中心だったが，問3のトゥールーン朝は，多くの教科書が記述していない王朝。問6は，ガズナ朝・ゴール朝の民族系統に加えて，デリー=スルタン朝の公用語を問うている難問だった。

　Ⅲ　日清戦争から日中戦争までの中国史に関する大問である。教科書レベルの基本事項中心であったが，問4は，辛亥革命勃発前後に孫文がどういう役割を果たしていたか，を問うていた。辛亥革命全体にかかわる視点でもあり，しっかり確認し，確実に得点しておきたい。

　Ⅳ　第一次世界大戦後のヨーロッパの動きに関する大問である。教科書レベルの知識で対応できる内容だが，問9は第一次世界大戦後のチェコスロヴァキアの動向を問うていた。

　Ⅴ　20世紀のアメリカとラテンアメリカ諸国に関する大問である。問3・問6・問9にやや難度の高い設問が見られた。出題の傾向としてとらえ，対策を立てておくことを勧める。

　問題の形式はバラエティーに富み，全50問中，4択の誤文選択問題が15問，正文選択問題が7問，2つの短文の正誤を判断する正誤問題が12問，記述問題が全大問各2問の計10問，年代配列問題が3問，その他の選択問題が3問であった。なお，記述問題は，すべて教科書レベルの基本的な知識で容易に解答できる問題ばかりである。

地　理

Ⅰ　**解答**　問1．⑴デルタ　⑵—C　問2．E　問3．C
問4．F　問5．A　問6．C　問7．E　問8．A
問9．D　問10．X．ボスポラス　Y—C

――――――――――― 解説 ―――――――――――

《G7広島サミットの参加国について》

問1．⑴　広島市は，太田川が瀬戸内海にそそぐ河口に発達した都市で，河口部にはデルタ（三角州）を形成する。

⑵　Cが正解。ニューオーリンズは，ミシシッピ川の河口部に位置し，河口部は鳥趾状三角州を形成する。

問3．Cが正解。XとYではキャベツの出荷時期が異なる。Xは夏・秋で冷涼な気候を利用して出荷時期を遅らせる抑制栽培で群馬県，Yは春・冬で温暖な気候を利用して出荷時期を早める促成栽培で愛知県である。

問4．Fが正解。インド・インドネシア・ベトナムの輸出品目（日本にとっては輸入品目）に着目する。

①国には，衣類・はきものの軽工業品，魚介類がありベトナムが該当する。

②国には，石炭など鉱産物，エネルギー資源の液化天然ガス，農産物の天然ゴムがありインドネシアが該当する。

③国には，有機化合物・ダイヤモンドがありインドが該当する。

問5．Aが正解。ポリネシアは，太平洋のほぼ180度の経線以東の地域である。クック諸島は，180度の経線以東の南太平洋に位置する。

問6．Cが正解。ビキニ環礁は，第二次世界大戦後アメリカ合衆国の信託統治領となり，核実験が行われた。現在はマーシャル諸島として独立国である。

問7．Eが正解。

①国は日本で，安価で安定した供給がみられる石炭の割合が高い。

②国は，石油・天然ガスとともに原子力の割合が高いアメリカ合衆国である。

③国は，風力などとバイオ燃料と廃棄物の割合が高く，再生可能エネルギーの導入が進むドイツである。

問9．Dが正解。モルドバは，東側のウクライナ，西側のルーマニアに挟まれた内陸国である。

問10．Xはボスポラス，YはCが正解。ウクライナの黒海に面するオデーサ（オデッサ）は，農産物の集散地で穀物の輸出港である。輸出ルートは，黒海からトルコのイスタンブールのボスポラス海峡を通り，ダータネルス海峡を経て，エーゲ海さらに地中海へと出る。

Ⅱ　**解答**　問1．B　問2．D　問3．C　問4．E　問5．F
問6．D　問7．(1)デカン　(2)レグール　(3)―E
問8．C　問9．C　問10．(1)―D　(2)―C

━━━━━━━━━━━━　解　説　━━━━━━━━━━━━

《中国・東南アジア・インドの地誌》

問2．Dが正解。タイは，植民地分割の際，東側のフランス領と西側のイギリス領の間で，ヨーロッパ列強の衝突を和らげる緩衝国として独立を保った。

問3．Cが正解。インドネシアの首都ジャカルタは，ジャワ島西部に位置する。

問4．Eが正解。コワンシー（広西）チョワン（壮）族自治区は，華南の「こ」である。この自治区の東側は，コワントン（広東）省である。

問7．(1)デカン，(2)レグール，(3)Eが正解。

インドの中南部のデカン高原は，レグールという玄武岩が風化した肥沃な黒色の土壌が広がり，綿花栽培が盛んである。

問8．Cが正解。カンボジア・ベトナム・ラオスの3国を比較すると，ベトナムは約1億人近い人口をもち，高い経済成長がみられ1人当たりGNIも3国の中では高いので①。②・③を比較すると，カンボジアは，メコン川流域の広大な平野がありラオスより人口が多いことから②である。ラオスは，内陸国で山地が多く，3国の中で最も人口が少ない③である。

問9．Cが正解。3種の果実と気候との関連をみると，熱帯に適するバナナ，地中海性気候が適地のオレンジ類，冷涼な気候を好むリンゴとなる。①は熱帯気候が広がるインドでの生産量が多いバナナである。②・③を比

2024年度　学部別入試　　地理

較すると，③の方が中国での生産量が多く，冷涼な気候を好むリンゴとなり，残る②がオレンジ類である。

問10. (1) Dが正解。①は，XおよびY国で世界生産量の70％弱を占めており，他にはケニアやスリランカなど旧イギリス領で茶のプランテーション農園が発達していたことから，茶葉とわかる。③は，熱帯気候が分布するブラジル・インドネシア・コロンビアが上位にあり，コーヒー生豆である。残る②が葉たばこである。

(2) Cが正解。Zは，コーヒー生豆の世界第2位の生産国で熱帯気候が分布するベトナムである。茶葉の生産量が1位のX国が中国，2位のY国がインドである。

 **解答**　問1．コンゴ盆地　問2．D　問3．E　問4．C
　　　　　問5．アトラス　問6．A　問7．E　問8．B
問9．C　**問10．**A　**問11．**(1)—D　(2)—D　**問12．**C　**問13．**F

━━━━━━━━━━━━━━━ 解説 ━━━━━━━━━━━━━━━

《アフリカの地誌》

問2．Dが正解。東経20度線と赤道が交わる地点であるコンゴ盆地は，熱帯雨林気候（弱い乾季のある熱帯雨林気候を含む）である。そこから東経20度線を北へ移動すると，気候区分は雨季と乾季があるサバナ気候，さらに北は降水量が少なくなり樹林がみられないステップ気候，そのさらに北は砂漠気候（サハラ砂漠）へ変化する。

問4．Cが正解。赤道は，南アメリカ大陸を西からエクアドル，コロンビア，ブラジルの順に通過する。

問5．アトラス山脈は，アフリカ大陸北西端をほぼ東西方向に走り，アルプス=ヒマラヤ造山帯に属する新期造山帯の山脈である。

問6．Aが正解。イのナミブ砂漠は，沖合を寒流が流れるところにできた海岸砂漠である。アタカマ砂漠も，南アメリカ大陸の西岸を寒流のペルー海流が流れて形成された海岸砂漠である。

問8．Bが正解。スーダンは，紅海に面しているので内陸国ではない。

問9．Cが正解。

①気温が高いのが7・8月であることから，北半球中緯度にあると判断できるのでチュニス。

②気温が高いのが1・2月であることから，南半球中緯度にあると判断できるのでケープタウン。

③気温の変化が年間を通して小さいので，低緯度にあるナイロビと判断できる。

問10. Aが正解。

①エジプト。ナイル川流域で，小麦・米が生産される。

②ナイジェリア。キャッサバの生産量が1位（世界合計の19.8%，2020年）である。

③マダガスカル。先住民が東南アジアから移住したとされ，米作が盛んである。

問11. (1)　Dが正解。カカオ豆は，西アフリカのギニア湾沿岸のコートジボワール・ガーナでの生産が盛んなので，③である。なつめやしは，乾燥地域のオアシス農業で栽培されており，北アフリカ・西アジアが主産地で，②である。ごまは，残る①である。

(2)　Dが正解。Zは北アフリカ・西アジアが主産地のなつめやしの生産が4位なので，北アフリカに位置するアルジェリア。Yはギニア湾沿岸地域で生産が盛んなカカオ豆の7位なので，ギニア湾に面するナイジェリア。残るXはスーダンである。

問13. Fが正解。

①モロッコ。工業製品が輸出品額の50%以上を占めるが，漁業も盛んで魚介類が輸出される。

②南アフリカ共和国。鉄鉱石・金・白金（プラチナ）など鉱産資源の産出が多く，工業が発達しており自動車，機械類などの生産も盛んである。

③コンゴ民主共和国。銅鉱の産出が多く，銅の輸出が突出している。

問1．D　問2．B　問3．B　問4．B　問5．E
問6．C　問7．D　問8．D　問9．A　問10．C
問11．D　問12．B

━━━━━━━━━━━━━━━　解　説　━━━━━━━━━━━━━━━

《愛知県犬山市と岐阜県各務原市の地形図読図》

問1. Dが正解。川の中央部に都府県界の地図記号（‐‑‑‐‑‑）がある。ライン大橋南西の川中に矢印があり，川が南西へ流れていることがわかる。

よって右岸は北側となり岐阜県，左岸は南側となり愛知県である。愛知県と岐阜県の県境を流れるのは木曽川である。

問2. Bが正解。木曽川は，長良川と揖斐川とともに伊勢湾に流入する。

問3. Bが正解。地形図中の「犬山橋」の長さは1cmである。2万5千分の1地形図であるので，実際の距離は0.01m×25000＝250mとなる。

問4. Bが正解。地形図の網掛けの部分は，概算であるが縦1.7cm，横0.9cmの長方形として面積を計算する。実際の長さは縦が0.017m×25000＝425m，横が0.009m×25000＝225mである。面積は，425m×225m＝95625m²であり，Bの10万m²が最も近い値である。

問6. Cが正解。地形図の縮尺は，2万5千分の1であるから，等高線のうち主曲線は10m間隔で描かれている。善光寺山公園をみると，100mの計曲線（太い等高線）が引かれており，さらに主曲線が4本描かれていて，標高は140m超150m未満と判断できるため，Cの140mが最も近い値である。

問7. Dが正解。姫路城は，1993年法隆寺などとともに日本で最初に世界遺産に登録された。

問8. Dが正解。ライン川は，上流からC．バーゼル，A．ストラスブール，B．デュッセルドルフ，E．ロッテルダムの都市を流れる。D．ハンブルクは，エルベ川の河口にある都市である。

問10. Cが正解。木曽川の「犬山頭首工」より取水した濃尾用水は，旧国名の美濃（岐阜県南部）と尾張（愛知県西部）の農業用水として用いられる。

問11. Dが正解。裁判所の地図記号は，⌓である。A．Ⅹは交番，B．⊕は保健所，C．Ｙは消防署，E．血は博物館である。

問12. Bが正解。地図記号⌂は，記念碑である。

(講評)

　　Ⅰ　2023年のG7広島サミットの参加国についての出題で，河川地形に関する設問，都道府県別農産物生産，日本と東南アジア諸国との貿易品目，アメリカ・ドイツ・日本のエネルギー資源の供給，黒海周辺の国・都市の位置など幅広い分野から出題されている。教科書レベルで対

応できる設問が大半であるが，地理の学習の際に地図で位置関係をつかんでいること，農業や資源・工業・貿易など統計を普段から意識して学習することが必要である。

Ⅱ　中国・東南アジア・インドの地誌が取り上げられており，かなり広範の地域が題材となっている。都市の位置，湖の位置，河川の位置など地図を用いた学習を普段から行っていることが重要である。統計の設問が３問あり，うち２つは農産物の生産統計である。他の大問にも農産物統計が出題されており，統計学習の際には特に注意を払っておきたい。国別データでは，面積・人口・１人当たり GNI は基本データとして意識することが重要である。中国の少数民族とその居住場所が地図で問われた設問，デカン高原の土壌と農作物に関する設問など，設問は自然，産業，生活と文化など多岐な分野にわたっている。

Ⅲ　アフリカの地誌が出題された。アジアとアフリカの発展途上地域がテーマとなったが，アメリカ合衆国やヨーロッパが出題された年度もあり，世界をまんべんなく学習しておきたい。経緯線上の位置が２問，地名の記述が２問，気候に関する設問が２問，農畜産物についての設問が２問と複数出題された。教科書・資料集を用いた学習の際，地図をみることをいかに組み合わせていくか，そこが重要である。農産物統計と鉱工業と貿易統計では，問われた国が，特定の農産物・鉱産物に依存したモノカルチャー経済なのか，農産物・鉱産物・工業製品など多角的な生産状況の国かなど，社会・経済状況を理解しておくと，考える過程で手助けとなる。

Ⅳ　地形図の読図問題で，愛知県・岐阜県が取り上げられた。地形図に用いられる地図記号や地図上より実際の距離や面積を計算で求める問題，等高線から標高を求める問題などがある。例年，出題数が多いので，計算問題は普段の学習でスピード感をもって答えを出す練習を重ねていこう。日本の都市において，同じ緯度の都市を選ぶ問題があり，地図に日ごろから親しんでいるかが問われた。問７の世界文化遺産に登録された城，問９の住居の特徴を写真より選ぶ，これらは幅広い地理的教養が要求された。

政治・経済

Ⅰ　解答　問1．B　問2．B　問3．プログラム規定説
　　　　　　問4．B　問5．A　問6．C　問7．C　問8．A
問9．統治行為論　問10．D

===== 解説 =====

《日本国憲法における統治制度》

問1． B．誤り。ヴァージニア権利章典（1776年6月）→アメリカ独立革命（1776年7月）→フランス革命（1789年）の順である。

問2． B．誤り。女子差別撤廃条約を批准するため，1985年に男女雇用機会均等法を制定したので，「女子差別撤廃条約を批准していない」が誤り。

問3． プログラム規定説が正解。生存権をめぐる朝日訴訟で裁判所は，「憲法の生存権の規定は国に対して努力目標（プログラム）を示したものに過ぎず，国民に具体的請求権を認めたものではない」とするプログラム規定説を採用した。

問4． B．誤り。治安維持法の制定は，普通選挙法の制定と同じ1925年である。

問5． A．正解。B．誤り。通常国会は1年に1回開かれ（日本国憲法第52条），会期は150日間である。C．誤り。特別国会は衆議院議員総選挙の日から30日後ではなく，30日以内に召集される（憲法第54条1項）。D．誤り。臨時国会は内閣または，いずれかの議院の総議員の4分の1以上の要求で召集される（憲法第53条）。

問6． C．正解。A．誤り。天下りは「官僚が政治家に転身」するのではなく，官僚が関係する団体や企業などに就職すること。B．誤り。行政機構が肥大した国家は夜警国家ではなく，福祉国家である。D．誤り。「立法府以外の機関が制定する法規」は機関立法ではなく，委任立法である。

問7． C．誤り。非行裁判官の処分を決定する「弾劾裁判所の設置」は国会の役割である。

問9． 統治行為論は「高度に政治的な行為（統治行為）は司法判断になじ

まない」とする考えで，憲法第9条と自衛隊または日米安保をめぐる判決で採用されている。

問10. D．正しい。A．誤り。機関委任事務は現在はなく，法定受託事務となっている。B．誤り。住民投票は原子力発電の是非や市町村合併などを争点として，たびたび実施されている。C．誤り。住民による事務監査請求や議会の解散，首長や議員の解職請求はリコールである。

 **II** **解答** 　**問11.** D　**問12.** C　**問13.** C　**問14.** トルーマン
　問15. B　**問16.** B　**問17.** C
問18. フェアトレード　**問19.** D　**問20.** D

━━━━ **解説** ━━━━

《国際政治経済》

問12. C．誤り。ソ連は国際連盟の原加盟国ではなく，1934年に加盟を許された。

問15. B．誤り。リストはフランスではなく，ドイツの経済学者である。

問16. B．誤り。WTOではサービス貿易や知的財産権の保護も対象としている。

問17. C．誤り。開発金融は発展途上国の貧困削減や経済発展などを国際復興開発銀行（IBRD）などの世界銀行グループが行っているもの。一方，国際通貨基金（IMF）は通貨の安定を目的とし，経常収支が赤字の国に対し，一時的に融資をする機関である。

問19. D．誤り。ECSC（欧州石炭鉄鋼共同体）は1950年のシューマン＝プランをうけて，1952年に創設された。

 **III** **解答** 　**問21.** D　**問22.** 実質GDP　**問23.** B
　問24. ペティ＝クラークの法則　**問25.** A　**問26.** B
問27. C　**問28.** C　**問29.** C　**問30.** D

━━━━ **解説** ━━━━

《日本経済の近況》

問21. D．正解。A．誤り。公定歩合は金利の自由化で意味をなさなくなり，金融政策の中心は公開市場操作へ移った。B．誤り。預金準備率操作は1991年以降行われていない。C．誤り。デフレーションのときは，日

本銀行が市中銀行の持つ国債を購入する買いオペレーションを行うことで
資金を供給する。

問25. A．正解。B．誤り。通貨の供給量が増加して発生するのはデフレ
ではなく，インフレである。C．誤り。ドッジ=ラインは超均衡予算の実
現や1ドル＝360円の固定為替相場の設定などの金融引き締め策であった
ため，インフレではなく，デフレに陥った。D．誤り。シャウプ勧告は直
接税を中心とする税制改革のことで，補助金の削減などはドッジ=ライン
の内容。

問26. B．正解。A．誤り。円高は輸出企業の収益が下がるため，「日本
の輸出企業」は不利になる。C．誤り。国際通貨機関（IMF）は通貨の安
定のための国際機関であるが，為替レートは市場原理で変動する。D．誤
り。震災直後ではなく，2011年10月に1ドル＝75円台となった。

問27. C．正解。A．誤り。有機水銀による公害はイタイイタイ病ではな
く，水俣病。B．誤り。四大公害病の発生に伴い，1967年に公害対策基
本法が成立した。公害健康被害補償法は1960年代ではなく，1973年に制
定された。D．誤り。環境アセスメントは「すべての経済活動」ではなく，
大規模開発が対象である。

問28. C．誤り。財政の自動安定化装置とは，不況時の社会保障費の増加，
景気過熱時の累進課税による歳入の増加などにより自動的に景気対策が行
われることをいう。よって，国債を除く歳入と国債費を除く歳出のバラン
スであるプライマリーバランスとは関係がない。

問30. D．誤り。育児・介護休業法は育児休業法を改正して制定されたが，
2005年でなく，1995年に制定された。

問31. C　**問32.** 温室効果　**問33.** C　**問34.** C
問35. B　**問36.** 共通だが差異のある（責任）
問37. D　**問38.** C　**問39.** C　**問40.** B

════════════════════ 解　説 ════════════════════

《地球環境問題》

問31. C．正解。A．誤り。オゾン層破壊の原因はフロンガス。B．誤り。
酸性雨の原因は窒素酸化物。D．誤り。皮膚がんの増加はオゾン層の破壊
によってもたらされた。

問33. C．正解。A・D．誤り。国連人間環境会議は 1972 年にスウェーデンのストックホルムで行われ，人間環境宣言を出した。B．誤り。国連環境開発会議（地球サミット）は 1992 年にブラジルのリオデジャネイロで行われた。

問34. C．誤り。1973 年の「オイルショック」の原因は第 4 次中東戦争である。また，原油価格を 4 倍に引き上げたのは，OECD（経済協力開発機構）ではなく，OPEC（石油輸出国機構）である。

問35. B．正解。A．誤り。モントリオール議定書の制定は 1987 年。C．誤り。ラムサール条約の制定は 1971 年。D．誤り。ワシントン条約の制定は 1973 年で目的は野生動物の保護である。

問36.「共通だが差異のある（責任)」が正解。先進国も発展途上国も共通の責任があるが，問題への対処能力においては差異があるという考え。

問38. C．誤り。モノカルチャーは旧植民地諸国でみられる特定の 1 次産品に依存する経済のことであり，生物多様性とは関係がない。

問39. C．誤り。エシカル消費とは消費者が自分自身の欲望を満たすのではなく，環境や社会などに配慮されて作られたものを選んで消費しようとすることである。

問40. B．正解。リフューズとはごみや不要になるものを受け取らないことで廃棄物を発生させないことを指す。

Ⅴ　解答　**問41.** 食料・農業・農村基本法　**問42.** B　**問43.** B
問44. 食料安全保障　**問45.** C　**問46.** B　**問47.** B
問48. B　**問49.** C　**問50.** B

―――――――――― 解　説 ――――――――――

《食料・農業問題》

問42. B．正解。白書は国の各分野の現状について，中央省庁が作成し国民に知らせる目的のものなので，提出先は国民の代表が集まる国会となる。

問43. B．誤り。厚生労働省によると 2022 年の東京都の合計特殊出生率は 1.08 と全国では最下位であった。

問45. C．誤り。農林水産省によると 2021 年の野菜の食料自給率は 79 ％で，大豆の 8 ％，小麦の 17 ％，飼料作物の 25 ％に比べると高い。

問46. B．誤り。中国は小麦の生産 1 位の国であるが，輸出はなく，逆に

輸入国であるので「主要輸出国である米国や中国」が誤り。

問48.　B．正解。森永ヒ素ミルク事件は 1955 年に粉ミルクにヒ素が混入していたことで発生した。A．毒入りギョウザ事件は 2007 年末から 2008 年にかけて中国製の冷凍餃子に殺虫剤の成分が混入した事件。C．誤り。カネミ油症事件は 1968 年食用油に有毒な物質が混入した事件。D．誤り。サリドマイド事件は 1960 年前後より海外で薬害が発生していた睡眠薬を服用した母親から奇形児が出生した事件である。

問49.　C．誤り。第二次世界大戦後の農地改革によって小作農の割合は激減している。

問50.　B．誤り。農福連携は，障害者等が農業分野で活躍することを通じ，自信や生きがいを持って社会参画を実現していく取り組みのことである。

講評

　出題分野や出題問題数，出題形式は例年と大きな変更はない。

　Ⅰ　日本国憲法における統治制度や基本的人権をめぐる内容について，国会，内閣，司法制度，地方自治について政治分野の基本的事項を問う問題である。多くが教科書の基本的知識で対応できる。

　Ⅱ　国際政治経済分野について，国際法，国際連盟，国際連合，冷戦，貿易，南北問題，地域統合などの基本的事項を問う問題である。多くが教科書の基本的知識で対応できる。

　Ⅲ　日本経済についての文章から，デフレ，国民所得，日本の経済史，為替変動，公害，財政，労働といった経済分野の幅広い基本的事項を問う問題である。問 26 で「円高の最高値」が出題されるなどやや詳しい知識も求められた。

　Ⅳ　例年通り，地球環境にかかわる問題が出題されている。内容も地球環境問題，エネルギー問題など多くは教科書の基本的知識で対応できる。問 36 の「共通だが差異のある責任」，問 37 の現在運転中の原子力発電所を問う問題は，時事問題を確認していないと難しかっただろう。

　Ⅴ　例年通り，食料・農業問題に関する出題である。多くは教科書の基本的知識である。問 47 の日本の食料自給率を選ぶ問題は統計で正確な数字を確認していないと難しかったのではないか。

数 学

 解答 1－H 2－C 3－C

═══════════ 解説 ═══════════

《ベクトルの大きさ・内積》

(1) $|\vec{a}-\vec{b}|=\sqrt{3}$ の両辺を2乗して

$$|\vec{a}|^2-2\vec{a}\cdot\vec{b}+|\vec{b}|^2=3$$

$$2^2-2\vec{a}\cdot\vec{b}+3^2=3$$

より

$$\vec{a}\cdot\vec{b}=5$$

(2) $(\vec{a}+t\vec{b})\perp\vec{b}$ のとき，$(\vec{a}+t\vec{b})\cdot\vec{b}=0$ が成り立つ。

$$\vec{a}\cdot\vec{b}+t|\vec{b}|^2=0$$

$5+t\cdot3^2=0$ より $t=-\dfrac{5}{9}$

このとき

$$|s\vec{a}-t\vec{b}|^2=s^2|\vec{a}|^2-2st\vec{a}\cdot\vec{b}+t^2|\vec{b}|^2$$

$$=4s^2+\frac{50}{9}s+\frac{25}{9}$$

$$=4\left(s+\frac{25}{36}\right)^2+\frac{275}{324}$$

と表すことができるので，$|s\vec{a}-t\vec{b}|$ が最小となる実数 s の値は

$$s=-\frac{25}{36}$$

Ⅱ 解答 101. 12

═══════════ 解説 ═══════════

《対数を含む方程式》

真数は正であることから

$$x-9>0 \quad かつ \quad 15-x>0$$

すなわち

$$9<x<15$$

である。このもとで

$$\log_{\sqrt{3}}(x-9)-\log_3(15-x)-1=0$$

$$\Longleftrightarrow \frac{\log_3(x-9)}{\log_3\sqrt{3}}=\log_3(15-x)+1$$

$$\Longleftrightarrow \frac{\log_3(x-9)}{\dfrac{1}{2}}=\log_3(15-x)+\log_3 3$$

$$\Longleftrightarrow 2\log_3(x-9)=\log_3\{3(15-x)\}$$

$$\Longleftrightarrow \log_3(x-9)^2=\log_3\{3(15-x)\}$$

$$\Longleftrightarrow (x-9)^2=3(15-x)$$

$$\Longleftrightarrow x^2-15x+36=0$$

$$\Longleftrightarrow (x-3)(x-12)=0$$

$9<x<15$ より

$$x=12$$

Ⅲ ─ 解 答 ─ 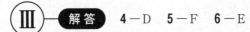　4─D　5─F　6─E

───── 解説 ─────

《条件を満たす4桁の整数の個数》

(1) 千の位には0以外の9通り，百の位には千の位の数以外の9通り，十の位には千と百の位の数以外の8通り，一の位には千，百，十の位の数以外の7通りあり得ることから，全部で

$$9\times9\times8\times7=4536 通り$$

の整数ができる。

(2) 千の位には1か3か5か7か9の5通り，百の位には千の位の数以外の9通り，十の位には千と百の位の数以外の8通り，一の位には千，百，十の位の数以外の7通りあり得ることから，千の位が奇数となる場合は

$$5\times9\times8\times7=2520 通り$$

ある。

(3) 5の倍数となるのは一の位の数が0か5のときである。

一の位が0であるものは，千の位には0以外の9通り，百の位には千の位の数と0以外の8通り，十の位には千と百の位の数と0以外の7通りあり得ることから

$$9 \times 8 \times 7 \text{ 通り}$$

ある。

一の位が5であるものは，千の位には0と5以外の8通り，百の位には千の位の数と5以外の8通り，十の位には千と百の位の数と5以外の7通りあり得ることから

$$8 \times 8 \times 7 \text{ 通り}$$

ある。

したがって，5の倍数となる場合は

$$9 \times 8 \times 7 + 8 \times 8 \times 7 = (9+8) \times 8 \times 7 = 952 \text{ 通り}$$

ある。

Ⅳ　解答　　7－B

━━━━━━━━━━ 解説 ━━━━━━━━━━

《正十二角形の辺の中点を通る円》

A，Bを正十二角形の隣り合う頂点とし，辺 AB の中点をMとする。

また，正十二角形の辺の中点を通る円の中心をOとする。このOは正十二角形の中心（外接円の中心）でもある（下図）。

$\angle AOB = 30°$ であるから，$\angle AOM = 15°$

であり，直角三角形 OAM に注目すると

$$AM = OM \tan \angle AOM$$

である。条件より，$OM = 1$ であるから

$$AM = \tan 15°$$

ここで，正接の加法定理により

$$\tan 15° = \tan (60° - 45°)$$

$$= \frac{\tan 60° - \tan 45°}{1 + \tan 60° \tan 45°}$$

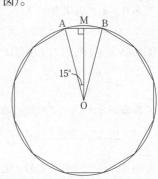

$$= \frac{\sqrt{3}-1}{1+\sqrt{3}\cdot 1}$$
$$= 2-\sqrt{3}$$

よって

$$\triangle OAB = AB \times OM \times \frac{1}{2}$$

$$= 2 \times AM \times 1 \times \frac{1}{2}$$

$$= 2-\sqrt{3}$$

であるから，正十二角形の面積はこの 12 倍で

$$12(2-\sqrt{3})$$

Ⅴ 解答 **8**－B　**9**－H　**10**－C　**11**－H　**12**－G

=== 解　説 ===

《放物線と接線，囲まれる部分の面積》

(1) $i=1$, 2 について，l と C_i が接する条件は

$$-x+4 = -x^2 + a_i x \text{ が重解をもつこと}$$

すなわち

$$x^2 - (a_i+1)x + 4 = 0 \text{ の判別式 } D \text{ が } 0$$

である。

$$D = (a_i+1)^2 - 4\cdot 1\cdot 4 = (a_i+5)(a_i-3)$$

であり，$a_1 < a_2$ より

$$a_1 = -5, \quad a_2 = 3$$

(2) C_i と l の接点の x 座標は $x^2 - (a_i+1)x + 4 = 0$ の重解である

$$x = \frac{a_i+1}{2}$$

であるから，C_1 と l の接点の x 座標は

$$\frac{a_1+1}{2} = \frac{-5+1}{2} = -2$$

であり，C_2 と l の接点の x 座標は

$$\frac{a_2+1}{2} = \frac{3+1}{2} = 2$$

(3) $C_1 : y = -x^2 - 5x$, $C_2 : y = -x^2 + 3x$ であり, C_1 と C_2 と l で囲まれる部分は右図の網かけ部分である。

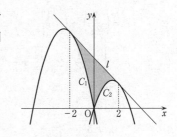

よって, 求める面積は

$$\int_{-2}^{0} (x+2)^2 dx + \int_{0}^{2} (x-2)^2 dx$$

$$= \left[\frac{1}{3}(x+2)^3 \right]_{-2}^{0} + \left[\frac{1}{3}(x-2)^3 \right]_{0}^{2}$$

$$= \frac{8}{3} + \frac{8}{3} = \frac{16}{3}$$

Ⅵ  **解 答** **13**—D **14**—G **102.** $\frac{2}{11}\sqrt{33}$

═══════════════ 解 説 ═══════════════

《立体図形，四面体と外接球》

(1) OA = OB = OC より, 3つの直角三角形 OAH, OBH, OCH は合同であることがわかる。したがって, 点Hは三角形 ABC の外心である。三角形 ABC に正弦定理を用いると

$$\frac{1}{\sin 60°} = 2\text{AH}$$

より

$$\text{AH} = \frac{1}{\sqrt{3}} = \frac{\sqrt{3}}{3}$$

(2) 三角形 OAH に三平方の定理を用いて

$$\text{OH} = \sqrt{\text{OA}^2 - \text{AH}^2}$$

$$= \sqrt{2^2 - \left(\frac{1}{\sqrt{3}}\right)^2}$$

$$= \sqrt{\frac{11}{3}} = \frac{\sqrt{33}}{3}$$

(3) 四面体 OABC の 4つの頂点を通る球の中心をTとすると, Hが △ABC の外心であることからTは OH 上にあり, OT = AT = r より, 直角三角形 AHT に三平方の定理を用いて

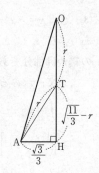

$$r^2 = \left(\frac{1}{\sqrt{3}}\right)^2 + \left(\sqrt{\frac{11}{3}} - r\right)^2$$

$$r^2 = \frac{1}{3} + \frac{11}{3} - 2\sqrt{\frac{11}{3}}\,r + r^2$$

$$2\sqrt{\frac{11}{3}}\,r = 4$$

$$r = 2\sqrt{\frac{3}{11}} = \frac{2}{11}\sqrt{33}$$

Ⅶ　解答　　**15**―E　**103.** 671　**16**―D　**17**―B

═══════════ 解説 ═══════════

《群数列》

(1)　正の奇数 n に対して，上から n 段目の一番左の数は

$$\sum_{i=1}^{n} i = \frac{n(n+1)}{2}$$

(2)　(1)より，上から 11 段目の一番左の数は

$$\frac{11 \cdot 12}{2} = 66$$

であり，11 段目には 11 個の数が並んでいることから，11 段目は左端から

66, 65, 64, …, 56

となっている。したがって，これらの和は

$$\frac{11 \times (66 + 56)}{2} = 671$$

(3)　(1)より，上から 63 段目の一番左の数は

$$\frac{63 \cdot 64}{2} = 2016$$

であり，63 段目には 63 個の数が並んでいることから，63 段目は左端から

2016, 2015, 2014, …, 1954

となっている。したがって，2000 は上から 63 段目の左から 17 番目にある。

講評

大問数は7題が続いている。解答形式は，解答群の中から正しい数値などを選び，その記号をマークするマークシート式と，答えを解答欄に記入する空所補充の記述式が定着している。計算が煩雑な設問も多々見受けられるが，解答群の中から正しい数値などを選ぶ形式の設問については，自分の出した答えが解答群にあれば自信をもってよいであろう。

Iは，ベクトルの基本的かつ典型的な計算問題である。確実に得点したい。

IIは，対数を含む方程式を解く問題である。真数条件をおさえた上で，対数の性質を用いることで2次方程式の問題に帰着する。

主な対数の性質を次に記載しておく。

M, N, a, c は正の数で，$a \neq 1$, $c \neq 1$ とし，r は実数とするとき

- $\log_a MN = \log_a M + \log_a N$　（積のログはログの和）
- $\log_a \dfrac{M}{N} = \log_a M - \log_a N$　（商のログはログの差）
- $\log_a M^r = r \log_a M$　（r乗のログはログのr倍）
- $\log_a M = \dfrac{\log_c M}{\log_c a}$　（底の変換公式）

IIIは，考えられ得る整数の個数を数える場合の数の問題である。(1)では4桁の整数では千の位に「0」をもってくることができないことに注意したい。(2)では千の位の数が1か3か5か7か9かで分けて数える。(3)では5の倍数の条件について一の位が0か5かで分けて数える。いずれも基本的な問題であり，確実に得点したい。

IVは，正十二角形の辺の中点を通る円に関する問題である。方針にもよるであろうが，〔解説〕での方針で解くと，$\tan 15°$ の値が必要となる。これには $15° = 60° - 45°$（あるいは $15° = 45° - 30°$ でもよい）であることに注目して，正接の加法定理

$$\tan(\alpha \pm \beta) = \frac{\tan \alpha \pm \tan \beta}{1 \mp \tan \alpha \tan \beta} \quad （複号同順）$$

を用いるとよい。

Vは，積分法による面積計算である。放物線と直線が接する条件から，

放物線を決定し，接点の座標は連立して得られる 2 次方程式から求め，接線と 2 つの放物線で囲まれる部分の面積を求める問題である。非常に頻出かつ典型的な問題であり，確実に得点したい。

Ⅵは，立体図形に関する問題である。H が三角形 ABC の外心であることに気付きたいが，三角形 ABC が正三角形であることから，H は三角形 ABC の重心にもなっているので，多少認識の誤解があっても正解を導くことができる。これも典型的なタイプの問題であるが，差のつく問題であろう。

Ⅶは，見慣れない問題と感じられるかもしれないが，「数学 B」の数列で学習するいわゆる "群数列" の問題である。(1)が(2)・(3)のヒントになっている。(1)の着眼点を(2)・(3)に活用できるかがポイントであろう。"群数列" の考え方に慣れていないと難しく感じるだろうが，"群数列" の問題としては標準レベルの問題である。

全体的に，典型問題と標準問題を少しひねった問題が出題される傾向がある。まずは典型問題を確実に得点できるようにしておこう。余裕があれば，方針から考えなければならないようなやや発展的な問題に触れておくとよい。典型かつ標準問題の出題が多いので，教科書レベルの問題をしっかり習得できていれば十分合格圏に達することができる。

化 学

Ⅰ **解答** 1―E 2―C 3―D **101.** 2.2 4―C 5―B
6―D 7―C 8―C **102.** 2.87 9―B, E※

※9については，正解が複数存在することが判明したため，複数の選択肢を正解とする措置が取られたことが大学から公表されている。

=== **解説** ===

《塩化ナトリウム NaCl のイオン結晶の構造と性質，結合の極性，イオン結合，アンモニアソーダ法（ソルベー法），原子やイオンの構造と性質》

1. 金属元素のナトリウム Na と非金属元素の塩素 Cl は電気陰性度の差が大きく，Na は電子を失って陽イオンの Na^+ になりやすく，Cl は電子を受け取って陰イオンの Cl^- になりやすい。Na^+ と Cl^- はイオン結合によって次々と結びついてイオン結晶をつくる。

2. イオン結合では，陽イオンと陰イオンがイオン間にはたらくクーロン力（静電気力）によって結びついている。

3. Na^+ は，NaCl の単位格子（立方体）の中心に1個，各辺の中心（右図の◉）12
カ所に $\frac{1}{4}$ 個ずつ含まれる。

よって，NaCl の単位格子中に含まれる
Na^+ の数は

$$1+\frac{1}{4}\times 12=4 \text{ 個}$$

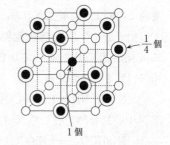

101. NaCl の単位格子において，Cl^- は面心立方格子と同じ位置にあるので，単位格子中の Cl^- の数は4個である。Na^+ は単位格子中に4個含まれるので，NaCl の密度は

$$\frac{\dfrac{23}{6.0\times 10^{23}}\times 4+\dfrac{35.5}{6.0\times 10^{23}}\times 4}{(5.6\times 10^{-8})^3}=2.21≒2.2\,[\text{g/cm}^3]$$

4. 結合の極性は，元素の電気陰性度の差が大きいほど大きくなる。電気陰性度は貴ガスを除いて周期表の右上ほど大きくなる傾向がある。**E** の

Cl_2 は二原子分子の単体なので結合の極性がない。**A〜D**の物質において Na^+ と結合している陰イオンの元素の電気陰性度の大きさは F>Cl>Br>I である。よって，**C**の NaF を構成する Na と F の電気陰性度の差が最も大きく，結合の極性が最も大きい。

5． NaCl のようなイオン結晶は，固体の状態では陽イオンと陰イオンの位置が固定されており電気を通さない。しかし，水溶液や融解させた液体の状態では電離して生じた陽イオンと陰イオンが自由に動き回ることができるため電気を通す。

6．Aの二酸化ケイ素 SiO_2 は，非金属元素の Si と O からなる共有結合の結晶である。**B**の銅 Cu は，金属元素の Cu からなる金属結晶である。**C**のフェノール C_6H_5OH は，非金属元素の C，H，O からなる分子なので，分子結晶である。**D**の酸化カルシウム CaO は，金属元素の Ca と非金属元素の O からなるイオン結晶である。**E**のダイヤモンド C は，非金属元素の C からなる共有結合の結晶である。**F**の二酸化炭素 CO_2 は，非金属元素の C と O からなる分子なので，分子結晶である。よって，固体でイオン結合を持つものはイオン結晶である**D**の酸化カルシウムである。

7． 炭酸ナトリウム Na_2CO_3 は，アンモニアソーダ法（ソルベー法）で工業的に次のように製造される。

①塩化ナトリウム NaCl の飽和水溶液にアンモニア NH_3 を吸収させた後，二酸化炭素 CO_2 を通じて比較的溶解度の小さい炭酸水素ナトリウム $NaHCO_3$ を析出させる。

$$NaCl + NH_3 + H_2O + CO_2 \longrightarrow NaHCO_3 + NH_4Cl$$

② $NaHCO_3$ を熱分解して Na_2CO_3 を得る。

$$2NaHCO_3 \longrightarrow Na_2CO_3 + H_2O + CO_2$$

③石灰石 $CaCO_3$ を熱分解して CaO と CO_2 をつくる。得られた CO_2 は①の反応に利用される。

$$CaCO_3 \longrightarrow CaO + CO_2$$

④③で得られた CaO を水 H_2O と反応させて水酸化カルシウム $Ca(OH)_2$ をつくる。

$$CaO + H_2O \longrightarrow Ca(OH)_2$$

⑤④で得られた $Ca(OH)_2$ を①で得られた塩化アンモニウム NH_4Cl と反応させて NH_3 をつくり，これを①の反応に利用する。

$$Ca(OH)_2 + 2NH_4Cl \longrightarrow CaCl_2 + 2H_2O + 2NH_3$$

よって，**A**〜**F**の物質の中でアンモニアソーダ法の中間生成物や最終生成物ではないものは，**C**の Na_2O である。

8. 反応した $NaCl$（式量 58.5）の物質量は

$$\frac{1.0 \times 10^3 \times \dfrac{3.65}{100}}{58.5} \times \frac{100 - 60}{100} = \frac{14.6}{58.5} \, [\text{kmol}]$$

アンモニアソーダ法の全体式は

$$2NaCl + CaCO_3 \longrightarrow Na_2CO_3 + CaCl_2$$

反応式の係数比より，得られる Na_2CO_3 の物質量は反応した $NaCl$ の物質量の $\dfrac{1}{2}$ 倍である。よって，得られた Na_2CO_3（式量 106）の質量は

$$\frac{14.6}{58.5} \times \frac{1}{2} \times 106 = 1.32 \times 10 \fallingdotseq 1.3 \times 10 \, [\text{kg}]$$

102. $AgNO_3$ と $NaCl$ の物質量は

$$AgNO_3 : 0.100 \times \frac{200}{1000} = 2.00 \times 10^{-2} \, [\text{mol}]$$

$$NaCl : 0.300 \times \frac{100}{1000} = 3.00 \times 10^{-2} \, [\text{mol}]$$

$AgNO_3$ 水溶液と $NaCl$ 水溶液を混合したとき，各物質の量的変化は次のようになる。

	$AgNO_3$	+	$NaCl$	$\longrightarrow$	$AgCl$	+	$NaNO_3$
はじめ	2.00×10^{-2}		3.00×10^{-2}		0		0
変化量	-2.00×10^{-2}		-2.00×10^{-2}		$+2.00 \times 10^{-2}$		$+2.00 \times 10^{-2}$
平衡時	0		1.00×10^{-2}		2.00×10^{-2}		2.00×10^{-2}　（単位：mol）

よって，$AgCl$（式量 143.5）は 2.00×10^{-2} mol 生じるので，その質量は

$$2.00 \times 10^{-2} \times 143.5 = 2.87 \, [\text{g}]$$

9. A．正しい。原子がイオンになる場合や他の原子と結合するときに重要な役割を果たす電子を価電子という。

B．誤り。元素の周期表において，イオン化エネルギーは同一周期の元素で比較すると 1 族の元素が最小であり，18 族の貴ガスが最大になる。しかし，同一周期の元素において原子番号が大きくなるとともに必ずイオン

化エネルギーが大きくなるわけではない。例えば，第２周期の元素のイオン化エネルギーは，$_3$Li＜$_5$B＜$_4$Be＜$_6$C＜$_8$O＜$_7$N＜$_9$F＜$_{10}$Ne の順に大きくなる。

C．正しい。地球上において同位体が存在する元素は，各同位体の存在比がほぼ一定である。

D．正しい。同位体は互いに質量は異なるが，化学的性質はほぼ同じである。

E．誤り。同じ電子配置のイオンは，原子番号が大きくなると原子核の正電荷が大きくなり，最外殻電子がより強く原子核に引きつけられるため，イオンの半径は小さくなる。

F．正しい。原子内の電子は，原子核に近い電子ほどクーロン力（静電気力）がより強くはたらくため，原子核に強く引きつけられる。

Ⅱ　解答　　10—E　11—D　**103.** 240　12—J　13—G　14—E
　　　　　　　15—B

━━━━━━━━━━━━━━　解説　━━━━━━━━━━━━━━

《油脂の構造と性質，生成熱と燃焼熱，燃料電池，代表的な一次電池と二次電池》

10. ㈠油脂は高級脂肪酸とグリセリンからなるトリエステルである。

㈣天然の油脂を構成する脂肪酸の炭素数は偶数であり，16 や 18 のものが多い。

㈡常温で固体の油脂を脂肪という。

11. ㈢脂肪は飽和脂肪酸を多く含む。

㈤・㈥大豆油やオリーブ油などのような常温で液体の油脂を脂肪油といい，脂肪に比べて不飽和脂肪酸を多く含むので，融点が低い。

103. メタノール CH_3OH（液）が完全燃焼するとき，熱化学方程式は次のように表される。

$$CH_3OH（液）+\frac{3}{2}O_2（気）=CO_2（気）+2H_2O（液）+726\,kJ$$

炭素 C（黒鉛）の燃焼熱は CO_2（気）の生成熱と等しく，水素 H_2（気）の燃焼熱は H_2O（液）の生成熱と等しい。よって，CH_3OH（液）の生成熱を x〔kJ/mol〕とすると，反応熱＝（生成物の生成熱の総和）－（反応物の生

成熱の総和）の関係より

$$726 = (394 + 2 \times 286) - x$$

$$x = 240 \text{[kJ/mol]}$$

12. CH$_3$OH（液）1.0×10^3 g を完全燃焼して得られる熱量は，CH$_3$OH $= 32$ より

$$726 \times \frac{1.0 \times 10^3}{32} = 2.26 \times 10^4 \text{[kJ]}$$

　この得られた熱量を利用して，25℃から95℃まで加熱できる水の質量を x〔kg〕とすると

$$4.2 \times x \times 10^3 \times (95 - 25) \times 10^{-3} = 2.26 \times 10^4$$

$$x = 76.8 \fallingdotseq 77 \text{[kg]}$$

13. 水素やメタノールなどの燃料と酸素を連続的に供給して，燃料の燃焼反応によって放出されるエネルギーを直接電気エネルギーに変換する装置を燃料電池という。

14. メタノールを用いた燃料電池において，負極で起こる変化を表した反応式の係数比より，流れた電子の物質量は，反応したメタノールの物質量の6倍である。よって，流れた電子の物質量は

$$0.01 \times 6 = 0.06 \text{[mol]}$$

　求める時間を t 分とすると，電気量の関係式より

$$0.30 \times t \times 60 = 9.65 \times 10^4 \times 0.06$$

$$t = 3.21 \times 10^2 \fallingdotseq 3.2 \times 10^2 \text{ 分}$$

15. A．正しい。アルカリマンガン電池は負極活物質に亜鉛 Zn，正極活物質に酸化マンガン（Ⅳ）MnO$_2$，電解液に水酸化カリウム KOH 水溶液を用いた一次電池である。比較的電気抵抗が小さく，大きな電流を取り出すことができる。また，長時間安定した電圧を保つことができる。

B．誤り。リチウムイオン電池は代表的な二次電池である。負極活物質に黒鉛に取り込まれたリチウムイオン Li$^+$，正極活物質にコバルト（Ⅲ）酸リチウム LiCoO$_2$ を用いる。携帯電話や電気自動車，ノートパソコンなどに利用されている。

C．正しい。酸化銀電池は負極活物質に亜鉛 Zn，正極活物質に酸化銀 Ag$_2$O を用いた一次電池である。腕時計や電卓などに利用されている。

D．正しい。鉛蓄電池は負極活物質に鉛 Pb，正極活物質に酸化鉛（Ⅳ）

PbO₂, 電解液に希硫酸を用いた二次電池である。自動車のバッテリーなどに利用されている。

E．正しい。ニッケル・水素電池は，負極活物質に水素吸蔵合金，正極活物質にオキシ水酸化ニッケル(Ⅲ) NiO (OH)，電解液に KOH 水溶液を用いた二次電池である。ハイブリッド自動車のバッテリーなどに利用されている。

F．正しい。ニッケル・カドミウム（ニカド）電池は負極活物質にカドミウム Cd, 正極活物質にオキシ水酸化ニッケル(Ⅲ) NiO (OH)，電解液にKOH 水溶液を用いた二次電池である。コードレスの電動器具などに利用されている。

Ⅲ 　[A] 16—D　104．CO　105．O_2　17—D　18—E
　　　　　　　19—C　20—B　21—A　22—K

[B] 23—G　24—H　25—K　26—L　27—C　28—E　29—C

―――――――――― 解説 ――――――――――

《A．鉄の性質と反応，合金　B．金属イオンの分離》

[A] 16. (a)正しい。高純度の鉄は，銑鉄や鋼のような不純物を含む一般的な鉄とは異なる性質を示すことが確認されている。例えば，さびにくく，酸とも反応しにくいなどの性質がある。

(b)誤り。銑鉄は炭素を約４％含み，硬くてもろい。なお，赤みを帯びており，軟らかく展性に富むのは銅 Cu である。

(c)誤り。銀白色で，最も電気伝導性の高い金属は，鉄 Fe ではなく銀 Agである。

(d)誤り。一般に，クロロフィルに含まれる金属は鉄(Ⅲ)イオン Fe^{3+} ではなく，マグネシウムイオン Mg^{2+} である。

(e)正しい。複合タンパク質であるヘモグロビンには，ヘム色素の他に鉄(Ⅱ)イオン Fe^{2+} が含まれている。

104. 鉄の製錬では，コークスＣと酸素 O_2 から生じる一酸化炭素 CO によって，鉄鉱石中の Fe_2O_3 や Fe_3O_4 などの酸化鉄を還元して銑鉄を得る。

105. 高温で融解した銑鉄を転炉に入れてそこに O_2 を吹き込むと，炭素の含有量を 0.02〜2％に減らした鋼が得られる。

17・18. Fe^{2+} を含む水溶液は淡緑色をしており，そこに水酸化ナトリウ

ム（NaOH）水溶液を加えると水酸化鉄(Ⅱ) Fe(OH)₂の緑白色沈殿が生じる。

19・20. Fe^{3+} を含む水溶液は黄褐色をしており，そこに NaOH 水溶液を加えると水酸化鉄(Ⅲ)の赤褐色沈殿が生じる。

21. 1種類の酸化鉄が酸化されて，別の酸化鉄に変化する反応は次の3種類がある。

(i)　$4FeO + O_2 \longrightarrow 2Fe_2O_3$

(ii)　$6FeO + O_2 \longrightarrow 2Fe_3O_4$

(iii)　$4Fe_3O_4 + O_2 \longrightarrow 6Fe_2O_3$

(i)式の反応で，例えば FeO（式量 72）1g が Fe_2O_3 にすべて変化した場合，生じる Fe_2O_3（式量 160）の質量は

$$\frac{1}{72} \times \frac{1}{2} \times 160 = 1.111 \, (g)$$

よって，質量の増加率は

$$\frac{1.111 - 1}{1} \times 100 = 11.1 \, (\%)$$

(ii)式の反応で，例えば FeO（式量 72）1g が Fe_3O_4 にすべて変化した場合，生じる Fe_3O_4（式量 232）の質量は

$$\frac{1}{72} \times \frac{1}{3} \times 232 = 1.074 \, (g)$$

よって，質量の増加率は

$$\frac{1.074 - 1}{1} \times 100 = 7.4 \, (\%)$$

(iii)式の反応で，例えば Fe_3O_4（式量 232）1g が Fe_2O_3 にすべて変化した場合，生じる Fe_2O_3（式量 160）の質量は

$$\frac{1}{232} \times \frac{3}{2} \times 160 = 1.034 \, (g)$$

よって，質量の増加率は

$$\frac{1.034 - 1}{1} \times 100 = 3.4 \, (\%)$$

以上の結果より，(ii)式の反応が起こったとわかるので，(ウ)は FeO，(エ)は Fe_3O_4，つまり黒さびである。

22. (a)誤り。銅 Cu とスズ Sn の合金は青銅（ブロンズ）といい，5円硬

貨ではなく 10 円硬貨や銅像などに利用されている。

(b)誤り。Cu と亜鉛 Zn の合金は黄銅（真ちゅう）といい，10 円硬貨ではなく 5 円硬貨や楽器などに利用されている。

(c)正しい。Cu とニッケル Ni の合金は白銅といい，100 円硬貨や 50 円硬貨などに利用されている。

(d)誤り。変形した後に，加熱や冷却をして温度を変えると，元の形に戻る合金を形状記憶合金という。温度センサー，眼鏡のフレーム，人工衛星などに利用されている。

(e)正しい。非晶質の合金をアモルファス合金といい，太陽電池などに利用されている。

(f)誤り。ある温度以下になると電気抵抗が 0 近くになる合金を超伝導合金（超電導合金）という。リニアモーターカーや医療機器などに応用されている。

[B] 23〜29. 記されている金属イオンのうち，Ag^+ と Pb^{2+} は塩酸と反応して AgCl と $PbCl_2$ の白色沈殿がそれぞれ生じる。

操作 2 で沈殿 A に熱水を加えると，その沈殿がすべて溶解したことから，沈殿 A は $PbCl_2$ である。なお，AgCl の沈殿に熱水を加えても溶解しない。

ろ液 B には溶解した $PbCl_2$ の Pb^{2+} が含まれるので，ここにクロム酸カリウム K_2CrO_4 水溶液を加えると $PbCrO_4$（沈殿 B）の黄色沈殿が生じる。

次に，操作 4 でろ液 A（酸性）に硫化水素 H_2S を通じても沈殿が得られなかったことから Cu^{2+} が含まれないことがわかる。さらに操作 5 で煮沸することで溶液中の H_2S を除去し，次に希硝酸を加えて H_2S によって還元された Fe^{2+} を元の Fe^{3+} に戻す。ここに過剰のアンモニア水を加えると沈殿 C が得られたことから，沈殿 C は $Fe(OH)_3$ である。

次に操作 6 で希塩酸を加えて $Fe(OH)_3$ の沈殿を溶解させ，得られた Fe^{3+} を含む水溶液にヘキサシアニド鉄(Ⅱ)酸カリウム $K_4[Fe(CN)_6]$ 水溶液を加えると濃青色沈殿が生じる。この濃青色沈殿の化学式は，加えた試薬から考えると $KFe[Fe(CN)_6]$（沈殿 D）であるとわかる。

続いて操作 7 でろ液 C（塩基性）に H_2S を通じても沈殿が得られなかったことから Zn^{2+} が含まれないことがわかる。そして操作 8 で黄色の炎色反応を示したことから，このろ液には Na^+ が含まれることがわかる。

以上の結果から，水溶液 A には Pb^{2+}，Fe^{3+}，Na^+ の 3 種類の金属イオ

ンが含まれているとわかる。

Ⅳ　**解答**　30—F　106. $C_9H_8O_4$　301.

31—C

32—D　302.

33—D　34—E　35—G　36—D　37—A

══════════════════ 解説 ══════════════════

《元素分析，芳香族化合物の構造決定，ニトロベンゼンの誘導体，元素の検出反応，アニリンの性質，芳香族化合物の分離，フェノールの性質》

30. (ア)酸化銅(Ⅱ) CuO は試料を完全燃焼して C 原子を CO_2，H 原子を H_2O に変化させるために利用される酸化剤である。

(イ)・(ウ)まず塩化カルシウム $CaCl_2$ に H_2O を吸収させ，次にソーダ石灰に CO_2 を吸収させて，生じた H_2O と CO_2 の質量をそれぞれ測定する。なお，ソーダ石灰管を先に接続すると H_2O と CO_2 の両方を吸収してしまい，H_2O と CO_2 の質量をそれぞれ測定できなくなってしまう。そのため，必ず $CaCl_2$ 管の後ろにソーダ石灰管をつなぐ。

106. $CO_2 = 44$，$H_2O = 18$ より

$$C : 39.6 \times \frac{12}{44} = 10.8 \,[\text{mg}]$$

$$H : 7.20 \times \frac{2}{18} = 0.80 \,[\text{mg}]$$

$$O : 18.0 - 10.8 - 0.80 = 6.4 \,[\text{mg}]$$

各原子の数の比は

$$C : H : O = \frac{10.8}{12} : \frac{0.80}{1.0} : \frac{6.4}{16} = 0.90 : 0.80 : 0.40 = 9 : 8 : 4$$

よって，芳香族化合物(I)の組成式は $C_9H_8O_4$ である。

301. 芳香族化合物(I)の組成式は $C_9H_8O_4$（式量 180）であり，分子量は 180 なので，(I)の分子式は $C_9H_8O_4$ である。分子式 $C_9H_8O_4$ の(I)の不飽和度 X は

$$X = \frac{2 \times 9 + 2 - 8}{2} = 6$$

であり，(I)は芳香族化合物なのでベンゼン環を1つ，(I)を $NaHCO_3$ 水溶

液に加えると気体が発生するのでカルボキシ基 –COOH を 1 つ，(I)が
NaOH 水溶液で加水分解することからエステル結合を 1 つもつことと一
致する。(I)を加水分解すると，メタノール CH_3OH と化合物(II)が得られる
ことから，(II)の分子式は，$C_9H_8O_4 - CH_3OH + H_2O = C_8H_6O_4$（分子量 166）
である。(II)を加熱すると，分子量 148 の化合物(III)が得られることから，(II)
1 分子から H_2O（分子量 18）1 分子が脱水していることがわかる。よっ
て，(II)は 2 つの –COOH がオルト位に結合した化合物であるとわかり，
(I)〜(III)の構造が決まる。

31・302. (エ)301 の〔解説〕より，脱水反応である。

(オ)・(カ)化合物(IV)は分子量 123 であり，N 原子を含み特有なにおいをもつ液
体で，水に加えると水に溶けず沈んだことから水よりも密度が大きく，ニ
トロベンゼンであるとわかる。ニトロベンゼンにスズ Sn と塩酸を作用さ
せて還元するとアニリン塩酸塩が生じ，水酸化ナトリウム NaOH のよう
な強塩基を加えると弱塩基のアニリンが得られる。よって，化合物(V)はア
ニリンである。アニリンに無水酢酸を作用させてアセチル化するとアセト
アニリドが得られる。また，アニリンを 5℃以下に氷冷しながら塩酸と亜
硝酸ナトリウム $NaNO_2$ 水溶液を加えると(オ)塩化ベンゼンジアゾニウムが
生じる。このようなジアゾニウム塩をつくる反応をジアゾ化という。塩化
ベンゼンジアゾニウムを含む水溶液にナトリウムフェノキシドの水溶液を
加えると，(カ)赤橙色（橙赤色）の p-ヒドロキシアゾベンゼン（p-フェニ
ルアゾフェノール）が生じる。このようにジアゾニウム塩からアゾ化合物
が生じる反応をジアゾカップリングという。

$(CH_3CO)_2O$
アセチル化 →
$\begin{matrix} \text{NH-C-CH}_3 \\ \parallel \\ \text{O} \end{matrix}$
アセトアニリド

（V）——NH_2

HCl, $NaNO_2$
ジアゾ化 →
N_2Cl
塩化ベンゼン
ジアゾニウム
→
ONa
ジアゾ
カップリング
→ —$N=N$—OH
p-ヒドロキシアゾベンゼン
（p-フェニルアゾフェノール）

32. アミノ基 $-NH_2$ をもつ化合物のように，窒素Nを含む有機化合物を NaOH やソーダ石灰とともに加熱すると，有機化合物に含まれるN原子がアンモニア NH_3 として得られる。この方法はNの検出として利用される。なお，**A**は硫黄Sの検出，**B**は塩素Clの検出，**C**は炭素Cの検出，**E**は水素Hの検出である。

33. 化合物（V）はアニリンである。

(a)正しい。アニリンは無色の油状物質である。

(b)誤り。アニリンは水に溶けにくい。

(c)誤り。アニリンは弱塩基であり，NaOH よりも弱い塩基である。

(d)誤り。アニリンを硫酸酸性の二クロム酸カリウム $K_2Cr_2O_7$ 水溶液で酸化すると，黒色の物質が得られる。この黒色の物質はアニリンブラックとよばれ，染料に利用される。

(e)正しい。アニリンをさらし粉の水溶液で酸化すると赤紫色を呈する。この反応はアニリンの検出に利用される。

34〜36. 化合物（I）は酸，（IV）は中性物質，（V）は塩基なので，（I）と（IV）と（V）のジエチルエーテル混合溶液に塩酸を加えると，塩基の（V）は塩となって水層に移動し，（I）と（IV）はエーテル層に残る。（V）の塩を含む水層に NaOH 水溶液とエーテルを加えると，弱塩基である（V）が遊離してエーテル層①に移動する。また，（I）と（IV）を含むエーテル層に $NaHCO_3$ 水溶液を加えると，カルボキシ基 $-COOH$ をもつ（I）が塩となって水層に移動し，（IV）はエーテル層に残る。（I）の塩を含む水層に塩酸とエーテルを加えると，$-COOH$ をもつ（I）が遊離してエーテル層②に移動する。なお，（IV）を含むエーテル層にNaOH 水溶液を加えても（IV）は中和反応しないので，エーテル層④に残る。

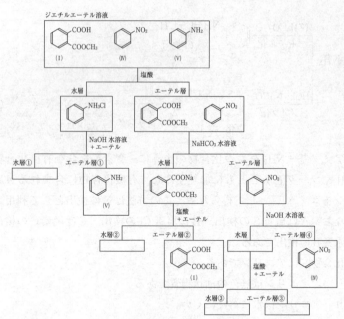

37. (a)誤り。フェノール類はカルボン酸よりも弱い酸である。よって，フェノールは芳香族カルボン酸の安息香酸よりも弱い酸である。

(b)誤り。まず，フェノールに塩酸を加えても中和反応しないので，エーテル層に残る。次に NaHCO₃ 水溶液を加えてもフェノールは炭酸 H₂CO₃ よりも弱い酸なので反応せずエーテル層に残る。ここに NaOH 水溶液を加えるとフェノールは NaOH と中和反応してナトリウムフェノキシドとなり，水層に移動する。次に塩酸とエーテルを加えると強酸の HCl によって弱酸のフェノールが遊離してエーテル層③に移動する。

(c)正しい。フェノールはオルト・パラ配向性を示すので，フェノールに臭素 Br₂ を作用させると，オルトやパラの位置で置換反応が起こりやすい。また，フェノールに十分な量の Br₂ を作用させると 2,4,6-トリブロモフェノールの白色沈殿が生じるので，この反応はフェノールの検出に利用される。

2,4,6-トリブロモフェノール
（白色沈殿）

(d)正しい。フェノールに金属ナトリウム Na を作用させると，水素 H₂ を発生してナトリウムフェノキシドが生じる。

(e)正しい。フェノールに塩化鉄(Ⅲ)水溶液を加えると，紫色に呈色する。この反応は，フェノール類の検出に利用される。

講 評

　2024 年度は，理論 1 題，理論・有機 1 題，無機・理論 1 題，有機 1 題の大問 4 題の出題であった。

　Ⅰは，ナトリウム Na を題材とした理論分野の小問集合であった。知識問題は基本的であったので確実に得点したい。塩化ナトリウム NaCl のような結晶の密度計算は定番なので，どのような結晶が出題されても対応できるように問題集を利用して演習しておく必要がある。炭酸ナトリウム Na₂CO₃ の生成量を求める問題はアンモニアソーダ法（ソルベー法）の全体式をもとに素早く計算できたかがポイントである。

　Ⅱは，油脂を題材とした問題，メタノール型の燃料電池の問題であった。油脂に関する知識問題は確実に得点したい。反応熱の計算は，黒鉛の燃焼熱と二酸化炭素 CO₂（気）の生成熱が等しいことと水素 H₂（気）の燃焼熱と水 H₂O（液）の生成熱が等しいことに注意して，必要な燃焼熱を用いて計算できたかがポイントである。メタノール型の燃料電池は見慣れない受験生もいたと思うが，各電極で起こる変化を，電子を含むイオン反応式（半反応式）で与えられていたので，落ち着いて対応できれば取り組みやすかったであろう。

　Ⅲは，鉄 Fe に関する問題，金属イオンの分離に関する問題であった。

知識を問う内容が中心であったので確実に得点したい。ただし，16 の正誤問題は細かい知識を問われたので非常に難しかった。高純度鉄の性質に関しては教科書にも記載がないので戸惑った受験生が多かったであろう。無機物質の分野は，情報量が多いので元素ごとの反応を軸に知識を整理しておくことが重要である。

　Ⅳは，芳香族化合物の性質と構造決定に関する問題であった。知識問題は基本的な内容が多かったので，確実に得点したい。構造決定の問題は情報がまとめられて記されていたので取り組みやすかったであろう。構造決定の問題は頻出で，差のつきやすい内容なので演習をしっかりと積んでおくことが重要である。

　例年に比べて煩雑な計算問題が少なく，知識を問う問題が多かったので取り組みやすい問題が多かった。まずは知識問題を中心に基礎～標準問題のできる問題から解いていくことで確実に得点していくことがポイントである。

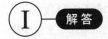

問1．C　問2．D　問3．E　問4．D　問5．E
問6．N　問7．B　問8．A　問9．D

=== 解　説 ===

《DNA 修復遺伝子の発現調節，プログラム細胞死，遺伝子導入》

問1． ①・④正文。プログラム細胞死であるアポトーシスでは，まず，核内のクロマチン繊維が凝集して断片化し，細胞が委縮して細胞膜が壊れないまま，多数の断片に分かれて死んでいく。発生におけるマウスの指の水かきの消失やオタマジャクシの尾の消失，ウイルスに感染した細胞の除去などでみられる。

②誤文。アポトーシスを起こして断片化した細胞は，細胞膜は壊れないままマクロファージの食作用を受けて除去される。

③誤文。火傷や化学物質などで細胞が損傷を受けると，核，細胞小器官，細胞膜などが崩壊して壊死する。この細胞死をネクローシスという。タンパク質分解酵素などの内容物が放出されて炎症を引き起こし，周囲の細胞にも障害をもたらす。

⑤誤文。比較的大きな分子を細胞膜で取り囲み，細胞内へ取り込むことを，エンドサイトーシスという。

問2． 細胞Hは，複数ある DNA 修復遺伝子がいずれも正常であるから，紫外線を照射して DNA が損傷しても，ただちに DNA を修復するので生存率が高い。したがって，細胞Hは図1(c)である。リード文より，変異遺伝子を持つ細胞m1とm2は，損傷した DNA を修復することができず，m1はm2よりも紫外線による細胞死が生じやすいので生存率が低い。したがって，細胞m1が(a)，細胞m2が(b)である。

問3． A～D・G．誤文。図2より，$4J/m^2$ の紫外線を照射したときで比較すると，細胞の生存率は，細胞m1(a)とm1-3が約0.05，m2(b)が約0.1，H(c)とm1-2が約0.9である。したがって，DNA 修復活性はm1とm1-3が同じで最も低く，m2はそれよりも高く，Hとm1-3が同じで最も高い。

E．正文。F．誤文。リード文より，各 DNA 修復遺伝子の対立遺伝子（アレル）のうち１つ以上の正常なものがあれば損傷した DNA を修復することができるので，正常遺伝子は顕性（優性），変異遺伝子は潜性（劣性）である。複数種類の DNA 修復遺伝子のうち１種類だけの機能を失った細胞は，他の種類の DNA 修復遺伝子の機能を失った細胞を融合すると，潜性の変異遺伝子に加えて融合細胞に由来する顕性の正常遺伝子を持つようになるので，DNA 修復活性が正常な細胞Hと同じになる。

　図２より，細胞 m１と m２は，融合して m１-２になると生存率が高くなり，細胞Hと同じになる。したがって，m１と m２がそれぞれ持つ変異した DNA 修復遺伝子は異なっており，互いに機能しなくなった遺伝子をもう片方の細胞由来の正常遺伝子により補ったと推測される。また，細胞 m１は m３と融合して m１-３になっても生存率が低いままであり，機能しなくなった遺伝子を m３から補うことができず，m１と m３がそれぞれ持つ変異した DNA 修復遺伝子は同じであったと推測される。

問４. 問３の〔解説〕のように，変異した DNA 修復遺伝子は，細胞 m１と m３が同じであり，m２の修復活性はそれらより少し高いと推測される。

問５. 細胞 m２と m３がそれぞれ持つ変異した DNA 修復遺伝子は異なるため，融合して m２-３にすると，互いに機能しなくなった遺伝子の機能を補うことができ，生存率は正常な細胞Hと同じになると推測される。

問６. ①誤文。②正文。プラスミドは，細菌などに存在する小さな環状 DNA であり，ゲノム DNA とは異なり，細胞内で自己増殖することができる。

③正文。遺伝子組換え操作により，目的遺伝子をプラスミドに組み込んで細胞に導入することができるので，プラスミドはベクター（運び屋）として用いられる。

④正文。アグロバクテリウムは植物に感染する土壌細菌である。Ti プラスミドを持ち，植物に感染して Ti プラスミドの T-DNA 領域を宿主細胞のゲノム DNA に組み込む。したがって，T-DNA 領域に目的遺伝子を組み込んだアグロバクテリウムを植物に作用させると，目的遺伝子を植物細胞に導入することができる。この遺伝子導入法は，本来，植物に用いられる手法であるが，動物細胞に入れてもベクターとしてはたらくことがわかってきた。

問7・問8. リード文より，タンパク質Xは調節タンパク質（転写調節因子）であるから，核内においてDNAの転写調節領域に結合してDNA修復酵素の発現を誘導し，タンパク質YはタンパクXに作用してそのはたらきを抑制することがわかる。〈実験3〉より，タンパク質XとYを単独発現させるとXは核内，Yは細胞質に存在するが，同時に発現させるとXが細胞質に存在するようになることから，Yは細胞質においてXの核内への移行を抑制することがわかる。

〈実験4〉より，この調節タンパク質Xが持つ4つの領域p，q，r，sについて，図4とリード文より領域pは，それを欠失させた変異体のタンパク質X-Δpがタンパク質Yに関係なく細胞質に局在することから，核内に移行させて局在するための領域であることがわかる（問8の解答）。また，領域sは，それを欠失させたタンパク質X-Δsがプロモーターに結合できないので，プロモーターに結合するための領域であることがわかる。領域qは，それを欠失させたX-Δqがタンパク質Yがあっても核内に局在して遺伝子を発現するので，タンパク質Yと相互作用する領域であることがわかる（問7の解答）。領域rは，それを欠失させたX-Δrがタンパク質Yの抑制を受けず核内に移行して局在できても遺伝子を発現することができないので，転写活性を促進する領域であることがわかる。

問9. ①・③誤文。酸化ストレスによりDNA修復遺伝子が発現したので，調節タンパク質Xは核内へ移行してプロモーターに結合し転写が促進された。

②誤文。タンパク質Xは酸化ストレス剤の有無にかかわらず，常に細胞中に存在することから，常に転写・翻訳されていることがわかる。

④正文。酸化ストレスがタンパク質Yのはたらきを抑制し，タンパク質Yのタンパク質Xへの抑制がなくなって，タンパク質Xが機能したと考えられる。

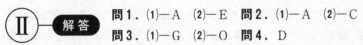

Ⅱ　**解答**　問1. (1)—A　(2)—E　問2. (1)—A　(2)—C
　　　　　　問3. (1)—G　(2)—O　問4. D

問5. (1)—E　(2)—B　問6. H

==========　解　説　==========

《代謝，酵素反応と阻害物質，ゲノム編集，遺伝子の変異と小進化》

問1．（1）（カ）〜（ケ）　光合成などの同化では，反応系の外から吸収したエネルギーを，合成した複雑な物質の化学エネルギーとして蓄える。呼吸などの異化では，複雑な物質を分解したときに生じたエネルギーを反応系の外へ放出する。

（コ）・（サ）　呼吸の解糖系とクエン酸回路において，脱水素酵素のはたらきにより NADH や $FADH_2$ が生じる。これらは電子伝達系においてミトコンドリアの内膜で H^+ と e^- を放出し，シトクロムなどのタンパク質が e^- によって還元され，H^+ が膜間腔へ蓄積される。H^+ は最終的にシトクロムオキシダーゼのはたらきで O_2 により酸化され，H_2O が生じる。

（2）（シ）　細胞1つあたり一日で 0.83ng の ATP を使用するために，1つの細胞に存在する 0.00084ng の ATP が一日に n 回の分解と合成を繰り返すので

$$0.83 = 0.00084 \times n$$
$$n = 988 \text{ 回} \fallingdotseq 1000 \text{ 回}$$

（ス）　1つの細胞に存在する ATP が $0.00084\text{ng} = 0.00084 \times 10^{-9}\text{g}$ であり，ヒトの体は $60\text{ 兆} = 60 \times 10^{12}$ 個の細胞からなるので，全身の ATP 分子の質量は

$$(0.00084 \times 10^{-9})〔\text{g/個}〕 \times (60 \times 10^{12})〔\text{個/全身}〕 = 50.4〔\text{g/全身}〕$$
$$\fallingdotseq 50〔\text{g/全身}〕$$

（セ）　全身に存在する約 50g の ATP が 0.1 モルであり，それらが一日に 988 回の分解と合成を繰り返してエネルギーを放出したり吸収したりする。1モルの ATP が放出するエネルギーが 30kJ であるから，一日に得るエネルギーは

$$0.1〔\text{モル/回}〕 \times 988〔\text{回/日}〕 \times 30〔\text{kJ/モル}〕 = 2964〔\text{kJ/日}〕$$
$$\fallingdotseq 3000〔\text{kJ/日}〕$$

問2．（1）　生物の生命活動のエネルギー源として用いられる有機物には炭水化物（糖），タンパク質，脂肪などがあり，これらを基質として十分な酸素 O_2 を用いて呼吸を行うと CO_2 と H_2O に分解される。呼吸で消費した O_2 と生じた CO_2 の体積比 $\dfrac{V_{CO_2}}{V_{O_2}}$ を呼吸商といい，その値は呼吸基質が

炭水化物のとき約 1.0, タンパク質のとき約 0.8, 脂肪のとき約 0.7 である。

　図 1 の実験装置において密閉容器内で発芽種子が呼吸したとき, A のフラスコでは, 吸収した O_2 の量 V_{O_2} だけ容器内の体積が減少し, 発生した CO_2 は水酸化カリウム (KOH) 溶液に吸収されて体積変化に影響がないので, 測定された気体の減少量は V_{O_2} である。B のフラスコでは, 吸収した O_2 の量 V_{O_2} だけ容器内の体積が減少し, 発生した CO_2 の量 V_{CO_2} だけ体積が増加するので, 測定された気体の減少量は $V_{O_2} - V_{CO_2}$ である。

　表 1 の結果より, コムギについて, $V_{O_2} = 982\,\mathrm{mm}^3$,
$V_{CO_2} = V_{O_2} - (V_{O_2} - V_{CO_2}) = 982 - 20 = 962\,\mathrm{mm}^3$ であるから

$$コムギの呼吸商 = \frac{962}{982} = 0.979 ≒ 0.98$$

　同様に, トウゴマについて, $V_{O_2} = 1124\,\mathrm{mm}^3$, $V_{CO_2} = V_{O_2} - (V_{O_2} - V_{CO_2})$
$= 1124 - 326 = 798\,\mathrm{mm}^3$ であるから

$$トウゴマの呼吸商 = \frac{798}{1124} = 0.709 ≒ 0.71$$

　したがって, 主な呼吸基質はコムギが糖, トウゴマが脂肪である。

(2)　A・B. 誤文。体重の重いウマの呼吸商は約 0.98 である。それより体重が軽いヒツジの呼吸商は 0.9 である。ウマやヒツジなどの草食動物は糖を呼吸基質として使用する割合が大きいので, 体重に関係なくそれらの呼吸商は大きく 1.0 に近い。

C. 正文。肉食の動物であるイヌの呼吸商は約 0.78, ネコの呼吸商は約 0.72 であり, タンパク質や脂肪を呼吸基質として使用する割合が大きい。

D. 誤文。体重の軽いネズミの呼吸商は 0.8 であり, タンパク質を呼吸基質として使用する割合が小さい。

問 3 . (1)　①正文。酸素は, 呼吸の過程のうち電子伝達系において必要である。クレアチンリン酸がクレアチンとリン酸に分解するときや, 解糖でグルコースから乳酸が生じるときに酸素は用いない。

②誤文。グルコース 1 分子から得られる ATP は, 解糖で 2 分子, 呼吸で最大 38 分子である。解糖のみでは ATP 合成の効率はよくないが, 酸素が不足しているときでも ATP を供給することができる。

③誤文。運動時に ATP が不足すると, クレアチンリン酸を分解して

ADP に化学エネルギーとリン酸を供給し，ATP が合成される。安静時にはクレアチンが ATP からリン酸を受け取り，クレアチンリン酸が合成される。

④正文。クレアチンにリン酸が高エネルギーリン酸結合することで，クレアチンリン酸に化学エネルギーが蓄えられる。

(2)　④正文。体温低下を視床下部で感知すると，交感神経のはたらきにより副腎髄質からアドレナリンの分泌が促進される。アドレナリンは肝臓や骨格筋などにはたらきかけて代謝を促進し，グリコーゲンが分解されてグルコースの生成が促進される。グルコースは産熱のエネルギー源として消費される。

問４. ①誤文。一定量の酵素を用いて基質濃度を高くしていくと，酵素の活性部位に結合する基質が増えていくので反応速度は上昇するが，すべての酵素が酵素–基質複合体となって活性部位が飽和状態になると反応速度は最大となり，基質濃度をそれ以上高くしても反応速度は変わらない。

②誤文。③・⑤正文。アロステリック酵素では阻害物質が活性部位以外（アロステリック部位）に結合すると，酵素の立体構造が変化し，活性部位に基質が結合できなくなったり結合しても反応しにくくなったりして，酵素のはたらきが阻害される。基質濃度を高くしても，阻害物質が結合した酵素のはたらきは阻害されたままであるため，反応速度は上昇せず，酵素量を少なくしたときと同様の(c)のグラフになる。このような作用を，非競争的阻害という。(b)のグラフは競争的阻害物質を加えたときであり，阻害物質が基質の構造と似ているため，酵素の活性部位を基質と奪い合って結合することで，基質の反応を阻害する。このとき，基質濃度を極めて高くしたときは阻害物質の濃度が相対的に低くなるので，阻害物質が活性部位に結合する確率が小さくなり，反応速度は阻害物質を加えていないときと同等になる。

④正文。ある反応系において，その最終産物などの一連の反応結果が反応経路の前の段階に作用する仕組みを，フィードバックという。特に反応結果と反対の状況をもたらすようにはたらく場合を負のフィードバックという。例えば，一連の酵素反応により代謝の最終産物が過剰に増えると，その代謝経路の初めの方ではたらく酵素のアロステリック部位に最終産物が結合して阻害することで，一連の酵素反応を抑制して，無駄なエネルギー

の損失を防ぐことができる。また，最終産物が不足すると初めの方の酵素
作用を促進するような場合も，負のフィードバックという。逆に，最終産
物が増えるとさらに反応結果が増えるように，または最終産物が減るとさ
らに反応結果が減るようにはたらくときのように，結果を増幅させるよう
な制御を行うときを，正のフィードバックという。

問5. (1)　A〜D・F. 誤文。フェニルケトン尿症は，酵素 PAH のアミ
ノ酸配列を指定する PAH 遺伝子の DNA 遺伝暗号が置換し，翻訳された
変異型の酵素 PAH が機能しないことが原因である。DNA の成分である
グアニンやシトシン，酵素の構成アミノ酸であるアルギニンやプロリンや
チロシンの摂取量を変えても正常な機能に戻ることはない。

E. 正文。フェニルケトン尿症はフェニルアラニンが過剰に蓄積すること
が原因であり，乳児にはフェニルアラニンを除去したミルクを摂取させる
と症状が改善されることが知られている。

(2)　酵素 PAH が発現するのが主に肝臓であるから，ゲノム編集により
DNA の変異を修復した肝細胞をフェニルケトン尿症患者が持つようにな
れば，患者自身の症状が回復すると考えられる。また，子に伝わる DNA
遺伝情報は生殖細胞のものだけであるから，フェニルケトン尿症患者の子
孫にその症状が現れないようにするためには，生殖細胞の変異を修復する
とよい。

　　患者の全身の細胞には肝臓も生殖細胞も含まれるので，本人と子孫の両
方に効果がある。

問6. ①誤文。ヘモグロビン遺伝子の変異が共通祖先で一箇所（一度）だ
け起こった場合，その祖先から派生したすべての種で，同じ位置のコドン
が同じ変異を持つが，変異の位置が種によってさまざまなので，一度だけ
の変異ではない。

②正文。④誤文。高度の高い環境では大気中の酸素濃度が低いので，鳥類
の肺においてヘモグロビンが酸素と結合しやすい方が全身へ酸素を多く供
給できるので，生存に有利である。突然変異はどの環境でも同等に起こる
が，酸素との親和性が高いヘモグロビンを持つようになった種は自然選択
により，適応進化したと考えられる。

③正文。高度の高い環境で生息している鳥類は，ヘモグロビン遺伝子の変
異により酸素との親和性が高いヘモグロビンを持つようになったが，その

変異したコドン，すなわち，アミノ酸は種によってさまざまであるため，酸素の親和性に関与するアミノ酸は複数あることがわかる。

 **問1．** C　**問2．** C　**問3．** K　**問4．** J　**問5．** M
問6． J　**問7．** G　**問8．** O　**問9．** （設問省略）
問10． L　**問11．** C　**問12．** E

=== **解説** ===

《植物の組織系と反応，細胞内共生説，植物ホルモン，ABC モデル》

問1． 植物の表皮系は孔辺細胞と気孔，クチクラ，毛，根毛である。基本組織系はさく状組織，海綿状組織，皮層，内皮，髄，葉肉細胞である。

問2． ①誤文。葉緑体の内膜の内側には，チラコイドという扁平な袋状の構造体があり，クロロフィルなどの光合成色素が含まれている。クリステやマトリックスは，ミトコンドリアの構造である。

②誤文。トウモロコシやサトウキビなどの C_4 植物では，葉肉細胞の細胞質で C_4 ジカルボン酸経路により CO_2 固定が行われて，CO_2 をリンゴ酸の形で濃縮する。リンゴ酸は原形質連絡を通って維管束鞘細胞の葉緑体に運ばれ，ストロマでのカルビン・ベンソン回路により炭水化物が合成される。

④誤文。植物や藻類などの真核生物が持つ葉緑体は，好気性である原核生物のシアノバクテリアが，ミトコンドリアを持つ好気性の真核細胞に共生した結果できたと考えられている。

問3． ④誤文。細胞分画法では，構造体が大きいものほど遠心力が加わりやすく沈殿しやすいことを利用して，遠心力を変えて細胞の構造体を分画することができる。サイズが大きい核は，比較的弱い遠心力でも沈殿する。核よりも小さい葉緑体は，それよりも強い遠心力をかけると沈殿する。

問4． ①誤文。花粉管が胚珠の珠孔の方向に伸びていくのは，助細胞などから分泌される誘引物質を刺激とした正の化学屈性である。

②誤文。キュウリの巻きひげが支柱の方向に巻き付くのは，正の接触屈性である。

③正文。チューリップの花弁は，成長運動により，気温が上がると内側の細胞が成長して花が開き，気温が下がると外側の細胞が成長して花が閉じる温度傾性がみられる。

④正文。オジギソウの葉に触れると，触れた方向に関係なく葉柄が下がる

接触傾性がみられる。葉柄の付け根にある葉枕の細胞のうち下部側で浸透圧が下がって水が外に出ていき，膨圧が低下して生じる膨圧運動である。
⑤・⑥誤文。マカラスムギの芽生えでは，幼葉鞘の側面に一方向から光を当てると光の方へ屈曲する正の光屈性がみられる。暗所で水平に置くと，茎では負の重力屈性，根では正の重力屈性がみられる。

問5. ②誤文。植物が合成する天然のオーキシンは，インドール酢酸である。
③正文。オーキシンに極性移動がみられるのは，細胞膜に存在する輸送タンパク質のはたらきによる。細胞内にオーキシンを取り込む AUX タンパク質は膜全体に分布しているが，オーキシンを細胞外へ排出する PIN タンパク質は下側に局在しているため，オーキシンの移動方向が決まる。
④正文。オーキシンに対する根の感受性は高いので，オーキシンが低濃度でも根の成長が促進される。茎の感受性は低いので，根と同じ濃度では茎の成長は促進されない。また，高いオーキシン濃度においては，根の成長が抑制され，茎の成長が促進される。

問6. ①誤文。オオムギやイネの種子では水・温度・酸素の発芽条件が適切になると，胚で植物ホルモンのジベレリンの合成が行われる。
②誤文。フィトクロムは，太陽光や白色光に多く含まれる赤色光を吸収すると赤色光吸収型の Pr 型が Pfr 型になる。遠赤色光吸収型の Pfr 型は，遠赤色光を吸収したり暗所に置いておいたりすると Pr 型になる。光発芽種子に赤色光と遠赤色光を交互に照射したとき，最後に赤色光を照射して Pfr 型になっていれば，胚でのジベレリン合成が誘導され，発芽が促進される。

問7. ①正文。②誤文。種子の形成において，アブシシン酸の含有量が多くなると，休眠が誘導される。
③誤文。植物体の水分が減少するとアブシシン酸の量が増え，孔辺細胞の浸透圧が低下して細胞内の水が外へ移動するので膨圧が低下し，気孔が閉じる。

問8. ①・③・④正文。エチレンは，茎の肥大成長，果実の成熟，離層の形成を促進する。エチレンは気体であり，成熟した果実はエチレンを放出するので，他種であっても未成熟の果実を一緒に置いておくとエチレンを細胞内に取り込み，早く成熟する。

②正文。細胞内で合成されたエチレンは細胞膜を透過して細胞外へ気体として放出される。他の細胞は細胞膜を透過して入ってきたエチレンを受容することができる。

問10. 短日植物は，その植物の限界暗期よりも連続暗期が長い日長条件で生育したときに，花芽形成を行う。また，暗期の途中で短時間の光を照射して光中断を行うと，連続暗期は光中断で分断されたそれぞれの長さになる。図1より，この短日植物の限界暗期は約12時間である。連続暗期は，実験①が約10時間，実験②が約16時間，光中断した実験③が約6時間と約10時間，光中断した実験④が約2.5時間と約13.5時間であるから，花芽形成が起こると予想されるのは実験②と④，起こらないと予想されるのは実験①と③である。

問11. 長日植物はアブラナ，コムギ，カーネーション，ホウレンソウ，短日植物はアサガオ，ダイズ，キク，オナモミ，中性植物はトウモロコシ，エンドウ，トマトである。

問12. 被子植物の生殖器官である花は，基本的に中央から外側の順に4つの領域にめしべ，おしべ，花弁，がく片が同心円状に位置する。このような花構造が形成される仕組みはABCモデルで説明されており，茎頂分裂組織が花芽に分化するときに，Aクラス，Bクラス，Cクラスの3種類の調節遺伝子がはたらいて，花の形成に関する遺伝子の発現を調節している。領域1はAクラスのみの発現で「がく片」，領域4はCクラスのみの発現で「めしべ」，領域2はAクラスとBクラスの発現で「花弁」，領域3はCクラスとBクラスの発現で「おしべ」を形成する。また，Aクラス遺伝子とCクラス遺伝子はそのはたらきを互いに抑制しており，突然変異などにより片方が機能しなくなったときはもう片方が発現する。

①正文。ある器官がそれと相同な他の器官に置き換わる突然変異を，ホメオティック突然変異といい，その原因となる遺伝子をホメオティック遺伝子という。

②正文。Aクラス遺伝子がはたらかなくなると，その代わりにCクラス遺伝子が発現して，外側の領域から

　　　Cのみ：めしべ　C＋B：おしべ　C＋B：おしべ　Cのみ：めしべ

が形成され，領域1はがく片→めしべ，領域2は花弁→おしべの転換が起こる。

③誤文。Bクラス遺伝子がはたらかなくなると，外側の領域から

　　Aのみ：がく片　Aのみ：がく片　Cのみ：めしべ　Cのみ：めしべ

が形成される。

④誤文。Cクラス遺伝子がはたらかなくなると，その代わりにAクラス遺

伝子が発現して，外側の領域から

　　Aのみ：がく片　A＋B：花弁　A＋B：花弁　Aのみ：がく片

が形成され，領域3はおしべ→花弁，領域4はめしべ→がく片の転換が起

こる。

 **解答**　　**問1**．(1)—C　**問2**．E　**問3**．A

　　　　　　　　問4．(1)—H　(2)—G　**問5**．D

問6．(1)（設問省略）　(2)—G　(3)—I

=== 解　説 ===

《種間関係，分類と系統樹，集団遺伝と種分化，社会性昆虫と血縁度》

問1．(1)　①・④正文。②誤文。図1Cより，ゾウリムシとヒメゾウリム

シを混合飼育すると，25日目にはゾウリムシの個体数がかなり少なくな

ったので，種間競争が生じているのか，被食者—捕食者相互関係にあるの

かのどちらかが考えられる。14日目以降，ゾウリムシの個体数が減少し

ても，ヒメゾウリムシは150個体の一定数で減少せず，個体数を維持でき

ているから，ヒメゾウリムシはゾウリムシを餌としていないことがわかる。

したがって，これらが同じ資源を求めることで種間競争が起こり，競争的

排除が生じ，ゾウリムシはやがて絶滅すると考えられる。

③誤文。図1Cより，混合飼育を始めて5日目位までは，ゾウリムシとヒ

メゾウリムシの増殖率は同じであり，5〜7日目の増殖率はゾウリムシの

方が大きいが，その後，個体数を減らし，ヒメゾウリムシが優占するよう

になっている。

⑤誤文。さまざまな環境条件で実験を行っていないので，環境条件と消滅

する種に関係性があるのかどうかは，判断できない。

問2．①誤文。図2B・Cより，島に単独で生息する場合，コガラパゴス

フィンチとガラパゴスフィンチのくちばしの高さは約11mmで同じであ

るが，図2Aより，これら2種が共存する島では，コガラパゴスフィンチ

は約8mmに低くなり，ガラパゴスフィンチは約12mmに高くなって，

両方の種でくちばしの高さが変化している。

②・③正文。⑤誤文。生態的地位が似通っている２種のフィンチが同じ島で生息して種間競争が生じた結果，コガラパゴスフィンチのくちばしが低く，ガラパゴスフィンチは高くなる形質置換が生じ，前者は小さい種子を，後者は大きくて硬い種子を摂食するという食物資源の分割による共存ができるようになった。

④誤文。２種のフィンチは，生態的地位が似通っており，互いに利益をもたらすことはないので，相利共生の関係ではない。

問３．図３の動物Ｘは被食者，動物Ｙは捕食者である。グラフの左上では，被食者Ｘが40個体から15個体に減少するので捕食者Ｙの餌が不足して，捕食者Ｙは80個体から40個体に減少していく。グラフの右上では，捕食者Ｙが40個体から80個体に増加すると，Ｙの餌である被食者Ｘは85個体から40個体に減少していく。

問４．⑴　①誤文。からだの色調が周りの風景に溶け込むような保護色を持つと，捕食者に発見されにくい。

②・⑤誤文。③・④正文。毒を持つ被食者が目立つ体の色調を持つと，捕食者に見つけられやすいが，捕食者は有毒であることを学習して避けるようになる。

⑵　顕性（優性）である斑型の遺伝子をＡ，潜性（劣性）である紅型の遺伝子をａとする。集団アのＡ遺伝子の頻度をp，遺伝子ａの頻度をqとすると，遺伝子型とその割合は

$$AA : Aa : aa = p^2 : 2pq : q^2$$

である。100個体のうち紅型のホモ接合体は16個体であるから

$$q^2 = 0.16$$

　よって　　$q = 0.4$，$p = 1 - q = 0.6$

である。したがって，100個体のうち斑型のホモ接合体AAは$100 \times p^2 = 36$個体，ヘテロ接合体Aaは$100 \times 2pq = 48$個体である。

　同様にして，集団イのＡ遺伝子の頻度をp'，遺伝子ａの頻度をq'とすると，紅型のホモ接合体は49個体であるから

$$q'^2 = 0.49$$

　よって　　$q' = 0.7$，$p' = 1 - q' = 0.3$

である。したがって，100個体のうち斑型のホモ接合体AAは

$100 \times p'^2 = 9$ 個体，ヘテロ接合体 Aa は $100 \times 2p'q' = 42$ 個体である。

①正文。集団アの斑型と紅型のホモ接合体は $36 + 16 = 52$ 個体であり，ヘテロ接合体の 48 個体より多い。

②誤文。集団アの紅型のホモ接合体は 16 個体であり，斑型のホモ接合体の 36 個体より少ない。

③誤文。集団イの斑型のホモ接合体は 9 個体であり，ヘテロ接合体の 42 個体より少ない。

④正文。集団アのヘテロ接合体は 48 個体であり，集団イのヘテロ接合体の 42 個体より多い。

問5. ①カイチュウはヒトに寄生する。

②アブラムシはテントウムシに捕食される（被食者—捕食者相互関係）。

③窒素固定を行う根粒菌は，キク科植物ではなくマメ科植物の根に侵入して生息するようになるとアンモニアを植物体に供給し，マメ科植物は有機物を根粒菌に供給する（相利共生）。

④クマノミはイソギンチャクの触手を隠れ家とし，イソギンチャクの触手を食べる魚を追い払う（相利共生）。

問6. ⑵　①・④誤文。②・⑤正文。ミツバチ，アリ，シロアリなどの社会性昆虫はコロニーを形成し，生殖や労働などの分業体制（カースト制）をとっており，単独では生息することができない。例えば，ミツバチは女王バチと雄バチが生殖を担い，働きバチは親や妹や弟である卵や幼虫の世話を行う。働きバチは自己の子を残すことができないが，親や弟を世話することで自己と共通の遺伝子を残すことができる。適応度として間接的に役割を持つことで，どのくらい自己と同じ遺伝子を残すことができるかを考慮したものを，包括適応度といい，働きバチは他個体を養育することにより，自己の包括適応度が上昇する。

③誤文。性選択は，配偶行動において，同性間または異性間にみられる相互作用にもとづく自然選択のことである。例えば，クジャクの雄は長い飾り羽を持つと敵から逃れたり餌を摂食するのに不利であるが，長い飾り羽の雄を雌が好んで配偶相手に選んだ結果，雄の飾り羽が長くなる方向に進化したと考えられる。

⑶　①・②誤文。節足動物はキチンを主成分とした外骨格を持つ。

③正文。環形動物の体節はほぼ同じ形であるが，節足動物の体節はそれぞ

れ形が異なる。

④誤文。⑤正文。旧口動物は脱皮動物と冠輪動物に分けられ，節足動物と
線形動物は脱皮動物に属し，環形動物は冠輪動物に属する。

講評

　標準的な難易度の問題が中心であるが，細かい知識を要求する設問も
含まれている。試験時間に対して問題数が多く，特に正文・誤文選択問
題は該当する選択肢の組合せを問われることが多く，時間がかかるので
注意が必要である。解答形式は，2024年度もすべてマークシート式で
あった。

　Ⅰの DNA 修復遺伝子の発現調節に関する実験では，長文を整理して
把握する力が試された。難度の高い題材であったが，リード文に明確な
誘導も記されており，比較的取り組みやすかったと思われる。プログラ
ム細胞死については，基礎的な知識を正確に押さえておく必要があった。

　Ⅱの代謝の過程と呼吸商の計算については，基礎知識の定着度が試さ
れた。ATP の量に関する計算は，リード文に従い立式すれば解答でき
るが，「兆」が 10^{12} であることを知っておく必要があった。ゲノム編集
については，その手法を知らなくても，特定のゲノム DNA が発現する
組織や子孫への伝わり方などの基礎知識があれば解ける問題設定であっ
た。

　Ⅲは植物の反応について，組織系・光合成・傾性と屈性，植物ホルモ
ンのはたらきなどに関する知識問題は基本レベルであったが，把握しに
くい内容の選択肢も含まれていたため，得点差がついたと思われる。光
周性の実験と ABC モデルについては典型的であり，比較的容易であっ
た。

　Ⅳの競争的排除，フィンチの形質置換，被食者─捕食者相互関係につ
いては，馴染みのあるグラフであるが，縦軸と横軸の意味することとそ
れがどの現象に当てはまるのかを分析しておく必要があった。分類や包
括適応度は多くの受験生が苦手とする分野であり，解答しにくかったと
思われる。

2024年度　学部別入試　国語

講評

大問の構成は、漢字の書き取り、漢字の読み、現代文、古文の四題である。

Ⅰ・Ⅱの漢字問題は、標準的な難易度のものもあるが、例文の意味をよく考えないと間違えてしまいやすい問題もあった。書き取り問題の「イッカン」などは、間違う受験生が少なくなかったと思われる。また、読みの「安穏」も難しい。

Ⅲの評論文は、人形について取り上げた文章であるが、人形と人間との関わりを、人間間における経験にまで広げた考察を行っている。文章量は時間に対して適切な範囲と言えるが、抽象的かつ難解な言い回しも多く、内容理解のうえでレベルの高いものであった。キーワードとなる〈亜人〉という聞き慣れない言葉の指す意味を正確に把握できるかが大きなポイントとなりそうである。設問では記述式が一問も含まれず、すべて選択式となったことも特徴的である。現代文の基本として言葉の意味をしっかり追い、文中に根拠を求める作業を丁寧に積み重ねていけば対処可能な設問であった。

Ⅳの古文は『十訓抄』からの出題。文章量は過年度と比較して短いものであった。物語ではなく教訓を語る場面なので主語が見えにくかったかもしれないが、分量もさして多くないため、繰り返して丁寧に読んでいけば対処可能なレベルであろう。設問は総じて標準レベル。呼応副詞など、パターンだけでも解けるレベルの易しい出題もあった。文学史問題は例年通りの傾向で、基本的なレベルの出題であった。

問五　ハは下二段動詞「隔つ」の未然形に接続した受身の助動詞「らる」の連体形であり、これが正解。イは下二段動詞「果つ」の連体形、ロは下二段動詞「現はる」の連体形、ニは形容詞「面目なし」連体形の、それぞれ一部である。

問六　「さらで」は「さ（指示語）＋あら（動詞の未然形）＋で（打消の接続助詞）」で〝そうでなくて〟と直訳する。指示語が示すものは、直前の「笑みの中の剣」の意味から考えることになる。表面は愛想よく好意を示すが、内に悪意を秘めていることであるが、これが〝そうでなくて〟というのは、意図的ではないということであろう。「だに」は類推を表す副助詞で〝さえ〟と訳す。

問七　二箇所の空欄Xを含む文は、いずれも文末が「そ」で終わっている。「な…そ」は、禁止を表す呼応の副詞。

問八　「多言」とは、口数の多いことであるからないこと、言わなくてもいいことを言ってしまうことへの戒めになっており、Aの「言葉」、Cの「虚言」は、〝嘘偽り〟、Dの「繰言」は〝愚痴〟などの意味となり、本文の内容に照らして最適とは言えない。

問九　正解のBは、一つ目のカギカッコの中にある内容と一致する。A「相手を選んで」、C「時と場所を選ぶよう」が、いずれも誤り。相手や時や場所によらず、どんな場合であっても、人の批判や中傷を避けるべきというのが本文の教訓である。Dは最後のカギカッコにある「かれ話されしなど疑はれんは、面目なかるべし」の解釈からずれている。

問一〇　『十訓抄』は鎌倉時代中期の説話集。Dの『新古今和歌集』は鎌倉時代初期の勅撰和歌集であり、これが正解となる。Aの『万葉集』は奈良時代に成立した現存最古の和歌集、Bの『土佐日記』は平安時代の作品、Cの『日本永代蔵』は江戸時代の浮世草子、Eの『大鏡』は平安時代に成立した歴史物語。

形で恥辱を与えられるという文脈である。AとCは「いはるる人」にあたる。Dに相当する人物は文中にはない。

全訳

ある人が言うことには、「人は思慮もなく、言ってはならないことを口軽く言い出し、他人の短所をそしり、したことを非難し、隠していることを顕わにし、外聞がわるいことを究明する。自分では何となく言い放って、深く考えてもいないのに、言われる人は、深く悩んで、憤りが深くなってしまうので、予想外に、恥辱をも与えられ、我が身の終わりというほどの重大事にも及んでしまうのである。笑みの中の剣というのは、そうでなくてさえ恐ろしいものである。」また「よく知りもしないことを、悪しざまに非難してしまうと、かえって我が身の愚かさが現れるものである。大体において、口の軽い者になってしまうと、誰それにはそのことを言うな。あの者には見せるな。などと言って、他人には心を置かれ隔てられる（のは）、残念なことである。」また「人が包み隠していることが、自然と漏れ聞こえてきたにつけても、彼がお話しになったのだなどと疑われるようなのも、面目のないことだろう。そうであるから、あれこれ人の身の上については用心し、多言はやめるべきである。」

解説

問一　「まじき」は、助動詞「まじ」の連体形。不可能の意味に訳すこともできるが、ここでは後続する「人の短きをそしり、したることを難じ」といった内容から、他人に向かってマイナスなことを言っている場面と予想でき、「まじ」は不適当の意味で使われていると判断できる。

問二　正解となるA以外は、文中に根拠を見出せる。Bは最後のカギカッコの中にある「かれ話されしなど疑はれん」などが相当する。Cは一つ目のカギカッコにある「身の果つるほどの大事にも及ぶなり」、Dは二つ目のカギカッコの中にある「人に心をおかれ隔てらるる」などが、それぞれ相当する。

問三　「思ひも入れず」は、"深く心にとどめない、深く考えもしない"こと。また、ここでは、他人のことを言い散らす側の人と、それを言われた側の人の心理にギャップがあり、逆接のニュアンスがあると考えてよい。

問四　悪口を言い散らした側の人が、「いはるる人」すなわち、それを言われて憤りを深くした人によって逆襲のような

問一〇　Aの前半「人の脳には、三点が集まった図形を人の顔として見る傾向がある」は第二段落で述べられたシミュラクル現象の説明として正しいが、それが「あらゆるものに自らの似姿を見出そうとする人間の特徴」と結びつく記述は本文のどこにもない。B、愛玩の対象としての人形が精巧な作りを求められる理由を「子どもの特権的時間を支えるため」と限定する根拠がない。C、第九段落に書かれた内容にほぼ一致しており、これが正解となる。D、最終段落では、境界人間を生み出す〈人間の亜人化〉と、愛情を注いだ人形に関心を失う人形的経験の、いずれが原型なのか一概には決められないことが述べられている。

「人間の多様な生の鏡」に該当する記述は本文のどこにもない。

Ⅳ

解答

出典　『十訓抄』〈第四　人の上を誡むべき事〉

問一　言ってはならないこと〔言うべきでないこと〕

問二　A

問三　D

問四　B

問五　D

問六　C

問七　な

問八　A

問九　B

問一〇　D

問七　〈人間の亜人化〉とは、筆者にとって「見過ごせない動向」であるから、マイナス要素の強い内容であると推測できる。傍線部6を含む文の二文後に〈境界人間〉は〈人外〉としての差別、揶揄、侮辱、無視、追放、殺害などの危険に晒された存在」とあり、この危険が現実化したものが〈人間の亜人化〉であると考えられる。よって正解はD。

Aは「人形的経験に転移」が誤り。B、「単なる人形として見なされる」は比喩的な表現に過ぎず、その具体化が求められる。C、主語が明示されておらず、これだけでは、ここにいう侮辱や無視が、〈境界人間〉として扱われた人に起こるのか、また〈人外〉として扱われたレベルのことなのかが不明であり、説明として不十分。

問八　傍線部7の言い換えとしては、直後の一文に含まれる「亜人化するための理屈は、文化相即的にかなり自在に決まる」がある。またこの文に含まれる「強制収容所のユダヤ人、さらには黒人、ヒスパニック、アジア系移民」といった具体的な例から、その社会における多数派、政治などで有利にある立場の集団によって恣意的に行われる差別のようなものをイメージした内容と判断がつく。Aはいずれもあっており、これが正解。B、「有力者とのつながりを持つかどうか」は、恣意的に判断が変わる曖昧さのせいぜい一部を言っているに過ぎず、正しい説明とは言えない。C、「経済状況や科学技術の発達状況」は関係ない。D、「個人の主体的な政治的選択の結果」では、もともと有利な立場にある集団にとって都合のいい差別などの状況を示すワードにはなっていない。

問九　傍線部8を含む本文の最終段落は、一つ前の段落で語られた〈人間の亜人化〉という問題を受けて始まっている。最終段落二文目に「〈人間超え〉と〈人間未満〉との随時反転する上下運動」という人形の人間との関わりの特徴が述べられており、この二つを結びつけて本文が締めくくられる。二つの相似を指摘しているCが正解である。A、「人形の呪術的、愛玩的、鑑賞的成分などの要素」は最終段落には出てこず、ここでは直接的な関係はない。B、人形が「人間と同等の価値を有する」といった肯定的な意味合いをいう結論ではない。〈人間の亜人化〉のような深刻なマイナスの状況との相似、関連性の指摘である。D、最終段落とは直接関係のないことが中心になっている。また換えである。空欄Yには、〈亜人〉が入る。

作を通して垣間見させる存在」である。Cはこの記述とあっており、これが正解。A、「人間のもつ超人願望」という言い方では、人間を超える存在が見たいという願望を示す表現とは言えない。B、「物を超えた力」があわない。ここでは物との比較ではなく、人間との比較である。D、人形が人間の理解を超える場合について言っているだけで、人形を通して聖なるものを見たいという模型化の動機には触れていない。

問四　A、「人形が持つ呪術的な要素は、人形と人間との関わりを強固にし」に該当する箇所は本文にはない。呪術的な要素は人形と人間の関係性の定位を難しくしている成分として描かれている。B、傍線部4の一文前に「呪術は多少とも超越的存在との交感を含意する」とある。「多少とも」とあることから、「つねに」という選択肢前半にある言い方も特に問題はない。また傍線部4を含む段落の次の段落最後の一文に「人形には、どこかに必ず呪術的な影がつき纏うものなのだ」とあり、これが選択肢の後半部と一致する。よって、これが正解。C、前近代的な人形の記憶が残り続ける理由づけを「およそ人間は呪術的なものへの願望をもつので」と限定する前半部に根拠がない。D、本文が述べていることと逆である。

問五　「逆説的」とは、真理にそむいているようでありながら実際には真理をついているさまを言う。「一見、逆説的にみえる」ということは、一見すると矛盾した事態ということになろう。矛盾に見える事態の具体的な内容は傍線部5直後の二文にあり、愛玩の対象（人間的生）であるが同時に忘却や廃棄（人間未満）といった扱いを受けることである。B、以上の説明として正しく、「逆説的」の語義にもあっており、これが正解となる。A、「道理に反する」、C、「合理的な理解を拒む」、D、「玩具の皮肉な運命を表している」は、どれも「逆説的」という言い方にはあわない。

問六　X、近現代に近づくにつれ見えにくくなっているのは、人形の三成分のうち「呪術的成分」だと確認できる箇所が本文中に複数ある。第七段落最初の文の「時代を下るに従い、その呪術的成分が徐々に見えにくくなるにつれ」など
である。
Y、空欄Yを含む段落の次の段落最初の文に「この種の〈亜人〉的定位」とあり、前段落で語られていた内容の言い

問九　C

問一〇　C

要旨

人形は人間未満の存在〈亜人〉とは限らず、超越的な聖なる存在を垣間見させるものでもある。このような呪術的成分のおかげで人間に対する人形の立ち位置には複雑な揺れが入り込む。機能化・合理化が進む近現代社会では呪術的成分が見えにくくなりつつあるが、かえって人形の〈亜人〉的性格が露骨に出る場合さえあり、人形的経験を介した〈亜人〉・〈人間超え〉と定位を人間そのものに転移させた〈人間の亜人化〉という見過ごせない動向を成立させることがある。〈人間超え〉と〈人間未満〉を随時反転する人形は、人間存在の複雑さを同型的に体現する特殊な対象である。

解説

問一　第一段落に「人形とは原則的に人の形をしたもの」とあり「人体輪郭から逸脱していない」のが「人形」である。「おしらさま」は、この意味の人形に達しておらず、そのことが説明されているCが正解となる。A、そもそも「おしらさま」は顔が隠されており、シミュラクル現象は当てはまらない。B、「職人や芸術志向の強い作家によって作られた」かどうかは、必ずしも人形の条件ではない。D、〈人間未満〉の話は、後の方の段落に登場するが、ここではまだ無関係である。

問二　傍線部2の直後に、這子を例とした具体的な説明がある。「這子は幼児よりも〈低位〉の位階にあるはず」だが同時に「単なる人間の〈小道具〉的存在ではないことを思い知らせる」のである。Aは人間との関係性について言っていない。Bと Cは、人形が人間を超えた存在と見なされる場合についてだけ述べており、低位と見なされる場合についても触れていない。Dは、人形が人間を超える存在なのかが定まらないことを説明したDが相応しい。

問三　傍線部3の直接的な言い換えは、同じ段落の最後から二文目にある「聖なるものの在り方を何気ない人体模造の所

国語

Ⅰ

解答

1、扶助　2、慎重　3、散漫　4、一環

Ⅱ

解答

1、あんのん　2、い　3、るふ　4、こうしょう

Ⅲ

出典

金森修『人形論』〈第七章　人形と人間〉（平凡社）

解答

問一　C

問二　D

問三　C

問四　B

問五　B

問六　D

問七　D

問八　A

問題と解答

■学部別入試

問題編

▶試験科目・配点

学科	教科	科 目	配 点
農・生命科学・農芸化学・食料環境政策	外国語	「コミュニケーション英語Ⅰ・Ⅱ・Ⅲ，英語表現Ⅰ・Ⅱ」，ドイツ語（省略），フランス語（省略）から1科目選択	150 点
	選 択	「数学Ⅰ・Ⅱ・A・B」，「化学基礎・化学」，「生物基礎・生物」，「国語総合（漢文を除く）」から2科目選択	各 150 点（計 300 点）
	外国語	「コミュニケーション英語Ⅰ・Ⅱ・Ⅲ，英語表現Ⅰ・Ⅱ」，ドイツ語（省略），フランス語（省略）から1科目選択	150 点
	国語・選 択	「国語総合（漢文を除く）」必須 日本史B，世界史B，地理B，政治・経済，「数学Ⅰ・Ⅱ・A・B」，「化学基礎・化学」，「生物基礎・生物」から1科目選択	各 150 点（計 300 点）

▶備 考

「数学B」は「数列，ベクトル」から出題する。

英語

(60 分)

〔Ⅰ〕　次の英文はある書物の序文である。これを読んで、下の問に答えなさい。なお、本文中の Queen Victoria とは英国のヴィクトリア女王（在位 1837～1901）のことで、その時代の人々は Victorians と呼ばれる。

　　　I want to explore a more intimate, personal and physical sort of history, a history from the inside out: one that celebrates the ordinary and charts the lives of the common man, woman and child as they interact with the practicalities of their world.　I want to look into the minds of our ancestors and witness their _(ア) hopes, fears and assumptions, no matter how apparently minor.　In short, I am in search of a history of those things that make up the day-to-day reality of life. What was it really like to be alive in a different time and place?

_(イ)

　　　History came to life for me as a hobby, but once that spark was lit it quickly became a passion and, finally, a profession.　From the very start, an element of practical experimentation has been key to the way I try to understand the past.　I like to put time and effort into studying the objects and tools that people made and used, and I like to try methods and approaches out for myself.

　　　Take, for example, a dark wool coat lying in a drawer at a small museum in West Sussex.　Heavily [wear] and lined with a patchwork of fabrics, it _(ウ) belonged to a farm labourer and dates back to the 1880s.　The coat reminds us that here was a man who sweated and left stains on his clothes, who physically _(i) felt the cold and whose wife spent hours carefully and neatly sewing up the tear still just visible on the right-hand side, next to the buttons.　When I (　　　) at _(ii) _(エ) that careful (　6　), I'm (　　)(　7　) the sewing textbooks (　　　) (　8　) in Victorian schools for working-class children.　A trawl through the

bookshelves leads to a set of instructions, accompanied by beautifully drawn diagrams. With needle and thread in hand, I can attempt to follow these instructions on a tear in one of my own garments. His wife was evidently well trained (particularly if my own struggles are to be noted). Questions spring forth. <u>How (　　) (9) (　　) (10), and was it (　　) (11)_(オ) (　　) (12) women who carried out such repairs?</u> If it takes me over an hour to do the work, would my Victorian forebears have been quicker? When would they have fitted such a <u>chore</u> into their day?
_(iii)

Such intimate details of a life bring a feeling of connection with the people of the past and also provide a route into the greater themes of history. As a tear in a man's coat can lead one to question the nature of mass education, or to look into the global nature of the textile industry, so too the <u>great sweeps</u> of political_(カ) and economic life bring us back to the personal. The international campaign against slavery and the American Civil War_(注1) would, in combination, have devastated the trade in cotton, driving weavers back into hunger. This would have pushed up the price of the labourer's coat, making that repair more necessary.

Queen Victoria's reign spanned more than sixty years and encompassed vast social, political and economic changes. Industries rose and fell and scientific revolutions overturned the old understanding of how the world worked. <u>People's ideas of right and wrong were challenged, and legislation was dragged along in the wake.</u>_(キ) With all these different things going on, how, then, can one talk about what it was like to be a Victorian?

This book is my attempt. It is a personal exploration, following my own fascinations, questions and interests. There is much that I have missed, and there are many excellent books that relate in more detail the political, economic and institutional shifts of the period. I aim to peer into the everyday corners of Victoria's British <u>subjects</u> and lead you where I have wandered in search of the_(ク) people of her age.

I have chosen to move through the rhythm of the day, beginning with waking in the morning and finishing with the activities of the bedroom, when the door finally closes.　Where I can, I have tried to start with the thoughts and feelings of individuals who were there, taken from diaries, letters and autobiographies and expanding out into the magazines and newspapers, adverts ^(注2) and advice manuals that sought to inform and shape public opinion.　Glimpses of daily life can be found in items that people left behind, from clothes to shaving brushes, toys, bus tickets and saucepans.　More formal rules and regulations give a shape to the experience of living, from the adoption of white lines to mark out a football pitch to the setting of a standard of achievement for school leavers.

(ケ)

In this hunt for the ordinary and the routine I have tried to experience (iv) elements of the life myself.　Many of these experiences came when I spent a year on a Victorian farm, and later some time at a pharmacist's shop, over several television series.　Others have come as part of my own ongoing explorations: testing recipes, making clothes, following hygiene regimes, whittling toy soldiers. All these experiences have been useful, if not always successful, and have (　17　) me frame questions and think more critically about what the evidence is telling us.　Ultimately, there is also a degree of empathy and imagination involved.　Let us begin then, with imagining ourselves (　18　).

Ruth Goodman, *How to Be a Victorian* (Penguin Books, 2014).

（注1）　the American Civil War ＝ アメリカ南北戦争(1861～65)

（注2）　adverts ＝ advertisements

問 1.　問題本文中の下線部(i)～(iv)の語について、それぞれの問に答えなさい。

　(i)　sweated の ea の部分と比較して、下線部の発音が同じ語を下記の中から一つ選び、その記号をマークしなさい。(解答番号1)

　　A．breakfast　　　　　　　　　　　B．breathe

　　C．receive　　　　　　　　　　　　D．typical

(ii) tear の ear の部分と比較して、下線部の発音が同じ語を下記の中から一つ選び、その記号をマークしなさい。(解答番号 2)

A. clear
B. earth
C. heart
D. wear

(iii) chore の ch の部分と比較して、下線部の発音が同じ語を下記の中から一つ選び、その記号をマークしなさい。(解答番号 3)

A. architect
B. machinery
C. mustache
D. orchard

(iv) routine の発音と比較して、アクセント(強勢)の位置が同じ語を下記の中から一つ選び、その記号をマークしなさい。(解答番号 4)

A. control
B. modern
C. pattern
D. shepherd

問 2. 問題本文中の下線部(ア)と同じ意味で用いられている表現を本文中から 1 語で抜き出し、解答欄に記入しなさい。(解答番号 101)

問 3. 問題本文中の下線部(イ)と比較して、下線部の用法が最も近いものを下記の中から一つ選び、その記号をマークしなさい。(解答番号 5)

A. He often talks about his favorite video games, comics and the like.
B. She says the rock looks like a human face.
C. To speak like he does will require great discipline.
D. Which team would you like to support?

問 4. 問題本文中の下線部(ウ)が正しい英文になるように、[   ]内の語を最も適切な語形にして解答欄に記入しなさい。(解答番号 102)

問 5. 問題本文中の下線部(エ)が正しい英文になるよう各空所に下記の語句から選んで入れるとき、空所(6)～(8)に入るものをそれぞれ一つ選び、

その記号をマークしなさい。（解答番号は空所の番号と同じ）

(エ)　When　I　(　　　)　at　that　careful　(　6　),　I'm　(　　　)　(　7　)　the sewing　textbooks　(　　　)　(　8　)　in　Victorian　schools　for　working-class children.

A．in　　　　　　　　B．look　　　　　　　　C．of

D．reminded　　　　　E．repair　　　　　　　F．use

問 6．問題本文中の下線部(オ)が次に示す意味になるよう各空所に下記の語句から選んで入れるとき、空所（　9　）〜（　12　）に入るものをそれぞれ一つ選び、その記号をマークしなさい。（解答番号は空所の番号と同じ）

「そのような裁縫教育はどの程度普及していたのだろうか、そしてそのような修繕をしていたのは女性の場合が多かったのだろうか」

(オ)　How　(　　　)　(　9　)　(　　　)　(　10　),　and　was　it　(　　　)　(　11　) (　　　)　(　12　)　women　who　carried　out　such　repairs?

A．been　　　　　　　　B．have　　　　　　　　C．likely

D．needlework education　E．such

F．to　　　　　　　　　G．was　　　　　　　　H．widespread

問 7．問題本文中の下線部(カ)の意味に最も近い表現を下記の中から一つ選び、その記号をマークしなさい。（解答番号13）

A．complete neglect　　　　　B．plentiful documents

C．severe criticisms　　　　　D．thorough searches

問 8．問題本文中の下線部(キ)の主旨に最も近いものを下記の中から一つ選び、その記号をマークしなさい。（解答番号14）

A．People's concepts of good and evil were interchangeable, while laws remained constant.

B．People's fundamental values were so firmly established that laws did not require any revisions.

C．People's moral values were not trustworthy any more and thus strict laws were introduced to make them disciplined.

D．People's traditional sense of values was questioned anew, which in turn made legal revisions inevitable.

問 9．問題本文中の下線部(ク)の意味に最も近いものを下記の中から一つ選び、その記号をマークしなさい。(解答番号 15)

A．interests　　　B．people　　　C．territory　　　D．topics

問10．問題本文中の下線部(ケ)の意味の説明として最も適切なものを下記の中から一つ選び、その記号をマークしなさい。(解答番号 16)

A．a level of requirement that pupils and students had to meet by the time of graduation

B．a list of desired results that pupils and students accomplish when they dropped out of school

C．an official permission which pupils and students needed to obtain when they had to go home early

D．a series of legal measures that the government took for the pupils and students who refused to fulfill their obligations

問11．問題本文中の空所(　17　)に入る最も適切なものを下記の中から一つ選び、その記号をマークしなさい。(解答番号は空所の番号と同じ)

A．enabled　　　B．helped　　　C．suggested　　　D．urged

問12．問題本文が書物の序文であることをふまえ、その文脈に照らして空所(　18　)に入る最も適切なものを下記の中から一つ選び、その記号をマークしなさい。(解答番号は空所の番号と同じ)

A．cooking dinner the way the Victorians were doing

B．drinking beer at a Victorian pub on Friday night

C．repairing our own crumpled coat for ourselves

D．waking up at the end of a Victorian night

問13. 以下の(1)～(4)について、問題本文の内容に照らして正しいものにはTを、正しくないものにはFを、それぞれマークしなさい。

(1) By seeing history "from the inside out," the author means seeing US history through British eyes.　　　　　　　　　　　(解答番号 19)

(2) It was after starting her career as a professional historian that the author realized the importance of trying something by herself to really understand an aspect of history.　　　　　　　　　　　　　　　　(解答番号 20)

(3) At the time of the American Civil War, craftsmen who made a living by weaving cotton cloth could not use cars and trucks to carry their products and finally lost their jobs.　　　　　　　　　　　　　(解答番号 21)

(4) The book for which the author is writing this preface does not deal with much of the institutional history around the Victorian age.　(解答番号 22)

問14. 以下の(1)～(4)について、問題本文の内容に照らして正しいものにはTを、正しくないものにはFを、それぞれマークしなさい。

(1) Diaries and personal letters from old times occupy a highly significant place to the author because she tries to approach people's personal thoughts and feelings through those documents.　　　　(解答番号 23)

(2) Since written documents are given priority to anything else in historical studies, the author has left behind most of the items of daily use when compiling her book.　　　　　　　　　　　　　　　(解答番号 24)

(3) The author found Victorian-era instructions on healthy living and continues to put them into practice.　　　　　　　　　(解答番号 25)

(4) Despite her repeated efforts at reliving a Victorian life, the author eventually succeeded in excluding her subjective view from her depiction of Victorian people's lives in her book.　　　　　　　　(解答番号 26)

〔Ⅱ〕 READ THE DIALOG AND CHOOSE OR WRITE THE BEST ANSWERS.

Liam: You won't believe how hard it is to find truly ethical and sustainable coffee here!

Olivia: Really? I've seen "organic" and "fair trade" printed on coffee cups and packages in cafés and supermarkets around town.

Liam: Well, that's a start. If the label is certified organic, it would mean that the coffee is grown without questionable[Q2] pesticides and fertilizers. And, if labeled certified fair trade,[Q3] it ensures people working on coffee farms have decent working conditions, are treated with respect, and are paid a reasonable price for their labor. Do you know the difference between sun-grown and shade-grown coffee?

Olivia: Sun-grown and shade-grown? I assume coffee grown under the sun ripens faster.

Liam: Right. Most coffee sold and consumed here comes from coffee bushes grown under full sunlight planted in monoculture rows on an industrial scale. Controversial insecticides, synthetic plant nutrition, and mechanized irrigation systems produce massive quantities of orderly, crop-like "factory" coffee beans.

Olivia: Well, there's a great demand for coffee. And artificial chemicals are used in some form or another in almost everything we consume these days, and I don't see people getting sick.

Liam: Fair enough.[Q7] What do you know about Bird Friendly coffee?

Olivia: Enlighten[Q8] me.

Liam: In their natural setting, coffee plants grow in the shade of a forest. However, when forests are clear-cut to plant rows of coffee plants under the direct sun for higher production, plants, animals, and birds lose their habitat. Biodiversity supports a dynamic food web — bees pollinate flowering plants, predators keep insect pests in check, leaf litter serves as a protective mulch that adds organic nutrients to the soil, etc. And about climate change...

Olivia: OK, OK. I see where you're going. So, what you mean by sustainable and ethical coffee is that you want coffee that goes *beyond* organic and fair trade.

Liam: Exactly. It takes longer for coffee beans to mature in the shade but preserving rainforests and the natural environment is vital to *all* who share this planet. Birds are a natural pesticide because they eat tons of insects every year without harmful chemicals that pollute the soil and water via runoffs.

Olivia: Why don't you open an ethical café and bean store yourself, one that aims to educate people about the things you're so passionate about?

Liam: I might give that some thought.

Q 1. Liam wants　　　　　　　　　　　　　　　　　　（解答番号 27）

　　A. to buy coffee that doesn't harm birds.

　　B. cafés and supermarkets to sell organic and fair-trade coffee.

　　C. artificial chemical-free certification labels.

　　D. people to stop using plastic cups.

Q 2. Questionable things are　　　　　　　　　　　　（解答番号 28）

　　A. trustworthy.

　　B. accountable.

　　C. dubious.

　　D. undoubted.

Q 3. Choose the correct sentence regarding fair trade coffee.　（解答番号 29）

　　A. Coffee farmers work extremely hard to earn a living.

　　B. The concept is based on an equal partnership between buyers and sellers.

　　C. Organic coffee beans can be sold at a higher price than non-organically grown coffee beans.

D．Such movements trap people in poverty, making it difficult to plan for the future.

Q 4．Liam believes （解答番号 30）

A．consumers should have more choices.

B．drinking coffee is good for one's health.

C．Olivia is wrong.

D．coffee should be grown with lots of sunlight.

Q 5．Olivia （解答番号 31）

A．avoids artificial chemicals when possible.

B．guesses correctly the meaning of sun- and shade-grown coffee.

C．believes people are actually getting sick.

D．doesn't drink coffee.

Q 6．The coffee that's most consumed where the two people live is

（解答番号 32）

A．organic.

B．shade-grown.

C．slowly ripened.

D．efficiently produced.

Q 7．Why does Liam say, "Fair enough"? （解答番号 33）

A．Olivia was not being fair.

B．Olivia had a valid point.

C．He was angry.

D．He was hiding that he was sick.

Q 8．"Enlighten" can be replaced with （解答番号 34）

A．Encourage

B．Teach

C．Trust

D．Everything about

Q 9. What happens when a forest canopy is clear-cut?　　　　　（解答番号 35）

A．Biodiversity is protected.

B．Coffee beans take longer to ripen.

C．Beneficial insects will increase.

D．Nutrients need to be added.

Q10. Liam　　　　　（解答番号 36）

A．intends to plant shade-grown coffee.

B．is going to Olivia's favorite café.

C．disapproves of synthetic pesticides on farms.

D．will open his own café.

Q11. Fill in the blanks with TWO words FROM THE DIALOG.　（解答番号 103）

To Liam, ethical and sustainable coffee is not only organic and fair trade but also, most importantly, ＿＿＿＿＿＿ ＿＿＿＿＿＿.

Q12. Fill in the blank with ONE word FROM THE DIALOG.　　（解答番号 104）

Liam believes ＿＿＿＿＿＿ are a good alternative to chemical pesticides.

〔III〕 次の(1)〜(6)の各組の英文の空所に共通して入る最も適した語をそれぞれ下記の
中から一つ選び、その記号をマークしなさい。

(解答番号は空所の番号と同じ。)

(1) These days we (37) having our beloved dog around.
You should never (37) this opportunity to get a new one.

  A．admit　　　B．deny　　　C．finish　　　D．miss

(2) We have to walk across the (38) street to get there.
Given his (38) schedule, we may have to cancel our reservation.

  A．busy　　　B．flexible　　　C．heavy　　　D．solid

(3) Most of the wheat is (39) into flour at mills over there.
He rejected my idea on the (39) that there was no sufficient time.

  A．contrast　　　B．filling　　　C．ground　　　D．spread

(4) The driver (40) the brakes hard, but it was too late.
It was at that time that a really strange idea (40) me.

  A．applied　　　B．brought　　　C．hit　　　D．occurred

(5) A very small misunderstanding can (41) to a big disaster.
Could you later add some (41) to this mechanical pencil?

  A．head　　　B．lead　　　C．plead　　　D．spread

(6) All he did was (42) through the pages of his son's diary.
My mother has a green (42) and enjoys gardening.

  A．brain　　　B．elbow　　　C．nerve　　　D．thumb

日本史

（2科目120分）

〔Ⅰ〕　次の1と2の文章を読み、以下の設問に答えよ。（解答番号1～8、101～102）

1　約2500年前の縄文時代の終わりころ、九州北部で水稲耕作がはじまり、紀元前4世紀ころには、西日本に水稲耕作を基礎とする弥生文化が成立した。弥生文化は、やがて東日本にも広まり、北海道と南西諸島を除く日本列島の大部分は、食料採取段階の文化から食料生産段階の文化へと移った。弥生文化は、水稲耕作を基本とし、金属器生産の技術をともなっていた。金属器には、おもに祭りの道具として使われた青銅器と、武器などの実用的な道具として使われた鉄器があった。また、木材を加工するための　(1)　、稲を穂首刈りするための　(2)　、朝鮮半島系の磨製石器なども弥生文化の特徴であった。さらに、それまでの縄文土器とは異なる赤焼きの弥生土器がつくられた。

　水稲耕作が広まるにしたがって、人びとの生活は大きく変わった。人びとは収穫した籾を　(3)　や貯蔵穴におさめ、食べる際に木臼・竪杵で脱穀した。こうして弥生時代の人びとは、より安定した定住生活をいとなむようになった。集落では、豊かな収穫を祈願し、収穫に感謝する祭りがおこなわれたが、こうした祭りや水稲耕作にともなう土木・治水工事の指導を通して、大きな権威をもつ支配者が出現したと考えられる。集落ができると、集落のあいだにさまざまな対立抗争がうまれた。一つの水系にそってできた複数の集落のあいだに耕地や灌漑用の水の確保をめぐって対立がうまれた。また、収穫物をめぐる争いもおこり、村を外敵からまもるための防御施設をつくるようになった。対立抗争をつうじて集落のあいだに支配・従属の関係がつくられ、より広い地域を支配する権力が形成されていった。

問 1　空欄(1)と(2)に当てはまる用語の組み合わせとしてもっとも適切なものを
　　　一つ選んで、その記号を解答欄にマークせよ。(解答番号 1)

　　　A　(1)　石斧　　(2)　石包丁　　　B　(1)　石鏃　　(2)　石斧

　　　C　(1)　石包丁　(2)　石錘　　　　D　(1)　石匙　　(2)　石鏃

問 2　空欄(3)に入る適切な用語を解答用紙裏面の解答欄に漢字四文字で記入せ
　　　よ。(解答番号 101)

問 3　下線部(ア)に関連して、弥生の名称はこの時代の様式の土器が弥生町遺跡
　　　で発見されたことにちなんでいる。その弥生町遺跡がある現在の都県名を
　　　下記から一つ選んで、その記号を解答欄にマークせよ。(解答番号 2)

　　　A　東京都　　　　　B　神奈川県　　　　C　静岡県

　　　D　高知県　　　　　E　福岡県

問 4　下線部(イ)に関連して記述した文章の正誤の組み合わせとしてもっとも適
　　　切なものを一つ選んで、その記号を解答欄にマークせよ。(解答番号 3)

　　①　北海道ではサケ・マスなどの食料採取に依存する鉄器文化が展開し
　　　た。

　　②　南西諸島では続縄文文化とよばれる食料採取文化がひき続き展開し
　　　た。

　　〔選択肢〕

　　　A　①-正　②-正　　　B　①-正　②-誤

　　　C　①-誤　②-正　　　D　①-誤　②-誤

問 5　下線部(ウ)に関連して、佐賀県にある日本屈指の大環濠集落の遺跡として
　　　もっとも適切なものを一つ選んで、その記号を解答欄にマークせよ。(解
　　　答番号 4)

　　　A　唐古・鍵遺跡　　　B　吉野ヶ里遺跡　　　C　池上曽根遺跡

　　　D　田村遺跡　　　　　E　板付遺跡

2　奈良時代に平城京を中心に栄えた文化は、律令国家の繁栄を背景とした貴族
文化であり、<u>聖武天皇の時代</u>の年号をとって天平文化という。遣唐使がもたら
_(エ)
した最盛期の唐文化の影響をうけた、国際色豊かな文化である。律令国家とし
ての国家意識の高まりは、歴史書の編さん事業にあらわれている。それは
　(4)　 天皇のころからはじまっていたが、712（和銅 5）年の『古事記』、720
（養老 4）年の『日本書紀』となって実を結んだ。10 世紀の初めまで国家事業と
して史書の編さんが続き、『日本書紀』をはじめとするいわゆる六国史がつくら
れることになった。文芸では、漢詩文が貴族の教養として重んじられ、漢詩文
集『懐風藻』が編まれた。和歌では、山上憶良や大伴家持らが出て、個性的な短
歌や長歌をよんだ。

　8 世紀末から 9 世紀末ころまで、平安京を中心に栄えた文化を　(5)　 天
皇・清和天皇の年号から弘仁・貞観文化という。この文化は、平安京での宮廷
の繁栄を背景とし、漢詩文が流行し、密教が広まるなど、唐文化の影響を強く
うけていた。彫刻では、密教の仏像が新しく登場した。絵画では、仏の世界を
独特の構図で説明する曼荼羅が発達した。書道では、唐風の書が広まった。

　9 世紀後半から 10 世紀になると、日本ではそれまで吸収してきた大陸文化
をふまえ、より洗練された優美な貴族文化がうまれた。藤原氏が栄えた 10〜
11 世紀ころの文化を国風文化とよぶ。<u>文化の国風化を示すのが、かなの発達</u>
_(オ)
である。これにより、かな文学がおおいに発達した。漢詩にかわって和歌がさ
かんになり、10 世紀初めには、はじめて天皇の命令による　(6)　 が編さ
んされた。かなの日記や物語もさかんに書かれた。また、書道では前代の唐風
の書に対して、優美な線をあらわした和様が発達し、<u>三跡とよばれる名手</u>があ
_(カ)
らわれた。

問 6　空欄(4)と(5)に当てはまる天皇名の組み合わせとしてもっとも適切なもの
　　を一つ選んで、その記号を解答欄にマークせよ。（解答番号 5）

　　A　(4)　天武　　(5)　嵯峨　　　　B　(4)　天智　　(5)　嵯峨

　　C　(4)　天武　　(5)　桓武　　　　D　(4)　天智　　(5)　桓武

問 7　空欄(6)に入る適切な和歌集の名称を解答用紙裏面の解答欄に漢字で記入
　　せよ。（解答番号 102）

問8　下線部㈔に関連して、下記の①から③はいずれも聖武天皇の時代の出来
　　事である。年代の古いものから順に並べたものとしてもっとも適切なもの
　　を一つ選んで、その記号を解答欄にマークせよ。（解答番号6）

①　長屋王の変が起こる

②　恭仁京に遷都

③　墾田永年私財法を出す

〔選択肢〕

　　A　①②③　　　　　　B　①③②　　　　　　C　②①③

　　D　②③①　　　　　　E　③①②　　　　　　F　③②①

問9　下線部㈵に関連して記述した文章の正誤の組み合わせとしてもっとも適
　　切なものを一つ選んで、その記号を解答欄にマークせよ。（解答番号7）

①　ひらがなの「お」とカタカナの「オ」の字母はともに「於」である。

②　公式には男性が漢文を用い、かなは女文字とされていたことから、か
　　なの日記や物語はすべて宮廷女性の手によるものである。

〔選択肢〕

　　A　①-正　②-正　　　B　①-正　②-誤

　　C　①-誤　②-正　　　D　①-誤　②-誤

問10　下線部㈖に関連して、三跡とよばれる名手としてもっとも適切な人名を
　　一つ選んで、その記号を解答欄にマークせよ。（解答番号8）

　　A　藤原佐理　　　　　B　橘　逸勢　　　　　C　紀　貫之

　　D　藤原公任　　　　　E　空　海

〔Ⅱ〕 次の1と2の文章を読み、以下の設問に答えよ。(解答番号9〜16、103〜104)

1 摂関家中心の貴族政治がおとろえ、武士が勢いを強めた院政期には、台頭す
(ア)
る武士・庶民の動きが軍記物語や『今昔物語集』のような説話集、あるいは流行
歌としての (1) 、田楽などの庶民的芸能に表現された。このうち、
(1) は、後白河法皇が熱中し、法皇みずからが編さんした『梁塵秘抄』に
集大成され、今日までこの時代の人びとの息吹きを伝えている。その一方で、
藤原氏の繁栄を回顧する『 (2) 』などの漢文かなまじりの歴史物語もうま
れた。

　絵画では、説話や物語を大和絵の手法でえがき、絵と詞書を織りまぜながら
時間の進行を表現する絵巻物が発達した。平氏にあつく信仰された安芸の厳島
(イ)
神社には、当時の美術・工芸の最高水準を示す『平家納経』がおさめられ、平氏
の栄華を物語っている。また、奥州平泉の中尊寺金色堂や白水の阿弥陀堂、九
州豊後の富貴寺大堂などは、中央で流行した浄土信仰が全国各地に広まったこ
(ウ)
とを示している。

問1　空欄(1)に入る適切な用語を解答用紙裏面の解答欄に漢字で記入せよ。
　　(解答番号103)

問2　空欄(2)に入る、四鏡の最初とされる歴史物語名としてもっとも適切なも
　　のを一つ選んで、その記号を解答欄にマークせよ。(解答番号9)
　　A　大鏡　　　　　　B　増鏡　　　　　　C　今鏡
　　D　水鏡　　　　　　E　吾妻鏡

問3　下線部(ア)に関連して、下記の①から③はいずれも院政期の出来事であ
　　る。年代の古いものから順に並べたものとしてもっとも適切なものを一つ
　　選んで、その記号を解答欄にマークせよ。(解答番号10)
　　①　後三年の役終わる
　　②　藤原清衡、平泉に中尊寺金色堂創建
　　③　平治の乱おこる

〔選択肢〕

　A　①②③　　　　　B　①③②　　　　　C　②①③

　D　②③①　　　　　E　③①②　　　　　F　③②①

問 4　下線部(イ)に関連して、院政期の文化の絵巻物としてもっとも適切なもの
　　　を一つ選んで、その記号を解答欄にマークせよ。(解答番号 11)

　A　平治物語絵巻　　　B　北野天神縁起絵巻　C　石山寺縁起絵巻

　D　春日権現験記　　　E　信貴山縁起絵巻

問 5　下線部(ウ)に関連する記述の正誤の組み合わせとしてもっとも適切なもの
　　　を一つ選んで、その記号を解答欄にマークせよ。(解答番号 12)

　①　浄土教は、源信が平安京の市で念仏をすすめ、その後、空也が比叡山
　　　で『往生要集』を著し、念仏による救いを説いたことから広まった。

　②　藤原頼通が宇治にたてた平等院鳳凰堂の堂内には、寄木造の技法を用
　　　いて定朝がつくった金色にかがやく阿弥陀如来像が安置された。

〔選択肢〕

　A　①-正　②-正　　　B　①-正　②-誤

　C　①-誤　②-正　　　D　①-誤　②-誤

2　足利義満のあとをついだ将軍足利義持の時代は、将軍と有力守護の勢力が保
　(エ)
　たれ、比較的安定していた。しかし、1428(正長元)年、義持が後継者を指名し
　ないまま亡くなるなど、幕府政治に混乱が生じた。また、この年の秋、疫病の
　流行や飢饉などにより、社会不安が高まっていた。このような情勢のもとで、
　近江の民衆が借金の帳消しを求める　(3)　をスローガンに掲げて土一揆を
　おこした。このときの土一揆は、京都の土倉や酒屋などをおそって、実力で借
　金の帳消しを認めさせ、中央の政界に衝撃をあたえた。

　　6 代将軍足利義教は、将軍権力の強化をねらって専制的な政治をおこなっ
　た。1438(永享 10)年、義教は関東へ討伐軍を送り、翌年、幕府に反抗的な鎌
　倉公方足利持氏をほろぼした(永享の乱)。しかし、1441(嘉吉元)年、義教の政
　治に反発した有力守護の　(4)　は義教を暗殺した(嘉吉の変)。

　　嘉吉の変後、将軍権力は弱まっていった。8代将軍足利義政の時代には、政
治・社会が混乱するなかで、管領の細川勝元と四職の一人山名持豊が幕府の実
（オ）
権をにぎろうとして争い、両者の対立に将軍家や管領家のあとつぎ問題がから
み、ついに 1467（応仁元）年、応仁の乱がおこった。応仁の乱後、畿内や北陸
　　　　　　　　　　　　　　　　　　　　　　　　　　　　　　　　　（カ）
では、地方武士である国人が一揆を結んで守護に反抗し、倒そうとする動きさ
えおこった。

問 6　空欄(3)に入る適切な用語を解答用紙裏面の解答欄に漢字で記入せよ。
　　（解答番号 104）

問 7　空欄(4)に入る適切な人名を一つ選んで、その記号を解答欄にマークせ
　　よ。（解答番号 13）
　　A　赤松満祐　　　　　B　土岐康行　　　　　C　畠山持国
　　D　山名氏清　　　　　E　大内義弘

問 8　下線部(エ)に関連して、下記の①から③はいずれも足利義満と足利義持の
　　将軍在位中の出来事である。年代の古いものから順に並べたものとしても
　　っとも適切なものを一つ選んで、その記号を解答欄にマークせよ。（解答
　　番号 14）
　　①　南北朝が合一される
　　②　義満、明と国交を開く
　　③　応永の外寇おきる
　　〔選択肢〕
　　　A　①②③　　　　　B　①③②　　　　　C　②①③
　　　D　②③①　　　　　E　③①②　　　　　F　③②①

問 9　下線部(オ)に関連して、東山文化の建築・美術としてもっとも適切なもの
　　を一つ選んで、その記号を解答欄にマークせよ。（解答番号 15）
　　A　秋冬-山水図　　　B　瓢鮎図　　　　　C　南蛮人渡来図屏風
　　D　天龍寺庭園　　　　E　妙喜庵待庵

問10　下線部㈹に関連して記述した文章の正誤の組み合わせとしてもっとも適
　　切なものを一つ選んで、その記号を解答欄にマークせよ。(解答番号 16)

　　①　山城の守護である斯波氏の一族の内紛に際し、地域の国人たちは団結
　　　して一揆を結び、斯波氏の両軍を国外に追い出すことに成功した。

　　②　加賀では、一向宗の勢力を背景に、講によって強く結束し、強大にな
　　　った門徒が国人と結んでたち上がり、守護富樫氏を倒し、これ以後、約
　　　1 世紀のあいだ、加賀国は本願寺が事実上支配することになった。

〔選択肢〕

　　A　①-正　②-正　　　B　①-正　②-誤

　　C　①-誤　②-正　　　D　①-誤　②-誤

〔Ⅲ〕　次の 1 と 2 の文章を読み、以下の設問に答えよ。(解答番号 17〜24、105〜
　　106)

1　江戸期には、寛永の飢饉が転機となって、幕政の安定と領内経済の発展がは
　かられるようになった。諸大名は有能な家臣を補佐役にして領内の支配機構を
　整備し、藩主の権力を強化した。また治水工事・新田開発によって農業生産を
　　　　(ア)　　　　　　　　　　　　　　　　　　　　　　　　　　　　(イ)
　高めて財政の安定をはかった。

　　しかし、1732(享保 17)年には　　(1)　　で、いなごやうんか(稲の害虫)が
　大発生し、全国におよぶ飢饉となった(享保の大飢饉)。また、天明年間には浅
　間山噴火や冷害によって大飢饉(天明の大飢饉)がおこり、　　(2)　　地方を中
　心に多くの餓死者・病死者を出した。

　　松平定信は飢饉で危機におちいった農村を再興することによって幕府財政基
　盤を復旧しようとした。また飢饉に備えて、各地に社倉・義倉をつくらせて米
　　　　　　　　　　　　　　　　　　　　　　　(ウ)
　穀を蓄えさせた。

　　さらに、1833(天保 4)年には、天保の大飢饉がおこり、全国で多くの餓死者
　　　　　　　　　　　　　　　　(エ)
　が出た。1836(天保 7)年も大飢饉となり、甲斐国の郡内地方や三河国加茂郡で
　大規模な一揆がおこった。

問 1　空欄(1)と(2)に当てはまる用語の組み合わせとしてもっとも適切なものを一つ選んで、その記号を解答欄にマークせよ。(解答番号 17)

A　(1)　東日本　　　　(2)　奥羽

B　(1)　東日本　　　　(2)　山陰

C　(1)　西日本　　　　(2)　奥羽

D　(1)　西日本　　　　(2)　山陰

問 2　下線部(ア)に関連して、藩主に関する記述の正誤の組み合わせとしてもっとも適切なものを一つ選んで、その記号を解答欄にマークせよ。(解答番号 18)

①　池田光政は郷校閑谷学校を設けたほか、熊沢蕃山をまねいて重く用い、蕃山は花畠教場を設けた。

②　保科正之は山﨑闇斎に陽明学を学んで、多くの書物を著した。

③　徳川光圀は江戸に彰考館を設け、『大日本史』の編さんを開始し、明から亡命した頼山陽を学事に当たらせた。

〔選択肢〕

A　①-正　　　②-正　　　③-正

B　①-正　　　②-正　　　③-誤

C　①-正　　　②-誤　　　③-誤

D　①-正　　　②-誤　　　③-正

E　①-誤　　　②-正　　　③-正

F　①-誤　　　②-誤　　　③-正

G　①-誤　　　②-正　　　③-誤

H　①-誤　　　②-誤　　　③-誤

問 3　下線部(イ)に関連して、揚水に用いられた農具としてもっとも適切なものを一つ選んで、その記号を解答欄にマークせよ。(解答番号 19)

A　唐箕　　　　　　B　千石簁　　　　　　C　千歯扱

D　備中鍬　　　　　E　踏車　　　　　　　F　扱箸

問 4　下線部(ウ)に関連して、飢饉に備えるために米穀を供出させてたくわえることは何と呼ばれたか。解答用紙裏面の解答欄に漢字で記入せよ。(解答番号 105)

問 5　下線部(エ)に関連して、将軍徳川家斉の下で行われた政策に関する記述としてもっとも適切なものを一つ選んで、その記号を解答欄にマークせよ。(解答番号 20)

　　A　大坂堂島の米市場を公認する一方、米価の維持をはかった。また、年貢を定額とする定免制を実施して年貢の引き上げをはかった。

　　B　異国船打払令(無二念打払令)を出して、沿岸に近づこうとする外国船は事情のいかんを問わず打ち払うよう命じた。

　　C　株仲間解散令を出し、商人の自由な営業を認めるとともに、物価引き下げ令を出して、物価の安定をはかった。

　　D　海舶互市新例を出し、長崎貿易の額を制限した。

2　17世紀後半からは、経済と文化の先進地であった上方を中心として、寛永文化を継承・発展させたすぐれた文化が生まれた。これを元禄文化という。その特徴は、現世を「浮世」として肯定し、現実的・合理的な精神に貫かれていることである。現実をみすえた文芸作品がうみ出され、実証的な古典研究や実用的な学問が発達した。近松門左衛門は、現実の社会や歴史に題材を求め、義理と人情の板挟みに悩む人びとの姿を、人形浄瑠璃や歌舞伎の脚本によって描いた。近松門左衛門の作品には　(3)　をモデルにした『国性(姓)爺合戦』など歴史的事柄を扱った時代物などがある。また、近松門左衛門の作品は人形遣い辰松八郎兵衛らが演じ、　(4)　らによって語られて民衆の共感を呼んだ。美術・工芸では、上方の上層町人を中心に、華麗で洗練された作品が生み出された。

問 6　空欄(3)と(4)に当てはまる用語の組み合わせとしてもっとも適切なものを一つ選んで、その記号を解答欄にマークせよ。(解答番号 21)

　　A　(3)　李舜臣　　　　(4)　坂田藤十郎

　B　(3)　李舜臣　　　　　(4)　竹本義太夫

　C　(3)　鄭成功　　　　　(4)　坂田藤十郎

　D　(3)　鄭成功　　　　　(4)　竹本義太夫

問 7　下線部(オ)に関連して、江戸初期に俳諧では、洒落や滑稽によって句をつ
　　くる貞門派が形成された。貞門派を形成した人物名を解答用紙裏面の解答
　　欄に漢字四文字で記入せよ。(解答番号 106)

問 8　下線部(カ)に関連して、元禄文化に関する記述の正誤の組み合わせとして
　　もっとも適切なものを一つ選んで、その記号を解答欄にマークせよ。(解
　　答番号 22)

　①　『群書類従』を編さんした賀茂真淵は、幕府の援助により和学講談所を
　　　たて、古典や諸史料の収集と校訂をおこなった。

　②　中国漢代の医方をもとに実践を重んじる古医方がさかんとなり、本草
　　　学では貝原益軒が『大和本草』を刊行した。

　③　荻生徂徠は武士の土着が必要であると説いて、統治の具体性を説く経
　　　世論に道を開いた。また、江戸に私塾古義堂を開き、自説を講義した。

　〔選択肢〕

　　A　①-正　　　②-正　　　③-正

　　B　①-正　　　②-正　　　③-誤

　　C　①-正　　　②-誤　　　③-誤

　　D　①-正　　　②-誤　　　③-正

　　E　①-誤　　　②-正　　　③-正

　　F　①-誤　　　②-誤　　　③-正

　　G　①-誤　　　②-正　　　③-誤

　　H　①-誤　　　②-誤　　　③-誤

問 9　下線部(キ)に関連して、①から③は江戸時代の学問に関わる記述である。
　　年代の古いものから順に並べたものとしてもっとも適切なものを一つ選ん
　　で、その記号を解答欄にマークせよ。(解答番号 23)

①　新井白石は、イタリア人宣教師シドッチの尋問で得た知識をもとに『西洋紀聞』を著した。

②　渋川春海(安井算哲)が、従来の暦を観測によって修正し、貞享暦をつくった。

③　杉田玄白らは西洋医学の解剖書『解体新書』を訳述した。

〔選択肢〕

A　①②③　　　　　　B　①③②　　　　　　C　②①③

D　②③①　　　　　　E　③①②　　　　　　F　③②①

問10　下線部(ク)に関連して、元禄期の美術・工芸に関する記述として適切でないものを一つ選んで、その記号を解答欄にマークせよ。(解答番号 24)

A　『見返り美人図』は町絵師菱川師宣の作であり、ふと振り返ったポーズをたくみにとらえている。

B　『燕子花図屏風』は尾形光琳の作であり、『伊勢物語』の三河八橋の描写に取材したものである。

C　『色絵月梅図茶壺』は野々村仁清の作であり、酒井田柿右衛門が完成させた上絵付けをもとにしてつくりあげられた、蒔絵風の図柄の陶磁器である。

D　『洛中洛外図屏風』は住吉如慶の作であり、京都内外の名所や市民生活を描いた屏風図である。

〔Ⅳ〕　次の 1 と 2 の文章を読み、以下の設問に答えよ。(解答番号 25～32、107～
　　108)

1　1880 年代前半にいわゆる<u>松方財政</u>が展開され、一時はデフレと不況が深刻
　　　　　　　　　　　　　　(ア)
となった。しかし、貿易が輸出超過に転じ、銀本位制も確立すると物価が安定
し、金利が低下して株式取引も活発になり、産業界は活気づいた。1886～89
(明治 19～22)年には鉄道や紡績を中心に会社設立ブームがおこり(最初の企業
勃興)、機械技術を本格的に用いる産業革命が日本でも始まった。ブームは株
式への払込みが集中し、金融機関の資金が不足したところへ、前年の凶作と生
糸輸出の半減が加わって挫折した(1890 年恐慌)。これを機に日本銀行は、普
通銀行を通じて産業界に資金を供給する態勢を整えた。

　　　<u>日清戦争</u>の勝利で清国から巨額の賠償金を得た政府は、これをもとに戦後経
　　(イ)
営に取り組み、軍備拡張を推進するとともに、金融・貿易の制度面の整備をは
かった。1897(明治 30)年に　　(1)　　を制定し、賠償金の一部を準備金とし
て、欧米諸国にならった<u>金本位制</u>を採用し、貨幣価値の安定と貿易の振興をは
　　　　　　　　　　　　(ウ)
かった。また、特定の分野に資金を供給する<u>特殊銀行</u>の設立も進めた。
　　　　　　　　　　　　　　　　　　　　　(エ)

問 1　空欄(1)に入る名称を解答用紙裏面の解答欄に漢字三文字で記入せよ。
　　　(解答番号 107)

問 2　下線部(ア)に関連して、次の図 1 は松方正義大蔵卿が実施した紙幣整理の
　　　動向を表したものである。図中の①と③に当てはまる用語の組み合わせと
　　　してもっとも適切なものを一つ選んで、その記号を解答欄にマークせよ。
　　　(解答番号 25)

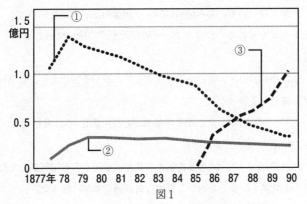

図 1

出典：『近代日本経済史要覧』

〔選択肢〕

A　① 政府紙幣現在高　　③ 日本銀行券現在高

B　① 政府紙幣現在高　　③ 国立銀行券現在高

C　① 国立銀行券現在高　　③ 政府紙幣現在高

D　① 国立銀行券現在高　　③ 日本銀行券現在高

E　① 日本銀行券現在高　　③ 政府紙幣現在高

F　① 日本銀行券現在高　　③ 国立銀行券現在高

問 3　下線部(イ)に関連して、日清戦争に関する記述としてもっとも適切なもの
　　　を一つ選んで、その記号を解答欄にマークせよ。（解答番号 26）

A　第 2 次伊藤博文内閣の外相陸奥宗光は、日清戦争の直前に、関税自主
　　権の回復を内容とする日英通商航海条約の調印に成功した。

B　日清戦争は日本の勝利に終わり、日本全権伊藤博文・陸奥宗光と清国
　　全権李承晩とのあいだで下関条約が結ばれて講和が成立した。

C　下関条約の内容は、清が朝鮮の独立を認め、遼東半島・台湾・澎湖諸
　　島を日本に割譲し、賠償金 2 億両を支払い、沙市・重慶・蘇州・杭州を
　　開市・開港することなどであった。

D　日清戦争の戦費は約 4 億円余りで、当時の国家歳入の約 4 倍強という
　　多額であった。

問 4　下線部(ウ)について、金本位制に関する記述の正誤の組み合わせとしてもっとも適切なものを一つ選んで、その記号を解答欄にマークせよ。(解答番号 27)

① 1871(明治 4)年、新貨条例で金本位制の採用を定めたが、金準備の不足で確立しなかった。

② 1930(昭和 5)年、浜口雄幸内閣は 1917(大正 6)年以来禁止していた金の輸出を認めた(金解禁)。

③ 1931(昭和 6)年、斎藤実内閣の高橋是清蔵相が金輸出再禁止を行い、円の金兌換も停止したので、日本は管理通貨体制に移った。

〔選択肢〕

A　①-正　　②-正　　③-正

B　①-正　　②-正　　③-誤

C　①-正　　②-誤　　③-誤

D　①-正　　②-誤　　③-正

E　①-誤　　②-正　　③-正

F　①-誤　　②-誤　　③-正

G　①-誤　　②-正　　③-誤

H　①-誤　　②-誤　　③-誤

問 5　下線部(エ)について、特殊銀行として適切でないものを一つ選んで、その記号を解答欄にマークせよ。(解答番号 28)

A　日本勧業銀行　　　B　日本興業銀行　　　C　台湾銀行

D　横浜正金銀行　　　E　第一銀行

2　　(2)　　内閣は、1925(大正 14)年、選挙資格の納税上の制限を撤廃し、25 歳以上の男子に選挙権を認める普通選挙法を、貴族院や枢密院の抵抗をおしきって成立させた。これによって、政治にひろく民意が反映される道が開かれた。普通選挙法による最初の総選挙は、1928(昭和 3)年に実施され、社会運(オ)
動や労働運動の指導者らが結成した無産政党からも 8 人が当選した。(カ)
　しかし、普通選挙法と同時に治安維持法が制定され、学生を中心にひろがり

をみせていた共産主義思想への取り締まりが強められた。立憲政友会の田中義
一内閣は、治安維持法をあらためて、最高刑を死刑に引きあげ、道府県に思想
・言論・政治活動をとりしまる特別高等警察(特高)をおいた。
_(キ) _(ク)

問6　空欄(2)に入る人物名を解答用紙裏面の解答欄に漢字四文字で記入せよ。
　　(解答番号 108)

問7　下線部(オ)について、普通選挙法による最初の総選挙において、全人口に
　　占める有権者の割合としてもっとも適切なものを一つ選んで、その記号を
　　解答欄にマークせよ。(解答番号 29)
　　A　約1％　　　　　　B　約2％　　　　　　C　約6％
　　D　約21％　　　　　　E　約50％

問8　下線部(カ)について、1920 年代に設立された無産政党として適切でない
　　ものを一つ選んで、その記号を解答欄にマークせよ。(解答番号 30)
　　A　労働農民党　　　　B　社会民衆党　　　　C　日本労農党
　　D　日本無産党　　　　E　日本大衆党

問9　下線部(キ)に関連して、立憲政友会に関する記述として適切でないものを
　　一つ選んで、その記号を解答欄にマークせよ。(解答番号 31)
　　A　立憲政友会は、伊藤博文を総裁に伊藤系官僚と憲政党を中心に結党さ
　　　れた。
　　B　幸徳秋水は『万朝報』に「自由党を祭る文」を発表し、自由党の後身憲政
　　　党が藩閥と妥協したことを批判した。
　　C　立憲政友会は、昭和初期に立憲民政党と二大政党時代を現出し、新体
　　　制運動で解党した。
　　D　立憲政友会の浜口雄幸内閣は、大蔵大臣に井上準之助を起用し、日本
　　　経済を根本的に立て直そうとした。

問10　下線部(ク)について、田中義一内閣に関する記述の正誤の組み合わせとし
　　てもっとも適切なものを一つ選んで、その記号を解答欄にマークせよ。

(解答番号 32)

① 田中義一内閣は、最初の普通選挙の直後(三・一五事件)、およびその1年後(四・一六事件)に全国にわたって共産党員の大量検挙を行った。

② 田中義一内閣は、パリでひらかれた不戦条約会議に参加して、戦争放棄に関する条約(パリ不戦条約)に調印した。

③ 田中義一内閣は、3週間のモラトリアムを発し、日本銀行から巨額の救済融資をおこない、全国的に広がった金融恐慌をようやくしずめた。

〔選択肢〕

A ①-正 ②-正 ③-正

B ①-正 ②-正 ③-誤

C ①-正 ②-誤 ③-誤

D ①-正 ②-誤 ③-正

E ①-誤 ②-正 ③-正

F ①-誤 ②-誤 ③-正

G ①-誤 ②-正 ③-誤

H ①-誤 ②-誤 ③-誤

〔Ⅴ〕 次の１と２の文章を読み、以下の設問に答えよ。（解答番号 33～40、109～110）

1 　1927（昭和２）年、議会で震災手形の処理法案を審議する過程で、　(1)　蔵相の失言から、一部の銀行の不良な経営状態が暴かれ、ついに取付け騒ぎがおこって銀行の休業が続出した（金融恐慌）。時の若槻礼次郎内閣は、経営が破綻した鈴木商店に対する巨額の不良債権を抱えた台湾銀行を緊急勅令によって救済しようとしたが、枢密院の了承が得られず、総辞職した。

　　その後、1929（昭和４）年10月にニューヨークのウォール街で始まった株価暴落が世界恐慌に発展していたため、日本経済は深刻な恐慌状態におちいった（昭和恐慌）。輸出が大きく減少し、正貨は大量に海外に流出して、企業の操業短縮、倒産があいつぎ、産業合理化によって賃金引下げ、人員整理がおこなわれて、失業者が増大した。政府は1931（昭和６）年、　(2)　を制定し、指定産業での不況カルテルの結成を容認したが、これが統制経済の先駆けとなった。

　　農村では、不況のために兼業の機会も少なくなったうえ、都市の失業者が帰農したため、東北地方を中心に農家の困窮は著しく（農業恐慌）、欠食児童や女子の身売りが続出した。

問 1　空欄(1)に入る人名としてもっとも適切なものを一つ選んで、その記号を解答欄にマークせよ。（解答番号 33）

　　A　浜口雄幸　　　　B　高橋是清　　　　C　井上準之助

　　D　石橋湛山　　　　E　片岡直温

問 2　空欄(2)に入る名称を解答用紙裏面の解答欄に漢字七文字で記入せよ。（解答番号 109）

問 3　下線部(ア)について、若槻礼次郎に関する記述の正誤の組み合わせとしてもっとも適切なものを一つ選んで、その記号を解答欄にマークせよ。（解答番号 34）

① 第 1 次若槻礼次郎内閣で外務大臣を務めた幣原喜重郎は、一貫して不干渉政策(協調外交)を堅持した。

② 第 2 次若槻礼次郎内閣は、陸軍の要求をいれて国家改造と現状打破をめざす勢力の中心と目されていた荒木貞夫を陸軍大臣にすえた。

③ 第 2 次若槻礼次郎内閣は、満州事変の拡大に大きな衝撃を受け、さらに閣内の不統一におちいって総辞職した。

〔選択肢〕

A ①-正　　②-正　　③-正

B ①-正　　②-正　　③-誤

C ①-正　　②-誤　　③-誤

D ①-正　　②-誤　　③-正

E ①-誤　　②-正　　③-正

F ①-誤　　②-正　　③-正

G ①-誤　　②-正　　③-誤

H ①-誤　　②-誤　　③-誤

問 4　下線部(イ)について、枢密院に関する記述の正誤の組み合わせとしてもっとも適切なものを一つ選んで、その記号を解答欄にマークせよ。(解答番号 35)

① 枢密院は明治憲法草案を審議するために設置され、初代議長は伊藤博文であった。

② 天皇の最高諮問機関として明治憲法で規定され、重要な国事を審議した。

③ 内閣の施策を左右する力を持ち、ロンドン海軍軍縮条約の統帥権干犯問題などで策動した。

〔選択肢〕

A ①-正　　②-正　　③-正

B ①-正　　②-正　　③-誤

C ①-正　　②-誤　　③-誤

D ①-正　　②-誤　　③-正

E　①-誤　　　②-正　　　③-正

F　①-誤　　　②-誤　　　③-正

G　①-誤　　　②-正　　　③-誤

H　①-誤　　　②-誤　　　③-誤

問 5　下線部(ウ)に関連して、次の図 1 は農産物生産価格の推移を表したもので
ある。図中の①から③に当てはまる農産物の組み合わせとしてもっとも適
切なものを一つ選んで、その記号を解答欄にマークせよ。（解答番号 36）

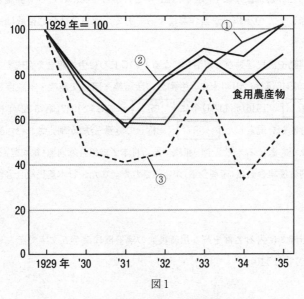

図 1

出典：『日本資本主義発達史』

〔選択肢〕

A　①　麦　　　②　米　　　③　繭

B　①　麦　　　②　繭　　　③　米

C　①　米　　　②　麦　　　③　繭

D　①　繭　　　②　麦　　　③　米

2　GHQは、日本の財閥は多角的に産業を独占し同族経営による封建的・閉鎖
(エ)
的な組織であるとして、1945(昭和20)年末に、財閥の解体を指令した。株式
(オ)
の保有によって多くの大企業を支配してきた財閥本社や財閥一族は、持株を売
却させられて本社機能が解体された。1947(昭和22)年には、財閥の復活を阻
止するため、持株会社やカルテル、トラストなどいっさいの独占的組織を禁止
した　(3)　と、これまで主要産業を独占してきた独占企業を分割するため
の過度経済力集中排除法が、日本政府によって制定された。

　GHQは、地主制が日本農村社会の民主化をさまたげてきたとして農地改革
(カ)
を指令した。農地改革は1946(昭和21)年2月から2回にわたって実施され、
その結果、多くの小作人が自作農になる一方で、地主の社会的権威は失われ
た。

　労働運動や農民運動などが活発になると、GHQは労働組合を育成する方針
をとり、1945(昭和20)年末に、労働者の団結権・団体交渉権・争議権を認め
る　(4)　、1946(昭和21)年に　(5)　、さらに1947(昭和22)年には、
8時間労働制を規定した　(6)　(総称して労働三法)が制定された。労働組
合の結成が急激にふえて、全国組織である日本労働組合総同盟(総同盟)と全日
本産業別労働組合会議(産別会議)が組織された。また、日本農民組合も結成さ
れた。

問6　空欄(3)に入る名称を解答用紙裏面の解答欄に漢字五文字で記入せよ。
　　(解答番号110)

問7　空欄(4)から(6)に当てはまる用語の組み合わせとしてもっとも適切なもの
　　を一つ選んで、その記号を解答欄にマークせよ。(解答番号37)

　　　A　(4)　労働組合法　　　(5)　労働関係調整法　　(6)　労働基準法

　　　B　(4)　労働組合法　　　(5)　労働基準法　　　　(6)　労働関係調整法

　　　C　(4)　労働関係調整法　(5)　労働組合法　　　　(6)　労働基準法

　　　D　(4)　労働関係調整法　(5)　労働基準法　　　　(6)　労働組合法

　　　E　(4)　労働基準法　　　(5)　労働組合法　　　　(6)　労働関係調整法

　　　F　(4)　労働基準法　　　(5)　労働関係調整法　　(6)　労働組合法

問 8 下線部(エ)について、ＧＨＱに関する記述の正誤の組み合わせとしてもっとも適切なものを一つ選んで、その記号を解答欄にマークせよ。(解答番号 38)

① 日本の場合、アメリカ軍による事実上の単独占領で、マッカーサー元帥を最高司令官とするＧＨＱの指令・勧告にもとづいて日本政府が政治をおこなう、間接統治の方法がとられた。

② ＧＨＱは、天皇制批判の自由、治安維持法・治安警察法の廃止、政治犯釈放、特別高等警察廃止などを内容とする覚書きを発し（人権指令）、幣原喜重郎内閣はこの指令を実行できないとして総辞職した。

③ ＧＨＱの政治犯釈放指令で出獄した徳田球一らにより、日本共産党がはじめて合法政党として再建された。

〔選択肢〕

A ①-正 ②-正 ③-正
B ①-正 ②-正 ③-誤
C ①-正 ②-誤 ③-誤
D ①-正 ②-誤 ③-正
E ①-誤 ②-正 ③-正
F ①-誤 ②-誤 ③-正
G ①-誤 ②-正 ③-誤
H ①-誤 ②-誤 ③-誤

問 9 下線部(オ)について、財閥解体に関する記述の正誤の組み合わせとしてもっとも適切なものを一つ選んで、その記号を解答欄にマークせよ。(解答番号 39)

① 三井・三菱・安田・日産の四大財閥をはじめ大企業の解体が指令され、持株会社整理委員会がその実施機関となった。

② 過度経済力集中排除法で数百社が企業分割の対象に指定されたが、実際に分割されたのは日本製鉄会社など十数社であった。

③ 銀行は対象とならなかったので、旧財閥系の銀行が経済界に大きな影響を残すことになった。

〔選択肢〕

A ①-正 ②-正 ③-正

B ①-正 ②-正 ③-誤

C ①-正 ②-誤 ③-誤

D ①-正 ②-誤 ③-正

E ①-誤 ②-正 ③-正

F ①-誤 ②-誤 ③-正

G ①-誤 ②-正 ③-誤

H ①-誤 ②-誤 ③-誤

問10 下線部(カ)について、農地改革に関する記述としてもっとも適切なものを
一つ選んで、その記号を解答欄にマークせよ。(解答番号 40)

A 第二次農地改革は、自作農創設特別措置法と農業基本法により実施さ
れた。

B 第二次農地改革では、不在地主の全小作地と在村地主の5町歩をこえ
る小作地の小作人への売り渡しをおもな内容とした。

C 第二次農地改革では、各市町村ごとに、地主5・自作農5・小作農5
の割合で選ばれた農地委員会が、農地の買収と売渡しに当たった。

D 第二次農地改革の結果、全農地の半分近くを占めていた小作地が1割
程度にまで減少し、農家の大半が1町歩未満の零細な自作農となった。

世界史

（2 科目 120 分）

〔Ⅰ〕　次の文章を読んで、下記の設問に答えなさい。

　　　前 8 世紀に首都　　(1)　　を攻略された周は、都を移したものの衰退し始め、
春秋・戦国時代に突入し、分裂と抗争の時代が続いた。この戦乱の続く時代の中
(ア)
で多様な思想がうまれ、諸子百家と総称される多くの思想家や学派が登場した。
　　　　　　　　　　　(イ)
　　　その後、乱立する諸国を征服して紀元前 221 年に秦が中国を統一した。秦は、
　　　　　　　　　　　　　　　　　　　　　　　　　　　(ウ)　　　　　　　(エ)
皇帝権力の絶対化と中央集権化をおし進めた。秦の滅亡後、漢が中国統一を達成
し、第 7 代皇帝である武帝の時代に最盛期を迎えた。　　(2)　　がたてた新を挟
　　　　　　　　　　(オ)　　　　　　　　　　　　　　　　　　　　　(カ)
んで、漢は長期にわたって広大な中国を支配した。また、この時代には、中国と
　　　　　　　　　　　　　　　　　　　　　　　　　　　　　　　　　　(キ)
中国以外の地域との関係もうまれるようになった。

　　　漢の時代には、その後の中国の国家体制の基礎が形成されただけでなく、学問
　　　　　　　　　　　　　　　　　　　　　　　　　　　　　　　　　　　　(ク)
も盛んで、文化面においても隆盛を極めた。

問 1　空欄(1)にあてはまる最も適した語句を解答欄(101)に漢字で記入しなさ
　　い。

問 2　下線部(ア)に関連し、**誤りのあるもの**を下から一つ選び、解答番号(1)の記号
　　にマークしなさい。

　　A　春秋時代には、7 つの強国が周王にかわって諸国を束ねた。

　　B　諸侯は、氏族制にとらわれず実力ある者を配下の官僚に登用した。

　　C　中国文化圏が拡大し、諸国間の交流によって「中国」としての一体感がう
　　　まれた。

　　D　鉄製農具の使用や牛に犂を引かせる耕作方法が始まって農業生産力がし
　　　だいに高まった。

問 3　下線部(イ)に関連し、①と②の文の正誤の組合せとして最も適したものを下
　　　から一つ選び、解答番号(2)の記号にマークしなさい。

　　　①　荀子は、万人のもつ血縁的愛情を重視する性善説を説いた。

　　　②　老子や荘子は、「道」への合一を求める道家を築いた。

　　　　A　①-正　②-正　　　　　　　　B　①-正　②-誤

　　　　C　①-誤　②-正　　　　　　　　D　①-誤　②-誤

問 4　下線部(ウ)に関連し、**誤りのあるもの**を下から一つ選び、解答番号(3)の記号
　　　にマークしなさい。

　　　A　華南を征服して南海など3郡をおいた。

　　　B　儒家の李斯を登用して富国強兵を進めた。

　　　C　長城を修築して匈奴の侵入に対抗した。

　　　D　始皇帝の死後、陳勝・呉広の乱が勃発し、衰退に向かった。

問 5　下線部(エ)に関連し、**誤りのあるもの**を下から一つ選び、解答番号(4)の記号
　　　にマークしなさい。

　　　A　中央から官僚を派遣して統治させる郡県制を全土に施行した。

　　　B　文字や度量衡の統一をはかった。

　　　C　五銖銭以外の通貨の使用を禁止した。

　　　D　医薬や占い、農業関係以外の書物を焼いて思想統制をおこなった。

問 6　下線部(オ)に関連し、**誤りのあるもの**を下から一つ選び、解答番号(5)の記号
　　　にマークしなさい。

　　　A　財政再建のため、塩・鉄・酒を専売とした。

　　　B　地方長官の推薦による官吏登用法である郷挙里選を導入した。

　　　C　呉楚七国の乱を鎮圧した。

　　　D　物資の流通の調整と物価の安定をはかるため均輸・平準法を実施した。

問 7　空欄(2)にあてはまる最も適した人物名を解答欄(102)に漢字で記入しなさ
　　　い。

問 8　下線部(カ)に関連し、①から③の出来事を年代の古い順に正しく並べたもの

　　　を、下から一つ選び、解答番号(6)の記号にマークしなさい。

　　①　党錮の禁

　　②　赤眉の乱

　　③　黄巾の乱

　　　A　①→②→③　　　　　　　　B　①→③→②

　　　C　②→①→③　　　　　　　　D　②→③→①

　　　E　③→①→②　　　　　　　　F　③→②→①

問 9　下線部(キ)に関連し、最も適したものを下から一つ選び、解答番号(7)の記号

　　　にマークしなさい。

　　A　前漢時代に、班超が西域に派遣された。

　　B　倭人の使者が高祖から金印を受けた。

　　C　光武帝が南越を征服して日南郡をおいた。

　　D　武帝は、衛氏朝鮮を滅亡させ、楽浪郡など4郡をおいた。

問10　下線部(ク)に関連し、最も適したものを下から一つ選び、解答番号(8)の記号

　　　にマークしなさい。

　　A　鄭玄の提案により儒学が官学とされた。

　　B　董仲舒らが、経典の字句解釈を重んずる訓詁学を発展させた。

　　C　班固が紀伝体で『漢書』をあらわした。

　　D　司馬遷が編年体で『史記』をまとめた。

〔Ⅱ〕　次の文章を読み、下記の設問に答えなさい。

　　キリスト教は、ローマ帝国の支配下にあったパレスチナで 1 世紀にうまれ、イ
　　　　　　　　（ア）
エスこそがユダヤ教徒が出現を待望していた救世主であり、十字架上の死によっ
　　　　　　（ウ）
て人類の罪を償ったとする信仰である。284 年に即位したディオクレティアヌス
　　　　　　　　　　　　　　　　　　　　　　　　　　　　　　（エ）
帝はキリスト教徒を迫害したが、コンスタンティヌス帝は、313 年にキリスト教
　　　　　　　　　　　　　（オ）
を公認した。

　　教義をめぐる対立を収拾するために招集された 325 年のニケーア公会議で、
　　(1)　　派が異端とされた。4 世紀後半に、　　(2)　　帝はローマ古来の多神
教の復興を企てたが失敗し、テオドシウス帝は、392 年にキリスト教を国教とし
た。431 年のエフェソス公会議で　　(3)　　派が異端とされ、451 年の　　(4)
公会議では、単性論が異端とされた。東ローマ帝国のユスティニアヌス帝は、6
　　　　　　　　　　　　　　　　　（カ）　　　　　　　（キ）
世紀に聖ソフィア聖堂を建立した。

問 1　下線部(ア)に関連し、①～③の出来事を年代の古い順に正しく並べたものを
　　　下から一つ選び、解答番号(9)の記号にマークしなさい。

　　①　剣闘士がスパルタクスに率いられて大反乱を起こした。

　　②　イタリア半島の同盟市がローマ市民権を求めて反乱を起こした。

　　③　グラックス兄弟が相次いで護民官に選ばれた。

　　　A　①→②→③　　　　　　　　　　B　①→③→②

　　　C　②→①→③　　　　　　　　　　D　②→③→①

　　　E　③→①→②　　　　　　　　　　F　③→②→①

問 2　下線部(イ)に関連し、①と②の文の正誤の組合せとして最も適したものを下
　　　から一つ選び、解答番号(10)の記号にマークしなさい。

　　①　権威主義と戒律主義に陥っていたユダヤ教を擁護した。

　　②　ローマの属州総督であるペテロによって処刑された。

　　　A　①－正　②－正　　　　　　　　B　①－正　②－誤

　　　C　①－誤　②－正　　　　　　　　D　①－誤　②－誤

問 3　下線部(ウ)に関連し、**誤りのあるもの**を下から一つ選び、解答番号(11)の記号
にマークしなさい。

 A　ヘブライ人(ユダヤ人)にとっての唯一神ヤハウェへの信仰を基に形成さ
  れた。

 B　ユダヤ人だけが救われるという選民思想や救世主を待望する信仰を特徴
  とする。

 C　『旧約聖書』を教典とする。

 D　イエスの教えを伝える『新約聖書』も教典としている。

問 4　下線部(エ)に関連し、**誤りのあるもの**を下から一つ選び、解答番号(12)の記号
にマークしなさい。

 A　帝国を東西に分け、それぞれを正帝と副帝の 2 人が統治する四帝分治制
  をしいた。

 B　属州の細分化を断行した。

 C　軍事機構や徴税機構の改革をおこなった。

 D　エジプトの宮廷儀礼を採用し、自らを臣下にドミヌスと呼ばせた。

問 5　下線部(オ)に関連し、**誤りのあるもの**を下から一つ選び、解答番号(13)の記号
にマークしなさい。

 A　徴税のために、自由身分の小作人であるコロヌスの移動を禁止した。

 B　異民族を兵士として受け入れ、強力な野戦機動部隊を創設した。

 C　ビザンティウムに遷都し、コンスタンティノープルと改称した。

 D　純度の高いソリドゥス銀貨を発行し、地中海の国際貿易の安定を図っ
  た。

問 6　空欄(1)と空欄(3)にあてはまる語句の組合せとして最も適したものを下から
一つ選び、解答番号(14)の記号にマークしなさい。

	(1)	(3)
A	アリウス	ネストリウス
B	アリウス	アタナシウス
C	ネストリウス	アリウス
D	ネストリウス	アタナシウス
E	アタナシウス	アリウス
F	アタナシウス	ネストリウス

問 7　空欄(2)にあてはまる最も適した人物名を解答番号(103)に記入しなさい。

問 8　空欄(4)にあてはまる最も適した地名を解答番号(104)に記入しなさい。

問 9　下線部(カ)に関連し、**誤りのあるもの**を下から一つ選び、解答番号(15)の記号にマークしなさい。

　　A　中国から養蚕技術を取り入れ、絹織物産業が発展した。

　　B　イスラーム勢力との対抗上、レオン 3 世は 726 年に聖像崇拝禁止令を発布した。

　　C　11 世紀末以降、軍役奉仕と引き換えに皇帝が貴族に領地を与える軍管区制を導入した。

　　D　1453 年にオスマン帝国に滅ぼされた。

問10　下線部(キ)に関連し、①と②の文の正誤の組合せとして最も適したものを下から一つ選び、解答番号(16)の記号にマークしなさい。

　　①　ローマ法を集大成した『ローマ法大全』の編纂を命じた。

　　②　ヴァンダル王国や西ゴート王国を滅ぼし、地中海の覇権を回復した。

　　A　①-正　②-正　　　　　　　　B　①-正　②-誤

　　C　①-誤　②-正　　　　　　　　D　①-誤　②-誤

〔Ⅲ〕 次の文章（1～2）を読み、下記の設問に答えなさい。

1 4世紀後半以降、約200年におよぶゲルマン人の大移動が始まった。ゲルマ
(ア)
ン諸国家の大半が短命だったが、フランク王国は、最有力国として西ヨーロッ
パ世界の形成に大きな役割を果たした。481年にフランク王に即位した

　　(1)　　家のクローヴィスは、その後全フランクを統一した。8世紀になる
とフランク王国の実権は宮宰（宮廷の最高職）が握った。宮宰のカール＝マルテ
(イ)
ルは軍事力を強化し諸部族の統合を進めた。

　カール大帝によりフランク王国は最盛期を迎えたが、カールの死後フランク
王国は分裂することになる。東フランク王国では、カロリング朝の断絶後、王
(ウ)
は各部族を支配する諸侯の選挙で選ばれるようになった。東フランク王国では
ザクセン家のオットー1世が大諸侯の勢力をおさえた。
(エ)

問1 下線部(ア)に関連し、**誤りのあるもの**を下から一つ選び、解答番号(17)の記
号にマークしなさい。

A フランク人はガリア北部に建国した。

B 北イタリアにランゴバルド王国がたてられたのを最後に、民族大移動
の波は一応終息した。

C ブルグンド人はイベリア半島に建国した。

D アングル人とサクソン人は大ブリテン島にわたった。

問2 空欄(1)にあてはまる最も適した語句を解答番号(105)に記入しなさい。

問3 下線部(イ)に関連し、最も適したものを下から一つ選び、解答番号(18)の記
号にマークしなさい。

A イングランドからアルクインらの学者を宮廷に招いた。

B トゥール・ポワティエ間の戦いでウマイヤ朝軍を撃退した。

C 子のピピンはローマ教皇にシチリア島を寄進した。

D 孫のカールは、教皇グレゴリウス1世によりローマ皇帝の帝冠を与え
られた。

問 4　下線部(ウ)に関連し、①と②の文の正誤の組合せとして最も適したものを
　　　下から一つ選び、解答番号(19)の記号にマークしなさい。

　　①　ヴェルダン条約によりフランク王国は、西、中部、東の 3 国に分裂し
　　　　た。

　　②　メルセン条約により中部フランクの北部は東・西フランク王国に分割
　　　　・併合された。

　　A　①-正　②-正　　　　　　　　B　①-正　②-誤

　　C　①-誤　②-正　　　　　　　　D　①-誤　②-誤

問 5　下線部(エ)に関連し、①と②の文の正誤の組合せとして最も適したものを
　　　下から一つ選び、解答番号(20)の記号にマークしなさい。

　　①　レヒフェルトの戦いでイスラーム勢力を撃退した。

　　②　オットー 1 世の戴冠を起源とする神聖ローマ帝国は、1648 年のウェ
　　　　ストファリア条約により分裂状態が決定的となった。

　　A　①-正　②-正　　　　　　　　B　①-正　②-誤

　　C　①-誤　②-正　　　　　　　　D　①-誤　②-誤

2　11 世紀に東地中海沿岸に進出し聖地イェルサレムを支配下においたセルジ
ューク朝は、ビザンツ帝国もおびやかすことになった。教皇ウルバヌス 2 世
は、ビザンツ皇帝から救援の要請を受け、1095 年　　(2)　　宗教会議を招集
し、十字軍による聖地回復の聖戦をおこすことを提唱した。
　(オ)
　一方、西ヨーロッパの中世都市は、はじめ封建領主の保護と支配を受けてき
たが、商工業が発達するとしだいに領主支配からの自由と自治を求め始めた。
11～12 世紀以降、各地の都市はつぎつぎに自治を獲得し、自治都市となっ
　　　　　　　　　　　　　　　　　　　　　　　　　(カ)
た。自治運営の基礎になった組織がギルドと呼ばれる同業組合である。有力都
　　　　　　　　　　　　　(キ)
市は共通の利害のために都市同盟を結成することもあった。
　　　　　　　　　　　　(ク)

問 6　空欄(2)にあてはまる最も適した語句を解答番号(106)に記入しなさい。

問 7　下線部(オ)に関連し、**誤りのあるもの**を一つ選び、解答番号(21)の記号にマ

ークしなさい。

A　第 1 回十字軍はイェルサレムを占領しイェルサレム王国を建てた。

B　第 1 回十字軍の成功以後は十字軍はその大義を失った。

C　第 2 回十字軍は神聖ローマ皇帝コンラート 3 世とフランス王ルイ 7 世が率いた。

D　第 3 回十字軍はコンスタンティノープルを占領しラテン帝国を建てた。

問 8　下線部(カ)に関連し、①と②の文の正誤の組合せとして最も適したものを下から一つ選び、解答番号(22)の記号にマークしなさい。

①　北イタリア諸都市は領主である司教権力を倒してコムーネ(自治都市)を形成した。

②　ドイツ諸都市では、諸侯から特許状を得て帝国都市とよばれる自治都市がうまれた。

A　①-正　②-正　　　　　　　B　①-正　②-誤

C　①-誤　②-正　　　　　　　D　①-誤　②-誤

問 9　下線部(キ)に関連し、**誤りのあるもの**を一つ選び、解答番号(23)の記号にマークしなさい。

A　大商人などが相互扶助や市場独占を目的として商人ギルドを結成した。

B　手工業の親方たちは同職ギルドをつくった。

C　同職ギルドは市政への参加を求めて商人ギルドと争った。

D　同職ギルドでは、働き手である職人・徒弟は対等に扱われた。

問10　下線部(ク)に関連し、①と②の文の正誤の組合せとして最も適したものを下から一つ選び、解答番号(24)の記号にマークしなさい。

①　ドイツの諸都市は神聖ローマ皇帝に対抗するためロンバルディア同盟を結んだ。

②　北イタリアの諸都市はハンザ同盟を結んだ。

　　　　A　①-正　②-正　　　　　　　B　①-正　②-誤

　　　　C　①-誤　②-正　　　　　　　D　①-誤　②-誤

〔Ⅳ〕　次の文章（1～2）を読み、下記の設問に答えなさい。

1　15 世紀に入ると、ポルトガルは積極的に対外進出を行った。ポルトガルに
　　　　　　　　　　（ア）
　続いたのがスペインで、1492 年に　　(1)　　女王がコロンブスを大西洋に送
　り出した。スペインは、探検が進められていた地域が新大陸であることが明確
　になると、アメリカ大陸各地を支配下においた。スペイン支配の影響は経済面
　　　　　　（イ）
　でも大きく、1545 年には、ポトシ銀山から大量の銀がヨーロッパに流入し、
　　　　　　　　　　　　　（ウ）
　ヨーロッパ経済に大きな影響を与えた。

　　一方、銀を採掘するために多くの先住民が強制労働に狩り出され、鉱山で酷
　使されたために先住民の人口が激減した。かわりの労働力として、ヨーロッパ
　とアフリカとカリブ海を結ぶ多角的な貿易システム、いわゆる大西洋をめぐる
　　　　　　　　　　　　　　　　　　　　　　　　　　　　　　（エ）
　三角貿易の中でアフリカから新大陸に黒人奴隷が大量に輸入された。

問 1　下線部(ア)に関連し、①と②の文の正誤の組合せとして最も適したものを
　　　下から一つ選び、解答番号(25)の記号にマークしなさい。

　　①　カブラルが初めてアフリカ南端に到達し、インド航路開拓の可能性を
　　　　開いた。

　　②　バルトロメウ＝ディアスがブラジルに漂着し、ポルトガル領と宣言し
　　　　た。

　　　　A　①-正　②-正　　　　　　　B　①-正　②-誤

　　　　C　①-誤　②-正　　　　　　　D　①-誤　②-誤

問 2　空欄(1)にあてはまる最も適した人物名を解答番号(107)に記入しなさ
　　　い。

問 3　下線部(イ)に関連し、最も適したものを下から一つ選び、解答番号(26)の記

号にマークしなさい。

A　植民者に先住民の統治を委託するアシエンダ制が導入された。

B　スペインは、トルデシリャス条約でブラジルを獲得した。

C　ピサロがアステカ王国を破ってメキシコを征服した。

D　ラス＝カサスが先住民の奴隷化の廃止に努めた。

問 4　下線部(ウ)に関連し、**誤りのあるもの**を下から一つ選び、解答番号(27)の記号にマークしなさい。

A　フッガー家などの大富豪が没落した。

B　銀の大量流入による物価高騰のため、固定の貨幣地代で生活する領主層が没落した。

C　スペインは、マニラにおいて銀を使って中国の絹や陶磁器を購入した。

D　銀の大量流入によって金利が上昇し、ヨーロッパでは商工業が盛んになった。

問 5　下線部(エ)に関連し、**誤りのあるもの**を下から一つ選び、解答番号(28)の記号にマークしなさい。

A　黒人奴隷は、主にヨーロッパから輸出された武器や雑貨と交換された。

B　スペインは、黒人奴隷のほとんどを自国のアフリカの植民地から直接調達した。

C　新大陸では、黒人奴隷と砂糖や綿花などが交換された。

D　イギリスの三角貿易の拠点は、リヴァプールであった。

2　19 世紀に入ると<u>ラテンアメリカで独立運動が活発となった</u>。まず、ハイチ
　　　　　　　　(オ)
では指導者　(2)　が黒人の武装蜂起を指揮し、1804 年に独立が達成された。その後、ラテンアメリカ諸国で独立運動が急速に進展し、メキシコは 1821 年に独立を達成した。しかし、その後長期間にわたって独裁政治を展開したために、1910 年に<u>メキシコ革命</u>が勃発した。
　　　　　　　　　　　　　　　　(カ)

　　19世紀後半になると、アメリカはラテンアメリカ地域に積極的に進出する
ようになった。1898年にアメリカは<u>アメリカ＝スペイン戦争</u>に勝利して海外
　　　　　　　　　　　(キ)
進出に乗り出すが、これがカリブ海諸国への干渉の始まりであった。その後も
<u>アメリカは干渉を深めていった。</u>
(ク)

問 6　下線部(オ)に関連し、①～③の独立年を年代の古い順に正しく並べたもの
　　　を下から一つ選び、解答番号(29)の記号にマークしなさい。

　　　①　アルゼンチン

　　　②　ブラジル

　　　③　ボリビア

　　　A　①→②→③　　　　　　　　　B　①→③→②

　　　C　②→①→③　　　　　　　　　D　②→③→①

　　　E　③→①→②　　　　　　　　　F　③→②→①

問 7　空欄(2)に当てはまる最も適した人物名を解答番号(108)に記入しなさ
　　　い。

問 8　下線部(カ)に関連し、最も適したものを下から一つ選び、解答番号(30)の記
　　　号にマークしなさい。

　　　A　マデロが武装蜂起を呼びかけ独裁政権を打倒した。

　　　B　カランサは、農地改革を主張した。

　　　C　最終的にはサパタ派が勝利した。

　　　D　ディアスが、民主的なメキシコ憲法を制定した。

問 9　下線部(キ)に関連し、①と②の文の正誤の組合せとして最も適したものを
　　　下から一つ選び、解答番号(31)の記号にマークしなさい。

　　　①　フィリピン、プエルトリコ、ハワイがアメリカに割譲された。

　　　②　キューバは事実上アメリカの保護国となった。

　　　　A　①-正　②-正　　　　　　　B　①-正　②-誤

　　　　C　①-誤　②-正　　　　　　　D　①-誤　②-誤

問10　下線部(ク)に関連する説明として**誤りのあるもの**を下から一つ選び、解答
番号(32)の記号にマークしなさい。

A　コロンビアからのパナマの独立を支援した。

B　パナマからパナマ運河の工事権・租借権、管理運営権を獲得した。

C　マッキンリー大統領が、内戦状態のメキシコに軍事介入をした。

D　セオドア=ローズヴェルト大統領が、いわゆる棍棒外交と呼ばれる積
極外交を展開した。

〔Ⅴ〕　次の文章を読み、下記の設問に答えなさい。

　　イギリスの東インド会社は、当初は商業活動に従事していたが、徐々にインド
　　　　　　(ア)
の統治者へと変身していった。ムガル帝国は、第 6 代皇帝　　(1)　　の死後に弱
体化し、各地の地方勢力が台頭した。イギリスは、インドの支配をめぐってフラ
　　　　　　　　　　　　　　　　　　　　　　　　　　　　　(イ)
ンスを破り、地方勢力との戦争にも勝利を収め、19 世紀半ばまでにインド全域
　　　　　　(ウ)
を制圧した。

　　イギリス統治下のインドでは、地税を安定的に確保するための徴税制度が導入
　　　　　　　　　　　　　　　　　　　　　　　　　　　　　　　　(エ)
された。1857 年には、インド人傭兵(シパーヒー)による大反乱が発生し、それ
　　　　　　　　　　　　(オ)
を鎮圧したイギリスは、東インド会社を解散させ、　　(2)　　女王を皇帝とする
インド帝国を成立させた。1885 年にインド国民会議が結成された。また、イギ
(カ)　　　　　　　　　　　　　　　　　　　　　(キ)
リスは、ヒンドゥー教徒とイスラーム教徒を反目させるために、1905 年にベン
　　　　　　　　　　　　　　　　　　　　　　　　　　　　　　　　　　(ク)
ガル分割令を発表したが、後に撤回した。

問 1　下線部(ア)に関連し、オランダとフランスの東インド会社の拠点の組合せと
して最も適したものを下から一つ選び、解答番号(33)の記号にマークしなさ
い。

　　　　　オランダ　　　　　　フランス

A　バタヴィア　　　　　ポンディシェリ

B　ポンディシェリ　　　バタヴィア

C　マラッカ　　　　　　マドラス

D　マドラス　　　　　　マラッカ

問 2 空欄(1)にあてはまる最も適した人物名を解答番号(109)に記入しなさい。

問 3 下線部(イ)に関連し、①と②の文の正誤の組合せとして最も適したものを下から一つ選び、解答番号(34)の記号にマークしなさい。

① イギリスはプラッシーの戦いでフランスを破り、南インドの支配を確立した。

② イギリスはカーナティック戦争でフランスと同盟したベンガル太守軍を破った。

A ①-正 ②-正 B ①-正 ②-誤

C ①-誤 ②-正 D ①-誤 ②-誤

問 4 下線部(ウ)に関連し、①~③の戦争の開始年を年代の古い順に正しく並べたものを下から一つ選び、解答番号(35)の記号にマークしなさい。

① シク戦争

② マラーター戦争

③ マイソール戦争

A ①→②→③ B ①→③→②

C ②→①→③ D ②→③→①

E ③→①→② F ③→②→①

問 5 下線部(エ)に関連し、①と②の文の正誤の組合せとして最も適したものを下から一つ選び、解答番号(36)の記号にマークしなさい。

① ベンガル管区などでは、政府と耕作農民の間に立つ領主層を地主と認定して土地所有権を与え、納税させるライヤットワーリー制が実施された。

② マドラス管区などでは、実際の耕作者と見なした小経営の自作農に土地所有権を与え、納税者とするザミンダーリー制が実施された。

A ①-正 ②-正 B ①-正 ②-誤

C ①-誤 ②-正 D ①-誤 ②-誤

問 6 下線部(オ)に関連し、**誤りのあるもの**を下から一つ選び、解答番号(37)の記号

にマークしなさい。

A　シパーヒーは、主に下層カーストのヒンドゥー教徒と下層のイスラーム
　　教徒からなっていた。

B　反乱には、旧支配層や旧地主層など、イギリスの支配によって没落した
　　人々も参加した。

C　反乱軍はデリーを占拠し、ムガル皇帝を盟主として擁立した。

D　反乱を契機としてムガル皇帝が流刑に処せられ、ムガル帝国は滅亡し
　　た。

問 7　空欄(2)にあてはまる最も適した人物名を解答番号(110)に記入しなさい。

問 8　下線部(カ)に関連し、最も適したものを下から一つ選び、解答番号(38)の記号
　　にマークしなさい。

A　当初の首都はデリーで、後にカルカッタに遷都した。

B　インド人の総督は帝国の副王を兼任した。

C　インド人同士の対立を作り出す「分割統治」と呼ばれる政策がとられた。

D　アッサムに代表される北東インドのコーヒーなどのプランテーション農
　　業が展開された。

問 9　下線部(キ)に関連し、①と②の文の正誤の組合せとして最も適したものを下
　　から一つ選び、解答番号(39)の記号にマークしなさい。

①　当初はインド人の意見を諮問する機関で、イギリス統治を前提とした穏
　　健な要求を出していた。

②　穏健派にかわってガンディーらの急進派が主導権を握ると、反英傾向を
　　強めた。

A　①-正　②-正　　　　　　　　B　①-正　②-誤

C　①-誤　②-正　　　　　　　　D　①-誤　②-誤

問10　下線部(ク)に関連し、①と②の文の正誤の組合せとして最も適したものを下
　　から一つ選び、解答番号(40)の記号にマークしなさい。

①　国民会議は、英貨排斥、スワデーシ、スワラージ、民族教育の 4 綱領を
決議した。

②　イスラーム教徒は、反英的な全インド＝ムスリム連盟を結成した。

A　①-正　②-正　　　　　　　　B　①-正　②-誤

C　①-誤　②-正　　　　　　　　D　①-誤　②-誤

地理

（2 科目 120 分）

〔Ⅰ〕　次の地図を参照して、下記の設問に答えよ。

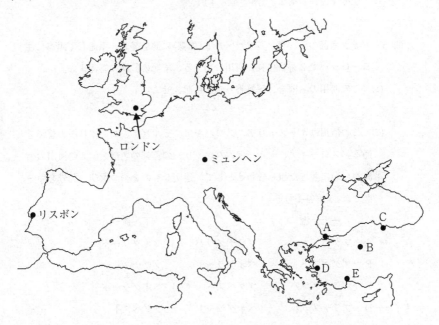

問 1　ウクライナの首都キーウ（キエフ）付近を通る北緯 50 度線上にある国の名前として、適切で*ない*ものを一つ選び、記号をマークせよ。（解答番号 1）

A　カザフスタン　　　　B　ジョージア　　　　C　中　国

D　モンゴル　　　　　　E　ロシア

問 2　キーウ（キエフ）付近を通る東経 30 度線上にある国の名前として、適切で*ない*ものを一つ選び、記号をマークせよ。（解答番号 2）

A　ウガンダ　　　　　　B　エジプト　　　　　C　エチオピア

D　スーダン　　　　　　E　南スーダン

問 3　ウクライナと国境を接する国の名前として、適切でないものを一つ選び、
　　　記号をマークせよ。(解答番号 3)

　　　A　ハンガリー　　　　　B　ブルガリア　　　　　C　ベラルーシ
　　　D　ポーランド　　　　　E　ルーマニア

問 4　地図中の A～E のうち、トルコの首都の位置として、適切なものを一つ選
　　　び、記号をマークせよ。(解答番号 4)

問 5　ドイツ南部のシュヴァルツヴァルト(黒森)に源を発し、東流して黒海に注
　　　ぐヨーロッパで 2 番目に長い河川に関する、下記の設問に答えよ。

　(1)　この河川の名前を、解答番号 101 に記入せよ。

　(2)　この河川はオーストリア、スロバキア、セルビア、ハンガリーの首都を
　　　通る。スロバキア、セルビア、ハンガリーの首都の名前を、この河川の上
　　　流から順に並べた組み合わせとして、適切なものを一つ選び、記号をマー
　　　クせよ。(解答番号 5)

	←上　流		下　流→
A	ブダペスト	ブラチスラバ	ベオグラード
B	ブダペスト	ベオグラード	ブラチスラバ
C	ブラチスラバ	ブダペスト	ベオグラード
D	ブラチスラバ	ベオグラード	ブダペスト
E	ベオグラード	ブダペスト	ブラチスラバ
F	ベオグラード	ブラチスラバ	ブダペスト

問 6　ヨーロッパの大部分の地域では、インド・ヨーロッパ語族に属するゲルマ
　　　ン語派、ラテン語派(ロマンス語派)、スラブ語派などの言語が話されている
　　　が、公用語がその他の語族や語派の言語である国も存在する。また、ヨーロ
　　　ッパにはキリスト教徒が多いが、キリスト教はさらにカトリック、プロテス
　　　タント、正教(東方正教)などに分かれる。ヨーロッパの国名と、その国の主
　　　な公用語の語族または語派、その国の主な宗教の組み合わせとして、適切で
　　　ないものを一つ選び、記号をマークせよ。(解答番号 6)

	国　名	公用語	宗　教
A	イタリア	ラテン語派	カトリック
B	セルビア	スラブ語派	正　教
C	ハンガリー	ウラル語族	プロテスタント
D	フィンランド	ウラル語族	プロテスタント
E	ポーランド	スラブ語派	カトリック
F	ルーマニア	ラテン語派	正　教

問 7　図 1 の①〜③は、地図中のミュンヘン、リスボン、ロンドンのいずれかに
　　　おける雨温図を示したものである。①〜③の雨温図に当てはまる都市名の組
　　　み合わせとして、適切なものを一つ選び、記号をマークせよ。(解答番号 7)

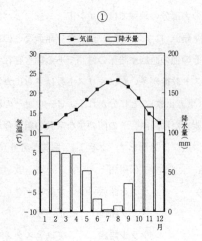

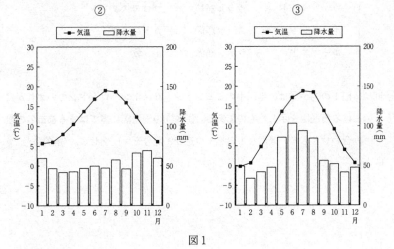

図1

統計年次：1991〜2020年の平均値。

資料：気象庁ウェブサイトの「世界の地点別平年値」より作成。

	①	②	③
A	ミュンヘン	リスボン	ロンドン
B	ミュンヘン	ロンドン	リスボン
C	リスボン	ミュンヘン	ロンドン
D	リスボン	ロンドン	ミュンヘン

E　ロンドン　　　　　ミュンヘン　　　　リスボン

F　ロンドン　　　　　リスボン　　　　　ミュンヘン

問 8　ウクライナからロシア南西部にかけて肥沃な黒色土が広く分布しており、
　　　農業生産が盛んである。この肥沃な黒色土を何と呼ぶか、カタカナ 7 文字で
　　　解答番号 102 に記入せよ。

問 9　図 2 は、ソ連解体後のアメリカ合衆国、ウクライナ、ロシアの小麦輸出量
　　　の推移を示したものである。①〜③に該当する国名の組み合わせとして、適
　　　切なものを一つ選び、記号をマークせよ。(解答番号 8)

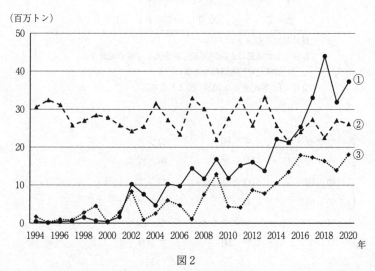

図 2

資料：*FAOSTAT, Trade* (2022 年 4 月 26 日更新版)より作成。

	①	②	③
A	アメリカ合衆国	ウクライナ	ロシア
B	アメリカ合衆国	ロシア	ウクライナ
C	ウクライナ	アメリカ合衆国	ロシア
D	ウクライナ	ロシア	アメリカ合衆国
E	ロシア	アメリカ合衆国	ウクライナ
F	ロシア	ウクライナ	アメリカ合衆国

問10　表1は、ウクライナ、中国、ロシアの一次エネルギー供給の構成を示した
　　　ものである。①〜③に該当する国名の組み合わせとして、適切なものを一つ
　　　選び、記号をマークせよ。(解答番号9)

表1

(単位：%)

	①	②	③
石　炭	61.9	30.0	15.7
石　油	19.1	14.3	19.5
天然ガス	7.2	27.4	54.5
原子力	2.4	23.7	7.1
その他	9.4	4.6	3.2
合　計	100.0	100.0	100.0

統計年次：2018年。
原注：この統計は、国内生産に輸出入と在庫の増減を
　　　加味した国内供給である。
資料：『世界国勢図会 2021/22』より作成。

	①	②	③
A	ウクライナ	中　国	ロシア
B	ウクライナ	ロシア	中　国
C	中　国	ウクライナ	ロシア
D	中　国	ロシア	ウクライナ
E	ロシア	ウクライナ	中　国
F	ロシア	中　国	ウクライナ

問11　表2は、世界の一次エネルギー生産の構成の推移を示したものである。①
　　　〜③に該当する一次エネルギーの組み合わせとして、適切なものを一つ選
　　　び、記号をマークせよ。(解答番号10)

表 2

(単位：%)

年	①	②	③	バイオ燃料と廃棄物	原子力	自然エネルギー
1990	37.7	26.2	19.0	8.5	6.0	2.6
2000	37.6	23.2	20.9	8.6	6.8	2.8
2010	32.2	29.0	21.4	8.6	5.6	3.2
2019	30.9	27.4	23.8	8.7	4.9	4.4

注：「バイオ燃料と廃棄物」は資料の "Biofuels and waste"、「自然エネルギー」は資料の "Electricity and heat" を訳したもの。自然エネルギーには水力、太陽光、風力、潮力、地熱などが含まれる。

資料：UN, *Energy Statistics Pocketbook 2022* より作成。

	①	②	③
A	石 炭	石 油	天然ガス
B	石 炭	天然ガス	石 油
C	石 油	石 炭	天然ガス
D	石 油	天然ガス	石 炭
E	天然ガス	石 炭	石 油
F	天然ガス	石 油	石 炭

〔Ⅱ〕　次の文章を読み、下記の設問に答えよ。

　　2022 年 6 月、第 9 回米州首脳会議が、アメリカ合衆国カリフォルニア州
ロサンゼルスで開かれた。本来、この首脳会議はアメリカ大陸、カリブ海地域の
（イ）
35 カ国が参加するが、アメリカ合衆国政府が民主主義の欠如を理由に、ベネズ
　　　　　　　　　　　　　　　　　　　　　　　　　　　　　　　　　　（ウ）
エラ、ニカラグア、キューバを招待しなかったため、メキシコ、ホンジュラス、
ボリビアなどが反発をして、これらの国々の首脳も欠席した。また、アメリカ合
衆国政府から制裁を受けているエルサルバドル、グアテマラも首脳が欠席した。
同会議において、バイデン米国大統領は経済協力の強化を表明した。会議の内容
　　　　　　　　　　　　　　　　　　（エ）
は移民問題が主であったが、気候変動対策、新型コロナウイルス感染症関係につ
　　　　　　　　　　　　　（オ）
いても話し合いが行われた。最終日には、移民問題や人権保護に関する共同宣言
「ロサンゼルス宣言」を発表した。共同宣言には、移民受け入れ国への経済支援等
　　　　　　　　　　　　　　　　　　　　　　　（カ）
が織り込まれており、20 カ国が同意した。会議はアメリカ合衆国と中南米諸国
との溝があるままで閉幕した。

問 1　下線部(ｱ)に関して、カリフォルニア州東部に連なる山脈の名前として、適
　　　切なものを一つ選び、記号をマークせよ。（解答番号 11）
　　　A　アパラチア山脈　　　　　　　B　海岸山脈
　　　C　カスケード山脈　　　　　　　D　シエラネヴァダ山脈
　　　E　ロッキー山脈

問 2　カリフォルニア州のサンフランシスコは、ケッペンの気候区分で地中海性
　　　気候に属する。地中海性気候に属する都市の名前として、適切なものを一つ
　　　選び、記号をマークせよ。（解答番号 12）
　　　A　アトランタ　　　　B　ウェリントン　　　C　カイロ
　　　D　パース　　　　　　E　ブエノスアイレス

問 3　カリフォルニア州の農業に関する記述として、適切なものを一つ選び、記
　　　号をマークせよ。（解答番号 13）
　　　A　春小麦生産地帯であり、大規模な企業的生産がなされており、小麦は日

　本にも輸出されている。

　B　豊富な飼料作物を背景に、フィードロットを利用した大規模な企業的牧
　　畜が発展しており、牛肉は日本にも輸出されている。

　C　ナッツ類(アーモンドなど)が多く生産され、アーモンドは日本にも輸出
　　されている。

　D　国内における州別の農産物販売額(2019 年)では、ニューヨーク州に次
　　ぐ 5 位である。

　E　豊富な地下水を利用した稲作が行われており、国内のアジア系住民が主
　　に消費している。

問 4　下線部(イ)に関して、ロサンゼルスの緯度に最も近い緯度にある都市とし
　　て、適切なものを一つ選び、記号をマークせよ。(解答番号 14)

　A　イスタンブール　　　　B　東　京　　　　　　C　ドーハ

　D　ペキン(北京)　　　　　E　ローマ

問 5　1994 年に発生したロサンゼルス大地震は、太平洋岸をはしる　　X
　　断層の活動によると考えられている。この断層は、ずれの向きから
　　　　Y　　　断層である。

　(1)　空欄　　　X　　　に当てはまる断層名を、カタカナで解答番号 103 に記
　　入せよ。

　(2)　空欄　　　Y　　　に当てはまる語句として、適切なものを一つ選び記号
　　をマークせよ。(解答番号 15)

　　A　横ずれ　　　　B　縦ずれ　　　　C　正　　　　　D　逆

問 6　大都市であるロサンゼルスは都市の成長に伴い、水の確保に苦労してき
　　た。カリフォルニア州北部からの導水に加え、アリゾナ州との州境を流れる
　　河川からも導水している。この河川名として、適切なものを一つ選び、記号
　　をマークせよ。(解答番号 16)

　A　コロラド川

B　コロンビア川

C　サクラメント川

D　リオグランデ川

E　ロサンゼルス川

問 7　ロサンゼルスに関する記述として、適切なものを一つ選び、記号をマーク
せよ。(解答番号 17)

A　多様な移民が居住している。地域ごとに、ダウンタウンはヨーロッパ
系、太平洋側港湾部はアジア系、郊外北部はヒスパニックが主に住んでい
る。

B　モータリゼーションが進んだ都市であり、かつては、車の排気ガスによ
って深刻な大気汚染が生じたことがある。

C　油田があり、石油化学工業が発展している。近年、国内第 1 位のシェー
ルガスの生産地となっている。

D　映像産業が有名であり、近年、ICT 産業、コンテンツ産業が立地を
し、有名大学周辺を含めて、シリコンヴァレーを形成している。

E　2 つの大陸横断鉄道の建設と金鉱の採掘によって礎が築かれ、今も陸、
海、空の交通の要所である。

問 8　下線部(ウ)に関して、表 1 はアルゼンチン、カナダ、ブラジル、ベネズエ
ラ、メキシコの 2010 年と 2020 年の原油産出量および 2020 年の可採埋蔵量
を示したものである。ベネズエラに該当するものを一つ選び、記号をマーク
せよ。(解答番号 18)

表 1

	原油産出量 (万 KL)		可採埋蔵量 (百万 KL)
	2010 年	2020 年	2020 年
A	15,948	24,110	27,078
B	11,920	17,161	2,022
C	14,950	9,928	920
D	12,924	3,044	48,305
E	3,488	2,793	395

資料：『世界国勢図会 2021/22』より作成。

問 9　下線部(エ)に関して、第 1 回米州首脳会議において、FTAA（米州自由貿易地域）が提起され、協議されたが、交渉は現在停止している。アメリカ合衆国主導への警戒感があったとされるが、南米においても地域経済統合が進んでいる。1995 年にブラジルとアルゼンチンが中心となり発足した域内自由貿易市場を目指す地域経済統合の名称として、適切なものを一つ選び、記号をマークせよ。（解答番号 19）

A　ALADI　　　　B　CAN　　　　C　MERCOSUR

D　NAFTA　　　　E　UNASUR

問10　下線部(オ)に関して、表 2 は、BRICS のうち、インド、中国、ブラジル、ロシアの 1 人当たり CO_2 排出量および GDP（国内総生産）当たり CO_2 排出量を示したものである。ブラジルに該当するものを一つ選び、記号をマークせよ。（解答番号 20）

表2

	1人当たり CO$_2$排出量(t)	GDP当たり CO$_2$排出量(kg)
A	10.99	1.12
B	6.84	0.71
C	1.94	0.23
D	1.71	0.89

統計年次：2018年。
注：「GDP当たり」は、2015年価格1米ドルGDP当たり。
資料：『世界国勢図会 2021/22』より作成。

問11　下線部(カ)に関して、移民受け入れ国　　X　　は、環境保護先進国とし
　　て知られ、エコツーリズムが盛んな中米の国である。空欄　　X　　に当
　　てはまる適切な国名を一つ選び、記号をマークせよ。(解答番号21)

　　A　エクアドル　　　　　B　ガイアナ　　　　　　C　コスタリカ

　　D　コロンビア　　　　　E　パナマ

問12　表3は、コロンビア、チリ、ペルーの輸出額および輸入額の上位5品目と
　　その割合を示したものである。①〜③に該当する国名の組み合わせとして適
　　切なものを一つ選び、記号をマークせよ。(解答番号22)

表3

（単位：％）

① 輸　出		① 輸　入	
銅　鉱	26.6	機械類	22.9
銅	21.5	自動車	12.1
野菜・果実	10.6	石油製品	6.6
魚介類	8.8	原　油	5.9
パルプ・古紙	3.9	衣　類	4.2

② 輸　出		② 輸　入	
原　油	32.9	機械類	22.5
石　炭	14.4	自動車	9.2
石油製品	7.5	石油製品	8.0
コーヒー豆	6.0	医薬品	5.4
金（非貨幣用）	4.5	有機化合物	4.1

③ 輸　出		③ 輸　入	
銅　鉱	26.5	機械類	22.9
金（非貨幣用）	14.6	自動車	9.0
野菜・果実	10.2	石油製品	7.8
石油製品	5.1	原　油	5.9
銅	4.4	プラスチック	4.0

統計年次：2019 年。
資料：『世界国勢図会 2021/22』より作成。

	①	②	③
A	コロンビア	チ　リ	ペルー
B	コロンビア	ペルー	チ　リ
C	チ　リ	コロンビア	ペルー
D	チ　リ	ペルー	コロンビア
E	ペルー	コロンビア	チ　リ
F	ペルー	チ　リ	コロンビア

〔Ⅲ〕　世界の農業と食料に関する、下記の設問に答えよ。

問 1　農業に関する記述として、適切なものを一つ選び、記号をマークせよ。
（解答番号 23）

A　作物の生育は、気温や降水量・地形・土壌など、自然条件の制約を強く
受けるが、家畜の飼養は、自然条件の制約を受けない。

B　農業はもともと、農産物を家族や小さな社会のなかで消費する自給的農業
として出発したが、現在では生産された農産物はすべて市場で販売される。

C　自然に生育する草と水を求めて広い地域を移動する牧畜を遊牧という。
乾燥地域や寒冷地域では水平移動が行われるが、高山地域では垂直移動が
みられる。

D　先進国では一般に GDP（国内総生産）に占める農業の割合が高いが、開
発途上国では一般に GDP に占める農業の割合が低い。

E　人口密度の高いアジアの農業は、集約的稲作農業と集約的畑作農業に大
別される。いずれも、小規模な農地に多くの労働力を投入するので、労働
生産性が高い。

問 2　プランテーション農業またはプランテーション作物に関する記述として、
適切でないものを一つ選び、記号をマークせよ。（解答番号 24）

A　プランテーション農業は、欧米諸国による植民地支配の過程で始まり、
独立後も主要な輸出部門となった例が多い。

B　フィリピンのバナナプランテーションは、アメリカ合衆国や日本の資本
により開発されたものである。

C　コーヒー豆は、主に熱帯の開発途上国で生産されるのに対して、販売先
や消費地は主に先進国に集中する。

D　茶は中国、インド、ケニアなどの国で、プランテーション作物として生
産されている。

E　20 世紀初頭にタイヤの原料である天然ゴムの需要が高まると、イギリス人
はマレー半島にゴム園を開き、インド人労働者を連れてきて生産を始めた。

問 3　アフリカ大陸では気候条件の違いなどにより、各地で様々な農業が行われ
ている。地中海沿岸の一部や南アフリカ共和国の南西部では　X　な
どを栽培する地中海式農業が行われている。ギニア湾岸の国々では
Y　の栽培が盛んで、主要な輸出品目となっている。サハラ砂漠周辺
の乾燥地域では遊牧のほか、地下水を利用した　Z　農業が行われて
いる。

(1)　空欄　X　に当てはまる語句として、適切なものを一つ選び、記
号をマークせよ。(解答番号 25)

A　大豆やナタネ

B　柑橘類やブドウ

C　テンサイやジャガイモ

D　リンゴやココヤシ

E　米やトウモロコシ

(2)　空欄　Y　に当てはまる語句として、適切なものを一つ選び、記
号をマークせよ。(解答番号 26)

A　タバコ　　　　　　　B　茶　　　　　　　C　切　花

D　カカオ豆　　　　　　E　ジュート

(3)　空欄　Z　に当てはまる適切な語句を、カタカナ 4 文字で解答番
号 104 に記入せよ。

問 4　ドイツやフランスなどに多くみられる混合農業は、地力の消耗を抑える輪
作や牧畜を組み合わせた農業として、中世ヨーロッパの　X　農業か
ら発達した農業形態である。空欄　X　に当てはまる適切な語句を、
漢字 3 文字で解答番号 105 に記入せよ。

問 5　図 1 は、イギリス、ドイツ、フランスの食料自給率(カロリーベース)の推
移を示したものである。①〜③に該当する国名の組み合わせとして、適切な
ものを一つ選び、記号をマークせよ。(解答番号 27)

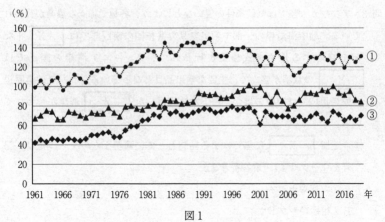

図1

資料：農林水産省「食料需給表(令和 3 年度)」より作成。

	①	②	③
A	イギリス	ドイツ	フランス
B	イギリス	フランス	ドイツ
C	ドイツ	イギリス	フランス
D	ドイツ	フランス	イギリス
E	フランス	イギリス	ドイツ
F	フランス	ドイツ	イギリス

問 6　中国の農業は、　　X　　を結ぶ線を境にして、南部では豊富な降水量を生かした稲作が盛んである。一方、北部では小麦やトウモロコシを中心とする畑作が盛んであるが、東北地方では近年、米の生産も増えている。空欄　　X　　に当てはまる語句として、適切なものを一つ選び、記号をマークせよ。(解答番号 28)

　　A　アムール川と大シンアンリン(大興安嶺)山脈

　　B　黄河(ホワンホー)とテンシャン(天山)山脈

　　C　チュー川(珠江)とナンリン(南嶺)山脈

　　D　長江(チャンチヤン)とクンルン(崑崙)山脈

　　E　ホワイ川(淮河)とチンリン(秦嶺)山脈

問 7　表 1 は、日本の牛肉、鶏肉、豚肉の輸入額上位 5 カ国とその割合を示した
　　ものである。下記の設問に答えよ。

表 1

（単位：%）

	①		②		③	
1 位	X	67.5	Y	42.2	Y	27.1
2 位	タ　イ	29.6	Z	40.5	カナダ	25.7
3 位	Y	2.3	カナダ	6.9	スペイン	13.4
4 位	トルコ	0.3	ニュージーランド	4.8	メキシコ	12.4
5 位	マレーシア	0.1	メキシコ	2.9	デンマーク	8.9

統計年次：2021 年。

資料：農林水産省「農林水産物輸出入概況 2021 年（令和 3 年）」より作成。

(1)　①〜③に該当する肉類の組み合わせとして、適切なものを一つ選び、記
　　号をマークせよ。（解答番号 29）

	①	②	③
A	牛　肉	鶏　肉	豚　肉
B	牛　肉	豚　肉	鶏　肉
C	鶏　肉	牛　肉	豚　肉
D	鶏　肉	豚　肉	牛　肉
E	豚　肉	牛　肉	鶏　肉
F	豚　肉	鶏　肉	牛　肉

(2)　X〜Z は、アメリカ合衆国、オーストラリア、ブラジルのいずれかであ
　　る。X〜Z に当てはまる国名の組み合わせとして、適切なものを一つ選
　　び、記号をマークせよ。（解答番号 30）

	X	Y	Z
A	アメリカ合衆国	オーストラリア	ブラジル
B	アメリカ合衆国	ブラジル	オーストラリア
C	オーストラリア	アメリカ合衆国	ブラジル
D	オーストラリア	ブラジル	アメリカ合衆国
E	ブラジル	アメリカ合衆国	オーストラリア
F	ブラジル	オーストラリア	アメリカ合衆国

問 8　表 2 は、世界の小麦、大豆、トウモロコシの生産量および生産量上位 5 カ
国を示したものである。①〜③に該当する作物名の組み合わせとして、適切
なものを一つ選び、記号をマークせよ。（解答番号 31）

表 2

	①	②	③
総生産量	1,162,353 千トン	760,926 千トン	353,464 千トン
1 位	アメリカ合衆国	中　国	ブラジル
2 位	中　国	インド	アメリカ合衆国
3 位	ブラジル	ロシア	アルゼンチン
4 位	アルゼンチン	アメリカ合衆国	中　国
5 位	ウクライナ	カナダ	インド

統計年次：2020 年。
資料：『日本国勢図会 2022/23』より作成。

	①	②	③
A	小　麦	大　豆	トウモロコシ
B	小　麦	トウモロコシ	大　豆
C	大　豆	小　麦	トウモロコシ
D	大　豆	トウモロコシ	小　麦
E	トウモロコシ	小　麦	大　豆
F	トウモロコシ	大　豆	小　麦

問 9　表 3 は、日本のトマト、ニンジン、レタスの収穫量および収穫量上位 5 道
　　　県とその割合を示したものである。①〜③に該当する作物名の組み合わせと
　　　して、適切なものを一つ選び、記号をマークせよ。（解答番号 32）

表3

（単位：%）

	①	②	③
全国の収穫量	706.0 千トン	585.9 千トン	563.9 千トン
1 位	熊　本　19.2	北海道　31.3	長　野　32.3
2 位	北海道　9.4	千　葉　18.0	茨　城　16.3
3 位	愛　知　6.1	徳　島　8.5	群　馬　9.7
4 位	茨　城　5.9	青　森　6.8	長　崎　6.4
5 位	栃　木　4.5	長　崎　5.3	兵　庫　5.2

統計年次：2020 年。
資料：『日本国勢図会 2022/23』より作成。

	①	②	③
A	トマト	ニンジン	レタス
B	トマト	レタス	ニンジン
C	ニンジン	トマト	レタス
D	ニンジン	レタス	トマト
E	レタス	トマト	ニンジン
F	レタス	ニンジン	トマト

〔Ⅳ〕　図1と図2の地形図を参照して、下記の設問に答えよ。

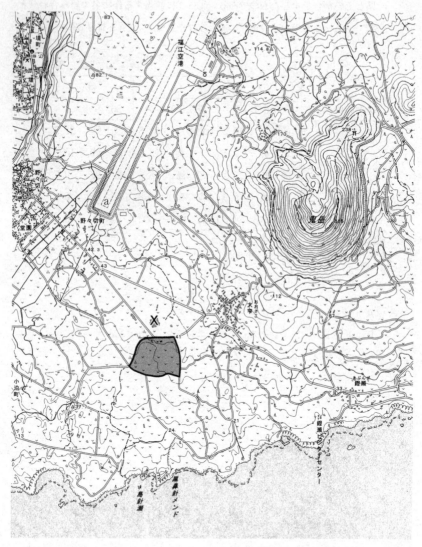

資料：国土地理院発行2万5千分の1地形図「崎山」（平成29年8月1日発行）を原寸で表示（一部加工）。

図1

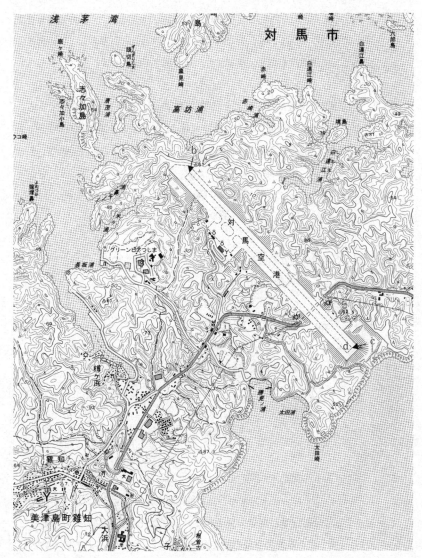

資料：国土地理院発行 2 万 5 千分の 1 地形図「鶏知」(平成 18 年 10 月 1 日発行)を原寸で表示(一部加工)。

図 2

(編集の都合上，80%に縮小──編集部)

問 1　図 1 にある「福江空港」と、図 2 にある「対馬空港」は、いずれも地方管理空港と位置づけられており、管理者は同じ一つの都道府県である。この都道府県名として適切なものを、解答番号 106 に漢字で記入せよ。

問 2　福江空港の位置は、おおよそ北緯 32 度 40 分、東経 128 度 50 分である。また、対馬空港の位置は、おおよそ北緯 34 度 20 分、東経 129 度 20 分である。2 つの空港間の実際の直線距離として、最も近いものを一つ選び、記号をマークせよ。(解答番号 33)

A　100 km　　　　　　B　200 km　　　　　　C　300 km

D　400 km　　　　　　E　500 km

問 3　図 1 の網掛け部分の実際の面積として、最も近いものを一つ選び、記号をマークせよ。(解答番号 34)

A　5 万 m²　　　　　　B　10 万 m²　　　　　　C　20 万 m²

D　50 万 m²　　　　　　E　100 万 m²

問 4　図 2 の b－c 間の実際の距離として、最も近いものを一つ選び、記号をマークせよ。(解答番号 35)

A　500 m　　　　　　B　1,000 m　　　　　　C　1,500 m

D　2,000 m　　　　　　E　2,500 m

問 5　図 1 にある福江空港の滑走路の a 付近には、「03」という数字がペイントされている。これは、進入方向から見た滑走路の方角を示したもので、真北を起点として時計回りに度数で表されている(ただし、一の位のゼロをとったもの)。図 2 にある対馬空港の滑走路の d 付近にペイントされている数字として、適切なものを一つ選び、記号をマークせよ。(解答番号 36)

A　04　　　　B　14　　　　C　22　　　　D　28　　　　E　32

問 6　福江空港と対馬空港のターミナルビル付近の地面の標高の組み合わせとして、適切なものを一つ選び、記号をマークせよ。(解答番号 37)

	福江空港	対馬空港
A	約 60 m	約 60 m
B	約 60 m	約 80 m
C	約 60 m	約 100 m
D	約 80 m	約 60 m
E	約 80 m	約 80 m
F	約 80 m	約 100 m

問 7　地図記号から判断して、福江空港と対馬空港のいずれにもある施設として、適切なものを一つ選び、記号をマークせよ。(解答番号 38)

A　警察署　　　　　　　B　交　番　　　　　　　C　消防署

D　電波塔　　　　　　　E　保健所

問 8　図1のXと、図2のYの場所には、地形図上では同じ地図記号が記されている。この地図記号は、高齢化社会の進展を反映したもので、図2の地形図の発行年から採用されたものである。適切なものを一つ選び、記号をマークせよ。(解答番号 39)

A　⌂　　　B　🏛　　　C　📖　　　D　⊞　　　E　⊕

問 9　図1と図2を見て分かることを表した記述として、適切でないものを一つ選び、記号をマークせよ。(解答番号 40)

A　福江空港は、鬼岳の裾野に建設された。

B　対馬空港は、山を切り開いて建設された。

C　福江空港と対馬空港のいずれも、滑走路の下をくぐりぬける道路のトンネルがある。

D　福江空港周辺には送電線がないのに対し、対馬空港では送電線が滑走路の下をくぐりぬけている。

E　福江空港の西側の土地利用として卓越しているのは、畑である。

F　対馬空港の周囲には、広葉樹林でなく針葉樹林が多い。

問10　対馬空港の北側の海岸地形を表す用語として、適切なものを一つ選び、記号をマークせよ。(解答番号 41)

A　エスチュアリー　　　　B　海岸段丘　　　　C　海岸平野

D　フィヨルド　　　　　　E　リアス海岸

問11　写真 1 は、図 1 にある鬼岳を撮影したものである。どの方角から撮影したものか、適切なものを一つ選び、記号をマークせよ。(解答番号 42)

写真 1

A　東　　　　　　B　西　　　　　　C　南　　　　　　D　北

問12　鬼岳とその周辺の火山は、「福江火山群」として活火山に指定されている。以下の中で活火山に指定されていないものを一つ選び、記号をマークせよ。(解答番号 43)

A　伊豆大島　　　　　B　口永良部島　　　　C　桜　島

D　三宅島　　　　　　E　宮古島

問13　福江空港には、この地域に育つ常緑樹の実(種子)から採れる油が特産品であることに由来する愛称が付けられている。以下の中から、適切なものを一つ選び、記号をマークせよ。(解答番号 44)

A　天草オリーブ空港

B　天草つばき空港

    C　天草パーム空港

    D　五島オリーブ空港

    E　五島つばき空港

    F　五島パーム空港

政治・経済

（2 科目 120 分）

〔Ⅰ〕 政治について、下記の設問に答えなさい。

問 1 社会契約説に関する説明として、次のなかから最も適切なものの記号を一つ選び、解答欄 1 にマークしなさい。

A 自然権は、国家が実定法によって国民に与えるべき権利として提唱された。

B ホッブズは、自然権を国家に譲渡することが「万人の万人に対する闘争」を生み出すと説いた。

C ロックは、政府が自然権を侵害した場合、国民には抵抗権が生じると説いた。

D ルソーは、フランス革命を経験したのちに『社会契約論』を書き、一般意思にもとづく人民主権を唱えた。

問 2 　　　　　制は、議会と内閣が一体性をもち、内閣は議会に連帯して責任を負う。他方で、大統領制は行政府の首長が立法府から独立しており、　　　　　制に比べて権力の分立を意図してつくられている。空欄　　　　　に入る語句を解答欄 101 に漢字で記入しなさい。

問 3 日本の選挙制度に関する記述として、次のなかから最も適切でないものの記号を一つ選び、解答欄 2 にマークしなさい。

A 中選挙区制は、同じ政党から複数の候補が立候補でき、かつて衆議院議員選挙でもこの制度がとられていた。

B 1994 年に小選挙区比例代表並立制が導入され、政党中心の選挙から候補者中心の選挙に変わることが期待された。

C　小選挙区制では、得票率と議席占有率の乖離が大きいことが指摘されている。

D　選挙区間における議員定数と有権者数の比率に不均衡が生じており、これについて最高裁判所は違憲の判決をくだしたこともある。

問 4　日本の行政に関する記述として、次のなかから最も適切でないものの記号を一つ選び、解答欄 3 にマークしなさい。

A　大日本帝国憲法と比べて、日本国憲法では内閣総理大臣による国務大臣に対する権限が強化されている。

B　現在の各省には大臣、副大臣、事務次官が置かれ、これらを政務三役という。

C　内閣不信任案可決の場合以外に内閣の発議にもとづき行われる解散は、日本国憲法第 7 条（天皇の国事行為）を根拠とするとされている。

D　日本国憲法が施行される以前の初代内閣総理大臣は伊藤博文である。

問 5　戦後の日本について、「55 年体制」とは 2 つの政党を中心とする政党政治のあり方を指すが、その政党の組み合わせとして、次のなかから最も適切なものの記号を一つ選び、解答欄 4 にマークしなさい。

A　自由民主党と日本社会党

B　自由民主党と日本共産党

C　自由民主党と公明党

D　自由民主党と民主党

問 6　日本の司法制度に関する記述として、次のなかから最も適切でないものの記号を一つ選び、解答欄 5 にマークしなさい。

A　日本国憲法は裁判官の職権の独立を保障しており、それを裏づけるために弾劾裁判所の設置を禁止した。

B　今日では、裁判で有罪が確定するまで被告人は無罪と推定されることが原則とされている。

C　明治期の大津事件では、内閣が死刑を主張したが、司法に対する不法な

　　干渉であるとして退けられた。

　　D　検察審査会は、検察官の不起訴処分の当否を一般市民が審査する制度である。

問 7　日本の刑事司法の原則として、次のなかから最も適切でないものの記号を一つ選び、解答欄 6 にマークしなさい。

　　A　法律で罪を定めておかなければ罰することができないという罪刑法定主義。

　　B　事後に制定された法で罰せられることはないという遡及処罰の禁止。

　　C　裁判が確定した後に同一事件で再び裁判にかけられることはないという一事不再理。

　　D　単独で刑罰を科すことが可能なものとして自白の証拠能力を認めるという証拠主義。

問 8　日本の地方自治に関する記述として、次のなかから最も適切でないものの記号を一つ選び、解答欄 7 にマークしなさい。

　　A　住民は首長と議会議員を直接選ぶことができ、これを二元代表制という。

　　B　地方分権一括法により、地方公共団体の活動は自治事務と法定受託事務とに整理された。

　　C　地方公共団体は条例制定権をもつが、違反行為に対して制裁を行うことはできない。

　　D　国政と違い、住民の直接請求権が認められている。

問 9　地方公共団体間の財政格差を是正するために、国が使途を指定せずに国税の一部から地方に交付する資金を　　　　　という。空欄　　　　　に入る語句を解答欄 102 に漢字で記入しなさい。

問10　日本国憲法に関する記述として、次のなかから最も適切でないものの記号を一つ選び、解答欄 8 にマークしなさい。

　　A　「法の下の平等」を原則として定め、生まれによって決定される条件や信
　　　　条を理由とする差別を否定している。

　　B　信教の自由は、「政教分離の原則」と一体の関係にあるとされている。

　　C　教育を受ける権利の最低限の保障として義務教育の無償を定めている。

　　D　すべての国民は憲法を尊重し、擁護する義務を負うものとされている。

〔Ⅱ〕　国際政治・経済について、下記の設問に答えなさい。

問11　三十年戦争を終結させた会議・会談として、最も適切なものの記号を一つ
　　　選び、解答欄9にマークしなさい。

　　A　ウェストファリア会議

　　B　パグウォッシュ会議

　　C　ハプスブルク会談

　　D　マルタ会談

問12　自然法に基づく国際法理論を築いたオランダ出身の法学者名として、最も
　　　適切なものの記号を一つ選び、解答欄10にマークしなさい。

　　A　グロティウス

　　B　ヴァッテル

　　C　マーシャル

　　D　ウイルソン

問13　国際連盟について述べたものとして、最も適切でないものの記号を一つ選
　　　び、解答欄11にマークしなさい。

　　A　はじめての国際平和機構である。

　　B　1920年に42か国の参加によって発足した。

　　C　国際連盟憲章では集団的自衛権の確立が明示された。

　　D　日本、ドイツ、イタリアが相次いで脱退した。

問14　軍縮の動きについて述べたものとして、最も適切でないものの記号を一つ
　　　選び、解答欄 12 にマークしなさい。

　　A　1963 年に米・ソ・英の 3 国で部分的核実験禁止条約が結ばれた。

　　B　1968 年に包括的核実験禁止条約が国連総会で採択された。

　　C　1983 年に中距離核戦力削減交渉が中断した。

　　D　1997 年に対人地雷全面禁止条約が調印された。

問15　リカードやその比較生産費説に関して述べたものとして、最も適切でない
　　　ものの記号を一つ選び、解答欄 13 にマークしなさい。

　　A　国際分業の利益を説明している。

　　B　リカードは 18 世紀後半から 19 世紀前半の人物である。

　　C　先進国相互での完成品や工業製品間の分業は垂直的分業という。

　　D　それぞれの国が比較優位にある商品に特化して生産すると生産合計量は
　　　　増える。

問16　アメリカドルと日本円の為替相場について、最も適切でないものの記号を
　　　一つ選び、解答欄 14 にマークしなさい。

　　A　為替相場が 1 ドル＝100 円から 1 ドル＝150 円になれば、円安になった
　　　　といえる。

　　B　円安になると、アメリカへの輸出が増える傾向にある。

　　C　円高になると、アメリカからの輸入品が購入しにくくなる。

　　D　ドルで預金をしている場合、円高になると円換算の預金額が減る。

問17　第二次世界大戦前後の国際経済体制について述べたものとして、最も適切
　　　でないものの記号を一つ選び、解答欄 15 にマークしなさい。

　　A　1930 年代の不況のなかで、資本主義列強は、金本位制度を廃止した。

　　B　ブロック経済の形成は、関税障壁を撤廃させ、戦前の世界貿易を活発化
　　　　させた。

　　C　戦後アメリカは、ヨーロッパに対してマーシャル・プランを実施した。

　　D　戦後アメリカは、日本に対してガリオア・エロアといった資金で援助を
　　　　おこなった。

問18　地域経済統合の動きについて述べたものとして、最も適切でないものの記号を一つ選び、解答欄 16 にマークしなさい。

A　1990 年代以降になると北米、アジア、中南米などで地域経済統合が注目されるようになった。

B　EPA では、モノだけでなく投資やヒトの移動の分野にまで交渉範囲が広がっている。

C　TPP11 協定はアメリカを含む 11 か国で 2018 年に発効した。

D　2019 年には日本と EU の間で、当時の世界貿易の約 4 割を占める EPA が発効した。

問19　1954 年に発効した難民条約において、難民を迫害するおそれのある国へ送還することを禁止する原則を何というか。解答欄 103 に記入しなさい。

問20　中国政府が、1997 年の香港返還に際し、香港に高い自治権と従前の生活を保証した制度の名称を解答欄 104 に記入しなさい(漢字 5 文字)。

〔Ⅲ〕 経済について、次の文章(平成30年度の状況)を読んで、下記の設問に答えなさい。

　我が国経済は、アベノミクスの取組の下、2012年末から緩やかな回復を続けており、名目GDPも過去最大を記録している。雇用・所得環境が着実に改善する中で、消費や投資といった国内需要が堅調に推移する一方、潜在成長率が実際のGDPの伸びに追いつかずGDPギャップがプラスとなっており、生産性の向上と労働参加の促進が喫緊の課題となっている。(中略)第一は、経済再生をより確かなものとし、景気回復の持続性を高めるため、家計や企業のデフレ・マインドを払しょくし、所得・収益の増加が消費や投資につながる好循環をさらに進展させることである。こうした観点からは、家計の所得・消費の動向、企業の収益・投資の動向、デフレ脱却・経済再生に向けた物価・賃金の動向において、それぞれプラスの動きが進展することが重要である。また、人手不足への対応や、各国の通商政策・海外経済の動向、為替レートなど金融資本市場の動向等が景気回復の持続性に与える影響にも留意する必要がある。第二は、技術革新や人生100年時代に対応した人づくりや多様な働き方を進めていくことである。人手不足や少子高齢化が進む中で、技術革新を生産性の向上や働き方の見直しにつなげるためには、技術革新を担う高度人材の育成に加え、IT等新技術に対応できる人材、機械に代替されにくいスキルを身に付けた人材を育成することが重要である。(後略)

(出典)『平成30年度年次経済財政報告』(経済白書)(一部改変)。

問21　下線部(ア)「アベノミクス」は近年の日本の経済政策の一つである。20世紀前半の世界の経済政策に関する記述として、最も適切でないものの記号を一つ選び、解答欄17にマークしなさい。

A　1929年の世界恐慌等によって小さな政府の限界が認識された。

B　F.ローズベルト大統領はニューディール政策を実施した。

C　イギリスの経済学者ケインズはマネタリストとして注目された。

D　有効需要を作り出すためには政府の公共事業等による積極的な介入も必

要とされた。

問22　下線部(イ)「消費」について述べたものとして最も適切でないものの記号を一
　　つ選び、解答欄 18 にマークしなさい。

A　経済学では、消費者はかぎられた資源のなかで最大の効用（満足）を得る
　　よう行動するとされている。

B　どれかを消費すればどれかをあきらめざるをえない状況をトレードオフ
　　の状況という。

C　大学進学（教育消費）をしなければ得られたであろう所得は、大学進学の
　　機会費用にはならない。

D　財の消費とサービスの消費の違いは有形の消費か無形の消費かの違いで
　　ある。

問23　下線部(ウ)は需要と供給のギャップについての一文である。需給量を調節す
　　る機能を持つ市場についての記述として最も適切でないものの記号を一つ選
　　び、解答欄 19 にマークしなさい。

A　超過需要の状態では価格が上昇する。

B　価格の上昇は供給量の増加を促す。

C　均衡価格では超過供給の状態が恒常化している。

D　寡占市場では市場の調節機能が十分に発揮されない傾向にある。

問24　下線部(エ)「労働参加」は労働者の権利に関わる問題である。労働者の権利に
　　関する記述として、最も適切でないものの記号を一つ選び、解答欄 20 にマー
　　クしなさい。

A　日本国憲法第 28 条に、団結権・団体交渉権・団体行動権の労働三権が
　　ある。

B　労働三法とは、労働基準法・労働関係調整法・労働組合法である。

C　1980 年代後半から生活給が重視され、職能給はほとんど見られなくな
　　った。

D　黄犬契約とは労働組合への不加入、脱退を条件として労働者を雇い入れ
　　る契約をいう。

問25　下線部(ｵ)「景気」に関連し、戦後日本の景気について述べたものとして、最も適切でないものの記号を一つ選び、解答欄 21 にマークしなさい。

A　神武景気、岩戸景気、オリンピック景気、いざなぎ景気という順で大型景気が実現した。

B　1973 年の石油危機を経て、1985 年以降の円高不況、1990 年代にはバブル崩壊による平成不況が生じた。

C　2001 年に安倍内閣は新自由主義的政策によって小さな政府へと構造改革を行った。

D　2008 年の世界金融危機は日本の景気にも大きな影響を与えた。

問26　下線部(ｶ)「デフレ」に関連して、インフレとデフレについて述べたものとして、最も適切でないものの記号を一つ選び、解答欄 22 にマークしなさい。

A　フィリップス曲線はインフレ率と失業率に正の相関があることを説明している。

B　デフレでの物価の下がり幅は、賃金の下がり幅に比べて大きくなる。

C　デフレでの物価の低下が、企業投資の抑制などを通じてさらにデフレを悪化させることをデフレスパイラルという。

D　物価上昇率に一定の水準の目標を設定する政策をインフレ目標政策という。

問27　下線部(ｷ)「投資」について、株価などの資産価値の値上がりによって得られる利益のことを何と呼ぶか、解答欄 105 に記入しなさい（カタカナ 8 文字）。

問28　下線部(ｸ)「金融資本市場」に関連して、日本の金融自由化についての記述として最も適切でないものの記号を一つ選び、解答欄 23 にマークしなさい。

A　1980 年代に入ると、外国からの日本に対する金融自由化の要求が強まった。

B　1984 年に初の日米円・ドル委員会が開かれた。

C　1997 年の金融不安の折に日本銀行法が改正された。

D　2005 年にペイオフが解禁され、日本版金融ビックバンが始まった。

問29　下線部㈎「技術革新」や資源の大規模な開発などをおもな要因とし、約50
　　　年の周期で好況期と後退期を循環する景気の長期循環波動のことを何と呼ぶ
　　　か、解答欄 106 に記入しなさい。

問30　下線部㈡「機械に代替」について、資本主義はそうした機械を持つ資本家階
　　　級と持たざる労働者階級との分化を加速させた。資本主義経済に関する記述
　　　として最も適切でないものの記号を一つ選び、解答欄 24 にマークしなさ
　　　い。

　　　A　18 世紀後半のドイツで起こった産業革命を契機に成立した。

　　　B　エンクロージャー（囲い込み）によって都市に労働者が流入した。

　　　C　マルクス経済学は資本主義の矛盾を指摘した。

　　　D　資本主義経済は、私有財産制と契約の自由という枠組みを前提とする。

〔Ⅳ〕　環境問題について、次の文章を読んで、下記の設問に答えなさい。

　　　私たちの暮らしは、森里川海からもたらされる自然の恵み（生態系サービス）に
　　　　　　　　　　　　　　　　　　　　　　　　　　　　（イ）
支えられています。
（ア）

　　　かつては、自然から得られる資源とエネルギーが地域の衣・食・住を支え、資
　　　　　　　　　　　　　　　　　　（ウ）
源は循環して利用されていました。それぞれの地域では、地形や気候、歴史や文
（エ）
化を反映し、多様で個性豊かな風土が形成されてきました。そして、地域の暮ら
しが持続可能であるために、森里川海を利用しながら管理する知恵や技術が地域
（オ）
で受け継がれ、自然と共生する暮らしが営まれてきました。

　　　しかし、戦後のエネルギー革命、工業化の進展、流通のグローバル化により、
　　　　　　　　　　　　　（カ）　　（キ）
私たちの暮らしは物質的な豊かさと便利さを手に入れ、生活水準が向上した一方
で、自然の恵みにあまり頼らなくても済む暮らしに変化していく中で、人口の都
市部への集中、開発や環境汚染、里地里山の管理不足による荒廃、海洋プラスチ
　　　　　　　　　（ク）
ックごみ、気候変動問題等の形で持続可能性を失ってしまいました。そして、持
　　　　　（ケ）
続可能性を失った経済社会は、新型コロナウイルス感染症に対しても脆弱である
ことが明らかとなりました。

持続可能な経済社会となるためには、地域においても経済社会を変革する「イ
ノベーション」が不可欠で、変革に向けたグランドデザインを描き、実行してい
く必要があります。

(出典)環境省「令和4年版　環境・循環型社会・生物多様性白書」(一部改変)。

問31　下線部(ア)「暮らし」に関する記述として、次のなかから最も適切でないもの
　　　の記号を一つ選び、解答欄25にマークしなさい。

　　　A　公害や都市問題が深刻になり、住民運動が広がったことを背景の一つと
　　　　して、革新自治体が誕生した。

　　　B　環境に配慮した購入活動を実践するグローバル・コンシューマー運動が
　　　　広がっている。

　　　C　循環型社会の形成に向けて、リデュース、リユース、リサイクルの3R
　　　　運動の展開が必要とされている。

　　　D　良好な環境を享受する権利といわれる新しい人権として、環境権が主張
　　　　されている。

問32　下線部(イ)「生態系」について、生物のもつ遺伝資源の利用から生じる利益の
　　　公正な配分を目的として　　　　　　条約が締結され、第10回締約国会議で
　　　は名古屋議定書が採択された。空欄　　　　　　に入る語句を解答欄107に漢
　　　字で記入しなさい。

問33　下線部(ウ)「エネルギー」について、再生可能エネルギーに該当するものとし
　　　て、次のなかから最も適切でないものの記号を一つ選び、解答欄26にマー
　　　クしなさい。

　　　A　原子力発電　　　B　地熱発電　　　C　水力発電　　　D　波力発電

問34　下線部(エ)「循環」について、循環型社会に関係する重要な法律の一つに環境
　　　基本法がある。環境基本法はある法律を発展的に解消するかたちで制定され
　　　たが、その法律として次のなかから最も適切なものの記号を一つ選び、解答

欄 27 にマークしなさい。

A　環境影響評価法

B　公害対策基本法

C　資源有効利用促進法

D　廃棄物処理法

問35　下線部(オ)「持続可能」について、人類共通の目標として「持続可能な発展」を宣言した国連環境開発会議の開催地として、次のなかから最も適切なものの記号を一つ選び、解答欄 28 にマークしなさい。

A　ストックホルム　　　　　　　B　モントリオール

C　ヨハネスブルグ　　　　　　　D　リオデジャネイロ

問36　下線部(カ)「エネルギー革命」について、これによって主たるエネルギー資源が石炭から石油へ取って代わった。石油輸出国カルテルの名称として、次のなかから最も適切なものの記号を一つ選び、解答欄 29 にマークしなさい。

A　ECSC　　　　　B　NIEO　　　　　C　EFTA　　　　　D　OPEC

問37　下線部(キ)「工業化」について、高度経済成長に付随して公害が社会問題となったが、4 大公害病の主要な被害地域がある自治体として次のなかから最も適切でないものの記号を一つ選び、解答欄 30 にマークしなさい。

A　東京都　　　　　B　富山県　　　　　C　新潟県　　　　　D　三重県

問38　下線部(ク)「環境汚染」について、公害規制と被害者救済に関する記述として、次のなかから最も適切でないものの記号を一つ選び、解答欄 31 にマークしなさい。

A　日本では、被害と企業活動に因果関係が認められても企業に過失がなければ、企業は賠償責任を負わない。

B　「汚染者負担の原則」は、汚染物質の社会的費用を市場に内部化するという考えにもとづいている。

C　日本では、金銭的補償は次善の手段で、被害者の原状回復を第一の被害

者救済にすべきことが原則とされている。

　　　D　深刻な損害が生じる恐れがある場合には、科学的な確実性が十分でなく
　　　　とも未然に防止する措置をとるべきとする原則を「予防原則」という。

問39　下線部(ケ)「気候変動問題」について、京都議定書が採択された時の内閣とし
　　　て、次のなかから最も適切なものの記号を一つ選び、解答欄32にマークし
　　　なさい。

　　　A　小泉内閣　　　　B　橋本内閣　　　　C　細川内閣　　　　D　村山内閣

問40　下線部(コ)「経済社会」に関して、公害は対価を受け取ることなく他の経済活
　　　動から生産や生活が悪影響を受ける外部不経済の典型例であるが、このよう
　　　にマーケットメカニズムがうまく機能しないケースを一般に　　　　　　とい
　　　う。空欄　　　　　に入る語句を解答欄108に5文字で記入しなさい。

〔Ⅴ〕　食料・農業・農村について、以下の文章を読んで、下記の設問に答えなさい。

　　　我が国の農林水産業・農山漁村は、国民に食料を安定的に供給するとともに地
　　域の経済を支えており、持続性に優れた生産装置である水田、世界に評価される
　　和食、美しい農山漁村風景、世界有数の森林・海洋資源などすばらしい潜在力を
　　有している。また、我が国の農林水産業の生産額は、世界で十指に入っており、
　　まさに世界的レベルの産業と言っても過言ではない。
　　　世界の食市場の拡大、高齢化等に伴う新たな国内ニーズ、平成の農地改革によ
　　る多様な主体の農業への参入など、農山漁村には新たな風が吹きつつあることか
　　ら、これらの機会をとらえ、その潜在力を活かし、次のような施策を大胆に展
　　開していく。
　　　経営感覚を持ち自らの判断で消費者・実需者ニーズの変化等に対応する「チャ
　　レンジする農林水産業経営者」が活躍できる環境を整備し、その潜在力を発揮さ
　　せることによって、ICT等も活用し、6次産業化や輸出促進をはじめ、付加価
　　値を高める新商品の開発や国内外の市場における　　1　　などを進める。併せ

て、農地の集約化等による生産コスト・流通コストの低減等を通じた所得の増加を進め、農林水産業の自立を図る観点から現行施策を見直す。これらを一体として進めることにより、農林水産業の産業としての競争力を強化する。
（オ）

　また、「強い農林水産業」とともに「美しく活力ある農山漁村」を実現するため、農林水産業と地域の活性化を表裏一体で進めていくことは重要であり、美しい　　2　　などの良好な景観を形成している農村が、構造改革が進む中でも多面的機能を維持・発揮できるようにする取組を進めるとともに、森林などの地域資
（カ）
源や地場産品を核として雇用を創出し地域で経済が循環する仕組みの確立にチャレンジするなど、農山漁村の有する潜在力を発揮するための施策を府省連携して進めていく。

　これらの産業政策と地域政策を車の両輪として、農業・農村全体の所得を今後10 年間で倍増させることを目指し、①国内外の需要の拡大、②需要と供給をつなぐ付加価値向上のための連鎖の構築など収入増大の取組を推進するとともに、農地中間管理機構を通じた農地の集約化などの生産コストの削減の取組や、経営所得安定対策と米の生産調整の見直しなどの③生産現場の強化、併せて、高齢化
（キ）
が進む農村を、構造改革を後押ししつつ将来世代に継承するための④農村の多面的機能の維持・発揮を図る取組を進める。この４つの柱を軸に政策を再構築し、若者たちが希望を持てる「強い農林水産業」と「美しく活力ある農山漁村」を創り上げる。これが農林水産行政の方針である。

　その成果を国民全体で実感できるものとすべく、農林水産業の成長産業化を我が国全体の成長に結びつけるとともに、食料自給率・自給力の維持向上を図るこ
（ク）
とにより国民の食を守り、美しく伝統ある農山漁村を将来にわたって継承していく。

（出典）農林水産業・地域の活力創造本部※「農林水産業・地域の活力創造プラン」
　　　（2022 年、一部改変）。

※この本部は政府により設置されている。

問41　下線部(ア)「世界に評価される和食」に関わり、「和食」が 2013 年にユネスコにより、「無形文化遺産」として登録された。このユネスコをめぐる説明とし

て最も適当でないものの記号を一つ選び、解答欄 33 にマークしなさい。

A 国際連合の専門機関であり、経済社会理事会の下におかれている。

B 諸国民の教育、科学、文化の協力と交流の促進に関わっている。

C ユネスコ憲章が 1945 年に制定されている。

D 「無形文化遺産」とともに「世界農業遺産」の登録を行っている。

問42 下線部(イ)「新たな国内ニーズ」は、食生活の変化により生じている。それに関わる記述として、最も適切でないものの記号を一つ選び、解答欄 34 にマークしなさい。

A 食生活の変化は、生活スタイルの変化や女性の社会進出と関連している。

B 豊かな食生活を目指して「食生活指針」を消費者庁が設定した。

C 長期的には、「中食」「外食」の頻度が高まるという食の外部化が進行している。

D 最近の食生活の特徴を表す用語として「孤食」「欠食」がある。

問43 下線部(ウ)「平成の農地改革」に関わり、昭和の時代にはより大きな農地改革が行われた。それに関わる記述として、最も適切でないものの記号を一つ選び、解答欄 35 にマークしなさい。

A 農地改革により、寄生地主制が解体された。

B 農地改革により、多くの小作農が自作農となった。

C 農地改革により、農家の農業生産の意欲が高まった。

D 農地改革の成果を恒久化するために農業基本法が制定された。

問44 下線部(エ)「輸出」に関わり、わが国の農産物・食品の輸出に関する記述で、最も適切なものの記号を一つ選び、解答欄 36 にマークしなさい。

A わが国の農産物・食品輸出額と農産物輸入額はほぼ同水準である。

B わが国の農産物・食品輸出は日系人が多い、ブラジルが中心である。

C わが国の農産物・食品輸出額では、加工食品が約半分を占めている。

D わが国の農産物・食品輸出は、セーフガードにより禁止されたことがある。

問45　空欄　　1　　に入る最も適切な用語の記号を一つ選び、解答欄 37 にマークしなさい。

A　事業選択　　　B　需要開拓　　　C　直接投資　　　D　生産者支援

問46　下線部(オ)「競争力」に関わり、国際競争力を考えた場合、その記述として、最も適切なものの記号を一つ選び、解答欄 38 にマークしなさい。

A　日本で円高になると、日本の農産物の国際競争力が高まる。

B　国際競争力が弱い産業では、自国の輸入関税を削減すると、競争力は強化される。

C　国際競争力は、製品の製造コストの他に、為替レートにより変動する。

D　日本の農産物の国際競争力が弱いのは、その品質が劣るからである。

問47　空欄　　2　　にあてはまる、傾斜地に等高線に沿ってつくられた稲作地を表す用語を漢字 2 字で、解答欄 109 に記入しなさい。

問48　下線部(カ)「多面的機能」に関わり、その説明として、最も適切でないものの記号を一つ選び、解答欄 39 にマークしなさい。

A　多面的機能は農業・農村だけでなく、水産業・漁村にもある。

B　多面的機能の多くは、供給者以外にも利益が及ぶ外部経済である。

C　水田に関わる多面的機能として、保水機能による洪水の発生防止がある。

D　多面的機能は経済(貨幣)評価されることがあるが、その値は GDP に含まれる。

問49　下線部(キ)「米」に関わり、その需給や価格の安定化のために役割を果たした制度が 1995 年に廃止された。その名前を解答欄 110 に漢字 6 文字で記入しなさい。そこには「制度」(2 文字)を含めること。

問50　下線部(ク)「食料自給率」に関わり、品目別の値(2020 年度)として、適切な組み合わせの記号を一つ選び、解答欄 40 にマークしなさい。

A 　米 97 % 　　小麦 6 % 　　肉類 38 %

B 　米 97 % 　　小麦 15 % 　　肉類 53 %

C 　大豆 15 % 　　野菜 80 % 　　果実 38 %

D 　大豆 6 % 　　野菜 38 % 　　果実 80 %

数学

（2 科目 120 分）

〔Ⅰ〕　次の設問の　 1 　の空欄の正解を解答群から選び、該当する解答欄にマークしなさい。

関数 $y = \log_2 x + 2 \log_2(8 - x)$ が最大になるときの x の値は　 1 　である。

（1 の解答群）

A　$\dfrac{3}{16}$　　　　B　$\dfrac{3}{8}$　　　　C　$\dfrac{16 - 4\sqrt{13}}{3}$　　D　$\dfrac{16 - 8\sqrt{3}}{3}$

E　$\dfrac{3}{4}$　　　　F　$\dfrac{4}{3}$　　　　G　$\dfrac{8}{3}$　　　　H　$\dfrac{16}{3}$

I　$\dfrac{16 + 8\sqrt{3}}{3}$　　J　$\dfrac{16 + 4\sqrt{13}}{3}$　　K　その他

〔Ⅱ〕 次の設問の □2□ から □4□ の空欄の正解を解答群から選び、該当する解答欄にマークしなさい。

3つの工場 A、B、C で同じ製品を作っている。工場 A の製品には 3 %、工場 B の製品には 2 %、工場 C の製品には 1 %の不良品が含まれている。工場 A から 100 台、工場 B から 200 台、工場 C から 200 台の製品が出荷された。

(1) 出荷されたすべての製品から無作為に 1 台取り出したとき、それが不良品である確率は □2□ である。

(2) 出荷されたすべての製品から無作為に 1 台取り出し不良品であったとき、それが工場 C から出荷されたものである確率は □3□ である。

(3) 出荷されたすべての製品から無作為に 1 台取り出し不良品であったとき、それが工場 B から出荷されたものではない確率は □4□ である。

（2 の解答群）

A $\frac{1}{500}$　　B $\frac{1}{250}$　　C $\frac{1}{200}$　　D $\frac{1}{100}$　　E $\frac{3}{250}$　　F $\frac{7}{500}$

G $\frac{9}{500}$　　H $\frac{1}{50}$　　I $\frac{3}{50}$　　J $\frac{1}{10}$　　K その他

（3 の解答群）

A $\frac{1}{500}$　　B $\frac{3}{500}$　　C $\frac{1}{100}$　　D $\frac{1}{50}$　　E $\frac{1}{10}$　　F $\frac{2}{9}$

G $\frac{1}{3}$　　H $\frac{5}{9}$　　I $\frac{2}{3}$　　J $\frac{7}{9}$　　K その他

（4 の解答群）

A $\frac{1}{500}$　　B $\frac{3}{500}$　　C $\frac{1}{100}$　　D $\frac{1}{50}$　　E $\frac{1}{10}$　　F $\frac{2}{9}$

G $\frac{1}{3}$　　H $\frac{5}{9}$　　I $\frac{2}{3}$　　J $\frac{7}{9}$　　K その他

〔Ⅲ〕 次の設問の ⬚5 から ⬚7 の空欄の正解を解答群から選び、該当する解答欄にマークしなさい。また、 ⬚101 については、各自で得た答えを解答欄に書きなさい。

　　3 つの整数 A、B、C があり、以下の条件を満たしている。

　　ⅰ）A と B の最大公約数は 14 で、最小公倍数は 1260 である。

　　ⅱ）A と C の最大公約数は 6 である。

　　ⅲ）B と C の最大公約数は 4 で、最小公倍数は 1680 である。

　このとき、A = ⬚5 、B = ⬚6 、C = ⬚7 であり、A と C の最小公倍数は ⬚101 である。

（5 の解答群）

| A | 42 | B | 126 | C | 210 | D | 294 | E | 378 | F | 462 |
| G | 564 | H | 630 | I | 714 | J | 798 | K | その他 | | |

（6 の解答群）

| A | 14 | B | 28 | C | 56 | D | 112 | E | 140 | F | 196 |
| G | 224 | H | 280 | I | 308 | J | 364 | K | その他 | | |

（7 の解答群）

| A | 12 | B | 24 | C | 36 | D | 48 | E | 60 | F | 72 |
| G | 96 | H | 108 | I | 120 | J | 132 | K | その他 | | |

〔Ⅳ〕 次の設問の ┃ 8 ┃ と ┃ 9 ┃ の空欄の正解を解答群から選び、該当する
解答欄にマークしなさい。

座標平面上の曲線 $y = -x^3 + 4x\ (x \geqq 0)$ を C とする。また実数 m に対し、同じ座標平面上の直線 $y = mx$ を ℓ とする。曲線 C と直線 ℓ が 2 個以上共有点をもつとき、m の範囲は $m <$ ┃ 8 ┃ である。また、曲線 C と直線 ℓ で囲まれた図形の面積が $\dfrac{1}{4}$ になるとき、$m =$ ┃ 9 ┃ である。

（8 の解答群）

A －5　　B －4　　C －3　　D －2　　E －1　　F 1

G 2　　H 3　　I 4　　J 5　　　K その他

（9 の解答群）

A －5　　B －4　　C －3　　D －2　　E －1　　F 1

G 2　　H 3　　I 4　　J 5　　　K その他

〔V〕　次の設問の　[10]　の空欄の正解を解答群から選び、該当する解答欄にマークしなさい。また、[102]　については、各自で得た答えを解答欄に書きなさい。

容器 A には 10 ％の食塩水が 100 g、容器 B には 1 ％の食塩水が 200 g 入っている。いま、容器 A から食塩水 20 g を取って捨て、容器 B の食塩水 20 g を容器 A に入れてよくかき混ぜる。この操作を繰り返すものとする。

(1)　1 回目の操作の結果、容器 A の食塩水の濃度は　[10]　％になる。

(2)　容器 B が空になったとき、容器 A の食塩水の濃度は　[102]　％になる。
　　ただし、$0.8^{10} = 0.107$ とし、小数第 3 位まで求めなさい。

(10 の解答群)

A	7.2	B	7.6	C	8.0	D	8.2	E	8.4	F	8.6
G	8.8	H	9.0	I	9.2	J	9.6	K	その他		

〔Ⅵ〕　次の設問の　11　から　15　の空欄の正解を解答群から選び、該当する解答欄にマークしなさい。また、　103　については、各自で得た答えを解答欄に書きなさい。

△ABC において AB = 6、BC = 8、CA = 4 とする。また△ABC の外接円の中心を P とする。

(1)　$\overrightarrow{AB} \cdot \overrightarrow{AC} =$　11　である。

(2)　$\overrightarrow{AB} \cdot \overrightarrow{AP} =$　12　である。

(3)　$\overrightarrow{AP}$ を $\overrightarrow{AB}$ と $\overrightarrow{AC}$ で表すと、$\overrightarrow{AP} =$　13　$\overrightarrow{AB} +$　14　$\overrightarrow{AC}$ である。

(4)　直線 AP と辺 BC の交点を Q とすると、$\overrightarrow{AQ} =$　103　$\overrightarrow{AP}$、
　　　$\overrightarrow{BQ} =$　15　$\overrightarrow{BC}$ である。

(11 の解答群)

A　-12　　B　-8　　C　-6　　D　-4　　E　-2　　F　2

G　4　　　H　6　　　I　8　　　J　12　　　K　その他

(12 の解答群)

A　-18　　B　-12　　C　-9　　D　-6　　E　-3　　F　3

G　6　　　H　9　　　I　12　　　J　18　　　K　その他

(13 の解答群)

A　$\dfrac{4}{15}$　　B　$\dfrac{14}{45}$　　C　$\dfrac{17}{45}$　　D　$\dfrac{4}{9}$　　E　$\dfrac{7}{15}$　　F　$\dfrac{5}{9}$

G　$\dfrac{28}{45}$　　H　$\dfrac{31}{45}$　　I　$\dfrac{11}{15}$　　J　$\dfrac{7}{9}$　　K　その他

(14 の解答群)

A　$\dfrac{4}{15}$　　B　$\dfrac{14}{45}$　　C　$\dfrac{17}{45}$　　D　$\dfrac{4}{9}$　　E　$\dfrac{7}{15}$　　F　$\dfrac{5}{9}$

G　$\dfrac{28}{45}$　　H　$\dfrac{31}{45}$　　I　$\dfrac{11}{15}$　　J　$\dfrac{7}{9}$　　K　その他

（15 の解答群）

A $\dfrac{16}{61}$　　B $\dfrac{17}{45}$　　C $\dfrac{28}{61}$　　D $\dfrac{7}{15}$　　E $\dfrac{8}{15}$　　F $\dfrac{33}{61}$

G $\dfrac{28}{45}$　　H $\dfrac{31}{45}$　　I $\dfrac{11}{15}$　　J $\dfrac{45}{61}$　　K　その他

〔Ⅶ〕　次の設問の　16　と　17　の空欄の正解を解答群から選び、該当する解答欄にマークしなさい。

座標平面上の原点 O$(0, 0)$ を中心とする半径 1 の円を C とし、点$(1, 0)$ を A とする。円 C 上に 2 点 P、Q がある。点 P は第 1 象限、点 Q は第 4 象限にあり、$\angle AOP = 2\angle QOA$ を満たしている。$\triangle OPQ$ と $\triangle PAQ$ の面積が等しいとき、$\cos\angle QOA =$　16　であり、四角形 OPAQ の面積は　17　である。

（16 の解答群）

A $\dfrac{1}{8}$　　B $\dfrac{1}{4}$　　C $\dfrac{1}{3}$　　D $\dfrac{3}{8}$　　E $\dfrac{\sqrt{3}}{4}$　　F $\dfrac{1}{2}$

G $\dfrac{\sqrt{3}}{3}$　　H $\dfrac{\sqrt{7}}{4}$　　I $\dfrac{\sqrt{2}}{2}$　　J $\dfrac{3}{4}$　　K　その他

（17 の解答群）

A $\dfrac{3}{16}$　　　　B $\dfrac{\sqrt{7}}{8}$　　　　C $\dfrac{1+\sqrt{3}}{8}$　　　　D $\dfrac{3}{8}$

E $\dfrac{1+\sqrt{3}}{4}$　　　F $\dfrac{3}{4}$　　　　G $\dfrac{5\sqrt{7}}{16}$　　　　H 1

I $\dfrac{1+\sqrt{3}}{2}$　　　J $\dfrac{5\sqrt{7}}{8}$　　　　K　その他

化学

（2 科目 120 分）

注意:　1. 原子量が必要な場合は、次の数値を用いなさい。

H = 1　　C = 12　　N = 14　　O = 16　　F = 19　　Na = 23

Mg = 24　Al = 27　　P = 31　　S = 32　　Cl = 35.5　K = 39

Ca = 40　Cr = 52　Mn = 55　Fe = 56　Cu = 64

Br = 80　Ag = 108　I = 127

2. 気体定数 $R = 8.31 \times 10^3$ 〔Pa·L/(K·mol)〕

　または $R = 8.31$ 〔J/(K·mol)〕

3. アボガドロ定数 $N_A = 6.02 \times 10^{23}$ 〔/mol〕

4. 絶対温度 T 〔K〕 = 273 + t 〔℃〕

5. 標準状態 $P = 1.013 \times 10^5$ 〔Pa〕、$T = 273$ 〔K〕

〔Ⅰ〕　以下の問いに答え、 1 ～ 10 にあてはまる答えとして最も適切
なものを各解答群の中から 1 つ選び、記号をマークしなさい。また、解答欄
101 には数値を、解答欄 102 には示性式を書きなさい。

　私たちの主食であるご飯、パン、めん類、いも類などの主成分はデンプンであ
る。デンプンは、多数の α-グルコースが（　ア　）した高分子化合物である。植
物由来のデンプンは、約 80℃ の温水に可溶な（　イ　）と、不溶な（　ウ　）とい
う 2 つの成分からなる。

　セルロースは、多数の β-グルコースが（　ア　）した高分子化合物である。セ
ルロースは植物の細胞壁の主成分であり、乾燥した植物体の質量の 30 ～ 50 ％ を
占めるので、自然界に多量に存在する高分子化合物である。セルロースを希硫酸
とともに長時間加熱し、この反応液を炭酸ナトリウムで中和後、フェーリング液
を加えて加熱すると、 2 の赤色沈殿が生じる。

(1) 文章中の（　ア　）、（　イ　）、（　ウ　）にあてはまる最も適切な語句の組み
合わせは　　1　　である。

1			
	(ア)	(イ)	(ウ)
A	付加重合	アミロース	アミロペクチン
B	付加重合	アミロース	グリコーゲン
C	付加重合	アミロペクチン	グリコーゲン
D	付加重合	アミロペクチン	アミロース
E	付加重合	グリコーゲン	アミロース
F	付加重合	グリコーゲン	アミロペクチン
G	脱水縮合	アミロース	アミロペクチン
H	脱水縮合	アミロース	グリコーゲン
I	脱水縮合	アミロペクチン	グリコーゲン
J	脱水縮合	アミロペクチン	アミロース
K	脱水縮合	グリコーゲン	アミロース
L	脱水縮合	グリコーゲン	アミロペクチン

(2) 文章中の　　2　　にあてはまる化合物の化学式を下記より選びなさい。

2

A　$AgCl$　　　　　B　Ag_2S　　　　　C　$AgNO_3$　　　　　D　Ag_2CrO_4

E　$CuSO_4$　　　　F　Cu_2O　　　　　G　$Cu(OH)_2$　　　　H　CuO

(3) ヨウ素デンプン反応について記述した以下のA～Eの文章の中で、誤りのあ
るものは　　3　　である。

3

A　アミロペクチンを用いた場合、水溶液は赤紫色になる。

B　セルロースを用いた場合、ヨウ素デンプン反応を示さない。

　　C　グリコーゲンを用いた場合、水溶液は赤褐色になる。

　　D　グルコースを用いた場合、水溶液は濃紫色になる。

　　E　アミロースを用いた場合、水溶液は濃青色になる。

(4)　α-グルコースを水に溶かすと、その一部は鎖状構造を経由して、β-グルコースに変化し、やがて、これら3種類の異性体が平衡状態となる。この鎖状構造のグルコースには、　4　　個の不斉炭素原子が存在する。

　　　4

　　A　1　　　　　　B　2　　　　　　C　3　　　　　　D　4　　　　　　E　5
　　F　6　　　　　　G　7　　　　　　H　8　　　　　　I　9　　　　　　J　0

(5)　α-グルコースが4つのα-1,4-グリコシド結合で直鎖状につながった分子の分子量は　101　　である。数値を解答欄　101　　に書きなさい。

　　　101

(6)　下記の物質A〜Eそれぞれ1.0 g を水100 g に完全に溶かした水溶液がある。それらの水溶液中では、イオン性のものは、完全に電離するとした場合、同圧のもとで、最も沸点の高い水溶液は　5　　であり、最も凝固点の高い水溶液は　6　　である。　5　　および　6　　にあてはまる物質をそれぞれ下記より選びなさい。

　　　5　、　6

　　A　グルコース　　　　　B　塩化カルシウム　　　C　塩化ナトリウム
　　D　硝酸カリウム　　　　E　尿素

(7)　セルロースを構成するグルコースの構造にはヒドロキシ基が3個ある。セルロースの示性式を解答欄　102　　に書きなさい。

　　　102

セルロースなどの天然高分子を適切な溶媒に溶かしたのち、繊維として再生させたものを再生繊維という。 7 を濃アンモニア水に溶かして得られる（ エ ）色の溶液（シュワイツァー試薬）に、セルロースを溶かし、これを細孔から希硫酸中に押し出して、セルロースを繊維状に再生したものはキュプラとよばれる。また、濃い水酸化ナトリウム水溶液にセルロースを浸してアルカリセルロースとしたのち、 8 と反応させる。これを薄い水酸化ナトリウム水溶液に溶かすと、ビスコースと呼ばれる粘性のある（ オ ）色のコロイド溶液が得られる。ビスコースからはビスコースレーヨンとよばれる再生繊維が得られる。

(8) 文章中の 7 および 8 にあてはまる物質をそれぞれ下記より選びなさい。

7 、 8

A HCl	B Fe_2O_3	C $CaCO_3$	D SiO_2
E H_2SiO_3	F FeS	G $Cu(OH)_2$	H Na_2CO_3
I SO_2	J CS_2	K H_2SO_3	L NO_2

(9) 文章中の（ エ ）、（ オ ）にあてはまる最も適切な語句の組み合わせは 9 である。

9

	(エ)	(オ)		(エ)	(オ)		(エ)	(オ)
A	黄緑	深青	E	黄緑	赤褐	I	黄緑	乳白
B	深青	赤褐	F	深青	乳白	J	深青	黄緑
C	赤褐	乳白	G	赤褐	黄緑	K	赤褐	深青
D	乳白	黄緑	H	乳白	深青	L	乳白	赤褐

(10) 硫酸について記述した以下のA〜Eの文章の中で、濃硫酸の性質である“脱水作用”によって起こる現象は 10 である。

10

A　ろ紙に濃硫酸をたらすと、ろ紙が黒くなる。

B　塩化ナトリウムに濃硫酸を加えて熱すると、気体が発生する。

C　濃硫酸に銅を加えて熱すると、気体が発生する。

D　希硫酸に亜鉛を加えると、気体が発生する。

E　濃硫酸に少量の水を加えると、水が沸騰する。

〔Ⅱ〕　以下の問いに答え、 11 ～ 16 にあてはまる答えとして最も適切
なものを各解答群の中から1つ選び、記号をマークしなさい。また、解答欄
103 には熱化学方程式を、解答欄 104 には数値を、解答欄
105 には語句を書きなさい。

　私たちが毎日食べている食品は、米、肉、魚、野菜、卵、乳などさまざまであ
る。食品に含まれる成分のうち、生命を保ち、成長に必要な成分を栄養素とい
う。栄養素のうち、糖類(炭水化物)、タンパク質、脂質を三大栄養素という。こ
れらの栄養素は、生体内で代謝という化学反応をうける。代謝はエネルギーを利
用して無機物から有機物を合成する同化と、有機物を分解してエネルギーをとり
出す異化に分けられる。

(1)　緑色植物が行う光合成は、簡単な無機物質である二酸化炭素と水から、有機
物(糖類)を合成するので、同化である。緑色植物が光合成により単糖類である
グルコースを合成するときの熱化学方程式を以下に示した解答例を参考に、解
答欄 103 に書きなさい。ただし、グルコース1molあたりの合成に必要
な光エネルギーが Q 〔kJ〕の化学エネルギーに変換されるとする。

　(解答例)　CH_4(気)$+ 2O_2$(気)$+ X$〔kJ〕$= CO_2$(気)$+ 2H_2O$(液)

103

(2)　グルコースは、糖類のうち、それ以上小さな化合物に加水分解できない単糖である。一方、マルトースやスクロースはいずれも二糖と呼ばれ、分子式は（　ア　）で表される。スクロースはすべての植物中に含まれ、天然に最も多く存在する糖であり、また、グラニュー糖は純粋なスクロースであることが知られている。スクロースはグルコースと（　イ　）が α-1,2-グリコシド結合した分子である。スクロースの水溶液は還元性を示さないが、これを酵素により加水分解して得られる単糖の等量混合物は（　ウ　）といい、還元性を示す。

　　文章中の（　ア　）、（　イ　）、（　ウ　）にあてはまる最も適切な語句の組み合わせは　| 11 |　である。

| 11 |

	(ア)	(イ)	(ウ)		(ア)	(イ)	(ウ)
A	$C_{12}H_{24}O_{12}$	フルクトース	転化糖	G	$C_{12}H_{22}O_{11}$	フルクトース	転化糖
B	$C_{12}H_{24}O_{12}$	フルクトース	還元糖	H	$C_{12}H_{22}O_{11}$	フルクトース	還元糖
C	$C_{12}H_{24}O_{12}$	グルコース	転化糖	I	$C_{12}H_{22}O_{11}$	グルコース	転化糖
D	$C_{12}H_{24}O_{12}$	グルコース	還元糖	J	$C_{12}H_{22}O_{11}$	グルコース	還元糖
E	$C_{12}H_{24}O_{12}$	ガラクトース	転化糖	K	$C_{12}H_{22}O_{11}$	ガラクトース	転化糖
F	$C_{12}H_{24}O_{12}$	ガラクトース	還元糖	L	$C_{12}H_{22}O_{11}$	ガラクトース	還元糖

　　生体内で代謝を行うためにはエネルギーが必要である。多くの生物において脳のエネルギー源は、そのほとんどをグルコースに依存していることから、グルコースを異化しエネルギーをとり出す反応は代謝経路の中でも重要な化学反応の1つである。このグルコースを異化する反応は、次の熱化学方程式（式1）で表される。

$$\text{グルコース（固）} + 6\,O_2\text{（気）} = 6\,CO_2\text{（気）} + 6\,H_2O\text{（液）} + \boxed{\ 104\ }\ \text{kJ} \qquad (\text{式}1)$$

　　熱化学方程式（式1）の反応熱〔kJ/mol〕は、以下に示す5種類の反応熱の一部を利用することで計算できる。

① ダイヤモンドの昇華熱　　　715 kJ/mol
② 黒鉛の燃焼熱　　　　　　　394 kJ/mol
③ 水蒸気の生成熱　　　　　　242 kJ/mol
④ グルコースの生成熱　　　　1273 kJ/mol
⑤ 水の生成熱　　　　　　　　286 kJ/mol

(3) 熱化学方程式(式1)における反応熱〔kJ/mol〕を算出するにあたり、利用する反応熱の組み合わせとして正しいものは　12　である。

12

A	①	②	③	F	①	④	⑤
B	①	②	④	G	②	③	④
C	①	②	⑤	H	②	③	⑤
D	①	③	④	I	②	④	⑤
E	①	③	⑤	J	③	④	⑤

(4) 熱化学方程式(式1)の　104　にあてはまる数値を、解答欄　104　に書きなさい。

104

(5) このように物質が変化するときに出入りする熱量(反応熱)の総和は、反応の最初と最後の状態だけによって決まり、反応の経路や方法には無関係である。この関係は、　105　の法則と呼ばれる。解答欄　105　に正しい語句を書きなさい。

105

グルコースなどの単糖は、酵母の代謝によりエタノールと二酸化炭素に異化さ

れる。これをアルコール発酵という。アルコール発酵の最終反応では、アセトアルデヒドが（　エ　）されて、エタノールに変換される。このとき、アセトアルデヒドの分子中で、酸素と共有結合を形成している炭素原子の酸化数は（　オ　）から（　カ　）に変化する。一方、エタノールは、（　キ　）が進むと、再びアセトアルデヒドに変換され、さらに（　キ　）が進むと酢酸に変換される。このとき酸素と共有結合を形成している炭素原子の酸化数は（　ク　）に変化する。

(6)　文章中の（　エ　）～（　カ　）にあてはまる適切な語句と数値の組み合わせとして正しいものは　13　である。

13

	(エ)	(オ)	(カ)		(エ)	(オ)	(カ)
A	酸化	＋1	＋2	G	還元	＋1	0
B	酸化	0	＋2	H	還元	＋1	－1
C	酸化	0	＋1	I	還元	＋1	－2
D	酸化	－1	＋2	J	還元	0	－1
E	酸化	－1	＋1	K	還元	0	－2
F	酸化	－1	0	L	還元	－1	－2

(7)　文章中の（　キ　）および（　ク　）にあてはまる適切な語句と数値の組み合わせとして正しいものは　14　である。

14

	(キ)	(ク)		(キ)	(ク)
A	酸化	− 3	G	還元	− 3
B	酸化	− 2	H	還元	− 2
C	酸化	− 1	I	還元	− 1
D	酸化	+ 1	J	還元	+ 1
E	酸化	+ 2	K	還元	+ 2
F	酸化	+ 3	L	還元	+ 3

　酢酸 1.0 mol とエタノール 1.0 mol、少量の濃硫酸を加えて混合液を調製した。ある一定温度で反応させたところ、酢酸エチルが 0.70 mol 生成したところで平衡に達した。この平衡反応は次の化学反応式(式 2)で表される。一方、酢酸　16　mol およびエタノール 1.4 mol について同じ温度で反応させたところ、酢酸エチルが 0.40 mol 生成して平衡状態に達した。ただし、混合液の体積は反応の前後で変わらないものとして、以下の問いに答えなさい。

$$CH_3COOH + C_2H_5OH \rightleftharpoons CH_3COOC_2H_5 + H_2O \qquad (式 2)$$

(8)　化学反応式(式 2)で表される反応の平衡定数 K は　15　である。

15

　A　0.13　　B　0.17　　C　1.84　　D　5.44　　E　5.90　　F　7.78

(9)　16　にあてはまる数値を、下記より選びなさい。

16

　A　0.09　　B　0.43　　C　0.69　　D　0.89　　E　8.30　　F　9.10

〔Ⅲ〕　以下の問いに答え、　17　～　22　にあてはまる答えとして最も適切なものを各解答群の中から1つ選び、記号をマークしなさい。また、解答欄　106　には組成式を、　107　には数値を書きなさい。

　　ウイルス感染症の影響で、アルコール消毒剤が品薄になることがあった。そこで、ある機関がウイルスに対する代替消毒剤の有効性を検証したところ、次亜塩素酸水が有効であることが確認され、テーブルやドアノブなどに付着したウイルスを消毒するために利用されるようになった。次亜塩素酸水とは、次亜塩素酸を主成分とする酸性の水溶液で、その酸化作用により、ウイルスを破壊する。次亜塩素酸は短時間で酸化させる効果がある反面、不安定であり、保存状態により酸化する効果が急速に弱くなることが知られている。

　　水酸化カルシウム（消石灰）に塩素を吸収させると、さらし粉が得られる。これ①を水に溶かすと次亜塩素酸イオンが生じ、その酸化作用から消毒のみならず、漂白にも用いられる。現在では、さらし粉から塩化カルシウムの成分を減らした、高度さらし粉が用いられている。

(1)　下線部①の反応により得られるさらし粉の主成分の組成式は　106　である。

　　　106

(2)　下線部①の反応によって290 gのさらし粉を得るためには、標準状態の塩素が　107　L必要である。数値を有効数字3桁で　107　に書きなさい。

　　　107

(3)　塩素 Cl_2 は工業的には塩化ナトリウム水溶液を電気分解してつくる。実験室では図のように、酸化マンガン（Ⅳ）に濃塩酸を加えて加熱してつくる。このときに発生する気体をそれぞれ異なる液体が入った洗気びんⅠ、洗気びんⅡの順に通すことで、塩素以外の化合物が除かれる。精製された塩素は（　ア　）置換

法により捕集する。なお、塩素 Cl_2 は刺激臭を持つ（　イ　）色の気体である。

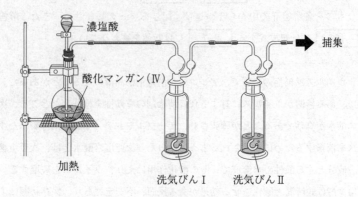

洗気びんＩ、洗気びんⅡに入れる液体、およびそれぞれの液体で除かれる化合物として正しい組み合わせは　17　である。

17

	洗気びんⅠ		洗気びんⅡ	
	液体	化合物	液体	化合物
A	濃硫酸	水	水	塩化水素
B	濃硫酸	水	水	塩化マンガン
C	濃硫酸	塩化水素	水	塩化水素
D	濃硫酸	塩化水素	水	塩化マンガン
E	水	塩化水素	濃硫酸	水
F	水	塩化水素	濃硫酸	塩化マンガン
G	水	塩化マンガン	濃硫酸	水
H	水	塩化マンガン	濃硫酸	塩化水素

文章中の（　ア　）、（　イ　）にあてはまる適切な語句の組み合わせは　18　である。

18

	(ア)	(イ)		(ア)	(イ)		(ア)	(イ)
A	上方	赤褐	D	下方	赤褐	G	水上	赤褐
B	上方	黄緑	E	下方	黄緑	H	水上	黄緑
C	上方	無	F	下方	無	I	水上	無

(4) 塩素 Cl_2 について述べた以下の (a) ～ (e) の文章の中で、正しい記述の組み合わせは　19　である。

(a) 臭素よりも水と強く反応する。

(b) 光によって分解するので、フィルム写真の感光剤として用いられる。

(c) 加熱した銅線と反応して生成した化合物を水に溶かすと青色の水溶液になる。

(d) 冷暗所で水素と混合すると爆発的に反応する。

(e) 折れ線形の極性分子である。

19

A	(a)と(b)	C	(a)と(d)	E	(b)と(c)	G	(b)と(e)	I	(c)と(e)
B	(a)と(c)	D	(a)と(e)	F	(b)と(d)	H	(c)と(d)	J	(d)と(e)

(5) 塩素のほかに、フッ素、臭素、ヨウ素もハロゲンである。ハロゲンの単体はいずれも電子を奪う力が強く、酸化力がある。ハロゲンの単体は多くの元素と化合してハロゲン化物をつくる。ハロゲンの単体と水素を反応させると、ハロゲン化水素を生じる。ハロゲン化水素①の水溶液はガラス器具の目盛の刻印などに用いられる。また、ハロゲン化銀②は水によく溶ける。

　ハロゲンの単体およびハロゲン化水素の性質を比較したものとして正しいものは　20　である。

20

	酸化力	水溶液の酸の強さ	沸点の高さ
A	$F_2 > Cl_2 > Br_2 > I_2$	HF > HCl > HBr > HI	HF > HI > HBr > HCl
B	$F_2 > Cl_2 > Br_2 > I_2$	HF > HCl > HBr > HI	HF > HCl > HBr > HI
C	$F_2 > Cl_2 > Br_2 > I_2$	HI > HBr > HCl > HF	HF > HI > HBr > HCl
D	$F_2 > Cl_2 > Br_2 > I_2$	HI > HBr > HCl > HF	HF > HCl > HBr > HI
E	$I_2 > Br_2 > Cl_2 > F_2$	HF > HCl > HBr > HI	HF > HI > HBr > HCl
F	$I_2 > Br_2 > Cl_2 > F_2$	HF > HCl > HBr > HI	HF > HCl > HBr > HI
G	$I_2 > Br_2 > Cl_2 > F_2$	HI > HBr > HCl > HF	HF > HI > HBr > HCl
H	$I_2 > Br_2 > Cl_2 > F_2$	HI > HBr > HCl > HF	HF > HCl > HBr > HI

　　ハロゲン化水素①とハロゲン化銀②の正しい組み合わせは　21　である。

21

	①	②		①	②		①	②		①	②
A	HF	AgF	D	HCl	AgF	G	HBr	AgF	J	HI	AgF
B	HF	AgCl	E	HCl	AgCl	H	HBr	AgCl	K	HI	AgCl
C	HF	AgBr	F	HCl	AgBr	I	HBr	AgBr	L	HI	AgBr

(6)　分子中に酸素原子を含む酸をオキソ酸という。同一元素のオキソ酸では、中心の原子に結合する酸素原子の数が多いほど酸性が強くなる。次亜塩素酸と塩素酸それぞれの Cl の酸化数を合計すると　22　になる。

22

A　0　　　　B　−2　　　　C　−4　　　　D　−6　　　　E　−8

F　+2　　　　G　+4　　　　H　+6　　　　I　+8

〔Ⅳ〕　以下の問いに答え、　23　～　29　にあてはまる答えとして最も適切なものを各解答群の中から1つ選び、記号をマークしなさい。また、解答欄　108　には数値を、解答欄　301　には構造式を書きなさい。

　油脂は、グリセリンとさまざまな高級脂肪酸からなるエステルの混合物で、動植物に含まれる。油脂の分子を構成する各脂肪酸の炭素数はおもに12～26の偶数個で、16個と18個のものが多い。油脂の性質は、構成する脂肪酸の種類と割合によって異なり、室温で固体の油脂を脂肪といい、液体の油脂を脂肪油という。油脂を構成するおもな脂肪酸は、炭素原子間の結合がすべて単結合であるため骨格が直線形となる飽和脂肪酸と、炭素原子間に二重結合（C＝C 結合）が存在し、骨格が折れ線形となる不飽和脂肪酸に分けられる。脂肪を構成するおもな脂肪酸は、（　ア　）脂肪酸である。油脂の融点は、構成する脂肪酸の炭素原子の数が多いほど（　イ　）なり、C＝C 結合が多いほど（　ウ　）なる。

　油脂の中でも、ω（オメガ）-3 系脂肪酸を構成成分として多く含んでいるものは、近年健康オイルとして注目されている。ω-3 系脂肪酸とは、脂肪酸のメチル基から3番目と4番目の炭素間に C＝C 結合がある不飽和脂肪酸のことであり、このような脂肪酸を多く含む植物油としてアマニ油が注目されている。ω-3 系脂肪酸の効果としては、血流改善やコレステロール値の低下、アレルギー抑制などが期待されている。

　油脂に水酸化ナトリウム水溶液を加えて加熱すると、油脂はけん化されて高級脂肪酸のナトリウム塩（セッケン）とグリセリンを生じる。油脂① 4.41 g を完全に水酸化ナトリウム水溶液でけん化すると、0.46 g のグリセリンとともに、飽和脂肪酸②のナトリウム塩と、不飽和脂肪酸③のナトリウム塩が得られた。飽和脂肪酸②と不飽和脂肪酸③の分子の数の比は 1：2 であった。また、油脂① 4.41 g に触媒を用いて完全に水素を付加したところ、標準状態で 0.448 L の水素が必要であった。この水素の付加反応によって得られた油脂を、さらに水酸化ナトリウム水溶液で完全にけん化したところ、1 種類の飽和脂肪酸のナトリウム塩が得られた。

(1) 文章中の（　ア　）〜（　ウ　）にあてはまる適切な語句の組み合わせは　23　である。

23

	(ア)	(イ)	(ウ)		(ア)	(イ)	(ウ)
A	飽和	高く	高く	E	不飽和	高く	高く
B	飽和	高く	低く	F	不飽和	高く	低く
C	飽和	低く	高く	G	不飽和	低く	高く
D	飽和	低く	低く	H	不飽和	低く	低く

(2) 油脂①の分子量を有効数字3桁で解答欄　108　に書きなさい。

108

(3) 1分子の油脂①には C＝C 結合が　24　個ある。

24

A　1　　　　　B　2　　　　　C　3　　　　　D　4　　　　　E　5
F　6　　　　　G　7　　　　　H　8　　　　　I　9

(4) 飽和脂肪酸②の示性式は　25　、不飽和脂肪酸③の示性式は　26　である。

25　、　26

A　$C_{15}H_{33}COOH$　　　　　B　$C_{15}H_{31}COOH$　　　　　C　$C_{15}H_{29}COOH$

D　$C_{15}H_{27}COOH$　　　　　E　$C_{15}H_{25}COOH$　　　　　F　$C_{17}H_{37}COOH$

G　$C_{17}H_{35}COOH$　　　　　H　$C_{17}H_{33}COOH$　　　　　I　$C_{17}H_{31}COOH$

J　$C_{17}H_{29}COOH$

(5) セッケン、あるいは合成洗剤(硫酸ドデシルナトリウム)について記述した以下の(a)〜(e)の文章の中で、正しいものの組み合わせは 　27　 である。

(a) セッケンを水に溶かすと、脂肪酸イオンが疎水性の部分を外側にして集まり、コロイド粒子をつくる。

(b) 硫酸ドデシルナトリウムは、硬水や海水中で泡立ちが悪くなる。

(c) 硫酸ドデシルナトリウムは強酸と強塩基の塩であるため、その水溶液は中性になる。

(d) セッケン水に塩化カルシウム水溶液を加えると沈殿を生じる。

(e) セッケンを水に溶かすと、その水溶液は弱酸性を示す。

27			
A	(a)と(b)	F	(b)と(d)
B	(a)と(c)	G	(b)と(e)
C	(a)と(d)	H	(c)と(d)
D	(a)と(e)	I	(c)と(e)
E	(b)と(c)	J	(d)と(e)

エステルは、カルボン酸とアルコールを縮合すると得られ、エステルの生成反応をエステル化という。エステル化の反応では、(エ)の OH がとれる。

分子式が $C_4H_8O_2$ のエステルの一種であるエステル④は、酢酸と(オ)の混合物に(カ)を加えて加熱すると得られる。(カ)はエステル化の触媒として働く。

分子量が小さいエステルは比較的沸点が低く揮発性であり、それらの中には、果実の香り成分として自然界に存在するものがある。酪酸エチル($C_3H_7COOC_2H_5$)はパイナップルの香り成分、酢酸ペンチル($CH_3COOC_5H_{11}$)はバナナの香り成分として知られている。

(6) (エ)〜(カ)に当てはまる最も適切な語句の組み合わせは 　28

である。

28

	(エ)	(オ)	(カ)
A	カルボン酸	エタノール	濃硫酸
B	カルボン酸	メタノール	濃硫酸
C	カルボン酸	エタノール	水酸化ナトリウム
D	カルボン酸	メタノール	水酸化ナトリウム
E	アルコール	エタノール	濃硫酸
F	アルコール	メタノール	濃硫酸
G	アルコール	エタノール	水酸化ナトリウム
H	アルコール	メタノール	水酸化ナトリウム

(7) 酪酸エチルを加水分解した際に生じるアルコールの性質について記述した以下の(a)～(e)の文章の中で、誤っているものの組み合わせは　　29　　である。

(a) 塩基性の条件下でヨウ素を反応させると、ヨードホルムの黄色沈殿を生じる。

(b) 160～170℃に加熱した濃硫酸に加えると、おもにジエチルエーテルを生じる。

(c) リン酸を触媒に用いてエチレンから合成することができる。

(d) 適当な酸化剤で酸化するとケトンが得られる。

(e) 水と任意の割合で混じり合う。

29

A	(a)と(b)	F	(b)と(d)
B	(a)と(c)	G	(b)と(e)
C	(a)と(d)	H	(c)と(d)
D	(a)と(e)	I	(c)と(e)
E	(b)と(c)	J	(d)と(e)

(8)　酢酸ペンチル($CH_3COOC_5H_{11}$)に希塩酸を加えて加熱すると、酢酸と1-ペン
タノールが生じる。1-ペンタノールと同じ分子式を有する異性体の中で、不斉
炭素原子を有しており、酸化するとアルデヒドを生じる化合物の構造式を解答
欄　301　に書きなさい。なお、不斉炭素原子には「＊」を付記すること。構
造式を書く際には、以下の例にならうこと。

$$
\begin{array}{c}
\text{COOH} \\
| \\
\text{*CH — OH} \\
| \\
\text{CH}_3
\end{array}
$$

301

生物

（2 科目 120 分）

〔 I 〕　次の文章を読み、該当する解答番号の解答欄にマークしなさい。一つの解答欄
　　　に一つだけマークすること。

　　　真核生物の遺伝子は、アミノ酸配列の情報をもつ DNA 領域が、情報をもたな
　　（ア）
いいくつもの DNA 領域に隔てられて存在する。このような遺伝子では、情報を
持つ DNA 領域をエキソン、それ以外の DNA 領域をイントロンと呼ぶ。
　　　　　　　　　　　　　　　　　　　　　　　　　　　　（イ）

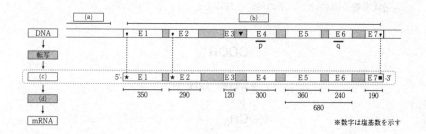

図1

　　　図1は、ある遺伝子の DNA 領域と mRNA への加工に関する模式図である。
図中の DNA において、E1 から E7 の白い部分はエキソン、グレーの部分はイ
ントロンを表している。DNA の下部に示した p および q 領域の DNA 配列情報
にもとづいてつくられたポリペプチドを抗原とし、それぞれ抗体 P および抗体
　　　　　　　　　　　　　（ウ）
Q がつくられた。なお、生じたタンパク質の立体構造は考慮せず、真っ直ぐな
（エ）
鎖として考え、翻訳後のタンパク質の分解や修飾などは受けないものとする。
　　　図1の　(c)　の分子において、それぞれのエキソンまたはイントロンの下
部の数字は、塩基数を示している。エキソン E1 と E2 の★は、開始コドン
（AUG）の位置を、エキソン E7 の■は、終止コドン（UAA）の位置を示してい

る。エキソン E1 と E2 については、開始コドンから下流部分の塩基数(開始コドンを含める)、エキソン E7 については、終止コドンより上流部分の塩基数(終止コドンを含める)を示している。

　図 1 の 　(c)　 の分子から生じた mRNA は、以下の条件 1 〜 4 を満たし、各条件は独立して生じるものとする。

(条件 1)　エキソン E3 と E7 は常に mRNA 中に残る。

(条件 2)　エキソン E1 と E2 はどちらか一方が切り出される。このとき、エキソン E1 が mRNA 中に残る確率は 90 ％であり、エキソン E2 が mRNA 中に残る確率は 10 ％である。

(条件 3)　エキソン E4 が mRNA 中に残る確率は 50 ％である。

(条件 4)　エキソン E5 と E6 は両方とも mRNA 中に残る場合と、どちらか一方だけが残る場合がある。両方とも残る確率は 70 ％、エキソン E5 だけが残る確率は 20 ％、エキソン E6 だけが残る確率は 10 ％である。

　さらに、　(c)　 の分子は 　(オ)　 でその両端に化学的な修飾を受ける。5′ 側の末端には 　(カ)　 と呼ばれる構造が、3′ 側の末端には 　(キ)　 と呼ばれる構造が付加される。これらの構造は、核内や細胞質において、多くの RNA の中から成熟した mRNA を選択する際の目印となる。また、翻訳の効率化にも関与することが知られている。

問 1　文章中の下線部(ア)アミノ酸に関する以下の①〜⑥の記述のうち、**内容が誤りであるもの二つの組み合わせ**を、次の A 〜 O の中から一つ選びなさい。

　　　| 1 |

　① リボソームは大小 2 つのサブユニットからなる複合体で、小サブユニットが tRNA と結合し、大サブユニットが mRNA の情報をもとにアミノ酸をつないでいく。

　② 老化した葉からは、分解産物のアミノ酸などが回収され、転流した後に、若い器官で再利用されたり、貯蔵器官に蓄えられたりする。

　③ 担体と呼ばれる膜タンパク質は、アミノ酸や糖などの低分子を運搬する

はたらきを担う。代表的な担体としてグルコースを運搬するグルコースト
ランスポーター(輸送体)がある。

④　アミノ酸は、脱アミノ反応を経てクエン酸やそのほかの有機酸(酸の性
質を示す有機物)となり、ピルビン酸回路などに入って分解される。

⑤　一方のアミノ酸のカルボキシ基(-COOH)と他方のアミノ酸のアミノ基
(-NH$_2$)から水(H$_2$O)分子が取れて結合する。この C–N 間の結合をペプチ
ド結合という。

⑥　アミノ酸を指定する DNA の塩基が 1 つ変化しても、指定するアミノ酸
が変化しない場合や、変化してもタンパク質の機能にほとんど影響せず、
生存において有利でも不利でもない場合がある。

A　①と②	B　①と③	C　①と④	D　①と⑤
E　①と⑥	F　②と③	G　②と④	H　②と⑤
I　②と⑥	J　③と④	K　③と⑤	L　③と⑥
M　④と⑤	N　④と⑥	O　⑤と⑥	

問 2　文章中の下線部(イ)情報を持つ DNA 領域をエキソン、それ以外の DNA 領
域をイントロンと呼ぶに関する以下の①～⑥の記述のうち、**誤りであるもの
二つの組み合わせ**を、次のA～Oの中から一つ選びなさい。　　| 2 |

①　原核生物の遺伝子にはふつうイントロンが含まれていない。

②　ゲノム解析によって、ヒトの遺伝子は予想より少ないことが明らかとな
ったが、それは選択的スプライシングにより、少数の遺伝子から多種類の
タンパク質を合成しているためだと考えられている。

③　哺乳類の場合、選択的スプライシングが生じる遺伝子は 30 ％以下であ
り、遺伝子数とタンパク質の種類にそれほど大きな違いはない。

④　スプライシングは核内で起こり、完成された mRNA は核膜孔を通り細
胞質に移動する。

⑤　真核生物の遺伝子では、イントロンの長さの総和がエキソンの長さの総
和よりずっと長いものも珍しくない。

⑥ 現在、選択的スプライシングによって１つの遺伝子から多数のタンパク質がつくられる場合があることが明らかとなり、一遺伝子一酵素説がより明確になっている。

A ①と②　　B ①と③　　C ①と④　　D ①と⑤

E ①と⑥　　F ②と③　　G ②と④　　H ②と⑤

I ②と⑥　　J ③と④　　K ③と⑤　　L ③と⑥

M ④と⑤　　N ④と⑥　　O ⑤と⑥

問３　文章中の下線部(ウ)ポリペプチドに関する以下の①〜⑥の記述のうち、**誤りであるもの二つの組み合わせ**を、次のA〜Oの中から一つ選びなさい。

　　3

① タンパク質には、１本のポリペプチドからできているものだけでなく、複数のポリペプチドが集まってできているものがある。

② ポリペプチドにはセリン(S)を含むものがあり、そのセリンどうしがS-S結合してポリペプチドの中やポリペプチドの間の橋渡しをする場合がある。

③ 複数のポリペプチドが組み合わさってできる立体構造をタンパク質の四次構造という。

④ シャペロンは、合成されている途中のポリペプチド鎖に結合し、ポリペプチド鎖どうしの凝集や異常な折りたたみが生じた部分を分解する。

⑤ ホメオボックスの塩基配列は60アミノ酸からなるポリペプチドをコードしており、このポリペプチドをホメオドメインという。

⑥ ヘモグロビンは α 鎖と呼ばれるポリペプチド鎖２本と β 鎖と呼ばれるポリペプチド鎖２本で構成される。

A ①と②　　B ①と③　　C ①と④　　D ①と⑤

E ①と⑥　　F ②と③　　G ②と④　　H ②と⑤

I ②と⑥　　J ③と④　　K ③と⑤　　L ③と⑥

M　④と⑤　　　　N　④と⑥　　　　O　⑤と⑥

問4　文章中の下線部(エ)抗体Pおよび抗体Qのはたらきに関する以下の①～⑥
　　の記述のうち、**内容が正しいものはいくつあるか**、次のA～Gの中から一つ
　　選びなさい。　　4

①　利根川進博士は、多様な抗体を生成する原理の解明でノーベル賞を受賞
　　した。

②　抗体はそれぞれの抗原の特異的な部分を認識する。その部分をエピトー
　　プ(抗原決定部位)といい、抗原には複数のエピトープがある。

③　赤血球の凝集反応は、血しょう中の凝集素が抗体としてはたらくことに
　　よって起こる一種の抗原抗体反応である。

④　脊椎動物の細胞には、自己に固有なタンパク質が細胞膜に存在し、自己
　　と非自己を識別している。このようなタンパク質を主要組織適合性抗原
　　(MHC分子)という。

⑤　抗体Pに反応するタンパク質は、必ず抗体Qとも抗原抗体反応を示
　　す。

⑥　抗体PはエキソンE4の部分を含むすべてのタンパク質と抗原抗体反
　　応を示すが、エキソンE3の部分を含むすべてのタンパク質と抗原抗体反
　　応を示すとは限らない。

A　0個　　　　　B　1個　　　　　C　2個　　　　D　3個
E　4個　　　　　F　5個　　　　　G　6個

問5　図1中の空欄　(a)　、　(b)　にあてはまる**最も適切な語句の組み
　　合わせ**を、次のA～Lの中から一つ選びなさい。ただし、選択肢の語は(a)・
　　(b)の順に示してある。　　5

A　オペロン・遺伝子
B　オペロン・ヌクレオソーム

  C　オペロン・プロモーター

  D　遺伝子・オペロン

  E　遺伝子・ヌクレオソーム

  F　遺伝子・プロモーター

  G　ヌクレオソーム・オペロン

  H　ヌクレオソーム・遺伝子

  I　ヌクレオソーム・プロモーター

  J　プロモーター・オペロン

  K　プロモーター・遺伝子

  L　プロモーター・ヌクレオソーム

問 6　図1中の空欄　(c)　、　(d)　にあてはまる**最も適切な語句の組み合わせ**を、次のA～Iの中から一つ選びなさい。ただし、選択肢の語は(c)・(d)の順に示してある。　6

  A　mRNA・ポリペプチド

  B　mRNA・転写

  C　mRNA・DNA

  D　mRNA 前駆体・翻訳

  E　mRNA 前駆体・スプライシング

  F　新生鎖 RNA・mRNA 前駆体

  G　新生鎖 RNA・DNA 前駆体

  H　DNA 前駆体・スプライシング

  I　DNA 前駆体・ポリペプチド

問 7　図1において、E1-E3-E4-E6-E7という構造のmRNAは、　(c)　の分子からできる**全 mRNA の何パーセントを占めるか**、次のA～Iの中から一つ選びなさい。　7

  A　0.1 %　　　　B　3.2 %　　　　C　3.5 %　　　　D　4.5 %

E　5.0 %　　　　F　32 %　　　　G　35 %　　　　H　45 %

I　50 %

問 8　図1において、選択的スプライシングによって　(c)　の分子から、**何**
通りの mRNA が生じるか、次のA～Hの中から一つ選びなさい。　　8

A　3 通り　　　B　4 通り　　　C　6 通り　　　D　8 通り

E　10 通り　　F　12 通り　　G　16 通り　　H　24 通り

問 9　図1に示す　(c)　の分子から選択的スプライシングによって生じる**最**
も長い mRNA の構造を、次のA～Ⅰの中から一つ選びなさい。　　9

A　E1-E2-E3-E4-E5-E6-E7

B　E1-E2-E3-E5-E6-E7

C　E2-E3-E4-E5-E6-E7

D　E1-E3-E4-E5-E6-E7

E　E2-E4-E5-E6-E7

F　E1-E3-E5-E6-E7

G　E2-E3-E5-E6-E7

H　E1-E3-E4-E5-E7

I　E1-E3-E4-E6-E7

問10　図1に示す　(c)　の分子から選択的スプライシングによって生じる**最**
も短い mRNA から翻訳されるタンパク質のアミノ酸の数はいくつか、次の
A～Nの中から一つ選びなさい。　　10

A　259　　　B　260　　　C　261　　　D　279

E　280　　　F　281　　　G　299　　　H　300

I　319　　　J　320　　　K　339　　　L　340

M　399　　　N　400

問11 図1に示す [(c)] の分子から選択的スプライシングによって生じる mRNA から翻訳されたタンパク質は、抗体 Q と抗原抗体反応を示したが、抗体 P とは反応しなかった。そのタンパク質を解析したところ、アミノ酸の数は 399 個であることが判明した。**このタンパク質のもととなる mRNA の構造を**、次の A～L の中から一つ選びなさい。 | 11 |

A　E1-E2-E3-E4-E5-E6-E7

B　E1-E2-E3-E5-E6-E7

C　E1-E3-E4-E5-E6-E7

D　E1-E3-E4-E6-E7

E　E1-E3-E5-E6-E7

F　E1-E3-E5-E7

G　E1-E3-E6-E7

H　E2-E3-E4-E5-E6-E7

I　E2-E3-E4-E6-E7

J　E2-E3-E5-E6-E7

K　E2-E3-E5-E7

L　E2-E3-E6-E7

問12 図1の DNA において、エキソン E3 と E4 に、はさまれた領域の▼において、DNA 配列の変化が生じた場合、**その内容が最も正しいもの**を、次の A～F の記述の中から一つ選びなさい。 | 12 |

A　DNA 上の▼において、1塩基の欠失が生じると、それ以降の塩基配列にズレが生じ、正しいタンパク質が作られなくなる。

B　DNA 上の▼において、3塩基の欠失が生じると、1アミノ酸が欠失するため、場合によってはタンパク質全体に大きな影響を与える。

C　DNA 上の▼において、数塩基の欠失が生じても、翻訳されるタンパク質に大きな影響はない。

D　DNA 上の▼が T から A に変化した場合、最終的な mRNA の塩基は U

となる。

E　DNA 上の▼が G から C に変化した場合、最終的な mRNA の塩基は G となる。

F　DNA 上の▼の位置に、終止コドンである TAA が出現すると、それ以降のタンパク質は作られなくなる。

問13　文章中の空欄 (オ) 、 (カ) 、 (キ) にあてはまる**最も適切な語句の組み合わせ**を、次の A～H の中から一つ選びなさい。ただし、選択肢の語は(オ)・(カ)・(キ)の順に示してある。 13

A　細胞質内・キャップ・ポリ A 尾部(ポリ A 鎖)

B　核内・キャップ・ポリ A 尾部(ポリ A 鎖)

C　細胞質内・ポリ A 尾部(ポリ A 鎖)・キャップ

D　核内・ポリ A 尾部(ポリ A 鎖)・キャップ

E　細胞質内・キャップ・ポリ T 尾部(ポリ T 鎖)

F　核内・キャップ・ポリ T 尾部(ポリ T 鎖)

G　細胞質内・ポリ T 尾部(ポリ T 鎖)・キャップ

H　核内・ポリ T 尾部(ポリ T 鎖)・キャップ

〔Ⅱ〕 次の文章を読み、該当する解答番号の解答欄にマークしなさい。一つの解答欄に一つだけマークすること。

　　動物が「動く」ことは、主に骨格筋の収縮によって起こる。しかし、においを手掛かりに餌を探す、外敵を見て逃げるなど、外部からの刺激に応じて適切に身体を運動させるためには、単に収縮するための筋肉が存在するだけでは不十分であり、全身の感覚器や神経、筋肉、骨格が適切に形成され、互いに機能的に結合したりはたらきかけたりする必要がある。胚発生において、神経は　(ア)　胚葉から形成される。　(ア)　胚葉からは神経の他に表皮も形成されるが、両生類の胚では神経と表皮の区分は、形成体からの誘導を受けるか受けないかで決定され、この形成体はおおよそ　(ウ)　となる背側の中胚葉にあたる。適切な身体運動のために、脳や脊髄のような中枢神経とともに、外部環境を感知する感覚器や、筋収縮の刺激を伝える運動神経などが形成され、神経系を構成する。身体運動を担う骨格筋は　(オ)　胚葉から形成される。骨格筋はヒトの全身に数百存在し、それぞれが腱を介して骨と結合している。骨格筋を構成する主な細胞は収縮することで運動のための力を生み出す筋原繊維である。筋原繊維の中にはアクチンフィラメントとミオシンフィラメントからなる　(カ)　と呼ばれる構造が繰り返し配置されており、運動神経からの刺激によってアクチンフィラメントとミオシンフィラメントの間で滑り運動が引き起こされることで筋収縮が起こる。筋収縮による運動には、意識的に行われる随意運動や、　(ク)　のように自律的に行われる運動、刺激に対して無意識に起こる反射が含まれる。動物は周囲の環境に応じて適切に動くために、様々な細胞・組織が協調した受容器や効果器をもち、また多様な受容−運動の様式を組み合わせているのである。

問1　空欄　(ア)　、　(ウ)　、　(オ)　、　(カ)　、　(ク)　にあてはまる**最も適切な**語句を、次のA〜Lの中からそれぞれ一つ選びなさい。なお、空欄　(ア)　の解答は　14　、空欄　(ウ)　の解答は　15　、空欄　(オ)　の解答は　16　、空欄　(カ)　の解答は　17　、　(ク)　の解答は　18　にそれぞれ記入しなさい。

A	心臓の拍動	B	歩行	C	外
D	脊索	E	内	F	暗帯
G	体節	H	二次胚	I	サルコメア
J	中	K	シナプス	L	明帯

問 2　文章中の下線部(イ)形成体からの誘導に関する以下の①～④の記述のうち、**正しい記述をすべて含むもの**を、次のA～Oの中から一つ選びなさい。　19

① 形成体は原腸胚の原口背唇部にあたる。

② 形成体から分泌される、ノーダルという遺伝子によって作られる分泌タンパク質が外胚葉を神経に分化させる。

③ 外胚葉の細胞は、腹側化にはたらく分泌タンパク質である BMP が細胞膜上の受容体に結合すると表皮になる。

④ 形成体は切り出されて他の原腸胚の腹側の予定表皮領域に移植されると二次胚を生じさせるが、二次胚に含まれる神経はすべて形成体が分化したものである。

A	①	B	②	C	③
D	④	E	①と②	F	①と③
G	①と④	H	②と③	I	②と④
J	③と④	K	①と②と③	L	①と②と④
M	①と③と④	N	②と③と④	O	①と②と③と④

問 3　文章中の下線部(エ)感覚器に関連する次の文章を読み、空欄　(サ)　、(シ)　、(ス)　、(セ)　、(ソ)　にあてはまる**最も適切な語句の組み合わせ**を、次のA～Jの中から一つ選びなさい。ただし、選択肢の語は(サ)・(シ)・(ス)・(セ)・(ソ)の順に示してある。　20

両生類の眼が形成される過程では、脳の一部が　(サ)　と呼ばれる構造

を作り、表皮と接する。　(サ)　と接した表皮の細胞は丈(たけ)が高くなり、さらに　(サ)　とともに内側に落ちくぼみ、　(シ)　へと分化する。　(シ)　はさらに接する表皮を　(ス)　へと誘導する。落ちくぼんで　(セ)　と呼ばれる構造に変化した　(サ)　は最終的に　(ソ)　になる。このように、誘導によって形成された組織がさらに他の組織を誘導することは誘導の連鎖と呼ばれる。

A　眼杯・水晶体・網膜・眼胞・盲点

B　眼胞・瞳孔・水晶体・網膜・眼杯

C　眼胞・水晶体・瞳孔・眼杯・網膜

D　眼胞・水晶体・角膜・眼杯・網膜

E　眼杯・水晶体・毛様体・眼胞・角膜

F　眼胞・網膜・瞳孔・眼杯・水晶体

G　眼杯・水晶体・網膜・毛様体・角膜

H　眼胞・水晶体・瞳孔・眼杯・盲点

I　眼胞・盲点・瞳孔・眼杯・水晶体

J　眼杯・水晶体・角膜・眼胞・網膜

問 4　文章中の下線部(キ)運動神経からの刺激によってアクチンフィラメントとミオシンフィラメントの間で滑り運動が引き起こされるに関連して、以下の①〜⑥の文章を読み、骨格筋を意識的に動かす際に、筋収縮が起こる過程の現象・順序として**最も適切なもの**を、次のA〜Jの中から一つ選びなさい。なお、①〜⑥の文章には筋収縮の過程で起こらない現象が二つ含まれている。

　21

①　筋小胞体内の Ca^{2+} が放出される。

②　運動ニューロンの神経終末でノルアドレナリンが放出される。

③　筋細胞のナトリウムチャネルが開き、興奮(脱分極)が起こる。

④　運動ニューロンに活動電位が生じる。

⑤　Ca^{2+} がトロポミオシンと結合し、アクチンとミオシンが相互作用でき

るようになる。

⑥　ATP の分解を伴うミオシンの頭部の構造変化がアクチンフィラメント
　との滑り運動を引き起こす。

A　①-②-③-⑤　　　　　　　　B　①-③-④-⑥

C　②-③-⑤-⑥　　　　　　　　D　④-②-⑤-⑥

E　④-②-③-⑤　　　　　　　　F　①-③-⑤-⑥

G　②-③-④-⑥　　　　　　　　H　④-③-①-⑤

I　④-③-①-⑤　　　　　　　　J　②-④-①-⑤

問 5　文章中の下線部(ケ)反射に関連して、明るさの変化に応じた瞳孔の収縮は
　　0.2 - 1 秒程度で起こるが、膝蓋腱への刺激に対する伸筋の反射は 0.1 - 0.5
　　秒程度で起こるなど、反射に必要とされる時間にはそれぞれ違いがある。一
　　般に様々な反射に必要な時間に影響すると考えられるものとして**正しい記述**
　　をすべて含むものを、次のA～Lの中から一つ選びなさい。　　22

①　刺激を目で見て確認しているかどうか。

②　関与する神経繊維の直径が太いか細いか。

③　中枢神経を介しているかどうか。

④　感覚神経・運動神経の間に介在ニューロンを介するかどうか。

⑤　刺激を受容する部位と応答する部位の距離が近いか遠いか。

⑥　大脳皮質において筋収縮を判断しているかどうか。

A　①と②　　　　　　B　②と③と④　　　　　　C　②と③

D　①と③と⑤　　　　E　①と⑥　　　　　　　　F　④のみ

G　②と④　　　　　　H　⑤と⑥　　　　　　　　I　③と⑥

J　②と⑤と⑥　　　　K　③と④と⑤　　　　　　L　⑤のみ

問 6　文章中の下線部(コ)多様な受容－運動の様式を組み合わせているに関連し
　　て、以下の二つの運動①、②はいずれも大腿部の筋肉の収縮による運動であ

るという共通点があるが、外部刺激の受容から大腿の伸筋の収縮に至る過程
には相違がある。二つの運動の相違点として**最も適切なもの**を、次のA〜E
の中から一つ選びなさい。　　23

①　サッカーボールが転がって来たのを目で確認し、膝を曲げ伸ばしして蹴
　　った。
②　膝蓋腱を叩いた際に伸筋により膝を伸ばす反射が起きた。

A　主に関与する中枢神経が①では大脳、②では脊髄である。
B　②の運動には介在ニューロンが関わるが、①には関わらない。
C　①の受容器は網膜、②では膝蓋腱である。
D　①の効果器は随意筋だが、②では不随意筋である。
E　②では自律神経が関与するが、①では関与しない。

問 7　文章中の下線部㈡多様な受容−運動の様式を組み合わせているに関連する
　　　以下の文章を読み、次の問い(1)、(2)に答えなさい。

　　　ヒトの眼は周囲が暗くなった際に、　　(タ)　　の放射状の筋肉を収縮させ
　　ることで　　(チ)　　を拡大させ、網膜に達する光量を　　(ツ)　　させる。そ
　　して網膜の　　(テ)　　細胞、ついで　　(ト)　　細胞の感度を上昇させること
　　で感知できる明るさの下限を低くする。このように眼は複数の機構を組み合
　　わせて明るさの変化に対応している。次の図1は暗順応曲線といい、暗所に
　　おいてようやく感じられる明るさの閾値が時間に応じてどのように変化する
　　かを表したものである。

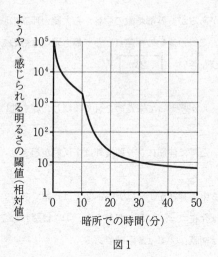

図1

(1) 空欄 ⎡(タ)⎤ 、 ⎡(チ)⎤ 、 ⎡(ツ)⎤ 、 ⎡(テ)⎤ 、 ⎡(ト)⎤ に
   あてはまる**最も適切な語句の組み合わせ**を、次のA〜Jの中から一つ選び
   なさい。ただし、選択肢の語は(タ)・(チ)・(ツ)・(テ)・(ト)の順に示してある。

   ⎡ 24 ⎤

   A　虹彩・瞳孔・減少・錐体・桿体
   B　虹彩・水晶体・減少・錐体・桿体
   C　虹彩・瞳孔・増大・桿体・錐体
   D　虹彩・瞳孔・増大・錐体・桿体
   E　虹彩・水晶体・増大・桿体・錐体
   F　毛様体・瞳孔・減少・錐体・桿体
   G　毛様体・水晶体・増大・錐体・桿体
   H　毛様体・水晶体・減少・桿体・錐体
   I　毛様体・瞳孔・増大・桿体・錐体
   J　毛様体・水晶体・減少・錐体・桿体

(2) SさんとTさんが天体観測をする際に、Sさんはあらかじめ暗い部屋で
   10分間過ごした後で暗い屋外に出て観測を始め、Tさんは明るい部屋か

ら暗い屋外に出てすぐに観測を始めたとする。観測開始から 10 分後に S さんと T さんが観察できる最も暗い星の明るさの違いはどの程度だと考えられるか、**最も近いもの**を、次の A 〜 E の中から一つ選びなさい。ただし、同じ条件では S さんと T さんの視力には差がないものとする。

25

A　S さんの方が 10 分の 1 程度の明るさの星まで観察できる。

B　S さんと T さんの観察できる最も暗い星の暗さは同じである。

C　T さんの方が 10 分の 1 程度の明るさの星まで観察できる。

D　T さんの方が 50 分の 1 程度の明るさの星まで観察できる。

E　S さんの方が 100 分の 1 程度の明るさの星まで観察できる。

〔Ⅲ〕　次の文章を読み、該当する解答番号の解答欄にマークしなさい。一つの解答欄に一つだけマークすること。

　時間の経過とともに、植生を構成する植物種や植生の相観などがしだいに変化していく現象を遷移という。乾燥した陸上ではじまる遷移を乾性遷移、湖沼などからはじまる遷移を湿性遷移という。遷移には、溶岩流の跡地や海洋に新しくできた島などからはじまる一次遷移と、森林の伐採跡地や山火事跡、放棄された農耕地などからはじまる二次遷移がある。一次遷移（日本の乾性遷移）の例を図 1 に示す。

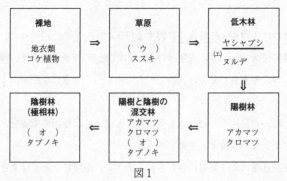

図 1

遷移を進める要因として重要なのが土壌の発達である。遷移が進行した結果、それ以上は全体として大きな変化を示さない状態を極相(クライマックス)という。森林植生では、高木層、亜高木層、低木層、草本層、コケ植物などが生える地表層からなる (キ) がみられる。林冠から林床に向かうにつれて、到達する光の量が少なくなっていくため、それぞれの層ではその高さに適応した植物が生育している。

生態系は復元力(レジリエンス)によってバランスが保たれている。しかし、人口増加にともない、人間の活動が生態系の復元力をこえた影響を及ぼすようになった。地球上には多様な生態系が存在し、それぞれの生態系にはいろいろな種類の生物が多様な関係をもって生息している。生物多様性はさまざまな価値をもち、その保全はバランスがとれた生態系を維持するために重要である。生態系のバランスを保ち、生物多様性を保全していくにはどのような生活をしていけばよいか、一人ひとりが考えて行動していく必要がある。

問 1 空欄 (キ) にあてはまる**最も適切な語句**を、次のA〜Oの中から一つ選びなさい。 26

A テリトリー	B 生活形	C 食物網
D 環境形成作用	E 階層構造	F ギャップ
G 垂直分布	H 生態ピラミッド	I バイオーム
J ニッチ	K キーストーン	L 森林限界
M 食物連鎖	N 生物濃縮	O ホットスポット

問 2 文章中の下線部(ア)乾性遷移に関する以下の①〜⑥の記述のうち、遷移の初期段階で侵入(進入)する先駆種(パイオニア種)の特徴について、**誤りであるもの二つの組み合わせ**を、次のA〜Oの中から一つ選びなさい。 27

① 土壌が未発達なため、水を保つ力にとぼしく、植物の栄養分となる窒素などが少ない環境でも生育できる。

② 直射日光により高温にさらされるような、植物にとってはきびしい環境下でも生育できる。

③　火山噴火などで新しくできた乾燥した土地でも生育できる。

④　耐陰性が強く、日当たりのよい場所でもよく育つ。

⑤　種子や果実は、翼や冠毛などをもち、風によって遠くまで運ばれやすい。

⑥　重力散布型の大きく重い種子をつくる。

A　①と②	B　①と③	C　①と④	D　①と⑤
E　①と⑥	F　②と③	G　②と④	H　②と⑤
I　②と⑥	J　③と④	K　③と⑤	L　③と⑥
M　④と⑤	N　④と⑥	O　⑤と⑥	

問 3　文章中の下線部(イ)二次遷移に関して、二次遷移は一次遷移に比べて植生の回復が速い。一次遷移に比べてかなり速く遷移が進行する理由について以下の①～⑤の記述のうち、**正しいもの二つの組み合わせ**を、次のA～Jの中から一つ選びなさい。　　28

①　遷移の開始時点で、すでに土壌が形成されている。

②　土壌中に腐植質が含まれており、植物の栄養分となる栄養塩類がとぼしい。

③　土壌中に種子や地下茎などが残っている。

④　鳥類に食べられたり、動物に付着したりして、種子が運ばれてきやすい。

⑤　地表は直射日光にさらされて高温となり、乾燥している。

A　①と②	B　①と③	C　①と④	D　①と⑤
E　②と③	F　②と④	G　②と⑤	H　③と④
I　③と⑤	J　④と⑤		

問 4　図 1 中の空欄　(ウ)　、　(オ)　にあてはまる**最も適切な語句の組み合わせ**を、次のA～Oの中から一つ選びなさい。ただし、選択肢の語は(ウ)・

㈱の順に示してある。　[29]

A	ヤマツツジ・イタドリ	B	ヤマツツジ・コナラ
C	ヤマツツジ・スダジイ	D	イタドリ・ヤマツツジ
E	イタドリ・チガヤ	F	イタドリ・スダジイ
G	チガヤ・ヤマツツジ	H	チガヤ・イタドリ
I	チガヤ・コナラ	J	コナラ・イタドリ
K	コナラ・チガヤ	L	コナラ・スダジイ
M	スダジイ・ヤマツツジ	N	スダジイ・チガヤ
O	スダジイ・コナラ		

問 5　図1中の下線部㈍ヤシャブシに関して、ヤシャブシやオオバヤシャブシな
　　　どのハンノキ類が遷移の初期に生育できるのは、ある生物のはたらきによ
　　　る。その生物の説明として**最も適切なもの**を、次のA〜Eの中から一つ選び
　　　なさい。　[30]

　　A　土壌中の有機窒素化合物を無機窒素化合物に変えるはたらきをもつ。

　　B　土壌中のアンモニウムイオンを硝酸イオンに変えるはたらきをもつ。

　　C　大気中の窒素から植物が利用可能なアンモニウムイオンをつくることが
　　　　できる。

　　D　土壌中の硝酸イオンや亜硝酸イオンを窒素に変えて大気中に戻すことが
　　　　できる。

　　E　同じはたらきをもつ仲間に、嫌気性のアゾトバクター、好気性のクロス
　　　　トリジウムがいる。

問 6　文章中の下線部㈎土壌に関して、土壌は主に岩石が風化してできた砂など
　　　に、落葉・落枝や生物の遺体などが分解されてできた有機物が混じり合って
　　　できる。以下の①〜④の生物のうち、**落葉・落枝を分解する生物すべてを含
　　　むもの**を、次のA〜Oの中から一つ選びなさい。　[31]

① ミミズ   ② バッタ

③ トビムシ   ④ キノコなどの菌類

A ①   B ②   C ③

D ④   E ①と②   F ①と③

G ①と④   H ②と③   I ②と④

J ③と④   K ①と②と③   L ①と②と④

M ①と③と④   N ②と③と④   O ①と②と③と④

問7　文章中の下線部(カ)<u>土壌</u>に関する以下の①〜④の記述のうち、**正しい記述をすべて含むもの**を、次のA〜Oの中から一つ選びなさい。　　| 32 |

① よく発達した森林の土壌は、落葉・落枝が分解されてできた有機物（腐植質）と風化した岩石が混じった層（腐植土層）でできている。

② 草原は、土壌の層構造があまり発達しておらず、岩石が風化した層だけでできている。

③ 草原は、表層の落葉・落枝が森林に比べて少なく、腐植質が少ない土層が厚い。

④ 森林の土壌は保水力が高いため、土壌の浸食や洪水の防止などに役立っている。

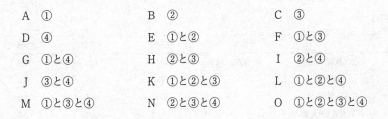

A ①   B ②   C ③

D ④   E ①と②   F ①と③

G ①と④   H ②と③   I ②と④

J ③と④   K ①と②と③   L ①と②と④

M ①と③と④   N ②と③と④   O ①と②と③と④

問8　文章中の下線部(ク)<u>光</u>に関連して、植物は、光エネルギーを利用して光合成を行う。葉緑体の中のチラコイドの膜に含まれる光合成色素に光エネルギーを吸収する。以下の①〜⑤の色素のうち、**チラコイドの膜に含まれる光合成**

色素すべてを含むものを、次のA～Oの中から一つ選びなさい。 | 33 |

① アントシアニン　　② カロテン　　③ クロロフィル

④ キサントフィル　　⑤ フィトクロム

A ①と③　　　　　　　　　　　B ③と⑤

C ①と②と③　　　　　　　　　D ①と②と④

E ①と②と⑤　　　　　　　　　F ①と③と④

G ①と③と⑤　　　　　　　　　H ①と④と⑤

I ②と③と④　　　　　　　　　J ②と③と⑤

K ③と④と⑤　　　　　　　　　L ①と②と③と④

M ①と②と③と⑤　　　　　　　N ②と③と④と⑤

O ①と②と③と④と⑤

問9 文章中の下線部(ケ)生態系に関連して、表1は、アメリカのある湖沼生態系におけるエネルギー量を栄養段階ごとに示したものである。次の文章の空欄 | (サ) |、| (シ) |、| (ス) |、| (セ) | にあてはまる数値として**最も適するもの**を、次のA～Oの中からそれぞれ選びなさい。なお、空欄 | (サ) | の解答は | 34 |、空欄 | (シ) | の解答は | 35 |、空欄 | (ス) | の解答は | 36 |、空欄 | (セ) | の解答は | 37 | にそれぞれ記入しなさい。

表1

	太陽エネルギー	生産者	一次消費者	二次消費者
総生産量(同化量)	499,262.4※	467.9	62.2	13.0
呼吸量	–	98.3	18.5	7.5
純生産量(生産量)	–	369.6	43.7	5.5
被食量(摂食量)	–	62.2	13.0	0.0
死亡・枯死量(死滅・脱落量)	–	11.8	1.3	0.0
成長量	–	295.6	29.4	5.5

単位は、J/(cm²・年)
※入射光のエネルギー

　　アメリカのある湖沼生態系では、499,262.4 J/(cm²・年)が生態系に入射した太陽の光エネルギー量である。生産者が固定したエネルギーのうち、生産者の成長に使われたエネルギーは、約　（サ）　％となる。一方、生産者のエネルギー効率は約　（シ）　％、一次消費者では約　（ス）　％、二次消費者では約　（セ）　％である。

A　0.001	B　0.003	C　0.009	D　0.01
E　0.07	F　0.09	G　2.8	H　13.3
I　20.9	J　42.3	K　43.2	L　47.2
M　63.2	N　70.2	O　79.0	

問10　文章中の下線部㈡生物多様性に関する以下の①～⑥の記述のうち、生物多様性を減少させる要因として、**誤りであるもの二つの組み合わせ**を、次のA～Oの中から一つ選びなさい。　　38

①　土地利用の改変による生息地の縮小や分断化

②　人間による特定の種に対する過剰な採取や乱獲

③　雑木林(二次林)における樹木の間引きや採草地(二次草原)の下草の刈り取りなどの人為管理

④　日本の里山における伝統的な農業活動などの人間による管理の減少

⑤　外来生物の侵入(移入)による在来生物への影響

⑥　個体数が多い集団における偶発的な性比の偏り

A　①と②	B　①と③	C　①と④	D　①と⑤
E　①と⑥	F　②と③	G　②と④	H　②と⑤
I　②と⑥	J　③と④	K　③と⑤	L　③と⑥
M　④と⑤	N　④と⑥	O　⑤と⑥	

〔Ⅳ〕　次の文章を読み、該当する解答番号の解答欄にマークしなさい。一つの解答欄に一つだけマークすること。

　　ダーウィンは 1859 年に発表した著書「種の起源」において、生物の進化とは直線的な前進ではなく、分岐を繰り返しつくられてきた歴史であると考えた。かつては生物の形態情報にもとづき系統樹を作成し、生物が進化してきた経路を推定
(ア)
していたが、現在では、個々の生物種の DNA 配列やアミノ酸配列の比較によ
(イ)
り、生物の系統を推定することができるようになっている。その結果、かつての
形態にもとづく系統樹と分子の配列にもとづく系統樹が異なることも珍しくな
(ウ)
い。また、ダーウィンは上述の著書の中で、環境に適した形質を持つ個体が集団
内に残り、その繰り返しにより進化が起こるという自然選択説を示した。その
後、集団から遺伝子のレベルまで、様々な研究が行われることにより、自然選択
(エ)
の他にも、遺伝的浮動による中立進化などとの複合的要因により生物の進化が起
こると理解されている。ダーウィンはガラパゴス諸島に生息する生物の調査を通
じて、種分化に関しても鋭い洞察力を示した。この地域に生息するフィンチやゾ
(オ)
ウガメの形態や模様は島ごとに異なっており、これは遺伝的変異と遺伝子頻度の
変化が原因であることが明らかになっている。近年のゲノム解析技術の目覚まし
(カ)
い進歩は、以前は不可能だった種内と種間における進化的変化の更なる明確な記
述を可能にするだろう。

問 1　文章中の下線部(ア)生物の形態に関して、次の問い(1)〜(3)に答えなさい。

　(1)　形態の情報にもとづき系統樹を作成するためには、まず祖先から受け継
　　　がれてきた原始的な形質と分化に伴って新たに派生した形質(派生形質)と
　　　を区別する。その後、派生形質の共有を手がかりにして、新しく分化した
　　　系統を見つけ出し、系統樹を作成していく。下の表 1 は、8 種の脊椎動物
　　　($a \sim h$)における共有派生形質の有無を示している(＋は有、－は無を示
　　　す)。共有派生形質の情報を読み取り、8 種の脊椎動物の系統関係を示す
　　　系統樹として**最も適切なもの**を、次の A〜F の中から一つ選びなさい。た
　　　だし、示してある派生形質は進化過程で 1 回だけ生じたと仮定し、またど

　　　の子孫の集団からも派生形質は失われないとする。　　| 39 |

表1

動物種	派生形質							
	顎	肺	爪	砂のう(注1)	羽毛	体毛	乳腺	ケラチン主体のうろこ
a	+	+	+	−	−	+	+	−
b	+	+	+	+	−	−	−	+
c	−	−	−	−	−	−	−	−
d	+	+	−	−	−	−	−	−
e	+	−	−	−	−	−	−	−
f	+	+	+	−	−	−	−	+
g	+	+	+	−	−	+	+	+
h	+	+	+	+	−	−	−	+

(注1)鳥類、は虫類などに見られる消化器官

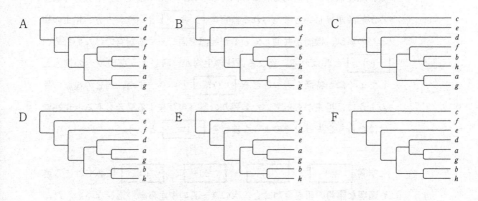

(2)　動物の形態と分類に関する以下の①～⑤の記述のうち、正しいものの組

み合わせとして**最も適切なもの**を、次のA～Jの中から一つ選びなさい。

　　| 40 |

①　サンゴは胚葉の分化が見られない無胚葉性の動物で、水中生活を行う。

②　ワムシなどの輪形動物は冠輪動物の1グループであり、体腔は偽体腔で

　　ある。

③　クモやダニなどの昆虫類が属する節足動物は動物の中で最も種が多い分

　　類群である。

④　ミミズやカイチュウが属する環形動物は体が細長く、多数の体節をも

　　つ。

⑤　脊索動物は原索動物と脊椎動物に分けられる。原索動物はすべてが海産動物で、一生のうち少なくとも幼生期に脊索をもつ。

A　①と②　　　B　①と③　　　C　①と④　　　D　①と⑤

E　②と③　　　F　②と④　　　G　②と⑤　　　H　③と④

I　③と⑤　　　J　④と⑤

(3)　生物種間で形態を比較すると、外形は異なるが基本的な構造が類似した器官が見つかることが数多く報告されており、例えば両生類、は虫類、鳥類、哺乳類の前肢がある。この例のように、外形やはたらきが大きく異なるが起源が等しいと考えられる器官を　(キ)　という。一方、昆虫の翅と鳥の翼は、機能が共通しているが起源を同じくする器官ではないため、　(ク)　と呼ばれる。異なる系統の生物が、同じような環境への適応としてよく似た特徴をもつことを　(ケ)　という。また、ヘビの後肢の骨のように、祖先がもっていた名残りの器官が存在する場合もある。現在でははたらきを失ったそのような器官を　(コ)　という。

　　空欄　(キ)　、　(ク)　、　(ケ)　、　(コ)　にあてはまる**最も適切な語句**の組み合わせを、次のA～Hの中から一つ選びなさい。ただし、選択肢の語は(キ)・(ク)・(ケ)・(コ)の順に示してある。　　41

A　相同器官・相似器官・収れん・残存器官

B　相同器官・相似器官・収れん・痕跡器官

C　相同器官・相似器官・適応放散・残存器官

D　相同器官・相似器官・適応放散・痕跡器官

E　相似器官・相同器官・収れん・残存器官

F　相似器官・相同器官・収れん・痕跡器官

G　相似器官・相同器官・適応放散・残存器官

H　相似器官・相同器官・適応放散・痕跡器官

問 2　文章中の下線部(イ)DNA 配列やアミノ酸配列の比較に関する以下の①～⑤
　　　の記述のうち、**最も適切なものの組み合わせ**を、次のA～Jの中から一つ選
　　　びなさい。　　42

　①　生物種間で、同一遺伝子領域の DNA 配列とアミノ酸配列をもとに系統
　　　樹を作成し、系統関係を推定する場合、どちらの配列を用いても常に結果
　　　は同じである。

　②　生物の生存に必須の機能をもつ遺伝子の塩基配列は、種間であまり変化
　　　していないことが多い。

　③　タンパク質のアミノ酸配列に関しては、そのタンパク質のはたらきに重
　　　要な部位の配列の変化が大きい。

　④　コドンの３番目の塩基は、１番目や２番目の塩基と比べて塩基置換速度
　　　が速い。

　⑤　アミノ酸に翻訳されない DNA 配列の変化は、生物の形質への影響が小
　　　さいため、変化速度が遅い。

A　①と②　　　　B　①と③　　　　C　①と④　　　　D　①と⑤

E　②と③　　　　F　②と④　　　　G　②と⑤　　　　H　③と④

I　③と⑤　　　　J　④と⑤

問 3　文章中の下線部(ウ)かつての形態にもとづく系統樹と分子の配列にもとづく
　　　系統樹が異なることも珍しくないに関する以下の①～⑤の記述のうち、**最も
　　　適切なものの組み合わせ**を、次のA～Jの中から一つ選びなさい。
　　　43

　①　分子系統解析の結果、偽体腔をもつ線形動物は真体腔をもつ節足動物に
　　　近縁であり、両者は脱皮により成長する脱皮動物として、１つの系統にま
　　　とめられることが明らかになった。

　②　扁形動物は無体腔動物であり、体腔をもつ動物とは大きく系統が異なる
　　　と考えられてきたが、分子系統解析の結果、環形動物や軟体動物に近縁で

あることが明らかになった。

③　体腔をもつ棘皮動物はかつて新口動物として分類されていたが、分子系統解析により、旧口動物の仲間であることが明らかになった。

④　分子系統解析の結果、胚葉の分化の有無よりも、体腔の有無こそが生物間の系統関係を色濃く反映する形態的な特徴であることが明らかになった。

⑤　分子系統解析の結果、海綿動物と刺胞動物は最も原始的な動物として1つのグループにまとめることが可能で、両者共通の特徴は単細胞性であることが明らかになった。

A　①と②　　　B　①と③　　　C　①と④　　　D　①と⑤

E　②と③　　　F　②と④　　　G　②と⑤　　　H　③と④

I　③と⑤　　　J　④と⑤

問 4　文章中の下線部(エ)自然選択の他にも、遺伝的浮動に関して、次の問い(1)～(3)に答えなさい。

　　昆虫 X を飼育箱で長期間飼育し、遺伝子頻度の推移を調査するために以下に示す 3 つの異なる実験(実験 I、実験 II、実験 III)を実施した。いずれの実験においても昆虫 X の飼育は 100 世代継続し、遺伝子頻度は 20 世代ごとに調べた。図 1 は実験 I、実験 II、実験 III の結果を示す。なお、問い(1)～(3)においては、3 つの異なる実験の結果を総合的に考察し解答すること。

実験Ⅰ：3 箱の飼育箱(a、b、c)を用意し、それぞれの箱に遺伝子座 R の 2
つの対立遺伝子(R1 と R2)の遺伝子頻度が 1：1 になるように、
250 匹の R1R1 個体、500 匹の R1R2 個体、250 匹の R2R2 個体の
昆虫 X を入れた。その後 a、b、c の飼育箱はそれぞれ異なる環境に
設置した。

実験Ⅱ：遺伝子座 R とは異なる遺伝子座 S の 2 つの対立遺伝子(S1 と S2)
の遺伝子頻度が 1：1 になるように、250 匹の S1S1 個体、500 匹の
S1S2 個体、250 匹の S2S2 個体の昆虫 X を 3 箱の飼育箱(a、b、c)
に入れた。その後、実験Ⅰと同様の実験を実施した。飼育箱(a、b、c)
の環境条件は実験Ⅰと同じとする。

実験Ⅲ：実験Ⅰで対象とした遺伝子座 R の 2 つの対立遺伝子(R1 と R2)の
遺伝子頻度が 1：1 になるように 5 匹の R1R1 個体、10 匹の R1R2
個体、5 匹の R2R2 個体の昆虫 X を 3 箱の飼育箱(a、b、c)に入れ
た。その後、実験Ⅰと同様の実験を実施した。飼育箱(a、b、c)の環
境条件は実験Ⅰと同じとする。

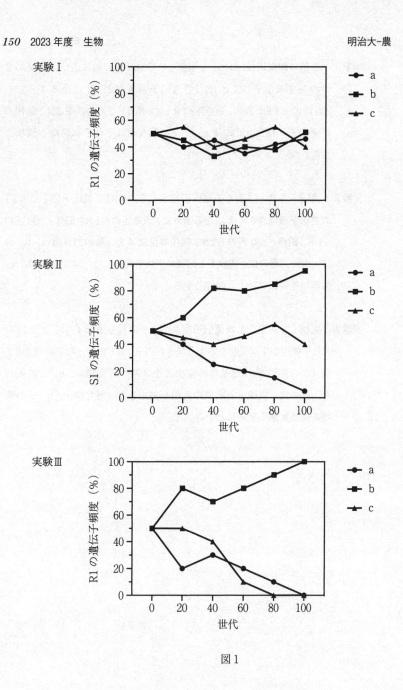

図 1

(1)　実験ⅠとⅡの結果に対する考察として以下の①〜⑤の記述のうち、**最も**

適切なものの組み合わせを、次のA～Jの中から一つ選びなさい。
$\boxed{44}$

① 実験Ⅰでは同じ箱内の世代間でR1の遺伝子頻度に違いが生じたため、自然選択の影響が大きいと考えられる。

② 実験Ⅰにおいて、世代ごとや飼育箱ごとにR1の遺伝子頻度が異なるのは遺伝的浮動が主因であると考えられる。

③ 実験Ⅱでは100世代後のS1の遺伝子頻度において飼育箱間で大きな違いが見られた。これは主に遺伝的浮動による影響と考えられる。

④ 実験Ⅱでは100世代後のS1の遺伝子頻度において飼育箱間で大きな違いが見られた。これは主に遺伝子突然変異による影響と考えられる。

⑤ 実験Ⅱでは100世代後のS1の遺伝子頻度において飼育箱間で大きな違いが見られた。これは主に自然選択による影響と考えられる。

A ①と②	B ①と③	C ①と④	D ①と⑤
E ②と③	F ②と④	G ②と⑤	H ③と④
I ③と⑤	J ④と⑤		

(2) 実験Ⅱの結果の考察として以下の①～⑤の記述のうち、**最も適切なものの組み合わせを、次のA～Jの中から一つ選びなさい。** $\boxed{45}$

① 飼育箱cではS1の遺伝子頻度が世代間で比較的安定していた。これは、飼育箱c内の昆虫が適応進化した結果であると考えられる。

② 飼育箱bでは対立遺伝子S1がS2に比べて生存率や繁殖率で有利であったと考えられる。

③ 飼育箱間でS1の遺伝子頻度に大きな違いが生じたのは、主に遺伝的浮動による影響であるため、各飼育箱における昆虫Xの飼育個体数を増やすことで、飼育箱間の違いが著しく小さくなると考えられる。

④ 飼育箱cの環境においては、対立遺伝子S1とS2に対して自然選択がほとんどはたらかないと考えられる。

⑤　対立遺伝子 S 1 と S 2 の間に存在する塩基配列の変化は、さまざまな環境に対して中立であるため、これは中立進化であると考えられる。

A　①と②　　　　B　①と③　　　　C　①と④　　　　D　①と⑤
E　②と③　　　　F　②と④　　　　G　②と⑤　　　　H　③と④
I　③と⑤　　　　J　④と⑤

(3)　実験Ⅲの考察として以下の①〜⑤の記述のうち、**誤りであるもの二つの組み合わせ**を、次のA〜Jの中から一つ選びなさい。　　　46

①　すべての飼育箱において、100 世代までに対立遺伝子 R 1 もしくは R 2 の遺伝子頻度が 100 ％になったことから、これらの対立遺伝子には自然選択がはたらいたと考えられる。

②　飼育箱 b において R 1 の遺伝子頻度が相対的に高くなったが、飼育箱 b の環境において対立遺伝子 R 1 が R 2 よりも生存や繁殖に有利であった可能性は低い。

③　実験Ⅲでは、主にびん首効果により対立遺伝子 R 1 と R 2 の遺伝子頻度に大きく偏りが生じたと考えられる。

④　実験Ⅲでは、R 1 に生じた塩基配列の変化が主因となり、対立遺伝子頻度に大きく偏りが生じたと考えられる。

⑤　対立遺伝子 R 1 と R 2 の間に存在する塩基配列やアミノ酸配列の変化は、飼育箱 a、b、c 内の環境においては自然選択に対してほぼ中立であると考えられる。

A　①と②　　　　B　①と③　　　　C　①と④　　　　D　①と⑤
E　②と③　　　　F　②と④　　　　G　②と⑤　　　　H　③と④
I　③と⑤　　　　J　④と⑤

問 5　次の文章は下線部(オ)種分化に関する説明である。次の問い(1)、(2)に答えなさい。

　　物理障壁によって集団が分割されることにより生じる種分化は　(サ)　
種分化として知られ、これは生物の種分化における主要な様式であると考え
られている。しかし、集団の隔離は、生息域の物理的な分断がなくても、生
殖行動やニッチの違いなどで生じる場合がある。このような地理的隔離を伴
わない種分化を　(シ)　種分化という。アフリカのビクトリア湖に生息す
るシクリッドと呼ばれる魚において、　(ス)　による種分化が示されてい
る。湖では、水深や水の濁りによって水中に届く光の波長は異なっており、
生息場所により光環境に違いが見られる。シクリッドの雄は、繁殖期になる
と婚姻色を呈し、個体間で婚姻色に違いがある。この時、雌が認識しやすい
婚姻色の雄が配偶相手として選ばれやすく、多くの子を残すと考えられる。

(1)　空欄　(サ)　、　(シ)　、　(ス)　にあてはまる**最も適切な語句
　　の組み合わせ**を、次のA〜Hの中から選びなさい。ただし、選択肢の語は
　　(サ)・(シ)・(ス)の順に示してある。　47

　　A　異所的・局所的・性選択　　　　B　異所的・局所的・中立進化

　　C　異所的・同所的・性選択　　　　D　異所的・同所的・中立進化

　　E　隔離・局所的・性選択　　　　　F　隔離・局所的・中立進化

　　G　隔離・同所的・性選択　　　　　H　隔離・同所的・中立進化

(2)　次の①〜④の記述はシクリッドの種分化が生じる過程における、いずれ
　　かの段階を説明する文である。以下の①〜④の説明文を**適切な順番に並び
　　変え**、種分化が生じる過程として**最も適切なもの**を、次のA〜Lの中から
　　一つ選びなさい。　48

①　適応した視覚に認識されやすい婚姻色の雄の方がより多く雌に選ばれ、
　　各生息場所に多くなる。

②　同所的に生息していた集団が異なる光環境に分布を拡大する。

③　雌が異なる生息場所の雄の婚姻色を認識しにくくなり、交配が起こりに
　　くくなる。

④　雌雄ともに、それぞれの生息場所の光環境に適した視覚が発達する。

A　①-②-③-④　　　　　　　　B　①-②-④-③

C　①-③-②-④　　　　　　　　D　①-③-④-②

E　①-④-②-③　　　　　　　　F　①-④-③-②

G　②-①-③-④　　　　　　　　H　②-①-④-③

I　②-③-①-④　　　　　　　　J　②-③-④-①

K　②-④-①-③　　　　　　　　L　②-④-③-①

問 6　次の文章は下線部(カ)遺伝的変異と遺伝子頻度の変化に関する説明である。
　　次の問い(1)、(2)に答えなさい。

　　　ある地域に生息する同種の集団が持つ遺伝子全体を　(セ)　という。
　　(セ)　は多くの　(ソ)　を含んでいる場合があり、集団中に含まれる
　　それぞれの対立遺伝子の割合を　(タ)　という。

(1)　空欄　(セ)　、　(ソ)　、　(タ)　にあてはまる**最も適切な語句
　　の組み合わせ**を、次のA〜Hの中から一つ選びなさい。ただし、選択肢の
　　語は(セ)・(ソ)・(タ)の順に示してある。　49

A　ゲノム・遺伝的変異・適応頻度

B　ゲノム・遺伝的変異・遺伝子頻度

C　ゲノム・イントロン・適応頻度

D　ゲノム・イントロン・遺伝子頻度

E　遺伝子プール・遺伝的変異・適応頻度

F　遺伝子プール・遺伝的変異・遺伝子頻度

G　遺伝子プール・イントロン・適応頻度

H　遺伝子プール・イントロン・遺伝子頻度

(2)　ゴッドフレイ・ハーディーとウィルヘルム・ワインベルグは、一定の条

件を備えた集団では遺伝子頻度は変化しないことを示した。これをハーディー・ワインベルグの法則という。遺伝子頻度が変化する要因に関する説明として**誤りであるもの**を、次のA〜Fの中から一つ選びなさい。

50

A 紫外線の影響などで、DNA の塩基配列が変化することがある。

B 環境に適応した形質は、より多くの子孫を残すため、遺伝子頻度が高くなる。

C 配偶者に好まれる形質は、より多くの子孫を残すため、遺伝子頻度が高くなる。

D 小さな集団では、特定の対立遺伝子の遺伝子頻度が、偶然に極端な変化を起こすことがある。

E 他の集団から、今までにない対立遺伝子が流入することがある。

F 染色体の組換え頻度が高い生物の場合、特定の対立遺伝子の遺伝子頻度が必ず高くなる。

A　これまでになく

B　どうしようもなく

C　しかたなく

D　かぎりなく

問八　空欄　Ｙ　に入る語句を、本文中から抜き出して書きなさい。解答番号は　203　。

問九　本文の内容に一致するものを次の中から一つ選び、その記号をマークしなさい。解答番号は　17　。

A　天皇の大御息所のいとこにあたる男は年上の女のことが忘れられず、頻繁に逢瀬を重ねた。

B　男は、やがて自分や女が破滅してしまうと思い、嫌がる女を説得して関係を断とうとした。

C　女が思い悩んで実家に帰ってしまったことを、男はむしろ都合のよいことであると考えた。

D　実家に帰った女のもとに通いつめたために、男は失職して役立たずの身になってしまった。

問一〇　文学史上、『伊勢物語』と同時代の作品を次の中から一つ選び、その記号をマークしなさい。解答番号は　18　。

A　風姿花伝

B　雨月物語

C　新古今和歌集

D　土佐日記

E　方丈記

問四　傍線部3「かくなせそ」を現代語に訳しなさい。解答番号は

202

。

問五　傍線部4「に」と同じ品詞の「に」を、本文中の二重傍線部イ〜ニの中から一つ選び、その記号をマークしなさい。解答番号

は

14

。

A　イ

B　ロ

C　ハ

D　ニ

問六　傍線部6「いかにせむ。わがかかる心やめ給へ」と仏神にも申しけれど」とあるが、男がそのようにしたのはなぜか。その理由の説明として最も適切なものを次の中から一つ選び、その記号をマークしなさい。解答番号は

15

。

A　女との関係が続くと、自分が仕えている天皇を苦しめてしまうことになるから。

B　自分が女のことを思い続けると、女の居場所をなくしてしまうことになるから。

C　女との関係を続けていると、やがて自分の身を滅ぼしてしまうことになるから。

D　身分の違う女を追い求めると、世間の人々に笑われてしまうことになるから。

問七　傍線部7「わりなく」の解釈として最も適切なものを次の中から一つ選び、その記号をマークしなさい。解答番号は

16

。

○祓の具……祓いの道具。

○異に……ことさらに、なおさら、いっそう。

問一　傍線部1「思して」の「思」の読み方を、現代かなづかい（ひらがな）で書きなさい。　解答番号は 110 。また、ここでの「思して」の解釈として最もふさわしいものを次の中から一つ選び、その記号をマークしなさい。　解答番号は 11 。

A　思い煩いなさって

B　懐かしくしのばれて

C　心をおかけになって

D　寂しくお思いになって

問二　空欄 X には、「あり」または「居り」の尊敬語が入る。その語を、文脈にふさわしい活用形にしてひらがなで書きなさい。　解答番号は 201 。

問三　傍線部2「いとこなりけり」と傍線部5「のぼり居ければ」の、それぞれの主語にあたる人物を次の中から一つずつ選び、その記号をマークしなさい。「いとこなりけり」の解答番号は 12 、「のぼり居ければ」の解答番号は 13 。

「いとこなりけり」　──　A　おほやけ　　B　女　　C　大御息所　　D　男

「のぼり居ければ」　──　A　おほやけ　　B　女　　C　大御息所　　D　男

といひてなむ去にⅡける。

〔註〕

○おほやけ……天皇。

○つかう給ふ……「つかひ給ふ」の音便。

○色許されたる……着用を禁止されている衣服の色を許された。

○大御息所……天皇の生母。

○殿上……清涼殿の殿上の間。

○女がた……女官たちのいる部屋。

○かたはなり……見苦しい、みっともない。

○逢ふにしかへば……あなたに会うことと引き替えならば。

○曹司……女官の私室。

○例の……いつものように。

○里……実家、生家。

○主殿司……ここでは灯火、薪炭、清掃等をつかさどる役人。

○奥になげ入れて……殿上に宿直するときは、沓を奥の方へ入れておく規則であった。

○ありわたるに……時を過ごしていると。

（『伊勢物語』六五段より）

〔Ⅳ〕

次の文章を読んで、後の問いに答えなさい。

むかし、おほやけ思してつかう給ふ女の、色許されたるありけり。大御息所とて<ruby>おほみやすんどころ<rt></rt></ruby>さぶ<ruby>殿上<rt>てんじやう</rt></ruby>にさぶらひける在原なりける男の、まだいと若かりけるを、この女あひしりたりけり。男、女がた許されたりければ、女のある所に来てむかひをりけれ¹ば、女、「いとかたはなり。身もほろびなむ。³かくなせそ」といひければ、

　　思ふには忍ぶることぞ負けにける⁴
　　逢ふにしかへばさもあらばあれ

といひて、曹司におり給へれば、例の、この<ruby>御曹司<rt>み</rt></ruby>には人の見るをも知らでのぼり居ければ、この女、思ひわびて里へゆく。されば、何のよきことと思ひて、行き通ひければ、みな人ききて笑ひけり。つとめて<ruby>主殿司<rt>とのもづかさ</rt></ruby>の見るに、<ruby>沓<rt>くつ</rt></ruby>はとりて奥になげ入れてのぼりぬ。かくかたはにしつつありわたるに、身もいたづらになりぬべければ、つひにほろびぬべしとて、この男、「⁶いかにせむ。わがかかる心やめ給へ」と仏神にも申しけれど、いやまさりにのみ覚えつつ、なほわりなく恋しうのみ覚えければ、⁷<ruby>陰陽師<rt>おむやうじ</rt></ruby>、<ruby>巫<rt>かむなぎ</rt></ruby>よびて、恋せじといふ<ruby>祓<rt>はら</rt></ruby>への具してなむ行きける。<ruby>祓<rt>はら</rt></ruby>へけるままに、いとど悲しきこと数まさりて、ありしより異に恋しくのみ覚えければ、

　　　| Y |
　　　と<ruby>御手洗川<rt>みたらしがは</rt></ruby>にせし<ruby>禊<rt>みそぎ</rt></ruby>
　　神はうけずもなりにけるかな

| X |
けるいとこなりけり。

問一一　本文の内容と一致するものを次の中から一つ選び、その記号をマークしなさい。解答番号は　10　。

A　訪れる者の誰もが愉しい気持ちになるディズニーランドについて、まだそこに足を踏み入れたことのない未訪者までが語りうるのは、マスメディアが造り上げた社会構造に現代人が不可避に取り込まれているからにほかならない。

B　ディズニーランド的な非日常がその魅力によって日常にとって代わったとき、凡庸で退屈に満ち、制度や規範に否応なく縛り付けられた不自由な場所でさえ、永続的な癒しと高揚感をもたらしてくれる空間となる。

C　ディズニーランドがテクノロジーによって「夢と魔法の王国」を演出していることが、社会においてまちがったモデルとして受け取られ、日常生活そのものが楽しくなければいけないという幻想を人々に与えてしまっている。

D　社会のディズニーランド化を個人の問題として捉えるのではなく、あくまでも社会構造の問題として考えることによってはじめて、現在のわたしたちが直面している逃れがたい問題を内在的に問うことができるようになる。

B　閉塞した社会に生きることのむずかしさを、個人の問題とみなすならば、特定の集団を否定することにおいて、自らは問題を免れているかのようにふるまうことになるから。

C　閉塞した社会に生きることのむずかしさを、個人の問題とみなすならば、特定の集団を選抜し、その人たちの優越性を強調することが問題の解決であると認識されるから。

D　閉塞した社会に生きることのむずかしさを、個人の問題とみなすならば、特定の個人への差別的な言説によって、自己の集団にも問題があると批判されるようになるから。

B　消費活動やテクノロジーを外部化することによって拒絶しようとしても、外部の定義が明確でないかぎりは、出口を見出すこともできないと思われるから。

C　従来通りの消費社会批判やテクノロジー批判では、さらに別の困難が引き寄せられることになり、問題がより複雑なものになってしまうと思われるから。

D　従来の社会批判は、つねに社会の外部に立脚しているものだったので、それと同じ形式の批判では、拠り所となるものを見出せないと思われるから。

問九　傍線部7「もうひとつの困難」について、これを克服するために筆者は何が必要であると考えているか。その説明として最も適切なものを次の中から一つ選び、その記号をマークしなさい。解答番号は　8　。

A　社会を覆う閉塞感を打破し、その外部に新たな生の地平を切り開くために、従来にない批判の形式を追求すること。

B　特定の集団を外部に捏造して批判の標的とするのではなく、社会に内在する批判対象を見きわめるように努めること。

C　むやみに外部を想定して出口を求めるのではなく、外部を持たない社会の中で実現可能な新しい生の形式を模索すること。

D　過剰な消費活動やテクノロジー化した社会のあり方そのものが困難の原因であると見定めて、社会変革に取組むこと。

問一〇　傍線部8「それもまた外部化であるだろう」とあるが、なぜそのように言うことができるのか。その理由の説明として最も適切なものを次の中から一つ選び、その記号をマークしなさい。解答番号は　9　。

A　閉塞した社会に生きることのむずかしさを、個人の問題とみなすならば、社会以外のどこか、社会を越えた別の次元に問題の原因があると誤認してしまうことになるから。

によって覆われて見えにくくされてしまうということ。

D　ディズニーランドと同じ仕掛けが非日常的な消費を演出しているにもかかわらず、その仕掛けは、日常を厚く覆う閉塞感で隠されて見えないようにされてしまうということ。

問七　傍線部5「テクノロジー化」について、社会の「ディズニーランド化」に対してテクノロジーが果たす本質的な役割を、筆者はどのように考えているか。その説明として最も適切なものを次の中から一つ選び、その記号をマークしなさい。解答番号は　6　。

A　外部への想像力を奪うことで、ある種の絶望をもたらす。

B　凡庸で退屈なものを、夢や希望のあるものに変える。

C　身体と同期することで、節度ある消費活動を促進する。

D　反復的な運動によって、日常を覆う閉塞感を打破する。

問八　傍線部6「外部をもたないディズニーランド化した社会の絶望にたいして、従来からあるようなタイプの消費社会批判やテクノロジー批判は、どこまで有効性を発揮しうるものだろうか」とあるが、従来の「批判」に対して筆者がそのような疑念を抱いているのはなぜか。その理由の説明として最も適切なものを次の中から一つ選び、その記号をマークしなさい。解答番号は　7　。

A　テクノロジー化した消費社会の非日常を愉しむ多くの消費者にとっては、その非日常性を問題視するような批判は受け入れにくいように思われるから。

問五　本文中の空欄　[Y]　と　[Z]　に入る言葉の組み合わせとして最も適切なものを次の中から一つ選び、その記号をマークしなさい。解答番号は　[4]　。

A　類似　―　対照
B　類似　―　対立
C　対照　―　対立
D　対照　―　類似
E　対立　―　類似
F　対立　―　対照

問六　傍線部4「ディズニーランドにおいて高揚感に包まれた愉しい非日常性をもたらしているのとまったく同じ仕掛けが、日常を分厚い閉塞感で覆い尽くすよう作動している」とあるが、それはどういうことか。その説明として最も適切なものを次の中から一つ選び、その記号をマークしなさい。解答番号は　[5]　。

A　ディズニーランドと同様の、欲望を先どりする仕掛けが社会の随所で作動することによって、出口や外部が見えなくなるような閉塞感が日常を覆い尽くしてしまうということ。

B　日常と非日常は、高揚感や解放感を演出するための仕掛けを共有しているにもかかわらず、その事実は、日常を取り巻く厚い閉塞感によって覆い隠されてしまうということ。

C　ディズニーランドのような高揚感をともなった愉しさによって日常が彩られる一方で、その幸福は、出口のない閉塞感

し大げさであるように思われるから。

問二　傍線部2「ハレ」の対義語を**カタカナ**で書きなさい。解答番号は $\boxed{109}$ 。

問三　本文中の空欄 $\boxed{X}$ に入る語句として最も適切なものを次の中から一つ選び、その記号をマークしなさい。解答番号は $\boxed{2}$ 。

A　小さな日常

B　大きな日常

C　小さな非日常

D　大きな非日常

問四　傍線部3「今日の日常は、思いのほか多くのものをディズニーランド的な「非日常」と共有している」とあるが、ここで言う「日常」と「非日常」が**共有していないもの**はどれか。本文に照らして適切なものを次の中から一つ選び、その記号をマークしなさい。解答番号は $\boxed{3}$ 。

A　ハリボテや偽物

B　幸福な絶望

C　きめ細かなサービス

D　テクノロジー

だ。

ところが前述のとおり、その社会はディズニーランド化しているがために外部をもたず、ゆえに通常の形式での批判をもむずかしくしている。わたしたちが探索しなければならないのは、外部なき社会においていかなる形式の批判が可能なのかという、その道筋である。ディズニーランドやテクノロジーを外部化することで拒絶したり支配しようとしたりするのではなく、それらに内在しながら批判することを可能にする地平を開削しなければならない。そして、外部の不在ゆえの困難のただ中においてさえ、いかなる形式の生が可能なのかを、なお問うてみなければならない。

（長谷川一『ディズニーランド化する社会で希望はいかに語りうるか』より〔一部改変〕）

問一　傍線部1「少しく違和を感じさせる側面」とあるが、「ディズニーランド化する社会」という言葉が「違和を感じさせる」のはなぜか。その理由の説明として最も適切なものを次の中から一つ選び、その記号をマークしなさい。解答番号は　1　。

A　社会が「ディズニーランド化」した結果として、ディズニーランドを実際に訪れたことのない者までもが、それについてあれこれ語れるようになっているから。

B　ディズニーランドで演出されているような非日常は、その規模や質の相違はあれ、本来的に日常の社会のうちにもいたるところで見出されるものであるから。

C　「ディズニーランド化する社会」という言葉は、わたしたちの暮す社会が日常であると同時に非日常である、という矛盾した事態を意味するように思われるから。

D　たとえ多くの消費の現場に非日常が埋め込まれているとしても、社会全体が「ディズニーランド化」するという主張は少

運動することで、日々の行為を織りなしている。そのようにしてテクノロジーは、あらゆる種類の利便を提供しつつ、多様な欲望を無際限に喚起し、解放感や高揚感をもたらす一方で、「ここではないどこか」や「ありえたかもしれない別の様態」といった外部を想像する力を奪ってゆく。

ディズニーランド化は、そのような外部の不在によって特徴づけられる。6 外部をもたないディズニーランド化した社会の絶望にたいして、従来からあるようなタイプの消費社会批判やテクノロジー批判は、どこまで有効性を発揮しうるものだろうか。

テクノロジーもしくはテクノロジー化した社会にたいする伝統的な批判はつねに、「テクノロジーの発達が人間らしさを奪う」、「テクノロジーが新たな社会や新たな人間像をもたらす」、「テクノロジーを賢く制御して安全と利便を調和的に実現するべきだ」といったような形式をとることにより、なんらかの外部を不可避によびこんでしまう。批判の拠り所となる理念や批判者は、批判される対象から切り離されて外部化されるからだ。ところが、ディズニーランド化した社会には外部なるものは存在しないのだった。そうであるのなら、このような形式の批判における外部とはいったい何なのか。日常における非日常と同じようなものなのか。そして、こうした条件の下において、どのようにすれば批判は可能になるのか。

またこの困難は、7 さらにもうひとつの困難を引き寄せることになる。外部をもたないディズニーランド化した社会の日常において感じとられてしまう、なんともいえない閉塞感である。そうした閉塞感に包みこまれるなかで、わたしたちはじぶんの生を意味づけることができずにいる。この閉塞のただ中で、生を生として成立させること。それはもしかすると、今日の社会においてもっとも困難な事業であるといえるのかもしれない。

そのとき今日わたしたちが直面する生のむずかしさの成立の困難さは、特定の集団を貶めることで自己を特権化するような類の言説を典型とするような理解におちいってしまいかねない。8 それもまた外部化であるだろう。わたしたちの困難は、なによりもまず社会のあり方に起因している。相手どるべきは、そちらのほう

し、別の集団を貶（おと）めることで自己を特権化するような類の言説を典型とするような理解におちいってしまいかねない。8 それもまた外部化であるだろう。わたしたちの困難は、なによりもまず社会のあり方に起因している。相手どるべきは、そちらのほう

たしかに日常と非日常は対照的に見えることがある。日常はしばしば凡庸で退屈であり、制度や規範に否応なく縛りつけられた不自由な場所と感じられる。さまざまなものが「わたし」を圧迫し、拘束し、包囲する。そこから脱けだす出口は見つけられそうにない。何もかもが規格化されて折りこみ済み。先回りされ、先どりされている。新しいことはすでにすべて試みられてしまっているように感じられてしまう。いつか「敗者」の宣告を受けるかもしれないという不安に怯えながら、日々をしのぎ、やり過ごしつつ、みずからを磨り減らす。だからこそ、「癒やし」「元気をもらう」「じぶんへのご褒美」などと称して、ディズニーランドを頂点にいただくような諸種の非日常的消費へと赴く。

だがこの　Y　性は、日常と非日常が　Z　的な関係にあることの証左なのではない。そうではなく、両者の共有するもののなかに、表面的な類似性ばかりか、世界の性質やその組織のされ方といった水準までもが含まれることを示している。

4　ディズニーランドにおいて高揚感に包まれた愉しい非日常性をもたらしているのとまったく同じ仕掛けが、日常を分厚い閉塞感で覆い尽くすよう作動しているのである。

ディズニーランド化した社会を覆うのは、いわば「それなりに愉しく幸福な絶望」である。モノに囲まれ、あらゆる欲望を先どりしたきめ細かなサービスが諸種の快楽を提供し、消費が生を形づくっている。楽で清潔。不快なモノやコトは視界から極力排除されている。幸か不幸かを問われれば、ともあれ「幸福」と答えるほかない。だが同時に、どうにも息苦しい閉塞感のなかで出口を見出すことは諦めている。そんな類の「絶望」であろう。わたしたちの誰ひとりとして、こうした「それなりに愉しく幸福な絶望」から無縁ではいられない。

5　さらに、ディズニーランド化とは、グローバル資本主義的な消費社会化や社会のメディア化という側面をもつだけではない。そこを貫く仕掛けとは、今日の社会のあらゆる細部に多種多様なテクノロジーが浸透しているテクノロジー化の別称でもある。それらテクノロジーはさまざまな仕方でもって、わたしたちの身体と絡みあい、同期して事実を基盤としたものであるだろう。

る。一般にディズニーランドは、ありきたりな日常の対極に位置する、とことん非日常的なハレ²の世界と受けとめられているだろうからだ。

そこで日常をあらためてよく見わたしてみる。すると、舞浜の東京ディズニーリゾートに充満するような非日常性は、その外部であるはずのわたしたちの日常の随所にも発見できることに気づかされるだろう。いや、あらためて見わたすまでもなく、そんなことは自明であるかもしれない。たとえば巨大な複合商業施設では、ディズニーランド的なお祭り騒ぎの高揚感そのものとまではいかないにせよ、それを幾分か希釈し劣化させたような、しかし確実に同種の「　Ｘ　」が演出されている。規模や質の相違をさしあたり問わなければ、コンビニエンスストアやスーパーマーケット、レストランやオフィスビルはもとより、日帰り温泉施設から高速道路のサービスエリア、バラエティ番組からインターネット上の種々のサイトやサービスにいたるあらゆる消費の現場において、やはりディズニーランドのそれにつうずるようなさまざまな非日常を見出すことができる。

非日常とは日常からくっきりと線引きされて隔離された別世界である。しばしばそう漠然と信じられている。その通念は、だが必ずしも妥当とはいえない。非日常は、むしろ日常のあちこちに分散的に埋めこまれて存立している。ディズニーランド的な非日常とは、日常の一部として仮構されるものであり、その対極においてではない。

じっさい今日の日常は、³　思いのほか多くのものをディズニーランド的な「非日常」と共有している。モノばかりかコトさえも売り物となり、周到に準備されたさまざまな経験が、テクノロジー仕掛けによって反復的に提供されている。世界は出来あいのイメージであふれかえり、ハリボテと偽物で埋め尽くされている。だが、そのいかがわしさや不自然ささえも、「自然」なものとして感じられるだろう。

異論が出されるかもしれない。ディズニーランド的な非日常は、解放感や高揚感をともなった愉しさに彩られている。これにたいして、日常を覆うのは閉塞感であり倦怠感けんたいなのではないのか。

3　僧侶たちが勤行に励む。

4　生憎の雨で中止となる。

〔Ⅲ〕

次の文章を読んで、後の問に答えなさい。

いまや誰もがディズニーランドを知っている。

一度でも訪れたことがあるのなら、そこがどんな場所であるかを語りたくなるだろう。リピーターともなれば、夜どおしだって語りつづけられるかもしれない。それどころか、まだ実際に一度もパークに足を踏み入れた経験のない未訪者たちが次のように語りはじめたとしても、特段おどろくようなことではあるまい。「ディズニー映画のカンパニー・ロゴ・クレジットからそのまま抜けだしてきたみたいなシンデレラ城がそびえ、手の込んだアトラクションがいくつも用意されており、スタッフはみな誇らしげに働いている。行けば確実に愉しい気持ちになることのできる「夢と魔法の王国」なのでしょう？」

だが少々奇妙な話ではないだろうか。来訪経験をもたない者までが、なぜそんなふうに語ることができるのか。テレビ番組や雑誌記事やインターネット上の情報などをとおして知らず知らずのうちにイメージを得ていたというような、よくあるマスメディア論的な説明を聞かされたところで、腑に落ちるはずもない。むしろ、こうも考えられるのではないか。たしかに、いまや誰もがディズニーランドを知っている。それは、誰もが不可避に関係せざるをえない事柄であるからではないのか、と。だとすれば、そこにはおそらく、わたしたちの生きる今日の社会それ自体が「ディズニーランド化」しつつあることが示唆されている。

ディズニーランド化する社会という言明は、一見して人目を引くばかりではなく、少しく違和を感じさせる側面を含んでい

国語

（二科目一二〇分）

（解答番号は 1～18、101～110、201～203。記述式の解答は、解答用紙に**横書き**で記入すること。）

〔Ⅰ〕

次の傍線部のカタカナを**漢字**に直しなさい。解答番号は 101 ～ 104 。

1　世間の悪い評判などシガにも掛けない。

2　あの人の言葉が心のキンセンに触れた。

3　平和を祈願して寺がコンリュウされた。

4　逃亡の果てにセットウ罪で逮捕された。

〔Ⅱ〕

次の傍線部の漢字の読み方を**ひらがな**で書きなさい。解答番号は 105 ～ 108 。

1　幸運にもお招きに与る。

2　彼は忽然と姿を消した。

解答編

■英語■

I 解答 問1．(i)—A　(ii)—D　(iii)—D　(iv)—A
問2．forebears　問3．B　問4．worn
問5．6—E　7—C　8—F
問6．9—G　10—D　11—F　12—A
問7．D　問8．D　問9．B　問10．A　問11．B　問12．D
問13．(1)—F　(2)—F　(3)—F　(4)—T
問14．(1)—T　(2)—F　(3)—T　(4)—F

━━━━━━◆全　訳◆━━━━━━━━━━━━━━━

≪ヴィクトリア朝英国人になる方法≫

　もっと親しみやすく，個人的で，実体を伴う歴史，つまり内側から見た歴史を私は探究したいと思う。日常生活を讃えて世に知らせ，世間と実際に交流していた普通の男女と子供の生活を描く歴史を。私は先祖の心をのぞき込み，どんなに些細なことと思えようとも彼らの希望，恐怖，想定を見たいと思う。要するに，私は生活という日々の現実を作り上げているものの歴史を探究している。異なった時代と場所で生きていることは，実際にはどのようなものだったのだろうか。

　私は歴史を趣味として始めたのだが，一旦火花が灯されると，それはすぐに情熱になり，ついには仕事となってしまった。まさに最初から，実際に体験するという要素は私が過去を理解しようとする方法の鍵となっている。私は，人々が作って使用した物や道具を調査するのに時間と労力を費やしたいと思っているし，自分で手順や方法を試してみたいと思っている。

　例えば，ウェスト・サセックスの小さな博物館の引き出しの中に入っている黒っぽいウールのコートを取り上げてみよう。ぼろぼろに着古され継ぎ当ての布で裏が付けられたそのコートは農場労働者のものであり，1880年代までさかのぼる。そのコートは，汗をかいて服の上に染みを残し身体

は寒さを感じていた男，右手側のボタンのすぐ隣にまだ見えている破れを何時間もかけて丁寧にきちんと繕っていたその妻の姿を想起させる。その丁寧な繕いを見ると，労働者階級の子供が通うヴィクトリア朝の学校で使用されていた裁縫の教科書を私は思い出す。本棚をずっと調べてみると，美しく描かれた図解が添えられた一連の指南書を見つける。針と糸を手にして，私はこれらの指示に従って自分自身の衣類の破れに取り組もうとすることができる。彼の妻は明らかによく教育されていた（特に私自身の悪戦苦闘に注目してもらえれば）。ここで疑問が湧き出てくる。そのような裁縫教育はどの程度普及していたのだろうか，そしてそのような修繕をしていたのは女性の場合が多かったのだろうか。私が繕いをするのに 1 時間以上かかるのなら，ヴィクトリア朝の先祖はもっと速かったのではないか。彼らはこのような家事を 1 日のどこに入れたのだろうか。

　生活のそのような親しみやすい細部を知ることで，過去の人々とのつながりを感じることができ，歴史のより重要なテーマへの道筋も得られる。男のコートの破れ 1 つから，大衆教育の本質を問い，繊維工業の全体的な性質を調べることができる一方で，政治的・経済的生活を広範囲に調査することから個人的な事象に戻ることもある。国際的な奴隷制反対運動とアメリカの南北戦争が組み合わさって，綿の貿易は壊滅的な打撃を受け，織工たちはまた飢えに苦しんだ。これによって，労働者のコートの値段は押し上げられ，あの繕いがもっと必要になったであろう。

　ヴィクトリア女王の治世は 60 年間以上に及び，社会，政治，経済上の大きな変化が生じた時代だった。産業は浮沈し，科学の革命が世界の機能の仕方に対する古い認識を覆した。人々の善悪に対する考え方に異論がつきつけられ，その結果法律が引きずられて変えられた。こうした様々なことがすべて起こったのなら，どうしたらヴィクトリア朝の人であるとはどのようなものなのか語ることができるだろうか。

　この本は私の試みの書である。それは個人的な探究であり，私自身の好み，疑問，関心に従っている。私が取り上げなかったことはたくさんあり，その時代の政治，経済，制度の変化をもっと詳述している優れた本はたくさんある。私はヴィクトリア朝の英国人の日常の隅々をのぞき込み，その時代の人々を探して私がさまよってきたところへ読者を導こうとしている。

　私は，朝の目覚めから始まって寝室で活動を終え，ドアが最後に閉まる

という１日のリズムに沿って進めることにした。可能な場合は，そこに存在した個々人の考えや気持ちから始めようとしているが，そういったものは日記，手紙，自伝から得られるだけでなく大衆の意見を伝え形作ろうとした雑誌，新聞，広告，手引き書にも広がっている。衣服からひげ剃り用ブラシ，おもちゃ，バスの乗車券，ソースパンに至るまで，人々が残した品物から，日常生活を垣間見ることができる。より公式の規則や規制を知れば，サッカーのグラウンドを示す白線の採用から卒業生に対する成績基準の設定まで，具体的な生活がわかる。

　このような日常生活や日課の探究において，私は自分で生活の要素を体験しようとした。いくつかのテレビの連続番組で，ヴィクトリア風の農場で１年を過ごし，その後薬剤師の店でしばらくの時を過ごした際に，これらの経験の多くが生まれた。私自身が進めている調査の一部として生まれたものもある。レシピの分析，衣服の製作，衛生方法の実践，木を削ってのおもちゃの兵隊作りなどである。いつもうまくいくわけではないが，これらのすべての経験が役に立っていて，証拠が語っていることについて私が疑問を抱きもっと批判的に考えるのを助けてくれる。最後には，ある程度の共感と想像力も必要である。それでは，ヴィクトリア朝のある夜が明けて自分が目を覚ますのを想像することから始めていこう。

━━━━━━━━◀解　説▶━━━━━━━━

問２．下線部は「先祖」の意味で，これと同義で使われているのは，第３段最後から２文目（If it takes me …）にある forebears である。

問３．下線部を含む部分には What is it like to *do*「〜するのはどのようなものか」という慣用句が使われている。it は to 以下を指す形式主語で，like は「〜のような」の意味の前置詞である。これと同じ用法はＢである。Ａは「似たもの，同類」の意の名詞。Ｃは「〜のように」の意の接続詞。Ｄは「好む」の意の動詞。

問４．[　　]の後に「継ぎ当ての布で裏が付けられた」とあるので，wear は「着古す」の意味になる。it＝the coat が動作主なので過去分詞を使った分詞構文と考えられる。よって，worn が正解。

問５．正しく並べ替えた英文は，(When I) look (at that careful) repair (, I'm) reminded of (the sewing textbooks) in use (in Victorian schools for working-class children.) である。at がつながるのは動詞の

look。下線部前方に「破れを何時間もかけて丁寧にきちんと繕っていた」とあるので，careful の後には repair「繕い」が入る。I'm の後には過去分詞が入って受動態になる。remind A of B「A に B を思い出させる」→A be reminded of B「A は B を思い出す」　その後は「学校で使われている教科書」と考えて，textbooks の後には in use「使われている」を入れる。

問 6．正しく並べ替えた英文は，(How) widespread was such needlework education (, and was it) likely to have been (women who carried out such repairs?) である。「どの程度普及していたのだろうか」という文のため，How の後には形容詞の widespread「普及している」が適当。and 以下は it was A who 〜「〜したのは A であった」の強調構文を疑問文にしたもの。likely は be likely to *do*「〜する可能性が高い」の構文で使われる。この構文の to 不定詞が完了形の have been になっている。

問 7．下線部の sweeps は「広範囲の捜査」の意で，ここでは「広範囲の調査」の意味で使われている。これに最も近いのは，D の「徹底した調査」である。

問 8．A．「善悪に対する人々の考え方は入れ替えができたが，法律は不変のままであった」

B．「人々の基本的な価値観はしっかりと確立されていたので法律は改正の必要がなかった」

C．「人々の道徳観はもはや信頼できなかったので，人々を規律正しくするために厳正な法律が導入された」

D．「人々の伝統的な価値観に対し新たに異議が唱えられ，それによって今度は法律の改正が避けられなくなった」

　challenge「異議を唱える」　drag「引きずる」　in the wake「その結果」　be dragged in the wake は「その結果引きずられて変えられる」の意味なので，D が正解。

問 9．下線部の subjects は「（君主国の）国民」の意味で，ここでは「ヴィクトリア朝の英国人」を指すので，B が正解。

問 10．A．「生徒や学生が卒業の時までに達成しなければならなかった必要条件の水準」

B．「生徒や学生が学校を退学する時に達成することが望ましい結果の一

覧」

C．「生徒や学生が家に早く帰らなければならない時に得る必要があった正式の許可」

D．「自分の義務を果たすことを拒んだ生徒や学生に対し行政がとった一連の法律的手段」

　下線部の school leavers は「卒業予定者，新規卒業生」の意味なので，Aが正解。

問 11．空所直後に目的語と動詞の原形が続いている。この構文をとるのはBである。help *A do*「*A* が〜するのを助ける」　Aは enable *A* to *do*「*A* が〜するのを可能にする」，Cは suggest *doing*「〜することを提案する」，Dは urge *A* to *do*「*A* に〜するよう促す」の構文で使われる。

問 12．A．「ヴィクトリア朝の人々がやっていたように夕食を作ること」

B．「金曜日の夜にヴィクトリア風のパブでビールを飲むこと」

C．「自分自身のしわくちゃになったコートを自分で繕うこと」

D．「ヴィクトリア朝のある夜が明けて目を覚ますこと」

　第7段第1文（I have chosen to move through …）に「朝の目覚めから始まって寝室で活動を終え，ドアが最後に閉まるという1日のリズムに沿って進める」と述べられているので，始め方は「朝の目覚め」からになる。よって，それに言及しているDが正解。

問 13．⑴「歴史を『内側から』見ることによって，著者はアメリカの歴史をイギリス人の目を通して見ることを意味している」

⑵「著者が歴史の一面を本当に理解するために自分で何かを試す重要性に気がついたのは歴史の専門家として仕事を始めた後であった」

⑶「アメリカ南北戦争の時代に，綿布を織って生計を立てていた職人は製品を運ぶために車やトラックを使うことができず，最後には職を失った」

⑷「著者がこの序文を書いている本はヴィクトリア朝時代の制度的な歴史をあまり扱っていない」

　⑴は第1段第1文（I want to explore a more intimate, …）に不一致。⑵は第2段第2文（From the very start, …）に不一致。⑶は本文中に記述がなく，不一致となる。⑷は第6段第2〜4文（It is a personal exploration, … people of her age.）と一致。

問 14．⑴「古い時代の日記や個人的な手紙が著者にとって非常に重要な

役割を占めているのは，彼女がそうした記録を通して人々の個人的な考え
や気持ちに近づこうとしているからである」

(2)「歴史の研究では書かれた記録が何よりも優先的に扱われるので，著者
は自分の本を編集する時に日常で使われる品物の大部分を置き去りにして
いる」

(3)「著者は健康的な生活に関するヴィクトリア朝時代の教訓を見つけてそ
れらを実践し続けている」

(4)「ヴィクトリア朝の生活を追体験しようと繰り返し努力をしているにも
かかわらず，最終的に著者は自分の本においてヴィクトリア朝の人々の生
活描写から彼女の個人的な見解をうまく排除することができた」

　(1)は第 7 段第 2 文（Where I can, …）と一致。(2)は同段第 3 文
（Glimpses of daily life can be found …）に不一致。(3)は最終段第 3 文
（Others have come …）と一致。(4)は第 6 段第 2 文（It is a personal
exploration, …）に不一致。

II　解答　Q1. A　Q2. C　Q3. B　Q4. A　Q5. B
　　　　　Q6. D　Q7. B　Q8. B　Q9. D　Q10. C
Q11. bird friendly　Q12. birds

◆━━━━━━◆全　訳◆━━━━━━◆

≪コーヒー生産方法についての男女の会話≫

リーアム：ここでは本当にエシカルで（倫理的に取り引き・製造され）サ
　　　　　ステイナブルな（持続可能性に配慮した）コーヒーを見つける
　　　　　のがどんなに難しいか信じられないだろうね！

オリビア：そうなの？　街中のカフェやスーパーでコーヒーのカップやパ
　　　　　ッケージに「オーガニック」や「フェアトレード」と印刷され
　　　　　ているのを見かけているわ。

リーアム：そう，それは始まりなんだよ。ラベルにオーガニックだと証明
　　　　　されていれば，それはそのコーヒーが疑わしい殺虫剤や化学肥
　　　　　料を使わずに栽培されているという意味なんだ。そして，ラベ
　　　　　ルにフェアトレードだと証明されていれば，コーヒー農場で働
　　　　　いている人々がちゃんとした労働環境にあり，配慮されて扱わ
　　　　　れ，労働に見合った賃金を支払われているという意味なんだ。

　　　　　　君は日ざしを浴びて育ったコーヒーと日陰で育ったコーヒーの
　　　　　　違いがわかるかい？

オリビア：日ざしを浴びて育ったコーヒーと日陰で育ったコーヒーですっ
　　　　　　て？　日ざしを浴びて育ったコーヒーのほうが速く熟すると思
　　　　　　うわ。

リーアム：その通り。ここで売られ消費されるコーヒーのほとんどは，工
　　　　　　業規模の単一栽培で列を作って植えられている，日ざしを十分
　　　　　　に浴びて育ったコーヒーの木から生産されているんだ。論争の
　　　　　　的となっている殺虫剤，合成植物栄養剤，機械化された灌漑シ
　　　　　　ステムが整然とした農産物「工場」のコーヒー豆を大量生産す
　　　　　　るんだよ。

オリビア：でも，コーヒーの需要がたくさんあるのよね。そして，このご
　　　　　　ろ私たちが使うほとんどすべてのものに合成化学物質が何らか
　　　　　　の形で使われているけど，人々が病気になったのは見かけてい
　　　　　　ないわ。

リーアム：わかったよ。鳥に優しいコーヒーについて何か知っていること
　　　　　　があるかい？

オリビア：教えてよ。

リーアム：自然な環境では，コーヒーの木は森の日陰で育つんだよ。でも，
　　　　　　生産性を高くするために森の木を伐採して直接日ざしが差すと
　　　　　　ころに列を作ってコーヒーの木を植えると，植物，動物，鳥が
　　　　　　棲みかを失ってしまう。生物多様性が活動的な食物網を支えて
　　　　　　いるんだ──ミツバチは花の咲く植物の受粉をする，捕食者
　　　　　　は有害な昆虫を抑制する，落ち葉は土に有機栄養素を加えて保
　　　　　　護する根覆いとして役立つ，とかね。そして，気候変動につい
　　　　　　て…

オリビア：わかった，わかった。あなたが何を言いたいのかわかったわ。
　　　　　　あなたが言うサステイナブルでエシカルなコーヒーというのは，
　　　　　　オーガニックでフェアトレードのコーヒーを「超える」ものを
　　　　　　求めているということね。

リーアム：その通りだよ。コーヒー豆が日陰で成熟するのには時間がかか
　　　　　　るけど，熱帯雨林と自然環境を保護することはこの惑星に一緒

に住む「すべての」ものにとってとても重要なんだ。鳥が自然
の殺虫剤になるのは，鳥が地表水経由で土や水を汚染する有害
な化学物質を使わずに毎年何トンもの昆虫を食べるからなんだ
よ。

オリビア：自分でエシカルカフェとコーヒー豆店を開いたらどう？　あなた
　　　たがそんなに熱中していることについて人々を教育しようとす
　　　るお店を。

リーアム：それはちょっと考えてみるよ。

━━━━━━━ ◀解　説▶ ━━━━━━━

Q1.「リーアムは…を望んでいる」

A.「鳥に害を与えないコーヒーを買うこと」

B.「オーガニックやフェアトレードのコーヒーを売るカフェやスーパー」

C.「合成化学物質を使っていないことを証明するラベル」

D.「人々がプラスチックのカップの使用を止めること」

　リーアムの 4 番目の発言第 2 文（What do you know …）に「鳥に優
しいコーヒー」とあり，5 番目の発言（In their natural setting, …）に
は「コーヒー豆の栽培のために森林伐採することは鳥の棲みかを奪うこと
になる」とあるので，A が正解。B はリーアムとオリビアの 1 番目の発言
（You won't believe … supermarkets around town.）に不一致。C と D
は会話文中に記述がない。

Q2.　下線部の questionable は「疑わしい」という意味なので，C.「疑わ
しい」が正解。

Q3.「フェアトレードのコーヒーに関して正しい文を選べ」

A.「コーヒー農園労働者は生計を立てるために極度に一生懸命働く」

B.「その考え方は買い手と売り手の間の平等な協力関係に基づいている」

C.「オーガニックのコーヒー豆はオーガニックでない方法で栽培された
コーヒー豆よりも高い価格で売られる」

D.「そのような運動は人々を貧困から抜け出せなくして，将来のために
計画を立てることを難しくする」

　リーアムの 2 番目の発言第 3 文（And, if labeled certified fair trade
…）に「コーヒー農場で働いている人々がちゃんとした労働環境にあり，
配慮されて扱われ，労働に見合った賃金を支払われている」とあるので，

Bが正解。

Q4.「リーアムは…と信じている」

A.「消費者にはもっと選択肢があるべきだ」

B.「コーヒーを飲むことは健康によい」

C.「オリビアが間違っている」

D.「コーヒーは日ざしをたくさん浴びて栽培されるべきだ」

　リーアムの1番目の発言（You won't believe …）でリーアムが「エシカルでサステイナブルなコーヒーを買えるところがない」と嘆いているので，Aが正解。Bは会話文中に記述がない。オリビアの3番目の発言（Well, there's a …）に対してリーアムが4番目の発言で Fair enough.「わかったよ」と言っているので，Cは不一致。Dはリーアムの5番目の発言（In their natural setting, …）に不一致。

Q5.「オリビアは…」

A.「可能な時は合成化学物質を避ける」

B.「日ざしを浴びて育ったコーヒーと日陰で育ったコーヒーの意味を正しく推測している」

C.「実際に人々が病気になっていると信じている」

D.「コーヒーを飲まない」

　オリビアの2番目の発言第2文（I assume coffee grown …）で「日ざしを浴びて育ったコーヒーのほうが速く熟する」と言っているので，Bが正解。AとDは会話文中に記述がない。Cはオリビアの3番目の発言第2文（And artificial chemicals are …）に「人々が病気になったのは見かけていない」とあるので，不一致。

Q6.「2人が住んでいるところで最も多く消費されるコーヒーは…である」

A.「オーガニック」

B.「日陰で育ったもの」

C.「ゆっくりと熟したもの」

D.「効率的に生産されたもの」

　リーアムの3番目の発言第2文（Most coffee sold and consumed here …）に「ここで売られ消費されるコーヒーのほとんどは，工業規模の単一栽培で列を作って植えられている」とあるので，Dが正解。

Q7.「なぜリーアムは "Fair enough" と言うのか」

A.「オリビアが公正ではなかった」

B.「オリビアが妥当な主張をした」

C.「彼は怒っていた」

D.「彼は自分が病気だということを隠していた」

　下線部の Fair enough は「わかったよ，もっともだ」という意味で，相手の言うことを認める場合に使う。リーアムはオリビアの 3 番目の発言（Well, there's a …）が妥当だと判断している。よって，B が正解。

Q8.　下線部の Enlighten は「教える」という意味なので，B が正解。

Q9.「森の林冠が伐採された時には何が起こるか」

A.「生物多様性が守られる」

B.「コーヒー豆が熟するのに長くかかる」

C.「有益な昆虫が増えるだろう」

D.「栄養素が追加される必要がある」

　リーアムの 5 番目の発言第 3 文（Biodiversity supports a dynamic food web …）に「落ち葉は土に有機栄養素を加えて保護する根覆いとして役立つ」とある。森林を伐採すると落ち葉がなくなるので，有機栄養素が足りなくなる。よって，D が正解。

Q10.「リーアムは…」

A.「日陰で育つコーヒーを植えるつもりである」

B.「オリビアのお気に入りのカフェに行こうとしている」

C.「農場に合成殺虫剤を使うことに賛成していない」

D.「自分自身のカフェを開くだろう」

　リーアムの 6 番目の発言第 2・3 文（It takes longer … water via runoffs.）に「熱帯雨林と自然環境を保護することはとても重要であり，鳥は自然の殺虫剤である」とあるので，C が正解。A と B は会話文中に記述がない。D については考慮すると言っているが，断定はしていないので，不適。

Q11.「リーアムにとって，エシカルでサステイナブルなコーヒーはオーガニックやフェアトレードばかりではなく，最も重要なことは，…である」

　リーアムが 4 番目の発言第 2 文（What do you know …）以降で Bird

Friendly coffee について説明しており，オリビアの5番目の発言第3文
（So, what you mean …）にも「オーガニックでフェアトレードのコー
ヒーを超えるものを求めているということね」とあるので，bird friendly
「鳥に優しい」が正解。

Q12.「リーアムは…が十分に化学殺虫剤の代わりになれると信じている」

　リーアムが6番目の発言第3文（Birds are a natural pesticide …）で
「鳥は自然の殺虫剤だ」と言っているので，birds が正解。

III　解答　(1)—D　(2)—A　(3)—C　(4)—C　(5)—B　(6)—D

◀解　説▶

(1)「この頃私たちはそばに最愛の犬がいないことを寂しく思う」
「あなたは新しいものを手に入れるこの機会を逃すべきではない」

　2文目で miss「〜を逃す」を選ぶのは難しくないであろう。1文目は
miss *doing* で「〜ないことを寂しく思う」の意味になる。have *A*
around「そばに *A* がいる」

(2)「そこに着くには交通量の多い通りを歩いて渡らなければならない」
「彼の忙しいスケジュールを考慮すれば，私たちは予約をキャンセルしな
ければならないかもしれない」

　2文目で busy「忙しい」を選ぶのは難しくないであろう。Given「〜
を考慮すると」　1文目では「交通量の多い」の意味になる。

(3)「大部分の小麦は向こうにある製粉所で製粉される」
「十分な時間がないという理由で彼は私のアイデアを却下した」

　2文目の that 節は「却下した」理由を表していると考えられるので，
on the ground that〜「〜という理由で」が思い浮かぶ。1文目の
ground は grind「〜を挽いて粉にする」の過去分詞。

(4)「その運転手はブレーキを強く踏んだが，手遅れであった」
「本当に奇妙な考えが私の心に思い浮かんだのはその時であった」

　2文目で hit「〜の心に思い浮かぶ」を選ぶのは難しくないであろう。
It was〜that … の強調構文が使われている。1文目では hit the brakes
で「ブレーキを踏む」の意味になる。

(5)「非常に小さな誤解が大惨事につながることがある」

「後でこのシャープペンシルに芯を入れてくれませんか」

　1 文目は，主語の A very small misunderstanding が原因で a big disaster が結果と考えられるので，*A* lead to *B*「*A* が *B* につながる」が思い浮かぶ。2 文目の lead は「(鉛筆の) 芯」という意味である。

(6)「彼がしたのは息子の日記のページをパラパラとめくることだけであった」

「私の母には園芸の才があり，庭いじりを楽しんでいる」

　1 文目の the pages of his son's diary から「ページをめくる」のに使う身体の部位を考える。thumb through ～「～をパラパラとめくる」　2 文目は green thumb で「園芸の才」の意味になる。

❖講　評

　例年通り，読解問題 1 題，会話文問題 1 題，文法・語彙問題 1 題という構成であった。基礎～標準問題が中心である。

　Ⅰ　読解問題：ヴィクトリア朝の生活の細部をのぞき見ることで，その時代の歴史を知ることができると主張する英文である。語彙レベルは標準的だが，英文量がかなり多く，様々な話題が盛り込まれているので，読み進めて理解するのに苦労するかもしれない。設問数が多いので，手際よく問題を解くことが求められている。選択肢に紛らわしいものも含まれるので，慎重に解答する必要がある。設問の多くはマークシート方式だが，一部に記述式があり，問 2 は本文中の 1 語で答える同意表現の問題，問 4 は語形変化の問題であった。設問内容は，発音・アクセント問題，文法・語彙・慣用句などの知識を問う問題，内容説明，内容真偽のように内容に関する問題などがある。問 5 と問 6 は比較的長い英文の中で語句整序を行う問題で，文法項目に着目して選択肢を絞っていくとよいだろう。空所補充問題では，問 11 は文法項目に着目し，問 12 は前後の文脈をしっかりと把握する必要がある。問 13 と問 14 の内容真偽問題は該当箇所の特定が必要だが，英文量が多い中で見つけるのは苦労するかもしれない。

　Ⅱ　会話文問題：「コーヒー」の生産に関する男女間の会話である。会話文だが，長文読解に近い内容である。設問は内容説明，語・慣用句の意味を問う問題が中心である。選択肢に紛らわしいものも含まれてい

るので，会話文を正確に把握した上で，正解を選ぶように心がけたい。
Q11 と Q12 は本文中から 1 〜 2 語を選んで空所に補充する内容説明が
出題されている。

　Ⅲ　文法・語彙問題：2 つの英文の空所に入る共通語を選択する問題
で，ここ数年この形式が続いている。1 語で複数の品詞に使われる多義
語を中心に学習するとよいだろう。

日本史

Ⅰ **解答** 問1．A 問2．高床倉庫 問3．A 問4．B
問5．B 問6．A 問7．古今和歌集 問8．A
問9．B 問10．A

◀解 説▶

≪弥生文化，天平文化～国風文化≫

問2．空欄(3)の前後にある「収穫した籾」「貯蔵穴におさめ」から高床倉庫を導き出そう。弥生時代の集落では，高床倉庫や貯蔵穴を設けて収穫物を共同で管理した。

問3．弥生土器の名称は，1884 年に東京都の弥生町遺跡（向ヶ岡貝塚）で発見された土器の発見地名にちなんでつけられた。

問4．①正文。②誤文。「続縄文文化」が誤り。水稲耕作を基礎とする弥生文化は南西諸島にはおよばず，ここでは貝塚文化（南島文化）と呼ばれる食料採取文化が続いた。

問7．空欄(6)の前にある「和歌」「10 世紀初めには，はじめて天皇の命令による」から『古今和歌集』を導き出そう。『古今和歌集』は，905 年，醍醐天皇の命で紀貫之らにより編纂された最初の勅撰和歌集。

問8．①長屋王の変（729 年）→②恭仁京への遷都（740 年）→③墾田永年私財法（743 年）の順である。

問9．①正文。②誤文。「かなの日記や物語はすべて宮廷女性の手によるもの」が誤り。最初のかな日記である『土佐日記』は，男性の紀貫之の手によるものである。

問10．藤原佐理・藤原行成・小野道風の 3 人の和風能書家を，唐風の三筆（嵯峨天皇・空海・橘逸勢）と対比して三跡という。

Ⅱ **解答** 問1．今様 問2．A 問3．A 問4．E 問5．C
問6．徳政 問7．A 問8．A 問9．A
問10．C

◀解 説▶

≪院政期の文化，土一揆と下剋上の社会≫

問1．空欄⑴の前後にある「流行歌」「『梁塵秘抄』」から今様を導き出そう。後白河法皇は民間の流行歌である今様を学んで『梁塵秘抄』を編んだ。

問2．四鏡とは，「大鏡→今鏡→水鏡→増鏡」の順で成立した4つの歴史物語。『大鏡』は，摂関家を中心とした歴史を客観的に描いている。

問3．①後三年の役（1083～87年）→②中尊寺金色堂の創建（1124年）→③平治の乱（1159年）の順である。

問4．『信貴山縁起絵巻』は院政期の文化の絵巻物で，信貴山で修行した僧命蓮が起こした奇跡を主題とする物語が描かれている。他の選択肢はすべて鎌倉文化の絵巻物である。

問5．①誤文。「源信」と「空也」が逆。空也が浄土教を平安京の市で説き，ついで源信が『往生要集』を著して念仏往生の教えを説いた。②正文。

問8．①南北朝の合一（1392年）→②明と国交を開く（1401年）→③応永の外寇（1419年）の順である。

問9．『秋冬山水図』は東山文化期に活躍した雪舟の水墨画。Bは北山文化，C・Eは桃山文化，Dは南北朝文化に関する語句。

問10．①誤文。「斯波氏」が誤り。1485年，山城南部の国人らは一揆を結び，応仁の乱後も内紛を続けていた畠山氏の両軍を国外へ追放した（山城の国一揆）。

②正文。加賀の一向一揆に関する記述である。

Ⅲ 解答　問1．C　問2．C　問3．E　問4．囲米〔囲穀〕
　　　　　問5．B　問6．D　問7．松永貞徳　問8．G
問9．C　問10．D

━━━━━━ ◀解 説▶ ━━━━━━

≪江戸時代の政治・社会・文化≫

問2．①正文。

②誤文。「陽明学」が誤り。山崎闇斎は朱子学の一派である南学派の学者である。

③誤文。「明から亡命した頼山陽を学事に当たらせた」が誤り。頼山陽（1780～1832年）は儒者・史論家で，幕末の尊王運動に大きな影響を与

えた『日本外史』を著した。また，『大日本史』の編纂開始は 1657 年で，頼山陽が活躍したのは江戸後期であるため，時期も誤り。

問 3．「揚水」から踏車を導き出そう。A・Bは選別，C・Fは脱穀，Dは深耕用に用いられた農具。

問 5．異国船打払令は，1825 年，11 代将軍徳川家斉の下で出された。Aは享保の改革時の 8 代将軍徳川吉宗，Cは天保の改革時の 12 代将軍徳川家慶，Dは正徳の政治時の 7 代将軍徳川家継の下で行われた政策に関する記述である。

問 7．「貞門派を形成」から松永貞徳を導き出そう。俳諧では，江戸初期に松永貞徳が洒落や滑稽によって句をつくる貞門派を形成したが，17 世紀後期には西山宗因が奇抜な趣向を得意とする談林派を形成した。

問 8．①誤文。「賀茂真淵」が誤り。『群書類従』の編纂や和学講談所の創設は塙保己一に関する記述である。

②正文。

③誤文。「古義堂」が誤り。荻生徂徠が江戸に開いた私塾は蘐園塾。古義堂を京都に開いたのは，伊藤仁斎である。

問 9．②貞享暦（1684 年）→①『西洋紀聞』（1715 年）→③『解体新書』（1774 年）の順である。

問 10．D．誤文。「『洛中洛外図屛風』は住吉如慶の作」が誤り。なお，住吉如慶の子で，幕府の御用絵師となって活躍した住吉具慶の作に『洛中洛外図巻』がある。また，『洛中洛外図屛風』の代表例として，狩野永徳の作（上杉本）がある。

Ⅳ　解答

問 1．貨幣法　問 2．A　問 3．C　問 4．B
問 5．E　問 6．加藤高明　問 7．D　問 8．D
問 9．D　問 10．A

◀解　説▶

≪近代産業の発展，政党政治の展開≫

問 1．空欄(1)の前後にある「1897（明治 30）年」「金本位制を採用」から貨幣法を導き出そう。日清戦争の勝利で清国から賠償金を得た政府は，1897 年に貨幣法を制定し，金本位制を採用した。

問 2．1885 年から日本銀行が銀兌換の日本銀行券を発行したことから，

③が日本銀行券現在高と導き出し，選択肢をＡとＤに絞る。松方正義は政府紙幣を中心とした不換紙幣を処分するデフレ政策をとったことから，現在高が大きく下降しているグラフ①が政府紙幣現在高，グラフ②が国立銀行券現在高と導き出せる。のち，政府紙幣と国立銀行券は回収され，日清戦争後には紙幣は日本銀行券のみとなった。

問３．Ａ．誤文。「関税自主権の回復」が誤り。外相陸奥宗光は，領事裁判権の撤廃を内容とする日英通商航海条約の調印に成功した。

Ｂ．誤文。「李承晩」が誤り。下関条約が結ばれた際の清国全権は李鴻章。李承晩は 1948 年に建国された大韓民国の初代大統領。

Ｄ．誤文。「4 億円」「4 倍」が誤り。日清戦争の戦費は，約 2 億円余りで，当時の国家歳入の約 2 倍強であった。

問４．①・②正文。③誤文。「斎藤実内閣」が誤り。金輸出再禁止を行い，管理通貨制度に移行させたのは犬養毅内閣。

問５．第一銀行は，三井・三菱・住友・安田に並ぶ五大銀行の一つ。金融恐慌後，五大銀行は中小銀行を合併し，金融資本として産業界を支配した。

問６・７．加藤高明内閣は普通選挙法を制定し，満 25 歳以上の男子に選挙権を与えた。これにより，有権者は 4 倍に増え，普通選挙法による最初の総選挙において，全人口に占める有権者の割合は約 21 ％（約 1240 万人）となった。

問８．やや難。日本無産党は，1937 年に加藤勘十・鈴木茂三郎らが結成した最後の無産政党。同年末に弾圧を受け，結社禁止となった。

問９．Ｄ．誤文。「立憲政友会」が誤り。浜口雄幸内閣は立憲民政党内閣である。

Ⅴ　解答　問１．Ｅ　問２．重要産業統制法　問３．Ｄ　問４．Ａ
問５．Ａ　問６．独占禁止法　問７．Ａ　問８．Ｄ
問９．Ｅ　問 10．Ｄ

◀解　説▶

≪恐慌の時代，占領と民主改革≫

問２．空欄(2)の前後にある「1931（昭和 6）年」「指定産業での不況カルテルの結成を容認した」から重要産業統制法を導き出そう。1934 年にはこの法律にもとづき，八幡製鉄所と財閥系製鉄会社の大合同が行われて日

本製鉄会社が生まれた。

問3．①・③正文。②誤文。「荒木貞夫を陸軍大臣にすえた」が誤り。第2次若槻礼次郎内閣時に発覚した十月事件を想起すれば誤文と判断できたであろう。1931 年 10 月，若槻首相らを殺害し，陸軍中将荒木貞夫を首相にするという，軍部政権樹立をめざすクーデタが計画されたが，未遂に終わった（十月事件）。なお，第2次若槻内閣の陸軍大臣は南次郎である。

問5．やや難。世界恐慌の影響で消費が縮小したアメリカへの生糸輸出は激減し，その影響で繭価は大きく下落した。よって，③は繭と導き出せ，選択肢をAとCに絞る。1930 年は豊作のため米価が下落（豊作飢饉），翌 1931 年には一転して東北・北海道が大凶作に見舞われ，米価が上昇した。この教科書記述の知識を援用して②のグラフを見ると，1931 年までは下落しているものの，1931 年以降はほぼ上昇しているため，②を米，①を麦と判断したい。

問6．空欄(3)の前にある「持株会社やカルテル，トラストなどいっさいの独占的組織を禁止した」から独占禁止法を導き出そう。1947 年 4 月に制定された独占禁止法は，将来にわたって独占を禁止する措置で，公正取引委員会が監視した。

問8．①・③正文。②誤文。「幣原喜重郎内閣」が誤り。人権指令を実行できないとして総辞職したのは，東久邇宮稔彦内閣。後任の幣原喜重郎内閣に対し，GHQ は五大改革指令を出した。

問9．①誤文。「日産」が誤り。四大財閥は三井・三菱・安田・住友である。②・③正文。

問10．A．誤文。「農業基本法」が誤り。第二次農地改革は，自作農創設特別措置法と農地調整法再改正により実施された。農業基本法は，池田勇人内閣時の 1961 年に制定された。

B．誤文。「5 町歩」が誤り。第二次農地改革では，不在地主の全小作地と在村地主の 1 町歩（北海道では 4 町歩）をこえる分を政府が買収し，小作人に売り渡した。

C．誤文。「地主 5・自作農 5・小作農 5」が誤り。第二次農地改革では，農地委員会の割合は地主 3・自作農 2・小作農 5 であった。

❖講　評

Ⅰ　弥生文化，天平文化～国風文化からの出題である。文化史は，やや詳細な内容も問われていた。特に問 4 の選択肢①と問 9 の選択肢①の正誤判定は解答に迷った受験生も多かったのではないだろうか。

Ⅱ　院政期の文化，土一揆と下剋上の社会からの出題である。全体的に教科書の内容に沿った標準的な出題であり，比較的解答しやすかった。ケアレスミスをなくし，しっかりと得点をしたい。

Ⅲ　江戸時代中期から後期の政治・社会・文化分野を中心とした出題であった。10 問中 6 問が文化史からの出題であり，問 2 と問 7 ～問 10 における正答率により，差がついたはずである。

Ⅳ　近代産業の発展，大正末期から昭和初期の政党政治の展開に関する問題が出題された。問 2 の紙幣整理の動向のグラフは，教科書などで確認できるものの，解答に迷ったかもしれない。また，問 8 の無産政党に関する問題はやや難しい。

Ⅴ　恐慌の時代，占領と民主改革からの出題である。問 4 の枢密院に関する正誤問題は，やや詳細な内容が含まれていたため，判断できなかった受験生も多かったのではないだろうか。問 5 の農産物生産価格の推移のグラフは，一部の教科書に掲載されているものの，麦と米の判別が難しい。問 8 ～問 10 は各選択肢の文が長いが，誤文に関しては誤っている箇所が明確であるため，しっかりと正解したいところである。

世界史

Ⅰ　**解答**　問1．鎬京　問2．A　問3．C　問4．B　問5．C
問6．C　問7．王莽　問8．C　問9．D
問10．C

◀解　説▶

≪春秋・戦国時代から秦・漢の歴史≫

問2．A．誤文。戦国の七雄とよばれる7つの強国が並び立つのは，春秋時代（前770～前403年）ではなく次の戦国時代（前403～前221年）である。

問3．①誤文。荀子は性善説ではなく性悪説を説いた。性善説を説いたのは孟子。②正文。

問4．B．誤文。李斯は儒家ではなく法家である。

問5．C．誤文。始皇帝は，半両銭以外の通貨の使用を禁止した。なお，五銖銭は漢の武帝の時代に鋳造された青銅銭である。

問6．C．誤文。呉楚七国の乱がおこったのは前154年で，武帝（在位前141～前87年）が即位する前である。

問8．①党錮の禁とよばれる，後漢の時代の宦官による官僚に対する弾圧事件がおこったのは後160年代が中心である。②赤眉の乱とは王莽の建てた新の時代におこった反乱。③黄巾の乱がおこったのは，後漢末の184年。

問9．A．誤文。班超が西域に派遣されたのは後漢の時代である。

B．誤文。高祖（劉邦）ではなく，後漢の光武帝が倭人の使者に金印を授けたことが『後漢書』に記されている。

C．誤文。南越を征服して日南郡をおいたのは光武帝ではなく武帝である。

問10．A．誤文。武帝の時代に董仲舒の提案により儒学が官学にされた。

B．誤文。訓詁学を発展させた学者としては後漢の鄭玄が特に有名である。

C．正文。『漢書』を著した班固は，西域都護となった班超の兄である。

D．誤文。司馬遷は編年体ではなく紀伝体で『史記』をまとめた。本紀（帝王の年代記）と列伝（人物史）を中心とした記述なので紀伝体の名がある。

Ⅱ　**解答**　問1．F　問2．D　問3．D　問4．D　問5．D
　　　　　　問6．A　問7．ユリアヌス　問8．カルケドン
問9．C　問10．B

──────◀解　説▶──────

≪古代ローマ史とキリスト教≫

問1．①スパルタクスの反乱は前73年から前71年。②同盟市戦争は前91年から前88年。③グラックス兄弟の兄が護民官になったのは前133年で弟がなったのは前123年。

問2．①誤文。イエスはパリサイ派などの当時のユダヤ教の主流派を批判したと伝えられている。

②誤文。イエスはローマの総督ピラトに処刑された。ペテロはイエスの直弟子で十二使徒の筆頭にあたる人物である。

問3．D．誤文。『新約聖書』はキリスト教のみの教典である。

問4．D．誤文。ディオクレティアヌス帝は，エジプトではなくペルシア風の（当時のペルシアはササン朝の時代），拝跪礼による謁見儀礼を採用するようになった。

問5．D．誤文。コンスタンティヌス帝はソリドゥス金貨を発行した。

問7．多神教の復興をくわだてたユリアヌス帝（在位361～363年）は，キリスト教会から「背教者」とよばれた。

問8．カルケドンはコンスタンティノープルの近くにあったアナトリア半島北西部の古代都市である。ここでの451年の公会議で，イエスに神性のみを認める単性論が異端とされた。現在のアルメニア教会やエジプトなどで信仰されているコプト教会がこれにあたる。

問9．C．誤文。東ローマ帝国（ビザンツ帝国）で11世紀後半以降に実施された，「軍役奉仕と引き換えに皇帝が貴族に領地を与える」制度はプロノイア制とよばれる。軍管区制（テマ制）とは，帝国をいくつかの軍管区にわけ，その司令官に軍事と共に行政の権限も与える制度で，7世紀に始まった。軍管区制のもとで小土地所有の農民が増えた。

問10．①正文。②誤文。ユスティニアヌス帝（在位527～565年）は，イタリア半島の東ゴート王国と，北アフリカのヴァンダル王国を滅ぼした。イベリア半島の西ゴート王国を滅ぼしたのはウマイヤ朝である（711年）。

III **解答**　問1．C　問2．メロヴィング　問3．B　問4．A
　　　　　　問5．C　問6．クレルモン　問7．D　問8．B
問9．D　問10．D

◀解　説▶

≪中世ヨーロッパ史≫

問1．B．正文。北イタリアにランゴバルド王国がたてられたのは568年
である。ロンバルディアの地名はランゴバルドに由来する。西ゴート人が
移動を開始したのは375年，この間ほぼ200年である。

C．誤文。ブルグンド人は，現在のフランスの東南部に建国した。ブルゴ
ーニュの地名はブルグンドに由来する。

問3．A．誤文。アルクインらの学者を招いたのは孫のカール大帝である。

C．誤文。ピピンがローマ教皇に寄進したのはラヴェンナ地方である。

D．誤文。孫のカールにローマ皇帝の帝冠を与えた教皇は，グレゴリウス
1世ではなくレオ3世である。

問4．①・②とも正文。ヴェルダン条約は843年，メルセン条約は870年。

問5．①誤文。955年のレヒフェルトの戦いで，オットー1世はマジャー
ル人を撃退した。②正文。

問7．D．誤文。コンスタンティノープルを占領したのは第3回十字軍で
はなく第4回十字軍である。

問8．①正文。②誤文。ドイツ諸都市では，諸侯ではなく皇帝から特許状
を得て帝国都市とよばれる自治都市がうまれた。

問9．D．誤文。親方と職人・徒弟のあいだには厳格な身分制度があった。

問10．①誤文。ロンバルディア同盟は，ドイツではなく北イタリアの都
市同盟である。

②誤文。ハンザ同盟は，北イタリアではなく北ドイツの都市同盟である。

IV **解答**　問1．D　問2．イサベル　問3．D　問4．D
　　　　　　問5．B　問6．A
問7．トゥサン＝ルヴェルチュール　問8．A　問9．C　問10．C

◀解　説▶

≪16世紀から20世紀初めまでの中南米≫

問1．①誤文。初めてアフリカ南端に到達したのはバルトロメウ＝ディア

スである。1488 年のこと。

②誤文。1500 年，ポルトガル人カブラルがブラジルに漂着した。

問 3．A．誤文。アメリカ大陸での自国の植民者に先住民の統治を委託するスペインの制度はエンコミエンダ制とよばれる。アシエンダ制は，17 世紀以降アメリカ大陸でのスペイン植民地で広まった大農園制度のこと。

B．誤文。ブラジルを獲得したのはポルトガルである。

C．誤文。メキシコを征服したのはコルテスである。ピサロはインカ帝国を滅ぼした。

D．正文。ラス=カサスは，スペインのドミニコ修道会の聖職者である。

問 4．D．誤文。アメリカ大陸からの銀の大量流入によって金利が低下し，ヨーロッパでは商工業が盛んになった。

問 5．B．誤文。アフリカに植民地をほとんど持たないスペインは，ポルトガル・オランダ・イギリス・フランスなどの外国商人と奴隷貿易の請負契約を結んだ。

問 6．独立の年は，①アルゼンチンは 1816 年，②ブラジルは 1822 年，③ボリビアは 1825 年である。

問 8．A．正文。1910 年にマデロが武装蜂起を呼びかけ，1911 年にディアス独裁政権を打倒し大統領に就任したが，軍のクーデタで 1913 年に暗殺された。しかし軍人政権もしばらくして革命派に打倒され，その後，革命派の中で，カランサと，農地改革を主張するサパタやビリャらとの内戦が続いた。結局カランサが勝利し，1917 年に民主的なメキシコ憲法が制定され革命は終了した。

問 9．①誤文。アメリカ=スペイン戦争の結果，アメリカはフィリピン，グアム，プエルトリコを獲得した，またこの戦争の結果ではないが，同年の 1898 年にアメリカはハワイを併合した。②正文。

問 10．C．誤文。1914 年に，内戦状態のメキシコに海兵隊を派遣しメキシコ湾岸の港市ベラクルスを占領したのはウィルソン大統領。メキシコ側の強い反発を受け半年余りで撤退した。

Ⅴ 解答

問 1．A　問 2．アウラングゼーブ　問 3．D
問 4．F　問 5．D　問 6．A　問 7．ヴィクトリア
問 8．C　問 9．B　問 10．B

━━━━◀解　説▶━━━━

≪イギリスのインド支配≫

問1．オランダの拠点となったバタヴィアは現在のジャカルタである。

問3．①誤文。イギリスは，1757年のプラッシーの戦いでフランスと同盟したベンガル太守を破り，インド亜大陸北東部のベンガル地方を支配して後のイギリス領インドの基礎を築いた。

②誤文。イギリスは，18世紀中頃前後におこった3次にわたるカーナティック戦争でフランスに勝利し，南インドの支配を確立した。

問4．①シク戦争は1845年に始まり1849年までの2次にわたる戦争，②マラーター戦争は1775年に始まり1818年までの3次にわたる戦争，③マイソール戦争は1767年に始まり1799年までの4次にわたる戦争。開始年を年代の古い順に並べると③→②→①となる。

問5．①誤文。ライヤットワーリー制はイギリスがインド南部や西部で導入した制度で，ライヤット（農民）に土地所有権を認め，農民から直接地税を徴収した制度。

②誤文。ザミンダーリー制とは，ザミンダールとよばれる在地領主層に土地所有権を与え地税を徴収した制度。ベンガルやビハールなどインド北部で実施された。

問6．やや難。A．誤文。東インド会社のインド人傭兵（シパーヒー）は，主に上層カーストのヒンドゥー教徒と上層のイスラーム教徒からなっていた。

問8．A．誤文。インド帝国の当初の首都はカルカッタで，1911年にデリーに遷都された。

B．誤文。総督はインド人ではなくイギリス人であった。

D．誤文。北東インドのプランテーション農業は茶の栽培である。

問9．①正文。②誤文。1905年にベンガル分割令が出されて以後，国民会議ではティラクらの急進派が主導権を握るようになった。ガンディー（1869〜1948年）が独立運動の指導者として登場するのは第一次世界大戦後である。

問10．①正文。②誤文。イスラーム教徒は，1906年に，親英的な全インド＝ムスリム連盟を結成した。

❖講　評

I　春秋時代から後漢の時代までの古代中国史の大問である。教科書に準拠した基本的・標準的な難度の問いばかりである。問 7 の王莽は基本的な人名であるが，莽という覚えにくい字の出題である。

II　東ローマ帝国を含めたローマ帝国とキリスト教の問題である。問 4 は難問とまではいえないがやや戸惑うかもしれない。問 8 のカルケドンは教科書によっては記述のないものがある。

III　中世ヨーロッパ史の大問で，前半はゲルマン人の大移動とフランク王国，後半は十字軍と中世都市が問われている。基本的・標準的な問いばかりである。

IV　前半は大航海時代のスペインなどの活動，後半は 19 世紀のラテンアメリカの独立，メキシコ革命，アメリカ合衆国のカリブ海政策などが問われている。受験生がやや難しく感じるであろう問いや，2022 年度と同じような問題の出題が目につく。問 4 の銀の大量流入がヨーロッパ経済に与えた影響に関する問い，問 6 の 3 つの国の独立年の年代配列問題，問 8 のメキシコ革命，問 10 のアメリカ合衆国のカリブ海政策の 4 問に関しては，2022 年度にも同じような問題が出題されている。

V　イギリスによるインド植民地化の大問である。一部を除いて標準的な問いであるが，難度はそれほど低いわけではない。問 4 の年代配列問題の②と③の年の差は 8 年と近い。問 6 はやや難であるが消去法で対応できるともいえる。

　問題の形式はバラエティーに富み，全 50 問中，4 択の誤文選択問題が 15 問，正文選択問題が 6 問，2 つの短文の正誤を判断する正誤問題が 13 問，記述問題が全大問各 2 問の計 10 問，年代配列問題が 4 問，その他の 4 択問題が 2 問であった。なお，記述問題は基本的ないしは標準的な難度のものばかりである。

■■■ 地理 ■■■

Ⅰ　**解答**　問1．B　問2．C　問3．B　問4．B
問5．⑴ドナウ川　⑵—C　問6．C　問7．D
問8．チェルノーゼム　問9．E　問10．C　問11．C

◀解　説▶

≪ウクライナおよびヨーロッパの地誌≫

問1．ジョージアは，黒海の東側，カフカス山脈の南側に位置する。国土は，北緯41度～北緯44度に位置し，北緯50度の緯線は通らない。

問2．A～E国は，いずれもアフリカ東部に位置する国である。東経30度の経線上に北からB．エジプト，D．スーダン，E．南スーダン，A．ウガンダが並ぶ。C．エチオピアは，東経30度より東側にある。

問4．トルコの首都アンカラは，アナトリア高原にあり，沿岸部でなく内陸の都市である。

問5．⑴ウラル山脈より西を広い意味でのヨーロッパというので，ヨーロッパで1番長い河川はヴォルガ川，2番目に長い河川はドナウ川である。
⑵ドナウ川は，上流よりオーストリアの首都ウィーン，スロバキアの首都ブラチスラバ，ハンガリーの首都ブダペスト，セルビアの首都ベオグラードを通る。

問6．ハンガリーの主な公用語の語族はウラル語族で，主な宗教はカトリックである。

問7．①夏季に乾燥して冬に比較的降水量が多い地中海性気候（Cs）でリスボンである。②・③どちらも西岸海洋性気候（Cfb）であり，②の方が年較差が小さく，海から近いロンドンである。③の方が年較差が大きく，大陸内部に位置するミュンヘンである。

問8．チェルノーゼムは，ウクライナからロシア南西部に分布する肥沃な黒色の土壌で，大規模な小麦栽培が盛んである。

問9．②アメリカ合衆国は，かつては世界1位の小麦輸出国であったが，現在は①ロシアが世界1位の小麦輸出国となっている。小麦輸出量の変化をみると，アメリカ合衆国が一定範囲で推移しているのに対して，小麦生

産量が増加しているロシアでは輸出量も増加している。③小麦の輸出量が少ないのがウクライナである。

問10.　一次エネルギー供給の特色をみると，①は石炭が61.9％と非常に大きいので，石炭産出量が世界1位でエネルギー資源を石炭に依存する中国である。天然ガスが54.5％と非常に大きい③は，一次エネルギー供給を天然ガスに依存するロシアである。②はウクライナで，石炭資源に恵まれる。

問11.　一次エネルギー生産の構成の推移。①は徐々に低下しているが，いまだ割合は最も高い石油である。③はクリーンなエネルギーとして次第に割合が増加している天然ガスである。②の石炭は環境に負荷をかけるといわれるが，産出量と埋蔵量が多く，価格が安価なのが特色で，生産量が多く一定の割合を占めている。

Ⅱ　**解答**　問1．D　問2．D　問3．C　問4．B
　　　　　　　問5．⑴サンアンドレアス　⑵—A　問6．A
問7．B　問8．D　問9．C　問10．C　問11．C　問12．C

◀解　説▶

≪南北アメリカ大陸の地誌≫

問1．D．シエラネヴァダ山脈は，カリフォルニア州東部を南北に走る山脈である。B．海岸山脈は，カリフォルニア州と北のオレゴン州の太平洋沿岸に沿って走る山脈である。

問2．D．パースはオーストラリア大陸の南西部に位置し，地中海性気候（Cs）を呈する。A．アトランタはアメリカ合衆国の南東部，E．ブエノスアイレスはアルゼンチンの首都で同国東部にあり，いずれも温暖湿潤気候（Cfa）である。B．ウェリントンは，ニュージーランド北島に位置し，同国の首都で西岸海洋性気候（Cfb）である。C．カイロは，エジプトの首都で砂漠気候（BW）である。

問3．カリフォルニア州の農業は，セントラルヴァレーが中心地で野菜や果実など集約的な農業生産が営まれる。州別の農産物販売額は1位である。

問4．ロサンゼルスの緯度は，北緯34°03′である。B．東京の緯度が北緯35°42′で最も近い緯度である。

問5．サンアンドレアス断層は，カリフォルニア州西部にある太平洋プレ

ートと北アメリカプレートの境界にある横ずれ断層である。

問 8．D．ベネズエラは，石油輸出国機構（OPEC）の原加盟国であり，原油の可採埋蔵量（2020 年）は 1 位である。可採埋蔵量は，ベネズエラ，サウジアラビア，カナダが 1 〜 3 位を占めており，そのうち原油産出量が多いのは，A．カナダである。

問 9．C．MERCOSUR（南米南部共同市場）は南米での自由貿易を目指す地域経済統合の組織である。A．ALADI（ラテンアメリカ統合連合）は中米諸国も加盟してラテンアメリカの共同市場の達成と経済発展を目指す組織である。B．CAN（アンデス共同体）はアンデス地方の国が加盟する組織である。D．NAFTA（北米自由貿易協定）はアメリカ合衆国・カナダ・メキシコの 3 国の自由貿易を目指す組織で USMCA へと組織が変わる。E．UNASUR（南米諸国連合）は，脱退する国が多く組織として停滞している。

問 10．A．ロシアはエネルギー資源が豊富で，工業生産も多く，かつ寒冷な気候のため，1 人当たり CO_2 排出量が多い。B．中国は，世界の工場と呼ばれる工業生産で，BRICS の中では 1 人当たり CO_2 排出量が多い。C・D は，ブラジルとインドであり，GDP の規模はそれほど変わらないものの，CO_2 排出量が多い D がインド，残りの C がブラジルである。

問 11．コスタリカは，中米ニカラグアとパナマの間にあり，熱帯雨林が発達し，外国からの観光客が豊かな自然をめぐるエコツーリズムが盛んである。

III　**解答**　問 1．C　問 2．D
問 3．(1)—B　(2)—D　(3)オアシス　問 4．三圃式
問 5．F　問 6．E　問 7．(1)—C　(2)—E　問 8．E　問 9．A

◀解　説▶

≪世界の農業と食料≫

問 1．C．遊牧は，自然の草と水を求めて，家畜とともに移動する飼う農業である。チベット高原やアンデス地方などの高山地域では，季節により適した気候を求めて垂直方向の移動をする。A．家畜の飼育も乾燥地域ではヒツジやヤギなどが適しているなど，自然の制約を受ける。B．現在でも農産物や畜産物の自給的生産が特色の焼畑農業や遊牧，アジア式農業が

営まれる。D．先進国では GDP（国内総生産）に占める農業の割合が低く，開発途上国では工業や商業・サービス業などの発達が遅れているため GDP に占める農業の割合が高くなる。E．アジア式農業は，経営規模が小さく，稲作・畑作ともに労働生産性が低い。

問 2．Dが不適。茶は，インドやケニアではプランテーション作物として生産されて輸出される割合も高いが，中国では，国内で消費される量が多く，自給的作物である。

問 3．(1)B．柑橘類やブドウは，地中海式農業の産物である。柑橘類には，オリーブ，レモン，オレンジなどがある。

(2)ギニア湾沿岸では，D．カカオ豆の栽培が盛んであり，生産量は 1 位コートジボワール，2 位ガーナである（2019 年）。

(3)オアシス農業とは，地下水や外来河川の水を地下水路で灌漑して営まれる農業で，ナツメヤシの栽培に特色がある。

問 4．三圃式農業は，中世ヨーロッパの農耕と牧畜を結びつけた農業で，混合農業へと発達した。

問 5．①フランスはヨーロッパの中では農業生産が盛んであり，農産物・畜産物を輸出している。②ドイツは混合農業が発達し，食料自給率は比較的高い。③イギリスはかつて食料自給率が低かったが，向上に力を入れて高くなってきた。

問 6．中国は，ホワイ川（淮河）とチンリン（秦嶺）山脈を結ぶ線が，年降水量 750mm ないし 800mm の線と一致し，南部では稲作が盛んでアジア式稲作農業地域である。北部は，小麦やトウモロコシ，綿花などの栽培が盛んなアジア式畑作農業地域である。東北地方では，夏季に気温が高くなり降水量が多くなるので稲作が可能であり，近年生産量が増加している。

問 8．①総生産量が 11.6 億トンと最も多いのがトウモロコシで，家畜の飼料としての需要が増加していることが背景にある。②総生産量 7.6 億トンは小麦である。小麦・米とも生産量 1 位中国，2 位インドである。③総生産量 3.5 億トンは大豆である。1 位ブラジル，2 位アメリカ合衆国。3 位のアルゼンチンでは，大規模な牧畜が盛んで家畜の飼料用に大量に使われる。

Ⅳ　解答　問1．長崎県　問2．B　問3．B　問4．D
　　　　　　　問5．E　問6．D　問7．C　問8．A　問9．F
問10．E　問11．C　問12．E　問13．E

◀解　説▶

≪五島列島福江島および対馬の地形図読図≫

問1．福江空港は，九州本土長崎県の西に位置する五島列島の福江島にある。対馬空港は，九州本土と対馬海峡を隔てた位置となる対馬にある。

問2．福江空港と対馬空港の位置関係は，緯度差が（北緯34°20′－北緯32°40′＝）1°40′である。子午線上の地球全周を約4万 km とすれば，緯度差1°40′の距離は，40000×1.67÷360＝185.5km である。経度差が（東経129°20′－東経128°50′＝）0°30′である。赤道上の地球全周を約4万 km とすれば，赤道上では 0°30′の距離は，40000×0.5÷360＝55.5km である。北緯30度より北に位置するので，55.5km より短い。よって，Bの200km が最も近い値である。

問3．図1網掛けの部分は，概算であるが縦1.2cm，横1.5cm の長方形として面積を計算する。実際の長さは縦が0.12m×25000＝300m であり，横が0.15m×25000＝375m である。面積は，300m×375m＝112500m² である。よって，Bの10万 m² が最も近い値である。

問4．図2のb－c間の長さは8cmである。2万5千分の1地形図であるので，実際の距離は0.08m×25000＝2000m となる。

問5．数値は，真北（時計の12時の方向）を起点として時計回りに度数で表されている（ただし，一の位のゼロをとったもの）。進入方向dから見た対馬空港の滑走路は，北西となる。真北を起点として時計回りに度数で，真西が270度で数値は27と表され，真北が360度で数値は36と表されるから，北西は（27＋36）÷2＝31.5となり，Eの32が最も近い値である。

問6．D．図1・2共に縮尺は2万5千分の1であり，主曲線は10m間隔で，計曲線は50m間隔で描かれている。図1の福江空港周辺の標高は，空港から南東方角の「鬼岳」が高く，西へ向かって低くなっている。図1空港ターミナルビル付近の標高は，東側の標高100mの計曲線から西側へ主曲線を数えて，標高80m である。図2の福江空港周辺の標高は，西側の海へと低くなっている。図2空港ターミナルビル付近の標高は，西側の

標高 50 m の計曲線から東側へ主曲線を数えて，標高 60 m である。

問 7．福江空港と対馬空港のいずれにもある施設は，Ｙ消防署である。地図記号 む は官公署である。A．警察署 ⊗，B．交番は Ｘ，D．電波塔 は ♂，E．保健所は ⊕ である。

問 8．A．老人ホーム，B．博物館（美術館），C．図書館，D．病院，E．保健所である。高齢化社会の進展を反映したものは，A．老人ホームである。

問 9．F．不適。対馬空港の周辺は，広葉樹林 ○ が多く分布しており，針葉樹林 ∧ は少ない。

問 10．山地が海に沈水して複雑な海岸線が形成されており，リアス海岸である。

問 11．「鬼岳」の写真は，山頂が広く平坦で，右側の方に最高点（ピーク）がある。斜面は，写真の右側・左側同じ程度の傾きであるため，C．南側からが当てはまる。鬼岳の北側の斜面はたいへんなだらかであり，A．東側・B．西側から見た場合には，鬼岳の斜面の一方はなだらかになるので，当てはまらない。D．北側から見た場合には，写真の鬼岳のピークが左側になるはずであり，当てはまらない。

出典追記：©長崎県観光連盟

問 12．E．宮古島は，沖縄県先島諸島に位置するサンゴ礁の島である。A．伊豆大島とD．三宅島は，東京都伊豆諸島にある島で，B．口永良部島とC．桜島は，鹿児島県にある島で，いずれも活火山がある。

❖講 評

 Ⅰ　ウクライナおよびヨーロッパの地誌の出題で，経緯線などの位置に関する設問，自然環境から地形・気候，産業分野から農牧業と資源，民族と宗教など幅広い分野から出題されている。教科書レベルで対応できるが，地理の学習の際に緯度・経度を意識しながら地図に親しんでおく必要がある。

 Ⅱ　南北アメリカ大陸の地誌について，緯線上の位置関係，地形の名称，気候区の分布，農牧業と資源および貿易，地域的経済統合など，系統地理分野がまんべんなく問われた。地図帳や統計資料を使った学習をしていれば対応できる標準レベルといえる。大気汚染やエコツーリズム

など，環境問題に関心を持つことも重要である。

　Ⅲ　農牧業および農畜産物について，統計表およびグラフを用いた数値の理解を求める問題である。普段の学習で，最新の統計数値だけでなく，数値の時代的な変化を理解しておくことも大切である。

　Ⅳ　地形図の読図問題で，離島が取り上げられた。地形図に用いられる地図記号や地図上より実際の距離や面積を計算で求める問題，等高線から標高を求める問題などがある。標準レベルであるが，読図問題の演習で計算に慣れておく必要がある。

政治・経済

Ⅰ **解答** 問1．C 問2．議院内閣 問3．B 問4．B
問5．A 問6．A 問7．D 問8．C
問9．地方交付税交付金 問10．D

◀解　説▶

≪日本国憲法における統治制度≫

問1．Cが正しい。Aの自然権は「人が生まれながら持っている当然の権利」のことであり誤り，Bのホッブズは国家のない状態を「万人の万人に対する闘争」と説いたので誤り，Dのルソーが『社会契約論』を書いたのはフランス革命の前なので誤り。

問3．Bが誤り。候補者中心の選挙から政党中心の選挙になることが期待された。それまでの中選挙区制では同じ政党から複数の候補者が立候補できたので，候補者中心の選挙になりがちであった。

問4．Bが誤り。事務次官ではなく政務官が正しい。

問6．Aが誤り。非行のある裁判官を裁く弾劾裁判所が国会に設置されているので誤り。

問7．Dが誤り。憲法38条には「何人も，自己に不利益な唯一の証拠が本人の自白である場合には，有罪とされ，又は刑罰を科せられない。」とあり証拠裁判主義をとっている。

問8．Cが誤り。法律の範囲内で罰則を設けることができる。

問10．Dが誤り。「国民」ではなく「天皇又は摂政及び国務大臣，国会議員，裁判官その他の公務員」（憲法99条）に憲法尊重擁護義務があるとしている。

Ⅱ **解答** 問11．A 問12．A 問13．C 問14．B
問15．C 問16．C 問17．B 問18．C
問19．ノン・ルフールマン原則 問20．一国二制度

■◀解　説▶■

≪国際政治経済≫

問 13.　Cが誤り。「集団的自衛権」ではなく「集団安全保障」が正しい。

問 14.　Bが誤り。包括的核実験禁止条約が採択されたのは 1996 年。

問 15.　Cが誤り。先進国相互の完成品や工業製品の分業は「垂直的分業」ではなく「水平的分業」なので誤り。

問 16.　Cが誤り。円高になると海外からの輸入品の円建て価格は下がり，購入しやすくなるので誤り。

問 17.　Bが誤り。ブロック経済とは，宗主国と植民地などが強く結び付き，それ以外の地域からの貿易を行いにくくする制限貿易のことなので誤り。

問 18.　Cが誤り。TPP11 協定とは，TPP からアメリカが脱退した後に 11 カ国で結ばれた協定であるので「アメリカを含む」が誤り。

問 19.　ノン・ルフールマン原則が正解。ノン・ルフールマン原則とは難民を迫害を受ける場所に追放したり送還したりすることを禁止する国際法上の原則のことであり，フランス語が語源である。

問 20.　一国二制度が正解。中国本土の社会主義体制とは別に，香港は特別行政区として資本主義制度を維持し，一国の中に二つの経済制度を両立させる制度のこと。

Ⅲ　**解答**　問 21.　C　問 22.　C　問 23.　C　問 24.　C
問 25.　C　問 26.　A　問 27.　キャピタルゲイン
問 28.　D　問 29.　コンドラチェフの波　問 30.　A

■◀解　説▶■

≪日本経済の近況と景気循環≫

問 21.　Cが誤り。ケインズは不況時に政府が積極的に財政出動を行い有効需要を創出することを提唱した学者である。マネタリストとはケインズの言う財政出動による景気対策を否定し，小さな政府を目指すことを主張する経済学者のことである。

問 22.　Cが誤り。機会費用とは「ある行為を選択することで失われる，他の機会の最大収益」のことで，進学せずに就職すれば得られたであろう所得は，大学進学の機会費用になる。

問 23.　Cが誤り。均衡価格は需要と供給がつりあった状態の価格のことであり，超過供給・超過需要は発生しない。

問 24.　Cが誤り。生活給とは労働者の生活を保障するために年齢，勤続年数，家族構成などに応じて支給される給与であり，職能給は職務の能力・専門性に応じて支給される給与である。日本では生活給の考えが主流であったが，職能給の考えを取り入れるところも増えてきている。

問 25.　Cが誤り。安倍晋三内閣ではなく小泉純一郎内閣である。

問 26.　Aが誤り。「正の相関」ではなく，「負の相関」が正しい。一般的に言って，不況のときはデフレになるので，インフレ率は低く，失業率は高くなる。好況のときはインフレ率は高く，失業率は低くなる。

問 27.　キャピタルゲインが正解。キャピタルゲインとは，株式などを買った時よりも売った時の価格が高いことで生じる売買益のこと。これに対して，株式の配当金などによる利益をキャピタルインカムという。

問 28.　Dが誤り。日本版金融ビッグバンは 1996 年～2001 年までの金融改革のこと。

問 30.　Aが誤り。ドイツではなくイギリスが正しい。

IV　解答　問 31. B　問 32. 生物多様性　問 33. A　問 34. B　問 35. D　問 36. D　問 37. A　問 38. A　問 39. B　問 40. 市場の失敗

◀解　説▶

≪日本の公害と地球環境問題≫

問 31.　Bが誤り。グリーン・コンシューマーが正しい。

問 32.　「生物多様性」条約が正解。同条約は 1992 年の地球サミットで，生物の多様性の保全・生物の多様性の構成要素の持続可能な利用・遺伝資源の利用から生じる利益の公正かつ衡平な配分を目的に結ばれた。

問 33.　Aが正解。再生可能エネルギーとは，自然の循環のなかで繰り返し使用することが可能なエネルギーのこと。地熱発電・水力発電・波力発電は自然現象を利用したものであるが，原子力発電はそうではない。

問 34.　Bが正解。環境基本法は，1967 年に制定された公害対策基本法に代わり，公害対策のみならず広く環境問題に対応する基本法として 1993 年に制定された。

問 36.　D が正しい。OPEC とは石油輸出国機構（Organization of the Petroleum Exporting Countries）の略称である。

問 37.　A が誤り。4 大公害病とは水俣病（熊本），新潟水俣病（新潟），イタイイタイ病（富山），四日市ぜんそく（三重）である。

問 38.　A が誤り。公害問題では事業者の過失の有無を問わず賠償責任を課す無過失責任制度が導入されている。

問 39.　B が正解。京都議定書は橋本龍太郎内閣時の 1997 年に開催された第 3 回気候変動枠組条約締約国会議（地球温暖化防止京都会議，COP3）で採択された。

問 40.　「市場の失敗」とは，外部不経済や公共財の提供など，市場の自動調整作用に任せていては解決されないことをいう。

Ⅴ　解答

　　　問 41.　D　問 42.　B　問 43.　D　問 44.　C
　　　問 45.　B　問 46.　C　問 47.　棚田　問 48.　D
問 49.　食糧管理制度　問 50.　B

◀解　説▶

≪食料・農業問題≫

問 41.　D が誤り。「世界農業遺産」はユネスコではなく FAO（国連食糧農業機関）が登録を行っているので誤り。

問 42.　B が誤り。「食生活指針」は消費者庁ではなく，平成 12 年に当時の文部省・厚生省・農林水産省が設定した。

問 43.　D が誤り。農業基本法は 1961 年に農業生産性の引き上げと農家所得の増大を目指し自立経営農家を育成する目的で制定された。

問 44.　C が正解。A は農産物輸入額が輸出額より明らかに多いので誤り，B の輸出先 1 位は中国なので誤り，D は農産物輸入についてセーフガードの発令事例はあるが，輸出についての事例はないので誤り。

問 45.　B が正解。「市場における」とあるので「需要開拓」とわかる。

問 46.　C が正解。A は円高になると輸出先での価格が上がり国際競争力は弱まるので誤り，B は国際競争力が弱い産業で輸入関税を削減すると，海外製品が流入し自国の産業は衰退するので誤り，D は品質ではなく小規模生産によるコストの問題が大きいので誤り。

問 48.　D が誤り。農業の持つ環境保全，洪水防止などの効果は GDP には

含まれないので誤り。

問 49.　食糧管理制度が正解。食糧管理制度は米などの主食の価格と供給
を国が管理する制度のことである。

問 50.　Bが正解。自給率が高いものとして米 97 ％・野菜 80 ％，低いもの
として小麦 15 ％，大豆 6 ％があることから正解を導ける。

❖講　評

　Ⅰ　日本国憲法における統治制度や基本的人権をめぐる内容について，
国会，内閣，司法制度，地方自治について政治分野の基本的事項を問う
問題である。多くが教科書の基本的知識で対応できる。

　Ⅱ　国際政治経済分野について，国際法，国際連合，軍縮，為替の影
響，国際経済体制，地域結合などの基本的事項を問う問題である。問
19 の難民をめぐる国際原則「ノン・ルフールマン原則」はやや詳しい
知識が必要である。

　Ⅲ　日本経済についての文章から，経済学説，需要と供給，日本の経
済史，景気循環といった経済分野の基本的事項を問う問題である。問
27 で「キャピタルゲイン」が出題されるなどやや詳しい知識も出題さ
れている。

　Ⅳ　例年通り，地球環境にかかわる問題が出題されている。内容も地
球環境問題，日本の公害と対策など多くは教科書の基本的知識で対応で
きる。2022 年度の問 38 の WTO 成立時の内閣を問う問題に続き，問
39 で京都議定書が採択された時の内閣を問う問題が出題され，日本政
治の知識を組み合わせて解答する必要がある。

　Ⅴ　例年通り，食料・農業問題に関する出題である。多くは教科書の
基本的知識である。問 41 の「世界農業遺産」，問 42 の「食生活指針」
などなじみのない知識も出題されているが消去法で正解を導ける。問
50 の食料自給率の問題は統計などで主な数値を確認しておく必要があ
る。

数学

Ⅰ 解答 1 −G

━━━━◀解　説▶━━━━

≪対数の計算，３次関数の最大≫

真数は正であるから，$x>0$ かつ $8-x>0$ より，$0<x<8$ である。
このもとで

$$\log_2 x + 2\log_2(8-x) = \log_2 x + \log_2(8-x)^2$$
$$= \log_2 x(8-x)^2$$

であるから，求める x の値は $f(x)=x(8-x)^2$ とおくと，$0<x<8$ において，$f(x)$ を最大とする x である。

$$f(x) = x(8-x)^2$$
$$= x(x^2-16x+64)$$
$$= x^3-16x^2+64x$$

より

$$f'(x) = 3x^2-32x+64$$
$$= (x-8)(3x-8)$$

$0<x<8$ より，$f'(x)=0$ のとき

$$x = \frac{8}{3}$$

であるから，$0<x<8$ における $f(x)$ の増減表は次のようになる。

x	0	$\cdots$	$\dfrac{8}{3}$	$\cdots$	8
$f'(x)$		+	0	−	
$f(x)$		↗	極大	↘	

したがって，$y=\log_2 x + 2\log_2(8-x)$ を最大とする x の値は

$$x = \frac{8}{3}$$

Ⅱ 解答 2—G　3—F　4—H

◀解　説▶

≪条件付き確率≫

出荷されたすべての製品数は

$$100+200+200＝500 台$$

であり，どの1台を取り出すかは同様に確からしい。

また，不良品の割合から，それらの内訳は次のようになる。

工場	A	B	C
不良品（台）	3	4	2
良品（台）	97	196	198
製品（台）	100	200	200

(1)　求める確率は，すべての製品の台数における不良品の占める割合であり

$$\frac{3+4+2}{500}=\frac{9}{500}$$

(2)　求める条件付き確率は，すべての不良品の台数における工場Cでの不良品の占める割合であり

$$\frac{2}{3+4+2}=\frac{2}{9}$$

(3)　求める条件付き確率は，すべての不良品の台数における工場AまたはCでの不良品の占める割合であり

$$\frac{3+2}{3+4+2}=\frac{5}{9}$$

Ⅲ 解答 5—B　6—E　7—D　101. 1008

◀解　説▶

≪最大公約数，最小公倍数≫

条件ⅰ）により，$A \times B=14 \times 1260$ であり，条件ⅲ）により，$B \times C$
$=4 \times 1680$ である。したがって

$$\frac{A}{C} = \frac{A \times B}{B \times C} = \frac{14 \times 1260}{4 \times 1680} = \frac{21}{8}$$

さらに，条件ⅱ）により，$A = 6a$，$C = 6c$ とおくと，a と c は互いに素な自然数であり

$$\frac{A}{C} = \frac{a}{c} = \frac{21}{8}$$

より，$a = 21$，$c = 8$ とわかり，$A = 6 \times 21 = 126$，$C = 6 \times 8 = 48$ である。

すると，$B = \dfrac{14 \times 1260}{A} = \dfrac{14 \times 1260}{126} = 140$ とわかる。

さらに，A と C の最小公倍数は

$$\frac{A \times C}{6} = \frac{126 \times 48}{6} = 1008$$

参考　2 つの自然数 M，N の最大公約数を G，最小公倍数を L とすると，$M = GM'$，$N = GN'$（M'，N' は互いに素な自然数），さらに $L = GM'N'$ であるから

$$GL = G \times GM'N' = GM' \times GN' = MN$$

別解　条件ⅰ）〜ⅲ）より

A は 14 と 6 の公倍数，すなわち $2 \times 3 \times 7 = 42$ の倍数

B は 14 と 4 の公倍数，すなわち $2^2 \times 7 = 28$ の倍数

C は 6 と 4 の公倍数，すなわち $2^2 \times 3 = 12$ の倍数

であるから

$$A = 42A',\ B = 28B',\ C = 12C'$$

と表される。

ただし，A'，B'，C' はどの 2 つも互いに素な自然数である。

ここで，A と B の最小公倍数，B と C の最小公倍数はそれぞれ

$$1260 = 2^2 \times 3^2 \times 5 \times 7 \quad \cdots\cdots ①$$

$$1680 = 2^4 \times 3 \times 5 \times 7 \quad \cdots\cdots ②$$

と素因数分解されることに注意する。

A' が 5 の倍数であると仮定すると，B' は 5 の倍数ではないから，②より C' は 5 の倍数であるが，これは A' と C' が互いに素であることに矛盾する。

したがって，B' は 5 の倍数である。

同様に考えると，A' は 3 の倍数，C' は 2^2 の倍数であることがわかり，条件 i ）〜iii）をすべて満たすのは

$$A'=3, \quad B'=5, \quad C'=4$$

のときであるから

$$A=42\times3=126, \quad B=28\times5=140, \quad C=12\times4=48$$

また，A と C の最小公倍数は

$$2^4\times3^2\times7=1008$$

IV 解答 8－I 9－H

◀解 説▶

≪3 次関数のグラフと面積≫

曲線 $C：y=-x^3+4x \ (x\geqq0)$ と直線 $l：y=mx$ との共有点について

$$-x^3+4x=mx$$

$$x^3-4x+mx=0$$

$$x(x^2-4+m)=0$$

$$x=0 \quad \text{または} \quad x^2-4+m=0$$

より，曲線 C と直線 l が 2 個以上の共有点をもつ m の条件は，x の 2 次方程式 $x^2-4+m=0$ が正の解を少なくとも 1 つもつことであり，そのような m の値の範囲は

$$m<4$$

である。

$m<4$ のとき，x の 2 次方程式 $x^2-4+m=0$ は正の解を $x=\sqrt{4-m}$ のただ 1 つもち

$$(-x^3+4x)-mx=-x(x^2-4+m)$$

の符号について，$x\geqq0$ においては

$$\begin{cases} x=0, \ \sqrt{4-m} \ \text{のとき，} \ 0 \\ 0<x<\sqrt{4-m} \ \text{のとき，} \ \text{正} \\ \sqrt{4-m}<x \ \text{のとき，} \ \text{負} \end{cases}$$

であるとわかるので，曲線 C と直線 l で囲まれた図形の面積は

$$\int_0^{\sqrt{4-m}}\{(-x^3+4x)-mx\}\,dx$$

と表される。これが $\dfrac{1}{4}$ であるから

$$\int_0^{\sqrt{4-m}} \{-x^3 + (4-m)\,x\}\,dx = \frac{1}{4}$$

$$\left[-\frac{1}{4}x^4 + \frac{4-m}{2}x^2\right]_0^{\sqrt{4-m}} = \frac{1}{4}$$

$$-\frac{1}{4}(4-m)^2 + \frac{4-m}{2}(4-m) = \frac{1}{4}$$

$$\frac{1}{4}(4-m)^2 = \frac{1}{4}$$

$m < 4$ より $4-m = 1$ なので　　　$m = 3$

Ⅴ　解答　10—D　102. 1.963

◀解　説▶

≪漸化式の利用≫

(1)　容器 A について，はじめの状態から，20 g の食塩水を取って捨てると，10 ％の食塩水が 80 g 残っており，ここに容器 B から 1 ％の食塩水 20 g を移すと，その結果，容器 A の食塩水の濃度は

$$\frac{80 \times 0.10 + 20 \times 0.01}{100} \times 100\ \%$$

つまり　　8.2 ％

となる。

(2)　容器 A に a_n ％の食塩水 100 g がある状態から，20 g だけ容器 B の 1 ％の食塩水に入れ替える操作を行った結果，容器 A の食塩水の濃度が a_{n+1} ％となったとする。ここで，$n = 0,\ 1,\ 2,\ \cdots,\ 9$，$a_0 = 10$ とする。(1)と同様に

$$a_{n+1} = \frac{80 \times \dfrac{a_n}{100} + 20 \times 0.01}{100} \times 100$$

より

$$a_{n+1} = \frac{4}{5}a_n + \frac{1}{5}$$

が成り立つ。この式は

$$a_{n+1}-1=\frac{4}{5}(a_n-1)$$

と変形できるので，$\{a_n-1\}$ が公比 $\frac{4}{5}$ の等比数列をなすことがわかる。

したがって，容器Bが空になったときの容器Aの食塩水の濃度 a_{10} は

$$a_{10}-1=(a_0-1)\cdot\left(\frac{4}{5}\right)^{10}$$

$$a_{10}-1=(10-1)\cdot0.8^{10}$$

ここで，$0.8^{10}=0.107$ より

$$a_{10}=1+9\times0.107=1.963\%$$

Ⅵ 解答　11―C　12―J　13―G　14―I　103. $\frac{45}{61}$　15―F

◀解　説▶

≪平面ベクトル，三角形の外心，2直線の交点≫

(1)　$|\overrightarrow{BC}|^2=|\overrightarrow{AC}-\overrightarrow{AB}|^2$

$\qquad\qquad=|\overrightarrow{AB}|^2+|\overrightarrow{AC}|^2-2\overrightarrow{AB}\cdot\overrightarrow{AC}$

より

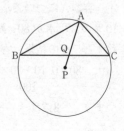

$$\overrightarrow{AB}\cdot\overrightarrow{AC}=\frac{|\overrightarrow{AB}|^2+|\overrightarrow{AC}|^2-|\overrightarrow{BC}|^2}{2}$$

$$=\frac{6^2+4^2-8^2}{2}=-6$$

(2)　△ABC の外接円の中心は AB，AC の垂直二等分線の交点であること
に注意する。線分 AB の中点をMとすると，$\overrightarrow{AB}\perp\overrightarrow{MP}$ より，$\overrightarrow{AB}\cdot\overrightarrow{MP}=0$
であるから

$$\overrightarrow{AB}\cdot\overrightarrow{AP}=\overrightarrow{AB}\cdot(\overrightarrow{AM}+\overrightarrow{MP})$$

$$=\overrightarrow{AB}\cdot\overrightarrow{AM}+\overrightarrow{AB}\cdot\overrightarrow{MP}$$

$$=\overrightarrow{AB}\cdot\left(\frac{1}{2}\overrightarrow{AB}\right)=\frac{1}{2}|\overrightarrow{AB}|^2=18$$

(3)　(2)と同様にして，$\overrightarrow{AC}\cdot\overrightarrow{AP}=\frac{1}{2}|\overrightarrow{AC}|^2=8$ である。

s，t を実数とし，$\overrightarrow{AP}=s\overrightarrow{AB}+t\overrightarrow{AC}$ と表すと

$$\begin{cases} \overrightarrow{AB} \cdot \overrightarrow{AP} = \dfrac{1}{2}|\overrightarrow{AB}|^2 \\ \overrightarrow{AC} \cdot \overrightarrow{AP} = \dfrac{1}{2}|\overrightarrow{AC}|^2 \end{cases}$$

より

$$\begin{cases} \overrightarrow{AB} \cdot (s\overrightarrow{AB} + t\overrightarrow{AC}) = 18 \\ \overrightarrow{AC} \cdot (s\overrightarrow{AB} + t\overrightarrow{AC}) = 8 \end{cases}$$

(1)の結果から

$$\begin{cases} 36s - 6t = 18 \\ -6s + 16t = 8 \end{cases}$$

これより，$s = \dfrac{28}{45}$, $t = \dfrac{11}{15}$ を得る。

したがって

$$\overrightarrow{AP} = \frac{28}{45}\overrightarrow{AB} + \frac{11}{15}\overrightarrow{AC}$$

(4)　点 Q が直線 AP 上にあることから，実数 k を用いて

$$\overrightarrow{AQ} = k\overrightarrow{AP}$$

と表される。

(3)の結果により

$$\overrightarrow{AQ} = \frac{28k}{45}\overrightarrow{AB} + \frac{11k}{15}\overrightarrow{AC} \quad \cdots\cdots ①$$

また一方で，点 Q が辺 BC 上にあることから，実数 m $(0 \leq m \leq 1)$ を用いて

$$\overrightarrow{BQ} = m\overrightarrow{BC}$$

と表される。
これより

$$\begin{aligned} \overrightarrow{AQ} &= \overrightarrow{AB} + \overrightarrow{BQ} \\ &= \overrightarrow{AB} + m\overrightarrow{BC} \\ &= \overrightarrow{AB} + m(\overrightarrow{AC} - \overrightarrow{AB}) \\ &= (1 - m)\overrightarrow{AB} + m\overrightarrow{AC} \quad \cdots\cdots ② \end{aligned}$$

$\overrightarrow{AB}$ と $\overrightarrow{AC}$ はいずれも $\vec{0}$ でなく $\overrightarrow{AB} \cancel{\parallel} \overrightarrow{AC}$ であるから，①，②により

$$\frac{28k}{45} = 1 - m, \quad \frac{11k}{15} = m$$

これより　　$k=\dfrac{45}{61}$,　$m=\dfrac{33}{61}$

したがって　　$\overrightarrow{\mathrm{AQ}}=\dfrac{45}{61}\overrightarrow{\mathrm{AP}}$,　$\overrightarrow{\mathrm{BQ}}=\dfrac{33}{61}\overrightarrow{\mathrm{BC}}$

Ⅶ　解答　16―J　17―G

◀解　説▶

≪2つの三角形の面積が等しくなる条件≫

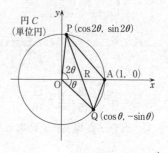

$\angle \mathrm{QOA}=\theta$ とおくと，$\angle \mathrm{AOP}=2\theta$ であり，点 P が単位円 C 上でかつ第1象限にあることから，$0<2\theta<\dfrac{\pi}{2}$ より，$0<\theta<\dfrac{\pi}{4}$ であり，$\mathrm{P}(\cos 2\theta,\ \sin 2\theta)$ と表される。

また，Q が単位円 C 上でかつ第4象限にあることから，$\mathrm{Q}(\cos\theta,\ -\sin\theta)$ と表される。

線分 PQ と線分 OA との交点を R とすると，△POR と△PRA は OR，RA をそれぞれ底辺としたときの高さが等しい。△QOR と△QRA についても同様であるから，△OPQ の面積と△PAQ の面積が等しい条件は

　　　　OR＝RA

つまり R の座標が $\left(\dfrac{1}{2},\ 0\right)$ となることである。

P の x 座標である $\cos 2\theta$ は Q の x 座標である $\cos\theta$ より小さく，特に，直線 PQ は傾きをもつ。直線 PQ の方程式は

$$y=\dfrac{-\sin\theta-\sin 2\theta}{\cos\theta-\cos 2\theta}(x-\cos\theta)-\sin\theta$$

であり，これが点 $\left(\dfrac{1}{2},\ 0\right)$ を通ることが条件であるから

$$0=\dfrac{-\sin\theta-\sin 2\theta}{\cos\theta-\cos 2\theta}\left(\dfrac{1}{2}-\cos\theta\right)-\sin\theta$$

これを変形し

$$\sin\theta\,(\cos\theta - \cos 2\theta) = -\,(\sin\theta + \sin 2\theta)\left(\frac{1}{2} - \cos\theta\right)$$

$$2\sin\theta\,(\cos\theta - 2\cos^2\theta + 1) = -\sin\theta\,(1 + 2\cos\theta)(1 - 2\cos\theta)$$

$\sin\theta \neq 0$ より

$$2\,(\cos\theta - 2\cos^2\theta + 1) = -\,(1 + 2\cos\theta)(1 - 2\cos\theta)$$

$$-2\,(2\cos\theta + 1)(\cos\theta - 1) = (2\cos\theta + 1)(2\cos\theta - 1)$$

$$(2\cos\theta + 1)(4\cos\theta - 3) = 0$$

$0 < \theta < \dfrac{\pi}{4}$ より　　$\cos\theta = \dfrac{3}{4}$

これより　　　　$\cos\angle\mathrm{QOA} = \cos\theta = \dfrac{3}{4}$

条件より $\sin\theta > 0$ であるから

$$\sin\theta = \sqrt{1 - \cos^2\theta} = \frac{\sqrt{7}}{4}$$

であり

$$\sin 2\theta = 2\sin\theta\cos\theta = 2 \cdot \frac{\sqrt{7}}{4} \cdot \frac{3}{4} = \frac{3}{8}\sqrt{7}$$

より，四角形 OPAQ の面積は

$$\triangle\mathrm{POA} + \triangle\mathrm{OQA} = \frac{1}{2} \cdot 1 \cdot \sin 2\theta + \frac{1}{2} \cdot 1 \cdot \sin\theta$$

$$= \frac{1}{2}\left(\frac{3}{8}\sqrt{7} + \frac{\sqrt{7}}{4}\right) = \frac{5\sqrt{7}}{16}$$

❖講　評

　大問数は 2023 年度は 2022 年度に続いて 7 題であった。解答形式は，解答群の中から正しい数値などを選び，その記号をマークするマークシート式と，答えを解答欄に記入する空所補充の記述式が定着している。計算が煩雑な設問も多々見受けられるが，解答群の中から正しい数値などを選ぶ形式の設問であれば，自分の出した答えが解答群にあれば自信をもってよいであろう。

　Ⅰは，対数と 3 次関数の融合問題である。真数条件をおさえた上で，対数の性質を用いて，3 次関数の最大値を調べる方針に気づきたい。

　Ⅱは，製品の不良品の確率や，それが製造された工場がどこかという

条件付き確率についての問題である。頻度確率，つまり，割合を確率とみなして考えると構造が捉えやすいであろう。〔解説〕でも用いたような表形式で見やすくしておくことも解くときのコツである。

Ⅲは，最大公約数や最小公倍数の条件からもとの3整数を決定する問題である。少しパズル的な側面もあるが，整数 x, y について

$xy = (x \, と \, y \, の最大公約数) \times (x \, と \, y \, の最小公倍数)$

が成り立つことに着目し，A と C の比に注目するとよい。

Ⅳは，積分法による面積計算である。l が原点を通る傾き m の直線であることから，図形的な考察もできるが，〔解答〕では方程式の解と交点の対応を考えて処理した。

Ⅴは，食塩水の濃度に関する文章題である。操作が帰納的になされることから，(2)では漸化式の利用に気づきたい。数列の設定は問題文ではされていないので，自分で文字設定などを行う必要があり，漸化式を立てる部分が解決への要所となる問題である。

Ⅵは，平面ベクトルの基本的な問題である。三角形の外心や，2直線の交点をベクトルで表すなど，典型的なタイプの出題であり，確実に得点したい問題である。

Ⅶは，三角関数と図形と方程式との融合問題である。Ⅴでの食塩水の問題と同様にこれも文字設定を自分でする必要があり，条件の立式が鍵となる。空所補充形式の設問ではあるが，方針を立てるところから自分で行う必要のある問題である。

全体的に，典型問題と標準問題を少しひねった問題が出題される傾向がある。まずは典型問題を確実に得点する練習を重ね，方針から考えなければならないようなやや発展的な問題についても，ある程度は習熟しておきたい。

■化学■

I　解答
1 — G　2 — F　3 — D　4 — D　101. 828　5 — C
6 — A　102. $[C_6H_7O_2(OH)_3]_n$　7 — G　8 — J
9 — B　10 — A

◀解　説▶

≪糖類の構造と性質，沸点上昇と凝固点降下，再生繊維，濃硫酸の性質≫

１．デンプンは，多数の α-グルコースが脱水縮合（または縮合重合）した高分子化合物であり，温水に可溶なアミロースと不溶なアミロペクチンの２つの成分からなる。またセルロースは，多数の β-グルコースが脱水縮合（または縮合重合）した高分子化合物である。

２．セルロースを希硫酸とともに加熱すると，加水分解してグルコースの水溶液が得られる。グルコースは水溶液中では，環状グルコースと鎖状グルコースが平衡関係にある混合物となっており，鎖状グルコースにはホルミル基（アルデヒド基）があるため，還元性を示す。そのため，グルコースの水溶液にフェーリング液を加えて加熱すると，酸化銅（Ⅰ）Cu_2O の赤色沈澱が生じる。

３．ヨウ素デンプン反応は，デンプンのらせん構造の中に I_2 分子が取り込まれることで起こる呈色反応である。ヨウ素デンプン反応の色は，らせん構造の長さによって変化し，アミロースは濃青色，アミロペクチンは赤紫色，グリコーゲンは赤褐色を示す。よって，らせん構造ではないセルロースとグルコースは，ヨウ素デンプン反応を示さない。

４．グルコースの鎖状構造は，次に構造式を示すように４個の不斉炭素原子が存在する（不斉炭素原子には＊を付してある）。

101. グルコース $C_6H_{12}O_6 = 180$, $H_2O = 18$ より

$180 \times 5 - 18 \times 4 = 828$

5・6. 希薄溶液の沸点上昇度 Δt_b と凝固点降下度 Δt_f は,溶液の質量モル濃度 m〔mol/kg〕に比例して大きくなる。今回は,いずれも溶媒の水 100 g あたりの水溶液を考えるので,溶質粒子の物質量が多いほど m〔mol/kg〕が大きくなり,Δt_b と Δt_f が大きくなる。物質 A〜E の水溶液の溶質粒子の物質量はそれぞれ次のようになる。

物質 A：グルコースは非電解質なので,$C_6H_{12}O_6 = 180$ より

$$\frac{1.0}{180} 〔\text{mol}〕$$

物質 B：$CaCl_2 \longrightarrow Ca^{2+} + 2Cl^-$ より,溶質粒子の数が $CaCl_2$ の 3 倍になるので,$CaCl_2 = 111$ より

$$\frac{1.0}{111} \times 3 = \frac{1.0}{37} 〔\text{mol}〕$$

物質 C：$NaCl \longrightarrow Na^+ + Cl^-$ より,溶質粒子の数が $NaCl$ の 2 倍になるので,$NaCl = 58.5$ より

$$\frac{1.0}{58.5} \times 2 = \frac{1.0}{29.25} 〔\text{mol}〕$$

物質 D：$KNO_3 \longrightarrow K^+ + NO_3^-$ より,溶質粒子の数が KNO_3 の 2 倍になるので,$KNO_3 = 101$ より

$$\frac{1.0}{101} \times 2 = \frac{1.0}{50.5} 〔\text{mol}〕$$

物質 E：尿素は非電解質なので,$CO(NH_2)_2 = 60$ より

$$\frac{1.0}{60} 〔\text{mol}〕$$

よって,溶質粒子の物質量は,**C＞B＞D＞E＞A** となり,物質 C が最も沸点上昇度 Δt_b が大きく,沸点が最も大きい。また,物質 A が最も凝固点降下度 Δt_f が小さく,凝固点が最も小さい。なお,凝固点降下度 Δt_f が大きくなるということは,純溶媒と溶液の凝固点の差が大きくなり,凝固点が小さくなることを意味するので注意すること。

102. セルロースの分子式は $(C_6H_{10}O_5)_n$ であり,示性式で表すと $[C_6H_7O_2(OH)_3]_n$ である。

7〜9. 水酸化銅(II) $Cu(OH)_2$ を濃アンモニア水に溶かして得られる深

青色の溶液（シュワイツァー試薬）にセルロースを溶かすと粘性の大きな
コロイド溶液になる。この溶液を細孔から希硫酸中に押し出すと，セルロ
ースを繊維状に再生したキュプラ（銅アンモニアレーヨン）が得られる。
また，濃い NaOH 水溶液にセルロースを浸してアルカリセルロースとし
たのち，二硫化炭素 CS_2 と反応させる。これを薄い NaOH 水溶液に溶か
すと，ビスコースと呼ばれる粘性の高い赤褐色のコロイド溶液が得られる。
ビスコースを細孔から希硫酸中に押し出すと，セルロースを繊維状に再生
したビスコースレーヨンが得られる。

10.　A：ろ紙に濃硫酸をたらすと，濃硫酸の脱水作用によって，ろ紙の主
成分であるセルロースが炭化した部分が黒くなる。

$$(C_6H_{10}O_5)_n \longrightarrow 6nC + 5nH_2O$$

B：NaCl に濃硫酸を加えて加熱すると，濃硫酸が不揮発性のため揮発性
の HCl が発生する。

$$NaCl + H_2SO_4 \longrightarrow NaHSO_4 + HCl$$

C：濃硫酸は強い酸化作用をもつため，濃硫酸に Cu を加えて加熱すると
SO_2 が発生する。

$$Cu + 2H_2SO_4 \longrightarrow CuSO_4 + 2H_2O + SO_2$$

D：希硫酸は強酸性を示し，イオン化傾向が H_2 よりも大きい Zn と反応
して H_2 が発生する。

$$Zn + H_2SO_4 \longrightarrow ZnSO_4 + H_2$$

E：濃硫酸は水への溶解熱（希釈熱）が大きく，濃硫酸に水を加えると多
量の熱が発生し水が沸騰する。

Ⅱ 解答

103.　$6CO_2$（気）$+ 6H_2O$（液）$+ Q$〔kJ〕
$$= C_6H_{12}O_6 \text{（固）} + 6O_2 \text{（気）}$$

11−G　12−I　104.　2807

105.　ヘス（総熱量保存または，総熱量不変）　13−H　14−F　15−D
16−B

━━━━◀解　説▶━━━━

≪熱化学，スクロースの性質，酸化数，化学平衡≫

103.　光合成によって CO_2 と H_2O からグルコース $C_6H_{12}O_6$ を合成する場
合，O_2 も生成する。なお，光合成は光エネルギーを利用した吸熱反応で

あることに注意する。

11. マルトースやスクロースは分子式 $C_{12}H_{22}O_{11}$ で表される二糖類である。スクロースは α-グルコースの 1 位の炭素と β-フルクトース（五員環）の 2 位の炭素がグリコシド結合を形成した分子である。スクロースはグルコースとフルクトースのヘミアセタール構造の −OH どうしが縮合しているので還元性を示さないが，スクロースを酵素や希酸によって加水分解すると，グルコースとフルクトースの等量混合物の転化糖が得られ，転化糖は還元性を示す。

12・104.（式 1）の熱化学方程式の反応熱を $Q〔kJ〕$ とする。黒鉛の燃焼熱（②）は二酸化炭素 CO_2（気）の生成熱と等しいので，②の反応熱とグルコース（固）の生成熱（④），水 H_2O（液）の生成熱（⑤）を利用すると，反応熱 ＝（生成物の生成熱の総和）−（反応物の生成熱の総和）より

$$Q = (6 \times 394 + 6 \times 286) - 1273 = 2807〔kJ〕$$

105. 1840 年，ヘスは様々な反応の反応熱を測定することで，反応熱は反応の最初の状態と最後の状態だけで決まり，反応の経路や実験方法には無関係であることを見出した。これをヘス（総熱量保存または，総熱量不変）の法則という。ヘスの法則によって，実際に測定が難しい反応の反応熱を，他の反応の反応熱を利用することで計算して求めることができるようになった。

13. アセトアルデヒドを還元すると，エタノールが生じる。

共有結合している原子の酸化数は，共有電子対の電子が電気陰性度の大きな原子に完全に移動したと仮定して考える。また，同じ元素の原子間では，共有電子対の偏りはないので，各原子に共有電子対の電子を 1 個ずつ割り当てる。アセトアルデヒド CH_3CHO 分子中の原子の電気陰性度は O＞C＞H であるため，C 原子と O 原子の間の共有電子対は O 原子に，C 原子と H 原子の間の共有電子対は C 原子にそれぞれ割り当てる。また，C 原子間の共有電子対の電子は各 C 原子に 1 個ずつ割り当てる。CH_3CHO 分子の電子の割り当てを，電子式を用いて表すと次のようになる。

O原子と共有結合しているC原子に割り当てられた電子の数は点線で囲われた3個であり，原子の状態のC原子の価電子の数は4個なので，このC原子は電子を1個失ったと考えられる。よって，酸化数は+1である。

エタノール CH_3CH_2OH 分子中の原子の電気陰性度は O>C>H であるため，C原子とO原子の間の共有電子対はO原子に，C原子とH原子の間の共有電子対はC原子にそれぞれ割り当てる。また，C原子間の共有電子対の電子は各C原子に1個ずつ割り当てる。CH_3CH_2OH 分子の電子の割り当てを，電子式を用いて表すと次のようになる。

$$\begin{array}{c} \text{H} \quad \text{H} \\ \text{H} : \text{C} : \text{C} : \text{H} \\ \text{H} : \text{O} : \text{H} \end{array}$$

O原子と共有結合しているC原子に割り当てられた電子の数は点線で囲われた5個であり，原子の状態のC原子の価電子の数は4個なので，このC原子は電子を1個受け取ったと考えられる。よって，酸化数は-1である。

14. アセトアルデヒドを酸化すると酢酸が生じる。酢酸 CH_3COOH 分子中の原子の電気陰性度は O>C>H であるため，C原子とO原子の間の共有電子対はO原子に，C原子とH原子の間の共有電子対はC原子にそれぞれ割り当てる。また，C原子間の共有電子対の電子は各C原子に1個ずつ割り当てる。CH_3COOH 分子の電子の割り当てを，電子式を用いて表すと次のようになる。

$$\begin{array}{c} \text{H} \\ \text{H} : \text{C} : \text{C} : \text{O} : \text{H} \\ \text{H} : \text{O} : \end{array}$$

O原子と共有結合しているC原子に割り当てられた電子の数は点線で囲われた1個であり，原子の状態のC原子の価電子の数は4個なので，このC原子は電子を3個失ったと考えられる。よって，酸化数は+3である。

15. 酢酸 1.0mol とエタノール 1.0mol を混合して，酢酸エチルが 0.70 mol 生じるので，各物質の量的変化は，次のようになる。

$$CH_3COOH + C_2H_5OH \rightleftharpoons CH_3COOC_2H_5 + H_2O$$

	CH_3COOH	C_2H_5OH	$CH_3COOC_2H_5$	H_2O
はじめ	1.0	1.0	0	0
変化量	−0.70	−0.70	+0.70	+0.70
平衡時	0.30	0.30	0.70	0.70

（単位：mol)

混合液の体積を V〔L〕とすると，平衡定数 K は化学平衡の法則より

$$K = \frac{[\mathrm{CH_3COOC_2H_5}][\mathrm{H_2O}]}{[\mathrm{CH_3COOH}][\mathrm{C_2H_5OH}]} = \frac{\dfrac{0.70}{V} \times \dfrac{0.70}{V}}{\dfrac{0.30}{V} \times \dfrac{0.30}{V}} = \frac{49}{9} = 5.444 \fallingdotseq 5.44$$

16. 酢酸を x〔mol〕とエタノール 1.4 mol を混合して，酢酸エチルが 0.40 mol 生じるので，各物質の量的変化は，次のようになる。

$$\mathrm{CH_3COOH} + \mathrm{C_2H_5OH} \rightleftharpoons \mathrm{CH_3COOC_2H_5} + \mathrm{H_2O}$$

はじめ	x	1.4	0	0
変化量	-0.40	-0.40	$+0.40$	$+0.40$
平衡時	$x - 0.40$	1.0	0.40	0.40（単位：mol）

混合液の体積を V'〔L〕とすると，化学平衡の法則より

$$K = \frac{\dfrac{0.40}{V'} \times \dfrac{0.40}{V'}}{\dfrac{x - 0.40}{V'} \times \dfrac{1.0}{V'}} = \frac{49}{9}$$

$$\therefore \quad x = 0.429 \fallingdotseq 0.43 \text{〔mol〕}$$

Ⅲ **解答** 106. $\mathrm{CaCl(ClO) \cdot H_2O}$　107. 4.48×10　17—E
18—E　19—B　20—C　21—A　22—H

◀解　説▶

≪さらし粉，塩素の発生と性質，ハロゲンの単体とハロゲンの化合物の性質，酸化数≫

106・107. $\mathrm{Ca(OH)_2}$ に $\mathrm{Cl_2}$ を吸収させると，さらし粉が得られる。さらし粉の主成分は $\mathrm{CaCl(ClO) \cdot H_2O}$ である。

$$\mathrm{Ca(OH)_2} + \mathrm{Cl_2} \longrightarrow \mathrm{CaCl(ClO) \cdot H_2O}$$

反応式の係数比から生成する $\mathrm{CaCl(ClO) \cdot H_2O}$ の物質量と反応に必要な $\mathrm{Cl_2}$ の物質量は等しいので，反応に必要な $\mathrm{Cl_2}$ の標準状態の体積は，$\mathrm{CaCl(ClO) \cdot H_2O} = 145$ より

$$\frac{290}{145} \times 22.4 = 4.48 \times 10 \text{〔L〕}$$

17. $\mathrm{MnO_2}$ に濃塩酸を加えて加熱すると，$\mathrm{Cl_2}$ が発生する。

$$\mathrm{MnO_2} + 4\mathrm{HCl} \longrightarrow \mathrm{MnCl_2} + 2\mathrm{H_2O} + \mathrm{Cl_2}$$

発生した $\mathrm{Cl_2}$ には，HCl と水蒸気が混じっているので，まず水を入れた洗

気びん I に通して HCl を取り除き，次に濃硫酸を入れた洗気びん II に通して水蒸気を取り除くと，乾燥した Cl_2 が得られる。

18. Cl_2 は水に可溶で空気よりも重いので，下方置換で捕集する。なお，Cl_2 は刺激臭のある黄緑色の気体である。

19. (a)正しい。酸化力が $Cl_2 > Br_2$ なので，Cl_2 は Br_2 よりも強く H_2O と反応する。

(b)誤り。Cl_2 のみでは，光によって分解しない。一方，ハロゲン化銀はいずれも感光性があり，光が当たると分解して Ag の微粒子が析出する。

$$2AgCl \xrightarrow{\text{光}} 2Ag + Cl_2$$

(c)正しい。加熱した銅線に Cl_2 を作用させると，$CuCl_2$ を生じる。

$$Cu + Cl_2 \longrightarrow CuCl_2$$

$CuCl_2$ を水に溶かすと，電離した Cu^{2+} によって水溶液は青色を示す。

(d)誤り。H_2 と Cl_2 の混合気体に光を当てると，爆発的に反応して HCl を生じる。

$$H_2 + Cl_2 \xrightarrow{\text{光}} 2HCl$$

なお，F_2 は冷暗所で H_2 と混合すると爆発的に反応して HF を生じる。

$$H_2 + F_2 \longrightarrow 2HF$$

(e)誤り。Cl_2 分子は，二原子分子の単体であり，結合の極性がないため無極性分子である。

20. ハロゲンの単体はいずれも酸化力があり，その強さは $F_2 > Cl_2 > Br_2 > I_2$ の順で原子番号が小さいものほど強い。ハロゲン化水素の水溶液の酸の強さは，HI > HBr > HCl > HF であり，HF のみ弱酸であり，他のハロゲン化水素は強酸である。また，HF は分子間で水素結合をつくるため最も沸点が高く，他のハロゲン化水素は分子量が大きくなるにつれて分子間力が大きくなるため，沸点が高くなる。よって，ハロゲン化水素の沸点の高さは HF > HI > HBr > HCl の順で高い。

21. ハロゲン化水素①は，HF である。HF はガラスの主成分である SiO_2 を溶かすため，ガラス器具の目盛りの刻印や半導体の製造などに利用されている。また，ハロゲン化銀②は，水に溶けやすい AgF である。AgF 以外のハロゲン化銀は水に溶けにくい。

22. 化合物中の原子の酸化数は，化合物に含まれる H 原子の酸化数を +1，

O 原子の酸化数を −2，化合物の酸化数の総和が 0 であると計算する。次亜塩素酸 HClO の Cl 原子の酸化数を x とすると

$$(+1) + x + (-2) = 0 \quad \therefore \quad x = +1$$

また，塩素酸 $HClO_3$ の Cl 原子の酸化数を y とすると

$$(+1) + y + (-2) \times 3 = 0 \quad \therefore \quad y = +5$$

よって，Cl 原子の酸化数の合計は

$$(+1) + (+5) = +6$$

Ⅳ 解答

23—B　108. 8.82×10^2　24—D　25—G　26—I
27—H　28—A　29—F

301.
$$\underset{OH}{CH_2}-\overset{CH_3}{\underset{*}{CH}}-CH_2-CH_3$$

◀解　説▶

≪油脂の性質と構造，セッケンと合成洗剤の性質，エステル，エタノールの性質，構造異性体≫

23. 脂肪を構成する脂肪酸は，おもに飽和脂肪酸である。一方，脂肪油を構成する脂肪酸は，おもに不飽和脂肪酸である。飽和脂肪酸は直鎖状の分子であり，飽和脂肪酸を多く含む油脂は密になりやすく，分子間力が強くはたらくため融点が高い。一方，不飽和脂肪酸は C=C 結合の部分で折れ曲がった構造をもつ分子であり，不飽和脂肪酸を多く含む油脂は密になりにくく，分子間力が弱くなるため融点が低い。一般に，油脂の融点は構成する脂肪酸の C 原子の数が多いほど分子間力が強くはたらくため高くなり，C=C 結合が多いほど密になりにくいため低くなる。

108. 油脂 1 mol をけん化すると，グリセリン 1 mol が生じる。油脂①の分子量を M とすると，グリセリン $C_3H_8O_3 = 92$ より

$$\frac{4.41}{M} = \frac{0.46}{92}$$

$$\therefore \quad M = 8.82 \times 10^2$$

24. 油脂に含まれる C=C 結合の総物質量は，付加する H_2 の物質量と等しいので，油脂① 1 分子に含まれる C=C 結合の数を x〔個〕とすると

$$\frac{4.41}{8.82\times10^2}\times x=\frac{0.448}{22.4}$$

∴　$x=4$ 個

25・26. 油脂①を構成する脂肪酸の数の比が，飽和脂肪酸②：不飽和脂肪酸③＝1：2であり，油脂①1分子に含まれるC＝C結合の数が4個なので，不飽和脂肪酸③1分子にはC＝C結合が2個ある。また，油脂①にH₂を付加させて得られた油脂は，1種類の飽和脂肪酸で構成されるので，飽和脂肪酸②と不飽和脂肪酸③のC原子の数は等しいことがわかる。以上より，飽和脂肪酸②と不飽和脂肪酸③の炭化水素基のC原子の数を n とすると，それぞれの脂肪酸の示性式は，②：$C_nH_{2n+1}COOH$，③：$C_nH_{2n-3}COOH$ と表すことができる。油脂①の分子量より，グリセリン $C_3H_8O_3=92$，　$C_nH_{2n+1}COOH=14n+46$，　$C_nH_{2n-3}COOH=14n+42$，$H_2O=18$ より，油脂①の分子量から n を求めると

$$92+(14n+46)\times1+(14n+42)\times2-18\times3=882$$

∴　$n=17$

以上の結果より，②：$C_{17}H_{35}COOH$，③：$C_{17}H_{31}COOH$となる。

27. (a)誤り。セッケンを一定濃度以上で水に溶かすと，疎水性部分を内側に，親水性の部分を外側に向けて集まり，コロイド粒子をつくる。

(b)誤り。合成洗剤の硫酸ドデシルナトリウムは，Ca^{2+} や Mg^{2+} と水に溶けにくい塩をつくらないため，硬水や海水中で使用しても洗浄力を保つ。

(c)正しい。硫酸ドデシルナトリウムは，強酸の硫酸ドデシルと強塩基のNaOHからなる正塩なので水溶液中で中性を示す。

(d)正しい。セッケンは，Ca^{2+} と水に溶けにくい塩をつくる。

(e)誤り。セッケンは弱酸のイオンなので，水溶液中で加水分解して水酸化物イオンを生じるため，弱塩基性を示す。

$$R-COO^-+H_2O\rightleftharpoons R-COOH+OH^-$$

28. エステル化は，カルボン酸の OH とアルコールの H から H_2O が生じる脱水縮合反応である。酢酸 CH_3COOH とエタノール C_2H_5OH の混合物に触媒として濃硫酸を加えて加熱すると，分子式 $C_4H_8O_2$ で表されるエステルの酢酸エチルが生じる。

$$CH_3-\underset{\underset{O}{\|}}{C}-OH + CH_3-CH_2-\underset{OH}{|} \xrightarrow{濃硫酸} CH_3-\underset{\underset{O}{\|}}{C}-O-CH_2-CH_3 + H_2O$$

酢酸エチル

29. 酪酸エチル $C_3H_7COOC_2H_5$ を加水分解すると，酪酸（ブタン）とエタノールが生じる。

$$CH_3-CH_2-CH_2-\underset{\underset{O}{\|}}{C}-O-CH_2-CH_3 + H_2O$$

$$\xrightarrow{加水分解} CH_3-CH_2-CH_2-\underset{\underset{O}{\|}}{C}-OH + CH_3-CH_2-\underset{OH}{|}$$

(a)正しい。エタノールは，ヨードホルム反応を示す。

(b)誤り。エタノールを 160〜170℃ に加熱した濃硫酸に加えると，分子内で脱水してエチレンが生じる。

$$CH_3-CH_2-\underset{OH}{|} \xrightarrow[濃硫酸]{160\sim170℃} CH_2=CH_2 + H_2O$$

(c)正しい。リン酸を触媒に用いて，エチレンに H_2O を付加させるとエタノールが得られる。

$$CH_2=CH_2 + H_2O \xrightarrow{リン酸} CH_3-CH_2-\underset{OH}{|}$$

(d)誤り。エタノールは第一級アルコールなので，酸化するとアセトアルデヒドが生じ，さらに酸化すると酢酸が生じる。

$$CH_3-CH_2-\underset{OH}{|} \xrightarrow{酸化} CH_3-\underset{\underset{O}{\|}}{C}-H \xrightarrow{酸化} CH_3-\underset{\underset{O}{\|}}{C}-OH$$

(e)正しい。エタノールは任意の割合で水と混じり合う。

301. 酢酸ペンチル $CH_3COOC_5H_{11}$ の示性式より，1-ペンタノールの示性式は $C_5H_{11}OH$ なので，分子式は $C_5H_{12}O$ である。分子式 $C_5H_{12}O$ で表される化合物のうち，不斉炭素原子をもち，酸化するとアルデヒドが生じる第一級アルコールであるものは，次の 2-メチル-1-ブタノールである。

$$\overset{\displaystyle CH_3}{\underset{\underset{OH}{|}}{CH_2-\overset{*}{C}H-CH_2-CH_3}}$$

❖講　評

　2023 年度は，総合 1 題，理論・有機 2 題，無機・理論 1 題の大問 4 題の出題であった。

　Ⅰは，デンプンとセルロースを題材とした問題，沸点上昇と凝固点降下に関する問題，濃硫酸の性質に関する問題であった。再生繊維を含む糖類の問題と濃硫酸の性質に関する問題は，基本的な知識が中心であったので確実に得点したい。沸点上昇と凝固点降下に関する問題は，溶質粒子の物質量を求める計算が煩雑で，電解質が電離して生じる粒子数に注意して素早く処理できたかがポイントである。

　Ⅱは，グルコースを題材とした問題であった。反応熱の計算は，黒鉛の燃焼熱と二酸化炭素の生成熱が等しいことに注意したい。共有結合している原子の酸化数を決める問題は，具体的な誘導がなく酸化数の決め方が知識前提で出題されたため，戸惑った受験生が多かったであろう。$CH_3COOH + C_2H_5OH \rightleftharpoons CH_3COOC_2H_5 + H_2O$ のエステル化の化学平衡の問題は，水溶液中の化学平衡ではないので，平衡定数 K を考える際に生成する H_2O のモル濃度 $[H_2O]$ が含まれることに注意する。類題の演習経験の有無によって差が出るだろう。

　Ⅲは，塩素に関する問題であった。知識を問う内容が中心であったので確実に得点したい。無機化合物の分野は，情報量が多いので反応を軸に知識を整理しておくことが重要である。

　Ⅳは，油脂に関する問題，エステルに関する問題であった。知識を問う内容が多かった。受験生が敬遠しがちな油脂の問題は出題頻度が高いので，油脂の知識を正確に整理して，構造決定の演習をしっかりと積んでおくことが重要である。エステルの問題は，酪酸エチルと酢酸ペンチルの示性式が与えられていたので，取り組みやすかったであろう。

　例年に比べて分量がやや減少した。知識を問う問題が増加し，取り組みすい問題が増加した。発展内容の問題や煩雑な計算が必要な設問もあるが，まずは知識問題を中心に基礎～標準問題のできる問題から解いていくことで確実に得点することがポイントである。

生物

Ⅰ **解答** 問1．D 問2．L 問3．G 問4．F 問5．K
問6．E 問7．D 問8．F 問9．D 問10．D
問11．J 問12．C 問13．B

◀解　説▶

≪真核生物の遺伝子発現，生命現象とアミノ酸・ポリペプチド，抗原と抗体≫

問1．①誤文。mRNA の情報はリボソームの小サブユニットで読み取られる。特定のアミノ酸と結合した tRNA が，そのアンチコドンに対応するコドンをもつ mRNA に結合し，大サブユニットの rRNA が触媒となってアミノ酸を順につなげていく。

⑤誤文。アミノ酸のカルボキシ基（−COOH）とアミノ基（−NH₂）の脱水縮合により生じるペプチド結合は，−CO−NH− である。

問2．③誤文。ヒトのからだには約 10 万種類のタンパク質があり，ヒトの遺伝子は約 22000 個といわれている。ヒトの場合，9 割以上の遺伝子では，転写後の選択的スプライシングによって様々な種類のタンパク質を産生している。

⑥誤文。ビードルとテータムにより提唱された一遺伝子一酵素説は，1つの遺伝子が1つの酵素合成を支配しており，それにより形質発現するというものである。選択的スプライシングにより1つの遺伝子から多数のタンパク質がつくられる現象には一遺伝子一酵素説があてはまらない。

問3．②誤文。ジスルフィド結合（S−S 結合）は，システインの側鎖どうしで行われる。

④誤文。シャペロンはポリペプチド鎖の凝集を防ぎ，異常な折りたたみをほどいて正しい高次構造に直す。再び正しく折りたためなくなったポリペプチド鎖は，細胞質へ運ばれてプロテアソームで分解される。

問4．①〜④正文。

⑤誤文。図1より，DNA の p 領域はエキソン E4 の一部，q 領域は E6 の一部である。これらの DNA 配列情報により合成されたポリペプチドを抗

原とした場合，それらのポリペプチドに同じアミノ酸配列があり，それを
エピトープ（抗原決定基）として抗体を合成したときにのみ抗体Pが反応
するタンパク質に抗体Qも反応する。

⑥正文。エキソン E4 がコードするアミノ酸配列は，抗体Pのエピトープ
となる部分を含む。リード文より，合成されたタンパク質は折りたたまれ
ておらずエピトープが隠れていないので，抗体Pとそのアミノ酸配列は抗
原抗体反応を示す。E3 の部分を含むタンパク質は，同じエピトープをも
つときだけ，抗原抗体反応を示す。

問5．DNA の塩基配列のうちタンパク質をコードする領域を遺伝子とい
う。(b)は上流の E1 や E2 の DNA 領域に開始コドンがあり，下流の端に
ある E7 に終止暗号があるので，遺伝子である。(a)は，遺伝子(b)よりも上
流側にある隣接した DNA 領域であるから，プロモーターである。

問6．(c)は転写により合成された分子であるから，mRNA 前駆体である。
(c)の mRNA 前駆体から(d)の過程により mRNA が生じるので，(d)はスプ
ライシングである。

問7．mRNA 前駆体からスプライシングにより E1-E3-E4-E6-E7 という
構造の mRNA になるのは，（条件1）～（条件4）に記されたそれぞれの
エキソンが残る確率から，$0.9 \times 1 \times 0.5 \times 0.1 \times 1 = 0.045$ より 4.5 ％であ
る。

問8．（条件1）～（条件4）より，mRNA 前駆体からスプライシングによ
り生じるエキソン領域 E1～E7 の組み合わせは，E1 と E2 はどちらか一方
が残るので2通り，E3 は必ず残るので1通り，E4 は残る場合と残らない
場合があるので2通り，E5 と E6 は両方残る場合と片方残る場合がある
ので3通り，E7 は必ず残るので1通りであるから $2 \times 1 \times 2 \times 3 \times 1 = 12$ 通
りである。したがって，12 通りの mRNA が生じる。

問9．選択的スプライシングにより，mRNA 前駆体の E3 と E7 は必ず残
る。最も長い mRNA が生じるのは，E1（350 塩基）と E2（290 塩基）の
うち E1 が残り，E4 が残り，E5 と E6 の両方とも残る場合である。

問10．選択的スプライシングにより，mRNA 前駆体の E3（120 塩基）と
E7（190 塩基）は必ず残る。最も短い mRNA が生じるのは，E1（350 塩
基）と E2（290 塩基）のうち E2 が残り，E4 が除かれ，E5（360 塩基）
と E6（240 塩基）のうち E6 だけが残る場合である。したがって，その

mRNA の塩基数は $120 + 190 + 290 + 240 = 840$ 個であり，コドンは $\dfrac{840}{3}$ $= 280$ 個であるから，翻訳されるタンパク質のアミノ酸の数は終止コドンの分を引いて $280 - 1 = 279$ 個である。

問 11. 翻訳されたタンパク質は，抗体 Q と抗原抗体反応を示したので E6 のコードするアミノ酸配列をもち，抗体 P と抗原抗体反応を示さなかったので E4 のコードするアミノ酸配列をもたないと考えられる。したがって，このタンパク質のもととなる mRNA の構造は

　　(E1 または E2)－E3－(E5 を含むまたは含まない)－E6－E7

その塩基数は

　　(350 または 290)＋120＋(360 または 0)＋240＋190

一方，タンパク質のアミノ酸の数は 399 個であるから，mRNA の塩基数は終止コドンも含めて

　　$399 \times 3 + 3 = 1200$ 個

　　$290 + 120 + 360 + 240 + 190 = 1200$

より，E2-E3-E5-E6-E7 となる。

問 12. A・B・D・E. 誤文。

C. 正文。DNA 上の ▼ がある部分はイントロン領域である。イントロン領域は塩基の欠失や置換が生じても RNA スプライシングの過程で除かれて mRNA に含まれないので，合成されるタンパク質に変化はみられない。

F. 誤文。DNA のイントロン領域に変異が生じて終止コドンに対応する TAA が出現しても，転写がその部分で終わることはなく，それ以降の塩基配列も転写されて mRNA 前駆体となる。この変異部分はイントロン領域にあるため，スプライシングにより除かれ，変異前と同じ mRNA が合成される。

問 13. 核内において，転写されて生じた mRNA 前駆体の 5′ 側の末端には 7-メチルグアノシンが付加されてキャップ構造が形成され，3′ 側の末端には数十〜1000 個の連続したアデニンが付加されてポリ A 尾部（ポリ A 鎖）が形成される。RNA スプライシングが起こると，キャップとポリ A 鎖をもつ成熟した mRNA が生じる。

Ⅱ　**解答**　問 1．㋐—C　㋒—D　㋔—J　㋕—I　㋘—A
　　　　　　問 2．A　問 3．D　問 4．H　問 5．G　問 6．A
問 7．⑴—D　⑵—E

◀**解　説**▶

≪骨格筋と眼の発生・構造・反応，両生類の形成体≫

問 1．㋕骨格筋は多数の筋細胞（筋繊維）からなる。筋細胞の細胞質にある筋原繊維では，サルコメア（筋節）を単位としてアクチンフィラメントとミオシンフィラメントが規則正しく交互に並んでいる。筋原繊維を顕微鏡で観察すると明帯と暗帯の縞模様が観察できる。

問 2．②誤文。両生類の胞胚の赤道面付近では，予定内胚葉域の細胞からノーダルタンパク質が合成され，分泌される。ノーダルタンパク質は予定外胚葉域にはたらきかけて，中胚葉を誘導する（中胚葉誘導）。
③誤文。胞胚期では，BMP が胚全体に発現している。外胚葉の細胞膜上の受容体に BMP が結合すると，その細胞は表皮組織に分化する。一方，BMP が形成体から分泌されるノギンやコーディンなどと結合して受容体との結合を阻害されると，その細胞は神経組織に分化する。
④誤文。切り出した形成体を他の原腸胚の腹側の予定表皮領域に移植すると，形成体が宿主胚の予定表皮領域にはたらきかけて神経管を誘導し，二次胚が形成される。二次胚に含まれる神経の細胞はほとんどが宿主由来である。

問 3．眼の発生において，まず神経誘導により形成された神経管の前脳の左右から膨らみが生じ，眼胞となる。眼胞は接している表皮にはたらきかけ，水晶体を誘導する。水晶体は接している表皮にはたらきかけ，角膜を誘導する。眼胞は内部に落ちくぼんで眼杯となり，その内側が網膜に分化する。

問 4．②と⑤はいずれも筋収縮の過程で起こらない。②運動ニューロンの神経終末で分泌される神経伝達物質はアセチルコリンである。⑤筋収縮の過程において，筋細胞の筋小胞体から細胞質に分泌された Ca^{2+} は，その濃度が高まると，筋原繊維のトロポニンに結合する。

問 5．①・⑥誤文。反射は，大脳を経由せずに無意識で起こる反応である。したがって，①の目で見て確認したり，⑥の大脳皮質において判断したりする行動は反射ではない。

②正文。一般に軸索の直径が大きいほど，興奮の伝導速度が速い。

③誤文。ヒトの随意運動も反射などの不随意運動も，すべて中枢を介して起こる。明るい所で瞳孔の収縮が起こる瞳孔反射の中枢は中脳であり，膝の下を叩くと膝の関節が伸びる膝蓋腱反射の中枢は脊髄である。

④正文。神経による情報伝達について，ニューロンを伝わる伝導は電気的であり，速い。ニューロン間で伝える伝達は，シナプスにおいて神経伝達物質が分泌されて拡散し受容体に結合するというように，物質の拡散による伝わり方であるため遅い。したがって，介在ニューロンの数が多いほどシナプスも多くなり，反射が起こるまでに必要な時間は長くなる。

⑤誤文。瞳孔反射と膝蓋腱反射はいずれも刺激を受容する部位と応答する部位が近接しているが，問題文にあるように反射に必要とされる時間は異なっている。

問 6 ．B．誤文。膝蓋腱反射は介在ニューロンを介さず，感覚神経と運動神経が脊髄でシナプスを形成しているので，他の反射と比較して刺激の受容から応答までの時間が短い。

C．誤文。膝蓋腱反射の受容器は，大腿四頭筋にある筋紡錘である。膝の下を叩くと，その部分が押し込まれて大腿四頭筋が伸び，大腿四頭筋に平行に配置している筋紡錘が一緒に伸びて，その情報が感覚神経を介して中枢へ伝わる。

D．誤文。大腿四頭筋は，膝蓋腱反射では意思とは無関係に収縮するものの，自分の意思で膝関節を伸ばすときに動かすことができる随意筋である。

E．誤文。①と②はどちらも，受容器で受け取った刺激を感覚神経を介して中枢に，さらに，運動神経を介して効果器に伝えるので，体性神経が関与する。

問 7 ．(1)虹彩の瞳孔側には輪状に瞳孔括約筋が，その外側には放射状に瞳孔散大筋が存在する。暗い所では，脊髄から走る交感神経により瞳孔散大筋が収縮し，瞳孔が拡大して網膜に到達する光の量が増加する。暗い所では，視細胞にある視物質の合成速度が分解速度を上回り蓄積していくので，感度が上昇していく。グラフの第一段階の変化は錐体細胞，第二段階の変化は桿体細胞の感度上昇を示している。

(2)Sさんは暗い場所で合計 20 分間過ごしたことになるので，図 1 の暗順応曲線により，ようやく感じられる明るさの閾値は $\alpha \times 10$ 程度

（1<α<9）である。一方，Tさんは暗い場所で 10 分間過ごすことになるため，閾値は $\beta \times 10^3$ 程度（1<β<9）である。したがって，Tさんの閾値はSさんよりおよそ 100 倍高く，弱い光を認識しにくい。SさんはTさんの 100 分の 1 程度の明るさの星まで観察できる。

Ⅲ　解答　問1．E　問2．N　問3．B　問4．F　問5．C
問6．M　問7．M　問8．I
問9．(サ)―M　(シ)―F　(ス)―H　(セ)―I　問10．L

◀解　説▶

≪植生の遷移，光合成色素，物質生産，生物多様性の維持≫

問1．森林では下に行くほど届く太陽光の量が少なくなるため，高さの異なる樹木や草本などの葉が階層構造を形成している。各層では環境が異なるため，生息する植物種の組み合わせも異なっている。

問2．①・②・③・⑤正文。

④誤文。遷移の初期は，日当たりが強い場所で成長速度の大きい陽生植物が増殖する。耐陰性が強いのは陰生植物である。

⑥誤文。植生の遷移において，裸地に最初に侵入する生物を先駆植物という。土壌が形成されておらず，直射日光が当たるため，乾燥に強く窒素固定を行う地衣類（地衣類は植物ではない）・コケ植物や，種子が軽く風で遠くから運ばれやすいススキやイタドリなどが先駆種となる。

問3．①・③正文。

②誤文。森林の伐採跡地や山火事，放棄された農耕地からはじまる二次遷移では土壌がすでに形成されており，また，土壌中に植物の種子・地下茎・根が残っているので，一次遷移より進行が速い。

④・⑤誤文。これらは一次遷移の開始時によくみられる特徴である。

問4．ススキ・イタドリ・チガヤは多年生草本であり，草原を形成する。ヤマツツジ・コナラは陽樹，スダジイは陰樹である。

問5．ヤシャブシなどのハンノキ類の根には放線菌が共生しており，大気中の窒素を固定してアンモニウムイオンに変え，植物体に窒素源を供給するので，土壌が発達していない遷移の初期でも繁殖することができる。なお，Eのアゾトバクターは好気性細菌，クロストリジウムは嫌気性細菌で，これらも窒素固定を行う。

問6．ミミズやトビムシは，落葉・落枝を餌として摂取し，無機物や細かい有機物として排泄する。バッタは，ふつう生きた植物の葉を餌としている。キノコなどの分解者は，植物や動物の遺体に含まれる有機物を無機物にまで分解する。

問7．①・④正文。土壌は，岩石が風化して細かく粒状になったものに，植物の枯死したものや動物の排泄物や遺体が分解されて生じた有機物が混ざって形成される。発達した土壌の腐植土層では，その粒子や有機物などが団子状になって隙間の多い構造（団粒構造）を形成して，土壌の保水性を保ち，通気性・水はけをよくしている。

②誤文。③正文。植生の遷移において，岩石のみ，あるいは岩石が風化した裸地では，乾燥に強く窒素固定を行うことのできる地衣類やコケ植物がみられる。草原は，土壌がある程度形成されてからみられるようになる。

問8．光合成に用いる光エネルギーを吸収する色素は，葉緑体のチラコイドの膜に含まれる。主色素は③クロロフィルaであり，③クロロフィルb・②カロテン・④キサントフィルは補助色素として吸収したエネルギーをクロロフィルaに渡す。①アントシアニン（アントシアン）は，花弁などの液胞に貯蔵されて紫色を呈する。⑤フィトクロムは，赤色光と遠赤色光に吸収極大があり，長日植物・短日植物の花芽形成や光発芽種子の発芽に関与する。

問9．㈯生産者が固定したエネルギー，つまり，総生産量 467.9 J/(cm^2·年) のうち，生産者の成長に使われたエネルギー 295.6 J/(cm^2·年) の割合は

$$\frac{295.6}{467.9} \times 100 = 63.17\cdots \fallingdotseq 63.2 \,〔\%〕$$

㈬生産者のエネルギー効率は，入射光の太陽エネルギーが 499262.4 J/(cm^2·年)，生産者の総生産量が 467.9J/(cm^2·年) であるから

$$\frac{467.9}{499262.4} \times 100 = 0.0937\cdots \fallingdotseq 0.09 \,〔\%〕$$

㈱一次消費者のエネルギー効率は，生産者の総生産量が 467.9 J/(cm^2·年)，一次消費者の総生産量が 62.2J/(cm^2·年) であるから

$$\frac{62.2}{467.9} \times 100 = 13.29\cdots \fallingdotseq 13.3 \,〔\%〕$$

㈦二次消費者のエネルギー効率は，一次消費者の総生産量が 62.2 J/(cm²·年)，二次消費者の総生産量が 13.0J/(cm²·年) であるから

$$\frac{13.0}{62.2} \times 100 = 20.90\cdots \fallingdotseq 20.9〔\%〕$$

問 10. ③誤文。日本の里山は，人間の管理により植生の遷移が途中の段階で保たれており，様々な生態系の多様性がみられる。里山にある雑木林での樹木の間引きや下草の刈り取りなどの人為かく乱を適度に行うと，生物多様性を増加させることになる。

⑥誤文。個体数が多い集団において，偶発的に性比が偏ると繁殖率が低下することが考えられるが，個体数が多いため遺伝子頻度の偏りが生じることはほとんどなく，生物多様性に影響はないと考えられる。

Ⅳ　解答　問 1. (1)—C　(2)—G　(3)—B　問 2. F　問 3. A
問 4. (1)—J　(2)—F　(3)—C　問 5. (1)—C　(2)—K
問 6. (1)—F　(2)—F

◀解　説▶

≪派生形質による分類と系統樹，分子系統樹，集団遺伝と種分化≫

問 1. (1) 派生形質による分類においては，祖先から受け継いだ原始形質と種分化に伴い生じた派生形質を考え，同じ派生形質をもつ生物種は近縁であるとする。表 1 より，顎の無い脊椎動物 *c* が原始形質をもち，他の脊椎動物 *a*・*b*・*d*・*e*・*f*・*g*・*h* は派生形質の顎を共通にもつと考えられるので，*c* は他の 7 種と遠縁であることがわかる。同様に考えて，派生形質である乳腺や体毛のある脊椎動物 *a* と *g* は近縁である。また，砂のうのある脊椎動物 *b* と *h* は近縁であり，さらに，ケラチン主体のうろこがある *b* と *h* と *f* は近縁である。そして，肺のある *a*・*b*・*d*・*f*・*g*・*h* は近縁なので，選択肢 C が形態の情報にもとづいた系統樹である。

(2)①誤文。サンゴは刺胞動物門に属し，外胚葉と内胚葉がみられる。

②正文。冠輪動物の輪形動物門と脱皮動物の線形動物門の生物は，偽体腔をもつ。

③誤文。クモやダニは昆虫類ではなく，クモ類に属する。

④誤文。カイチュウは線形動物門に属する。

問 2. ①誤文。④正文。3 つの塩基の並び方は $4^3 = 64$ 通りであるが，翻

訳するときに用いるアミノ酸は 20 種類であり，3 種類の終止暗号を考慮
しても 3 つの塩基配列による遺伝情報は重複しているものがある。コドン
の 3 番目の塩基に置換が生じても同じアミノ酸を指定する場合が多く，合
成されたタンパク質に変化が見られないことがある。このような変異は，
形質や生存には影響がないため次世代に伝わりやすく，置換速度が速い。
②正文。③誤文。遺伝子突然変異により，DNA の塩基配列が変化してア
ミノ酸配列が変化したとき，合成されたタンパク質が生物の生存に重大な
影響を及ぼす場合や，その変異部分が生命活動に重要なはたらきをもつ場
合，淘汰されて子孫に引き継がれにくい。したがってこのような変異は保
存されにくい。

⑤誤文。DNA のうち遺伝子を含まない領域は，変異しても形質発現にほ
とんど影響を及ぼさない。また，遺伝子のうちイントロン領域は，変異し
ても RNA スプライシングにより除かれるため，合成されたタンパク質に
あまり影響を及ぼさない。このような変異は子孫に伝わっていくため，変
化速度が速い。

問 3．③誤文。新口動物と旧口動物の分類は，発生の過程で原口から肛門
ができるかどうかで決まるので，形態にもとづく系統樹で分類されるが，
分子系統樹では分類することができない。ウニなどの棘皮動物は，発生の
過程で原口から肛門が形成され，その反対側に口が形成される新口動物で
ある。

④誤文。扁形動物は体腔がなく，環形動物や軟体動物は真体腔をもつが，
分子系統解析の結果，これらは近縁であることが明らかになった。

⑤誤文。動物界に属する生物は，多細胞生物である。

問 4．(1)①・②誤文。実験Ⅰでは，異なる環境の飼育箱（a，b，c）
において，対立遺伝子 R1 と R2 の遺伝子頻度が 1：1 である 1000 匹の集
団を 100 世代にわたり飼育したとき，R1 の遺伝子頻度は大きくなったり
小さくなったりしながら 50％程度で比較的安定している。したがって，
自然選択や遺伝的浮動は起こっていないと考えられる。

③誤文。④・⑤正文。遺伝的浮動とは，偶然に起こる遺伝子頻度の変化の
ことであり，個体数が極めて少ないときに起こりやすい。実験Ⅰにおいて，
100 世代にわたり遺伝子頻度が比較的安定しており，遺伝的浮動は起こっ
ていないと考えられ，実験Ⅱについても個体数や環境を同様にして飼育し

たので，偶然に個体数が極めて少なくなって，遺伝的浮動が起こったとは考えにくい。実験Ⅱの結果，100 世代後の S1 の遺伝子頻度が飼育箱 a では約 5 ％に減少し，飼育箱 b では約 95 ％に増加し，飼育箱 c では 50 ％程度で比較的安定しているので，飼育箱 a と b では遺伝子座 S にある遺伝子に突然変異が起きて形質が変化した個体が生じ，S1 を発現する個体の生存や繁殖には飼育箱 a の環境が不利に，飼育箱 b の環境が有利にはたらいて自然選択が起きたと考えられる。

(2)①誤文。④正文。飼育箱 c の環境においては，S1 の遺伝子頻度が 50 ％程度で比較的安定しているので，環境が適切で自然選択がはたらかないと考えられる。したがって，遺伝子座 S にある遺伝子 S1 と S2 による形質発現の比は，世代を経ても変わらず，適応進化はみられないと考えられる。②正文。100 世代までに飼育箱 b では S1 の遺伝子頻度が約 95 ％に増加しているので，S1 は S2 よりも生存率や繁殖率で有利であると考えられる。⑤誤文。飼育箱 b の環境では S1 の方が繁殖に有利であり，飼育箱 a の環境では S1 の方が繁殖に不利であるため，対立遺伝子 S1 と S2 は中立ではない。

(3)①誤文。②正文。実験Ⅰにおいて，はじめ 1000 匹の集団から観察したとき，100 世代にわたり飼育箱（a，b，c）のいずれについても R1 と R2 の遺伝子頻度が比較的安定しているので，自然選択が起こっておらず，R1 と R2 は生存や繁殖に有利でも不利でもないことがわかる。実験Ⅲについても，実験Ⅰと同じ環境の飼育箱で飼育したので，自然選択は起こらないと考えられる。③・⑤正文。初めの全個体数が 20 個体と少ないことから，遺伝的浮動が起きやすい条件である。よって，この環境においては，遺伝的浮動により，生存や繁殖に中立な R1 と R2 について，遺伝子頻度が偶然に変化したと考えることができる。④誤文。遺伝子突然変異が起こる確率は極めて低く，個体数の多い集団を観察した実験Ⅰにおいて，遺伝子頻度が安定していることから，突然変異は起きていないか，極めてまれに起きても淘汰されてなくなったと考えられる。個体数の少ない集団を観察した実験Ⅲにおいても，突然変異は起きていないと考えてよい。

問 5．(2)シクリッドが湖の深い場所や濁りのある環境に分布を拡大すると

（②），青色の光は届きにくいが黄色〜赤色の波長の光が届くので，その波長を受容して区別できるように吸収極大が変化した視物質をもつシクリッドが環境適応し生き残る（④）。その結果，黄色〜赤色の婚姻色をもつ雄が，より多くの雌に選ばれ増える（①）。黄色〜赤色の波長の光をよく吸収する眼をもつシクリッドの雌は，他の場所にいる雄の青色系の婚姻色を信号刺激とは認識できず，交配しにくくなる（③）。

問6．(2)F．誤文。減数分裂において，相同染色体どうしでその一部を交換することを染色体の乗換えという。その結果，相同染色体上にある遺伝子の組み合わせが変化することを染色体の組換えという。また，染色体の乗換えにより特定の遺伝子の組換えが起きた場合，その遺伝子が生存や繁殖に影響を及ぼさなければその遺伝子は淘汰されず，次世代の遺伝子頻度に影響はないと考えられる。

❖講 評

　標準的な難易度の問題が中心であるが，細かい知識を要求する設問も含まれている。試験時間に対して問題数が多く，特に正文・誤文選択問題は該当する選択肢の組合せであることが多く，時間がかかるので注意が必要である。解答形式は，すべてマークシート式であった。

　Ⅰの真核生物の転写・翻訳と選択的スプライシングに関しては，基礎的な内容が中心の知識問題と計算問題であった。正誤問題には，リボソームのサブユニットのはたらきやアミノ酸の側鎖の構造についての文章があったが，細かい知識を必要とし，他の選択肢も把握しにくく，難度が高かった。

　Ⅱの発生，筋収縮，瞳孔反射，膝蓋腱反射については，基礎知識の定着度を試す問題が中心であり，比較的取り組みやすかったと思われる。暗順応曲線を用いた計算問題では，ようやく感じられる明るさが閾値であり，閾値の低い方が感度がよいことを十分に把握しておく必要があった。

　Ⅲの生態系については，森林の階層構造，植生の乾性遷移，二次遷移，窒素固定細菌，土壌の形成とはたらき，光合成色素，物質生産の計算問題，里山の生物多様性からの出題であった。基本レベルの知識を中心とした典型問題であり，正誤問題は消去法で正答を導けるので，比較的容

易であった。

　Ⅳの形質による系統樹，DNA やアミノ酸配列のデータによる分子系統樹については，基礎事項と動物種の分類の知識問題であった。また，遺伝的浮動と種分化についての実験では，考察力が試された。正確な知識が必要であるが演習量が不足しがちな分野であり，得点差がついたと思われる。

れる。ただし、言葉を丹念にたどって、本文中の箇所を根拠にして解答するという基本的な作業は大事である。

Ⅳの古文は『伊勢物語』からの出題。問題のレベルとしては、「思す」「な……そ」の意味、あるいは「に」の識別など、基本的な古文の学習が出来ていれば易しい出題も少なくない。正確に全文訳をしようと思うと大変な部分もあるが、問題の選択肢を吟味できる程度に文脈を把握するということは時間内に十分できるように思われる。文学史問題は例年通りの傾向で、基本的なレベルの出題であった。

を正しく説明しているCが正解。Aの「天皇の大御息所のいとこにあたる」というのは、男ではなく女についての説明。男の出てくる前の部分に書かれている説明であることに注意。Bは「破滅してしまう」の主語として「女」が入っているのが不適。後半部分も元々女は男を避けているから本文に合わない。Dは「失職して役立たずの身になってしまった」というのはあくまでも男の懸念であり、それを避けるために祈ったりみそぎをしたりしたという話だから、本文に合わない。

問一〇　『伊勢物語』は平安時代に成立した歌物語。Dの『土佐日記』は平安時代の歌人でもある紀貫之が著した作品だから、これが正解。Aの『風姿花伝』は室町時代の能楽の理論書、Bの『雨月物語』は江戸時代の読本、Cの『新古今和歌集』は鎌倉時代の勅撰和歌集、Eの『方丈記』は鎌倉時代の随筆である。

◆講　評◆

大問の構成は、漢字の書き取り、漢字の読み、現代文、古文の四題となっている。現代文（評論文）は、問題文の長さは時間に見合っていると思われるが、内容的には専門用語もやや多く、その内容理解を問う設問の難度は高い。古文も分量は適切である。難易度は平均すると標準だと思われるが、基礎的な古語の知識で解ける設問もある一方で、文脈をきちんと把握して場面を想像できないと解答しにくい設問もある。

Ⅰ・Ⅱの漢字問題は、入試問題としては標準的な難易度のものもあるが、二〇二三年度は特殊な読みの語句が書き取り・読みともにやや多い。特に読みの「与る」「勤行」などは難しい。

Ⅲの評論文は、ディズニーランドについて、日常生活を行う非日常の別世界と捉える一般的な捉え方ではなく、むしろ社会がディズニーランド化しており、その外部に当たるものは存在しないという前提でさまざまな問題を捉え直そうとしている文章である。社会が「ディズニーランド化」しているという、一般的ではない発想を正しく把握して解答していけるかがポイントになる。全体の論旨が読み取れると個々の設問に難問はなく、解きやすいと思わ

部分。「のぼり居ければ」についての「曹司」は宮中や役所の中にある役人や女官などの部屋のことで、ここでは女の部屋である。そこへ「人の見るをも知らず」〈＝人が見るのも知らず〉入ってくるのは女自身ではなく、「あなたへの思いを我慢できない」と言って追いかけている男である。「おほやけ」「大御息所」は女を紹介するために触れられているだけで、人物としては登場していないことに気づけると、解答を絞りやすい。

問四　「かく」は指示語で「このように」という意味。「な……そ」の組み合わせで間に動詞の連用形（カ変・サ変は未然形）が入ると禁止の意味になり、「……してくれるな」といった訳になる。ここではサ行変格活用の「す」の未然形「せ」が入って「なせそ」で〝してくれるな〟〝しないでください〟といった意味になる。

問五　傍線部4は「にける」と、過去の助動詞「けり」の上にあり、完了の助動詞「ぬ」の連用形とわかる。ちょうど同じ組み合わせになっているハが同じ意味なので、Cを選ぶ。イは接続助詞の「に」で、〝……（した）ところ〟といった意味。ロは形容動詞「かたはなり」の連用形「かたはに」の一部。ニは、「にける」とつながっているが、ナ行変格活用「去ぬ」の連用形「去に」の活用語尾なので注意する。

問六　傍線部直前に「かくかたはにしつつありわたるに、身もいたづらになりぬべければ、つひにほろびぬべしとて」とある。「身」は自分のこと。「いたづらになる」は〝死ぬ〟〝一生がだいなしになる〟といった意味。「ほろぶ」にも〝亡くなる〟〝死ぬ〟という意味がある。したがって、我が身を滅ぼすという内容になっているCが正解。

問七　「わりなし」にはいくつか訳語があるが、ここでは〝どうしようもない〟といった訳が合う。女への恋心を諦めたくて仏や神にまで祈っているのに、その甲斐も無くますます恋心が強くなってきていることに対して「わりなし」と言っている文脈である。

問八　御手洗川に来てみそぎをしたことを詠んでいる歌。「Yと……せし禊」となっているから、Yには何について願ったのかが入る。前に「恋せじといふ祓（はらへ）」とある。

問九　女が「思ひわびて里へゆく」のに対して、男は「何のよきことと思ひて、行き通ひければ」とあるので、この内容

と（男が）言って、（女が）自室に下りなさると、いつものように（男が）、このお部屋には人が見ているのも気づかず上がって座ったので、この女は、つらく思って里へ帰った。すると（男は）、何が（悪いことがあるか）好都合だと思って、（里まで）行き来したので、これを聞いた人々はみな笑った。朝早く、主殿司が見ると、（こっそり帰ってきた男は）靴を手に取って奥に投げ入れて昇殿してしまった。このように不体裁なことをしながら過ごしていたが、（このようなことでは官職も失い）一生がだいなしになってしまうだろうから、最後には破滅してしまうだろうと思って、この男、「どうしよう。私のこのような（あの人を思う）心をやめさせてください」と仏や神にも申し上げたが、（気持ちは）ますます強くなるようにばかり思えながら、依然としてどうしようもなく恋しくばかり思えたので、陰陽師や巫女を呼んで、恋をするまいというお祓いの道具を持って（御手洗川に）行った。（しかし、）お祓いをするにつれて、ますます悲しさが募ってきて、元よりもいっそう恋しく思われるばかりだったので、神はそれをお受けいただけなかったのだなあ。

　（もう）恋はしないぞと御手洗川でみそぎを行ったのだが、

と言ってその場を去った。

■　　▲解　説▼

問一　「おもふ」であれば送り仮名は「思ひて」となっているはずなので注意。直前の「おほやけ」がここでは帝のことを指し、それによって敬語の「おぼす」が用いられている。女性を「おぼす」となった場合、単に〝感じる、考える〟というのではなく、〝愛する、恋しく思う〟といった意味になる。「寵愛」という語もあるので覚えておこう。

問二　「いますがり」はラ行変格活用の例として「あり・をり・はべり・いますがり」と挙げられるうちの一つなので覚えておきたい語。「はべり」も「あり・をり」の敬語だが謙譲語になるので入らない。空欄の直後が「ける」で、過去の助動詞「けり」の連体形であるので、「けり」につながるよう、連用形に活用させる（ラ行変格活用なので、たまたま終止形と同じ形になる）。

問三　「いとこなりけり」は、一文目で「おほやけ思してつかう給ふ女」が示されて、その「女」について説明を加える

Ⅳ

出典　『伊勢物語』〈六十五段〉

解答

問一　おぼ・C　問二　いますがり

問三　「いとこなりけり」…B　「のぼり居ければ」…D

問四　このようなことをしてはいけません

問五　C

問六　C

問七　B

問八　恋せじ

問九　C

問一〇　D

◆全　訳◆

　昔、帝が心をかけておいでになった女で、禁色（＝特定の身分の人以外には着用が禁じられた色の着物）を許された者がいた。（その女は）大御息所としていらっしゃった方のいとこであった。殿上に仕えていた在原氏であった男で、まだたいへん若かった者と、この女は愛し合う関係になってしまった。男は、女房たちの控室に出入りするのを許されていたので、（この）女のいる所に来て向かい合って座っていたところ、女が、「とても不体裁なことです。（人に知られたら）きっと身の破滅になるでしょう。このようなことをしてはいけません」と言ったので、（あなたを）思う心には、（逢わずに）我慢しようという気持ちが負けてしまいましたよ。（あなたに）逢うことと引き換えであれば、どうなってもかまいません。

問九　「もうひとつの困難」の内容は、日常に漂う「なんともいえない閉塞感」で、「この閉塞のただ中で、生を生として成立させること」が「もっとも困難な事業」になっているということである。最終段落には、このために「わたしたちが探索しなければならないのは、外部なき社会においていかなる形式の批判が可能なのかという、その道筋であ」「そして、外部の不在ゆえの困難のただ中においてさえ、いかなる形式の生が可能なのかを、なお問うてみなければならない」とあるから、これらを踏まえたCが正解。Aが紛らわしいが、閉塞感の「外部に」新たな生の地平を切り開くとしているのが「この閉塞のただ中で」などとあるのと合わないので不適。Bは「社会に内在する批判対象」が不適。最終段落に「内在しながら批判する」とあり、内在するのは批判者である。Dの「社会変革」は本文にない。

問一〇　傍線部直前で、問題を個人の問題とみなすことは、「特定の集団を捏造し、別の集団を貶めることで自己を特権化するような類の言説」だとしている。同じ社会の中にいるのに、ある人は乗り越えられるのに別の人は乗り越えられないのであれば、その要因は社会の外のどこか「外部」にあり、社会そのものの問題ではない（社会に問題があれば、みんなに困難が生じるはずだ）という論理なのである。Aの「社会以外のどこか、社会を越えた別の次元に問題の原因がある」という発想が「外部化」に当たる。

問一一　傍線部7のある段落以降で述べられている内容に合致するDが正解。Aにあるようなディズニーランドについて未訪者までが語りうる理由は、第三段落で「わたしたちの生きる今日の社会それ自体が『ディズニーランド化』しつつあること」だと指摘されている。またBについては、「ディズニーランドにおいて高揚感に包まれた愉しい非日常性をもたらしているのとまったく同じ仕掛け」（傍線部4）が既に日常で作動しているというのだから、「非日常」が「日常にとって代わったとき」という話にはならない。Cのような議論は本文にない。

として反復的に提供され、世界が出来あいのイメージや「ハリボテと偽物」であふれかえっているということがわかる。これらは「日常」（社会）と「非日常」（ディズニーランド）で「共有」されている要素である。しかし、その結果得られるものは、「日常」では「それなりに愉しく幸福な愉しさ」（直後の段落）と四段落後で書かれているが、「非日常」のディズニーランドでは「解放感や高揚感をともなった愉しさ」（直後の段落）である。「幸福な絶望」は「日常」のみにあり、「非日常」とは共有されていない。

問五　空欄Yはすぐ前に「この」とあり、直前の段落にある「たしかに日常と非日常は対照的に見えることがある」という議論を受ける部分であるから「対照」が入る。この時点でCかDが残る。一方空欄Zの後には、「そう〈＝Z的な関係〉ではなく、……表面的な類似性ばかりか、世界の性質やその組織のされ方といった水準までもが含まれる」とあるから、〈Zではなく類似〉という関係になるので、「類似」ではなく「対立」となっているDを選ぶ。

問六　傍線部の直後の段落を踏まえる。「モノに囲まれ、あらゆる欲望を先どりしたきめ細かなサービスが諸種の快楽を提供し」とあるのが、傍線部にあるディズニーランドと「まったく同じ仕掛け」に当たる。しかし「だが同時に、どうにも息苦しい閉塞感のなかで出口を見出すことは諦めている」とあり、その仕掛け自体が閉塞感を生んでいるとわかるので、これらを満たしたAが正解。

問七　傍線部のある段落を最後まで読むと、テクノロジーは「あらゆる種類の利便を提供しつつ、多様な欲望を無際限に喚起し、解放感や高揚感をもたらす」が、その一方で「外部を想像する力を奪ってゆく」とある。外部を想定できないことで「絶望」をもたらすということは、傍線部の一つ前の段落に書かれている。

問八　傍線部の次の段落で、筆者は従来からある批判について「批判の拠り所となる理念や批判者は、批判される対象から切り離されて外部化される」という特徴を挙げている。しかし「ディズニーランド化した社会には外部なるものは存在しない」から、この批判者が立脚するべき「外部」が想定できず、したがって従来からある批判が拠り所を失ってしまうことになり、成立しなくなる、というのである。

問九　C
問一〇　A
問一一　D

◆　要　旨　◆

　一般的にディズニーランドはありきたりな日常の対極に位置する非日常の世界と受けとめられているが、ディズニーランド的な非日常は、実はわたしたちの日常の随所にも発見できる。テクノロジーがあらゆる種類の利便を提供しつつ多様な欲望を無際限に喚起し解放感や高揚感をもたらす一方で、それ以外のあり方を想像する力を奪っている。この状況で従来の消費社会批判やテクノロジー批判は、批判される対象の外部をなんらかの形で想定している点で有効ではなく、またこのような外部をもたない社会に漂う閉塞感の中で生を意味づけることは困難であり、新しい形の批判が求められている。

▲　解　説　▼

問一　直後に「一般にディズニーランドは、ありきたりな日常の対極に位置する、とことん非日常的なハレの世界と受けとめられているだろうからだ」と説明がある。日常のなかに「非日常」であるはずのディズニーランドの要素があるというのは矛盾するように考えられる、ということである。

問二　「非日常的なハレの世界」とあるように、「ハレ」とは祭りや祝い事など、非日常の特別なイベントや、よそゆきの改まった場面などのことを指す。この対義語は、「日常」を指す「褻」（ケ）である。

問三　空欄直前の「それ〈＝ディズニーランド的なお祭り騒ぎの高揚感〉を幾分か希釈し劣化させたような、しかし確実に同種の」を踏まえる。「ディズニーランド的なお祭り騒ぎの高揚感」と「同種」なのだから、それはまず「日常」か「非日常」かで選べば「非日常」である。一方、「希釈し劣化させたような」とあるから、ディズニーランドより小規模なものである、ということになる。

問四　傍線部に続く部分を読むと、「テクノロジー」によって周到に準備されたさまざまな経験が「きめ細かなサービス」

国語

Ⅰ

解答　1、歯牙　2、琴線　3、建立　4、窃盗

Ⅱ

解答　1、あずか　2、こつぜん　3、ごんぎょう　4、あいにく

Ⅲ

出典　長谷川一『ディズニーランド化する社会で希望はいかに語りうるか──テクノロジーと身体の遊戯』＜はじめに＞（慶應義塾大学出版会）

解答

問一　C　問二　ケ

問三　C

問四　B

問五　D

問六　A

問七　A

問八　D

2022
年度

問題と解答

■学部別入試

問題編

▶試験科目・配点

学科	教科	科　　　目	配　点
農・生命科学・農芸化・食料環境政策	外国語	「コミュニケーション英語Ⅰ・Ⅱ・Ⅲ，英語表現Ⅰ・Ⅱ」，ドイツ語（省略），フランス語（省略）から1科目選択	150 点
	選　択	「数学Ⅰ・Ⅱ・A・B」，「化学基礎・化学」，「生物基礎・生物」，「国語総合（漢文を除く）」から2科目選択	各150 点（計300 点）
食料環境政策	外国語	「コミュニケーション英語Ⅰ・Ⅱ・Ⅲ，英語表現Ⅰ・Ⅱ」，ドイツ語（省略），フランス語（省略）から1科目選択	150 点
	国語・選　択	「国語総合（漢文を除く）」必須　日本史B，世界史B，地理B，政治・経済，「数学Ⅰ・Ⅱ・A・B」，「化学基礎・化学」，「生物基礎・生物」から1科目選択	各150 点（計300 点）

▶備　考

「数学B」は「数列，ベクトル」から出題する。

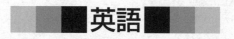

英語

(60 分)

〔 I 〕　次の英文を読んで，下の問に答えなさい。

　　　Philosophy was the origin of most scientific disciplines. Aristotle was in some sense an astronomer, a physicist, a biologist, a psychologist and a political scientist. As various philosophical subdisciplines found ways of treating their topics with full empirical rigor, they gradually separated themselves from philosophy, which increasingly became a purely armchair enterprise, working not from controlled experiments but from common-sense experiences and conceptual analysis.

　　　In recent years, however, the sciences — in particular, psychology and the social sciences — have begun to return to their origin, combining data and hypotheses with conceptual and normative considerations that are essentially philosophical. An excellent example of this return is the new psychological science of happiness, represented, for example, by the fundamental work of Edward Diener. The empirical basis of this discipline is a vast amount of data suggesting correlations (or lack thereof) between happiness and various genetic, social, economic, and personal factors. Some of the results are old news: wealth, beauty, and pleasure, for example, have little effect on happiness. But there are some surprises: serious illness typically does not (　8　)(　　　)(　9　) (　　　), marriage in the (　　　)(　10　) is not a (　11　) source of either (　　　) or unhappiness.

　　　The new research has both raised (　X-1　) and provoked (　X-2　). Psychologists such as Sonja Lyubomirsky have developed a new genre of self-help books, purporting to replace the intuitions and anecdotes of traditional advisors with scientific programs for making people happy. At the same time, there are serious methodological challenges, questioning, for example, the use of individuals' self-reports of how happy they are and the effort to objectify and even quantify so subjective and elusive a quality as happiness.

But the most powerful challenge concerns the meaning and value of happiness. Researchers emphasize that when we ask people if they are happy the answers tell us nothing if we don't know what our respondents mean by "happy." One person might mean, "I'm not currently feeling any serious pain"; another, "My life is pretty horrible but I'm reconciled to it"; another, "I'm feeling a lot better than I did yesterday." Happiness research requires a clear understanding of the possible meanings of the term. For example, most researchers distinguish between happiness as a psychological state (for example, feeling overall more pleasure than pain) and happiness as a positive evaluation of your life, (13). Above all, there is the fundamental question: In which sense, if any, is happiness a proper goal of a human life?

　These issues inevitably lead to philosophical reflection. Empirical surveys can give us a list of the different ideas people have of happiness. But research has shown that when people achieve their ideas of happiness (marriage, children, wealth, fame), they often are still not happy. There's no reason to think that the ideas of happiness we discover by empirical surveys are sufficiently well thought out to lead us to genuine happiness. For richer and more sensitive conceptions of happiness, we need to (　　)(15) philosophers, who, from Plato to Aristotle, through Hume and Mill, to Hegel and Nietzsche, (16)(　　) (17)(　　)(18) the possible meanings of happiness.

Even if empirical investigation could discover the full range of possible conceptions of happiness, there would (Y-1) remain the question of which conception we ought to try to achieve. Here we have a question of values that empirical inquiry alone is unable to decide without appeal to philosophical thinking.

This is not to say that, as Plato thought, we can simply appeal to expert philosophical opinion to tell us how we ought to live.　We all need to answer this question （　19　）.　But if philosophy does not have the answers, it does provide tools we need to arrive at answers.　If, for example, we are inclined to think that pleasure is the key to happiness, John Stuart Mill shows us how to distinguish between the more sensory and the more intellectual pleasures.　Robert Nozick asks us to consider whether we would choose to attach ourselves to a device that would produce a constant state of intense pleasure, even if we never achieved anything in our lives other than experiencing this pleasure.

On another level, Immanuel Kant asks whether happiness should even be a goal of a good human life, which, he suggests, is rather directed toward choosing to do the right thing even if it destroys our happiness.　Nietzsche and Sartre help us consider whether even morality itself is a worthy goal of human existence.　（　20　）

Still, psychologists understandably want to address such questions, and their scientific data can make an important contribution to the discussion.　But to the extent that psychology takes on questions about basic human values, it is taking on a humanistic dimension that needs to engage with philosophy and the other disciplines — history, art, literature, even theology — that are essential for grappling with the question of happiness.　Psychologists should recognize this and give up the pretension that empirical investigations （　Y-2　） can answer the big questions about happiness.　Philosophers and other humanists, in turn, should be happy to welcome psychologists into their world.

> (Adapted from "Happiness, Philosophy and Science" by Gary Gutting, August 31, 2011, *The New York Times*, online.)

問 1. 問題本文中の下線部(i)～(iv)について，それぞれの問に答えなさい。

　(i)　as･tron･o･mer と強勢(アクセント)の置かれる位置が同じものを次から一つ選び，その記号をマークしなさい。(解答番号 1)

A．ac・cu・ra・cy   B．mo・men・tar・y

C．pol・i・ti・cian   D．su・per・flu・ous

(ii)　increasingly に含まれる s と比較して，下線部の発音が同じ語を次から

一つ選び，その記号をマークしなさい。（解答番号 2 ）

A．cleanse   B．cosmetic

C．measure   D．psychiatric

(iii)　hypotheses に含まれる y と比較して，下線部の発音が同じ語を次から

一つ選び，その記号をマークしなさい。（解答番号 3 ）

A．aisle   B．conceive

C．pursue   D．typical

(iv)　an・ec・dotes と強勢（アクセント）の置かれる位置が同じ語を次から一つ

選び，その記号をマークしなさい。（解答番号 4 ）

A．es・ti・mate   B．de・ter・mine

C．in・ter・nal   D．pic・tur・esque

問 2．問題本文中の下線部(ア) disciplines の言い換えとして最も適切なものを下

記の中から一つ選び，その記号をマークしなさい。（解答番号 5 ）

A．areas   B．controls   C．exercises   D．obedience

問 3．問題本文中の下線部(イ)の具体例として最もふさわしいものを下記の中から

一つ選び，その記号をマークしなさい。（解答番号 6 ）

A．自然科学の法則を適切にあてはめつつ自分のテーマを議論すること

B．実地調査で収集した必要十分な量のデータをもとに自分のテーマを論じ

ること

C．従来の方法では説明のつかないテーマに理論的推測を試みること

D．様々なテーマを偏りのない手法で多角的に取り扱うこと

問 4. 問題本文中の下線部(ウ)の意味として最も適切なものを，下記の中から一つ
選び，その記号をマークしなさい。(解答番号 7)

A．appliance business　　　　B．furniture industry

C．impractical thought　　　　D．industrious dynamism

問 5. 問題本文中の下線部(エ) their origin とは何なのか，具体的に表す**一語**を本
文から抜き出し，解答欄に記入しなさい。(解答番号 101)

問 6. 問題本文中の下線部(オ)の空所(8)～(11)に入るものを，下記の語
句からそれぞれ一つ選びマークしなさい。(解答番号は空所の番号と同じ)

(オ) serious illness typically does not (8)( )(9)( ),
marriage in the ( )(10) is not a (11) source of either
( ) or unhappiness.

A．happiness　　　　B．less happy　　　　C．long

D．major　　　　E．make　　　　F．much

G．run　　　　H．us

問 7. 問題本文中の(X-1)と(X-2)に入る最も適切な語の組み合わせを下
記の中から一つ選び，その記号をマークしなさい。(解答番号 12)

A．X-1：desires　　　X-2：wishes

B．X-1：love　　　X-2：anger

C．X-1：hopes　　　X-2：skepticism

D．X-1：reasons　　　X-2：results

問 8. 問題本文中の下線部(カ)が具体的に意味しているのは何か。問題本文中から
一語を抜き出し，解答欄に記入しなさい。(解答番号 102)

問 9. 問題本文中の(13)に入る最も適切なものを，下記の中から一つ選び，
その記号をマークしなさい。(解答番号 13)

A．even if it has involved more pain than pleasure

B．when we win a lottery, for example

C．though we overcome the pandemic

D．whether or not this research costs money

問10．問題本文中の下線部(キ)の主旨として最もふさわしいものを，下記の中から
一つ選び，その記号をマークしなさい。(解答番号 14)

A．幸福とは人生にふさわしい目標であるが故に，当然ながら哲学的思考が
求められる。

B．幸福については多様な考えがあるため，必然的に哲学的思考を導くもの
になる。

C．幸福について結論が定まらないのは哲学者に対して当然反省を促すこと
になる。

D．幸福をめぐる様々な問題はどうしても哲学的な内省へとつながってい
く。

問11．問題本文中の下線部(ク)の主旨が次に示すとおりになるように，下記の語句
を並べ替えて空所に入れるとき，空所(15)～(18)に入るものをそれ
ぞれ一つ選び，その記号をマークしなさい。ただし，選択肢には不要なもの
が一つ含まれています。(解答番号は空所の番号と同じ)

「幸福についてのより豊かで繊細な観念については，哲学者に頼る必要が
ある。つまりプラトン，アリストテレスから，ヒューム，ミルそしてヘーゲ
ルやニーチェに至るまで，幸福の持ちうる意味に対する最も深い洞察の一部
を提供してきた哲学者たちである。」

For richer and more sensitive conceptions of happiness, we need to (　　　)
(ク)
(15) philosophers, who, from Plato to Aristotle, through Hume and Mill,

to Hegel and Nietzsche, (16)(　　　)(17)(　　　)(18) the

possible meanings of happiness.

A．have provided　　　B．into　　　　　C．of

D．some　　　　　　　E．the deepest insight　F．to

G．turn　　　　　　　H．with

問12. 問題本文中の（　19　）に入る最も適切なものを，下記の中から一つ選び，その記号をマークしなさい。（解答番号 19）

A．for ourselves
B．depending on philosophers
C．referring to psychologists
D．with scientific data

問13. 問題本文中の（　20　）に入る最も適切なものを，下記の中から一つ選び，その記号をマークしなさい。（解答番号 20）

A．Such a case would normally be considered by everyone.

B．New science of mind will reveal the question is highly unlikely.

C．These essential questions are not empirical.

D．From the viewpoint of the empirical method, questioning the uncertainty of life is meaningless.

問14. 問題本文中の空所（　Y-1　）と（　Y-2　）に入る最も適切なものを，それぞれ下記の中から一つ選び，その記号をマークしなさい。

（解答番号は Y-1 が 21，Y-2 が 22）

A．alone　　　B．closely　　　C．hardly　　　D．still

問15. 次の(a)〜(g)それぞれについて，問題本文中の内容と主旨が一致するものにはTを，一致しないものにはFをマークしなさい。

(a) Sonja Lyubomirsky does not believe that she can objectify the quality of happiness.　（解答番号 23）

(b) It is definite that people have to have happiness as an ultimate purpose of life.　（解答番号 24）

(c) Psychologists encounter difficulties in defining how they can evaluate happiness because it is neither objectively observed nor easily understood.　（解答番号 25）

(d) Philosophers have proved that the richer we become, the happier we feel.　（解答番号 26）

(e) Robert Nozick agrees on and repeats exactly what John Stuart Mill said.　（解答番号 27）

（f）All people deserve to be happy because Plato and Aristotle strongly claimed so. （解答番号 28）

（g）It seems inevitable that, when psychology deals with the matter of happiness, different kinds of humanistic studies should be employed to solve the question. （解答番号 29）

〔Ⅱ〕　READ THE DIALOG AND CHOOSE OR WRITE THE BEST ANSWERS.

Taro: You have done a fine job creating such a lush garden^{Q1} here.

Rose: Thanks. It's hard to believe this here used to be an ugly plot of neglected, overgrown land.

Taro: Yeah. It was an eyesore. No doubt clearing it must have been backbreaking.^{Q3} Say, what are those things sticking out^{Q4} of... holes, are they?

Rose: I have ollas buried between the squash. I found perfectly-sized branches to seal the top of the vessels to prevent water from evaporating.

Taro: Did you say *oh-yaz*? What's that?

Rose: Is this a new word for you? O-l-l-a-s. Ollas are low-fired, clay ceramic vessels. In ancient times, before modern irrigation techniques, gardeners buried jugs and put water in them. The water seeps out^{Q6} into the soil over time and as needed because clay is porous^{Q7}.

Taro: By porous, you mean it has tiny holes?

Rose: That's right, even though you wouldn't think so because the pores are not visible to the naked eye. Anyway, there are a bunch of oval terracotta containers under the soil next to the roots. When the soil and roots get dry, it sucks the moisture out from the water inside the olla. After a rainfall, the water stays put.

Taro: Ingenious! It must save you time watering the plants.

Rose: It's not only time. I don't have to worry about overwatering, and I can minimize water loss, which is good when water is scarce.

Taro: In other words, it's efficient in many ways.

Rose: You got it! By the way, I have some extra handmade ollas. Would you be interested in purchasing some?

Q 1. A <u>lush garden</u> (解答番号 30)

　A．grows in containers.

　B．is very green.

　C．has ceramics in the soil.

　D．is efficient.

Q 2. Which of the following did Rose *not* do? (解答番号 31)

　A．She worked very hard and transformed the land.

　B．She created terracotta vessels.

　C．She put in place a system of methodically watering plants.

　D．She conserved water.

Q 3. Taro says, "<u>No doubt clearing it must have been backbreaking</u>" because he (解答番号 32)

　A．wanted to show her he understood the exhaustion she probably felt.

　B．wasn't sure how exactly she transformed the garden.

　C．didn't believe she did it without any help.

　D．intended to ask about the sticks next.

Q 4. If something is <u>sticking out</u>, (解答番号 33)

　A．the item is not permanent.

　B．it must be buried.

　C．it's not soft.

　D．it attracts attention.

Q 5.　Why did people thousands of years ago use ollas?　　　（解答番号 34）

　　A．Because ollas attract beneficial insects.

　　B．They knew ollas fertilize the land.

　　C．For the same reasons people use them today — to water plants.

　　D．It's a mystery.

Q 6.　What *cannot* seep out?　　　（解答番号 35）

　　A．Oil from a car.

　　B．Truth in a confession.

　　C．Pesticides into rivers.

　　D．Paper from a copy machine.

Q 7.　If a country has porous borders,　　　（解答番号 36）

　　A．viruses can be controlled.

　　B．illegal immigrants can enter.

　　C．many shovels are used.

　　D．governments can tax their citizens.

Q 8.　Taro　　　（解答番号 37）

　　A．wasn't keen on the idea of using ollas.

　　B．was impressed by the ollas.

　　C．thought ollas gave excess water to the plants.

　　D．knew how ollas worked.

Q 9.　Rose　　　（解答番号 38）

　　A．does her part to help in times of water shortages.

　　B．has been using ollas since ancient times.

　　C．inherited her jugs.

　　D．turns on the sprinkler when soil and roots are dry.

Q10. Fill in the blank with <u>ONE</u> word <u>from the dialog</u>.　　　（解答番号 103）

Rose's ollas retain their water because she plugged them with ＿＿＿＿＿.

Q11. Fill in the blank with <u>ONE</u> word <u>from the dialog</u>.　　　（解答番号 104）

Rose's ollas are ＿＿＿＿＿-shaped.

〔Ⅲ〕　次の(1)～(6)の各組の英文の空所に共通して入る最も適した語句を，それぞれ下記の中から一つ選び，その記号をマークしなさい。

（解答番号は空所の番号と同じ。）

(1) 　{ I'd like to open a new （　39　） account.
　　　 Someone was waving at me on the other （　39　） of the river.

　A．bank　　　　　B．flow　　　　　C．team　　　　　D．wind

(2) 　{ Those lights may （　40　） from the same source.
　　　 Some plants have a very thick （　40　）.

　A．base　　　　　B．lead　　　　　C．color　　　　　D．stem

(3) 　{ I couldn't （　41　） the risk because I have a family to support.
　　　 I don't want my father to （　41　） for the next election.

　A．cut　　　　　B．fix　　　　　C．run　　　　　D．win

(4) 　{ There is a video camera on the （　42　） of the airplane.
　　　 You shouldn't poke your （　42　） into someone's personal life.

　A．business　　　B．leg　　　　　C．nose　　　　　D．tea

(5) 　{ She has （　43　） a lot of babies as a skilled obstetrician.
　　　 He （　43　） an impressive speech at the ceremony.

　A．approached　　B．delivered　　C．endeavored　　D．proposed

(6)
{ My question was immediately answered in the (　44　).

Is it true that the (　44　) ions in the air affect the growth of plants?

A．dry　　　　　B．individual　　　C．negative　　　　D．permanent

日本史

（2科目120分）

〔Ⅰ〕　次の1と2の文章を読み，以下の設問に答えよ。（解答番号 1 ～ 8 , 101～102）

1　中国大陸では，3世紀後半(280年)に　(1)　が国内を統一したがその力は弱く，北方民族の侵入により，5世紀には南北分裂の時代を迎えた(南北朝時代)。中国の支配力は弱まり，東アジアの諸地域では独立する動きを強めて，4世紀に入ると，朝鮮半島では，北部に　(2)　，南部に新羅・百済の(ア)3国がそれぞれならびたった。

　倭(日本)では，4世紀のなかごろまでには，大和地方を中心としたヤマト政権が勢力を拡大し，大和地方の王は地方の首長を統合して大王とよばれた。ヤマト政権は新しい文化や鉄資源を求めて，早くから朝鮮半島南部の加耶諸国と深いつながりをもっていたが，4世紀後半に　(2)　が南下を進めると，百済などとともに　(2)　と戦うことになった。　(2)　の好太王碑には，倭の兵が辛卯の年(391年)以降，朝鮮半島にわたり，　(2)　軍と戦ったと記されている。

　中国の歴史書によると，5世紀をつうじて倭の5人の王が中国南朝の宋に朝(イ)貢の使者をつかわした(倭の五王)。五王の目的は，中国皇帝の権威をかりて朝鮮半島諸国との外交・軍事上の立場を有利にし，国内支配を安定させることにあったと考えられる。

　埼玉県と熊本県の古墳から発掘された鉄製の刀剣には，ともに「ワカタケル大王」の名がみえる。この王は，倭の五王の「　(3)　」であり，のちに雄略天皇と名づけられたと考えられる。このことから，大王の支配権は，5世紀後半には九州から関東地方にまでおよんだことが確認できる。

問1　空欄(1)に入る適切な国名を下記から一つ選んで，その記号を解答欄にマ

ークせよ。（解答番号 1 ）

A	呉	B	蜀	C	晋
D	斉	E	梁	F	陳

問 2　空欄(2)に入る適切な国名を解答用紙裏面の解答欄に漢字で記入せよ。
　　（解答番号 101）

問 3　空欄(3)に入る適切な倭王の名称を下記から一つ選んで，その記号を解答
　　欄にマークせよ。（解答番号 2 ）

A	讃	B	珍(弥)	C	済
D	興	E	武		

問 4　下線部(ｱ)に関連して記述した文章の正誤の組み合わせとしてもっとも適
　　切なものを一つ選んで，その記号を解答欄にマークせよ。（解答番号 3 ）

　①　馬韓から百済が建国され，辰韓から新羅が建国された。

　②　百済は倭に近づいて同盟を結び，その際に百済王の太子から倭王にお
　　くられたのが石上神宮に所蔵される七支刀である。

　③　加耶諸国（加羅）は日本書紀では任那ともよんだ。

〔選択肢〕

A	①-正	②-正	③-正
B	①-正	②-正	③-誤
C	①-正	②-誤	③-正
D	①-正	②-誤	③-誤
E	①-誤	②-正	③-正
F	①-誤	②-正	③-誤
G	①-誤	②-誤	③-正
H	①-誤	②-誤	③-誤

問 5　下線部(ｲ)に関連して，『宋書』倭国伝には 478 年に倭王が宋に朝貢したこ
　　とが記されているが，その文章としてもっとも適切なものを一つ選んで，

その記号を解答欄にマークせよ。(解答番号 4)

A　夫れ楽浪海中に倭人有り。分れて百余国と為る。歳時を以て来り献見
　　すと云ふ。

B　建武中元二年，倭の奴国，貢を奉じて朝賀す。使人自ら大夫と称す。
　　倭国の極南界なり。光武，賜ふに印綬を以てす。

C　倭人は帯方の東南大海の中に在り，山島に依りて国邑を為す。旧百余
　　国，漢の時朝見する者あり。今使訳通ずる所三十国。

D　順帝の昇明二年，使を遣して上表して曰く，「封国は偏遠にして，藩
　　を外に作す…(中略)」と。

E　大業三年，其の王多利思比孤，使を遣して朝貢す。

2　701(大宝元)年，大宝律令が制定された。一般庶民は戸に編成されたうえ
　(ウ)
で，6 年ごとにつくられる戸籍に登録され，そのときに 6 歳以上になっている
と，班田収授法にもとづいて性別・身分に応じて定められた面積の　(4)
をわけあたえられた。家屋やその周囲の土地は私有が認められたが，

　　(4)　は売買できず，死者の　(4)　は国家に返還される制度であっ
た。

　その後，自然災害や天候不順に影響された収穫の不足や，律令にもとづきき
びしい支配は，社会の動揺を招いた。農民のなかには，重い負担をのがれるた
め，浮浪したり逃亡したりする者も多くいた。また，人口の増加による

　(4)　の不足に対応して，安定した収入を確保するためにも，政府は土地
　　　　　　　　　　　　　　　　　　　　　　　　　　　　　　(エ)
の制度を見直すことになった。

　政府は耕地をふやそうとして，722(養老 6)年，　(5)　のもとで百万町
歩開墾計画をたてたが成果はあがらず，翌 723(養老 7)年には，三世一身法を
出し，期限つきで土地の私有を認めて開墾を奨励したのである。

　さらに 743(天平 15)年に墾田永年私財法を出し，位階や役職による開墾の限
度面積を示したうえで，開墾地の永久私有を認めるにいたった。この法は，未
開地を開墾させて政府が土地を把握しようとする積極策であったが，荘園とい
う大土地所有が広がる原因ともなった。

　律令体制が変質していくなかで，11 世紀になると，地方の豪族や有力農民
　　　　　　　　　　　　　　　　(オ)

は各地で力を強め，なかには開発領主とよばれて，広い地域を支配するまでに成長する者も多くなった。これを国司がおさえようとすると，彼らは所領を中央の有力者に寄進し，荘園領主としてあおいだ。

問 6 空欄(4)に入る適切な用語を解答用紙裏面の解答欄に漢字で記入せよ。（解答番号 102）

問 7 空欄(5)に入る適切な人名を下記から一つ選んで，その記号を解答欄にマークせよ。（解答番号 5）

A 藤原不比等 B 長屋王 C 橘 諸兄

D 藤原仲麻呂 E 道 鏡

問 8 下線部(ウ)に関連して，大宝律令の基礎となった飛鳥浄御原令を施行した天皇名としてもっとも適切なものを下記から一つ選んで，その記号を解答欄にマークせよ。（解答番号 6）

A 天智天皇 B 天武天皇 C 持統天皇

D 文武天皇 E 元正天皇

問 9 下線部(エ)に関連して，三世一身法・墾田永年私財法・初期荘園について記述した文章として適切でないものを一つ選んで，その記号を解答欄にマークせよ。（解答番号 7）

A 三世一身法（723 年）は，新しく灌漑施設をつくって田を開墾した者に本人・子・孫にわたる私有を認めた。

B 三世一身法（723 年）は，すでにある灌漑施設を利用した開墾地には本人限りの私有を認めた。

C 墾田永年私財法（743 年）は，庶民の私有地の限度を十町とした。

D 墾田永年私財法（743 年）が出されると，力のある中央貴族や寺院などは，きそって山野の開墾にのり出した。

E 初期荘園は，独自の荘民を持ち，経営拠点の荘所を中心に，有力農民に依存して営まれた。

問10 下線部(オ)に関連して，下記の①から③はいずれも11世紀の出来事である。年代の古いものから順に並べたものとしてもっとも適切なものを一つ選んで，その記号を解答欄にマークせよ。(解答番号8)

① 刀伊(女真)が九州北部に襲来したが，大宰権帥藤原隆家らが撃退した。

② 源頼信が上総で起こった平忠常の乱を制圧した。

③ 平等院鳳凰堂が落成した。

〔選択肢〕

A ①②③ 　　　 B ①③② 　　　 C ②①③

D ②③① 　　　 E ③①② 　　　 F ③②①

〔Ⅱ〕 1の年表と2の文章を読み，以下の設問に答えよ。(解答番号9〜16，103〜104)

1 執権政治の確立略年表(月は陰暦による)
(ア)

1199年1月	源頼朝死去。源頼家，家督を相続 (イ)
1199年4月	源頼家の親裁を制限。13名の合議制
1200年1月	梶原景時ら，討伐され，敗死
1203年9月	北条時政，比企能員を討つ(比企氏の乱)
	北条時政，源頼家を修善寺に幽閉
	源実朝，将軍就任
1204年7月	源頼家，修禅寺で謀殺される
1219年1月	源実朝，暗殺される(源氏の正統断絶)
1219年6月	藤原頼経，鎌倉に下向
1225年	北条時房， (1) となる((1) の初め)
1225年12月	(2) の設置
1226年1月	藤原頼経，将軍となる(藤原将軍の初め)
1232年8月	御成敗式目の制定 (ウ)
1252年4月	宗尊親王，将軍となる(皇族将軍の初め)

問 1　空欄(1)に入る名称を解答用紙裏面の解答欄に漢字二文字で記入せよ。

　　（解答番号 103）

問 2　空欄(2)に入る適切な名称としてもっとも適切なものを一つ選んで，その

　　記号を解答欄にマークせよ。（解答番号 9 ）

　　A　政所　　　　　　　B　侍所　　　　　　　C　問注所

　　D　引付衆　　　　　　E　評定衆

問 3　下線部(ア)に関連して，下記の①から③はいずれも執権政治の確立過程の

　　出来事である。年代の古いものから順に並べたものとしてもっとも適切な

　　ものを一つ選んで，その記号を解答欄にマークせよ。（解答番号 10）

　　①　承久の乱

　　②　宝治合戦

　　③　和田合戦

　　〔選択肢〕

　　A　①②③　　　　　B　①③②　　　　　C　②①③

　　D　②③①　　　　　E　③①②　　　　　F　③②①

問 4　下線部(イ)に関連して，鎌倉幕府の将軍と御家人との主従関係に関する記

　　述の正誤の組み合わせとしてもっとも適切なものを一つ選んで，その記号

　　を解答欄にマークせよ。（解答番号 11）

　　①　源頼朝は主人として御家人に対し，おもに地頭に任命することによっ

　　　て先祖伝来の所領の支配を保障したり，新たな所領を与えたりした。

　　②　御恩に対して御家人は，戦時には軍役を，平時には京都大番役や幕府

　　　御所を警護する鎌倉番役などをつとめて，従者として奉公した。

　　③　鎌倉幕府は封建制度にもとづいて成立した最初の政権であり，守護・

　　　地頭の設置によって，はじめて日本の封建制度が国家的制度として成立

　　　した。

　　〔選択肢〕

　　A　①－正　　②－正　　③－正

```
B  ①-正    ②-正    ③-誤
C  ①-正    ②-誤    ③-誤
D  ①-正    ②-誤    ③-正
E  ①-誤    ②-正    ③-正
F  ①-誤    ②-誤    ③-正
G  ①-誤    ②-正    ③-誤
H  ①-誤    ②-誤    ③-誤
```

問 5　下線部(ウ)について，御成敗式目に関する記述の正誤の組み合わせとして
　　もっとも適切なものを一つ選んで，その記号を解答欄にマークせよ。(解
　　答番号 12)

　　①　御成敗式目は源頼朝以来の先例や武家社会の道理を基準とし，御家人
　　　の権利・義務や所領相続の規定が多い。

　　②　御成敗式目は武家法の根本法典とされ，のちの室町幕府の法や戦国大
　　　名の分国法にも影響を与えた。

　　③　御成敗式目以後に鎌倉幕府が発布した単行法令は，式目追加とよばれ
　　　た。

　〔選択肢〕

```
A  ①-正    ②-正    ③-正
B  ①-正    ②-正    ③-誤
C  ①-正    ②-誤    ③-誤
D  ①-正    ②-誤    ③-正
E  ①-誤    ②-正    ③-正
F  ①-誤    ②-誤    ③-正
G  ①-誤    ②-正    ③-誤
H  ①-誤    ②-誤    ③-誤
```

2　南北朝の合一を実現した足利義満は，1401(応永 8)年，明に使者を派遣し
　　(エ)　　　　　　　　　　　　　　　　　　　　(オ)
て，皇帝から日本国王と認められた。そこで，アジア諸国と同様に，

　(3)　　という証明書を携帯する船だけの貿易が許され，1404(応永 11)年以
　　　　　　　　　　　　　　　　　　　　　　　　　(カ)

後，朝貢形式の貿易を行った。

　応仁の乱後，幕府の権威がおとろえると，貿易の実権をめぐって，博多の商人と結んだ守護大名の大内氏は，堺の商人と結んだ細川氏と争い，その実権をにぎった。

問 6　空欄⑶に入る適切な名称を解答用紙裏面の解答欄に漢字二文字で記入せよ。(解答番号 104)

問 7　下線部(エ)について，南北朝の合一時の北朝の天皇としてもっとも適切なものを一つ選んで，その記号を解答欄にマークせよ。(解答番号 13)

　A　後小松天皇　　　　B　後亀山天皇　　　　C　後村上天皇

　D　後光厳天皇　　　　E　後嵯峨天皇

問 8　下線部(オ)に関連して，北山文化に関する記述としてもっとも適切なものを一つ選んで，その記号を解答欄にマークせよ。(解答番号 14)

　A　大和絵では，土佐光信が出て土佐派の基礎を固め，また狩野正信・元信父子は，水墨画に伝統的な大和絵の手法を取り入れ，新しく狩野派をおこした。

　B　茶道(茶の湯)では，村田珠光が出て，茶と禅の精神の統一を主張し，茶室で心の静けさを求める侘茶を創出した。

　C　神道思想による『日本書紀』などの研究が進み，吉田兼倶は反本地垂迹説にもとづき，神道を中心に儒学・仏教を統合しようとする唯一神道を完成した。

　D　観世座に出た観阿弥・世阿弥父子は，洗練された芸の美を追求して，芸術性の高い猿楽能を完成した。

問 9　下線部(カ)について，日明貿易に関する記述の正誤の組み合わせとしてもっとも適切なものを一つ選んで，その記号を解答欄にマークせよ。(解答番号 15)

　①　日本からは銅・硫黄・金・刀剣などが送られ，中国からは大量の銅銭

をはじめ，生糸や綾・錦など高級絹織物がもたらされた。

② 　足利義満の外交は先例にとらわれず，朝貢の形式をとったため批判を

よび，４代将軍足利義持のときに日明貿易は中止されたが，６代将軍足

利義教がこれを再開した。

③ 　16 世紀半ばに日明貿易は断絶し，ふたたび倭寇の活動が活発となっ

た。

〔選択肢〕

A　①－正　　　②－正　　　③－正

B　①－正　　　②－正　　　③－誤

C　①－正　　　②－誤　　　③－誤

D　①－正　　　②－誤　　　③－正

E　①－誤　　　②－正　　　③－正

F　①－誤　　　②－誤　　　③－正

G　①－誤　　　②－正　　　③－誤

H　①－誤　　　②－誤　　　③－誤

問10　下線部㈔について，1523（大永３）年，大内氏と細川氏が貿易の主導権を

めぐり争った場所としてもっとも適切なものを一つ選んで，その記号を解

答欄にマークせよ。（解答番号 16）

A　寧波　　　　　　　B　杭州　　　　　　　C　膠州

D　塩浦　　　　　　　E　乃而浦

〔Ⅲ〕　次の１と２の文章を読み，以下の設問に答えよ。（解答番号 17〜24，105〜
　　106）

　１　江戸幕府や藩の財政をささえたのは，農民から徴収される年貢や夫役であ
　　る。年貢には，田畑や屋敷地を基準にかけられる本途物成（本年貢）と，山野河
　　海の利用や副業にかけられる小物成，付加税である高掛物があった。いずれも
　　村を単位として課され，村が徴税にあたった。これを　　(1)　　という。その
　　ほか，一国単位で河川や道路の工事に徴発される国役などの夫役があった。
　　　江戸時代初期には，年貢や夫役が重く，困窮して村をはなれる農民も多かっ
　　た。江戸幕府は，1641（寛永 18）年から翌年にかけての寛永の大飢饉を契機
　　　　　　　　　　　　　　　　　　　　　　　　　　　　　　(ア)
　　に，本格的に農民対策を講ずるようになり，1643（寛永 20）年，　　(2)　　な
　　どの一連の法令を出し，農民の衣食住などにもこまかな規制を加え農村の立て
　　直しをはかった。さらに，1673（延宝元）年には，分地制限令を出し，農民が相
　　　　　　　　　　　　　　　　　　　　　　　(イ)
　　続のさいに田畑を細分化することを禁止した。このほか，検地帳に記載されて
　　いる本田で稲以外の作物の栽培を禁ずる田畑勝手作りの禁止令も出したが，現
　　　　　　　　　　　　　　　　　　　　　　　　　　　　　　　　　　　(ウ)
　　金収入をもたらす木綿や菜種などの商品作物の栽培のため，しだいに有名無実
　　化していった。

　問 1　空欄(1)に入る名称を解答用紙裏面の解答欄に漢字三文字で記入せよ。
　　　（解答番号 105）

　問 2　空欄(2)には，農地に関する法令名が入る。その法令中の文章としてもっ
　　　とも適切なものを一つ選んで，その記号を解答欄にマークせよ。（解答番
　　　号 17）
　　　A　身上能き百姓は田地を買取り，弥宜く成り，身体成らざる者は田畠を
　　　　沽却せしめ，猶々身上成るべからざるの間，向後田畠売買停止たるべき
　　　　事。（『御触書寛保集成』）
　　　B　在方のもの身上相仕舞い，江戸人別に入候儀，自今以後決して相成ら
　　　　ず。・・・近年御府内江入り込み，裏店等借請居り候者の内ニハ妻子等
　　　　も之無く，一期住み同様のものも之有るべし。左様の類ハ早々村方江呼

戻し申すべき事。・・・（『牧民金鑑』）

C　名主，百姓，田畑持候大積り，名主弐拾石以上，百姓は拾石以上，そ
れより内ニ持候者は石高猥りに分ケ申間敷旨御公儀様より仰せ渡され候
間，自今以後其旨堅く相守り申すべき旨仰せ付けられ畏奉り候。若相背
し候ハヾ，何様の曲事ニも仰せ付らるべく候事。（『憲教類典』）

D　百姓は農具さへもち，耕作専に仕り候へハ，子々孫々まで長久に候。
百姓御あはれミをもって，此の如く仰せ出され候。誠に国土安全万民快
楽の基也。右道具急度取り集め，進上有るべく候也。（『小早川家文書』）

問 3　下線部(ア)に関連して，百姓一揆は大飢饉のときに激増した。百姓一揆に
関する記述の正誤の組み合わせとしてもっとも適切なものを一つ選んで，
その記号を解答欄にマークせよ。（解答番号 18）

①　百姓一揆は江戸時代を通じて約 3,200 件あったことが判明している
が，享保期以降にとくに頻発するようになった。

②　17 世紀後半からは代表越訴型一揆が増え，17 世紀末になると，広い
地域にわたる大規模な惣百姓一揆も各地でみられるようになった。

③　百姓一揆の連判は，首謀者を不明確にし，また団結の意味をこめてつ
くられた。

〔選択肢〕

A　①－正　　②－正　　③－正

B　①－正　　②－正　　③－誤

C　①－正　　②－誤　　③－誤

D　①－正　　②－誤　　③－正

E　①－誤　　②－正　　③－正

F　①－誤　　②－誤　　③－正

G　①－誤　　②－正　　③－誤

H　①－誤　　②－誤　　③－誤

問 4　下線部(イ)について，分地制限令を出した将軍の人名としてもっとも適切
なものを一つ選んで，その記号を解答欄にマークせよ。（解答番号 19）

　　A　徳川家綱　　　　B　徳川綱吉　　　　C　徳川家宣

　　D　徳川家継　　　　E　徳川家重

問5　下線部(ウ)に関連して，17世紀後半以降の1世紀のあいだの農業生産の
　　進展について記述した文章として適切でないものを一つ選んで，その記号
　　を解答欄にマークせよ。(解答番号20)

　　A　農業技術は，鉄製の農具である深耕用の備中鍬，脱穀用の千歯扱が工
　　　夫され，選別用の唐箕や千石箕，灌漑用の踏車などが考案されて，村々
　　　に広く普及した。

　　B　肥料では，綿などの商品作物生産が発達したところでは，遠隔地から
　　　の干鰯・〆粕・油粕・糠などが，金肥として普及した。

　　C　農業技術を教える書籍も普及し，17世紀末には日本における最初の
　　　体系的農書として宮崎安貞の『広益国産考』が著された。

　　D　新田開発や技術の革新により石高は大幅に増加し，田畑面積は江戸時
　　　代初めの164万町歩から，18世紀初めには297万町歩へと激増し，幕
　　　府や大名の年貢収入も大きく増えた。

2　1841(天保12)年，老中首座水野忠邦は12代将軍 [(3)] のもとで幕政の
改革に着手した(天保の改革)。享保・寛政の改革を模範とした水野忠邦は，幕
臣に質素・倹約を命ずるとともに，庶民に対しても徹底した風俗の取り締まり
(エ)
をおこなった。物価高騰をおさえるため物価引下令を発するとともに，株仲間
による流通独占が物価高騰の原因とみて，1841(天保12)年に株仲間の解散を
命じたが，かえって商品流通の混乱をまねくことになった。また [(4)] を
出して旗本・御家人の救済をはかり，農村の復興と江戸の治安維持をねらっ
て，農民が村を離れて江戸の人別にはいることの禁止や，江戸へ流入した貧民
の帰郷強制などを命じた人返し令を出した。

　改革中も，対外関係は緊迫の度を増していた。水野忠邦が改革に着手する前
年の1840(天保11)年，アヘン戦争(1840〜42年)で清国がイギリスに大敗を喫
したという情報が幕府にもたらされた。危機感をもった幕府は翌年，長崎の西
洋流砲術家 [(5)] に武蔵徳丸原で演習をおこなわせ，1842(天保13)年に

は異国船打払令にかえて薪水給与令を出した。
(ｵ)

問6　空欄(3)に当てはまる人名としてもっとも適切なものを一つ選んで，その
　　記号を解答欄にマークせよ。(解答番号21)

A　徳川家治　　　　　B　徳川家斉　　　　　C　徳川家慶

D　徳川家定　　　　　E　徳川家茂

問7　空欄(4)に入る名称を解答用紙裏面の解答欄に漢字三文字で記入せよ。
　　(解答番号106)

問8　空欄(5)に当てはまる人名としてもっとも適切なものを一つ選んで，その
　　記号を解答欄にマークせよ。(解答番号22)

A　村田清風　　　　　B　調所広郷　　　　　C　藤田東湖

D　高島秋帆　　　　　E　江川太郎左衛門

問9　下線部(ｴ)について，寛政の改革に関する記述として適切でないものを一
　　つ選んで，その記号を解答欄にマークせよ。(解答番号23)

A　飢饉に備えて，各地に社倉・義倉をつくらせて米穀を蓄えさせた(囲
　　米)。

B　治安対策として人別改めを強めるとともに石川島に人足寄場を設け，
　　無宿人を強制的に収容し，技術を身につけ職業をもたせようと試みた。

C　大名の末期養子の禁止を緩和し，牢人の増加を防ぐ一方，江戸に住む
　　牢人とともにかぶき者の取締りを強化した。

D　朱子学を正学とし，湯島聖堂の学問所で朱子学以外(異学)の講義や研
　　究を禁じ，学術試験をおこなって人材登用につなげた。

問10　下線部(ｵ)について，1825(文政8)年，異国船打払令の出された文化・文
　　政年間の文化に関する記述としてもっとも適切なものを一つ選んで，その
　　記号を解答欄にマークせよ。(解答番号24)

A　文学では，大坂の町人井原西鶴が仮名草子を発展させ，浮世草子と呼

　　　ばれる本格的な小説を書いた。

　　B　陶器では，京都の野々村仁清が，色絵の技法を完成させて京焼の祖と
　　　なり，尾形乾山は装飾的な色絵を用いたすぐれた作品を残した。

　　C　染織では，京都の宮崎友禅がはじめた友禅染が流行し，また，西陣織
　　　などの華麗な織物がつくられるようになった。

　　D　浮世絵では，葛飾北斎が『富嶽三十六景』，歌川(安藤)広重が『東海道
　　　五十三次』などの風景画をえがいた。

〔Ⅳ〕　次の1と2の文章を読み，以下の設問に答えよ。(解答番号 25〜32，107〜
　　108)

1　アジアに勢力をのばそうとしていたイギリスは，オランダがナポレオンに征
　服されるとその植民地をおさえ，東洋貿易を独占しようとした。1808(文化5)
　年には，<u>イギリス軍艦フェートン号がオランダ商船を捕獲するため長崎港に侵
　入するという衝撃的な事件がおこった。</u>
　　　　(ア)

　　アヘン戦争により清がイギリスにやぶれ，欧米諸国の軍事的優位が明らかに
　なったことを受けて，幕府は1842(天保13)年に薪水給与令を発した。しかし
　幕府は鎖国政策自体を捨てる気はなく，<u>オランダ国王の開国勧告</u>に対して，開
　　　　　　　　　　　　　　　　　　　　　　(イ)
　国をこばんだ。

　　1854(嘉永7)年，幕府はついに日米和親条約に調印した。続いて幕府は，イ
　ギリス・ロシア・オランダとも同様の条約を締結した。ここに2世紀にわたる
　<u>鎖国</u>は終わった。1858(安政5)年，第2次アヘン戦争(アロー戦争)でイギリス
　(ウ)
　・フランスが清をやぶると，同年6月，大老　(1)　は勅許を得ないまま<u>日
　　　　　　　　　　　　　　　　　　　　　　　　　　　　　　　　(エ)
　米修好通商条約</u>に調印した。ついでオランダ・ロシア・イギリス・　(2)
　とも同様の条約を締結した(安政の五カ国条約)。

　問1　空欄(1)と(2)に当てはまる用語の組み合わせとしてもっとも適切なものを
　　　一つ選んで，その記号を解答欄にマークせよ。(解答番号 25)

　　A　(1)　堀田正睦　　　(2)　フランス

B　(1)　堀田正睦　　　(2)　スペイン

C　(1)　井伊直弼　　　(2)　フランス

D　(1)　井伊直弼　　　(2)　スペイン

問 2　下線部㋐に関連して，この事件の責任をとって切腹した長崎奉行の人物
　　名を解答用紙裏面の解答欄に漢字四文字で記入せよ。（解答番号 107）

問 3　下線部㋑に関連して，①から③は欧米の進出に関わって生じた出来事で
　　ある。年代の古いものから順に並べたものとしてもっとも適切なものを一
　　つ選んで，その記号を解答欄にマークせよ。（解答番号 26）

①　アメリカ船モリソン号が，相模の浦賀と薩摩の山川で撃退された。

②　ロシア使節レザノフが長崎に入港して通商を求めた。

③　アメリカ東インド艦隊司令官ビッドルが浦賀に来航して通商を要求し
　　た。

〔選択肢〕

A　①②③　　　　　B　①③②　　　　　C　②①③

D　②③①　　　　　E　③①②　　　　　F　③②①

問 4　下線部㋒に関連して，鎖国に関する記述の正誤の組み合わせとしてもっ
　　とも適切なものを一つ選んで，その記号を解答欄にマークせよ。（解答番
　　号 27）

①　鎖国という言葉の使用は，オランダ商館医として来日したドイツ人医
　　師シーボルトの『日本誌』の一章を，オランダ通詞志筑忠雄が『鎖国論』と
　　題して訳したことにはじまる。

②　徳川家光はキリスト教関係以外の漢訳洋書の輸入を認め，野呂元丈・
　　青木昆陽にオランダ語の習得を命じた。

③　鎖国により，オランダはマカオにおいた東インド会社の支店として長
　　崎の出島に商館をおいた。

〔選択肢〕

A　①-正　　　②-正　　　③-正

  B　①－正　　②－正　　③－誤

  C　①－正　　②－誤　　③－誤

  D　①－正　　②－誤　　③－正

  E　①－誤　　②－正　　③－正

  F　①－誤　　②－誤　　③－正

  G　①－誤　　②－正　　③－誤

  H　①－誤　　②－誤　　③－誤

問 5　下線部(エ)に関連して，次の図 1 は日米修好通商条約後の貿易品の品目構
　　成比と横浜港における貿易相手国を表したものである。図中の②と③に当
　　てはまる用語の組み合わせとしてもっとも適切なものを一つ選んで，その
　　記号を解答欄にマークせよ。(解答番号 28)

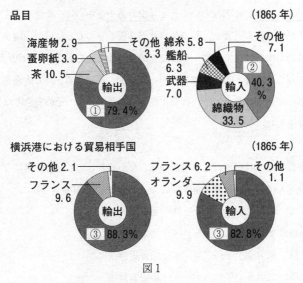

図 1

出典：『幕末貿易史の研究』

〔選択肢〕

　A　②　毛織物　　　③　アメリカ

　B　②　毛織物　　　③　イギリス

　C　②　生糸　　　　③　アメリカ

　D　②　生糸　　　　③　イギリス

2　第一次世界大戦後の人々の生活向上意欲の向かうところは，おおむね母親は
家庭を守り，子どもは教育を受ける，そしてできれば都市近郊の文化住宅に住
むという，文化的家庭生活の実現であった。しかしそれは同時に，多くの女性
にははたらく場を家庭内に限らせ，良妻賢母として生きることを強いる，新たな
抑圧の発生でもあった。なに不自由のない家庭の妻ノラの家出を描いたイプセ
ンの『人形の家』が，　　(3)　　によって 1911(明治 44)年に上演され脚光を浴
びたのは，その矛盾に多くの人が気づきはじめていたことのあらわれであっ
た。

　当然家庭の束縛から積極的に脱しようとする女性もあらわれた。平塚らいて
うら，1911(明治 44)年に結成された青鞜社に集う人々であった。彼女らは，
　　　　　　　　　　　　　　　　　(オ)
やがてその生活向上のシンボルである家庭が同時に抑圧のシンボルにもなりう
る矛盾を深くえぐる存在として受け入れられるようになった。

　1918(大正 7)年には平塚らいてうと与謝野晶子を中心に，女性の自立には国
(カ)　　　　　　　　　　　　　　(キ)
家による母性保護が必要か，経済的自立が必要かをめぐるはげしい論争がたた
かわされた。そして彼女らの一部は積極的に政治運動を展開し，1920(大正 9)
年には平塚らいてう・市川房枝らを中心に，　　(4)　　第 5 条の撤廃を求める
新婦人協会が結成された。また社会主義者山川菊栄らは，その動きとは別に赤
　　　　　　　　　　　　　　　(ク)
瀾会を組織した。

問 6　空欄(3)と(4)に当てはまる用語の組み合わせとしてもっとも適切なものを
　　　一つ選んで，その記号を解答欄にマークせよ。(解答番号 29)

　　　A　(3)　奥むめお　　　　(4)　治安維持法

　　　B　(3)　奥むめお　　　　(4)　治安警察法

　　　C　(3)　松井須磨子　　　(4)　治安維持法

　　　D　(3)　松井須磨子　　　(4)　治安警察法

問 7　下線部(オ)が発行した雑誌は，その創刊号の一文で，「元始，女性は実に
　　　　(5)　　であった。」と宣言した。空欄(5)にあてはまる言葉を解答用紙裏
　　　面の解答欄に漢字二文字で記入せよ。(解答番号 108)

問 8　下線部(カ)に関連して，1918(大正7)年におこった出来事として適切でな・
い・も・の・を一つ選んで，その記号を解答欄にマークせよ。(解答番号30)

A　大学令の制定や高等学校令の改正がおこなわれた。

B　富山県での米価高騰に対する漁村の主婦たちの蜂起を機に，米価引下
げ・安売りを要求した騒動が起こった。

C　京都帝国大学教授の滝川幸辰が危険思想の持ち主として休職処分を受
けると，法学部の全教官が抗議して辞表を提出した事件が起こった。

D　立憲政友会総裁原敬のひきいる，陸・海軍大臣，外務大臣以外のすべ
ての閣僚を政友会員で占める，本格的な政党内閣が誕生した。

問 9　下線部(キ)に関連して，①から③は近代文学の作者と作品の組み合わせで
ある。その正誤の組み合わせとしてもっとも適切なものを一つ選んで，そ
の記号を解答欄にマークせよ。(解答番号31)

①　森鷗外 – 武蔵野

②　樋口一葉 – 若菜集

③　与謝野晶子 – みだれ髪

〔選択肢〕

A　①－正　　　②－正　　　③－正

B　①－正　　　②－正　　　③－誤

C　①－正　　　②－誤　　　③－誤

D　①－正　　　②－誤　　　③－正

E　①－誤　　　②－正　　　③－正

F　①－誤　　　②－誤　　　③－正

G　①－誤　　　②－正　　　③－誤

H　①－誤　　　②－誤　　　③－誤

問10　下線部(ク)に関連して，山川菊栄に関する記述としてもっとも適切なもの
を一つ選んで，その記号を解答欄にマークせよ。(解答番号32)

A　硯友社結成に参加し，言文一致体の短編集『夏木立』や小説『胡蝶』を書
いた。

　　B　日本労働総同盟で女性労働者を組織した。第二次世界大戦後は，参議
　　　　院議員となり活躍した。

　　C　内縁の夫大杉栄と共に無政府主義運動に活躍した。関東大震災の時，
　　　　甘粕正彦憲兵大尉に殺害された。

　　D　第二次世界大戦後，初の労働省婦人少年局長となった。

〔Ⅴ〕　次の 1 と 2 の文章を読み，以下の設問に答えよ。(解答番号 33〜40，109〜
　　110)

　1　近代以降，陸上交通の中心は徒歩から鉄道に移ったが，東海道は東京から関
　　　　　　　　　　　　　　　　　　(ア)　　　　　　　　(イ)
　　西，さらには大陸へつながる経路として重視された。　(1)　　停車場は文明
　　開化を象徴する近代建築として新名所になり，1899(明治 32)年には，全国各
　　地の鉄道沿線の駅名と風物とを歌いこんだ『鉄道唱歌』が発表されて国民的歌謡
　　　　　　　　　　　　　　　　　　(ウ)
　　となったが，その歌詞は東海道にはじまるものであった。こうして，東海道は
　　人々にいっそう身近な交通路となったのである。

　　　このように鉄道が普及した一方で，伝統的な宿場町の多くは衰退せざるをえ
　　　　　　　　　　　　　　　　　　　　(エ)
　　なかった。東海道の宿場町の一つである大磯宿も例外ではなかったが，その自
　　然の美しさから海水浴地として注目されるようになり，　(2)　　をはじめと
　　する著名人の別荘地としても発展した。なお，　(2)　　内閣は府県制や軍部
　　大臣現役武官制を制定した。

　問 1　空欄(1)と(2)に当てはまる用語の組み合わせとしてもっとも適切なものを
　　　　一つ選んで，その記号を解答欄にマークせよ。(解答番号 33)

　　　　A　(1)　新橋　　　　　(2)　西園寺公望

　　　　B　(1)　新橋　　　　　(2)　山県有朋

　　　　C　(1)　横浜　　　　　(2)　西園寺公望

　　　　D　(1)　横浜　　　　　(2)　山県有朋

　問 2　下線部(ア)に関連して，次の図 1 は鉄道の発展を表したものである。図中

の 1904(明治 37)年から 1908(明治 41)年の間に，ある法律が制定され，主要な民営鉄道が買収されて，国有鉄道が圧倒的な比重を占めるようになった。この法律の名称を解答用紙裏面の解答欄に漢字五文字で記入せよ。

(解答番号 109)

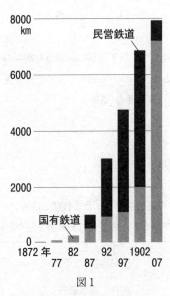

図1

出典：『日本経済統計総観』

問 3　下線部(イ)に関連して，以下の記述の正誤の組み合わせとしてもっとも適切なものを一つ選んで，その記号を解答欄にマークせよ。(解答番号 34)

①　五街道とは，東海道をはじめ，中山道・甲州道中・日光道中・伊勢街道をさす。

②　公用の人馬の割り当ては助郷役とよばれ，宿場に課せられた。

③　宿駅には大名らが利用する本陣・脇本陣，また旅行者のための旅籠屋などが設けられた。

〔選択肢〕

　A　①-正　　　　②-正　　　③-正

B　①－正　　　②－正　　　③－誤

C　①－正　　　②－誤　　　③－誤

D　①－正　　　②－誤　　　③－正

E　①－誤　　　②－正　　　③－正

F　①－誤　　　②－誤　　　③－正

G　①－誤　　　②－正　　　③－誤

H　①－誤　　　②－誤　　　③－誤

問 4　下線部(ウ)に関連して，以下は『鉄道唱歌』の歌詞の一部である。空欄(3)に当てはまる用語としてもっとも適切なものを一つ選んで，その記号を解答欄にマークせよ。(解答番号 35)

鉄道唱歌

一　汽笛一聲(中略)

・・・

四六　　(3)　　の塔を左にて　とまれば七條ステーション

京都々々とよびたつる　驛夫のこえも勇ましや

〔選択肢〕

A　西本願寺　　　　B　東本願寺　　　　C　方広寺

D　大徳寺　　　　E　高台寺　　　　F　東寺

問 5　下線部(エ)に関連して，東海道の宿場町または関所として適切でないものを一つ選んで，その記号を解答欄にマークせよ。(解答番号 36)

A　箱根　　　　B　新居　　　　C　栗橋

D　大津　　　　E　品川

2　明治十四年の政変により大隈重信が下野すると，政府は三菱会社に対抗して
　(オ)　　　　　　　　　　　　　　　　　　　　　　　　　(カ)
共同運輸会社を設立させた。両者の競争は激烈をきわめたので，結局，1885
(明治 18)年に合併して半官半民の日本郵船会社が成立し，国内航路をおさえた。同社はその後，　(4)　など政府の海運保護政策もあって，しだいに遠

洋航路にのりだしていった。

　第二次世界大戦後の 1964(昭和 39)年，東海道新幹線が開通すると，東京～
大阪間を約 4 時間で結んだ。もはや東海道の往来は「旅」ではなく「移動」にな
り，マイカーの普及と高速道路の開通は，自動車での往来をも可能にした。交
通網の拡充は高度経済成長をささえる一因となり，東海道新幹線にそうエリア
は工業地域として，あるいは住宅地として開発がすすめられた。

問 6　空欄(4)は，総トン数 1000 トン・速力 10 ノット以上の鉄鋼汽船に奨励金
　　　を交付する法律である。この法律の名称を解答用紙裏面の解答欄に漢字五
　　　文字で記入せよ。(解答番号 110)

問 7　下線部(オ)に関連して，①から③は明治十四年の政変前後の出来事であ
　　　る。年代の古いものから順に並べたものとしてもっとも適切なものを一つ
　　　選んで，その記号を解答欄にマークせよ。(解答番号 37)
　　①　立憲改進党の結党
　　②　集会条例の公布
　　③　国会開設の勅諭
　　〔選択肢〕
　　　A　①②③　　　　　　B　①③②　　　　　　C　②①③
　　　D　②③①　　　　　　E　③①②　　　　　　F　③②①

問 8　下線部(カ)に関連して，次の図 2 は三菱や三井などの財閥コンツェルンが
　　　経済的支配力を増した第一次世界大戦期における産業構造の変化を示した
　　　ものである。図中の①から③に当てはまる用語の組み合わせとしてもっと
　　　も適切なものを一つ選んで，その記号を解答欄にマークせよ。(解答番号 38)

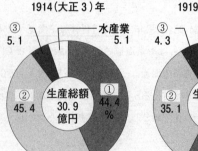

図 2

〔選択肢〕

A　① 農業　　　② 工業　　　③ 鉱業

B　① 農業　　　② 鉱業　　　③ 工業

C　① 工業　　　② 農業　　　③ 鉱業

D　① 工業　　　② 鉱業　　　③ 農業

E　① 鉱業　　　② 農業　　　③ 工業

F　① 鉱業　　　② 工業　　　③ 農業

問 9　下線部(キ)に関連して，以下の①から③について，東海道新幹線開通後の出来事に関する正誤の組み合わせとしてもっとも適切なものを一つ選んで，その記号を解答欄にマークせよ。（解答番号 39）

①　農業基本法の制定

②　民主社会党の結成

③　日本万国博覧会の開催

〔選択肢〕

A　①－正　　②－正　　③－正

B　①－正　　②－正　　③－誤

C　①－正　　②－誤　　③－誤

D　①－正　　②－誤　　③－正

E　①－誤　　②－正　　③－正

F　①－誤　　②－誤　　③－正

G　①－誤　　　②－正　　　③－誤

H　①－誤　　　②－誤　　　③－誤

問10　下線部(ク)に関連して，次の図 3 は耐久消費財の普及率(左図)と，輸送機
　　　関別国内旅客輸送分担率の推移(右図)を表している。図中の①と④に当て
　　　はまる用語の組み合わせとしてもっとも適切なものを一つ選んで，その記
　　　号を解答欄にマークせよ。(解答番号 40)

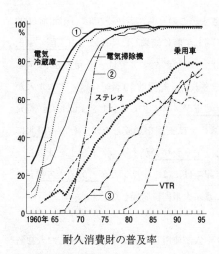

耐久消費財の普及率

出典：『家計消費の動向』

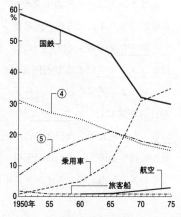

輸送機関別国内旅客輸送分担率の推移

出典：『運輸経済統計要覧』

図 3

〔選択肢〕

A　①　電気洗たく機　　　④　民鉄

B　①　電気洗たく機　　　④　バス

C　①　カラーテレビ　　　④　民鉄

D　①　カラーテレビ　　　④　バス

世界史

（2 科目 120 分）

〔Ⅰ〕　次の文章を読み，下記の設問に答えなさい。

　　オリエントは，今日の中東地域をさす。このうちエジプトでは，紀元前 3000
年頃にファラオによる統一国家がつくられ，特に繁栄した時代は，古王国，中王
国，新王国の 3 期に区分される。また，メソポタミアでは，紀元前 3000 年頃
にシュメール人による都市国家が形成された。紀元前 19 世紀には，アムル人が
古バビロニア王国をおこし，ハンムラビ王がメソポタミア全土を支配した。紀元
前 11 世紀末には，ヘブライ人がパレスチナに王国を形成したが，その後南北に
分裂した。紀元前 7 世紀前半になると，アッシリアがオリエント全土を征服し，
最初の世界帝国となった。紀元前 6 世紀半ばには，イラン人がアケメネス朝をお
こし，エーゲ海北岸からインダス川に及ぶ大帝国に発展した。

問 1　下線部(ア)に関連し，古代エジプト人が使用した神聖文字を解読した人物名
　　　を解答番号(101)に記入しなさい。

問 2　下線部(イ)に関連し，①と②の文の正誤の組合せとして最も適したものを下
　　　から一つ選び，解答番号(1)の記号にマークしなさい。
　　①　都は巨大なピラミッドが建造されたギザに置かれた。
　　②　ファラオは太陽神ラーの化身として崇められ，絶大な権力を持ってい
　　　　た。
　　　A　①-正　②-正　　　　　　　B　①-正　②-誤
　　　C　①-誤　②-正　　　　　　　D　①-誤　②-誤

問 3　下線部(ウ)に関連し，その都が置かれた地名を解答番号(102)に記入しなさ
　　　い。

問 4　下線部(エ)に関連し，①〜③の出来事を年代の古い順に正しく並べたものを
　　　下から一つ選び，解答番号(2)の記号にマークしなさい。

① ラメス 2 世の治世に繁栄期を迎え，建築活動が盛んに行われた。

② アメンホテプ 4 世がアマルナに遷都し，太陽を唯一神とする宗教改革を
　　断行した。

③ シリア方面から侵入したアジア系遊牧民のヒクソスを追放した。

　　A　①→②→③　　　　　　　　B　①→③→②

　　C　②→①→③　　　　　　　　D　②→③→①

　　E　③→①→②　　　　　　　　F　③→②→①

問 5　下線部(オ)に関連し，①と②の文の正誤の組合せとして最も適したものを下
　　　から一つ選び，解答番号(3)の記号にマークしなさい。

① 六十進法や太陽暦を用いた。

② 楔形文字を使い始めた。

　　A　①−正　②−正　　　　　　B　①−正　②−誤

　　C　①−誤　②−正　　　　　　D　①−誤　②−誤

問 6　下線部(カ)に関連し，ハンムラビ法典に関する説明として最も適したものを
　　　下から一つ選び，解答番号(4)の記号にマークしなさい。

　　A　「目には目を，歯には歯を」の同害復讐法の原則に基づいている。

　　B　イギリスのヴェントリスらによって解読された楔形文字で記されてい
　　　　る。

　　C　主に刑法を中心とした各地の慣習法を集大成したものである。

　　D　被害者の身分の違いによる刑罰の差はなかった。

問 7　下線部(キ)に関連し，誤りのあるものを下から一つ選び，解答番号(5)の記号
　　　にマークしなさい。

　　A　多神教が一般的なオリエントの諸民族の中で，唯一神ヤハウェを信仰し
　　　　ていた。

　　B　預言者メシアに率いられてエジプトを脱出したとする伝承を持ってい

た。

C　選民思想や救世主を待望する信仰を持つユダヤ教を確立した。

D　彼ら自身はイスラエル人と称した。

問 8　下線部(ク)に関連し，①と②の文の正誤の組合せとして最も適したものを下
　　から一つ選び，解答番号(6)の記号にマークしなさい。

①　北のユダ王国は，アッシリアに滅ぼされた。

②　南のイスラエル王国は，新バビロニア王国に征服され，住民がバビロン
　　に連れ去られた。

　　A　①-正　②-正　　　　　　　　B　①-正　②-誤

　　C　①-誤　②-正　　　　　　　　D　①-誤　②-誤

問 9　下線部(ケ)に関連し，誤りのあるものを下から一つ選び，解答番号(7)の記号
　　にマークしなさい。

A　鉄製の武器と戦車を装備し，騎馬隊も組織することで勢力を伸ばした。

B　ダマスクスを首都とした。

C　国内を州に分け，駅伝制を設け，各地に総督を置いた。

D　滅亡後は，エジプト，リディア，新バビロニア，メディアの 4 王国が分
　　立した。

問10　下線部(コ)に関連し，アケメネス朝の建国と最も時期が近い出来事を下から
　　一つ選び，解答番号(8)の記号にマークしなさい。

A　アテネで僭主政治が確立した。

B　ローマで共和政が始まった。

C　インドでマウリヤ朝が成立した。

D　中国で戦国時代が始まった。

〔Ⅱ〕 次の文章を読み，下記の設問に答えなさい。

　　7世紀に誕生した<u>イスラーム教</u>は，その後の世界史を大きく変えた。<u>ムハンマ
　　　　　　　　　　　（ア）　　　　　　　　　　　　　　　　　　　　　　　　　（イ）
ド</u>に始まるイスラーム世界では，<u>正統カリフ時代</u>をへて，661 年に<u>ウマイヤ朝</u>が
　　　　　　　　　　　　　　　（ウ）　　　　　　　　　　　　　（エ）
成立した。その滅亡後は，<u>アッバース朝</u>が成立して広大な領域を支配したが，北
　　　　　　　　　　　　（オ）
アフリカの<u>ファーティマ朝</u>やイベリア半島の<u>後ウマイヤ朝</u>の君主もカリフを称す
　　　　　　（カ）　　　　　　　　　　　　　　　　（キ）
るようになり，イスラーム世界は分裂した。イスラーム教は，<u>インド</u>，東南アジ
　　　　　　　　　　　　　　　　　　　　　　　　　　　　　　　（ク）
ア，<u>アフリカ</u>にも広まった。イスラーム世界の<u>学問</u>は，アラビア語を共通言語と
　　（ケ）　　　　　　　　　　　　　　　　　　　（コ）
して発展した。

問 1　下線部(ア)に関連し，①と②の文の正誤の組合せとして最も適したものを下
　　　から一つ選び，解答番号(9)の記号にマークしなさい。

　　①　「クルアーン(コーラン)」を聖典とし，偶像崇拝を容認している。

　　②　『旧約聖書』や『新約聖書』も啓典とし，ユダヤ教徒やキリスト教徒を保護
　　　　すべき「啓典の民」と見なしている。

　　　A　①-正　②-正　　　　　　　　B　①-正　②-誤

　　　C　①-誤　②-正　　　　　　　　D　①-誤　②-誤

問 2　下線部(イ)に関連し，誤りのあるものを下から一つ選び，解答番号(10)の記号
　　　にマークしなさい。

　　A　メッカに住むクライシュ族の一人で商業に従事していた。

　　B　富の独占を批判したため，メッカの大商人から迫害された。

　　C　メッカからメディナに移住し，イスラーム教徒の共同体(ウンマ)を建設
　　　　した。

　　D　弟子たちによるメッカ征服の前に死亡した。

問 3　下線部(ウ)に関連し，第 4 代の正統カリフだった人物名を解答番号(103)に
　　　記入しなさい。

問 4　下線部(エ)に関連し，①と②の文の正誤の組合せとして最も適したものを下

から一つ選び，解答番号(11)の記号にマークしなさい。

① トゥール・ポワティエ間の戦いでフランク王国を破った。

② 征服地の異教徒がイスラーム教に改宗すれば，地租(ハラージュ)や人頭税(ジズヤ)を免除した。

```
A  ①-正  ②-正            B  ①-正  ②-誤
C  ①-誤  ②-正            D  ①-誤  ②-誤
```

問 5　下線部(オ)に関連し，①～③の出来事を年代の古い順に正しく並べたものを下から一つ選び，解答番号(12)の記号にマークしなさい。

① マムルークをカリフの親衛隊として用いた。

② ハールーン＝アッラシードの治世下で黄金時代を迎えた。

③ マンスールがバグダードを建設した。

```
A  ①→②→③            B  ①→③→②
C  ②→①→③            D  ②→③→①
E  ③→①→②            F  ③→②→①
```

問 6　下線部(カ)に関連し，誤りのあるものを下から一つ選び，解答番号(13)の記号にマークしなさい。

A　シーア派の一派がベルベル人を組織して建てた王朝である。

B　君主はムハンマドの直系の子孫であることを主張した。

C　10世紀後半にエジプトを征服し，首都のアレキサンドリアを建設した。

D　現存するイスラーム最古の大学であるアズハル学院を建立した。

問 7　下線部(キ)に関連し，①と②の文の正誤の組合せとして最も適したものを下から一つ選び，解答番号(14)の記号にマークしなさい。

① グラナダを首都とし，高度なイスラーム文化を生み出した。

② 10世紀のアブド＝アッラフマーン3世の時代に最盛期を迎えた。

```
A  ①-正  ②-正            B  ①-正  ②-誤
C  ①-誤  ②-正            D  ①-誤  ②-誤
```

問 8　下線部(ク)に関連し，インドで最初のイスラーム政権である奴隷王朝を建設した人物名を解答番号(104)に記入しなさい。

問 9　下線部(ケ)に関連し，西アフリカを含む地域を支配した①〜③のイスラーム王朝を成立年の古い順に正しく並べたものを下から一つ選び，解答番号(15)の記号にマークしなさい。

①　マリ王国

②　ソンガイ王国

③　ムラービト朝

A　①→②→③　　　　　　　　　　B　①→③→②

C　②→①→③　　　　　　　　　　D　②→③→①

E　③→①→②　　　　　　　　　　F　③→②→①

問10　下線部(コ)に関連し，著者と著書の組合せとして最も適したものを下から一つ選び，解答番号(16)の記号にマークしなさい。

A　ラシード＝アッディーン　－　『集史』

B　イブン＝ハルドゥーン　－　『医学典範』

C　イブン＝バットゥータ　－　『世界史序説』

D　イブン＝シーナー　－　『旅行記(三大陸周遊記)』

〔Ⅲ〕　次の文章（1〜2）を読み，下記の設問に答えなさい。

1　北魏の皇帝である　　（1）　　は，税収を確保するために均田制を実施した。
　　　　　　　　　　　　　　　　　　　　　　　　　　　　　（ア）
　その後，この土地制度は隋，唐でも実施されたが，8世紀になり唐の支配体制
　　　　　　　　　　　　　　　　　　　　　　　　　　　　　　　　（イ）
　が動揺すると，唐から宋の時代にかけて土地私有制が進展した。
　　（ウ）
　　　そのような中で，南宋では江南の開発がすすみ，人々は経済的繁栄を謳歌し
　　　　　　　　　　　（エ）
　た。

　問1　空欄(1)にあてはまる最も適した人物名を解答欄(105)に漢字で記入しな
　　　さい。

　問2　下線部(ア)に関連し，北魏の均田制に関する①と②の文の正誤の組合せと
　　　して最も適したものを下から一つ選び，解答番号(17)の記号にマークしなさ
　　　い。

　　　①　妻や奴婢にも給田された。
　　　②　給田された土地は子孫に引き継がれた。

　　　　A　①−正　②−正　　　　　　　　B　①−正　②−誤
　　　　C　①−誤　②−正　　　　　　　　D　①−誤　②−誤

　問3　下線部(イ)に関連し，誤りのあるものを下から一つ選び，解答番号(18)の記
　　　号にマークしなさい。

　　　A　府兵制から傭兵をもちいる募兵制に切りかえられた。

　　　B　有力な節度使が地方の行政・財政の実権をにぎって自立の勢いを示し
　　　　た。

　　　C　安史の乱の最中に両税法が導入された。

　　　D　黄巣の乱の結果，貴族は没落した。

　問4　下線部(ウ)に関連し，誤りのあるものを下から一つ選び，解答番号(19)の記
　　　号にマークしなさい。

　　　A　唐の宰相楊炎が，農民の土地所有を公認した。

B　貨幣経済の進展のなかで富裕になった人々が土地を買い集めて地主となった。

C　宋では，土地は形勢戸といわれる小作人に耕作させることが一般的であった。

D　宋では，小作料は収穫物の半分程度であった。

問5　下線部(エ)に関連し，誤りのあるものを下から一つ選び，解答番号(20)の記号にマークしなさい。

A　大量の銅銭が発行され，主貨幣として最も広く流通した。

B　長江下流地域でも囲田などが造成されて，稲田の面積が急速に増大した。

C　中国経済の中心が西北地域から東南の江蘇，浙江，福建などの地域へ移動した。

D　商人は営業独占や互助などの目的で作という商人組合を結成した。

2　明の時代になると，農業生産は拡大し，長江中流域はあらたな穀倉地帯となり，「　(2)　熟すれば天下足る」と称せられた。農業以外の商工業も著しく発展した。また，『農政全書』など科学技術書がつくられ，農業や商工業の発展
(オ)
(カ)
に貢献した。

　経済の発展に伴い税制改革が実施され，16世紀には一条鞭法の改革がおこ
(キ)
なわれた。その後，清代になると地丁銀制が導入された。
(ク)

問6　空欄(2)にあてはまる最も適した語句を解答欄(106)に漢字で記入しなさい。

問7　下線部(オ)に関連し，誤りのあるものを下から一つ選び，解答番号(21)の記号にマークしなさい。

A　景徳鎮は，明代に政府直営の工場が建てられたことで，中国随一の窯業都市として繁栄した。

B　生糸や陶磁器は日本やアメリカ大陸・ヨーロッパに輸出される貴重な

国際商品であった。

C　綿花栽培は中国全土に拡大して，人々の衣類が麻から木綿に変化した。

D　公行とよばれる特権商人は，明王朝と結びつき巨大な富を築いた。

問 8　下線部(カ)に関連し，最も適したものを下から一つ選び，解答番号(22)の記号にマークしなさい。

A　『崇禎暦書』は李時珍によって完成された。

B　『農政全書』にはヨーロッパの知識や技術が導入されている。

C　『天工開物』は，旧来の薬物書を整理したもので，海外の医学にも大きな影響を与えた。

D　『本草綱目』は徐光啓によって著された。

問 9　下線部(キ)に関連し，①と②の文の正誤の組合せとして最も適したものを下から一つ選び，解答番号(23)の記号にマークしなさい。

①　複雑化していた租税と徭役は一本化された。

②　広く流通するようになった銀で納税された。

A　①-正　②-正　　　　　　　　　B　①-正　②-誤

C　①-誤　②-正　　　　　　　　　D　①-誤　②-誤

問10　下線部(ク)に関連し，誤りのあるものを下から一つ選び，解答番号(24)の記号にマークしなさい。

A　丁税は所有する土地に課せられた税であった。

B　貧農の増加や虚偽申告等により地税の徴収が困難となったために導入された。

C　人頭税を土地税にくりこみ単一税とした。

D　雍正帝の時代に中国全土で実施された。

〔**Ⅳ**〕　次の文章（1～2）を読み，下記の設問に答えなさい。

1　18 世後半になると，北アメリカの植民地側と植民地への課税を強化するイ
　ギリスとの対立が激化し，植民地側は 1774 年に大陸会議を開催して自治の尊
　重を要求した。その後武力衝突が発生し，独立戦争が始まった。植民地側は当
　　　　　　　　　　　　　　　　　　　(ア)
　初苦戦したが独立を達成した。

　　第 7 代ジャクソン大統領の時代になると領土拡張が推進された。領土拡張
　　(イ)　　　　　　　　　　　　　　　　　　　(ウ)
　は，アメリカ＝メキシコ戦争でメキシコからカリフォルニアを獲得するまで続
　いた。その後，南部と北部の対立が激化した。1860 年の大統領選挙でリンカ
　　　　　　　　(エ)
　ンが当選すると，翌 61 年に南部は　　(1)　　を結成して対抗した。

問 1　下線部(ア)に関連し，①と②の文の正誤の組合せとして最も適したものを
　　下から一つ選び，解答番号⑳の記号にマークしなさい。

　　①　ヨーロッパ諸国は中立的立場をとった。

　　②　1783 年のパリ条約でアメリカの独立が達成された。

　　　A　①－正　②－正　　　　　　　B　①－正　②－誤

　　　C　①－誤　②－正　　　　　　　D　①－誤　②－誤

問 2　下線部(イ)に関連し，誤りのあるものを下から一つ選び，解答番号㉖の記
　　号にマークしなさい。

　　A　先住民に対する強制移住法を制定した。

　　B　農民や都市の下層民を重視し，民主政治の基盤を拡大した。

　　C　ホイッグ党に対抗して民主党の結成を促進した。

　　D　奴隷制の廃止に尽力した。

問 3　下線部(ウ)に関連し，①～③の獲得年を年代の古い順に正しく並べたもの
　　を下から一つ選び，解答番号㉗の記号にマークしなさい。

　　①　フロリダ

　　②　オレゴン

　　③　テキサス

A　①→②→③	B　①→③→②
C　②→①→③	D　②→③→①
E　③→①→②	F　③→②→①

問 4　下線部(エ)に関連し，誤りのあるものを下から一つ選び，解答番号(28)の記
　　　号にマークしなさい。

A　南部は西部に奴隷制を拡大しようとした。

B　1820 年のミズーリ協定で，奴隷制をめぐる妥協が図られた。

C　カンザス，ネブラスカの両準州では，奴隷州となるか否かを住民の選
　　択に委ねた。

D　南部は保護関税政策を主張した。

問 5　空欄(1)にあてはまる最も適した語句を解答番号(107)に記入しなさい。

2　16 世紀に入るとスペインは新大陸における植民地化を進めた。その過程に
おいて鉱物資源や農産物がヨーロッパ各地に輸出され，ヨーロッパ経済に大き
　(オ)
な影響を与えた。一方で，聖職者　　(2)　　が『インディアスの破壊に関する
簡潔な報告』の中で告発したように，新大陸で原住民の虐待が繰り返された。

　18 世紀末頃からアメリカの独立やフランス革命の影響を受けて，中南米に
おいて独立運動が活発となった。ただし，独立後の政情は全般的に不安定で，
　　　　(カ)
メキシコでは独立後の 1910 年にメキシコ革命が起きた。
　　　　　　　　　　　　(キ)
　その後，欧州諸国に代わって勢力を伸長させてきたアメリカが，アメリカ＝
　　　　　　　　　　　　　　　　　　　　　　　　　　　　　　(ク)
スペイン戦争の勝利を契機に中南米諸国への干渉を本格化した。

問 6　下線部(オ)に関連し，①と②の文の正誤の組合せとして最も適したものを
　　　下から一つ選び，解答番号(29)の記号にマークしなさい。

①　銀の大量流入によって金利が低下し，西欧諸国の商工業は活発となっ
　　た。

②　西欧諸国への穀物輸出が増加したため，東ヨーロッパ地域では農場領
　　主制が広まった。

　　　A　①-正　②-正　　　　　　　B　①-正　②-誤

　　　C　①-誤　②-正　　　　　　　D　①-誤　②-誤

問 7　空欄(2)にあてはまる最も適した人物名を解答番号(108)に記入しなさ
　　い。

問 8　下線部㈹に関連し，①～③の独立年を年代の古い順に正しく並べたもの
　　を下から一つ選び，解答番号(30)の記号にマークしなさい。

　　①　ボリビア

　　②　ブラジル

　　③　アルゼンチン

　　　A　①→②→③　　　　　　　　　B　①→③→②

　　　C　②→①→③　　　　　　　　　D　②→③→①

　　　E　③→①→②　　　　　　　　　F　③→②→①

問 9　下線部㈱に関連し，誤りのあるものを下から一つ選び，解答番号(31)の記
　　号にマークしなさい。

　　A　武装蜂起によって，ディアス政権が打倒された。

　　B　マデロは，農地改革を主導した。

　　C　立憲派と農民革命派との間で内戦が続いたが，立憲派が勝利した。

　　D　民主的憲法で，強力な権限をもつ大統領制が定められた。

問10　下線部㈯に関連し，最も適したものを下から一つ選び，解答番号(32)の記
　　号にマークしなさい。

　　A　セオドア＝ローズヴェルト大統領は，経済進出を強めるためにドル外
　　　交を展開した。

　　B　ウィルソン大統領は内戦状態にあったメキシコに軍事介入をした。

　　C　アメリカはキューバを併合した。

　　D　アメリカはプエルトリコを保護国化した。

〔Ⅴ〕　次の文章（1〜2）を読み，下記の設問に答えなさい。

1　ロシアは第一次世界大戦により大いに疲弊した。1917 年当時の首都
　　　(1)　　で民衆の大規模なデモやストライキが生じ，革命は各地に広まって
いった。この革命はユリウス暦で 2 月，グレゴリウス暦で 3 月に生じたことか
ら，ロシア二月革命(あるいは三月革命)と呼ばれる。ついに皇帝ニコライ 2 世
　(ア)　　　　　　　　　　　　　　　　　　　　　　　　　　　　　　(イ)
は退位し，約 300 年続いたロマノフ朝は消滅した。

　　1917 年 4 月，亡命先のスイスから帰国したレーニンは，革命の方針を示し
　　　　　　　　　　　　　　　　　　　　　(ウ)
た。この後様々な混乱を経て，最終的に，11 月 7 日レーニン・トロッキーら
は武装蜂起を指揮して政府を倒し権力を握った(ロシア十月革命)。
　　　　　　　　　　　　　　　　　　　　　　　(エ)

問 1　空欄(1)にあてはまる最も適した語句を解答番号(109)に記入しなさい。

問 2　下線部(ア)に関連し，誤りのあるものを一つ選び，解答番号(33)の記号にマー
　　　クしなさい。
　　　A　労働者・兵士はソヴィエトを組織した。
　　　B　国民の間では戦争継続を希望する声が広がっていた。
　　　C　立憲民主党中心に臨時政府が樹立された。
　　　D　臨時政府は戦争については連合国と協力を続ける方針をとった。

問 3　下線部(イ)に関連し，①と②の文の正誤の組合せとして最も適したものを
　　　下から一つ選び，解答番号(34)の記号にマークしなさい。
　　　①　在位中に血の日曜日事件がおこった。
　　　②　シベリア鉄道を完成させた。
　　　　A　①-正　②-正　　　　　　　B　①-正　②-誤
　　　　C　①-誤　②-正　　　　　　　D　①-誤　②-誤

問 4　下線部(ウ)に関連し，最も適したものを下から一つ選び，解答番号(35)の記
　　　号にマークしなさい。
　　　A　メンシェビキを指導した。

　　B　四月テーゼでは，議会制民主主義による政権の樹立を構想した。

　　C　ケレンスキー政権と協調する姿勢を示した。

　　D　憲法制定議会を解散させた。

問 5　下線部(エ)に関連し，①と②の文の正誤の組合せとして最も適したものを

　　下から一つ選び，解答番号(36)の記号にマークしなさい。

　　①　「平和に関する布告」では，無併合・無償金・民主主義が呼びかけられ

　　　た。

　　②　「土地に関する布告」では，土地の私的所有廃止が宣言された。

　　　A　①－正　②－正　　　　　　　　B　①－正　②－誤

　　　C　①－誤　②－正　　　　　　　　D　①－誤　②－誤

2　1918 年 11 月ドイツの軍港　　(2)　　で，水兵が即時講和を求め蜂起した。
皇帝はオランダに亡命し，ドイツは共和国になった。その後，共和国政府は連
合国と休戦協定を結び第一次世界大戦は終わった。1919 年 1 月には，連合国
代表が集まりパリ講和会議が開かれた。1919 年 6 月には，ドイツとヴェルサ
　　　　　　　　(オ)
イユ条約が調印された。パリ講和会議で決定したヨーロッパの新しい国際秩序
　　　　　　　　　　　　　　　　　　　　　　　　　　　　　　(カ)
はヴェルサイユ体制と呼ばれている。
(キ)
　　1921 年から 22 年にかけて，アメリカの大統領ハーディングの提唱により，
第一次世界大戦後の東アジア・太平洋地域の情勢の調整のためのワシントン会
　　　　　　　　　　　　　　　　　　　　　　　　　　　　　　　(ク)
議が開かれた。

問 6　空欄(2)にあてはまる最も適した地名を解答番号(110)に記入しなさい。

問 7　下線部(オ)に関連し，誤りのあるものを一つ選び，解答番号(37)の記号にマー

　　クしなさい。

　　A　アメリカのウィルソン大統領による十四カ条が基本原則となった。

　　B　十四カ条には，秘密外交の廃止，海洋の自由，関税障壁の廃止，ヨー

　　　ロッパ諸国民の民族自決が含まれる。

　　C　フランスのクレマンソー，イギリスのディズレーリは，植民地などの

既得権益を手放さなかった。

D ドイツの租借地や植民地は戦勝列強国に分配された。

問8 下線部(カ)に関連し，①と②の文の正誤の組合せとして最も適したものを
下から一つ選び，解答番号(38)の記号にマークしなさい。

① ドイツはすべての植民地を失い，アルザス＝ロレーヌをフランスに返
還し，国境地域はポーランドなど周辺国に割譲した。

② ドイツにおける軍備は廃止された。

A ①－正 ②－正 B ①－正 ②－誤

C ①－誤 ②－正 D ①－誤 ②－誤

問9 下線部(キ)に関連し，最も適したものを下から一つ選び，解答番号(39)の記
号にマークしなさい。

A 国際連盟の本部はスイスのチューリヒに置かれた。

B アメリカでは上院がヴェルサイユ条約批准を拒否した。

C 常設国際司法裁判所はスイスのジュネーヴに置かれた。

D 国際連盟には，ドイツの参加は認められたが，ソヴィエト＝ロシアは
排除された。

問10 下線部(ク)に関連し，①と②の文の正誤の組合せとして最も適したものを
下から一つ選び，解答番号(40)の記号にマークしなさい。

① 列強による中国進出の機会均等が確認された。

② 四カ国条約が結ばれ，日英同盟は維持された。

A ①－正 ②－正 B ①－正 ②－誤

C ①－誤 ②－正 D ①－誤 ②－誤

地理

（2科目 120 分）

〔Ⅰ〕 次の地図を参照して，下記の設問に答えよ。

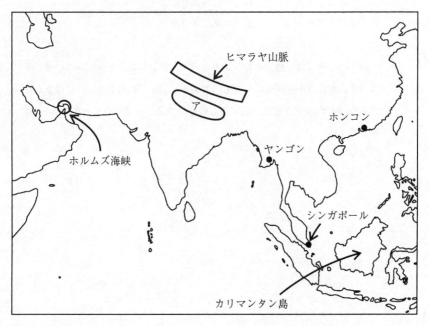

注：ミラー図法による。

問 1　シンガポールを通る経線上にある国の名前として，適切でないものを一つ
選び，記号をマークせよ。（解答番号 1 ）

A　カンボジア　　　　B　タイ　　　　　　C　ベトナム

D　ミャンマー　　　　E　ラオス

問 2　ヤンゴンを通る緯線上にある国の名前として，適切なものを一つ選び，記
　　　号をマークせよ。（解答番号 2 ）

　　　A　アンゴラ　　　　　　　B　ケニア　　　　　　　C　スーダン

　　　D　モザンビーク　　　　　E　モロッコ

問 3　ホンコンの対蹠点（地球の中心を挟んで正反対の地点）を含む国の名前とし
　　　て，適切なものを一つ選び，記号をマークせよ。（解答番号 3 ）

　　　A　アルゼンチン　　　　　B　オーストラリア　　　C　キューバ

　　　D　コロンビア　　　　　　E　マダガスカル

問 4　図 1 の①〜③は，地図中のシンガポール，ホンコン，ヤンゴンのいずれか
　　　の都市における雨温図を示したものである。①〜③の雨温図に当てはまる都
　　　市名の組み合わせとして，適切なものを一つ選び，記号をマークせよ。（解
　　　答番号 4 ）

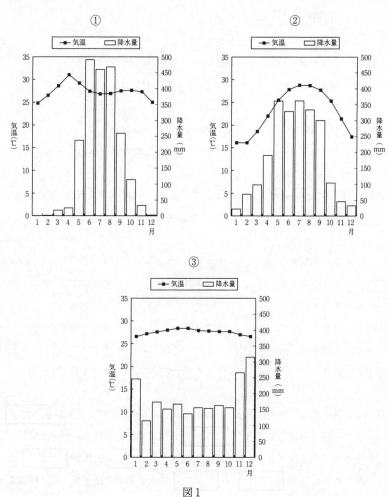

図 1

統計年次：①は 1981‐2005 年，②は 1981‐2004 年，③の気温は 1981‐2010 年，降水量は 1982‐2010 年の平年値。
資料：「理科年表」データより作成。

	①	②	③
A	シンガポール	ホンコン	ヤンゴン
B	シンガポール	ヤンゴン	ホンコン
C	ホンコン	シンガポール	ヤンゴン
D	ホンコン	ヤンゴン	シンガポール
E	ヤンゴン	シンガポール	ホンコン
F	ヤンゴン	ホンコン	シンガポール

問 5　以下の3つの東南アジアの大河川について，河口の位置を西から順に並べた
　　　組み合わせとして，適切なものを一つ選び，記号をマークせよ。(解答番号5)

	←西		東→
A	エーヤワディー川	チャオプラヤ川	メコン川
B	エーヤワディー川	メコン川	チャオプラヤ川
C	チャオプラヤ川	エーヤワディー川	メコン川
D	チャオプラヤ川	メコン川	エーヤワディー川
E	メコン川	エーヤワディー川	チャオプラヤ川
F	メコン川	チャオプラヤ川	エーヤワディー川

問 6　地図中のヒマラヤ山脈は，インド・オーストラリアプレートが　　X
　　　プレートに衝突してできた　　Y　　山脈である。同様に，ナスカプレー
　　　トが南アメリカプレートに衝突してできた　　Y　　山脈が　　Z　　山
　　　脈である。空欄　　X　　～　　Z　　に入る適切な語句を，順に解答番
　　　号101 ～ 103 に記入せよ。

問 7　地図中のホルムズ海峡は，ある国とオマーンの飛び地とに挟まれた国際海
　　　峡である。ある国の名前として，適切なものを一つ選び，記号をマークせ
　　　よ。(解答番号6)

　　　A　アラブ首長国連邦　　B　イラク　　　　　C　イラン
　　　D　サウジアラビア　　　E　ソマリア

問 8　地図中のカリマンタン（ボルネオ）島は，3 つの国が領有している。このう
　　ち最も広い面積を領有している国の名前として，適切なものを一つ選び，記
　　号をマークせよ。（解答番号 7 ）

　　A　インドネシア　　　　B　フィリピン　　　　　C　ブルネイ

　　D　ベトナム　　　　　　E　マレーシア

問 9　地図中の「ア」の地域における農業の特色について述べた文章として，適切
　　なものを一つ選び，記号をマークせよ。（解答番号 8 ）

　　A　降水量が少なく，草地が広がっているので，酪農が盛んである。

　　B　降水量は少ないが，灌漑施設が発達しており，菜種や大豆などの畑作が
　　　盛んである。

　　C　降水量が多く，稲作のほか，サトウキビの生産も盛んである。

　　D　降水量は多いが，土壌が痩せているため，雑穀やキャッサバの生産が盛
　　　んである。

　　E　プランテーション農業が発展しており，茶やコーヒーの生産が盛んであ
　　　る。

問10　東南アジア各国の農業の特色について述べた文章として，適切でないもの
　　を一つ選び，記号をマークせよ。（解答番号 9 ）

　　A　インドネシアでは，プランテーションによるコーヒーや天然ゴム，油や
　　　しの生産が盛んであり，2010 年代におけるパーム油の生産量は世界最大
　　　である。

　　B　タイでは，大河川流域を中心とする稲作が盛んである。タイの稲作に
　　　は，生産量に占める輸出量の割合が高いという特徴がある。

　　C　フィリピンでは，プランテーションによるバナナやココやし，さとうき
　　　びなどの生産が盛んである。バナナの輸出先としては，中国と日本が多
　　　い。

　　D　ベトナムでは，1990 年代以降，南部の高原地帯を中心にコーヒー園が
　　　急増しており，コーヒー豆の生産量と輸出量は世界有数である。

　　E　マレーシアでは，プランテーションによる油やしの生産が盛んであった
　　　が，2000 年代以降，油やしから天然ゴムへの転換が進んでいる。

問11　1967 年に 5 か国により結成された東南アジア諸国連合（ASEAN）は，1984
　　　年のブルネイ加盟を経て，1995 年から1999 年にかけて 4 か国が加盟したこ
　　　とで，現在 10 か国で構成されている。ASEAN の原加盟 5 か国の 1 人当た
　　　り名目国内総生産（GDP）は，1995 年以降に加盟した 4 か国のそれよりも高
　　　い（2020 年現在）。次の 5 か国のうち，ASEAN の原加盟国として，適切で
　　　ないものを一つ選び，記号をマークせよ。（解答番号 10）

　　　A　インドネシア　　　　B　タイ　　　　　　　C　フィリピン
　　　D　ベトナム　　　　　　E　マレーシア

問12　表 1 は，インド，中国，日本，フィリピン，マレーシアの老年人口率（全
　　　人口に占める 65 歳以上の人口の割合）の推移を示したものである。中国に該
　　　当するものを一つ選び，記号をマークせよ。（解答番号 11）

表 1

（単位：%）

	1960年	1970年	1980年	1990年	2000年	2010年	2020年
A	5.6	6.9	8.9	11.9	17.0	22.5	28.4
B	3.7	3.7	4.7	5.6	6.8	8.1	12.0
C	3.4	3.3	3.6	3.7	3.9	4.9	7.2
D	3.1	3.0	3.2	3.1	3.3	4.1	5.5
E	3.0	3.3	3.6	3.8	4.4	5.1	6.6

注：国連による推計。

資料：UN, *World Population Prospects 2019* より作成。

問13　表 2 は，日本とインドネシア，タイ，ベトナムとの貿易について，日本の
　　輸出総額，輸入総額，および輸出額，輸入額の上位 3 品目が輸出総額，輸入
　　総額に占める割合を示したものである。①〜③に該当する国名の組み合わせ
　　として，適切なものを一つ選び，記号をマークせよ。(解答番号 12)

表 2

(単位：%)

	①				②			
	輸　出		輸　入		輸　出		輸　入	
総額	27,226 億円		25,387 億円		18,258 億円		23,537 億円	
1 位	機械類	41.7	機械類	38.5	機械類	43.2	機械類	32.3
2 位	鉄　鋼	10.7	肉　類	8.2	鉄　鋼	7.6	衣　類	18.6
3 位	自動車部品	7.9	自動車	4.1	プラスチック	5.2	はきもの	5.0

	③			
	輸　出		輸　入	
総額	9,809 億円		16,520 億円	
1 位	機械類	37.1	機械類	14.4
2 位	鉄　鋼	12.5	石　炭	13.7
3 位	自動車部品	8.3	液化天然ガス	5.9

注：輸出，輸入は日本から見たもの。
統計年次：2020 年。
資料：『日本国勢図会 2021/22』より作成。

	①	②	③
A	インドネシア	タ　イ	ベトナム
B	インドネシア	ベトナム	タ　イ
C	タ　イ	インドネシア	ベトナム
D	タ　イ	ベトナム	インドネシア
E	ベトナム	インドネシア	タ　イ
F	ベトナム	タ　イ	インドネシア

〔Ⅱ〕　次の地図と文章を参照して，下記の設問に答えよ。

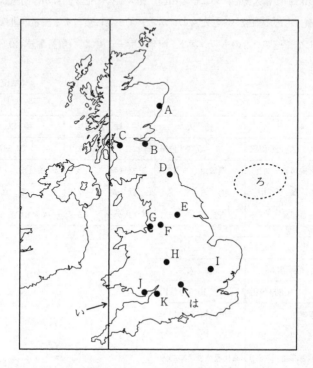

　　イギリスは，2020 年 12 月 31 日 23 時に<u>EU</u> から完全に脱退し，1973 年に加入
した単一市場から離脱をした。2020 年 2 月 1 日からの移行期間において，<u>EU と</u>
_(ア)
<u>の自由貿易を維持する交渉は難航したが</u>，最終的に妥結をした。こうして，2016
_(イ)
年 6 月の国民投票で EU 離脱が過半数を占めたことから始まった離脱プロセスは
完了した。国民投票時の首相はデビッド・キャメロンだったが，テリーザ・メイ
首相を経て，離脱推進派のボリス・ジョンソン首相が交渉を主導した。

　　2021 年 6 月 11 日〜 13 日には，主要 7 か国首脳会議(G 7)がイギリスのコーン
ワルで開催された。一か所に集合し，対面での G 7 の開催はフランスのビアリッ
ツ以来 2 年ぶりであり，日本，アメリカ合衆国，イタリア，EU の首脳は交代
後，始めての参加であった。G 7 共同宣言は，<u>対中国</u>，<u>新型コロナ</u>，経済・雇
　　　　　　　　　　　　　　　　　　　　　　(ウ)　　　(エ)
用，<u>気候変動</u>，五輪が主な内容であって，2019 年の宣言と比べ，大幅に増えた。
　　(オ)

問 1 　イギリスはケッペンの気候区分で，西岸海洋性気候(Cfb)である。同気候
　　　にある南半球の都市として，適切なものを一つ選び，記号をマークせよ。
　　　(解答番号 13)

　　　A　ウェリントン　　　　　B　ケープタウン　　　　C　サンティアゴ

　　　D　パース　　　　　　　　E　ブエノスアイレス

問 2 　ロンドンの緯度に最も近い緯度にある都市として，適切なものを一つ選
　　　び，記号をマークせよ。(解答番号 14)

　　　A　ウィーン　　　　　　　B　コペンハーゲン　　　C　パ　リ

　　　D　ベルリン　　　　　　　E　ベルン

問 3 　ロンドンを通る経線を　　　　　　　　といい，これを起点に東経・西経に分
　　　かれる。空欄　　　　　　　に当てはまる適切な語句を，漢字 5 文字で解答番
　　　号104 に記入せよ。

問 4 　地図中の経線「い」に沿って，南に移動すると，ビスケー湾を経て，イギリ
　　　ス領　　　　　　の近くを通る。この領地は海峡に面し，陸繋島である。空
　　　欄　　　　　　　に当てはまる適切な地名を，カタカナで解答番号 105 に記入
　　　せよ。

問 5 　下線部(ｱ)に関して，1973 年にイギリスとともに EC に加盟した国で，ユ
　　　ーロを導入していない国として，適切なものを一つ選び，記号をマークせ
　　　よ。(解答番号 15)

　　　A　アイルランド　　　　　B　ギリシャ　　　　　　C　スウェーデン

　　　D　デンマーク　　　　　　E　ポルトガル

問 6 　下線部(ｲ)に関して，難航した問題の一つが漁業問題であった。地図中「ろ」
　　　の海域は大陸棚にある水深の浅い場所(浅堆)で，好漁場である。この浅堆を
　　　何と呼ぶか，カタカナ 7 文字で解答番号 106 に記入せよ。

問 7　イギリスが他地域と新たに自由貿易協定を結べるかが注目されている。
2021 年 6 月には，日本も参加をしている □□□□□ への加入交渉を開始し
た。空欄 □□□□□ に当てはまる適切なものを一つ選び，記号をマークせ
よ。(解答番号 16)

A　AFTA　　　　　　B　AU　　　　　　　C　CPTPP

D　MERCOSUR　　　E　NAFTA

問 8　表 1 は，イギリス，ドイツ，フランスの輸出，輸入の品目別割合を第 5 位
まで示したものである。①〜③に該当する国名の組み合わせとして，適切な
ものを一つ選び，記号をマークせよ。(解答番号 17)

表 1

(単位：％)

①				②			
輸　出		輸　入		輸　出		輸　入	
機械類	28.5	機械類	24.4	機械類	19.5	機械類	21.6
自動車	15.9	自動車	10.6	航空機	9.4	自動車	10.9
医薬品	6.2	医薬品	5.1	自動車	9.0	医薬品	4.5
精密機械	4.4	衣　類	3.3	医薬品	6.4	衣　類	4.0
金属製品	3.1	原　油	3.3	精密機械	2.8	石油製品	3.9

③			
輸　出		輸　入	
機械類	22.0	機械類	21.0
自動車	10.4	自動車	10.6
医薬品	6.1	金(非貨幣用)	10.4
金(非貨幣用)	5.1	医薬品	4.2
原　油	5.1	衣　類	3.8

統計年次：2019 年。

資料：『日本国勢図会 2021/22』より作成。

	①	②	③
A	イギリス	ドイツ	フランス
B	イギリス	フランス	ドイツ
C	ドイツ	イギリス	フランス
D	ドイツ	フランス	イギリス
E	フランス	イギリス	ドイツ
F	フランス	ドイツ	イギリス

問 9　下線部(ウ)に関して，今回の共同宣言は中国に関する文言が盛り込まれたことが特徴である。　　X　　の人権問題や　　Y　　への統制強化の懸念，東シナ海及び南シナ海の状況に対する懸念などである。

(1)　空欄　　X　　は，綿花の主要生産地であり，ムスリムが多い。　　X　　に入る適切な語句を一つ選び，記号をマークせよ。

(解答番号18)

A　内モンゴル自治区

B　コワンシーチョワン(壮)族自治区

C　シンチヤンウイグル自治区

D　チベット自治区

E　ニンシヤホイ(回)族自治区

(2)　空欄　　Y　　は，イギリスの植民地であった。　　Y　　に入る適切な語句を一つ選び，記号をマークせよ。(解答番号 19)

A　アモイ　　　　　　B　シェンチェン　　　　C　チューハイ

D　ホンコン　　　　　E　マカオ

(3)　南シナ海の　　　　　群島は，中国，ベトナム，フィリピン，ブルネイ，マレーシアなどが領有権を主張している。空欄　　　　　に入る適切な語句を一つ選び，記号をマークせよ。(解答番号 20)

A　西　沙　　B　尖　閣　　C　中　沙　　D　東　沙　　E　南　沙

問10　下線部(エ)に関して，保健大臣会合は，6 月 3 〜 4 日に，地図中の都市「は」で開催された。「は」は同名の大学があることで知られ，同大学は 2021 年 5 月に日本でも承認された新型コロナウイルスワクチンの開発に関わっている。「は」の名称として適切なものを一つ選び，記号をマークせよ。(解答番号 21)

A　エディンバラ　　　　B　オックスフォード　　C　ケンブリッジ

D　シェフィールド　　　E　ロンドン

問11　下線部(オ)に関して，表 2 は，イギリス，イタリア，フランスの発電量の内訳を示したものである。①〜③に該当する国名の組み合わせとして，適切なものを一つ選び，記号をマークせよ。(解答番号 22)

表 2

(単位：%)

	①	②	③
水　力	9.8	2.6	12.8
火　力	13.0	58.4	70.6
原子力	70.9	20.8	0.0
風　力	4.4	14.8	6.0
太陽光	1.7	3.4	8.2
地熱・その他	0.2	0.0	2.3

統計年次：2017 年。

資料：『世界国勢図会 2020/21』より作成。

	①	②	③
A	イギリス	イタリア	フランス
B	イギリス	フランス	イタリア
C	イタリア	イギリス	フランス
D	イタリア	フランス	イギリス
E	フランス	イギリス	イタリア
F	フランス	イタリア	イギリス

問12 地図中の都市A〜Kに関し，次の説明に当てはまるものの記号を，それぞ
れ一つずつ選びマークせよ。

(1) ペニン山脈の西側にあり，綿工業の発展により産業革命の中心地となっ
た。現在は自動車，化学，IT 産業が盛んな都市である。有名なサッカー
チームがあることでも知られている。(解答番号 23)

(2) かつては造船業が主の港湾都市であったが，現在は，シリコングレンの
一翼をなしている。2021 年 10 月 31 日〜11 月 13 日に国連気候変動枠組
条約第 26 回締約国会議(COP 26)が開催された。(解答番号 24)

(3) ウェールズ炭田を後背地として，石炭の積出港として発展したが，炭鉱
が衰退した後は，製鉄，繊維，食品産業が盛んになりウェールズの中心都
市となった。1955 年からウェールズの首都である。(解答番号 25)

(4) ペニン山脈の東側にあり，もともと羊の飼育が盛んな地域であって，産
業革命時には羊毛工業の中心地であった。現在は，金融都市として発展し
ている。(解答番号 26)

〔Ⅲ〕 次の地形図を参照して，下記の設問に答えよ。

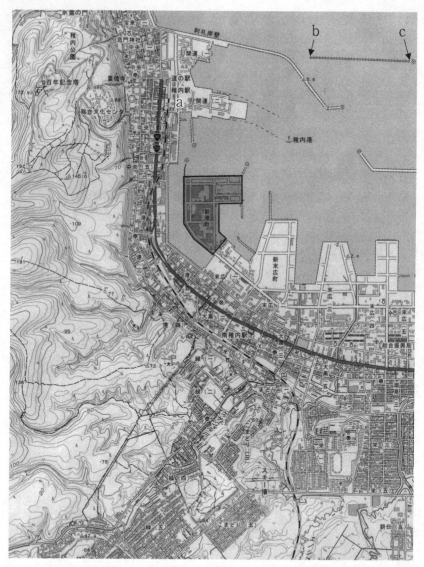

資料：国土地理院発行2万5千分の1地形図「稚内」(平成29年7月1日発行)を原寸で表示(一部加工)。

(編集の都合上，80％に縮小──編集部)

問 1　地形図中の a の場所にある建物は，稚内港湾合同庁舎で，稚内海上保安部
　　　や札幌出入国在留管理局稚内港出張所などがある。官公署を表す地図記号と
　　　して適切なものを一つ選び，記号をマークせよ。(解答番号 27)

　　　A Ⅹ　　　B ⊕　　　C Ⴤ　　　D ♇　　　E ☿

問 2　地形図中の市役所西側の高台にある，地図記号 ⊥ が表すものを一つ選び，
　　　記号をマークせよ。(解答番号 28)

　　　A 煙　突　　B 記念碑　　C 城　跡　　D 電波塔　　E 墓　地

問 3　地形図中にある「百年記念塔」は，稚内市の開基 100 年を記念して 1978 年
　　　に建設された高さ 80 m の建築物で，高さ 70 m の部分に展望台(展望コーナ
　　　ー)がある。この展望台(展望コーナー)の標高として最も近いものを一つ選
　　　び，記号をマークせよ。(解答番号 29)

　　　A 100 m　　B 170 m　　C 240 m　　D 310 m　　E 380 m

問 4　問 3 で言及した「百年記念塔」の展望台(展望コーナー)からは，天気がよい
　　　日中には，サハリンを臨むことができる。サハリンの日本名を，漢字 2 文字
　　　で解答番号 107 に記入せよ。

問 5　第 2 次世界大戦の終戦までと，1995 年から 2018 年の間，稚内港から定期
　　　航路が開かれていたサハリンの港湾都市の現在の名称として，適切なものを
　　　一つ選び，記号をマークせよ。(解答番号 30)

　　　A　イルクーツク

　　　B　ウラジオストク

　　　C　コルサコフ

　　　D　サンクトペテルブルク

　　　E　ハバロフスク

問 6　北緯 50 度以南のサハリン南部の領有権に関する 2021 年現在の日本政府の
　　　立場として，適切なものを一つ選び，記号をマークせよ。(解答番号 31)

A　千島列島と同様に，日本固有の領土である。

B　千島列島とは異なり，日本固有の領土である。

C　歯舞群島と同様に，日本固有の領土である。

D　歯舞群島とは異なり，日本固有の領土である。

E　1951年のサンフランシスコ平和条約で，領有権を放棄した。

F　1951年のサンフランシスコ平和条約で，領有権を主張した。

問7　稚内港には，特に冬季の北西からの高波を避けるため，防波堤が複数築かれている。地形図中のb－c間の実際の長さとして，最も近いものを一つ選び，記号をマークせよ。(解答番号32)

A　150m　　B　300m　　C　450m　　D　900m　　E　1,800m

問8　地形図中の網掛け部分の埋立地には，水産加工場などがある。この網掛け部分の実際の面積として，最も近いものを一つ選び，記号をマークせよ。(解答番号33)

A　10ha　　B　20ha　　C　40ha　　D　80ha　　E　160ha

問9　稚内港から定期航路がある2つの離島は，2017年4月から施行されている「有人国境離島地域の保全及び特定有人国境離島地域に係る地域社会の維持に関する特別措置法」(有人国境離島法)の特定有人国境離島地域を構成する離島である。特定有人国境離島地域を構成する離島として適切でないものを一つ選び，記号をマークせよ。(解答番号34)

A　佐渡島　　B　小豆島　　C　種子島　　D　八丈島　　E　福江島

問10　稚内市の北西の沖合を流れ，日本海を南から北に向かう海流の名称を，解答番号108に記入せよ。

問11　地形図中の海域は，　X　湾と呼ばれている。この呼称は，本土(北海道，本州，四国，九州の4つの島)で最北端に位置する　X　岬，北海道とサハリンの間の　X　海峡などの名称にも用いられている。空

欄　 X 　に当てはまる適切な語句を，漢字 2 文字で解答番号 109 に記入せよ。

問12　稚内の地名の由来は，アイヌ語の「ヤム・ワッカ・ナイ」(冷たい水の出る沢)が語源とされる。以下の現在の国名とその地の先住民族の呼称との組み合わせとして，適切でないものを一つ選び，記号をマークせよ。(解答番号35)

A　オーストラリア－アボリジニ

B　カナダ－イヌイット

C　ニュージーランド－マオリ

D　フィンランド－サーミ

E　メキシコ－メスチソ

問13　稚内市役所がある地点は，およそ北緯 45 度 25 分，東経 141 度 40 分である。稚内市の緯度に最も近い緯度にある都市として，適切なものを一つ選び，記号をマークせよ。(解答番号 36)

A　アンカレジ　　　　　B　オタワ　　　　　　C　サンフランシスコ

D　ニューオーリンズ　　E　メキシコシティ

問14　2021 年 6 月 21 日の東京における日出時刻と日入時刻は，それぞれ午前 4 時 25 分と午後 7 時 01 分であった。同日の稚内市における日出時刻と日入時刻の組み合わせとして，適切なものを一つ選び，記号をマークせよ。(解答番号 37)

A　午前 3 時 44 分－午後 6 時 36 分

B　午前 3 時 44 分－午後 7 時 26 分

C　午前 4 時 28 分－午後 6 時 36 分

D　午前 4 時 28 分－午後 7 時 26 分

E　午前 5 時 12 分－午後 6 時 36 分

F　午前 5 時 12 分－午後 7 時 26 分

問15 稚内港における魚介類の水揚量は，各国による EEZ の設定以降，大きく
減少した。EEZ を日本語で何と称するか，漢字 7 文字で解答番号 110 に記
入せよ。

問16 問15で言及した EEZ の境界について，国連海洋法条約で定められた原則
として，適切なものを一つ選び，記号をマークせよ。(解答番号 38)

A 海岸から 200 海里(約 370 km)

B 海岸から 200 海里(約 785 km)

C 領海の境から 200 海里(約 370 km)

D 領海の境から 200 海里(約 785 km)

E 接続水域の境から 200 海里(約 370 km)

F 接続水域の境から 200 海里(約 785 km)

問17 稚内市は，現在でも日本有数の魚介類の水揚量を誇る水産都市である。こ
こで表1は，全国および漁獲量 5 位までの道県の魚種別漁獲量(上位 7 つ)を
示したものである。①〜③に該当する道県名の組み合わせとして，適切なも
のを一つ選び，記号をマークせよ。(解答番号 39)

表1

(単位：トン)

全　　国		①		茨城県	
計	2,591,485	計	434,310	計	288,444
いわし類	806,926	たら類	185,660	いわし類	211,304
さば類	450,441	さけ・ます類	54,764	さば類	70,138
かつお類	237,434	その他の魚類	34,396	かつお類	2,754
たら類	207,478	ほっけ	32,799	その他の魚類	989
その他の魚類	176,336	いわし類	25,591	ぶり類	813
まぐろ類	161,020	ひらめ・かれい類	24,631	まぐろ類	664
あじ類	113,870	さんま	19,085	ひらめ・かれい類	584

長崎県		②		③	
計	242,113	計	179,383	計	171,408
さば類	71,761	いわし類	47,203	かつお類	70,143
いわし類	66,752	かつお類	32,138	さば類	39,458
あじ類	44,002	その他の魚類	26,739	いわし類	28,486
その他の魚類	20,601	まぐろ類	22,062	まぐろ類	26,750
ぶり類	16,020	さば類	16,182	その他の魚類	3,007
かつお類	7,565	さめ類	11,731	あじ類	778
まぐろ類	4,558	さんま	5,973	ぶり類	769

注：表中の漁穫量は，貝類，いか類，たこ類，かに類，おきあみ類，えび類などは含まない。

統計年次：2019 年。

資料：水産庁「漁業・養殖業生産統計」データより作成。

	①	②	③
A	静岡県	北海道	宮城県
B	静岡県	宮城県	北海道
C	北海道	静岡県	宮城県
D	北海道	宮城県	静岡県
E	宮城県	静岡県	北海道
F	宮城県	北海道	静岡県

問18 図1の①〜③は，日本における漁業種類別生産量の推移を示したものである。①〜③に該当するものの組み合わせとして，適切なものを一つ選び，記号をマークせよ。(解答番号40)

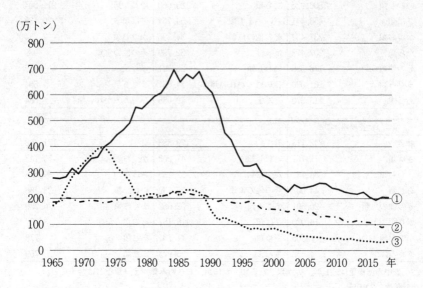

図1

資料：『令和元年度 水産白書』より作成。

	①	②	③
A	沿岸漁業	沖合漁業	遠洋漁業
B	沿岸漁業	遠洋漁業	沖合漁業
C	沖合漁業	沿岸漁業	遠洋漁業
D	沖合漁業	遠洋漁業	沿岸漁業
E	遠洋漁業	沿岸漁業	沖合漁業
F	遠洋漁業	沖合漁業	沿岸漁業

政治・経済

（2 科目 120 分）

〔Ⅰ〕　日本の政治について，下記の設問に答えなさい。

問 1　国会が権限を持つものとして，次のなかから最も適切でないものの記号を
　　　一つ選び，解答欄 1 にマークしなさい。

A　弾劾裁判所の設置　　　　　　　　B　条約の承認

C　法律案の議決　　　　　　　　　　D　予算案の作成

問 2　国会に関する記述として，次のなかから最も適切でないものの記号を一つ
　　　選び，解答欄 2 にマークしなさい。

A　参議院で否決された法律案であっても，衆議院で出席議員の 3 分の 2 以
　　上の賛成があれば，再可決される。

B　衆議院で可決された法律案が，参議院の受け取り後 60 日以内に議決さ
　　れない場合は，参議院で否決されたものとみなすことができる。

C　衆議院と参議院の任期はいずれも 4 年であるが，被選挙権が認められる
　　のはそれぞれ 25 歳以上と 30 歳以上である。

D　2021 年 12 月時点で，衆議院の議員定数は 465，参議院の議員定数は
　　245 である。

問 3　行政に関する記述として，次のなかから最も適切でないものの記号を一つ
　　　選び，解答欄 3 にマークしなさい。

A　衆議院が内閣不信任決議をした場合に，内閣は総辞職または衆議院を解
　　散しなければならない。

B　日本国憲法と同様に，大日本帝国憲法でも内閣が行政権を持つとした。

C　内閣総理大臣が任命する国務大臣は，過半数が国会議員でなければなら
　　ない。

D 内閣総理大臣は，国会の議決で指名される。

問4 司法制度に関する記述として，次のなかから最も適切なものの記号を一つ選び，解答欄4にマークしなさい。

A 国民審査によって，投票者の過半数が罷免を可とした場合，その最高裁判所裁判官は罷免される。

B 最高裁判所長官は内閣が任命する。

C 裁判は，最高裁判所と3種類の下級裁判所における，三審制が基本である。

D 一部の裁判には有罪か無罪かは一般市民によって構成される裁判員が決定し，量刑は裁判官が決定するという裁判員制度が採用されている。

問5 裁判所は，□□□□□□権にもとづき，法律や国の行政機関の命令が憲法に適合しているかを判断する権限を持つ。空欄□□□□□□に入る語句を解答欄101に漢字で記入しなさい。

問6 地方自治に関する記述として，次のなかから最も適切なものの記号を一つ選び，解答欄5にマークしなさい。

A 首長の解職請求には，有権者の過半数以上の署名が必要である。

B 団体自治とは，NPO法人などにより住民自らが行政の業務を引きうけることを指す。

C 地方自治は大日本帝国憲法では規定されておらず，日本国憲法によってはじめて保障された。

D トックビルは，地方自治を「民主主義の学校」だと述べた。

問7 国から委任されて地方公共団体が行っていた□□□□□□は，地方分権改革によって廃止された。空欄□□□□□□に入る語句を解答欄102に漢字で記入しなさい。

問8 日本国憲法が施行される以前の出来事として，次のなかから最も適切でな

いものの記号を一つ選び，解答欄 6 にマークしなさい。

A　沖縄の施政権が日本に返還された。

B　女性にも選挙権を認める衆議院選挙が行われた。

C　部落差別からの解放をもとめる「全国水平社」が結成された。

D　労働組合法が制定された。

問 9　日本国憲法第 19 条「思想・良心の自由」をめぐって争われた出来事として，次のなかから最も適切なものの記号を一つ選び，解答欄 7 にマークしなさい。

A　家永教科書訴訟　　　　　　　　B　愛媛玉串料訴訟

C　朝日訴訟　　　　　　　　　　　D　三菱樹脂事件

問10　日米安全保障条約について，1960 年にされた改定の特徴として，次のなかから最も適切なものの記号を一つ選び，解答欄 8 にマークしなさい。

A　日本周辺地域で日本の平和と安全に重大な影響を与える周辺事態における，日米協力のあり方を定めた。

B　日本と密接な関係にある他国に対する武力行使においても，自衛のための措置が許容される可能性を示した。

C　日本の領域内で日米のいずれかが攻撃を受けたときに，両国が共同行動をとることを定めた。

D　米軍が日本国内に基地を設置することを認めた。

〔Ⅱ〕　国際政治について，下記の設問に答えなさい。

問11　国際法についての記述のなかで最も適切でないものの記号を一つ選び，解
答欄9にマークしなさい。

A　主権国家は内政干渉権保持の原則を相互に承認している。

B　オランダのグロティウスは公海自由の原則の基礎を提唱した。

C　国連海洋法条約は1994年に発効したが，日本の批准は1996年であっ
た。

D　国際刑事裁判所(ICC)は「人道に対する罪」で個人を裁くことができる。

問12　国際連合についての記述のなかで最も適切でないものの記号を一つ選び，
解答欄10にマークしなさい。

A　安全保障理事会の非常任理事国は10か国である。

B　経済社会理事会には世界保健機関(WHO)などの専門機関が設置されて
いる。

C　総会は主権平等の原則の例外として常任理事国の拒否権を認めている。

D　事務総長は安全保障理事会にも出席し，紛争調停者の役割もはたす。

問13　冷戦終結前後の出来事についての記述のなかで最も適切でないものの記号
を一つ選び，解答欄11にマークしなさい。

A　ゴルバチョフ書記長はチャーチスト運動(建て直し)を掲げて改革を試み
た。

B　核軍縮交渉が進展し，1987年には中距離核戦力(INF)全廃条約が調印
された。

C　1989年にはブッシュ大統領とゴルバチョフ書記長がマルタ島で冷戦の
終結を宣言した。

D　1991年にはワルシャワ条約機構とCOMECON(経済相互援助会議)が解
散した。

問14　冷戦後のアメリカの軍事行動についての記述のなかで最も適切でないもの

の記号を一つ選び，解答欄 12 にマークしなさい。

A 「世界の警察官」として多くの戦争を主導した。

B 1991 年の湾岸戦争では約 30 か国の協力のもとイラン軍をクウェートから排除した。

C 1999 年には NATO 加盟国を主導して国連安保理決議を経ずに旧ユーゴを空爆した。

D 2003 年のイラク戦争はその正当性に強い疑問も投じられた。

問15 アジアの国々についての記述のなかで最も適切なものの記号を一つ選び，解答欄 13 にマークしなさい。

A 中国の国内総生産(GDP)は 2001 年に日本を抜いて世界第 2 位となった。

B 共産主義国であるベトナムは ASEAN(東南アジア諸国連合) 10 か国に含まれていない。

C 経済分野の対話などをする APEC(アジア太平洋経済協力)には台湾も参加している。

D 安全保障問題の対話などをする ASEAN 地域フォーラムへはミャンマーは参加していない。

問16 核軍縮についての記述のなかで最も適切でないものの記号を一つ選び，解答欄 14 にマークしなさい。

A 1963 年にアメリカ，ソ連，中国の 3 国で部分的核実験禁止条約(PTBT)が結ばれた。

B 1968 年に核兵器の保有を当時の保有国にかぎる核兵器不拡散条約(NPT)が国連総会で採択された。

C 1996 年に地下核実験を含むすべての核爆発を禁止する包括的核実験禁止条約(CTBT)が国連総会で採択された。

D フランスと中国は核兵器不拡散条約(NPT)に 1992 年に加入した。

問17 日本の戦後外交についての記述のなかで最も適切でないものの記号を一つ

選び，解答欄 15 にマークしなさい。

A　1952 年のサンフランシスコ平和条約発効にともない日本は独立を回復
した。

B　1956 年に鳩山一郎がソ連を訪問し日ソ共同宣言を発表して国交を回復
した。

C　1965 年に日韓基本条約を締結した一方で日朝国交正常化交渉は道半ば
である。

D　1978 年に田中角栄が訪中し日中共同声明を発表して国交を正常化し
た。

問18　日本の領域についての記述のなかで最も適切でないものの記号を一つ選
び，解答欄 16 にマークしなさい。

A　北方領土の 4 島とは択捉島，色丹島，利尻島，国後島である。

B　日本の東端の島は南鳥島である。

C　日本の南端の島は沖ノ鳥島である。

D　日本の西端の島は与那国島である。

問19　大量破壊兵器の拡散を防ぐために，1993 年には　　　　　　　禁止条約が調
印され，その後 1997 年に　　　　　　　禁止機関がハーグに設立された。同機
関は 2013 年にノーベル平和賞を受賞した。空欄　　　　　　　に当てはまる語
句を解答欄 103 に漢字で記入しなさい。

問20　第一次世界大戦による惨状を教訓として「平和原則 14 カ条」を教書で示
し，敵国も含めた多数の国家から構成される集団的安全保障の機構設立を提
唱したアメリカ合衆国大統領の名前を解答欄 104 にカタカナで記入しなさ
い。

〔Ⅲ〕　経済について，次の文章を読んで，下記の設問に答えなさい。

　　2020 年の我が国経済は，新型コロナウイルス感染症の影響により，急速な景気の悪化を経験することになった。本報告の構成は以下の通りである。第一章では，昨年以降の我が国経済の動きを振り返りつつ，内需の柱である家計の所得・消費の動向や需給と賃金物価の動向について，感染症がもたらした経済活動への影響を整理する。また，2011 年 11 月から始まった大型の景気拡張局面が終わりを告げたことから，循環論的な特徴を分析する。第二章では，感染症の拡大によって生じた労働時間の減少，あるいは生活時間の変化を分析した後，既に始まっている働き方改革の政策効果を検証する。　　1　　利用者の増加やパートタイム労働者の待遇改善等，顕在化している働き方の変化を確認した上で，具体的な働き方改革の取組が，企業レベルの雇用や労働生産性に与える影響について定量的に評価する。第三章では，働き方改革にも関連する女性の就業と出生率に着目し，国際比較や国内地域間比較から得られる含意を整理している。（以下略）

（出典）内閣府『令和 2 年度　年次経済財政報告』の「はじめに」を一部改変。

問21　下線部(ア)「景気の悪化」について，過去にも平成不況を含む「失われた10年」と呼ばれる景気の悪化が経験された。そのことに関する記述のなかで最も適切でないものの記号を一つ選び，解答欄 17 にマークしなさい。

　A　平成不況は 1991 年からはじまった。

　B　不良債権の処理に行きづまった金融機関の破綻があいついだ。

　C　物価の上昇と失業の増大が同時に起こるデフレースパイラルにおちいった。

　D　政府や地方自治体は景気対策として公共事業の拡大をおこなった。

問22　下線部(イ)「内需」に関連して，長期化・深刻化する不況の原因を有効需要の不足に求めた経済学者の名前として適切な記号を一つ選び，解答欄18にマークしなさい。

　A　アダム＝スミス

　　B　カール＝マルクス

　　C　ジョン＝メイナード＝ケインズ

　　D　ミルトン＝フリードマン

問23　下線部(ウ)「所得」に関連して，国内総所得(GDI)についての記述のなかで最
　　も適切でないものの記号を一つ選び，解答欄 19 にマークしなさい。

　　A　国内総所得とは付加価値の合計を分配面から見た指標である。

　　B　国内総所得と国内総支出は理論上同額になる。

　　C　国内総所得には企業所得と財産所得も含まれている。

　　D　国内総所得から固定資本減耗分を差し引くと国内総生産と理論上同額と
　　　　なる。

問24　下線部(エ)「消費」についての記述のなかで最も適切でないものの記号を一つ
　　選び，解答欄 20 にマークしなさい。

　　A　日本では 2009 年に消費者行政の一元化をめざして消費者庁が設置され
　　　　た。

　　B　J．F．ケネディ大統領は消費者の 8 つの権利を提唱した。

　　C　国際消費者機構(CI)は消費者の権利とともに環境への自覚などの責任
　　　　も規定している。

　　D　消費者主権とは消費者が生産のあり様を決定できるようになることを意
　　　　味する。

問25　下線部(オ)「需給」に関連し，ある財の需要量と供給量を価格との関係で図示
　　した需要・供給曲線についての記述のなかで最も適切でないものの記号を一
　　つ選び，解答欄 21 にマークしなさい。

　　A　需要曲線は一般に右上がりになり供給曲線は右下がりになる。

　　B　需要曲線と供給曲線が交わる点を均衡点とよぶ。

　　C　ある財が好天に恵まれて豊作になると均衡点が右下方向にシフトする。

　　D　ある財の人気が高まると均衡点が右上方向にシフトする。

問26　下線部㈹「循環論」に関連し，景気循環についての記述のなかで最も適切で
ないものの記号を一つ選び，解答欄 22 にマークしなさい。

A　景気循環を観察するための代表的な指標である消費者物価指数は家計の
購買行動についての指標で総務省から公表されている。

B　景気循環を観察するための代表的な指標である企業物価指数は企業とエ
ンドユーザーの取引行動についての指標で経済産業省から公表されてい
る。

C　景気循環を観察するための代表的な指標である鉱工業生産指数は商品の
流通状況から景気動向がわかる指標である。

D　景気循環を観察するための代表的な指標である失業率は景気循環の影響
を示す指標として注目される。

問27　下線部㈩「労働時間」についての記述のなかで最も適切でないものの記号を
一つ選び，解答欄 23 にマークしなさい。

A　日本の労働者の労働時間は OECD 加盟国のなかで長いことが指摘され
てきた。

B　2007 年の労働基準法改正では 1 週 48 時間制から 40 時間労働制に改め
られた。

C　個々の労働者の労働時間を短縮して雇用機会の確保をはかることをワー
クシェアリングという。

D　2018 年に高度プロフェッショナル制度の創設などを定めた働き方改革
関連法が成立した。

問28　下線部㈨「雇用」について日本的雇用慣行の特徴の一つとして勤続年数に従
って給料と地位が上がる　　　　　型賃金制が存在した。空欄　　　　　に
入る適当な語句を解答欄 105 に漢字 4 文字で記入しなさい。

問29　下線部㈬「女性の就業」について述べたもののなかで最も適切でないものの
記号を一つ選び，解答欄 24 にマークしなさい。

A　2009 年から 2018 年までの間の女性就業者の増加人数は男性就業者の増

　　　加人数よりも多かった。

　B　1980 年には共働き世帯数よりも片働き世帯数が多かったが，2017 年に
　　　は共働き世帯数が片働き世帯数を初めて上回った。

　C　2006 年に男女雇用機会均等法が再改正され母性保護の強化などが盛り
　　　込まれた。

　D　2009 年の育児・介護休業法改正で 3 歳までの子を養育する労働者に対
　　　する短時間勤務制度の導入が義務化された。

問30　空欄　　1　　には総務省が「ICT（情報通信技術）を利用し時間や場所を
　　　有効に活用できる柔軟な働き方」と定義する語句が入る。その語句をカタカ
　　　ナ 5 文字で解答欄 106 に記入しなさい。

〔Ⅳ〕　環境問題について，以下の文章を読んで，下記の設問に答えなさい。

(1)「平成 27 年版環境・循環型社会・生物多様性白書」の文章（抜粋，一部改変）

　　我が国では，戦後の高度経済成長期に公害問題が顕著化し，住民に大きな被害
　　　　　　　　　　　　　　　　　　　　（ア）
が発生しました。特に，水俣病，新潟水俣病，イタイイタイ病及び四日市ぜんそ
　　　　　　　　　　　　　　　　　　　　　（イ）
くの「四大公害病」は，社会問題として大きく取り上げられました。一方で，欧米
等の国々も酸性雨や農薬等の化学物質を始めとする環境問題に悩まされていまし
た。このように，公害のような環境問題は，人類の永続的な繁栄を脅かすものと
して考えられるようになりました。そのような背景を踏まえ，「持続可能性」とい
う考え方が醸成されていきました。1984 年には，我が国の提案により「　1　」
に関する世界委員会」（ブルントラント委員会）が国連に設置されました。ブルン
トラント委員会が 1987 年に公表した報告書「我ら共有の未来」では，「持続可能な
開発」について，「将来の世代のニーズを満たしつつ，現在の世代のニーズも満足
させるような開発」と定義されました。1992 年には，ブラジルで国際会議が開催
され，「持続可能な開発」の指針である国際的な行動計画である「　2　21」が
採択されました。

(2)　2 人の高校生の会話

X：去年の夏も暑かったわね。これも地球温暖化のせいかしら。<u>地球の生態系や環境に大きな変化</u>が起きて，近い将来確実に私達の生活に悪影響が及ぶって
(ウ)
　　いわれているね。原因は何なの？

Y：いろんな説があるけど，多くの科学者たちは，人類の活発な経済活動の影響
　　だといっている。世界人口が増え経済が拡大した結果，汚染物質や廃棄物の
　　排出が爆発的に増加し，また森林や湿地も破壊されてきたからね。

X：でも，国連や各国政府が話し合って十分対策をとっているんでしょう？

Y：確かに，かなり前からあちこちで国際的協議は行われ，<u>環境関連の国際条約</u>
(エ)
　　もいくつかできているよ。温室効果ガスについては，紆余曲折もあったけれ
　　ど，パリ協定でなんとかまとまったよ。

X：地球に多くの負担をかけている国が率先して削減すれば済むことでしょ。公
　　害問題でも言われた<u>原因を作っている人が責任をとる</u>ことを原則にする必要
(オ)
　　があるんじゃない。

Y：うん。でも，そうすると最近経済成長が著しい新興国などの負担が増える。
　　他方で，かつての米国などは，それでは効果がないから加盟しないと言って
　　いたこともあるんだ。

X：ふーん，地球の環境問題って，いざ解決しようとすると，先進国と後進国の
　　経済成長をめぐる難しい問題にぶつかるのね。

Y：そう。環境だけでなく，経済も関係するんだよ。

X：経済問題なら，なぜ<u>WTO</u> や IMF といった国際的な機関で解決が図れない
(カ)
　　の。

Y：それはね，一つには，国際環境問題が，<u>価格メカニズムでは，解決し難い特性</u>を持っているからさ。大気や水質の汚染，温暖化といったものは，国境を
(キ)
　　越えて広がるので，規制が他国には及びがたいし，需給で価格が決まるもの
　　でもないからね。

X：でも，パリ協定の前に決まった京都議定書では，たしか<u>各国に割り当てられた温室効果ガス枠の売買を可能にする</u>制度ができたって聞いたけど。
(ク)

Y：そう。ただ，これも，目標枠をどう決めるか，実際の認証や監視をどうする
　　かなど問題は多いらしいよ。地球環境問題は難しいから，私達はもっと勉強
　　しなくてはいけないね。

問31　下線部(ア)「公害問題」にかかわり，公害対策基本法をめぐる記述として，最
　　　も適切でないものの記号を一つ選び，解答欄 25 にマークしなさい。

　　　A　1967 年に公害対策基本法が成立した。

　　　B　1970 年の「公害国会」で，公害対策基本法は大きな争点となった。

　　　C　1970 年に改正された公害対策基本法では経済調和条項が付加された。

　　　D　公害対策基本法等を発展させて環境基本法が 1993 年に制定された。

問32　下線部(イ)「イタイイタイ病」の原因物質として，適切なものの記号を一つ選
　　　び，解答欄 26 にマークしなさい。

　　　A　水銀　　　　　　B　硫黄酸化物　　　C　カドミウム　　　D　六価クロム

問33　空欄　　1　　に入る用語として，最も適切なものの記号を一つ選び，解
　　　答欄 27 にマークしなさい。

　　　A　人間環境　　　　　　　　　　　B　宇宙船地球号

　　　C　地球温暖化　　　　　　　　　　D　環境と開発

問34　空欄　　2　　に入る正しい用語を解答欄 107 に記入しなさい。

問35　下線部(ウ)の例として，最も適切でないものの記号一つを選び，解答欄 28
　　　にマークしなさい。

　　　A　氷河の後退　　　　　　　　　　B　オゾンホール面積の縮小

　　　C　砂漠化　　　　　　　　　　　　D　絶滅危惧種の増加

問36　下線部(エ)「環境関連の国際条約」にかかわり，生物多様性条約がある。この
　　　条約について，最も適切なものの記号を一つ選び，解答欄 29 にマークしな
　　　さい。

　　　A　1992 年の地球サミットで調印された。

　　　B　2010 年の名古屋会議で調印され，名古屋議定書と呼ぶ。

　　　C　2002 年のヨハネスブルク宣言で発効した。

　　　D　1989 年のバーゼルで行われた会議で採択された。

問37　下線部(オ)に示す原則を何というか。最も適切なものの記号を一つ選び，解答欄 30 にマークしなさい。

　　A　共通だが差異のある責任の原則

　　B　公平負担の原則

　　C　受益者負担の原則

　　D　汚染者負担の原則

問38　下線部(カ)「WTO」は GATT ウルグアイラウンド交渉の結果，発足した。それが発足した時の日本の内閣として，適切なものの記号を一つ選び，解答欄 31 にマークしなさい。

　　A　小泉内閣　　　　B　麻生内閣　　　　C　村山内閣　　　　D　鳩山内閣

問39　下線部(キ)のような特性を経済学では何というか。最も適切なものの記号一つを選び，解答欄 32 にマークしなさい。

　　A　不完全競争　　　B　政府の失敗　　　C　市場の失敗　　　D　独占競争

問40　下線部(ク)の仕組みを何というか。「取引」という文字を使い，解答欄 108 に漢字で記入しなさい（「取引」を含めて記入すること）。

〔Ⅴ〕　食料や農業について，次の文章を読んで，下記の設問に答えなさい。

　　2020年3月に決定された新たな<u>基本計画</u>は，我が国の食料・農業・農村が次
　　　　　　　　　　　　　　　　（ア）
世代へと持続的に継承され，国民生活の安定や国際社会に貢献していくための今
後10年間の農政の指針となるものである。

　　我が国の農業・農村は，国民生活に不可欠な<u>食料を供給する機能</u>とともに，そ
　　　　　　　　　　　　　　　　　　　　　　（イ）
の営みを通じて，<u>国土の保全等の役割</u>を果たしている，まさに「国の基」である。
　　　　　　　　　（ウ）
　　しかしながら，我が国の農業・農村は，人口減少に伴う国内マーケットの縮
小，農業者の減少・<u>高齢化</u>が深刻化するとともに，グローバル化の一層の進展，
　　　　　　　　　　（エ）
頻発する<u>自然災害</u>やCSF（豚熱）の発生，さらには，新型コロナウイルス感染症
　　　　　（オ）
など，新たな課題に直面している。

　　今回の<u>基本計画の見直し</u>において，地域をいかに維持し，次の世代に継承して
　　　　　（カ）
いくのか，という視点が重要であり，そのためには，<u>国内農業</u>の生産基盤の強化
　　　　　　　　　　　　　　　　　　　　　　　　　　（キ）
が不可欠であると考えている。

　　こうした考えの下，担い手の育成・確保や農地の集積・集約化を進めるととも
に，規模の大小や中山間地域といった条件にかかわらず，<u>農業経営</u>の底上げにつ
　　　　　　　　　　　　　　　　　　　　　　　　　　（ク）
ながる対策を講じ，幅広く生産基盤の強化を図っていく。その上で，国内需要の
変化に対応するとともに，新たな輸出目標を掲げ，農林水産大臣を本部長とする
司令塔組織の下で<u>更なる輸出拡大</u>に取り組む。また，活力ある農村を実現するた
　　　　　　　　（ケ）
め，美しい棚田や田園風景が守られるよう，<u>関係府省</u>と連携した農村施策を推進
　　　　　　　　　　　　　　　　　　　　　（コ）
していく。

（出典）農林水産大臣談話「新たな食料・農業・農村基本計画の閣議決定に当たっ
　　　　て」（2020年3月31日，一部改変）

問41　下線部(ア)「基本計画」は，食料・農業・農村基本法にもとづいて策定され
　　　る。この法律によって廃止された農業基本法に関する記述のうち，次のなか
　　　から最も適切なものの記号を一つ選び，解答欄33にマークしなさい。
　　　A　耕作放棄地の発生を防ぐために，株式会社形態の農業生産法人を認め
　　　　　た。

　　B　国民への安心，安全な食料の供給を政策理念とした。

　　C　選択的拡大として，主品目である米の増産を推進した。

　　D　農業者と非農業者の所得格差是正をめざした。

問42　下線部(イ)「食料を供給する機能」に関わり，凶作や輸入の途絶など不測の事
　　態においても，国民が最低限度必要とする食料を確保するという □□□□□
　　の観点から食料自給率の向上が求められる。空欄 □□□□□ に入る語句を解
　　答欄 109 に漢字 6 文字で記入しなさい。

問43　下線部(ウ)「国土の保全等の役割」に関わり，この他にも地下水の涵養や農村
　　景観の維持など，農業は □□□□□ を持つといわれている。空欄 □□□□□
　　に入る語句を解答欄 110 に漢字 5 文字で記入しなさい。

問44　下線部(エ)「高齢化」に関する記述として，次のなかから最も適切なものの記
　　号を一つ選び，解答欄 34 にマークしなさい。

　　A　老年人口(65 歳以上)が全人口の 7 ％を超える社会を高齢社会とよび，
　　　　日本は既に高齢社会である

　　B　老年人口(65 歳以上)が全人口の 14％を超える社会を高齢社会とよび，
　　　　日本はまだ高齢社会ではない

　　C　老年人口(65 歳以上)が全人口の 14％を超える社会を高齢社会とよび，
　　　　日本は既に高齢社会である

　　D　老年人口(65 歳以上)が全人口の 21％を超える社会を高齢社会とよび，
　　　　日本は既に高齢社会である

問45　下線部(オ)「自然災害」は，地球温暖化の影響でも増加することが危惧されて
　　いる。これに関わり，1972 年に行われ，地球環境問題がはじめて国際的検
　　討課題として取り上げられた会議の開催地として，次のなかから適切なもの
　　の記号を一つ選び，解答欄 35 にマークしなさい。

　　A　京都　　　　　　　　　　　　　B　ストックホルム

　　C　パリ　　　　　　　　　　　　　D　リオデジャネイロ

問46 下線部㊍について，2010 年の見直しは民主党政権において行われた。民主党政権下で行われた政策として，次のなかから最も適切なものの記号を一つ選び，解答欄 36 にマークしなさい。

A 戸別所得補償制度の実施

B コメの関税化

C 食糧管理制度の廃止と食糧法の制定

D TPP（環太平洋経済連携協定）交渉からの離脱

問47 下線㊖「国内農業」に関わり，2020 年の基本計画で示されている供給熱量ベースの食料自給率について，2018 年度の数値と 2030 年度の目標値の組み合わせとして，次のなかから最も適切なものの記号を一つ選び，解答欄37 にマークしなさい。

	＜2018年度数値＞	＜2030年度目標値＞
A	25%	34%
B	37%	45%
C	46%	53%
D	66%	75%

問48 下線㊗について，日本の農業経営に関する記述として，次のなかから最も適切なものの記号を一つ選び，解答欄 38 にマークしなさい。

A 中山間地域など生産条件の不利な地域ほど，後継者不足が深刻である。

B 2010 年以降は販売農家よりも自給的農家の方が多くなっている。

C 農地権利取得の規制緩和を経て，今日では農外から参入した企業が耕地面積の 7 割を経営している。

D 農地改革によって小規模な農家は経営が困難になり，大規模な経営が育成された。

問49 下線部㊘「更なる輸出拡大」に関わり，貿易自由化を推進する多国間交渉に関する記述として，次のなかから最も適切なものの記号を一つ選び，解答欄 39 にマークしなさい。

　A　ウルグアイラウンドでは，それまで例外的に保護されていた農業分野が
　　　課題として取り上げられた。

　B　GATTとWTOはいずれも国際機関だが，前者は紛争処理手続きが大
　　　幅に強化されている。

　C　多国籍企業は独自の国際的なネットワークを構築しているため，貿易自
　　　由化交渉への関心をなくしている。

　D　ドーハラウンドは，多国間交渉としては最長となる10年間の交渉の
　　　末，2011年に妥結した。

問50　下線部㈰「府省」に関わり，観光庁，資源エネルギー庁，消費者庁がそれぞ
　　　れ置かれている府省の組み合わせとして，次のなかから適切なものの記号を
　　　一つ選び，解答欄40にマークしなさい。

	＜観光庁＞	＜資源エネルギー庁＞	＜消費者庁＞
A	経済産業省	国土交通省	内閣府
B	経済産業省	内閣府	国土交通省
C	国土交通省	経済産業省	内閣府
D	国土交通省	内閣府	経済産業省

数学

（2科目120分）

〔Ⅰ〕　次の設問の　1　と　2　の空欄の正解を解答群から選び，該当する
解答欄にマークしなさい。

　　コインを1回投げ，表の面が出たら1点，裏の面が出たら－1点の点数を与える。

(1)　コインを5回投げるとき，点数の合計が3点となる確率は　1　である。

(2)　コインを10回投げるとき，点数の合計が5点以上となる場合は　2　通りある。

（1の解答群）

　A $\frac{1}{32}$　　B $\frac{1}{16}$　　C $\frac{3}{32}$　　D $\frac{1}{8}$　　E $\frac{5}{32}$　　F $\frac{1}{5}$

　G $\frac{2}{5}$　　H $\frac{3}{5}$　　I $\frac{4}{5}$　　J 1　　K その他

（2の解答群）

　A 1　　B 2　　C 5　　D 10　　E 11　　F 45

　G 56　　H 90　　I 100　　J 101　　K その他

〔Ⅱ〕　次の設問の　3　と　4　の空欄の正解を解答群から選び，該当する
　　　解答欄にマークしなさい。

　　　等式 $2ab + 4a - 5b = 0$ を満たす整数 a, b は　3　組あり，このとき
　　　a の最大値は　4　である。

（3の解答群）

　　　A　1　　　　B　2　　　　C　3　　　　D　4　　　　E　5　　　　F　6
　　　G　7　　　　H　8　　　　I　9　　　　J　10　　　　K　その他

（4の解答群）

　　　A　1　　　　B　2　　　　C　3　　　　D　4　　　　E　5　　　　F　6
　　　G　7　　　　H　8　　　　I　9　　　　J　10　　　　K　その他

〔Ⅲ〕　次の設問の　5　から　7　の空欄の正解を解答群から選び，該当す
　　　る解答欄にマークしなさい。また，　101　については，各自で得た答えを解
　　　答欄に書きなさい。

　　　xy 座標平面上に 2 点 A(2, 4)，B(6, 2) がある。また，この平面上を動き，
　　　x 座標と y 座標が共に整数である点 P がある。ただし，点 P は点 A，B とは一
　　　致しないものとする。

　　　　∠APB $= 90°$ となるとき，点 P は点（　5　，　6　）を中心とする半
　　　径　7　の円周上にある。したがって，点 P が∠APB $= 90°$ を満たす場合
　　　は　101　通りある。

（5の解答群）

　　　A　1　　　　B　2　　　　C　3　　　　D　4　　　　E　5　　　　F　6
　　　G　7　　　　H　8　　　　I　9　　　　J　10　　　　K　その他

（6 の解答群）

A　1　　　B　2　　　C　3　　　D　4　　　E　5　　　F　6

G　7　　　H　8　　　I　9　　　J　10　　　K　その他

（7 の解答群）

A　2　　　B　$\sqrt{5}$　　　C　$\sqrt{6}$　　　D　$\sqrt{7}$　　　E　$2\sqrt{2}$　　　F　3

G　$\sqrt{10}$　　　H　$\sqrt{11}$　　　I　$2\sqrt{3}$　　　J　$\sqrt{13}$　　　K　その他

〔IV〕　次の設問の　$\boxed{8}$　と　$\boxed{9}$　の空欄の正解を解答群から選び，該当する
解答欄にマークしなさい。

関数 $f(x)$ を，

$$f(x) = \frac{\dfrac{1}{2}\log_{\frac{1}{3}}4 + \log_{\frac{1}{3}}\dfrac{1}{2} + \log_{\frac{1}{3}}x}{2\log_2 3 \cdot \log_{\frac{1}{3}}\sqrt{3}} \cdot \log_2 x + 2\log_3 9 - \log_3(16x^4) + \log_3 4^2$$

と定めると，$f(x)$ は $x = \boxed{8}$ のとき最小値 $\boxed{9}$ をとる。

（8 の解答群）

A　$\dfrac{1}{18}$　　　B　$\dfrac{1}{9}$　　　C　$\dfrac{1}{4}$　　　D　$\dfrac{1}{3}$　　　E　$\dfrac{1}{2}$　　　F　1

G　2　　　H　3　　　I　4　　　J　9　　　K　その他

（9 の解答群）

A　0　　　B　1　　　C　2　　　D　3　　　E　4　　　F　5

G　6　　　H　7　　　I　8　　　J　9　　　K　その他

〔Ⅴ〕　次の設問の $\boxed{10}$ から $\boxed{12}$ の空欄の正解を解答群から選び，該当する解答欄にマークしなさい。

　$\angle A_1 A_3 A_2 = 90°$ である直角三角形 $A_1 A_2 A_3$ において，$A_1 A_2 = 1$，$\angle A_2 A_1 A_3 = \theta$ とする。頂点 A_3 から辺 $A_1 A_2$ に下ろした垂線を $A_3 A_4$，点 A_4 から辺 $A_2 A_3$ に下ろした垂線を $A_4 A_5$，というように，正の整数 n に対して，点 A_{n+2} から線分 $A_n A_{n+1}$ に下ろした垂線を $A_{n+2} A_{n+3}$ とする。

(1)　線分 $A_8 A_9$ の長さは $\boxed{10}$ である。

(2)　n が偶数のとき，線分 $A_n A_{n+1}$ の長さは $\boxed{11}$ である。

(3)　n が偶数のとき，三角形 $A_n A_{n+1} A_{n+2}$ の面積は $\boxed{12}$ である。

（10 の解答群）

A　$\sin^6 \theta$　　　　B　$\sin^7 \theta$　　　　C　$\sin^8 \theta$　　　　D　$\cos^6 \theta$

E　$\cos^7 \theta$　　　　F　$\cos^8 \theta$　　　　G　$\sin^3 \theta \cos^3 \theta$　　　　H　$\sin^3 \theta \cos^4 \theta$

I　$\sin^4 \theta \cos^3 \theta$　　　　J　$\sin^4 \theta \cos^4 \theta$　　　　K　その他

（11 の解答群）

A　$\sin^{n-2} \theta$　　　　　　　　B　$\sin^{n-1} \theta$　　　　　　　　C　$\sin^n \theta$

D　$\cos^{n-2} \theta$　　　　　　　　E　$\cos^{n-1} \theta$　　　　　　　　F　$\cos^n \theta$

G　$\sin^{\frac{n}{2}-1} \theta \cos^{\frac{n}{2}-1} \theta$　　　　H　$\sin^{\frac{n}{2}-1} \theta \cos^{\frac{n}{2}} \theta$　　　　I　$\sin^{\frac{n}{2}} \theta \cos^{\frac{n}{2}-1} \theta$

J　$\sin^{\frac{n}{2}} \theta \cos^{\frac{n}{2}} \theta$　　　　K　その他

（12 の解答群）

A　$\dfrac{1}{2} \sin^{\frac{3(n-1)}{2}} \theta \cos^{\frac{2n-1}{2}} \theta$　　　　　　　　B　$\dfrac{1}{2} \sin^{\frac{2n-1}{2}} \theta \cos^{\frac{2n-1}{2}} \theta$

C　$\dfrac{1}{2} \sin^n \theta \cos^n \theta$　　　　　　　　D　$\dfrac{1}{2} \sin^{n+1} \theta \cos^n \theta$

E　$\dfrac{1}{2} \sin^{n-1} \theta \cos^{n+1} \theta$　　　　　　　　F　$\dfrac{1}{2} \sin^{n+1} \theta \cos^{n-1} \theta$

G $\dfrac{1}{2}\sin^n\theta\cos^{n+1}\theta$ 　　　　H $\dfrac{1}{2}\sin^{n+1}\theta\cos^{n+1}\theta$

I $\dfrac{1}{2}\sin^{\frac{2n-1}{2}}\theta\cos^{\frac{3(n-1)}{2}}\theta$ 　　　　J $\dfrac{1}{2}\sin^{\frac{2n+1}{2}}\theta\cos^{\frac{2n-1}{2}}\theta$

K　その他

〔Ⅵ〕 次の設問の 　13　 から 　16　 の空欄の正解を解答群から選び，該当する解答欄にマークしなさい。また， 　102　 については，各自で得た答えを解答欄に書きなさい。

座標空間内に4点A$(1,-3,-2)$, B$(3,-1,-3)$, C$(5,-3,1)$, D$(m,2,n)$がある。ただし，m, n は実数とする。

(1) $\angle\mathrm{BAC}=\theta$ とすると，$\cos\theta=$ 　13　 である。

(2) 三角形 ABC の面積は 　14　 である。

(3) 三角形 ABC を含む平面を α とする。点 D から平面 α に下ろした垂線が点 A を通る場合，$m=$ 　15　 ，$n=$ 　16　 であり，四面体 ABCD の体積は 　102　 である。

(13 の解答群)

A　0 　　B $\dfrac{1}{5}$ 　　C $\dfrac{1}{4}$ 　　D $\dfrac{1}{3}$ 　　E $\dfrac{2}{5}$ 　　F $\dfrac{1}{2}$

G $\dfrac{3}{5}$ 　　H $\dfrac{2}{3}$ 　　I $\dfrac{3}{4}$ 　　J $\dfrac{4}{5}$ 　　K　その他

(14 の解答群)

A $\dfrac{5}{2}$ 　　　　B　5 　　　　C　6 　　　　D $\dfrac{15}{2}$

E　15 　　　　F $\dfrac{8\sqrt{2}}{3}$ 　　　　G $\dfrac{10\sqrt{2}}{3}$ 　　　　H $5\sqrt{2}$

I $8\sqrt{2}$ 　　　　J $10\sqrt{2}$ 　　　　K　その他

（15 の解答群）

A -4 B -3 C -2 D -1 E 0 F 1

G 2 H 3 I 4 J 5 K その他

（16 の解答群）

A -4 B -3 C -2 D -1 E 0 F 1

G 2 H 3 I 4 J 5 K その他

〔Ⅶ〕 次の設問の $\boxed{17}$ から $\boxed{21}$ の空欄の正解を解答群から選び，該当する解答欄にマークしなさい。また，$\boxed{103}$ については，各自で得た答えを解答欄に書きなさい。

放物線 $y = (x - 3)^2 + 1$ を C_1，放物線 $y = x^2 - 2$ を C_2 とする。また，C_1 と C_2 のどちらにも接する接線を l とする。

(1) l の傾きは $\boxed{17}$ であり，y 切片は $\boxed{18}$ である。

(2) C_1 と l の接点の x 座標は $\boxed{19}$ ，C_2 と l の接点の x 座標は $\boxed{20}$ ，C_1 と C_2 の交点の x 座標は $\boxed{21}$ である。

(3) C_1，C_2 および l で囲まれた図形の面積は $\boxed{103}$ である。

（17 の解答群）

A -6 B -3 C -2 D -1 E $-\dfrac{1}{2}$ F $\dfrac{1}{2}$

G 1 H 2 I 3 J 6 K その他

（18 の解答群）

A -11 B -6 C $-\dfrac{17}{4}$ D -3 E $-\dfrac{9}{4}$ F -2

G　$-\dfrac{7}{4}$　　H　$\dfrac{1}{4}$　　I　$\dfrac{1}{2}$　　J　5　　K　その他

（19 の解答群）

A　$-\dfrac{7}{4}$　　B　-1　　C　$\dfrac{1}{2}$　　D　1　　E　$\dfrac{5}{4}$　　F　$\dfrac{7}{4}$

G　2　　H　$\dfrac{5}{2}$　　I　3　　J　$\dfrac{7}{2}$　　K　その他

（20 の解答群）

A　$-\dfrac{7}{4}$　　B　-1　　C　$\dfrac{1}{2}$　　D　1　　E　$\dfrac{5}{4}$　　F　$\dfrac{7}{4}$

G　2　　H　$\dfrac{5}{2}$　　I　3　　J　$\dfrac{7}{2}$　　K　その他

（21 の解答群）

A　$-\dfrac{7}{4}$　　B　-1　　C　$\dfrac{1}{2}$　　D　1　　E　$\dfrac{5}{4}$　　F　$\dfrac{7}{4}$

G　2　　H　$\dfrac{5}{2}$　　I　3　　J　$\dfrac{7}{2}$　　K　その他

化学

（2 科目 120 分）

注意： 1. 原子量が必要な場合は，次の数値を用いなさい。

H = 1　　C = 12　　N = 14　　O = 16　　F = 19　　Na = 23

Mg = 24　Al = 27　　P = 31　　S = 32　　Cl = 35.5　K = 39

Ca = 40　Cr = 52　　Mn = 55　Fe = 56　Cu = 64　　Zn = 65

Br = 80　Ag = 108　I = 127　　Ba = 137　Pb = 207

2. 気体定数 $R = 8.31 \times 10^3$ 〔Pa·L/(K·mol)〕

または $R = 8.31$ 〔J/(K·mol)〕

3. アボガドロ定数 $N_A = 6.02 \times 10^{23}$ 〔/mol〕

4. 絶対温度 $T(K) = 273 + t(℃)$

〔 I 〕　以下の問いに答え，　1　～　14　にあてはまる答えとして最も適切なものを各解答群の中から1つ選び，記号をマークしなさい。また，解答欄　101　には示性式を書きなさい。また，解答欄　102　と　103　には数値を書きなさい。

　　19 世紀初めまでは，有機化合物は，生命をもつもの（有機体），すなわち，動物や植物から得られる化合物を意味していた。当時は，有機化合物は生命の力を借りなければつくりだすことができないと考えられていた。1828 年にウェーラーは，無機化合物であるシアン酸アンモニウムから有機化合物である（　ア　）が得られることを発見し，無機化合物から有機化合物が人工的に合成できることを示した。現在では，炭素原子を骨格として組み立てられている化合物を有機化合物と呼んでいる。生物の多くは，さまざまな有機化合物を食物として摂取している。食物に含まれる成分のうち，生命を保ち，成長に必要な成分を栄養素という。栄養素としては，糖類，タンパク質，脂質などがあげられる。このうちの脂

質は，体内でのエネルギー貯蔵体の働きをもつほか，生体膜の構成成分，生体表
面の保護なども担っている。脂質の1つである油脂は，高級脂肪酸とグリセリン
のエステルであり，動物の体内や植物の種子などに広く分布する。

(1) 文章中の（　ア　）にあてはまる化合物の示性式を　101　に書きなさい。

　　　　101

(2) 炭素原子と他の原子との単結合の極性が最も小さいものは，電気陰性度の差
から考えると，　1　である。

　　　　1

　　　A C–O　　　B C–Cl　　　C C–F　　　D C–N　　　E C–I

(3) 炭素原子に含まれる　2　個の価電子は，2s軌道に　3　個，2p$_x$
軌道に　4　個，2p$_y$軌道に　5　個入っている。結合する相手の原
子が近づくと，2s軌道1個と2p軌道3個が混じりあって，sp^{3}混成軌道とい
う新しい軌道が　6　個形成される。　2　～　6　にあてはま
る数値をあらわす記号を下記より選びなさい。

　　　2　,　3　,　4　,　5　,　6
　　　A 1　　　B 2　　　C 3　　　D 4　　　E 5
　　　F 6　　　G 7　　　H 8　　　I 9　　　J 0

(4) 炭素の同素体の1つにダイヤモンドがあり，その結晶の単位格子は図1のよ
うな構造をもつ。ダイヤモンドの1個の炭素原子に着目すると，この原子を中
心に　7　個の炭素原子が正四面体の頂点方向に次々と共有結合した構造
を持っている。単位格子の　8　つの頂点にある炭素原子は，それぞれ
1/　9　ずつこの単位格子に属している。　10　つの面の中央に位
置する炭素原子は，それぞれ1/　11　ずつこの単位格子に属している。

また，残りの炭素原子は，全体がこの単位格子に属している。単位格子の1辺の長さを 3.6×10^{-8} cm とした場合，ダイヤモンドの密度は，有効数字2桁であらわすと，| 12 |．| 13 | g/cm³ である。| 7 | ～ | 13 | にあてはまる数値をあらわす記号を下記より選びなさい。

| 7 |，| 8 |，| 9 |，| 10 |，| 11 |，

| 12 |，| 13 |

A 1   B 2   C 3   D 4   E 5

F 6   G 7   H 8   I 9   J 0

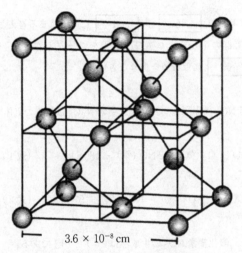

3.6×10^{-8} cm

図1 ダイヤモンドの単位格子

(5) パルミチン酸は高級脂肪酸の1つである。その 154 g 中には，酸素原子が | 14 | × 10²³ 個含まれている。最も近い数値を下記より選びなさい。

| 14 |

A 0.9   B 1.2   C 1.8   D 3.6   E 4.7

F 4.9   G 7.2   H 9.4   I 9.9   J 10.8

K 14.4

(6) 油脂 a 0.100 mol を加水分解したところ，グリセリンとオレイン酸がそれぞれ 0.100 mol，リノール酸が 0.200 mol 生じた。この油脂 a のけん化価は $\boxed{102}$ である。この油脂 a 0.100 mol を，触媒を用いて水素を付加させて，飽和脂肪酸だけからなる油脂 b に変換するには，0 ℃，1.01×10^5 Pa の状態で水素は $\boxed{103}$ L 必要である。有効数字 3 桁で解答欄 $\boxed{102}$ と $\boxed{103}$ に書きなさい。

$\boxed{102}$ ，$\boxed{103}$

〔Ⅱ〕 以下の問いに答え，$\boxed{15}$ ～ $\boxed{21}$ にあてはまる答えとして最も適切なものを各解答群の中から 1 つ選び，記号をマークしなさい。また，解答欄 $\boxed{104}$ と $\boxed{105}$ には数値を書きなさい。

(1) 二酸化窒素 NO_2 は赤褐色，四酸化二窒素 N_2O_4 は無色の気体である。

$$N_2 \text{（気）} + O_2 \text{（気）} = 2\,NO \text{（気）} - 180.6 \text{ kJ} \qquad \text{（式 1）}$$

$$NO \text{（気）} + \frac{1}{2} O_2 \text{（気）} = NO_2 \text{（気）} + 57.1 \text{ kJ} \qquad \text{（式 2）}$$

であるとき，二酸化窒素 NO_2 の生成熱は（　ア　）kJ である。

また，四酸化二窒素 N_2O_4（気）の生成熱が -9.16 kJ/mol であるとき，二酸化窒素 NO_2 から四酸化二窒素 N_2O_4 が生成する反応に対応する熱化学方程式は

$$2\,NO_2 \text{（気）} = N_2O_4 \text{（気）} + （　イ　） \text{kJ} \qquad \text{（式 3）}$$

であらわすことができる。

0 ～ 140 ℃付近では，二酸化窒素 NO_2 と四酸化二窒素 N_2O_4 との間には，次のような平衡関係が成立している。

$$2\,NO_2\,(気) \rightleftharpoons N_2O_4\,(気) \qquad\qquad (式4)$$

　銅に濃硝酸を加えて発生させた NO_2 を，右図のような注射器にとり，一定温度で放置したとする。温度を一定に保ちながら，混合気体の圧力を高くすると，一時的に色が（　ウ　）なるが，圧力増加を緩和するために，気体の分子数が（　エ　）する方向，すなわち（式4）の平衡は（　オ　）に移動する。

　また，同様に注射器に NO_2 をとり，ピストンが可動な状態で，氷水につけて冷却すると，ピストンは（　カ　），色は（　キ　）。

　このように，可逆反応が平衡状態にあるとき，平衡を支配する条件を変化させると，正反応または逆反応の方向に反応が進んで，新しい条件に応じた平衡状態となる。これをルシャトリエの原理という。

　（　ア　）にあてはまる数字を有効数字3桁で，解答欄 ▢104 に書きなさい。その際，発熱か吸熱かがはっきり分かるように，プラス，マイナスの符号も示すこと。

　▢104

　（　イ　）にあてはまる数値は ▢15 である。

　▢15
　A　− 86　　B　+ 86　　C　− 24　　D　+ 24　　E　− 42
　F　+ 42　　G　− 57　　H　+ 57

　（　ウ　）〜（　オ　）にあてはまる適切な語句の組み合わせとして正しいものは ▢16 である。

16

	(ウ)	(エ)	(オ)		(ウ)	(エ)	(オ)
A	濃く	増加	右向き	E	薄く	増加	右向き
B	濃く	増加	左向き	F	薄く	増加	左向き
C	濃く	減少	右向き	G	薄く	減少	右向き
D	濃く	減少	左向き	H	薄く	減少	左向き

（ カ ），（ キ ）にあてはまる適切な語句の組み合わせとして正しいもの
は 17 である。

17

	(カ)	(キ)		(カ)	(キ)
A	上がり	濃くなる	F	下がり	変わらない
B	上がり	薄くなる	G	変わらず	濃くなる
C	上がり	変わらない	H	変わらず	薄くなる
D	下がり	濃くなる	I	変わらず	変わらない
E	下がり	薄くなる			

以下のa〜eの記述の中で，誤っているものの組み合わせは 18 であ
る。

a　平衡状態にある NO_2 と N_2O_4 の混合気体に，反応に関係しないアルゴン
　の気体を加えた場合，温度・体積一定であれば，平衡は移動しない。

b　平衡状態にある NO_2 と N_2O_4 の混合気体に，反応に関係しないアルゴン
　の気体を加えた場合，温度・全圧一定であれば，平衡は移動しない。

c　$H_2 + I_2 \rightleftharpoons 2HI$ の可逆反応が，一定の温度・体積のもとで平衡状態に
　あるとき，水素を加えると，平衡は右向きに移動する。

d　工業的なアンモニアの生産には，$N_2 + 3H_2 \rightleftharpoons 2NH_3$ であらわされる
　可逆反応が用いられている。この反応は発熱反応であり，温度が高いほど，

平衡が右向きに移動し，NH₃の収率が向上する。

e　塩化銀 AgCl は難溶性の塩であるが，水に加えて良くかき混ぜると，微量
　　の AgCl が溶けて飽和水溶液となる。この際，溶液に塩化水素ガスを通じる
　　と，新たに AgCl の沈殿が生成する。

18			
A	aとb	F	bとd
B	aとc	G	bとe
C	aとd	H	cとd
D	aとe	I	cとe
E	bとc	J	dとe

(2)　酢酸は，カルボン酸の一種であり食酢に含まれる酸味成分である。酢酸とエ
　　タノールは，少量の濃硫酸などの酸を触媒としてエステル化を起こし，酢酸エ
　　チルと水が生成する。この反応は，ある程度進むと，平衡状態に達する平衡反
　　応であり，以下の式のようにあらわすことができる。

$$CH_3COOH + C_2H_5OH \rightleftharpoons CH_3COOC_2H_5 + H_2O \quad （式5）$$

　　酢酸 2.0 mol とエタノール 2.0 mol を混合し，少量の濃硫酸を加えて，混合
　　液全体の体積を 100 mL とした。ある一定の温度で反応させたところ，酢酸エ
　　チルが 1.2 mol 生じて平衡に達した。この温度での平衡定数は（　ク　）であ
　　る。

　　酢酸は弱酸であり，水溶液中で電離平衡の状態にある。酢酸の電離平衡は以
　　下の式のようにあらわすことができる。

$$CH_3COOH \rightleftharpoons CH_3COO^- + H^+ \quad （式6）$$

酢酸水溶液のモル濃度を c，電離度を α とすると，酸の電離定数 K_a は以下の式であらわすことができる。

$$K_a = \frac{[\mathrm{CH_3COO^-}][\mathrm{H^+}]}{[\mathrm{CH_3COOH}]} = \frac{c\alpha \times c\alpha}{c(1-\alpha)} = \frac{c\alpha^2}{1-\alpha} \qquad (式7)$$

酢酸は弱酸であるために，α が1に比べて十分に小さい値である場合，$1-\alpha \fallingdotseq 1$ と近似することができるため $K_a = c\alpha^2$ となる。

水素イオン濃度 $[\mathrm{H^+}]$ は $c\alpha$ であらわすことができるが，(式7)から得られる α を代入すると，

$$[\mathrm{H^+}] = \sqrt{cK_a} \qquad (式8)$$

となる。この数式に基づくと，25℃における酢酸の電離定数が 2.7×10^{-5} である場合，0.10 mol/L の酢酸水溶液の pH は（　ケ　）になる。

　一方で，酢酸のような弱酸の場合，濃度 c が小さくなるほど電離度 α が大きくなり，$1-\alpha \fallingdotseq 1$ の近似が成立しなくなる。このような場合には，近似する前の二次方程式を解いて，α を求める必要がある。よって，25℃において，0.0010 mol/L の酢酸水溶液の電離度 α は（　コ　）になる（$1-\alpha \fallingdotseq 1$ の近似が成立しないものとする）。

　<u>0.1 mol/L の酢酸水溶液に，0.1 mol/L の水酸化ナトリウム水溶液を添加して</u>①<u>中和滴定を行う</u>と，中和により酢酸ナトリウムが生じるために緩衝作用を示し，pH の変化が小さい区間が生ずる。その後，酢酸が少なくなることで緩衝作用が小さくなり，pH が急激に変化する。

105	設問省略。空欄クに関わる問題文が現実的には考えにくい設定となっているため，空欄 105 については全員正解とする措置が取られたことが大学から発表されている。

　（　ケ　）にあてはまる最も適切な数値は ⬚19⬚ である。以下の値を用いること。

$\log_{10} 3 = 0.48$

$\boxed{19}$

A　2.62　　　B　2.66　　　C　2.70　　　D　2.74　　　E　2.78

F　2.82　　　G　2.86　　　H　2.90

（　コ　）にあてはまる数値に最も近い数値は　$\boxed{20}$　である。

$\boxed{20}$

A　0.05　　　B　0.10　　　C　0.15　　　D　0.20　　　E　0.25

F　0.30　　　G　0.35　　　H　0.40

下線部①の中和滴定に関する a ～ e の記述の中で正しいものの組み合わせは　$\boxed{21}$　である。

a　この中和滴定を行う際に適切な指示薬はメチルオレンジである（メチルオレンジの変色域の pH は 3.1 ～ 4.4 である）。

b　0.1 mol/L の塩酸を，0.1 mol/L の水酸化ナトリウム水溶液で中和した場合と比べて中和点付近での pH の変化は緩やかになる。

c　中和の過程で生じる酢酸ナトリウムは，ほぼ完全に電離した状態で存在している。

d　中和点においては，酢酸ナトリウムの水溶液であり，酸性を示す。

e　0.1 mol/L の塩酸を，0.1 mol/L の水酸化ナトリウム水溶液で中和した場合と比較して，中和に必要な水酸化ナトリウム水溶液の量は少ない。

$\boxed{21}$

A	a と b	F	b と d
B	a と c	G	b と e
C	a と d	H	c と d
D	a と e	I	c と e
E	b と c	J	d と e

〔Ⅲ〕 以下の問いに答え，| 22 | ～ | 26 | にあてはまる答えとして最も適切
なものを各解答群の中から1つ選び，記号をマークしなさい。また，解答欄
| 106 | には化学反応式，| 107 | ～ | 109 | には数値を書きなさい。

植物は根から吸収されたカルシウムと，ガラクツロン酸が α-1,4-グリコシド
結合したポリガラクツロン酸を主成分とするペクチンを結合させて，細胞壁の主
成分の1つであるペクチン酸カルシウムという化合物を産生している。そのた
め，土壌中のカルシウムが不足すると，病害虫に対する抵抗力の低下や，成長の
盛んな新芽や根の生育の抑制が引き起こされる。そこで，カルシウムを含む肥料
を畑にまいたり，葉面散布剤で茎葉や果実に直接カルシウムを吸収させる手段が
とられている。以下のカルシウムに関する問いに答えなさい。

(1) カルシウムの検出と確認には炎色反応が利用され，（　ア　）色を示す。ま
た，カルシウムは常温で水と反応して，（　イ　）の水溶液になる。

　　文章中の（　ア　），（　イ　）の正しい組み合わせは | 22 | である。

| 22 |

	(ア)	(イ)		(ア)	(イ)		(ア)	(イ)
A	深赤	強塩基性	E	橙赤	強塩基性	I	黄緑	強塩基性
B	深赤	弱塩基性	F	橙赤	弱塩基性	J	黄緑	弱塩基性
C	深赤	強酸性	G	橙赤	強酸性	K	黄緑	強酸性
D	深赤	弱酸性	H	橙赤	弱酸性	L	黄緑	弱酸性

(2) 炭酸カルシウムを（　ウ　）することにより，酸化カルシウムを得ることがで
きる。さらに得られた酸化カルシウムを（　エ　）と混合することにより，水酸
化カルシウムを得ることができる。

　　文章中の（　ウ　），（　エ　）の正しい組み合わせは | 23 | である。

23

	(ウ)	(エ)		(ウ)	(エ)
A	乾燥	塩酸	D	加圧	水
B	乾燥	水	E	加熱	塩酸
C	加圧	塩酸	F	加熱	水

(3) 水酸化カルシウム水溶液に二酸化炭素を加えて炭酸カルシウムの白色沈殿が生じた溶液に，さらに二酸化炭素を過剰に吹き込んでいくと，沈殿はやがて消失した。

　　下線部の化学反応式を解答欄　106　に書きなさい。

106

　　下線部の反応と同じ反応式で表される現象は　24　である。

24

　　A　生石灰を乾燥剤に用いて乾燥させる

　　B　壁に塗ったしっくいが空気と触れて固まる

　　C　鍾乳洞で鍾乳石や石筍が形成する

　　D　雨水により石灰岩が侵食され鍾乳洞がつくられる

　　E　焼きセッコウと水を混合させ医療用ギプスをつくる

(4) 炭酸カルシウム，酸化カルシウム，塩化カルシウムからなる混合物が 1.00 g ある。これに 1.0 L の水を加えた後に，1.00 mol/L の塩酸を 10.0 mL 加えると，気体が標準状態で 2.24 mL 発生し，水溶液は酸性になった。次に，この溶液を 2.00 mol/L の水酸化ナトリウム水溶液で中和したところ，3.0 mL 必要であった。したがって，この混合物 1.00 g には炭酸カルシウムが　107　g，酸化カルシウムが　108　g，塩化カルシウムが　109　g 含まれている

ことがわかった。

発生した気体は水溶液に溶け込まないものとして，有効数字3桁で解答欄
$\boxed{107}$，$\boxed{108}$，$\boxed{109}$ に数値を書きなさい。

$\boxed{107}$，$\boxed{108}$，$\boxed{109}$

(5) カルシウムイオン，バリウムイオン，亜鉛イオン，鉛（Ⅱ）イオンのいずれか
を1種類ずつ含む水溶液が入った4本の試験管がある。カルシウムイオンが入
った試験管を1回の操作で選び出すには，それぞれの試験管に $\boxed{\quad 25 \quad}$ を加
えて沈殿の生成を確認すればよい。

$\boxed{\quad 25 \quad}$

A 過剰量のアンモニア水

B 過剰量の水酸化ナトリウム水溶液

C 塩酸と硫化水素

D 塩酸

E 硝酸

(6) カルシウムイオンやマグネシウムイオンを多く含む水を硬水，これらを少量
しか含まない水を軟水という。以下の(a)〜(d)の記述で正しい内容の組み合わせ
として最も適切なものは $\boxed{\quad 26 \quad}$ である。

(a) 日本の河川は急流で，あまり鉱物質を含んでおらず，軟水が多い。

(b) 硬水でセッケンを使うと洗浄力が上昇する。

(c) 硬水は軟水よりもボイラー水としての使用に適している。

(d) 硬水を飲み続けると下痢を起こすことがある。

26

A	(a)と(b)	D	(b)と(c)
B	(a)と(c)	E	(b)と(d)
C	(a)と(d)	F	(c)と(d)

〔Ⅳ〕　以下の問いに答え，│ 27 │〜│ 33 │にあてはまる答えとして最も適切なものを各解答群の中から1つ選び，記号をマークしなさい。また，解答欄│ 301 │と│ 302 │には構造式を以下の例にならって書きなさい。

$$CH_3$$

（構造式）

M太郎さんは，研究室内で分子量88と表記された箱を見つけた。箱には（ア），（イ），（ウ），（エ），（オ）とラベルが貼付された5本の試薬瓶が入っていた。（ア）および（イ）のラベルにはともに「組成式：C_2H_4O」，（ウ），（エ），（オ）にはいずれも「組成式：$C_5H_{12}O$」と記されていた。M太郎さんは5本の試薬瓶の中身の化合物（ア）〜（オ）を調べるために複数の実験を行った。以下に記述した実験結果(a)〜(j)を読み，以下の問いに答えなさい。

(a)　（ア）〜（オ）はいずれも中性の物質であった。

(b)　（ア），（イ）をそれぞれ希硫酸中で煮沸したところ，（ア）からは（アⅠ）と（アⅡ）が，（イ）からは（イⅠ）と（イⅡ）が得られた。

(c)　（アⅠ）と（イⅠ）は酸性の物質，（アⅡ）と（イⅡ）は中性の物質であった。

(d) （アⅡ）を適切な酸化剤を用いて酸化したところ，（アⅠ）が得られた。

(e) （イⅠ）にフェーリング液を加えて加熱したところ赤色の沈殿物が生じた。一方，（イⅡ）にヨウ素と水酸化ナトリウム水溶液を加えて加熱したが，沈殿物は生じなかった。

(f) （ウ），（エ），（オ）それぞれにナトリウムを加えたところ，いずれからも気体が発生した。

(g) （ウ），（エ），（オ）はいずれも不斉炭素を含んでいることが，ある種の光学的な実験からわかった。

(h) （ウ），（エ），（オ）それぞれに濃硫酸を加えて加熱すると，脱水反応が進み，（オ）からは（オⅠ）が得られた。一方，（ウ）と（エ）からは<u>ザイツェフの法則にしたがった生成物</u>（ウⅠ）および（ウⅡ）と（エⅠ）のみがそれぞれ得られた。これらの得られた化合物をそれぞれ臭素水に加えたところ，いずれの場合も臭素の色が消えた。

(i) （エⅠ），（オⅠ）それぞれに HCl を付加させたところ，それぞれの主生成物は同じ化合物であった。

(j) （ウ），（エ），（オ）を適切な酸化剤を用いて酸化したところ，（ウ），（エ）からは中性の物質が得られ，（オ）からは酸性の物質が得られた。

(1) （アⅡ）の性質として正しい記述は 27 である。

27

A 常温で無色，無臭の気体である。有機溶媒によく溶け，水にも少し溶ける。燃焼熱が大きく，溶接用バーナーなどに燃料として利用されている。

B 常温で無色の液体である。水と任意の割合で混じり合う。酵母によるブドウ糖のアルコール発酵で作ることができる。

C 常温で無色の液体である。芳香があり，水，エーテルなどと任意の割合で混じり合う。酢酸カルシウムの乾留によって作ることができる。

D 無色の液体で，沸点は 20℃である。刺激臭があり，水や有機溶媒によく溶ける。酢酸の原料や防腐剤として用いられる。

E 常温で無色の液体であり，純粋なものは気温が低いと凝固する。刺激臭

があり，水によく溶ける。医薬品などの原料になる。

F　常温で無色の不揮発性の液体である。粘性があり，吸湿性がある。水と
任意の割合で混じり合う。自動車エンジンの冷却用不凍液などに用いられ
ている。

(2)　(イ)の構造式を例にならって解答欄 | 301 | に書きなさい。

(3)　同じ分子式である(ア)，(イ)には複数の構造異性体が存在する。そのうち，
炭酸水素ナトリウム水溶液に加えたところ，二酸化炭素を発生しながら溶解す
るものは | 28 | 種ある。

| 28 |

A　1　　　　B　2　　　　C　3　　　　D　4　　　　E　5

F　6　　　　G　7　　　　H　8

(4)　実験結果(a)，(f)の条件を満たす，(ウ)，(エ)，(オ)の候補となる化合物は立
体異性体を考慮しないと | 29 | 種類，立体異性体を考慮すると | 30 |
種類ある。

| 29 | ，| 30 |

A　6　　　　B　7　　　　C　8　　　　D　9　　　　E　10

F　11　　　G　12　　　H　13　　　I　14　　　J　15

K　16

(5)　実験結果(h)中の(ウⅠ)と(ウⅡ)の関係は | 31 | である。

| 31 |

A　鏡像異性体　　　　　　　　　B　構造異性体

C　同位体　　　　　　　　　　　D　シス-トランス異性体

E　酸-塩基　　　　　　　　　　F　同素体

(6) 実験結果(h)中の(ウⅠ), (ウⅡ), (エⅠ), (オⅠ)に硫酸酸性の $KMnO_4$ 水溶液で酸化することで新たに生じる有機化合物は　32　種類である。

32

A	1	B	2	C	3	D	4	E	5
F	6	G	7	H	8				

(7) 実験結果(i)が得られた付加反応では,　33　と呼ばれる経験則にしたがった生成物が生じている。

33

A	マルコフニコフの法則	B	ヘンリーの法則
C	アボガドロの法則	D	ファントホッフの法則
E	ザイツェフの法則	F	ヘスの法則
G	ラウールの法則	H	ボイルの法則

(8) (オ)の構造式を例にならって解答欄　302　に書きなさい。なお, 構造に含まれる不斉炭素は「＊」で示すこと。

生物

（2 科目 120 分）

〔Ⅰ〕　次の文章 1. から 3. を読み，該当する解答番号の解答欄にマークしなさい。
一つの解答欄に一つだけマークすること。

1．1953 年にワトソンとクリックによって DNA の二重らせん構造の予測が発表
された。二重らせん構造の中心部では，二本鎖の中でそれぞれのヌクレオチド
鎖中の塩基間で水素結合による塩基対を形成する組み合わせも提唱されてい
る。ワトソンとクリックが塩基対形成の組み合わせを提唱した根拠となった発
見をした科学者は　(ア)　である。この　(ア)　の発見は DNA の 4 種類
の塩基のうち A と T，G と C の割合はほぼ等しいという結果であり，この結
果は一本鎖 DNA を核酸としてもつウイルス（注 1）で塩基組成の解析をしたと
きに　(イ)　。また，DNA の二重らせん内で A と T は　(ウ)　か所，G
と C は　(エ)　か所の水素結合で結ばれている。ワトソンとクリックが
DNA の二重らせん構造モデルを提唱できた背景には，ここで紹介した DNA
内の塩基組成についての実験のみならず，DNA による形質転換の証明，X 線
構造解析による DNA 立体構造の解明など，多くの研究による成果が基盤とな
っていることも忘れてはならないであろう。

（注 1）ウイルスの中には一本鎖 DNA をもつ特殊なものが存在することが明らかになってい
る。

問 1　空欄　(ア)　に入る人物名で**最も適切なもの**を次の A ～ G の中から一つ
選びなさい。　1

A　フランクリン　　　B　シャルガフ　　　C　グリフィス
D　ハーシー　　　　　E　エイブリー　　　F　メセルソン
G　ウィルキンス

問 2　空欄　　(イ)　　に入る語句で**最も適切なもの**を次のA～Cの中から一つ選びなさい。　　2

A　も必ずあてはまる　　　　　　B　はあてはまらないことが多い
C　もあてはまることが多い

問 3　空欄　　(ウ)　，　　(エ)　に入る数字の組み合わせで**最も適切なもの**を次のA～Fの中から一つ選びなさい。ただし，選択肢の数字はウ・エの順に示してある。　　3

A　1・2　　　B　2・1　　　C　2・3　　　D　3・2
E　3・4　　　F　4・3

2．昨今，「コロナは紙の上で一週間程度は生きている」という旨の表現を見聞きしたことがあるかもしれない。これに関連して下の説明文を読んで次の問いに答えなさい。

（説明文）　コロナとは現在世界的に流行しているコロナウイルスである。<u>インフルエンザウイルスはタンパク質の殻で外部と仕切られており</u>(オ)，<u>コロナウイルスも同様である。これらのウイルス内部には核酸が存在している</u>(カ)。<u>コロナやインフルエンザのようなウイルスは人に病気を引き起こすものもある</u>(キ)。<u>コロナなどのウイルスは生きている生物としての特徴をすべて満たしている</u>(ク)ため，紙の上で<u>ウイルス自身が単独で自己増殖を行う</u>(ケ)可能性がある。

問 4　説明文中の下線部(オ)から(ケ)の中で**明らかに誤りであるもの**の組み合わせを次のA～Fの中から一つ選びなさい。　　4

A　(オ)と(カ)　　B　(カ)と(キ)　　C　(キ)と(ク)　　D　(ク)と(ケ)
E　(ケ)と(オ)　　F　それ以外の組み合わせ

3．生物の体は細胞からできている。多くの生物の細胞のおおよその大きさは ［コ］ μm である。植物の花粉の大きさは ［サ］ と同程度であり， ［シ］ で観察することが可能である。ヒトなどに感染するウイルスの大きさは ［ス］ μm であり， ［セ］ と同程度で，観察には ［ソ］ を用いる必要がある。したがって，植物のスギ花粉より少し小さい網目の単相の繊維性フィルターに空気を通した場合，空気中の単独のウイルスはそのフィルターを通過 ［タ］ 可能性が高い。

問 5　空欄 ［コ］，［ス］ に入る数字の組み合わせで**最も適切なもの**を次のA～Hの中から一つ選びなさい。ただし，選択肢の数字はコ・スの順に示してある。　5

A　0.01 ～ 0.1・0.1 ～ 1　　　　　B　0.1 ～ 1 ・0.01 ～ 0.1

C　0.01 ～ 0.1・ 1 ～ 100　　　　D　1 ～ 100・0.01 ～ 0.1

E　10 ～ 100・100 ～ 1000　　　F　100 ～ 1000・10 ～ 100

G　100 ～ 1000・0.01 ～ 0.1　　H　0.01 ～ 0.1・100 ～ 1000

問 6　空欄 ［サ］，［セ］ に入る語句として**最も適切なものの組み合わせ**を次のA～Jの中から一つ選びなさい。ただし，選択肢の語句はサ・セの順に示してある。　6

A　バクテリオファージ・葉緑体

B　葉緑体・大腸菌

C　大腸菌・ヒトの精子

D　ヒトの精子・アメーバ

E　アメーバ・ゾウリムシ

F　ゾウリムシ・バクテリオファージ

G　ヒトの精子・バクテリオファージ

H　アメーバ・葉緑体

I　ゾウリムシ・大腸菌

　　　J　ヒトの精子・葉緑体

問 7　空欄　　(シ)　，　　(ソ)　に入る語として**最も適切なものの組み合わせ**
　　を次のA〜Fの中から一つ選びなさい。ただし，選択肢の語はシ・ソの順に
　　示してある。　　7

　　A　肉眼・光学顕微鏡　　　　　　　B　光学顕微鏡・光学顕微鏡
　　C　肉眼・電子顕微鏡　　　　　　　D　光学顕微鏡・電子顕微鏡
　　E　電子顕微鏡・光学顕微鏡　　　　F　電子顕微鏡・電子顕微鏡

問 8　空欄　　(タ)　に入る語として**最も適切なもの**を次のA〜Bの中から一つ
　　選びなさい。　　8

　　A　する　　　　　　　　　　　　　B　しない

〔Ⅱ〕　次の文章を読み，該当する解答番号の解答欄にマークしなさい。一つの解答欄
　　に一つだけマークすること。

　　ヒトの体内環境は，無意識のうちに自律的に調節されている。自律神経系は，
　　交感神経と副交感神経に分けられる。交感神経は，脊髄の胸，腰の部分から出
　(ア)　　　　(イ)
　ている末梢神経系である。一方，副交感神経は，中脳，延髄あるいは，脊髄の最
　下部から出ている末梢神経系である。交感神経と副交感神経は，さまざまな器官
　に延びていて，興奮が伝えられ，各器官や組織でさまざまな作用を引き起こす。
　　体内環境の調節には，自律神経系による調節のほかにも，ホルモンという化学
　物質による調節が行われている。ホルモンが分泌され，運搬され，はたらくしく
　　　　　　　　　　　　　　　　　(ウ)
　み全般を内分泌系という。ホルモンは，内分泌腺という器官や内分泌細胞から血
　液中に直接放出される物質で，血液の循環とともに全身に行き渡り，低濃度でも
　特定の器官や細胞に作用する特徴がある。ホルモンが作用を及ぼす器官を標的器
　官という。標的器官にだけ作用するのは，決まった種類のホルモンにだけ反応で

きる細胞が標的器官内にあるためである。そのような細胞をホルモンの標的細胞
という。標的細胞は，特定のホルモンにだけ強く結合できるタンパク質をもち，
このタンパク質をホルモンの受容体という。

　ヒトは恒温動物で，外部環境の温度が変化しても，体温を一定の範囲に保つし
くみが備わっている。これは，代謝に伴って体内で発生する熱と，体表から失わ
れる熱との釣り合いを保っているからである。体温は，間脳の視床下部が調節中
枢となり，自律神経系と内分泌系などが協調してはたらくことによって調節され
る。体内における熱の産生は，代謝の盛んな筋肉や肝臓，心臓のはたらきによる
ところが大きい。これらの器官のはたらきは，自律神経系やアドレナリン，チロ
キシンなどによって調節されている。
(エ)

　病原体の感染が引き金になって発熱することもある。これは，病原体の侵入に
よって起こる炎症によって生じる刺激が，視床下部に作用し，全身性の体温上昇
(オ)
反応を引き起こすためである。

問 1　文章中の下線部(ア)交感神経のはたらきに関する以下の①〜⑧の記述のう
　　ち，正しいものはいくつあるか，次のA〜Iの中から一つ選びなさい。
　　　9

　①　体温が低下すると，肝臓でのグリコーゲンの分解を引き起こして，代謝
　　を活性化させ，体温の上昇を促す。
　②　体温が低下すると，皮膚の毛細血管が収縮し放熱を抑制する。
　③　体温が低下すると，褐色脂肪組織を活性化させ，脂肪のさかんな分解に
　　より体温の上昇を促す。
　④　体温が低下すると，立毛筋が収縮し放熱を抑制する。
　⑤　体温が上昇すると，心臓の拍動数を減少させ肝臓での代謝を抑制し，発
　　熱量が減少する。
　⑥　体温が上昇すると，皮膚の毛細血管が拡張し放熱を促進する。
　⑦　体温が上昇すると，発汗によって皮膚の温度を下げる。
　⑧　体温が上昇すると，立毛筋が弛緩する。

A　0個	B　1個	C　2個	D　3個
E　4個	F　5個	G　6個	H　7個
I　8個			

問2　文章中の下線部(イ)副交感神経のはたらきに関する以下の①～⑧の記述のうち，**正しいものはいくつあるか**，次のA～Iの中から一つ選びなさい。
　　　　10

①　体温が低下すると，肝臓でのグリコーゲンの分解を引き起こして，代謝を活性化させ，体温の上昇を促す。

②　体温が低下すると，皮膚の毛細血管が収縮し放熱を抑制する。

③　体温が低下すると，褐色脂肪組織を活性化させ，脂肪のさかんな分解により体温の上昇を促す。

④　体温が低下すると，立毛筋が収縮し放熱を抑制する。

⑤　体温が上昇すると，心臓の拍動数を減少させ肝臓での代謝を抑制し，発熱量が減少する。

⑥　体温が上昇すると，皮膚の毛細血管が拡張し放熱を促進する。

⑦　体温が上昇すると，発汗によって皮膚の温度を下げる。

⑧　体温が上昇すると，立毛筋が弛緩する。

A　0個	B　1個	C　2個	D　3個
E　4個	F　5個	G　6個	H　7個
I　8個			

問3　文章中の下線部(ウ)ホルモンが分泌され，運搬され，はたらくしくみに関連する下の文章を読み，次の問いに答えなさい。　　11

　　一般に，あるホルモン濃度が上昇すると，標的器官内で，このホルモンに結合する受容体をもち反応する細胞の数は，図1の破線に示すように「あるところで頭打ち」となり，それ以上は反応しなくなる。このような状態を「飽

和した状態」といい，このような曲線を「反応の飽和曲線」という。

問い　このホルモンに結合する受容体の性質を変化させ，ホルモンへの結合を強くさせたとき，この「反応の飽和曲線」はどのように変化するか。**最も適切なもの**を次のA～Dから一つ選びなさい。なお，各図の破線は受容体の性質を変化させる前の「反応の飽和曲線」を，実線は受容体の性質を変化させてホルモンへの結合が強くなった後の「反応の飽和曲線」を表している。

図1

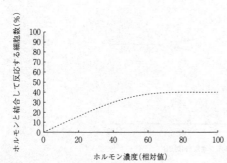

A

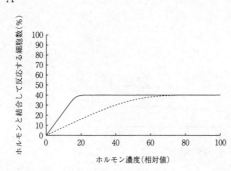

B

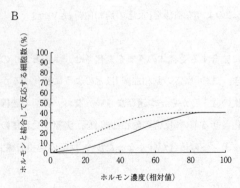

C

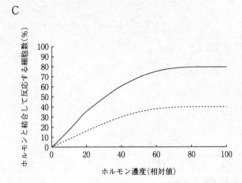

D

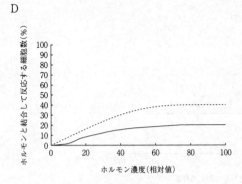

問 4　文章中の下線部㈔チロキシンに関連する以下の①～⑤の記述のうち，**正しいものはいくつあるか**，次のA～Fの中から一つ選びなさい。　　| 12 |

①　マウスなどの動物の甲状腺を除去すると，酸素やグルコースの消費が減り活動が鈍くなる。

②　脳下垂体を除去すると，甲状腺の機能が高まる。

③　血中のチロキシン量が不足すると，間脳の視床下部から甲状腺刺激ホルモンが分泌される。

④　甲状腺刺激ホルモンの作用で脳下垂体前葉からチロキシンが分泌される。

⑤　血液中にチロキシンを注射すると，脳下垂体前葉と視床下部のホルモン分泌が抑制される。

A　0個　　　　B　1個　　　　C　2個　　　　D　3個
E　4個　　　　F　5個

問 5　文章中の下線部㈥病原体の侵入によって起こる炎症によって生じる刺激に関連する下の文章を読み，次の問い(1)，(2)に答えなさい。

　　病原体が体内に侵入すると，まず | (カ) | や | (キ) | が食作用によって病原体を細胞内に取り込んで分解する。病原体を認識して活性化した | (カ) | や体液成分は，付近の毛細血管にはたらきかけて，血管壁の細胞どうしの結合を緩め，さらに，血液中や骨髄に存在する好中球や単球，| (ク) | を感染部位へ引き寄せる。感染部位に集まった好中球や | (カ) | は，食作用によって病原体を取り込んで排除する。一方，組織に常在する | (キ) | は，| (ケ) | により病原体を認識すると活性化してリンパ管に入り，近くのリンパ節に移動して適応免疫を始動する。また | (ク) | は，ウイルスなどが侵入した感染細胞を細胞表面の違いによって正常な細胞と区別し，攻撃して破壊する。このような自然免疫の反応により，局所が赤くはれ，熱や痛みをもつことを，炎症という。また炎症は，局所的な発熱反応だ

けでなく，視床下部の体温調節機構に作用し，全身性の体温上昇反応を引き
起こすこともある。高い体温は，生体防御機構を活性化するうえで都合がよ
い。

(1) 空欄　(カ)　，　(キ)　，　(ク)　にあてはまる**最も適切な細胞**
を次のA～Fの中からそれぞれ一つ選びなさい。なお，空欄　(カ)　の
解答は　13　，空欄　(キ)　の解答は　14　，空欄　(ク)
の解答は　15　にそれぞれ記入しなさい。

A　樹状細胞　　　　　B　マクロファージ　　C　NK 細胞

D　ヘルパーT 細胞　　E　形質細胞　　　　　F　B 細胞

(2) 空欄　(ケ)　にあてはまる**最も適切なもの**を次のA～Fの中から一つ
選びなさい。　16

A　主要組織適合遺伝子複合体

B　T 細胞受容体

C　B 細胞受容体

D　Fc 受容体

E　Toll 様受容体(トル様受容体)

F　ディフェンシン

〔Ⅲ〕　次の文章を読み，該当する解答番号の解答欄にマークしなさい。一つの解答欄
に一つだけマークすること。

　　植物は大地に一度芽生えると移動することができないため，周囲の環境の変化
をすみやかに感知し適切に反応する能力を発達させている。例えば，種子は，温
度・光・水分などを感知しており，適切な条件が整ったときにはじめて発芽する
　　　　　　　　　　　　　　　(ア)
ようになる。発芽した植物は，光や重力の方向を感知して，根や茎を適切な方向
に成長させ，光合成を効率よく行う。光は光合成に必要なエネルギー源であるだ
　　　　　　(イ)
けでなく，植物の環境応答にとって重要な情報にもなっている。植物は数種類の
　光受容体により光を感知し，さまざまな波長に応じて，いろいろな応答を引き
(ウ)
起こす。さらに成長が進み，温度や日長などの条件がそろうと花芽が分化し，や
がて開花して，受粉すると種子・果実が形成される。このように種子植物の生活
(エ)
は，種子の発芽→成長→開花→種子の形成と進行するが，植物は一生を通して，
ときには不規則に起きる過酷な状況にさらされ，生育に影響を受けることもあ
る。外的要因によって生物が損傷をこうむるなどして，生育に支障をきたしてい
る状態はストレスと呼ばれる。植物は，こうした環境ストレスに対し，植物ホル
　　　　　　　　　　　　　　　　　　　　(オ)
モンなどの作用を介して応答することで抵抗性を獲得している。

問 1　文章中の下線部(ア)種子は，温度・光・水分などを感知しており，適切な条
　　件が整ったときにはじめて発芽するに関連する次の実験を行った(図 1)。(1)
　　と(2)の**実験結果として予想される正しい組み合わせ**を次のＡ～Ｊの中からそ
　　れぞれ選びなさい。ただし，選択肢の数字は(1)では(a)・(b)・(c)の順に，(2)で
　　は(d)・(e)・(f)の順に示してある。(1)の解答は　　17　　に，(2)の解答は
　　　18　　に記入しなさい。

＜実験＞

　　もみがらを取り除いたイネの種子をかみそりの刃で 2 等分し，胚を含む半
　種子と胚を含まない半種子に分けた。それぞれの半種子を，切断面を下にし
　てデンプンの入った寒天培地の上におき，ふたをして室温で数日間培養し
　た。胚を含まない半種子は，デンプンの入った寒天にジベレリンを加えた培

地でも同じように培養した。

<観察項目>

(1) 種子の切断面を観察し、胚乳の外縁部が溶け始めているか調べた。

(2) 半種子を培地から取り除き、ヨウ素液を霧吹きで寒天培地に吹きかけて、培地表面を観察した。

図1

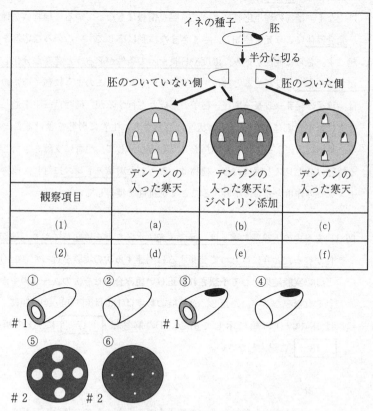

1 切断面の灰色部分は胚乳の外縁部が溶け始めていることを示している。

2 寒天培地を上から見た図。濃い灰色部分は青紫色に呈色していることを、白い部分は呈色していないことを示している。⑥の小さな5つの白

点は，種子を置いた位置である。

A ①・②・③	B ①・②・④	C ②・①・③
D ②・①・④	E ⑤・⑥・⑤	F ⑥・⑤・⑤
G ⑤・⑥・⑥	H ⑥・⑤・⑥	I ⑤・⑤・⑥
J ⑥・⑥・⑤		

問 2 　文章中の下線部(イ)光合成の場である葉緑体と呼吸の場であるミトコンドリアは，基本的には同様のしくみによってエネルギーの供給源である ATP を合成している。光合成と呼吸の共通点と相違点について説明した次の文章のうち，**誤りであるもの二つの組み合わせ**を次のA〜J の中から一つ選びなさい。　　19

① 　ミトコンドリアと葉緑体は，ともに膜構造をもち，膜内に電子伝達系がある。

② 　どちらの膜にも ATP 合成酵素が組み込まれており，水素イオン(H⁺)の濃度勾配によって，H⁺ が受動的に ATP 合成酵素を通って移動するときに ATP が合成される。

③ 　電子伝達系に電子が流れると，葉緑体ではチラコイド内からストロマ側に H⁺ が，ミトコンドリアではマトリックス側から膜間腔に H⁺ が輸送され，どちらも膜を隔てて H⁺ の濃度勾配ができる。

④ 　葉緑体では，光リン酸化反応で ATP を合成しており，このときのエネルギーは外部からの光エネルギーを利用している。

⑤ 　ミトコンドリアでは還元的リン酸化で ATP を合成しており，このときのエネルギーは有機物の分子を還元することで取り出したエネルギーを利用している。

A ①と②	B ①と③	C ①と④	D ①と⑤
E ②と③	F ②と④	G ②と⑤	H ③と④
I ③と⑤	J ④と⑤		

問 3　文章中の下線部(ｳ)光受容体に関連する以下の(a)～(c)の 3 つの問題に対して
最も適切な答えの組み合わせを次のA～Oの中から一つ選びなさい。ただ
し，数字は(a)・(b)・(c)の順に示してある。　 20

(a)　フィトクロムについての説明として正しいものはどれか。

①　一般に，茎の伸長成長の抑制だけにかかわっている。

②　光発芽種子の発芽にかかわっており，Pr 型は発芽を促進し，Pfr 型のフ
ィトクロムの割合が大きくなると発芽は抑制される。

③　Pfr 型のフィトクロムは，胚の細胞に作用して，アブシシン酸の合成を
促進する。

④　一般に，短日植物の光中断を支配している。

⑤　光屈性にかかわっている。

(b)　クリプトクロムについての説明として正しいものはどれか。

①　光による葉の老化の調節にかかわっている。

②　茎の伸長成長の抑制にかかわっている。

③　光屈性にかかわっている。

④　青色光を受容し，気孔の開口にかかわっている。

⑤　葉緑体が光の強さによって細胞内で配置を変える光定位運動にかかわっ
ている。

(c)　フォトトロピンについての説明として正しいものはどれか。

①　茎の伸長成長の抑制にかかわっている。

②　赤色光を感知すると，いくつかの反応を介してプロトンポンプを活性化
し，気孔の開口にかかわっている。

③　葉緑体が光の強さによって細胞内で配置を変える光定位運動にかかわっ
ている。

④　フィトクロムと協調して花芽形成の光周性にかかわっている。

A　①・①・①　　　　　　　　　　B　①・④・②

C　①・③・③　　　　　　　　　　D　①・⑤・①

E　①・②・②　　　　　　　　　　F　②・①・③

G　②・④・②　　　　　　　　　　H　②・⑤・①

I　③・①・①　　　　　　　　　　J　③・④・②

K　④・④・③　　　　　　　　　　L　④・②・③

M　⑤・①・①　　　　　　　　　　N　⑤・③・③

O　それ以外の組み合わせ

問 4　文章中の下線部㈎温度や日長などの条件がそろうと花芽が分化し，やがて開花してに関連する次の実験を行った（図 2）。**花芽が形成される光条件の組み合わせ**を次のA〜Jの中から一つ選びなさい。　　21

<実験>

　人工的に 1 日の日長を変化させ，短日植物の花芽が形成されるかどうかを調べた。日長の光条件は，図 2 に示すように，次の 4 種類である。

図 2

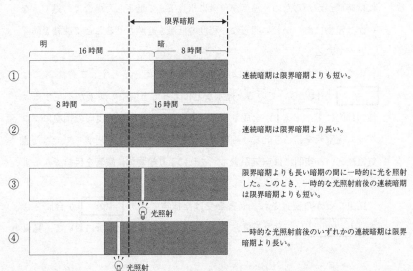

① 連続暗期は限界暗期よりも短い。

② 連続暗期は限界暗期より長い。

③ 限界暗期よりも長い暗期の間に一時的に光を照射した。このとき，一時的な光照射前後の連続暗期は限界暗期よりも短い。

④ 一時的な光照射前後のいずれかの連続暗期は限界暗期より長い。

A　①と②　　　　　　B　①と③　　　　　　C　①と④

D　②と③　　　　　　E　②と④　　　　　　F　③と④

G　①と②と③　　　　H　①と②と④　　　　I　①と③と④

J　②と③と④

問5　文章中の下線部(オ)環境ストレスに関連する次の文章のうち，空欄

　　　(カ)　，　(キ)　，　(ク)　のそれぞれに該当する**最も適切な語句**

　　を次のA〜Lの中から選びなさい。ただし，空欄　(カ)　の解答は

　　　22　，空欄　(キ)　の解答は　23　，空欄　(ク)　の解答は

　　　24　に記入しなさい。

　　　植物は，水・酸素・温度・塩分濃度などが原因となる非生物的なストレス
と，病原性微生物や植食性動物などが原因となる生物的なストレスに応答し
て生きている。

　　　例えば，乾燥・高濃度塩分・低温にさらされた植物では，アブシシン酸が
合成され，種々の遺伝子の発現が制御されることで，それぞれの環境要因に
対する応答がみられ，その結果，抵抗性を獲得できるようになる。低温にさ
らされた植物では細胞内に　(カ)　などが合成・蓄積され，これにより，
細胞質基質中の濃度が高まり，細胞が凍結しにくくなる。　(カ)　の合成
には時間がかかるため，温度が急激に氷点下まで低下した場合は処置できな
いが，植物にあらかじめ凍らない程度の低温を経験させることで凍結を防ぐ
ことができる。

　　　雨季と乾季のある地域では，植物は乾季に葉を落とす。この応答には
　　　(キ)　がはたらいている。冠水などによって土壌中の酸素が不足すると
植物体内に　(キ)　が合成される。　(キ)　は，根の皮層の細胞にプロ
グラム細胞死を起こさせる。細胞が自発的な細胞死により崩壊してできた通
気組織という空間には空気が満ち，これにより植物体に酸素を供給できるよ
うになる。

　　　昆虫などから摂食され，傷害を受けた植物では，　(ク)　が合成され
る。　(ク)　は，食害部位および食害部位から離れた場所において，昆虫

の消化液に含まれるタンパク質分解酵素の阻害物質の合成を促進する。また，　(ク)　をもとにして作られる揮発性の物質は，周囲の植物にも同様の防御機構を誘導する可能性が示唆されている。このような巧みな戦略により，植物は昆虫などの食害から身を守っている。

A　オーキシン　　　　　　　　　　B　ジベレリン
C　サイトカイニン　　　　　　　　D　ブラシノステロイド
E　アブシシン酸　　　　　　　　　F　エチレン
G　ジャスモン酸　　　　　　　　　H　ストリゴラクトン
I　糖やアミノ酸　　　　　　　　　J　細胞壁
K　ゴム状物質　　　　　　　　　　L　ファイトアレキシン

〔Ⅳ〕　次の文章を読み，該当する解答番号の解答欄にマークしなさい。一つの解答欄に一つだけマークすること。

　1890 年，ドイツの生物学者ヘルマン・ヘンキングが，ホシカメムシの精巣の細胞中に世界で初めてX染色体を見つけました。当時はDNAが遺伝情報を担い，そのDNAが染色体に含まれて次の世代に運ばれるということすら分かっていなかった時代です。当然，X染色体の役割や重要性はまだよくわかっておらず，ヘンキング自身も発見したときはその重要性に気づいていなかったと言います。そしてヘンキングは，明らかに他の染色体とは孤立して見えるその染色体を「X染色体」と名付けました。残念ながら，なぜヘンキングが「X」と名付けたのかはよくわかっていません。「エキストラ（余分な）」のX，あるいは「謎のX」という意味でX染色体と名付けたとも言われています。その後，Y染色体の存在も確認され，アルファベットの順番，Xの次のY，ということでY染色体と名付けられた，というのが実際のようです。

　　　　（消えゆくY染色体と男たちの運命：オトコの生物学　著者：黒岩麻里）

問 1　文章中の下線部(ア)精巣に関連する記述として**誤りであるもの二つの組み合**

わせを，次のA～Oの中から選びなさい。　　25

① 精原細胞は，体細胞分裂をくり返して増殖する。

② 精巣内ではオスにとって不要なX染色体の不活性化が高頻度で観察される。この現象によってX染色体が発見されるきっかけとなった。

③ ヒト精子の形成過程は，第二次性徴の頃まで減数分裂の第一分裂前期の状態で休止しており，放出される直前に減数分裂を再開する。

④ 1個の一次精母細胞は，減数分裂の第一分裂を行って2個の二次精母細胞，第二分裂を行って4個の精細胞となる。

⑤ 多くの哺乳類では，Y染色体に性別の決定に重要な役割を果たす遺伝子（SRY遺伝子）の遺伝子座が存在する。SRY遺伝子は発生中の個体において，生殖腺の体細胞を精巣に分化させ，その個体はオスになる。SRY遺伝子がはたらかない場合には，生殖腺は卵巣に分化し，その個体はメスとなる。

⑥ 個体の成長に伴い，一部の精原細胞が体細胞分裂を停止して成長し，一次精母細胞となる。

A ①と②	B ①と③	C ①と④	D ①と⑤
E ①と⑥	F ②と③	G ②と④	H ②と⑤
I ②と⑥	J ③と④	K ③と⑤	L ③と⑥
M ④と⑤	N ④と⑥	O ⑤と⑥	

問2　文章中の下線部(イ)染色体に関連する記述として**正しいもの二つの組み合わ**せを，次のA～Oの中から一つ選びなさい。　　26

① ムラサキツユクサの若い葯を固定し，スライドグラスにのせて葯壁を除いた後，酢酸カーミンで染色した。カバーガラスをかけて上から軽く押しつぶして顕微鏡で観察すると，減数分裂第二分裂後期の染色体も観察された。

② 体長10 cm程度の金魚を用いて，腹部のえらぶたが合わさる付近の膨らんだ部位に，注射器の針を7～10 mm刺して0.1 mL程度採血した。血

液はすぐにクエン酸ナトリウムを含む生理食塩水に入れ，プレパラートを作成して顕微鏡で観察したところ，楕円形の赤血球の中に体細胞分裂 M 期中期の染色体が観察された。

③　5 cm 以上伸びたタマネギの根を根元から約 1 cm のところで切り取り，酢酸や希塩酸で固定および解離させた後，根元から 2 mm をスライドガラスにのせた。これをメチレンブルーで染色し，カバーガラスをかけて上から軽く押しつぶして顕微鏡で観察したところ，効率よく体細胞分裂途中の染色体が観察された。

④　ホウセンカの花粉を花粉管発芽用寒天培地に付着させて 10 分すると，花粉管が発芽した。花粉管が成長した寒天培地に酢酸オルセインを滴下し，顕微鏡で観察したところ，花粉管の先端に精細胞，花粉管の中部に花粉管核が観察された。

⑤　50 mL の容器に熱湯を 25 mL 程度入れ，ふたをして冷ました後，納豆を数粒入れ，室温で数日間培養した。培養液をスライドガラスに 1 滴滴下し，酢酸アルコールで染色した後，カバーガラスをかけてプレパラートを作成し，顕微鏡で観察したところ，体細胞分裂途中の染色体が観察された。

⑥　ユスリカの幼虫をスライドガラスに置いた後，ピンセットで頭部をつまんで消化管を引き抜くと，消化管につながって長さ 1 mm くらいで透明な 1 対のだ腺が出てきた。だ腺に無水アルコールを滴下して固定し，ピロニン・メチルグリーン溶液で染色した後，カバーガラスをかけて上から軽く押しつぶし，顕微鏡で観察するとパフを有する染色体が観察された。

A　①と②		B　①と③		C　①と④		D　①と⑤	
E　①と⑥		F　②と③		G　②と④		H　②と⑤	
I　②と⑥		J　③と④		K　③と⑤		L　③と⑥	
M　④と⑤		N　④と⑥		O　⑤と⑥			

問 3　文章中の下線部(ウ)**X 染色体**に関する下の文章を読み，次の問い(1)〜(3)に答えなさい。

ヒトでは，赤緑色覚異常と血友病の遺伝子はともに X 染色体上にあり，

性別と関連して遺伝する（伴性遺伝）。c 遺伝子は赤緑色覚異常を，h 遺伝子
は血友病を呈する劣性の対立遺伝子であり，C 遺伝子，H 遺伝子はそれぞれ
の正常な優性の対立遺伝子である。2 遺伝子間の組換え価は 10 ％と仮定する。

　図 1 は M さんの家族における赤緑色覚異常と血友病に関する家系図であ
る。〇は女性，□は男性，●や■は赤緑色覚異常を，◎や▣は赤緑色覚異常
かつ血友病であることを示す。また，M さんの婚約者は C 遺伝子と H 遺伝
子を有していることとする。

図 1

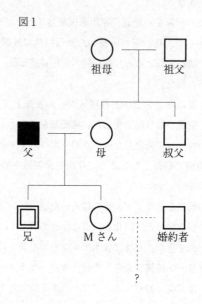

(1)　M さんの母親の遺伝子型として**最も適切なもの**を，次の A ～ O の中か
　　ら一つ選びなさい。　　27

① CCHH　　　　　　　② CcHH　　　　　　　③ ccHH

④ CCHh　　　　　　　⑤ CChh　　　　　　　⑥ CcHh

⑦ ccHh　　　　　　　⑧ Cchh　　　　　　　⑨ cchh

A　①のみ　　　B　②のみ　　　C　③のみ　　　D　④のみ

E　⑤のみ　　　F　⑥のみ　　　G　⑦のみ　　　H　⑧のみ

　　I　⑨のみ　　　　J　①と②　　　　K　②と⑥　　　　L　③と⑦
　　M　④と⑥　　　　N　⑤と⑧　　　　O　それ以外

(2)　M さんの遺伝子型として**最も適切なもの**を，次の A ～ O の中から一つ
　　選びなさい。　|　28　|

　　①　CCHH　　　　　　②　CcHH　　　　　　③　ccHH
　　④　CCHh　　　　　　⑤　CChh　　　　　　⑥　CcHh
　　⑦　ccHh　　　　　　⑧　Cchh　　　　　　⑨　cchh

　　A　①のみ　　　B　②のみ　　　C　③のみ　　　D　④のみ
　　E　⑤のみ　　　F　⑥のみ　　　G　⑦のみ　　　H　⑧のみ
　　I　⑨のみ　　　J　①と②　　　K　②と⑥　　　L　③と⑦
　　M　④と⑥　　　N　⑤と⑧　　　O　それ以外

(3)　M さんが現在の婚約者と結婚し子供を得た場合，想定されるすべての
　　遺伝子型の組み合わせの中で，血友病でも赤緑色覚異常でもない男子が生
　　まれる確率は何％か。(2)の結果を踏まえて，**最も適切なもの**を，次の A ～
　　O の中から一つ選びなさい。　|　29　|

　　①　0.25 %　　　②　0.5 %　　　③　22.5 %　　　④　45 %
　　⑤　50 %　　　　⑥　90 %　　　⑦　100 %

　　A　①のみ　　　B　②のみ　　　C　③のみ　　　D　④のみ
　　E　⑤のみ　　　F　⑥のみ　　　G　⑦のみ　　　H　①と③
　　I　②と⑤　　　J　③と④　　　K　④と⑥　　　L　⑤と⑦
　　M　①と⑥　　　N　②と⑦　　　O　それ以外

〔Ⅴ〕　次の文章を読み，該当する解答番号の解答欄にマークしなさい。一つの解答欄
　　　に一つだけマークすること。

　　地球上には，相観によって区別されるさまざまなバイオーム（生物群系）が成立
している。世界の陸上のバイオームは，森林，草原および植物がまばらに生える
　　　　　　　　（ア）
荒原に大別される。森林，草原および荒原のバイオームは，さらに相観に基づい
ていくつかの型に分かれる。その地域のバイオームがどの型になるかは，植物の
　　　　（イ）
分布に大きな影響を与える気候要因である年平均気温と年降水量によく対応す
る。
　　時間の経過とともに，植生を構成する植物種や植生の相観などがしだいに変化
していく現象を遷移という。日本は降水量が十分にあるため，高山や海岸，湿地
などの一部を除き，極相（クライマックス）のバイオームは森林になる。日本のバ
　　　　（ウ）　　　　　（エ）
イオームの分布を決めるおもな気候要因は気温である。日本列島は，南北に長く
　　　　　　　　　　　　　　　　　　　　　　　　　　　　　　　　（オ）
3,000 km にも及び，気温の分布は緯度に対応して帯状になるため，緯度の違い
に伴う気温の変化に沿ったバイオームの水平分布がみられる。
　　　　　　　　　　　　　　　　　　　　　　（カ）

問 1　下線部(ア)世界の陸上のバイオームに関して，世界にはさまざまな気候帯が
　　　分布しており，それぞれに対応したバイオームが形成されている。温帯のう
　　　ち，冬に比べて夏に雨が少ない地中海沿岸やオーストラリア南部などにみら
　　　れ，常緑の硬い葉をつけ，夏の乾燥に適応した樹木が優占する森林の代表的
　　　な植物として，**適切な植物を過不足なく含むもの**を，次のＡ～Ｏの中から一
　　　つ選びなさい。　30

　　　① コルクガシ　　　　　　　② オリーブ
　　　③ ユーカリ　　　　　　　　④ ゲッケイジュ

　　　Ａ ①　　　　　　　　　Ｂ ②　　　　　　　　　Ｃ ③
　　　Ｄ ④　　　　　　　　　Ｅ ①と②　　　　　　　Ｆ ①と③
　　　Ｇ ①と④　　　　　　　Ｈ ②と③　　　　　　　Ｉ ②と④
　　　Ｊ ③と④　　　　　　　Ｋ ①と②と③　　　　　Ｌ ①と②と④
　　　Ｍ ①と③と④　　　　　Ｎ ②と③と④　　　　　Ｏ ①と②と③と④

問 2　下線部(イ)森林，草原および荒原のバイオームに関して，記述①〜⑥のう
　　ち，正しいもの二つの組み合わせとして**最も適切なもの**を，次のA〜Oの中
　　から一つ選びなさい。　　31

　　①　熱帯および亜熱帯にみられる森林は，すべて常緑広葉樹からなる。

　　②　亜熱帯多雨林は，地球上で最も樹木の種類の多い森林で，そこで生活す
　　　　る生物も多様である。

　　③　夏は暑くて乾燥が激しく，冬に雨が多い地域の温帯では，森林はみられ
　　　　ない。

　　④　年平均気温が 20℃を超える熱帯地域のうち，年降水量がおよそ
　　　　1,000 mm を超える地域ではサバンナと呼ばれる草原になりやすい。

　　⑤　冬の寒さが厳しく，降水量が少ないため樹木が生育できない大陸の内陸
　　　　部の温帯地域の草原では，イネのなかまの植物が優占する。

　　⑥　年平均気温が − 5℃以下と気温が極めて低い寒帯地域にみられ，地衣類
　　　　やコケ植物などが優占している荒原は，ツンドラと呼ばれる。

　　A　①と②　　　B　①と③　　　C　①と④　　　D　①と⑤
　　E　①と⑥　　　F　②と③　　　G　②と④　　　H　②と⑤
　　I　②と⑥　　　J　③と④　　　K　③と⑤　　　L　③と⑥
　　M　④と⑤　　　N　④と⑥　　　O　⑤と⑥

問 3　下線部(ウ)遷移に関して，遷移の初期と安定した極相とを比べたときの特徴
　　を記述した①〜⑥のうち，正しいもの二つの組み合わせとして**最も適切なも
　　の**を，次のA〜Oの中から一つ選びなさい。　　32

　　①　種子は，初期に比べて極相の方が大きく，風によって遠くまで運ばれや
　　　　すい。

　　②　階層構造は，初期に比べて極相の方が発達している。

　　③　地表の湿度は，初期に比べて極相の方が乾燥している。

　　④　地表の温度は，極相に比べて初期の方がおだやかで安定している。

　　⑤　地表部に届く光の強さは，極相に比べて初期の方が弱い。

⑥ 土壌の腐植土層は，初期に比べて極相の方が発達している。

A ①と②　　B ①と③　　C ①と④　　D ①と⑤

E ①と⑥　　F ②と③　　G ②と④　　H ②と⑤

I ②と⑥　　J ③と④　　K ③と⑤　　L ③と⑥

M ④と⑤　　N ④と⑥　　O ⑤と⑥

問4　下線部(エ)日本は降水量が十分にあるため，高山や海岸，湿地などの一部を除き，極相(クライマックス)のバイオームは森林になるに関連して，明治大学黒川農場が位置する関東地方の太平洋側の丘陵帯においてみられる里山の雑木林(森林植生)について，落葉広葉樹と針葉樹の組み合わせとして**最も適切なもの**を，次のA〜Oの中から一つ選びなさい。　　33

A クヌギ ・ アコウ　　　　　　B クヌギ ・ シラカンバ

C クヌギ ・ トウヒ　　　　　　D クヌギ ・ コメツガ

E アコウ ・ コナラ　　　　　　F アコウ ・ アカマツ

G アコウ ・ スダジイ　　　　　H コナラ ・ シラカンバ

I コナラ ・ トウヒ　　　　　　J コナラ ・ コメツガ

K シラカンバ ・ アカマツ　　　L シラカンバ ・ スダジイ

M アカマツ ・ トウヒ　　　　　N アカマツ ・ コナラ

O スダジイ ・ コメツガ

問5　明治大学黒川農場は，敷地面積の半分以上が里山である。明治大学黒川農場が位置する関東地方の太平洋側の丘陵帯において，里山に関する記述①〜⑥のうち，**当てはまらないもの二つの組み合わせとして最も適切なもの**を，次のA〜Oの中から一つ選びなさい。　　34

① 里山とは，集落に隣接して，古くから人間の手で管理・維持されてきた雑木林や農地，ため池や水路などを含む地域一帯のことをいう。

② 里山は，人間による適度な働きかけによって多様な環境を維持されており，さまざまな動植物が生息している。

③ 黒川農場の里山の雑木林は，化学肥料を使った農業が営まれるようにな

る以前は耐寒性の強い常緑針葉樹が優占し，燃料や有機肥料などとして利用するためのさまざまな生活必需品を採集する重要な場であった。

④ 里山の雑木林では，木炭や堆肥などをつくるため，定期的に下草刈りや落ち葉かき，伐採などの管理を行っている。そのため，雑木林は極相に達することなく，人為的に一次遷移を繰り返す。

⑤ 定期的な下草刈りや落ち葉かき，伐採などの管理が行われなくなると，雑木林は極相林へと遷移していき，動植物の多様性も低下することが多い。

⑥ 里山は，近年になってその価値が見直され，生物の多様性の高い生態系として，再評価されている。

A ①と②　　　B ①と③　　　C ①と④　　　D ①と⑤

E ①と⑥　　　F ②と③　　　G ②と④　　　H ②と⑤

I ②と⑥　　　J ③と④　　　K ③と⑤　　　L ③と⑥

M ④と⑤　　　N ④と⑥　　　O ⑤と⑥

問 6　下線部(オ)日本のバイオームの分布を決めるおもな気候要因は気温であるに関連して，年降水量が十分にあれば，年平均気温よりも「暖かさの指数」の方が，実際に形成されるバイオームに対応している場合がある。日本のバイオームは，気温の影響を強く受け，バイオームの分布は，「暖かさの指数」を指標にするとうまく説明ができる。一般的に植物の生育には，月平均気温で5℃以上が必要とされる。「暖かさの指数」は，1年間のうち，月平均気温が5℃以上の各月について月平均気温から5℃を引いた値を合計して求める。日本のバイオームと「暖かさの指数」の関係を表1に，日本のある都市の2020年の月平均気温と年平均気温を表2に示す。それら二つの表を参考に，次の問い(1)，(2)に答えなさい。

表1 日本のバイオームと「暖かさの指数」の関係

バイオーム	暖かさの指数
亜熱帯多雨林	240 〜 180
照葉樹林	180 〜 85
夏緑樹林	85 〜 45
針葉樹林	45 〜 15

表2 日本のある都市の月平均気温と年平均気温(℃, 2020 年, 気象庁)

1月	2月	3月	4月	5月	6月	7月	8月	9月	10月	11月	12月	年平均
− 0.9	− 0.7	4.1	6.7	12.8	17.8	20.1	23.4	20.0	12.8	7.0	− 1.3	10.2

(1) 2020 年のこの都市の「暖かさの指数」を計算し, **最も近い値を**, 次のA 〜Nの中から一つ選びなさい。 35

A 260   B 240   C 220   D 200

E 180   F 160   G 140   H 120

I 100   J 80   K 60   L 40

M 20   N 0

(2) 表2の日本のある都市のバイオームにおける代表的な樹木の組み合わせ として**最も適切なもの二つの組み合わせを**, 次のA〜Oの中から一つ選び なさい。 36

① ブナ   ② トドマツ   ③ エゾマツ
④ アラカシ   ⑤ ミズナラ   ⑥ タブノキ

A ①と②   B ①と③   C ①と④   D ①と⑤

E ①と⑥   F ②と③   G ②と④   H ②と⑤

I ②と⑥   J ③と④   K ③と⑤   L ③と⑥

M ④と⑤   N ④と⑥   O ⑤と⑥

問 7　下線部(カ)緯度の違いに伴う気温の変化に沿ったバイオームの水平分布がみ

られるに関連して，**日本のバイオームではみられない植物を過不足なく含む**

ものを，次のA～Oの中から一つ選びなさい。　　37

① シラビソ　　　　　　　　② チークのなかま

③ フタバガキのなかま　　　④ ヒルギのなかま

A ①　　　　　　　B ②　　　　　　　C ③
D ④　　　　　　　E ①と②　　　　　F ①と③
G ①と④　　　　　H ②と③　　　　　I ②と④
J ③と④　　　　　K ①と②と③　　　L ①と②と④
M ①と③と④　　　N ②と③と④　　　O ①と②と③と④

問一〇　文学史上、『更級日記』と同じ時代の作品を次の中から一つ選び、その記号をマークしなさい。解答番号は $\boxed{18}$

A　太平記

B　徒然草

C　源氏物語

D　玉勝間

E　古事記

び、その記号をマークしなさい。「まかで」の解答番号は
14、「おはする」の解答番号は
15

問八　傍線部9「かうてのみも」は「このようにばかりして」というような意味であるが、何をしていたのか。その説明として最も適切なものを次の中から一つ選び、その記号をマークしなさい。解答番号は
16

A　宮仕えで家を空けていた

B　家族が恋しくてふさぎ込んでいた

C　人を遠ざけてばかりいた

D　父母の生活を苦しくしてしまった

問八　傍線部9「かうてのみも」

「まかで」
　　　A　宮（内親王）
　　　B　父母
　　　C　女房
　　　D　作者

「おはする」
　　　A　宮（内親王）
　　　B　父母
　　　C　女房
　　　D　作者

問九　傍線部10「つとめても」の解釈として最も適切なものを次の中から一つ選び、その記号をマークしなさい。解答番号は
17

A　昨晩も

B　早朝も

C　今晩も

D　翌朝も

C　思ひ頼みむかひゐたるに

D　恋しくおぼつかなくのみおぼゆ

問五　傍線部5「心もそらにながめ暮らさる」の解釈として最も適切なものを次の中から一つ選び、その記号をマークしなさい。

解答番号は　12

A　ひたすら空を眺めながら過ごした

B　昔を思い出して虚しく過ごした

C　ぼんやりと物思いがちに過ごした

D　淋しい気持ちで泣いて過ごした

問六　傍線部6「かいまむ人のけはひして」とあるが、この場合の「人」とは誰のことか。最も適切なものを次の中から一つ選び、その記号をマークしなさい。　解答番号は　13

A　父

B　姪

C　宮

D　女房

問七　傍線部7「まかで」および傍線部8「おはする」のそれぞれの敬語の**敬意の対象**は誰か。その答えにあたるものを一つずつ選

問二　傍線部2「日ごろさぶらふ」の解釈として最も適切なものを次の中から一つ選び、その記号をマークしなさい。解答番号は 9

A　平日にお仕えする

B　数日間お仕えする

C　休みなくお仕えする

D　普段通りお仕えする

問三　傍線部3「忍びてうち泣かれつつ」とあるが、作者がそのような心境になったのはなぜか。その理由として最も適切なものを次の中から一つ選び、その記号をマークしなさい。解答番号は 10

A　主人である宮となかなか打ち解けた関係になれなかったから

B　上下関係などが厳しい宮仕えの生活を辛く感じていたから

C　見知らぬ人の中での生活になじむことができなかったから

D　自宅に残した年老いた両親のことが常に心配であったから

問四　傍線部4「日ぐらし」が係る部分はどこか。最も適切なものを次の中から一つ選び、その記号をマークしなさい。解答番号は 11

A　父の老いおとろへて

B　頼もしからむ

〔註〕

○菊……濃淡のある衣を重ね着したときの色合いの名称

○掻練……練り絹の上着

○古代の……昔風の

○かげ……おかげ、庇護、恵み

○立ち出づる……宮仕えに出る

○あれかにもあらず……自分かどうかもわからず、無我夢中で

○局して……女房、女官用の部屋をいただいて

○上へ……主人である宮（内親王）の部屋

○日ぐらし……一日中

○ことしも……「事しもあれ」の略で、事もあろうに、の意味

○さぶらひ……召使い

○にほひ……魅力、気品

問一　傍線部1「それを見る」の「それ」は何を指すのか。その内容にあたる語を本文中から抜き出しなさい。解答番号は 109

〔Ⅳ〕　次の文章は『更級日記』の一節であり、作者が宮仕えに赴いた際の体験を綴ったものである。これを読んで、後の問に答えなさい。

まづ一夜(ひとよ)参る。菊の濃くうすき八つばかりに、濃き掻練(かいねり)を上に着たり。さこそ物語にのみ心を入れて、それを見るよりほか1のことはなきならひに、立ち出づるほどの心地、あれかにもあらず、うつつともおぼえで、暁にはまかでぬ。…(中略)…

師走になりてまた参る。局してこのたびは日ごろさぶらふ。2上には時々、夜々も上りて、知らぬ人の中にうち臥して、つゆまどろまれず、恥づかしうもののつつましきままに、3忍びてうち泣かれつつ、暁には夜深く下りて、4日ぐらし、父の老いおとろへて、われをことしも頼もしからむかげのやうに、思ひ頼みむかひゐたるに、恋しくおぼつかなくのみおぼゆ。母亡くなりにし姪どもも、生まれしよりひとつにて、夜は左右に臥し起きするも、あはれに思ひ出でられなどして、5心もそらにながめ暮らさる。

立ち聞き、6かいまむ人のけはひして、いといみじくものつつまし。

十日ばかりありて、7まかでたれば、父母、炭櫃(すびつ)に火などおこして待ちゐたりけり。車より下りたるをうち見て、8「おはする時こそ人目も見え、さぶらひなどもありけれ、この日ごろは人声もせず、いと心ぼそくわびしかりつる。9かうてのみも、まろが身をば、いかがせむとかする」10とうち泣くを見るもいと悲し。つとめても、「今日はかくておはすれば、内外人多く、こよなくにぎははしくもなりたるかな」とうちひて向ひゐたるも、いとあはれに、なにのにほひのあるにかと涙ぐましう聞こゆ。

（『更級日記』より）

C　グローバル化の進む現代社会では、自分にふさわしい社会的地位を確立するには、他者と対話の関係を構築し、それによって自らを変えていかなければならないということ。

D　グローバル化の進む現代社会では、異なる現実に生きる他者との関わりを、自分の考え方や生き方の変化に結びつけようとする意識によってこそ、自らの居場所を確保して自己を実現できるということ。

問九　次のA～Dのうち、本文の内容と一致するものを一つ選び、その記号をマークしなさい。解答番号は　8　。

A　現在進展しているグローバリゼーションは「トランスナショナル・コミュニティ」の活性化をもたらしているが、その恩恵にあずかることができるのは、ごく一部のエリートに限られる。

B　国境を自由に越えて活躍するグローバル・マルチカルチュラル・エリートと、筆者が考えるコスモポリタンとは、他者に対する関係の持ち方という点において本質的に異なる存在である。

C　異なる民族や文化をもつ他者との対話を重ねるためには、共通する言語を話すこと以上に、立場の違う者を理解しようとする態度を示し、ともに生きて行くための協力関係を築くことが重要である。

D　グローバリゼーションの時代において、多様性を認めざるを得ないような現実を受け入れ、世界共同体という理想を実現するためには、居場所を共有する他者との関係を構築する必要がある。

ンによって重要な意味を持つようになったと筆者が考えるのはなぜか。その理由として最も適切なものを次の中から一つ選び、その記号をマークしなさい。　解答番号は　6

A　人々が国や文化の境界を越えて自由に移動できるようになり、「場所」からの解放こそが、新しいコスモポリタニズムへの出発点となるから。

B　自分たちの居場所に絶えず他者が入り込むようになった現代では、まずはそうした人々と共存することが、新しいコスモポリタニズムへの出発点となるから。

C　異なる文化に属する他者と居場所を共有することが日常となり、そうした場における他者との対話が、新しいコスモポリタニズムへの出発点となるから。

D　社会のグローバリゼーションが進展するなかでは、マイノリティを排除するという誘惑を克服することが、新しいコスモポリタニズムへの出発点となるから。

問八　傍線部7「自己アイデンティティを確立できるかどうかが、他者との関係に対する再帰的な意識を高めることができるかどうかにかかっている」とあるが、それはどういうことか。その説明として最も適切なものを次の中から一つ選び、その記号をマークしなさい。　解答番号は　7

A　グローバル化の進む現代社会では、あらゆる文化やアイデンティティは混合の産物であるので、異なる文化との交流を積極的に進められる者こそが、新しい独自の文化を創造できるということ。

B　グローバル化の進む現代社会では、自分自身の固有の生と文化を維持することができるかどうかは、異なる文化に属する他者からの影響を意識的にコントロールできるかどうかにかかっているということ。

選び、その記号をマークしなさい。解答番号は　4

A　グローバリゼーションの時代において、他者の置かれた境遇に関心を抱き、人々の痛みに共感することができるのは、心優しい性質を持つ者だけではないということ。

B　グローバリゼーションの時代において、不公平な現実に直面する他者の声に耳をかたむけ、自らを変えることができるのは、生活に余裕がある者だけではないということ。

C　グローバリゼーションの時代において、頻繁に国境を越えて移動し、世界中の社会問題を自分の目で見ることができるのは、人脈に恵まれた者だけではないということ。

D　グローバリゼーションの時代において、立場の異なる人々との交流を通して自分の価値観を相対化することができるのは、高い教養を持つ者だけではないということ。

問六　空欄　X　と　Y　に入る語句の組合せとして最も適切なものを次の中から一つ選び、その記号をマークしなさい。解答番号は　5

A　X　共同作業の継続　　　　　—　Y　文化摩擦の解消

B　X　共同作業の継続　　　　　—　Y　コミュニケーション手段の精緻化

C　X　親密性の形成　　　　　　—　Y　文化摩擦の解消

D　X　親密性の形成　　　　　　—　Y　コミュニケーション手段の精緻化

問七　傍線部6「場所」の重要性」とあるが、従来のコスモポリタニズムにおいて軽視されてきた「場所」が、グローバリゼーショ

問五 傍線部5「「対話人」としてのコスモポリタンという理想など、しょせんエリート向けの道徳観念なのではないか」とある
が、このような問いかけを通じて筆者が述べようとしていることは何か。その説明として最も適切なものを次の中から一つ

問四 傍線部4「「変わりあい」の関係に勇気をもって入っていくことが必要である」とあるがそれはなぜか。その理由を述べてい
る一文を、**この傍線部以降**の本文から探し、その最初と最後の五文字をそれぞれ抜き出しなさい（句読点や記号も一字とす
る）。解答番号は

201

問三 傍線部3「グローバリゼーションの時代におけるコスモポリタンとは、物理的な意味で頻繁に移動する「越境人」のことで
はないのだ」とあるが、筆者が考える「グローバリゼーションの時代におけるコスモポリタン」とはどのようなものか。その
説明として最も適切なものを次の中から一つ選び、その記号をマークしなさい。解答番号は

3

A 異なる現実に生きる他者に対して真摯に心を寄せ、他者と向き合うなかで自分や社会を変えていく人々。
B 国境を越えて流入する異なる民族や文化を受け入れ、多様な価値観を統合しようとする人々。
C 自文化の純粋性に固執することなく、異なる文化との融合や普遍的な文化の創造を推し進めていく人々。
D 異なる文化を担う他者との接触が日常化するなかで、彼らとの親密性を積極的に形成しようとする人々。

B 異なる文化やアイデンティティとの差異を受け入れる態度。
C 自分の可謬性を知り多元主義を実践する「分かりあい」の態度。
D 国境を越えた自由な交流を自文化の発展につなげようとする態度。

〔註〕

○グローカリゼーション……グローバル化とローカル化を合わせた言葉
○トランスナショナル……国家・国境を越えた
○アイデンティティ……自分が自分であると感じられるときの、その感覚や意識のこと、自己同一性
○マルチカルチュラル……多文化的な
○可謬性……間違える可能性
○再帰的な意識……他者を鏡として自己を見つめる意識

問一　傍線部1「ハイブリッドな文化」とあるが、ここで言う「グローカリゼーション」が創りだした「ハイブリッドな文化」とはどのような文化か。その説明として最も適切なものを次の中から一つ選び、その記号をマークしなさい。解答番号は　1

A　自国の文化にこだわらず、異なる文化を尊重することによって成り立つ文化。
B　個人の主体性を保ちながら、マイノリティや多様性に配慮する文化。
C　グローバル・エリートたちによって生み出された、高度に洗練された文化。
D　国境を越えて共有される文化が、地域特有の文化と混ざり合って成り立つ文化。

問二　傍線部2「多様な文化的経験に対して開かれた態度」とあるが、筆者の主張に照らして、そのような態度に当てはまらないものはどれか。次の中から一つ選び、その記号をマークしなさい。解答番号は　2

A　新しい文化的経験に対する自分の興味を追い求める態度。

活のなかで他者と「居場所」を共有しているという感覚なのではないだろうか。自分たちの居場所を大切に思えばこそ、私たちは居場所を共有する他者たちと対話の関係に入ろうと努力するからだ。もちろん、こうした「居場所」における対話は、それ自体は性はささやかなもの、身も蓋もないものにすぎないことが多い。それゆえ、従来のコスモポリタニズムの思想のなかで「場所」の重要性は軽視されてきた。

特定の場所にこだわることは束縛と同一視され、場所から解放されることこそコスモポリタニズムの出発点だとされてきた。しかしコスモポリタンを「越境人」ではなく「対話人」と定義するならば、むしろ居場所を共有する他者との日常的な対話の積み重ねこそが「対話人」への出発点になる。

もちろん、グローバリゼーションが私たちにもたらす不安は他者への想像力を被害妄想に変え、マイノリティを排除することへの誘惑も引き起こす。にもかかわらず、私たちには自分と居場所を共有する他者と対話の関係を構築する必要がある。なぜなら多くの人々にとって、グローバリゼーションとは自分たちの居場所に絶えまなく新たな他者が入り込み、追い払おうとしても決して逃れられなくなることを意味しているからだ。トムリンソンが指摘しているように、そのような状況では「自己アイデンティティを確立できるかどうかが、他者との関係に対する再帰的な意識を高めることができるかどうかにかかっているのである」。こうしてコスモポリタニズムとは単なる道徳観ではなく、私たちの実存に関わる概念となる。私たちが他者と対話し、社会を変えていかなければならないのは、そうしなければ私たち自身がこの社会に居場所を保つことができず、自己を実現できないからである。私たちは「対話人」であり続けなければ生きていけない〈善き生を送れない〉のだ。

（塩原良和『共に生きる—多民族・多文化社会における対話』より）

認識をもち、にもかかわらず自分の生きる現実とは異なる現実に生きる他者がいることを知り、そうした他者たちとの対話を試み、そこから自分の生き方を変えていける人々、すなわち「対話人」こそが、現代におけるコスモポリタニズムとは、他者との対話を通じて自己を内省的に遂行する生き方なのである。

そうだとしても、人はどのようにして自分を変えていく勇気をもつことができるのだろうか。人は自らの生活に余裕と自信がなければ、痛みをともなう他者との対話などにわざわざ乗り出さないのではないか。「対話人」としてのコスモポリタンという理想など、しょせんエリート向けの道徳観念なのではないか。それは、ただのエリートではなく道徳的に優れたエリートになれという倫理観にすぎないのだろうか。

だが一方で、異なる他者との接触の増大という状況が、グローバリゼーションによってますますありふれたものになりつつあるのも確かだ。国民社会の多民族・多文化化の進展は、ごく普通の人々が日常生活のなかで異なる民族や異なる文化をもつ他者と出会い、対立・交渉を繰り返すなかで共存を目指して対話するという経験をますます一般的なものにしている。こうした経験をオーストラリアの社会学者アマンダ・ワイスらは「日常的多文化主義」と呼ぶ。この日常的な対話は、必ずしも相手と「仲良くなる」ことを目的としない。仲の悪い隣人同士でも対話は可能であり、対話をするためには仲良くならなければならないというわけではない。他者との親密性の形成は対話の必要条件ではないのだ。また、共通の言語を話せなければ対話ができないというわけでもない。片言の言葉や身振り手振りなどでコミュニケーションをとっている者同士が、共同作業をするうちに相手への理解を深め、より堅固な協力関係を築こうとすることもある。また、ある出来事が起こったとき何も語らずに沈黙を共有することこそが、何かを語るよりもはるかに「対話」をもたらすこともある。そのような日常の一場面を、多くの人が経験しているはずだ。

「対話人」としてのコスモポリタンであるために根本的に重要なのは、　Ｘ　でも　Ｙ　でもなく、自分たちが日常生

ということになる。すると疑い深い人は次のように考えるだろう。なるほど、トランスナショナル・コミュニティは世界政府・世界共同体の高邁な理想というよりは、私たちがグローバリゼーションのなかで既に経験している現実の一部なのかもしれない。しかしこの現実とは結局、国境を越えて活躍する一握りの人々、すなわち世界を自分たちの「庭」とするグローバル・マルチカルチュラル・エリートたちの現実にすぎない。コスモポリタニズムとはしょせん、エリートたちによる世界支配を正当化する考え方に過ぎないのではないか。

国や文化の境界を自由自在に越境する人々は、多様な文化的経験に対して開かれた態度をもちやすいのは確かかもしれない。しかし英国の社会理論家ジョン・トムリンソンも指摘するように、こうした文化的態度をもっていたからといって、グローバルな社会問題やそのなかで他者の置かれた不公正な現実に関心を抱くとは限らない。むしろ「全体的に無関心なままで、新しい文化的経験に対する自分の興味だけを追い求めながら……ただひたすらに移動を続けるという生き方」をすることもできる。

したがって、世界を自らの「庭」となすグローバル・エリートたちは、それだけでコスモポリタンであるとはいえない。自宅の庭がいくら広大だったとしても、庭の中にいる限り、自分たちの勝手知ったる現実の外側に一歩も出ていないからである。庭先で、気心の知れた隣人たちとワインか紅茶でも飲みながら会話しているだけでは、庭の敷地を囲う高い塀の外側で生きる人々の現実に思いが至ることはない。3

グローバリゼーションの時代におけるコスモポリタンとは、物理的な意味で頻繁に移動する「越境人」のことではないのだ。庭にぽっかりと開いた穴を塞いでしまう前に、穴の底に広がる別の世界をのぞき込み、その住民たちの目を見据えてその声を聴こうとして初めて、その人はコスモポリタンになることができるのではないか。コスモポリタンになるためには、他者の生きる現実への想像力が不可欠なのである。そのためには自己の可謬性を知り多元主義を実践する「分かりあい」では不十分であり、自己の加害可能性と受苦可能性を自覚し、その痛みを感じながらもなお他者と向き合い自分を変えていく「変わりあい」の関係に勇気をもって入っていくことが必要である。この世界に自分と無関係な他者など存在しないという

〔Ⅲ〕　次の文章を読んで、後の問に答えなさい。

　近年の政治・社会理論においてコスモポリタニズムを再検討する研究が目立っている。従来、コスモポリタニズムは世界市民主義などと訳され、「根無し草」的な世界共同体や世界政府の実現を目指した空想として冷笑される傾向もあった。しかも、コスモポリタニズムはグローバリゼーションの進展のなかで、目指すべき理想としても不十分になりつつある。しかし、グローバリゼーションの進展はコスモポリタニズムに新たな意味を与えてもいる。コスモポリタンな現実はいまや目指すべき崇高な理想に留まらず、グローバリゼーションのなかで広がりつつある現実でもあるのだ。

　グローバリゼーションの進展によって世界に普遍的な価値観が普及しているのは確かである。しかしそれと同時に、「グローカリゼーション」が文化のハイブリッド化を推進し、文化が国境をこえて混ざり合い、ハイブリッドな文化を創りだしていく傾向もみられる。それゆえ現状では、「文化的コスモポリタニズム」とは単一の世界共同体の出現というよりは、ローカルな共同体が国境を越えていくこと、つまり「トランスナショナル・コミュニティ」の活性化である。あらゆる文化やアイデンティティは混合の産物であり、そのような混合によってあまねく満たされているという意味で普遍的な世界に私たちは生きている。そして国や文化の境界を越えて侵入してくる移民やマイノリティによって、社会は「コスモポリタン的混合」の度合いを増していく。そこに生きる人々はハイブリッドな存在として、自らの民族・文化的なルーツとグローバルな文化への帰属を両立しうる。米国の哲学者アッピアは、これからの社会に生きる個人は国や文化を自由自在に越境し、自文化の純粋性に固執することなく他者を受け入れるべきだとする。ハイブリッドな文化的な差異やアイデンティティを抱えながら差異を受け入れる姿勢をもつ「越境人」たちによって構成される世界こそ、アッピアが理想とするコスモポリタニズムである。

　だとすると、コスモポリタニズムの体現者になるためには、そのような越境を行える財力や教養、人脈があればあるほど良い

（二科目　一二〇分）

〔Ⅰ〕

次の傍線部のカタカナを**漢字**に直しなさい。　解答番号は 101 ～ 104 。

1　両国のカンショウ地帯となっている地域。

2　政府はセッパクした課題に取り組む。

3　新しい経済思想をシンポウする。

4　人気の商品に注文がサットウする。

〔Ⅱ〕

次の傍線部の漢字の読み方を**ひらがな**で書きなさい。　解答番号は 105 ～ 108 。

1　倦まずたゆまず努力する。

2　和やかな雰囲気の教室。

3　文明の恵沢に浴する。

4　失敗が続き苦境に陥る。

（解答番号は 1～18、101～109、201。記述式の解答は、解答用紙に**横書き**で記入すること。）

国語

解答編

■英語■

I **解答**
問1．(i)—D　(ii)—D　(iii)—A　(iv)—A
問2．A　問3．B　問4．C　問5．philosophy
問6．8—E　9—F　10—G　11—D
問7．C　問8．happiness　問9．A　問10．D
問11．15—F　16—A　17—C　18—B
問12．A　問13．C　問14．Y-1．D　Y-2．A
問15．(a)—F　(b)—F　(c)—T　(d)—F　(e)—F　(f)—F　(g)—T

━━━━━━◆全　訳◆━━━━━━

≪幸福を論じるには哲学と科学が必要≫

　哲学はほとんどの科学分野の起源であった。アリストテレスはある意味で，天文学者，物理学者，生物学者，心理学者，政治学者であった。哲学に含まれるさまざまな下位分野が十分な実証に基づいた厳密さで自らのテーマを扱う方法を見つけるにつれて，それらは徐々に哲学から離れていったが，哲学は管理された実験ではなく常識的な経験と概念的な分析で研究していったので，ますますまったく実体験を伴わない体系となった。

　しかしながら，近年，科学——特に心理学と社会科学——は，データと仮説を本質的には哲学と関連する概念的・規範的な考察と結びつけて，その起源に戻り始めている。この回帰の非常によい例は幸福についての新しい心理学的な科学で，例えば，エドワード=ディーナーの基本的な研究に代表されるものである。この分野の実証的な根拠は，幸福と遺伝的，社会的，経済的，人格的なさまざまな要因との間の相関関係（またはその欠落）を示唆する大量のデータである。結果のいくつかは古くからある情報である。例えば，富，美しさ，喜びは幸福にほとんど影響を与えない。しかし，驚くべきこともいくつかある。深刻な病気は通常，私たちをかなり不幸にすることはないし，結婚は長い目で見れば幸福と不幸のどちらの主

要な源にもならない。

　新しい研究は，期待を高めると同時に懐疑的な見方も引き起こしている。ソーニャ=リュボミルスキーのような心理学者は，伝統的な助言者の直観と逸話を，人々を幸福にするための科学的プログラムに置き換えると主張して，新しいジャンルの自己啓発本を開発している。けれども同時に，深刻な方法論的な課題があり，例えば，どれくらい幸福であるかに関する個人の自己報告の使用，そして幸福のように主観的でとらえどころのない特性を客観化し，さらに定量化する努力が疑問視されている。

　しかし，最も強烈な課題は幸福の意味と価値に関係がある。人々に幸福かどうかを尋ねるとき，回答者が「幸福」によって何を意味するのかを知らなければ，その答えは何も教えてくれないと，研究者は強調する。ある人は，「私は現在深刻な痛みをまったく感じていない」ということを意味しているかもしれない。別の人は，「私の人生はかなりひどいが，それに甘んじている」ということを意味しているかもしれない。別の人は，「私は昨日よりはるかに気分がよい」ということを意味しているかもしれない。幸福研究はその語の考えうる意味を明確に理解する必要がある。例えば，ほとんどの研究者は心理的な状態（例えば，全体的に見て痛みより多くの喜びを感じること）としての幸福と，たとえ喜びより多くの痛みを伴っていたとしても，人生を積極的に評価する場合の幸福を区別する。何よりも，基本的な問題がある。もしあるならば，どんな意味で，幸福は人間の人生の適切な目標なのであろうか。

　これらの問題は必然的に哲学的な考察につながる。実証的な調査は，人々が幸福について抱いているさまざまな考えのリストを私たちに与えてくれる。しかし，研究によると，人々が幸福（結婚，子供，富，名声）についての考えを達成するときでも，人々はまだ幸福ではないことが多いということがわかっている。実証的な調査で発見する幸福についての考えが，私たちを真の幸福に導くために十分によく練られていると考える理由はまったくない。より豊かでより繊細な幸福の概念のために，私たちは哲学者に頼る必要があり，それはプラトンからアリストテレスへ，そしてヒュームとミルを経てヘーゲルとニーチェに至るまでの哲学者が幸福の考えうる意味について最も深い洞察のいくつかを提供しているからである。

　実証的な調査が広範囲の幸福の考えうる概念を発見できるとしても，私

解答編

たちがどの概念を達成しようとすべきかという問題はまだ残ったままであろう。ここでは，哲学的思考を求めずに実証的な調査だけでは決められない価値観という問題がある。

　これは，プラトンが考えたように，私たちがどのように生きるべきかを教えてくれる専門家の哲学的な意見を単に求めることができると言っているのではない。私たちは皆，この問いに自分で答える必要がある。しかし，哲学に答えがない場合でも，哲学は私たちが答えに到達するのに必要な手段を提供してくれる。例えば私たちが，喜びが幸福のカギであると考える傾向にあるなら，ジョン＝スチュアート＝ミルがより感覚的な喜びとより知的な喜びを見分ける方法を示してくれる。強烈な喜びの絶え間のない状態を生み出す装置から離れないことを，たとえ私たちが人生でこの喜びを経験する以外に何も達成しなかったとしても選ぶかどうかを検討するようにロバート＝ノージックは私たちに求める。

　別のレベルでは，イマヌエル＝カントは幸福が人間のすばらしい人生の目標であるべきかどうかも問い，たとえ幸福を台無しにすることになっても，目標はむしろ正しいことをするのを選ぶ方向に向けられるように彼は提案する。ニーチェとサルトルは，道徳そのものも人間の存在にふさわしい目標であるかどうかを私たちが検討するのを助けてくれる。これらの本質的な問いは実証に基づくものではない。

　それでも，当然のことだが，心理学者はそのような問いに取り組みたいと考えており，その科学的データは議論に重要な貢献をすることができる。しかし，心理学が人間の基本的な価値観に関する問題を取り上げるのと同じ程度に，心理学は，幸福という問題に取り組むのに不可欠である哲学や他の分野——歴史，芸術，文学，さらに神学——と関わる必要がある人間性の側面を取り上げている。心理学者は，これを認識して，実証的な調査だけで幸福に関する大きな問いに答えられるふりをするのをやめるべきである。今度は逆に，哲学者と他の人文学者は自らの領域に心理学者を喜んで迎え入れるべきである。

━━━━━━━━━━◀解　説▶━━━━━━━━━━

問2．下線部は「（学問の）分野」の意味である。これと同義で使われているのは，A．areas「領域，分野」である。Dは「従順さ」の意味。

問3．下線部は「十分な実証に基づいた厳密さで自らのテーマを扱うこ

と」という意味で,「実証」について具体的に述べているBが正解である。

問4. 下線部の armchair は「実体験を伴わない,空論の」という意味なので,C.「実用的ではない思想」が正解である。Aは「家電製品ビジネス」,Bは「家具工業」,Dは「よく働く活力」の意味。

問5. 第1段第1文 (Philosophy was the origin …) に「哲学はほとんどの科学分野の起源であった」とあるので,philosophy が正解である。

問6. 正しく並べ替えた英文は,(serious illness typically does not) <u>make</u> us <u>much</u> less happy (, marriage in the) long <u>run</u> (is not a) <u>major</u> (source of either) happiness (or unhappiness.) である。does not の直後には原形の動詞 make がきて,*A* make *B* ～「*A* によって *B* は～になる」の構文が考えられる。run から in the long run「長い目で見れば」の慣用句が思い浮かぶ。unhappiness と or でつながるのは happiness である。not ～ either *A* or *B*「*A* と *B* のどちらも～ない」

問7. 第3段第2文 (Psychologists such as Sonja Lyubomirsky …) には「新しいジャンルの自己啓発本を開発している」と積極的な姿勢が描かれているので,X-1には desires か hopes が入る。同段第3文 (At the same time, …) には「けれども同時に,深刻な方法論的な課題があり」と問題点が指摘されていることから,X-2には skepticism「懐疑的な見方」が入る。よって,Cが正解。

問8. the term「その用語」は下線部が含まれる文の happiness を指す。

問9. A.「たとえ喜びより多くの痛みを伴っていたとしても」

B.「例えば,宝くじに当たると」

C.「パンデミックを克服するけれども」

D.「この研究にお金がかかってもかからなくても」

　空所直前に「人生を積極的に評価する場合の幸福」とあるので,空所には人生のプラス面かマイナス面を表す内容が入ると考えられる。よって,Aが正解。

問10. These issues は第4段 (But the most powerful challenge … of a human life?) に述べられている「幸福の意味と価値は何か」「幸福は人間の人生の適切な目標なのか」という問題である。下線部は,「このような問題を考えていく場合には,必然的に哲学的な考察が必要になる」ということである。よって,Dが正解。

問 11. 正しく並べ替えた英文は，(For richer and more sensitive conceptions of happiness, we need to) turn <u>to</u> (philosophers, who, from Plato to Aristotle, through Hume and Mill, to Hegel and Nietzsche,) <u>have provided</u> some <u>of</u> the deepest insight <u>into</u> (the possible meanings of happiness.) である。need to の後には動詞の原形がくるが，時制を考えて turn が適切である。turn では turn to 〜「〜に頼る」という慣用句が思い浮かぶ。who 以下の関係詞節の動詞は have provided である。insight「洞察」が伴う前置詞は into である。

問 12. 空所の前文（This is not to say that, …）に「専門家の哲学的な意見を単に求めることができると言っているのではない」とあるので，A.「自分で」が文脈に合う。Bは「哲学者に依存して」，Cは「心理学者に言及して」，Dは「科学的データを使って」の意味なのでいずれも文脈に合わない。

問 13. A.「このような場合は，通常はすべての人によって検討されるだろう」

B.「精神についての新しい科学が，その問いはとてもあり得そうもないことを明らかにするだろう」

C.「これらの本質的な問いは実証に基づくものではない」

D.「実証的な方法の観点から，人生の不確実性に疑問を抱くことは意味がない」

　空所を含む段落の第 1 文（On another level, Immanuel Kant …）にはカントの「幸福が人間のすばらしい人生の目標であるべきかどうか」という問い，続く第 2 文（Nietzsche and Sartre help …）にはニーチェとサルトルの「道徳そのものも人間の存在にふさわしい目標であるかどうか」という問いがあるので，それらの問いに言及しているCが正解である。

問 14. Ｙ−１. 空所前方の従属節では「実証的な調査が広範囲の幸福の考えうる概念を発見できる」とあるが，空所を含む主節では「問題は残ったままであろう」と逆接的な内容が述べられているので，D.「まだ」が正解である。

Ｙ−２. 最終段第 1 文（Still, psychologists understandably want to …）では「科学的データは議論に重要な貢献をする」とあるが，続く第 2 文（But to the extent that …）では「哲学や他の分野と関わる必要がある

人間性の側面を取り上げている」と，哲学や人文科学の必要性も述べられ
ている。よって，A.「〜だけ」が正解。

問 15.　(a)「ソーニャ＝リュボミルスキーは，幸福の特性を客観化できると
は信じていない」　第 3 段第 2 文（Psychologists such as Sonja
Lyubomirsky …）に「伝統的な助言者の直観と逸話を，人々を幸福にす
るための科学的プログラムに置き換える」とあるので，不一致。

(b)「人々が人生の最終的な目的として幸福をもたなければならないことは
明確である」　第 4 段最終文（Above all, there is the fundamental
question：…）で「幸福は人間の人生の適切な目標なのであろうか」と疑
問を呈しているので，不一致。

(c)「幸福は客観的に観察されず容易に理解されないので，心理学者は幸福
を評価できる方法を明確にする際に困難に直面している」　第 3 段第 3 文
（At the same time, there are …）に「幸福のように主観的でとらえど
ころのない特性を客観化し，さらに定量化する努力が疑問視されている」
とあるので，一致する。

(d)「哲学者は私たちが裕福になればなるほど幸福に感じることを証明して
いる」　第 5 段第 3 文（But research has shown that …）に「研究によ
ると，人々が幸福（結婚，子供，富，名声）についての考えを達成すると
きでも，人々はまだ幸福ではないことが多い」とあり，主語も内容も不一
致。

(e)「ロバート＝ノージックはジョン＝スチュアート＝ミルが言ったことに賛
成し正確に繰り返している」　第 7 段最後の 2 文（If, for example, we are
inclined … than experiencing this pleasure.）でノージックはミルと異な
る主張をしているので，不一致。

(f)「プラトンとアリストテレスがそのように強く主張したので，すべての
人々は幸福になって当然である」　本文中に記述がないので，不一致。

(g)「心理学が幸福という問題を取り扱うときは，その問題を解決するため
にさまざまな人間性の研究が使われるべきであるのは必然的なように思わ
れる」　最終段第 2 文（But to the extent that …）に「心理学は，幸福と
いう問題に取り組むのに人間性の側面を取り上げている」とあるので，一
致する。

Ⅱ 　解答 　Q1. B　Q2. B　Q3. A　Q4. D　Q5. C　Q6. D
　　　　　　　Q7. B　Q8. B　Q9. A　Q10. branches
Q11. oval

━━━━◆全　訳◆━━━━━━━━━━━━━━━━━━━━━

≪オラスという保水方法についての男女の会話≫

タロウ：ここに草木の茂ったこのような庭を造るなんて，うまくやりましたね。

ローズ：ありがとうございます。以前ここに放置されてうっそうとした土地の見苦しい一区画があったなんて，信じがたいでしょう。

タロウ：そうですね。目障りでしたからね。確かにきれいにするのは骨の折れることだったに違いありませんね。ところで，あの突き出ているものは何ですか…穴ですか。

ローズ：カボチャの間にオラスを埋めました。水が蒸発するのを防ぐために，容器のいちばん上をふさぐためのちょうどよいサイズの枝を見つけたんです。

タロウ：oh-yaz と言ったんですか。それは何ですか。

ローズ：これはあなたには新しい単語でしょうか。O-l-l-a-s。オラスは低温で焼かれた粘土陶器の容器なんです。現代の灌漑の技術がなかった古代では，庭いじりをする人々は瓶を埋めてそこに水を入れました。粘土は多孔性なので，時がたつにつれて，そして必要なときに水が土の中に漏れ出てくるんですよ。

タロウ：多孔性とは，小さな穴があるという意味ですか。

ローズ：その通りです。もっとも，細孔は裸眼では見えないので，そのように思わないでしょうが。とにかく，根のすぐ近くの土の下に多くの楕円形の素焼きの容器が埋めてあるんです。土と根が乾いてくると，オラス内部から水分を吸い出します。雨が降った後は，水はそのままオラスにとどまります。

タロウ：うまくできていますね！　それがあれば，植物に水をやる時間を節約できるはずですね。

ローズ：時間だけではありませんよ。水のやり過ぎを心配する必要はないですし，水のロスを最小にすることができ，それは水不足のときにはよいことですね。

タロウ：言い換えれば，それはさまざまな点で効率的なんですね。

ローズ：わかってくれましたね！　ところで，いくつか余分な手作りのオ
　　　　ラスがあります。どうですか，いくつか購入しませんか。

◀━━━━━━◆解　説▶━━━━━━▶

Q1. 下線部にある lush は「草木の茂る」という意味なので，B.「とて
も草木が生い茂っている」が正解。

Q2.「ローズが行っていないのは次のどれか」

A.「彼女はとても一生懸命取り組んでその土地をすっかり変えた」

B.「彼女は素焼きの容器を作った」

C.「彼女は秩序立った方法で植物に水をやるシステムを利用した」

D.「彼女は水を大切に使った」

　タロウの 1 番目の発言（You have done …）から A は行われたとわか
る。ローズの最後の発言（You got it! …）に「余分な手作りのオラス」
とあるが，自分で作ったとは明言していないため，B は必ずしも行われた
とはいえない。ローズの 4 番目の発言（That's right, even …）にオラス
を使うと土が乾けばオラスから自動的に水がしみ出し，雨が降れば水はオ
ラスの中に蓄えられたまま，という効率のよい水やりができるとあるので
C は行われたとわかる。ローズの最後から 2 番目の発言（It's not only
…）に「水のロスを最小にする」とあるので，D は行われたとわかる。

Q3.「タロウが『確かにきれいにするのは骨の折れることだったに違いあ
りませんね』と言っているのは，彼は…からである」

A.「彼女がたぶん感じている疲労を彼が理解していることを彼女に示し
たかった」

B.「彼女がどのくらいきっちりと庭を変えたかよくわからなかった」

C.「彼女が助けをまったく借りずにそれをしたとは信じていなかった」

D.「次にその棒について尋ねるつもりだった」

　ローズの 1 番目の発言（Thanks. It's hard to …）から，その土地がか
なり荒れ放題だったことがわかるので，その土地をきれいにした労をねぎ
らう A が正解である。

Q4.「もし何かが突き出ていたら，…」

A.「それは耐久性のあるものではない」

B.「それは埋められているに違いない」

C.「それは柔らかくない」

D.「それは注意を引く」

　下線部にある stick out は「突き出る」という意味なので，D.「それは注意を引く」が正解である。突き出ているものは必ずしも埋められたものとは限らないので，Bは不適切。

Q5.「数千年前に人々はなぜオラスを使ったのか」

A.「オラスが有益な昆虫を引きつけるから」

B.「彼らはオラスが土地を肥沃にすることを知っていた」

C.「今日人々がそれらを使うのと同じ理由で——植物に水をやるために」

D.「それは謎である」

　ローズの3番目の発言（Is this a …）に「現代の灌漑の技術がなかった古代では瓶を埋めてそこに水を入れた」とあるので，Cが正解である。AとBは会話文中に記述がない。

Q6.「漏れ出さないものは何か」

　下線部の seep out は「（液体・気体が）漏れ出す」という意味のほかに，「（秘密などが）漏れる」という意味でも使われるので，「漏れ出さない」ものはD.「コピー機の紙」である。

Q7.「国に抜け道の多い国境があると，…」

A.「ウイルスが管理できる」

B.「違法な移民が入ってくるかもしれない」

C.「多くのシャベルが使われる」

D.「政府は市民に課税することができる」

　下線部の porous には「多孔性の」という意味のほかに，「抜け道の多い」という意味がある。正解は当然Bである。

Q8.「タロウは…」

A.「オラスを使うという考えに関心がなかった」

B.「オラスに感動を覚えた」

C.「オラスが植物に過剰な水を与えると考えた」

D.「オラスがどのように機能するのかを知っていた」

　タロウはローズにオラスについて質問をして，説明を受けているので，Aは不一致。タロウが最後から2番目の発言（Ingenious! It must …）で

「うまくできていますね」と言っているので，Bが正解。Cはローズの最後から2番目の発言（It's not only …）に不一致。Dはタロウの3番目の発言（Did you say …）に不一致。

Q9.「ローズは…」

　ローズの最後から2番目の発言（It's not only …）に「水のロスを最小にでき，それは水不足のときにはよい」とあるので，A.「水不足のときに役立つように自分の役割を果たしている」が正解。他の選択肢は会話文中に記述がない。

Q10.「ローズはオラスに…で栓をしたので，そのオラスは水を失わない」

　ローズの2番目の発言（I have ollas …）に「水が蒸発するのを防ぐために，容器のいちばん上をふさぐためのちょうどよいサイズの枝を見つけた」とあるので，branches が正解。

Q11.「ローズのオラスは…形である」

　ローズの4番目の発言（That's right, even …）に「楕円形の素焼きの容器」とあるので，oval が正解。

Ⅲ　解答　(1)—A　(2)—D　(3)—C　(4)—C　(5)—B　(6)—C

◀解　説▶

(1)「私は新しい銀行口座を開きたい」
「誰かが川の向こう岸で私に手を振っていた」

　1文目の空所直後の account は「口座」の意味なので，bank「銀行」が適切である。2文目の bank は「岸，土手」という意味である。

(2)「それらの光は同じ光源から生じているかもしれない」
「茎が非常に太い植物もある」

　2文目で stem「茎」を選ぶのは難しくないであろう。1文目では stem from ～ で「～から生じる」の意味になる。

(3)「私には養う家族がいるので危険を冒すことはできなかった」
「私は父に次の選挙に立候補してほしくない」

　2文目の文末に election「選挙」があるので，run for ～「～に立候補する」という慣用句が思い浮かぶ。1文目では run the risk で「危険を冒す」の意味になる。

⑷「飛行機の先端にはビデオカメラが装着されている」

「あなたは他人の個人的な生活に口出しすべきではない」

　1 文目で nose「先端」を選ぶのは難しくないであろう。2 文目では poke *one's* nose into ～ で「～に口出しする」の意味である。

⑸「彼女は熟練の産科医として多くの赤ん坊を取り上げている」

「彼は式典で感動的なスピーチを行った」

　2 文目の空所後方の speech から B の deliver「～（演説・講演など）をする，行う」を選ぶ。1 文目の deliver は「～（赤ん坊）を取り上げる」の意味である。

⑹「私の質問には即座にノーという答えが返ってきた」

「空気中のマイナスイオンが植物の成長に影響を与えるというのは本当だろうか」

　1 文目の空所前方の My question と answered から negative を選ぶのは難しくないであろう。answer in the negative「ノーと答える」 2 文目の negative は「マイナスの」の意味である。

❖講　評

　例年通り，読解問題 1 題，会話文問題 1 題，文法・語彙問題 1 題という構成であった。基礎～標準問題が中心である。

　Ⅰ　読解問題：人間の幸福を論じるときには，実証的なデータを駆使する心理学の研究だけではなく，哲学や人文科学による人間性の側面の検討も必要だと主張する論説文である。英文量が多いうえに，内容がかなり抽象的なので，読み進めて理解するのに苦労した受験生が多かったであろう。設問数が多いので，手際よく問題を解くことが求められている。選択肢に紛らわしいものも含まれるので，慎重に解答する必要がある。設問の多くはマークシート式だが，問 5 と問 8 は記述式で，本文中の 1 語で答える内容説明問題である。設問内容は，発音・アクセント問題，文法・語彙・慣用句などの知識を問う問題，内容説明・内容真偽のように内容に関する問題などがある。問 6 と問 11 は比較的長い英文の中で語句整序を行う問題で，文法項目に着目して選択肢を絞っていくとよいだろう。問 9 と問 13 の空所補充問題は前後の文脈をしっかりと把握する必要がある。問 15 の内容真偽問題は該当箇所を特定するのはそ

れほど難しくはないであろう。

　Ⅱ　会話文問題：「オラスという保水方法」についての男女間の会話である。設問は内容説明，語・慣用句の意味を問う問題が中心である。選択肢に紛らわしいものも含まれているので，会話文を正確に把握した上で，正解を選ぶように心がけたい。Q10 と Q11 には会話文中から 1 語を選んで空所に補充する内容説明が出題されている。

　Ⅲ　文法・語彙問題：2 つの英文の空所に入る共通語を選択する問題で，ここ数年この形式が続いている。1 語で複数の品詞に使われる多義語を中心に学習するとよいだろう。

日本史

I 解答

問1．C　問2．高句麗　問3．E　問4．A
問5．D　問6．口分田　問7．B　問8．C
問9．E　問10．A

━━━━◀解　説▶━━━━

≪古墳時代の外交，飛鳥～平安時代の社会・経済≫

問1．空欄(1)の前にある「3世紀後半（280年）」から晋を導き出そう。
晋は魏・呉・蜀の三国時代に続く統一王朝である。266年には，倭の女王
が晋の都洛陽に使いを送ったことが史料に記されている。

問4．①～③はすべて正文である。

問5．Aは『漢書』地理志，Bは『後漢書』東夷伝，Cは「魏志」倭人伝，
Eは『隋書』倭国伝に記されている文章である。

問7．空欄(5)の後にある「百万町歩開墾計画」「三世一身法」から長屋王
を導き出そう。藤原不比等の死後，左大臣となって政権の中枢を担ったが，
不比等の子である四子によって，自殺に追い込まれた。

問8．「飛鳥浄御原令を施行した」から持統天皇を導き出そう。飛鳥浄御
原令は天武天皇が編纂を命じて，689年持統天皇のときに施行された。

問9．E．誤文。「独自の荘民を持ち」「有力農民に依存して」が誤り。初
期荘園は，独自の荘民を持たず，国司・郡司に依存して営まれた。

問10．①刀伊の入寇（1019年）→②平忠常の乱（1028年）→③平等院鳳凰
堂の落成（1053年）の順である。

II 解答

問1．連署　問2．E　問3．E　問4．A　問5．A
問6．勘合　問7．A　問8．D　問9．A
問10．A

━━━━◀解　説▶━━━━

≪執権政治の確立，日明貿易≫

問1．空欄(1)の前にある「北条時房」や「漢字二文字」から連署を導き出
そう。北条時房は執権北条泰時の叔父にあたる。連署は執権を補佐して文

書に連名で署名加判する役職で，時房が任じられたのが初めとされる。

問３．③和田合戦（1213 年）→①承久の乱（1221 年）→②宝治合戦（1247
年）の順である。

問４・問５．①〜③はすべて正文である。

問７．「南北朝の合一時の北朝の天皇」は後小松天皇。1392 年，南朝の後
亀山天皇から北朝の後小松天皇に譲位され，神器が渡された。これ以後，
北朝が皇位を継承した。

問８．A〜Cは東山文化に関する記述である。

問９．①〜③はすべて正文である。

問 10．「大内氏と細川氏が貿易の主導権をめぐり争った場所」から寧波を
導き出そう。地図で，位置もしっかり確認しておこう。

Ⅲ　解答　問１．村請制　問２．A　問３．A　問４．A
　　　　　　　問５．C　問６．C　問７．棄捐令　問８．D
問９．C　問 10．D

◀**解　説**▶

≪江戸時代の経済・社会・政治≫

問１．空欄(1)の前にある「村を単位として課され，村が徴税にあたった」
や「漢字三文字」から村請制を導き出そう。村請制によって，年貢・諸役
は個人ではなく村を単位として課され，村（名主）の責任で納入された。

問２．空欄(2)には田畑永代売買の禁止令が入る。Bは人返しの法，Cは分
地制限令，Dは刀狩令の文章である。

問３．①〜③はすべて正文である。

問４．分地制限令は 1673 年に出されており，1651〜80 年に４代将軍とし
て在職していた徳川家綱を導き出そう。

問５．C．誤文。「『広益国産考』」が誤り。17 世紀末には日本における最
初の体系的農書として宮崎安貞の『農業全書』が著された。『広益国産考』
は 19 世紀半ばに大蔵永常が著した農学書である。

問７．空欄(4)の後にある「旗本・御家人の救済」や「漢字三文字」から棄
捐令を導き出そう。棄捐令が最初に出されたのは，1789 年，寛政の改革
を行った松平定信のときである。天保の改革を行った水野忠邦のときにも
出されていることを確認しておこう。

問8．空欄(5)の前にある「長崎の西洋流砲術家」から高島秋帆を導き出そう。彼から砲術を学んだ人物として，伊豆韮山の代官江川太郎左衛門がいる。

問9．C．誤り。大名の末期養子の禁止を緩和し，江戸に住む牢人とともにかぶき者の取り締まりを強化したのは，4代将軍徳川家綱である。

問10．A〜Cは元禄期の文化に関する記述である。

Ⅳ　**解答**　問1．C　問2．松平康英　問3．C　問4．H
問5．B　問6．D　問7．太陽　問8．C　問9．F
問10．D

━━━━━━◀解　説▶━━━━━━

≪幕末期の外交，第一次世界大戦後の女性≫

問2．「この事件の責任をとって切腹した長崎奉行」は松平康英。このフェートン号事件で，長崎の警護の義務をもつ佐賀藩主も処罰された。

問3．②ロシア使節レザノフの長崎入港（1804年）→①モリソン号事件（1837年）→③アメリカ東インド艦隊司令官ビッドルの浦賀来航（1846年）の順である。

問4．①誤文。「シーボルト」が誤り。『日本誌』を著したのはケンペルである。

②誤文。「徳川家光」が誤り。キリスト教関係以外の漢訳洋書の輸入を認め，野呂元丈・青木昆陽にオランダ語の習得を命じたのは，徳川吉宗である。

③誤文。「マカオ」が誤り。オランダはバタヴィア（ジャカルタ）においた東インド会社の支店として長崎の出島に商館をおいた。

問5．グラフの輸出で割合が最も高い品目①は生糸である。よって，輸入品目②は毛織物とわかる。次に，横浜港における貿易相手国で輸出・輸入とも最も割合が高い国③はイギリスである。アメリカは，日本と貿易を行うために日米修好通商条約を締結したが，南北戦争（1861〜65年）が起こったこともあり，積極的に貿易を行うことができなかった。

問6．空欄(3)の前にある「イプセンの『人形の家』」から松井須磨子を導き出そう。奥むめおは，平塚らいてう・市川房枝らとともに新婦人協会を設立した社会運動家である。空欄(4)の後にある「第5条の撤廃」から治安

警察法を導き出そう。治安警察法第5条は，女性が政治集会に参加したり，政党に加入したりすることなどを禁止した項目であった。

問8．C．誤り。京都帝国大学教授の滝川幸辰が休職処分を受け，法学部の全教官が抗議して辞表を提出した事件（滝川事件）は，1933 年に起こった。

問9．①『武蔵野』は国木田独歩，②『若菜集』は島崎藤村。

問10．Aは山田美妙，Bは市川房枝，Cは伊藤野枝に関する記述である。

Ⅴ 解答 問1．B 問2．鉄道国有法 問3．E 問4．F 問5．C 問6．航海奨励法 問7．D 問8．C 問9．F 問10．A

◀解 説▶

≪近世〜現代の交通≫

問1．空欄(1)の後にある「停車場は文明開化を象徴する近代建築」から新橋を導き出そう。鉄道は 1872 年，新橋・横浜間で開通した。2つ目の空欄(2)の後にある「府県制や軍部大臣現役武官制」から山県有朋を導き出そう。

問2．「1904（明治 37）年から 1908（明治 41）年の間」「漢字五文字」から，1906 年に制定された鉄道国有法を導き出そう。鉄道国有法は，第1次西園寺公望内閣のときに制定された。

問3．①誤文。「伊勢街道」が誤り。伊勢街道は脇街道の一つである。五街道とは，東海道・中山道・甲州道中・日光道中・奥州道中をさす。②・③正文。

問4．空欄(3)の後にある「塔」「京都」から東寺を導き出そう。列車が京都に着く直前，左手に東寺の五重塔が見えたことから，このように歌われた。

問5．C．栗橋は日光・奥州道中の関所であった。

問6．「総トン数 1000 トン・速力 10 ノット以上の鉄鋼汽船に奨励金」「漢字五文字」から航海奨励法を導き出そう。同じ年に公布された 700 総トン以上の鉄鋼汽船建造に奨励金を交付する造船奨励法と区別して覚えておこう。

問7．②集会条例の公布（1880 年）→③国会開設の勅諭（1881 年）→①立

憲改進党の結党（1882 年）の順である。

問 8．大戦景気によって，工業生産額が農業生産額を追い越したことを想起しよう。第一次世界大戦の始まった 1914 年の①と②の比率が，1919 年では逆転していることから，①が工業，②が農業だと判断できる。残りの③が鉱業である。

問 9．東海道新幹線の開通は 1964 年である。①農業基本法の制定は 1961 年，②民主社会党の結成は 1960 年，③日本万国博覧会の開催は 1970 年である。

問 10.「耐久消費財の普及率」のグラフで②は 1960 年代後半に登場し，急激に普及していることから，カー（自動車）・クーラー（ルームエアコン）とともに「新三種の神器」（3C）と呼ばれたカラーテレビであると判断しよう。よって，①は白黒テレビ・電気冷蔵庫とともに「三種の神器」といわれた電気洗たく機と導き出せる。ちなみに，③はルームエアコンである。次に，「輸送機関別国内旅客輸送分担率の推移」のグラフで 1950 年代から分担率が低下している④は鉄道であり，民鉄と導き出せる。また，グラフから 1960 年代半ばから乗用車（自動車）が交通の主役となるモータリゼーションが加速していることが読み取れる。その結果，鉄道やバスなどの公共交通機関が減少したことが理解できていれば，⑤はバスだと判断できる。

❖講　評

Ⅰ　古墳時代の外交，飛鳥〜平安時代の社会・経済分野を中心とした出題である。教科書に沿った標準的な問題であるが，問 1 は 3 世紀後半の中国情勢，問 9 は初期荘園の特徴，問 10 の配列問題は 11 世紀前半から半ば頃の時代背景をしっかり学習できていない受験生にとっては難しかったと思われる。

Ⅱ　執権政治の確立に関する略年表，日明貿易に関する出題である。問 4・問 5・問 9 の正誤問題は教科書に記述はみられるが，見落としやすい内容も含まれているので，注意して解答しよう。

Ⅲ　江戸時代の経済・社会・政治分野を中心に出題されている。問 2 は史料中のキーワードを探し，それをヒントに正答を導き出そう。問 3 の百姓一揆に関する正誤問題は，やや詳細な数値もみられた。その他の

文章選択問題は標準的なものであり，ケアレスミスをなくして高得点を目指そう。

Ⅳ 幕末期の外交と第一次世界大戦後の女性をテーマに，それに関連した問題が出題されている。問 10 の山川菊栄に関する文章選択問題は，戦後の内容も含まれていたため，解答に迷った受験生も多かったのではないだろうか。

Ⅴ 交通をテーマに，江戸時代から戦後の設問が出題されている。問 4 の『鉄道唱歌』の史料を題材にした空所補充問題はユニークな出題であった。問 6 の正答は航海奨励法であるが，同年に出された造船奨励法と間違えないように注意しよう。問 9 の東海道新幹線開通後の出来事を問う正誤問題は，民主社会党の結成の年が難しかった。問 10 の「耐久消費財の普及率」のグラフの読み取りは，「三種の神器」「新三種の神器 (3C)」の内容がわからなければ，解答に迷ったかもしれない。

世界史

Ⅰ **解答** 問1．シャンポリオン　問2．C　問3．テーベ
問4．F　問5．C　問6．A　問7．B　問8．D
問9．B　問10．A

◀解　説▶

≪古代オリエント史≫

問2．①誤文。古王国の都はメンフィスである。②正文。

問3．テーベはナイル川中流域の上エジプトにある。

問4．①ラメス2世の治世は前13世紀，②アメンホテプ4世のアマルナ遷都は前14世紀，③新王国がおこってヒクソスを追放したのは前16世紀のことなので，③→②→①が正解である。

問5．①誤文。シュメール人は太陽暦ではなく太陰暦を用いた。②正文。

問6．B．誤文。ヴェントリスはミケーネ文明の線文字Bの解読者である。楔形文字はイギリスのローリンソンらによって解読された。

C．誤文。ハンムラビ法典は必ずしも刑法中心ではなく，現在の商法・民法などに当たるものも含んだ総合的な法典であった。

D．誤文。身分の違いによる刑罰の差はあった。

問7．B．誤文。ヘブライ人は預言者モーセに率いられてエジプトを脱出した伝承をもっている。

問8．①誤文。北のイスラエル王国がアッシリアに滅ぼされた。

②誤文。南のイスラエル王国ではなく，南のユダ王国である。

問9．B．誤文。アッシリアの首都はダマスクスではなくニネヴェである。

問10．アケメネス朝の建国年を前550年とすると，アテネでペイシストラトスが最初に僭主になったのが前561年であり，Aが正解である。Bの「ローマで共和政が始まった」のは前509年，Cの「インドでマウリヤ朝が成立した」のは前317年頃，Dの「中国で戦国時代が始まった」のは前403年である。

Ⅱ　**解答**　問1．C　問2．D　問3．アリー　問4．D
問5．F　問6．C　問7．C　問8．アイバク
問9．E　問10．A

◀解　説▶

≪イスラーム教の成立と中世イスラーム世界≫

問1．①誤文。イスラーム教は偶像崇拝を否定している。②正文。

問2．D．誤文。ムハンマドは 630 年にメッカを征服し 632 年に死亡した。

問4．①誤文。732 年のトゥール・ポワティエ間の戦いでウマイヤ朝はフランク王国に敗北した。

②誤文。ウマイヤ朝の時代には，征服地の異教徒がイスラーム教に改宗しても，地租や人頭税は免除されなかった。

問5．①トルコ人の奴隷軍人であるマムルークがカリフの親衛隊として用いられるようになったのは 9 世紀に入ってからである。②ハールーン=アッラシードの治世は，786〜809 年で，③バグダードを建設したマンスールの治世は，754〜775 年。③→②→①が正解である。

問6．C．誤文。ファーティマ朝はエジプトに首都カイロを建設した。

問7．①誤文。後ウマイヤ朝の首都は，コルドバである。②正文。

問8．アイバクはゴール朝のマムルーク出身であった。

問9．①マリ王国（1240〜1473 年），②ソンガイ王国（1464〜1591 年），③ムラービト朝（1056〜1147 年）である。③→①→②が正解である。

問10．Aの『集史』の著者ラシード=アッディーンは，ガザン=ハンの時代のイル=ハン国の宰相である。Bの『医学典範』の著者はイブン=シーナー，Cの『世界史序説』の著者はイブン=ハルドゥーン，Dの『旅行記（三大陸周遊記）』の著者はイブン=バットゥータである。

Ⅲ　**解答**　問1．孝文帝　問2．B　問3．C　問4．C
問5．D　問6．湖広　問7．D　問8．B
問9．A　問10．A・B※

※問 10 については，複数の選択肢を正解として扱ったことが大学から公表されている。

◀解　説▶

≪北魏から明清時代までの中国経済史≫

問2．①正文。②誤文。70 歳になるか死亡すれば国家に土地は返還され

ているので誤文と判断した。ただし，桑田（桑を植える土地）は世襲された。

問3．C．誤文。安史の乱は755年に勃発し763年に終息した。両税法の施行は780年である。

問4．C．誤文。小作人は佃戸とよばれた。形勢戸とは宋の時代の新興地主層のことで，彼らのなかから有力な官人が多く輩出した。

問5．D．誤文。商人の同業組合は行とよばれた。作は手工業者の組合の呼称である。

問6．湖広とは，現在の湖北省と湖南省のことである。これに対して，宋の時代は，現在の江蘇省・浙江省のあたりを指して，「蘇湖（江浙）熟すれば天下足る」といわれた。

問7．D．誤文。公行とは，清の時代に，当時ヨーロッパ船が来航する唯一の港であった広州で，貿易業務を独占した商人組合のことである。

問8．A．誤文。『崇禎暦書』は徐光啓のもとで編纂が始まり，アダム＝シャールによって完成された。

C．誤文。『天工開物』は，薬物書ではなく産業技術書である。

D．誤文。薬物・医学解説書である『本草綱目』は，徐光啓ではなく李時珍によって著された。

問10．A．誤文。丁税は土地に課せられる税ではなく，人に課せられる人頭税である。

B．誤文。地丁銀制とは，事実上，税を土地税（地銀）に一本化する税制である。これが実施された背景には当時の国庫の充実があるが，農民の数を把握する必要のある人頭税の課税は，人口増のなかで作業が煩雑となり実施が困難になっていた事情もあるとされる。

Ⅳ　解答

問1．C　問2．D　問3．B　問4．D
問5．アメリカ連合国　問6．A　問7．ラス＝カサス
問8．F　問9．B　問10．B

◀解　説▶

≪20世紀初めまでのアメリカ合衆国と中南米≫

問1．①誤文。フランスとスペインが植民地側に立って参戦し，ロシアなど他の多くの国々も武装中立同盟を結んでイギリスの海上封鎖に対抗した。

②正文。

問２．Ｄ．誤文。ジャクソンは奴隷解放運動には批判的で，南部の奴隷農園主から圧倒的な支持を受けていた。

問３．①フロリダをスペインより購入したのは 1819 年，②オレゴン併合は 1846 年，③テキサス併合は 1845 年である。①→③→②が正解である。

問４．Ｄ．誤文。南部は自由貿易を主張し，北部はイギリスの工業製品に対抗するために保護関税政策を主張した。

問６．①正文。銀の大量流入によってヨーロッパの物価は 2〜3 倍に高騰し，当時の経済活動に活気を与えた。また，金利が低下することで，商工業者は資金調達が容易になり，商工業が活性化したと考えられる。②正文。

問８．①ボリビアは 1825 年，②ブラジルは 1822 年，③アルゼンチンは 1816 年の独立。③→②→①が正解である。

問９．Ｂ．誤文。農地改革を主張したのはサパタ。マデロは 1910 年にディアス長期政権の打倒を呼びかけメキシコ革命を主導した。武装蜂起によって翌年ディアス政権が打倒されると大統領に就任するが，1913 年に暗殺され政権は短命に終わった。

問 10．Ａ．誤文。セオドア＝ローズヴェルト大統領（在任 1901〜09 年）は，棍棒外交とよばれる軍事力を背景とした対中南米外交を展開した。ドル外交とよばれる対中南米外交を推進したのは次のタフト大統領（在任 1909〜13 年）である。

Ｃ．誤文。1898 年のアメリカ＝スペイン戦争の結果，キューバはスペインから独立し，アメリカの保護国となった。

Ｄ．誤文。アメリカ＝スペイン戦争に勝利したアメリカはプエルトリコを併合した。

Ⅴ 解答

問１．ペトログラード　問２．Ｂ　問３．Ａ　問４．Ｄ
問５．Ｃ　問６．キール　問７．Ｃ　問８．Ｂ
問９．Ｂ　問 10．Ｂ

━━━━━━━◀解　説▶━━━━━━━

≪ロシア革命，ヴェルサイユ体制≫

問１．当時の首都名はペトログラードである。1914 年，第一次世界大戦が勃発すると，ドイツ語由来のサンクト＝ペテルブルクからペトログラー

ドに改称された。なお，1924 年にはレニングラードに改称され，1991 年にはサンクト=ペテルブルクに戻った。

問 2．B．誤文。国民の間には戦争継続に反対する声が広がっていた。

問 4．A．誤文。レーニンはボルシェヴィキの指導者である。

B．誤文。レーニンは四月テーゼで，臨時政府を認めず，労働者・兵士の評議会であるソヴィエトへの権力の集中を主張した。議会制民主主義体制を構想したわけではない。

C．誤文。社会革命党のケレンスキーを首班とする臨時政府と対立した。

問 5．①誤文。「平和に関する布告」では，無併合・無償金（無賠償）・民族自決が呼びかけられた。「民主主義」ではなく民族自決である。②正文。

問 7．C．誤文。パリ講和会議に出席したイギリスの首相は，ディズレーリではなくロイド=ジョージである。

問 8．①正文。②誤文。ヴェルサイユ条約でドイツの軍備は制限されたが廃止されたわけではない。

問 9．A．誤文。国際連盟の本部はスイスのジュネーヴに置かれた。

C．誤文。常設国際司法裁判所はオランダのハーグに置かれた。

D．誤文。国際連盟発足当初は，ドイツ，ソ連とも排除されていた。なお，ドイツは 1926 年（1933 年脱退），ソ連は 1934 年に加盟が認められている。

問 10．①正文。②誤文。太平洋地域に関する四カ国条約発効と同時に日英同盟は解消された。

❖講　評

　Ⅰ　古代オリエントの通史的な大問である。教科書に準拠した基本的・標準的な難度の問いばかりである。

　Ⅱ　イスラーム教の成立と，中世イスラーム世界を扱った大問である。年代配列問題が 2 問あるが，どちらも標準的な難度のものである。書物とその著者を問う問題が 1 問出題されている。

　Ⅲ　前半が北魏から唐・宋の時代，後半が明清時代の，主に経済史を扱った中国史である。明代に著された科学技術書の問いも出題されている。問 2 の北魏の均田制に関する②の正誤判断がやや難しい。

　Ⅳ　前半が南北戦争が起こるまでのアメリカ合衆国，後半が 20 世紀初めまでの中南米諸国と，合衆国の中南米進出を扱った問題である。問

3・問 8 の年代配列問題は，1 年や 3 年という非常に短い間隔の前後も問われている。問 9 のメキシコ革命に関する問いはやや難しい。

　Ⅴ　前半がロシア革命，後半がヴェルサイユ体制に関する問題である。問 5 の「土地に関する布告」を説明した②の正誤判断がやや難しいともいえるが，他は標準的な難度のものばかりである。

　問題の形式はバラエティーに富み，全 50 問中，4 択の正文・誤文選択問題が 20 問，2 つの短文の正誤を判断する正誤問題が 14 問あり，また記述問題が全大問各 2 問の計 10 問を占め，年代を古い順に並べる年代配列問題も 5 問ある。なお，記述問題は基本的ないしは標準的な難度のものばかりである。

地理

Ⅰ 解答 問1．D 問2．C 問3．A 問4．F 問5．A
問6．X．ユーラシア Y．褶曲 Z．アンデス
問7．C 問8．A 問9．C 問10．E 問11．D 問12．B
問13．D

◀解　説▶

≪アジアの地誌≫

問1．シンガポールは，東経103度59分にあり，D．ミャンマーの国土はそれより西に位置する。A．カンボジア，B．タイ，C．ベトナム，E．ラオスは，東経103度59分の経線が国土を通る。

問2．ヤンゴンは，北緯16度36分にあるミャンマー最大の都市である。A～Eは，すべてアフリカ大陸の国であり，A．アンゴラ，D．モザンビークは南半球に位置する。B．ケニアは赤道をはさみ，北緯5度から南緯5度付近にある。E．モロッコは，アフリカ大陸北西端の北緯28度以北にある。

問3．ホンコンは，北緯22度18分，東経114度10分にあり，対蹠点は南緯22度18分，西経65度50分なので，A．アルゼンチンの北部にあたる。B．オーストラリア，E．マダガスカルは東半球にあり，C．キューバは北半球にあるため，当てはまらない。D．コロンビアは，アルゼンチンと同じ南アメリカ大陸にあるが，北緯13度から南緯14度付近にあるため，当てはまらない。

問4．①はヤンゴンで，夏季のインド洋からの季節風により降水量が多いサバナ気候（Aw）である。②はホンコンで，最寒月平均気温が18℃未満～-3℃となる温帯に属し，温暖冬季少雨気候（Cw）である。③はシンガポールで，赤道付近にあり熱帯雨林気候（Af）である。

問5．3つの大河川の河口を西から順に並べると，エーヤワディー川（ミャンマー），チャオプラヤ川（タイ），メコン川（ベトナム）となる。

問6．ヒマラヤ山脈は，2つのプレートの狭まる境界にあたる。インド・オーストラリアプレートが，ユーラシアプレートに衝突し，褶曲山脈であ

るヒマラヤ山脈が形成された。南アメリカ大陸西岸に沿って南北に連なる
アンデス山脈は，ナスカプレートと南アメリカプレートとの狭まる境界に
あたる。

問8．カリマンタン（ボルネオ）島には，A．インドネシア，C．ブルネ
イ，E．マレーシアの3つの国があり，最も広い面積はインドネシアが占
める。

問9．Cが正文。「ア」の地域は，ガンジス川中流域のヒンドスタン平原
にあたり，温暖冬季少雨気候（Cw）で特に夏の降水量が多く，稲作が適
する。サトウキビの栽培も盛んである。

問10．Eが誤文。マレーシアでは，天然ゴムから油やしへとプランテー
ション作物の転換が進んだ。天然ゴムから合成ゴムへの転換が進み天然ゴ
ムの地位が低下したことと，油やしから採取するパーム油の需要が増加し
たことが理由である。

問11．D．ベトナムは，1995 年に東南アジア諸国連合（ASEAN）に加
盟した。1967 年発足時の原加盟国は，インドネシア，タイ，フィリピン，
マレーシア，シンガポールの5カ国である。

問12．老年人口率が最も高いAは少子高齢化の進む日本である。中国は，
一人っ子政策以前に生まれた世代が高齢化を迎えてきており，5カ国の中
では日本に次いで老年人口率が高いBである。

問13．日本の3カ国からの輸入品目1位はいずれも機械類であり，一般
機械および電気機械など，安価で豊富な労働力に恵まれる東南アジア諸国
で生産が盛んである。2位以下の日本の輸入品目をみると，①肉類，自動
車があるのはタイである。肉類は，安価な労働力を活用して加工した肉類
も多い。また，外資を導入し，自動車工場が集積している。②衣類，はき
ものは，軽工業品であり，特に労働力が安価なベトナムでの生産が盛んで
ある。③石炭，液化天然ガスは，インドネシアで産出し，日本などへ輸出
される。

Ⅱ　解答　問1．A　問2．D　問3．本初子午線
　　　　　　問4．ジブラルタル　問5．D　問6．ドッガーバンク
問7．C　問8．D　問9．(1)—C　(2)—D　(3)—E
問10．B　問11．E　問12．(1)—F　(2)—C　(3)—J　(4)—E

━━━ ◀解　説▶ ━━━

≪イギリスおよびその関連問題≫

問1．ニュージーランド北島にあるＡ．ウェリントンが，西岸海洋性気候（Cfb）である。Ｂ．ケープタウン（南アフリカ共和国），Ｃ．サンティアゴ（チリ），Ｄ．パース（オーストラリア）は，いずれも地中海性気候（Cs），Ｅ．ブエノスアイレス（アルゼンチン）は，温暖湿潤気候（Cfa）である。

問3．本初子午線は，経度0度の経線で，ロンドンの旧グリニッジ天文台を通る。

問4．経線「い」は，西経5度であり，この経線は地中海と大西洋とを分けるジブラルタル海峡付近を通る。

問5．1973年にイギリスとともにEC（ヨーロッパ共同体）に加盟したのは，Ａ．アイルランド，Ｄ．デンマークである。この両国で，ユーロを導入していないのは，デンマークである。

問6．イギリスのグレートブリテン島の東の海域は北海で，「ろ」の位置にドッガーバンク，その北にはグレートフィッシャーバンクがある。

問7．Ｃ．CPTPP（環太平洋地域における包括的及び先進的な経済連携協定）は，TPP（環太平洋経済連携協定）からアメリカ合衆国が離脱して，日本をはじめ全11カ国が参加する。EUを離脱したイギリスが加盟の申請をしている。Ａ．AFTA（ASEAN自由貿易地域）は，ASEAN10カ国が参加する。Ｂ．AU（アフリカ連合）は，アフリカ諸国が参加する。Ｄ．MERCOSUR（南米南部共同市場）は，ブラジル，アルゼンチンなどが参加する。Ｅ．NAFTA（北米自由貿易協定）は，アメリカ合衆国，カナダ，メキシコが参加し，現在はUSMCA（米国・メキシコ・カナダ協定）に組織が変わった。

問8．航空機が輸出品にある②はフランスである。EU域内で分業により生産された航空機部品はフランスのトゥールーズで最終組み立てをする。③は北海油田で産出した原油を輸出するイギリスである。①は自動車の輸出割合が他の2カ国よりも大きいので，自動車工業が盛んなドイツである。

問9．(1)　Ｃ．シンチヤンウイグル自治区は，中国の北西部に位置し，乾燥した気候で，オアシス農業と綿花栽培が盛んである。自治区の住民の約半数は，イスラム教徒であるウイグル民族である。

(2)　D．ホンコン（香港）は，1997 年にイギリスから中国へ返還された。E．マカオは，1999 年にポルトガルから返還された。ともに一国二制度であるが，統制強化が懸念されているのは，ホンコンである。

(3)　E．南沙群島（スプラトリー群島）は，南シナ海にある島々で，原油が海底資源として存在し，周辺国が領有を主張している。

問 10．都市「は」はB．オックスフォードである。オックスフォード大学はイギリスの大手製薬会社アストラゼネカ社と新型コロナウイルスワクチンを共同開発している。

問 11．フランスは，発電量の約 70 ％が原子力発電であるので①。イギリスは，偏西風が年間を通じて利用しやすいため，風力発電の割合が比較的高いので②。イタリアは，原子力発電を行っておらず，火山があることから地熱発電が行われているので③。

問 12．(1)　F．マンチェスターは，ペニン山脈の西側に位置し，産業革命の発祥地である。

(2)　C．グラスゴーで COP 26 が開催された。シリコングレンは，スコットランド地溝帯に沿う地域である。

(3)　J．カーディフは，ウェールズ（グレートブリテン島南西部）の首都（中心都市）である。

(4)　E．リーズは，ペニン山脈の東側に位置し，比較的乾燥した気候で牧羊が盛んで，羊毛工業が発達した。

Ⅲ　解答　問 1．E　問 2．E　問 3．C　問 4．樺太　問 5．C
　　　　　　問 6．E　問 7．D　問 8．B　問 9．B
問 10．対馬海流　問 11．宗谷　問 12．E　問 13．B　問 14．B
問 15．排他的経済水域　問 16．A　問 17．D　問 18．C

◀解　説▶

≪稚内市の地形図読図≫

問 1．官公署はEである。A．交番，B．保健所，C．消防署，D．裁判所。

問 2．⊥はE．墓地である。A．煙突🏭，B．記念碑🏛，C．城跡🏯，D．電波塔📡である。

問 3．「百年記念塔」のある場所の標高は約 170 m である。展望台は建物

の高さ 70m の部分にあるので，展望台の標高は C の 240m となる。

問 5．C．コルサコフがサハリン南部の港湾都市である。A．イルクーツクはシベリアのバイカル湖沿岸の都市，B．ウラジオストクは極東の日本海に面する都市，D．サンクトペテルブルクはバルト海の奥のフィンランド湾に面する都市，E．ハバロフスクは極東のアムール川流域に位置する都市である。

問 6．E が正文。1951 年にサンフランシスコ平和条約を締結して，日本は占領下から主権を回復した。その際，サハリン南部の領有権を放棄した。

問 7．地形図中の b－c 間は 3.5cm，2 万 5 千分の 1 地形図なので，実際の長さは 0.035〔m〕×25000＝875〔m〕となる。最も近いのは D．900m である。

問 8．網掛け部分の埋立地は，北側が東西に約 2cm，西側が南北に約 1.5cm である。北側と西側を一辺とした長方形と見立てると，2×25000×1.5×25000＝18.75×10^8〔cm^2〕＝18.75〔ha〕となる。張り出した南側の埋立地は，長方形の南東部の欠けたスペースよりもやや広いことを考慮すると，B．20ha が近似値となる。

問 9．B．小豆島は香川県に属し，本州と四国とに囲まれた瀬戸内海に位置するため，特定有人国境離島地域を構成する離島には当たらない。

問 10．対馬海流は，日本海流（黒潮）から分かれて，日本海を日本列島に沿って北上する暖流である。

問 12．E．メキシコのメスチソは，ヨーロッパからの移民と先住民族のインディオとの混血の民族である。メキシコをはじめラテンアメリカの先住民族は，インディオである。

問 13．B．オタワはカナダの首都であり，北緯 45 度 25 分に位置するので，稚内市とほぼ同緯度である。

問 14．2021 年 6 月 21 日は夏至にあたるが，夏至のころは，北緯 66 度 34 分以北の北極圏では一日中太陽が沈まない白夜となる。東京は北緯 35 度 41 分，稚内市は北緯 45 度 25 分であることから，稚内市の日の出は東京よりも早く，日の入りは東京よりも遅くなる。

問 15・問 16．EEZ（Exclusive Economic Zone）は，排他的経済水域といい，領海の外側で海岸の基線（低潮線）から 200 海里以内の水域である。1 海里は 1852m であるので，海岸の基線（低潮線）からは約 370km で

ある。

問 17.　漁獲量が最も多く，10℃以下を好適水温とする寒流魚であるたら類，さけ・ます類の水揚げが多いので，①は北海道である。10～20℃を好適水温とするいわし類が多いので，②は宮城県である。20℃以上を好適水温とする暖流魚であるかつお類の水揚げが多いので，③は静岡県である。

問 18.　沖合漁業は，日本の 200 海里内の水域で操業する中規模な漁業経営で，日本が 1970 年代に排他的経済水域を設定して漁獲量は増加したが，1990 年代に減少したので①。その減少は，水産物の輸入量の急増が関係している。沿岸漁業は，沿岸近くの領海内で零細な経営で営まれ，もともと漁獲量は少ないので②。遠洋漁業は，200 海里の外側の遠隔地で操業する漁業で，1970 年代に各国が排他的経済水域を設定したため操業地域が縮小して，大きく漁獲量が減少したので③。

❖講　評

　Ⅰ　東南・南アジアを中心とするアジアの地誌の出題で，経緯線などの位置に関する設問，自然環境からプレートに関する設問および気候，産業分野から農牧業，ASEAN 加盟国，アジア各国の老年人口率，貿易統計など幅広い分野から出題されている。教科書の知識で対応できるが，人口や貿易など統計データの特色も理解しておくことが求められる。

　Ⅱ　イギリスの地誌および EC（EU）諸国について，経緯線に基づく位置が問われ，地形の名称，気候区の分布，EC への加盟年やその他の国際組織，発電形態の構成比，貿易品目など，系統地理分野がまんべんなく問われている。難易度は，イギリスおよび EC（EU）の概要を理解していれば対応できる標準レベルといえる。アジアにおける旧イギリス領に関連した設問など，幅広い分野から構成されている。

　Ⅲ　地形図の読図問題で，北海道稚内市の都市部が取り上げられた。地形図に用いられる地図記号についての設問や，地図上から実際の距離や面積を計算で求める設問などがある。標準レベルであるが，水産業や国際海洋法に関連する設問もあり，出題分野が多岐にわたっている。

政治・経済

I　解答　問1．D　問2．C　問3．B　問4．A
問5．違憲法令審査（違憲審査，違憲立法審査なども可）
問6．C　問7．機関委任事務　問8．A　問9．D　問10．C

◀解　説▶

≪日本国憲法における統治制度・基本的人権≫

問1．Dが誤り。予算案の作成は内閣の仕事である。

問2．Cが誤り。参議院の任期は4年ではなく6年である。

問3．Bが誤り。大日本帝国憲法では天皇が統治権（行政権）を総攬し，その統治権を「国務各大臣ハ天皇ヲ輔弼シ其ノ責ニ任ス」（第55条1項）とあり，内閣についての規定はなかった。

問4．Aが正しい。B〜D．誤り。Bの最高裁判所長官の任命は内閣ではなく天皇，Cは3種類ではなく4種類（高等，地方，簡易，家庭の各裁判所），Dの裁判員制度では有罪無罪だけでなく，量刑についても裁判官と裁判員が一緒に決定する。

問6．Cが正しい。A・B・D．誤り。Aの首長の解職請求の署名は有権者の3分の1以上。Bは団体自治ではなく住民自治の説明。団体自治とは国から独立して行うことをいう。Dはトックビルではなくブライスの言葉。

問8．Aが不適。日本国憲法の施行は1947年，Aの沖縄返還は1972年。B〜D．適切。Bの男女普通選挙実施は1946年，Cの「全国水平社」結成は戦前の1922年，Dの労働組合法制定は1945年である。

問9．Dが適切。三菱樹脂事件では在学中の学生運動参加を理由に採用を拒否されたことをめぐり，憲法の「思想・良心の自由」に反するかどうかを争点とした裁判が行われた。

問10．Cが正しい。1960年の日米安全保障条約改定では，日米がより対等な条約となるよう共同防衛義務や，重大な装備変更の際の事前協議制が導入された。

Ⅱ　解答　　問 11．A　問 12．C　問 13．A　問 14．B
　　　　　　　　問 15．C　問 16．A　問 17．D　問 18．A
問 19．化学兵器　問 20．ウィルソン

◀解　説▶

≪国際政治≫

問 11．Aが誤り。内政干渉権ではなく，お互いの内政に干渉しない内政不干渉の原則が正しい。

問 12．Cが誤り。総会においては主権平等の観点から一国一票制の多数決原則をとっており，常任理事国の拒否権は認められていない。

問 13．Aが誤り。ゴルバチョフ書記長が行った建て直し政策はペレストロイカ。チャーチスト運動は 19 世紀英国の普通選挙を求める運動。

問 14．Bが誤り。イラン軍ではなくイラク軍が正しい。

問 15．Cが正しい。A・B・D．誤り。A．中国の GDP が日本の GDP を抜いたのは 2001 年ではなく 2010 年。B．ASEAN 10 にはベトナムも含まれる。D．ASEAN 地域フォーラムにミャンマーは含まれる。

問 16．Aが誤り。部分的核実験禁止条約を結んだのは米ソ中ではなく，米英ソである。

問 17．Dが誤り。日中共同声明を発表したのは 1978 年ではなく 1972 年である。1978 年は日中平和友好条約の締結年。

問 18．Aが誤り。北方 4 島には利尻島は含まれない。歯舞諸島が正しい。

Ⅲ　解答　　問 21．C　問 22．C　問 23．D　問 24．B
　　　　　　　　問 25．A　問 26．B　問 27．B　問 28．年功序列
問 29．B　問 30．テレワーク

◀解　説▶

≪景気循環と労働問題≫

問 21．Cが誤り。物価の「上昇」ではなく「下落」が正しい。デフレースパイラルとは物価の下落による失業の増加などが，さらなる需要減少と物価下落を引き起こす悪循環のこと。

問 23．Dが誤り。国内総所得は，三面等価の原則により国内総生産と等しくなる。固定資本減耗分を差し引く必要はない。

問 24．Bが誤り。ケネディが述べたのは「4 つの権利＝安全を求める権

利，知らされる権利，選ぶ権利，意見を反映させる権利」である。

問 25.　Aが誤り。需要曲線は価格が低くなるほど数量が増えるので右下
がり，供給曲線は価格が高くなるほど数量が増えるので右上がりとなる。

問 26.　Bが誤り。企業物価指数は企業間の商取引価格の指標で，日本銀
行が公表する。

問 27.　Bが誤り。1 週 40 時間労働制への変更は 2007 年ではなく，1993
年の労働基準法改正で実施された。

問 29.　Bが誤り。共働き世帯数が片働き世帯数を上回ったのは 2017 年で
はなく，1997 年。

Ⅳ 解答

問 31.　C　問 32.　C　問 33.　D　問 34.　アジェンダ
問 35.　B　問 36.　A　問 37.　D　問 38.　C
問 39.　C　問 40.　排出権取引

◀解　説▶

≪日本の公害と地球環境問題≫

問 31.　Cが誤り。1967 年に制定された公害対策基本法には「生活環境の
保全については，経済の健全な発展との調和が図られるようにするものと
する」という経済調和条項があったが，1970 年の改正で削除された。

問 33.　Dが正しい。委員会の名前を知らなくても，空欄 1 の前後の文章
にある「持続可能性」「持続可能な開発」という言葉から，関係する「環
境と開発」が入るとわかる。

問 36.　Aが正しい。B～D．誤り。Bの名古屋議定書は生物多様性条約
締約国の中で結ばれた議定書，Cの発効は 1993 年，Dはバーゼルではな
くナイロビである。

問 38.　ウルグアイラウンドは 1986～1994 年に開催され，WTO 発足は
1995 年の出来事。よって，Cの村山富一内閣（1994～1996 年）が正解。
A．小泉純一郎内閣は 2001～2006 年，B．麻生太郎内閣は 2008～2009 年，
D．鳩山由紀夫内閣は 2009～2010 年と，いずれも 2000 年以降の内閣なの
で時代が異なる。

Ⅴ 解答

問 41. D 問 42. 食料安全保障 問 43. 多面的機能
問 44. C 問 45. B 問 46. A 問 47. B
問 48. A 問 49. A 問 50. C

◀ 解 説 ▶

≪食料・農業問題≫

問 44. Cが正しい。老年人口が全人口の7％を超える社会を高齢化社会，14％を超える社会を高齢社会，21％を超える社会を超高齢社会という。

問 45. 世界最初の環境問題の国際会議は，ストックホルムで 1972 年に行われた国連人間環境会議である。

問 46. Aが正しい。戸別所得補償制度とは，農産物販売者（農家など）に，農産物の販売価格と生産コストの差額を直接補填する制度のことである。

問 49. Aが正しい。B～D．誤り。B．GATT は国際機関ではなく，協定である。紛争処理手続きが強化されたのは WTO。C．多国籍企業も貿易自由化の影響を受けるため，交渉への関心をなくしているとはいえない。D．ドーハラウンドは決裂し，妥結していない。

❖講 評

Ⅰ 日本国憲法における統治制度や基本的人権をめぐる内容について，国会，内閣，司法制度，地方自治，主要判例などについて政治分野の基本的事項を問う問題である。多くが教科書の基本的知識で対応できる。

Ⅱ 国際政治分野について，国際法，国際連合，冷戦終結前後の国際政治，地域結合，軍縮などの基本的事項を問う問題である。

Ⅲ 景気循環と労働問題についての文章から，経済学者，国民所得，消費者主権，需要と供給といった経済分野の基本的事項と，日本型雇用，女性の就業などの労働問題についての基本的事項を問う問題である。問30 で「テレワーク」が記述式で出題されるなど時事的な問題も出題されている。

Ⅳ 例年通り，地球環境にかかわる問題が出題されている。問 31・問 32 で日本の公害問題，問 33～問 37・問 40 で地球環境問題が出題されているが，多くは教科書の基本的知識で対応できる。問 38 の WTO 発足時の内閣を問う問題は，国際経済と日本政治の知識の双方を組み合

わせて解答する必要がある。

　Ⅴ　例年通り，食料・農業問題に関する出題である。多くは教科書の基本的知識であるが，問 42 で食料安全保障，問 43 で多面的機能など，新農業基本法の内容にかかわる語句も記述式で出題されていた。問 45 は地球環境問題，問 49 は国際経済など，農業問題と絡めた他分野の出題も見受けられる。農業をめぐる法律・課題・取り組みについては，教科書以外に資料集や政府の統計・白書にも目を通すなどの対策が必要である。

数学

Ⅰ　解答　1－E　2－G

◀解　説▶

≪反復試行に関する確率・場合の数≫

(1)　コインを 5 回投げるとき，表の面が x 回出るとすると，裏の面の出る回数は $(5-x)$ であり，このとき，点数の合計は

$$(+1) \times x + (-1) \times (5-x) = 2x - 5 \text{ 点}$$

となる。ここで，x は 0 以上 5 以下の整数である。

したがって，点数の合計が 3 点となるのは，$2x-5=3$ より $x=4$ のときであり，5 回中表の面が 4 回，裏の面が 1 回出るときであるから，その確率は，反復試行の確率により

$$_5C_4 \times \left(\frac{1}{2}\right)^4 \cdot \left(\frac{1}{2}\right)^1 = \frac{5}{32}$$

(2)　コインを 10 回投げるとき，表の面が y 回出るとすると，裏の面の出る回数は $(10-y)$ であり，このとき，点数の合計は

$$(+1) \times y + (-1) \times (10-y) = 2y - 10 \text{ 点}$$

となる。ここで，y は 0 以上 10 以下の整数である。

したがって，点数の合計が 5 点以上となるのは，$2y-10 \geqq 5$ より $y=8$，9，10 のときである。

・$y=8$，つまり，10 回中表の面が 8 回，裏の面が 2 回出る場合は

$$_{10}C_8 = {_{10}C_2} = \frac{10 \cdot 9}{2 \cdot 1} = 45 \text{ 通り}$$

ある。

・$y=9$，つまり，10 回中表の面が 9 回，裏の面が 1 回出る場合は

$$_{10}C_9 = {_{10}C_1} = 10 \text{ 通り}$$

ある。

・$y=10$，つまり，10 回中表の面が 10 回，裏の面が 0 回出る場合は

$$_{10}C_{10} = {_{10}C_0} = 1 \text{ 通り}$$

ある。

したがって，点数の合計が 5 点以上となる場合は

$$45+10+1=56 \text{ 通り}$$

ある。

Ⅱ　解答　3 — D　4 — E

◀解　説▶

≪2 次不定方程式≫

$$2ab+4a-5b=0 \Longleftrightarrow (2a-5)(b+2) = -10$$

であり，a, b が整数であることから，$2a-5$ は奇数，$b+2$ は偶数より

$$(2a-5, \ b+2) = (-5, \ 2), \ (-1, \ 10), \ (1, \ -10), \ (5, \ -2)$$

である。これより

$$(a, \ b) = (0, \ 0), \ (2, \ 8), \ (3, \ -12), \ (5, \ -4)$$

であり，整数 a, b の組はこの 4 組あり，a の最大値は 5 である。

Ⅲ　解答　5 — D　6 — C　7 — B　101. 6

◀解　説▶

≪座標平面上の軌跡としての円，円上の格子点≫

A $(2, \ 4)$，B $(6, \ 2)$ とは異なる点 P について，$\angle \mathrm{APB} = 90°$ を満たす P は AB を直径とする円周上に存在する。この円の中心は線分 AB の中点

$$\left(\frac{2+6}{2}, \ \frac{4+2}{2} \right) \ \text{ すなわち } \ (4, \ 3)$$

であり，半径は

$$\frac{\mathrm{AB}}{2} = \frac{\sqrt{4^2 + (-2)^2}}{2} = \sqrt{5}$$

である。

M $(4, \ 3)$ とし，$\overrightarrow{\mathrm{MP}} = (s, \ t)$ とおくと，P は x 座標と y 座標がともに整数である点であるから，s, t はともに整数であり

$$\mathrm{MP} = \sqrt{s^2 + t^2} = \sqrt{5}$$

を満たす。

これより, $s^2+t^2=5$ であり, P と A は一致しないことから, $(s,\ t)$ $\ne(-2,\ 1)$ であり, P と B は一致しないことから, $(s,\ t)\ne(2,\ -1)$ である。

これより

$$(s,\ t)=(1,\ 2),\ (1,\ -2),\ (-1,\ 2),\ (-1,\ -2),\ (2,\ 1),$$
$$(-2,\ -1)$$

の 6 通りあり, これらに対応して P が 6 通りある。

参考　P としては, 次の 6 通りある。

$$(5,\ 5),\ (5,\ 1),\ (3,\ 5),\ (3,\ 1),\ (6,\ 4),\ (2,\ 2)$$

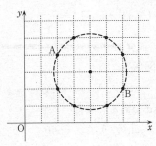

IV　解答　8—J　9—A

◀解　説▶

≪対数を含む計算, 関数の最小値≫

真数は正であるから, $x>0$ かつ $16x^4>0$ より $x>0$ である。

このもとで

$$f(x)=\frac{\dfrac{1}{2}\log_{\frac{1}{3}}4+\log_{\frac{1}{3}}\dfrac{1}{2}+\log_{\frac{1}{3}}x}{2\log_2 3\cdot\log_{\frac{1}{3}}\sqrt{3}}\cdot\log_2 x+2\log_3 9-\log_3(16x^4)+\log_3 4^2$$

$$=\frac{\log_{\frac{1}{3}}\left(\sqrt{4}\cdot\dfrac{1}{2}\cdot x\right)}{\log_2 3\cdot\log_{\frac{1}{3}}(\sqrt{3})^2}\cdot\log_2 x+2\cdot 2-4\log_3 2-4\log_3 x+2\log_3 4$$

$$=\frac{\log_{\frac{1}{3}}x}{\log_2 3\cdot\log_{\frac{1}{3}}(\sqrt{3})^2}\cdot\log_2 x+4-4\log_3 2-4\log_3 x+4\log_3 2$$

$$= \frac{\log_{\frac{1}{3}} x}{-1} \cdot \log_3 x + 4 - 4 \log_3 x$$

$$= (-\log_3 x) \cdot \frac{\log_3 x}{\log_3 \frac{1}{3}} + 4 - 4 \log_3 x$$

$$= (\log_3 x)^2 - 4 \log_3 x + 4$$

$$= (\log_3 x - 2)^2$$

$f(x)$ は $\log_3 x = 2$, つまり $x = 3^2 = 9$ のときに最小値 0 をとる。

Ⅴ 解答 10—Ⅰ 11—Ⅰ 12—F

◀解 説▶

≪帰納的に定められる図形≫

正の整数 n に対して，$\triangle A_n A_{n+1} A_{n+2}$ と $\triangle A_{n+2} A_{n+3} A_{n+4}$ が相似であり，その相似比は $1 : \sin\theta\cos\theta$ である。また

$$A_1 A_2 = 1, \quad A_2 A_3 = \sin\theta, \quad A_1 A_3 = \cos\theta$$

である。

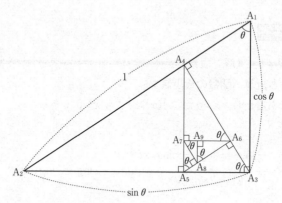

(1)　$A_8 A_9 = A_6 A_7 \times \sin\theta\cos\theta$

$$= A_4 A_5 \times (\sin\theta\cos\theta)^2$$

$$= A_2 A_3 \times (\sin\theta\cos\theta)^3$$

$$= \sin^4\theta\cos^3\theta$$

(2)　N を正の整数とするとき，$\{A_{2N} A_{2N+1}\}$ は初項が $A_2 A_3 = \sin\theta$, 公比が

$\sin\theta\cos\theta$ の等比数列をなすので

$$A_{2N}A_{2N+1} = \sin\theta \times (\sin\theta\cos\theta)^{N-1}$$

これより，偶数 n に対して

$$A_n A_{n+1} = \sin\theta \times (\sin\theta\cos\theta)^{\frac{n}{2}-1}$$

$$= \sin^{\frac{n}{2}}\theta\cos^{\frac{n}{2}-1}\theta$$

(3) N を正の整数とするとき，$\{\triangle A_{2N}A_{2N+1}A_{2(N+1)}\}$ は

初項が $\triangle A_2A_3A_4 = \dfrac{\sin^3\theta\cos\theta}{2}$，公比が $(\sin\theta\cos\theta)^2$ の等比数列をなすので

$$\triangle A_{2N}A_{2N+1}A_{2(N+1)} = \frac{\sin^3\theta\cos\theta}{2} \times (\sin^2\theta\cos^2\theta)^{N-1}$$

これより，偶数 n に対して

$$\triangle A_n A_{n+1} A_{n+2} = \frac{\sin^3\theta\cos\theta}{2} \times (\sin^2\theta\cos^2\theta)^{\frac{n}{2}-1}$$

$$= \frac{1}{2}\sin^{n+1}\theta\cos^{n-1}\theta$$

Ⅵ 解答 13—D 14—H 15—C 16—G 102. $\dfrac{50}{3}$

◀解　説▶

≪空間座標，空間ベクトル≫

(1) $\overrightarrow{AB} = (2, 2, -1)$, $\overrightarrow{AC} = (4, 0, 3)$ であるから

$$|\overrightarrow{AB}| = \sqrt{2^2 + 2^2 + (-1)^2} = 3$$

$$|\overrightarrow{AC}| = \sqrt{4^2 + 0^2 + 3^2} = 5$$

$$\overrightarrow{AB} \cdot \overrightarrow{AC} = 2\cdot4 + 2\cdot0 + (-1)\cdot3 = 5$$

より

$$\cos\theta = \cos\angle BAC = \frac{\overrightarrow{AB} \cdot \overrightarrow{AC}}{|\overrightarrow{AB}||\overrightarrow{AC}|} = \frac{5}{3\cdot5} = \frac{1}{3}$$

(2)

$$\triangle ABC = \frac{1}{2}\sqrt{|\overrightarrow{AB}|^2|\overrightarrow{AC}|^2 - (\overrightarrow{AB}\cdot\overrightarrow{AC})^2}$$

$$= \frac{1}{2}\sqrt{3^2\cdot5^2 - 5^2} = 5\sqrt{2}$$

(3) 直線 DA と平面 α が垂直であることから，$\overrightarrow{\text{AD}} \perp \overrightarrow{\text{AB}}$ かつ $\overrightarrow{\text{AD}} \perp \overrightarrow{\text{AC}}$ である。

$\overrightarrow{\text{AD}} = (m-1, \ 5, \ n+2)$ より

$$\begin{cases} \overrightarrow{\text{AD}} \cdot \overrightarrow{\text{AB}} = 2(m-1) + 2 \cdot 5 + (-1) \cdot (n+2) = 2m - n + 6 = 0 \\ \overrightarrow{\text{AD}} \cdot \overrightarrow{\text{AC}} = 4(m-1) + 0 \cdot 5 + 3 \cdot (n+2) = 4m + 3n + 2 = 0 \end{cases}$$

であるから

$$m = -2, \quad n = 2$$

これより，$\overrightarrow{\text{AD}} = (-3, \ 5, \ 4)$ であるから

$$|\overrightarrow{\text{AD}}| = \sqrt{(-3)^2 + 5^2 + 4^2} = 5\sqrt{2}$$

四面体 ABCD は三角形 ABC を底面とみたときの高さが AD であるから，その体積は

$$\triangle \text{ABC} \times \text{AD} \times \frac{1}{3} = 5\sqrt{2} \times 5\sqrt{2} \times \frac{1}{3} = \frac{50}{3}$$

Ⅶ 解答 17—G 18—E 19—J 20—C 21—G 103. $\dfrac{9}{4}$

◀解 説▶

≪2 つの放物線の共通接線，面積≫

(1) 接線 l の式を

$$y = ax + b \quad (a, \ b \text{ は実数の定数})$$

とおくと，l と放物線 C_1 が接することから

$$(x-3)^2 + 1 = ax + b$$

が重解をもつ。すなわち

$$x^2 - (6+a)x + (10-b) = 0 \quad \cdots\cdots\text{①}$$

の判別式 D_1 が 0 であるので

$$D_1 = (6+a)^2 - 4(10-b) = 0 \quad \cdots\cdots\text{①}'$$

また，l と放物線 C_2 が接することから

$$x^2 - 2 = ax + b$$

が重解をもつ。すなわち

$$x^2 - ax - (2+b) = 0 \quad \cdots\cdots\text{②}$$

の判別式 D_2 が 0 であるので

$$D_2 = a^2 + 4(2+b) = 0 \quad \cdots\cdots\text{②}'$$

①′，②′ より　　　$a=1,\ b=-\dfrac{9}{4}$

よって，l の傾きは 1 で，y 切片は $-\dfrac{9}{4}$ である。

参考　微分法を用いて求めることもできる。

$f(x)=(x-3)^2+1$ とおくと，$f'(x)=2(x-3)$ であり，$(t,\ (t-3)^2+1)$ における C_1 の接線は

$$
\begin{aligned}
y&=f'(t)(x-t)+f(t)\\
&=2(t-3)(x-t)+(t-3)^2+1\\
&=2(t-3)x+(10-t^2)\quad\cdots\cdots③
\end{aligned}
$$

また，$g(x)=x^2-2$ とおくと，$g'(x)=2x$ であり，$(s,\ s^2-2)$ における C_2 の接線は

$$
\begin{aligned}
y&=g'(s)(x-s)+g(s)\\
&=2s(x-s)+s^2-2\\
&=2sx+(-s^2-2)\quad\cdots\cdots④
\end{aligned}
$$

③と④が同一の直線である条件は

$$
\begin{cases}
2(t-3)=2s\\
10-t^2=-s^2-2
\end{cases}
$$

であり，これより　　$t=\dfrac{7}{2},\ s=\dfrac{1}{2}$

また，このとき，③（あるいは④）は　　$y=x-\dfrac{9}{4}$

(2)　C_1 と l の接点の x 座標は①の重解として

$$
x=\frac{6+a}{2}=\frac{7}{2}
$$

と得られ，C_2 と l の接点の x 座標は②の重解として

$$
x=\frac{a}{2}=\frac{1}{2}
$$

と得られる。

また，C_1 と C_2 の交点の x 座標は

$$
(x-3)^2+1=x^2-2
$$

の実数解として $x=2$ と得られる。

(3)　C_1, C_2 および l で囲まれた図形の面積は右図の網かけ部分である。

その面積は

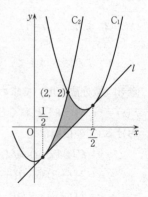

$$\int_{\frac{1}{2}}^{2}\left\{(x^2-2)-\left(x-\frac{9}{4}\right)\right\}dx$$

$$+\int_{2}^{\frac{7}{2}}\left\{(x-3)^2+1-\left(x-\frac{9}{4}\right)\right\}dx$$

$$=\int_{\frac{1}{2}}^{2}\left(x-\frac{1}{2}\right)^2dx+\int_{2}^{\frac{7}{2}}\left(x-\frac{7}{2}\right)^2dx$$

$$=\left[\frac{1}{3}\left(x-\frac{1}{2}\right)^3\right]_{\frac{1}{2}}^{2}+\left[\frac{1}{3}\left(x-\frac{7}{2}\right)^3\right]_{2}^{\frac{7}{2}}$$

$$=\frac{9}{8}+\frac{9}{8}=\frac{9}{4}$$

❖講　評

　大問数は 2020・2021 年度はともに 8 題であったが，2022 年度は 7 題であった。解答形式は，解答群の中から正しい数値などを選び，その記号をマークするマークシート式と，答えを解答欄に記入する空所補充の記述式が定着している。

　Ⅰは，順列と確率の問題である。反復試行の典型問題であり，教科書レベルの内容がきちんと理解できていれば難しくはない。

　Ⅱは，整数に関する問題である。未知数を整数に限定して解く方程式を不定方程式といい，本問は典型的な 2 次の不定方程式である。

　Ⅲは，円を軌跡とする座標平面上の図形の問題で，格子点（座標がともに整数であるような点）に関する問題である。丁寧に図を描けば，視覚的にも正しい答えは得られるであろう。

　Ⅳは，対数を含む関数の最小値に関する問題である。一見複雑な式であるが，計算できる部分を計算していくことで簡単な表示式に変形できる。

　Ⅴは，ある規則にしたがって順に作られる図形に関する問題である。このタイプの問題では相似な図形が作られ，辺の長さや面積は等比数列をなすことが多い。本問でもその相似に着目することで解くことができ

る。文字式を扱う上で，n が偶数であるということを反映させる部分は少し難度が高い。具体的な数値で様子をみて，慎重に答えたい。全問の中ではこの V がやりづらい問題である。いったん飛ばして次の問題に進むなど，取り組み方も試験本番であれば考えなければならない問題であろう。

VI は，空間ベクトルの成分計算で頻出かつ典型問題である。確実に処理したい。

VII は，2 つの放物線の共通接線に関する問題であり，頻出かつ典型問題である。確実に処理したい。

化学

I **解答** 101. CO(NH₂)₂ 1−E 2−D 3−B 4−A 5−A 6−D 7−D 8−H 9−H 10−F 11−B 12−C 13−D 14−G 102. 191 103. 1.12×10

◀解 説▶

≪尿素の合成，結合の極性，炭素原子の電子軌道，ダイヤモンドの単位格子と密度，パルミチン酸に含まれる酸素原子の数，油脂のけん化価と付加できる H_2 の体積≫

101. 1828 年にウェーラーは，無機化合物のシアン酸アンモニウム NH_4OCN から有機化合物である尿素 $CO(NH_2)_2$ が得られることを発見し，無機化合物から有機化合物を合成できることを示した。

$$NH_4OCN \longrightarrow H_2N-\underset{\underset{O}{\|}}{C}-NH_2$$

1．電気陰性度は周期表上で，貴ガス（希ガス）を除いて右上にある元素ほど大きくなり，フッ素Fが最大となる。また，一般に二原子間の電気陰性度の差が大きいほど，結合の極性は大きくなる。よって，選択肢に記された炭素Cと結合している酸素O，塩素 Cl，フッ素F，窒素N，ヨウ素Iのうち，ヨウ素Iが最も電気陰性度が小さいので，EのC−Iが最も結合の極性が小さい。

2～6．原子の電子殻は，内側からK殻，L殻，M殻，…からなる。また，K殻は 1s 軌道のみからなり，L殻は 2s 軌道とエネルギーが等しい3種類の 2p（2p$_x$，2p$_y$，2p$_z$）軌道からなり，M殻は 3s 軌道と3種類の 3p 軌道，5種類の 3d 軌道から成り立っている。電子は基本的にエネルギーが低い軌道から順に入り（1s→2s→2p→3s→3p→4s→3d→…），1つの軌道に最大2個まで入る。また，2p 軌道のようにエネルギーが等しい軌道が複数ある場合には，できるだけ対をつくらないように順に電子が入る。

したがって，炭素原子に含まれる6個の電子のうち，K殻の 1s 軌道に電子が2個含まれ，残りの4個の電子はL殻の 2s 軌道と 2p 軌道に含まれる。このL殻に含まれる4個の電子が価電子である。4個の価電子は，

2s 軌道に 2 個，$2p_x$ 軌道に 1 個，$2p_y$ 軌道に 1 個入っている。この炭素原子に結合する相手の原子が近づくと，2s 軌道と 3 種類の 2p 軌道が混じりあって，sp^3 混成軌道という新たな 4 個の軌道をつくる。これらの軌道には電子が 1 個ずつ入っており相手の原子と結合を形成する。

$$2p\ \boxed{\cdot\ |\cdot\ |\ }$$
$$2s\ \boxed{\cdot\cdot}\ \xrightarrow[\text{混成}]{}\ sp^3\ \boxed{\cdot\ |\cdot\ |\cdot\ |\cdot\ }$$

（・電子）

7．ダイヤモンドは，1 個の炭素原子に注目すると，この炭素原子を中心に 4 個の炭素原子が正四面体の頂点方向に次々と共有結合した構造をしている。

8〜11．ダイヤモンドの単位格子には，単位格子の 8 つの頂点にある炭素原子がそれぞれ $\dfrac{1}{8}$ 個ずつ含まれ，6 つの面の中央に位置する炭素原子はそれぞれ $\dfrac{1}{2}$ 個ずつ含まれる。

12・13．ダイヤモンドの単位格子には，炭素原子が 8 個 $\left(=\dfrac{1}{8}\times 8+\dfrac{1}{2}\times 6+1\times 4\right)$ 含まれる。単位格子に注目すると，ダイヤモンドの密度は

$$\frac{\dfrac{12}{6.02\times10^{23}}\times 8}{(3.6\times10^{-8})^3}=3.41 ≒ 3.4\,[\mathrm{g/cm^3}]$$

14．1 分子のパルミチン酸 $C_{15}H_{31}COOH$ には，酸素原子が 2 個含まれる。よって，パルミチン酸（分子量 256）154 g に含まれる酸素原子の数は

$$\frac{154}{256}\times 2\times 6.02\times10^{23}=7.24\times10^{23} ≒ 7.2\times10^{23}\ \text{個}$$

102．けん化価は，油脂 1 g をけん化するのに必要な水酸化カリウム KOH の質量 [mg] の値である。油脂 a を加水分解すると，オレイン酸 $C_{17}H_{33}COOH$（分子量 282）とリノール酸 $C_{17}H_{31}COOH$（分子量 280）が物質量比 1：2 で生じるので，油脂 a の分子量は，グリセリン $C_3H_5(OH)_3=92$，$H_2O=18$ より

$$92+282+280\times 2-18\times 3=880$$

したがって，油脂 a のけん化価は，KOH＝56 より

$$\frac{1}{880} \times 3 \times 56 \times 10^3 = 190.9 \fallingdotseq 191$$

103. 分子内にC=C結合は，オレイン酸には1個含まれ，リノール酸には2個含まれる。よって，油脂 a 1分子にはC=C結合は5個（＝1個＋2個×2）含まれる。油脂 a に含まれるC=C結合の物質量と油脂 a に付加する水素 H_2 の物質量は等しいので，油脂 a 0.100 mol に付加する H_2 の物質量は

$$0.100 \times 5 = 5.00 \times 10^{-1} \, [\text{mol}]$$

したがって，0℃，1.01×10^5 Pa（標準状態）で油脂 a 0.100 mol に付加する水素 H_2 の体積は

$$5.00 \times 10^{-1} \times 22.4 = 1.12 \times 10 \, [\text{L}]$$

また，求める H_2 の体積を V〔L〕として気体の状態方程式から算出すると

$$1.01 \times 10^5 \times V = 5.00 \times 10^{-1} \times 8.31 \times 10^3 \times 273$$

$$\therefore \quad V = 1.123 \times 10 \fallingdotseq 1.12 \times 10 \, [\text{L}]$$

II **解答** 104. -3.32×10　15—H　16—C　17—E　18—F
　　　　　105. (設問省略)　19—E　20—C　21—E

◀解　説▶

≪NO_2（気）の生成熱，$2NO_2 \rightleftharpoons N_2O_4$ の反応熱，ルシャトリエの原理，酢酸水溶液の pH，中和滴定≫

104. （式1）$\times \frac{1}{2}$＋（式2）より

$$\frac{1}{2} N_2 \,(気) + O_2 \,(気) = NO_2 \,(気) - 33.2 \, \text{kJ}$$

よって，NO_2（気）の生成熱は -3.32×10 kJ/mol である。

15. （式3）の熱化学方程式の反応熱を Q〔kJ〕とすると，反応熱＝（生成物の生成熱の総和）－（反応物の生成熱の総和）より

$$Q = (-9.16) - \{2 \times (-33.2)\} = 57.2 \fallingdotseq 57 \, [\text{kJ}]$$

16. 赤褐色の NO_2 と無色の N_2O_4 の混合気体が，（式4）の平衡状態にあるとき，温度を一定に保ちながら注射器のピストンを押し込んで混合気体の圧力を高くすると，加圧した瞬間は NO_2 の濃度が大きくなるので一時的に混合気体の色が濃くなる。その後，圧力が増加した影響を緩和するた

めに気体の総数（総物質量）が減少する方向，すなわち（式4）の平衡は右向きに移動するため，混合気体の色は次第に薄くなる。

17. （式4）の可逆反応の正反応（右向きの反応）は，　15　の結果より発熱反応なので，（式4）の可逆反応が平衡状態にあるとき，冷却して温度を下げると，この冷却の影響を緩和するために発熱反応の方向，すなわち（式4）の平衡は右向きに移動する。そのため，気体の総数（総物質量）は減少するので，圧力一定ではピストンが下がり混合気体の体積が減少する。また，NO_2 が減少するので混合気体の色は薄くなる。

18. ａ．正しい。例えば NO_2 と N_2O_4 が（式4）の平衡状態にあるとき，温度・体積一定でアルゴン Ar を加えても NO_2 と N_2O_4 の分圧は変化しないので，平衡は移動しない。

ｂ．誤り。例えば NO_2 と N_2O_4 が（式4）の平衡状態にあるとき，温度・全圧一定でアルゴン Ar を加えると，NO_2 と N_2O_4 の分圧はそれぞれ減少するので，気体の総数（総物質量）が増加する方向，すなわち（式4）の左向きに平衡が移動する。

ｃ．正しい。可逆反応 $H_2+I_2 \rightleftarrows 2HI$ が平衡状態にあるとき，温度・体積一定で水素 H_2 を加えると，H_2 の濃度が増加するので，H_2 の濃度が減少する方向，すなわち右向きに平衡が移動する。

ｄ．誤り。可逆反応 $N_2+3H_2 \rightleftarrows 2NH_3$ の右向きの反応は発熱反応なので，温度が高くなるほど，その影響を緩和するために吸熱反応の方向，すなわち左向きに平衡が移動し，NH_3 の収率は低下する。

ｅ．正しい。AgCl の飽和水溶液では，$AgCl（固） \rightleftarrows Ag^+ + Cl^-$ の溶解平衡が成り立っている。この飽和水溶液に塩化水素 HCl を通じると，水溶液中の塩化物イオン Cl^- の濃度が増加するため，溶解平衡が左向きに移動して新たに AgCl の沈殿が生成する。このように，化学平衡に関係するイオンを含む電解質を加えることで，平衡の移動が起こり，溶解度や電離度が小さくなる現象を共通イオン効果という。

19. 酢酸水溶液の水素イオン濃度は，（式8）より

$$[H^+] = \sqrt{0.10 \times 2.7 \times 10^{-5}} = 3^{1.5} \times 10^{-3.5} \, [mol/L]$$

$$pH = -\log_{10}(3^{1.5} \times 10^{-3.5}) = 2.78$$

20. （式7）の $K_a = \dfrac{c\alpha^2}{1-\alpha}$ より，$K_a = 2.7 \times 10^{-5} \, [mol/L]$,

$c＝0.0010〔mol/L〕$ を代入すると

$$2.7×10^{-5}=\frac{0.0010×\alpha^2}{1-\alpha}$$

$$\alpha^2+2.7×10^{-2}\alpha-2.7×10^{-2}=0$$

解の公式より，$\alpha>0$ なので

$$\alpha=\frac{-(2.7×10^{-2})+\sqrt{(2.7×10^{-2})^2+4×2.7×10^{-2}}}{2}$$

$(2.7×10^{-2})^2=7.29×10^{-4}$，$4×2.7×10^{-2}=1.08×10^{-1}$ なので，

$(2.7×10^{-2})^2+4×2.7×10^{-2}≒4×2.7×10^{-2}$ と近似すると

$$\alpha≒\frac{-(2.7×10^{-2})+\sqrt{4×2.7×10^{-2}}}{2}$$

$$=\frac{-(2.7×10^{-2})+6\sqrt{3}×\sqrt{10}×10^{-2}}{2}$$

$\sqrt{3}=1.73$，$\sqrt{10}=3.16$ とすると

$$\alpha=\frac{-(2.7×10^{-2})+6×1.73×3.16×10^{-2}}{2}$$

$$=0.150≒0.15$$

21．a．誤り。弱酸の酢酸 CH_3COOH に強塩基の水酸化ナトリウム $NaOH$ を加える中和滴定では，中和点付近での水溶液の pH が塩基性側に偏るので，塩基性側に変色域をもつ指示薬を用いる。そのため，酸性側に変色域をもつメチルオレンジは用いることができない。

b．正しい。強酸の塩化水素 HCl に強塩基の $NaOH$ を加える中和滴定では，中和点付近での水溶液の pH は急激に変化する。一方，弱酸に強塩基を加える中和滴定では，強酸に強塩基を加える場合と比べて中和点付近での pH の変化は緩やかになる。

c．正しい，d．誤り。中和点では酢酸ナトリウム CH_3COONa が次に示すようにほぼ完全に電離し，生じた酢酸イオン CH_3COO^- の一部が加水分解して水酸化物イオンを生じる。そのため，中和点の水溶液は塩基性を示す。

$$CH_3COONa \longrightarrow CH_3COO^- + Na^+$$

$$CH_3COO^- + H_2O \rightleftharpoons CH_3COOH + OH^-$$

e．誤り。CH_3COOH と HCl はいずれも 1 価の酸なので，同じ濃度で同じ

体積の酢酸水溶液と塩酸をそれぞれ 0.1 mol/L の NaOH 水溶液で完全に
中和する場合，NaOH 水溶液の滴下量はいずれも等しい。

III　**解答**　22―E　23―F
　　　　　　　106. $CaCO_3 + H_2O + CO_2 \longrightarrow Ca(HCO_3)_2$

24―D　107. 1.00×10^{-2}　108. 1.06×10^{-1}　109. 8.84×10^{-1}
25―B　26―C

━━━━━━━◀解　説▶━━━━━━━

≪カルシウムの単体と化合物，金属イオンの沈殿，硬水と軟水の性質≫

22. ㋐　カルシウム Ca は橙赤色の炎色反応を示す。

㋑　Ca の単体は常温で水 H_2O と反応して，水素 H_2 を発生し，強塩基の
水酸化カルシウム $Ca(OH)_2$ が生じる。そのため，強塩基性の水溶液にな
る。

$$Ca + 2H_2O \longrightarrow Ca(OH)_2 + H_2$$

23. ㋒　炭酸カルシウム $CaCO_3$ を加熱すると，酸化カルシウム CaO が得
られる。

$$CaCO_3 \longrightarrow CaO + CO_2$$

㋓　CaO に H_2O を加えると，発熱しながら反応して $Ca(OH)_2$ が生じる。

$$CaO + H_2O \longrightarrow Ca(OH)_2$$

106. $Ca(OH)_2$ 水溶液（飽和水溶液を石灰水という）に二酸化炭素 CO_2
を通じると，$CaCO_3$ の白色沈殿が生じる。

$$Ca(OH)_2 + CO_2 \longrightarrow CaCO_3 + H_2O$$

さらに，$CaCO_3$ の白色沈殿が生じた溶液に CO_2 を通じると，$CaCO_3$ が炭
酸水素カルシウム $Ca(HCO_3)_2$ に変化して溶解する。

$$CaCO_3 + H_2O + CO_2 \longrightarrow Ca(HCO_3)_2$$

24. D．CO_2 を含む水溶液が石灰岩（主成分 $CaCO_3$）を徐々に溶解させ
て侵食すると，洞窟（鍾乳洞）ができる。

A．CaO は生石灰ともよばれ，乾燥剤などに利用されている。

B．しっくいは，$Ca(OH)_2$ を主成分とした建築材料である。壁に塗った
しっくいは，空気中の CO_2 と反応して $CaCO_3$ が生じて固まる。

C．鍾乳石や石筍の主成分は $CaCO_3$ である。鍾乳洞内部で $Ca(HCO_3)_2$
を含む水溶液から H_2O が蒸発すると，$CaCO_3$ が析出して鍾乳石や石筍が

できる。

$$Ca(HCO_3)_2 \longrightarrow CaCO_3 + H_2O + CO_2$$

E. $CaSO_4 \cdot \dfrac{1}{2}H_2O$（焼きセッコウ）は H_2O を混合すると，$CaSO_4 \cdot 2H_2O$

（セッコウ）となって硬化する。この性質を利用して医療用ギプスや建築材料などに利用されている。

$$CaSO_4 \cdot \frac{1}{2}H_2O + \frac{3}{2}H_2O \longrightarrow CaSO_4 \cdot 2H_2O$$

107〜109．$CaCO_3$，CaO，$CaCl_2$ の混合物に塩酸を加えると，$CaCO_3$ と CaO はそれぞれ次のように反応するが，$CaCl_2$ は反応しない。

$$CaCO_3 + 2HCl \longrightarrow CaCl_2 + H_2O + CO_2 \uparrow \quad \cdots\cdots ①$$
$$CaO + 2HCl \longrightarrow CaCl_2 + H_2O \quad\quad\quad\quad\quad \cdots\cdots ②$$

このとき，式①の係数比より，発生した CO_2 の物質量と反応した $CaCO_3$ の物質量は等しいので，混合物 1.00 g 中の $CaCO_3$ の物質量は

$$\frac{2.24 \times 10^{-3}}{22.4} = 1.00 \times 10^{-4} \, (\text{mol})$$

よって，混合物 1.00 g 中の $CaCO_3$ の質量は，$CaCO_3 = 100$ より

$$1.00 \times 10^{-4} \times 100 = 1.00 \times 10^{-2} \, (\text{g})$$

次に，混合物に塩酸を加えた後の水溶液が酸性であることから，この水溶液に含まれる未反応の塩化水素 HCl の物質量を求める。式①の係数比より，$CaCO_3$ との反応で消費された HCl の物質量は

$$1.00 \times 10^{-4} \times 2 = 2.00 \times 10^{-4} \, (\text{mol})$$

混合物 1.00 g 中の CaO の物質量を x (mol) とすると，式②の係数比より，CaO との反応で消費された HCl の物質量は

$$x \times 2 = 2x \, (\text{mol})$$

よって，未反応の塩化水素 HCl の物質量は

$$1.00 \times \frac{10.0}{1000} - (2.00 \times 10^{-4} + 2x) = 9.8 \times 10^{-3} - 2x \, (\text{mol})$$

この未反応の HCl と水酸化ナトリウム $NaOH$ の中和の結果より

$$1 \times (9.8 \times 10^{-3} - 2x) = 1 \times 2.00 \times \frac{3.0}{1000}$$

$$\therefore \quad x = 1.90 \times 10^{-3} \, (\text{mol})$$

よって，混合物 1.00 g 中の CaO の質量は，$CaO = 56$ より

$$1.90 \times 10^{-3} \times 56 = 1.064 \times 10^{-1}$$
$$\fallingdotseq 1.06 \times 10^{-1} \,[\text{g}]$$

以上の結果より，混合物 1.00 g 中の $CaCl_2$ の質量は

$$1.00 - 1.00 \times 10^{-2} - 1.064 \times 10^{-1} = 8.836 \times 10^{-1}$$
$$\fallingdotseq 8.84 \times 10^{-1} \,[\text{g}]$$

25. それぞれの水溶液に過剰量の NaOH 水溶液を加えると，Ca^{2+} 水溶液では $Ca(OH)_2$ が生じる。Ba^{2+} 水溶液では沈殿が生成せず，Zn^{2+} 水溶液では $Zn(OH)_2$ を経て $[Zn(OH)_4]^{2-}$ が生じ，Pb^{2+} 水溶液では $Pb(OH)_2$ を経て $[Pb(OH)_4]^{2-}$ が生じる。したがって，Ca^{2+} を含む水溶液のみが沈殿を生成する。

26. (a)　正しい。一般に，日本の河川は急流で，河川の水へ鉱石に含まれる成分が溶け出す時間が短いため，軟水が多い。

(b)　誤り。硬水中でセッケンを使用すると，Ca^{2+} や Mg^{2+} とセッケンが水に難溶性の塩をつくるため，泡立ちが悪くなり，セッケンの洗浄力が低下する。

(c)　誤り。硬水をボイラー水として使用すると，ボイラーの加熱によって $CaCO_3$ が析出してボイラーの熱伝導性が低下したり，配管のパイプの詰まりの原因になるので，不適である。

(d)　正しい。硬水を飲み続けると，胃腸を刺激して下痢を起こすことがあり，注意が必要である。

IV　解答　27—B　301. H-C-O-CH₂-CH₂-CH₃

301. $\text{H}-\overset{\displaystyle \|}{\underset{\displaystyle \text{O}}{\text{C}}}-\text{O}-\text{CH}_2-\text{CH}_2-\text{CH}_3$

28—B　29—C　30—F　31—D　32—D・H*　33—A

302. $\text{CH}_2-\overset{*}{\underset{\displaystyle \text{OH}}{\text{CH}}}-\text{CH}_2-\text{CH}_3$ （CH 上部に CH₃，CH₂ 下部に OH）

※(6)（解答欄 32）については，複数の選択肢を正解として扱ったことが大学から公表されている。

━━━━ ◀解　説▶ ━━━━

≪分子量 88 の脂肪族化合物，異性体≫

27. 組成式 C_2H_4O（式量 44）より，分子量 88（$=44×2$）なので（ア）の分子式は $(C_2H_4O)_2=C_4H_8O_2$ である。（ア）を希硫酸で加水分解すると（アⅠ）と（アⅡ）が得られるので，（ア）はエステルである。また，（アⅠ）は酸性なのでカルボン酸であり，（アⅡ）はアルコールである。（アⅡ）のアルコールを酸化すると，（アⅠ）のカルボン酸が得られることから，（アⅡ）は第一級アルコールであり，（アⅠ）と（アⅡ）の炭素数は等しい。よって，（アⅠ）と（アⅡ）の炭素数はいずれも 2（$=4÷2$）なので，（アⅠ）は酢酸 CH_3COOH であり，（アⅡ）はエタノール C_2H_5OH である。以上の結果から（ア）の構造が決まる。

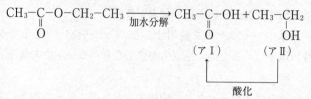

（アⅡ）のエタノールは，常温で無色の液体であり，水と任意の割合で混ざり合う。酵母に含まれる酵素群チマーゼがグルコース（ブドウ糖）$C_6H_{12}O_6$ に作用すると，エタノールと二酸化炭素 CO_2 に分解する（アルコール発酵）。

$$C_6H_{12}O_6 \longrightarrow 2C_2H_5OH + 2CO_2$$

30Ⅰ.（ア）と（イ）の組成式が同じなので，（イ）の分子式は（ア）と同じ $C_4H_8O_2$ である。（イ）を希硫酸で加水分解すると（イⅠ）と（イⅡ）が得られるので，（イ）はエステルである。（イⅠ）は酸性なのでカルボン酸であり，フェーリング液を加えて赤色の沈殿（Cu_2O）が生じることからホルミル基をもつ。よって，（イⅠ）はギ酸である。（イⅡ）は炭素数が 3（$=4-1$）のアルコールであり，ヨードホルム反応が陰性なので $CH_3-\underset{O}{\overset{\|}{C}}-R$，$CH_3-\underset{OH}{\overset{|}{CH}}-R$（R は H 原子または炭化水素基）の構造をもたない。よって，（イⅡ）は 1-プロパノールであり，（イ）の構造が決まる。

$$H-\underset{\underset{O}{\|}}{C}-O-CH_2-CH_2-CH_3 \xrightarrow[\text{加水分解}]{} H-\underset{\underset{O}{\|}}{C}-OH + CH_3-CH_2-\underset{\underset{OH}{|}}{CH_2}$$

$$\qquad\qquad\qquad\qquad\qquad\qquad\qquad（イ Ⅰ）\qquad（イ Ⅱ）$$

28. 分子式 $C_4H_8O_2$ で表される構造異性体のうち，炭酸水素ナトリウム $NaHCO_3$ 水溶液に CO_2 を発生しながら溶解するのはカルボキシ基 $-COOH$ をもつカルボン酸である。

$$R-COOH + NaHCO_3 \longrightarrow R-COONa + H_2O + CO_2\uparrow$$

分子式 $C_4H_8O_2$ で表されるカルボン酸の構造異性体は，次の 2 種類がある。

$$CH_3-CH_2-CH_2-\underset{\underset{O}{\|}}{C}-OH \qquad CH_3-\underset{\overset{CH_3}{|}}{CH}-\underset{\underset{O}{\|}}{C}-OH$$

29・30. 組成式 $C_5H_{12}O$ （式量 88）より，分子量 88 なので（ウ），（エ），（オ）の分子式は $C_5H_{12}O$ である。実験結果(f)より，金属 Na を加えると気体 (H_2) が発生することから，（ウ），（エ），（オ）はいずれもアルコールである。分子式 $C_5H_{12}O$ のアルコールは，次の(i)〜(viii)の 8 種類の構造異性体が存在する。なお，(ii)，(iv)，(vi)には不斉炭素原子が 1 個ずつ存在するので，立体異性体を考慮すると 11 種類の異性体が存在する（不斉炭素原子には＊印をつけてある）。

$$\underset{\underset{OH}{|}}{CH_2}-CH_2-CH_2-CH_2-CH_3 \qquad CH_3-\underset{\underset{OH}{|}}{\overset{*}{CH}}-CH_2-CH_2-CH_3$$

$$\text{(i)} \qquad\qquad\qquad\qquad\qquad\qquad \text{(ii)}$$

$$CH_3-CH_2-\underset{\underset{OH}{|}}{CH}-CH_2-CH_3 \qquad \underset{\underset{OH}{|}}{CH_2}-\underset{\overset{CH_3}{|}}{\overset{*}{CH}}-CH_2-CH_3$$

$$\text{(iii)} \qquad\qquad\qquad\qquad\qquad\qquad \text{(iv)}$$

$$CH_3-\underset{\underset{OH}{|}}{\overset{\overset{CH_3}{|}}{C}}-CH_2-CH_3 \qquad CH_3-\overset{\overset{CH_3}{|}}{CH}-\underset{\underset{OH}{|}}{\overset{*}{CH}}-CH_3$$

$$\text{(v)} \qquad\qquad\qquad\qquad\qquad\qquad \text{(vi)}$$

$$CH_3-\overset{\overset{CH_3}{|}}{CH}-CH_2-\underset{\underset{OH}{|}}{CH_2} \qquad \underset{\underset{OH}{|}}{CH_2}-\underset{\underset{CH_3}{|}}{\overset{\overset{CH_3}{|}}{C}}-CH_3$$

$$\text{(vii)} \qquad\qquad\qquad\qquad\qquad\qquad \text{(viii)}$$

31. アルコールの脱水反応で，ヒドロキシ基 −OH の結合した炭素原子に隣接したC原子のうち，結合したH原子が少ない方のC原子からH原子が脱離したアルケンが主生成物になる。この経験則をザイツェフ則という。

（ウ），（エ），（オ）は不斉炭素原子をもつので，(ii)，(iv)，(vi)のいずれかである。(ii)，(iv)，(vi)の脱水反応でアルケンが生じる変化は次のようになる。

$$CH_3-\overset{*}{C}H-CH_2-CH_2-CH_3$$
$$|$$
$$OH$$

(ii)

$$CH_2=CH-CH_2-CH_2-CH_3$$

(iv)

(vi)

以上の結果より，脱水反応で生じるアルケンの種類の違いから，（ウ）は(ii)，（エ）は(vi)，（オ）は(iv)である。したがって，（ウⅠ）と（ウⅡ）は(ii)から生じる主生成物のアルケンなので，互いにシス-トランス（幾何）異性体である。

32. 炭素原子間の二重結合 C=C をもつ化合物に硫酸酸性の $KMnO_4$ 水溶液を作用させると，C=C 結合が酸化開裂してケトンまたはアルデヒドが生じ，アルデヒドはさらに酸化されてカルボン酸に変化する。ただし，ギ酸はさらに酸化されて CO_2 と H_2O に変化する。（ウⅠ），（ウⅡ），（エⅠ），（オⅠ）に硫酸酸性の $KMnO_4$ 水溶液を作用させると，次のように変化する。

$CH_3-CH=CH-CH_2-CH_3$
（ウ I ）または（ウ II ）

$$\xrightarrow[H_2SO_4]{KMnO_4} CH_3-\underset{O}{\overset{\|}{C}}-H \xrightarrow{酸化} CH_3-\underset{O}{\overset{\|}{C}}-OH$$

$$CH_3-CH_2-\underset{O}{\overset{\|}{C}}-H \xrightarrow{酸化} CH_3-CH_2-\underset{O}{\overset{\|}{C}}-OH$$

$$CH_3-\overset{\overset{\displaystyle CH_3}{|}}{C}=CH-CH_3 \xrightarrow[H_2SO_4]{KMnO_4} CH_3-\underset{O}{\overset{\|}{C}}-CH_3$$
（エ I ）

$$CH_3-\underset{O}{\overset{\|}{C}}-H \xrightarrow{酸化} CH_3-\underset{O}{\overset{\|}{C}}-OH$$

$$CH_2=\overset{\overset{\displaystyle CH_3}{|}}{C}-CH_2-CH_3$$
（オ I ）

$$\xrightarrow[H_2SO_4]{KMnO_4} H-\underset{O}{\overset{\|}{C}}-H \xrightarrow{酸化} H-\underset{O}{\overset{\|}{C}}-OH \xrightarrow{酸化} CO_2+H_2O$$

$$CH_3-\underset{O}{\overset{\|}{C}}-CH_2-CH_3$$

以上の結果より，（ウ I ），（ウ II ），（エ I ），（オ I ）を硫酸酸性の $KMnO_4$ 水溶液で酸化して生じる有機化合物の数を，最終的に得られる有機化合物で数えると4種類であり，中間生成物のアルデヒドやギ酸も合わせて数えると8種類である。なお，CO_2 と H_2O は有機化合物ではないので数えない。

33. C=C 結合に対して非対称の化合物に分子 HX（ハロゲン化水素，H_2O など）が付加する場合，C=C 結合のC原子のうち，H原子の多いC原子にHが結合し，H原子の少ないC原子にXが結合する化合物が主生成物になる。この経験則をマルコフニコフ則という。（エ I ），（オ I ）にそれぞれ HCl を付加するときの変化は，次のようになる。

$$
\underset{(\text{エ I})}{CH_3-\overset{\overset{\displaystyle CH_3}{|}}{C}=CH-CH_3} \xrightarrow{HCl} \boxed{CH_3-\overset{\overset{\displaystyle CH_3}{|}}{\underset{\underset{\displaystyle Cl}{|}}{C}}-CH_2-CH_3}\ \text{主生成物}
$$

$$
CH_3-\overset{\overset{\displaystyle CH_3}{|}}{CH}-\underset{\underset{\displaystyle Cl}{|}}{CH}-CH_3
$$

$$
\underset{(\text{オ I})}{CH_2=\overset{\overset{\displaystyle CH_3}{|}}{C}-CH_2-CH_3} \xrightarrow{HCl} \boxed{CH_3-\overset{\overset{\displaystyle CH_3}{|}}{\underset{\underset{\displaystyle Cl}{|}}{C}}-CH_2-CH_3}\ \text{主生成物}
$$

$$
\underset{\underset{\displaystyle Cl}{|}}{CH_2}-\overset{\overset{\displaystyle CH_3}{|}}{CH}-CH_2-CH_3
$$

302. 31 の〔解説〕に示すように, （オ）はアルコール(iv)である。

❖講　評

　2022 年度は, 理論・有機 1 題, 理論 1 題, 無機・理論 1 題, 有機 1 題の大問 4 題の出題であった。

　I は, 炭素を題材とした問題と, 油脂に関する問題であった。炭素原子の電子軌道と sp³ 混成軌道の形成は発展内容であり, 過去に演習の経験があるかどうかで出来が変わるため, 戸惑った受験生も多かったであろう。ダイヤモンドの結晶構造に関する問題は単位格子の図が示されており, 丁寧な誘導もあるので確実に得点したい。油脂を構成する代表的な高級脂肪酸やけん化価に関して, 知識前提で問題が構成されているので, 代表的な高級脂肪酸（パルミチン酸, ステアリン酸, オレイン酸, リノール酸, リノレン酸）の知識や, けん化価とヨウ素価の定義はそれぞれ確認しておくこと。

　II は, $2NO_2 \rightleftharpoons N_2O_4$ の化学平衡を題材にした問題と, 酢酸を題材とした平衡の問題であった。$2NO_2 \rightleftharpoons N_2O_4$ を題材とした問題は, 反応熱の導出や平衡の移動方向の考察といった基礎～標準問題であったので確実に得点したい。酢酸を題材とした問題は基礎～標準問題が中心だが, ［　20　］は解の公式を用いる煩雑な計算であり, うまく処理できたかがポイントである。

　Ⅲは，カルシウムに関する問題で，いずれも知識を問う内容であった。無機化合物は情報量が多いので，反応を軸に知識を整理しておくことが重要である。

　Ⅳは，脂肪族化合物の構造決定の問題であった。基本〜標準問題が中心であったが，アルコールの脱水反応に関して，ザイツェフ則に従ったアルケンの推定はザイツェフ則の知識を前提とした問題であったため難しかった。硫酸酸性の $KMnO_4$ 水溶液による $C=C$ 結合の酸化開裂を題材とした設問は，類題の演習の有無によって差が出るだろう。

　全体を通じて文章量・計算量が多く，煩雑な計算が必要な設問もあり，試験時間内にすべて解き切るのは難しい。まずは，基礎〜標準問題のできる問題から解いていくことが重要である。

生物

I　解答

問1．B　問2．B　問3．C　問4．D　問5．D
問6．G　問7．D　問8．A

◀解　説▶

≪DNA の構造，ウイルスの性質，細胞・細胞小器官・ウイルスの大きさ
と観察≫

問1・問3．二本鎖 DNA のヌクレオチド鎖間は，A と T，G と C が相補
的にそれぞれ 2 カ所と 3 カ所の水素結合をして塩基対を形成しているので，
A と T，G と C の割合が等しい。これをシャルガフの規則といい，すべて
の生物はゲノム DNA が二本鎖であるから，この規則があてはまる。

問2．ウイルスがもつ遺伝情報は，二本鎖 DNA，一本鎖 DNA，二本鎖
RNA，一本鎖 RNA のようにさまざまであり，一本鎖 DNA を核酸として
もつウイルスについては，相補的に塩基対を形成していないので，各塩基
の含有量はふつう A≠T，G≠C である。

問4．(オ)　インフルエンザウイルスは，タンパク質の殻と脂質性の膜で外
部と仕切られており，明らかに誤りであるとは言えない。

(ク)・(ケ)　誤文。ウイルスは細胞小器官をもたず自己増殖できないため，生
物ではない。

問5・問6．細胞はさまざまな細胞小器官を多く含むものなど，構造が複
雑なものほど大きい。細胞や細胞小器官の大きさは，真核細胞がおおよそ
10μm であることを基準に覚えるとよい。バクテリオファージなどのウイ
ルスは約 0.01〜0.1μm である。原核生物の大腸菌は約 2μm であり，原
核生物のシアノバクテリアに由来する葉緑体は約 5μm で，大腸菌と同じ
くらいの大きさである。スギ花粉は約 30μm，ヒトの精子はべん毛まで含
めると約 60μm である。単細胞の原生生物であるアメーバは約 100μm，
ゾウリムシは約 200μm である。

問7．分解能は肉眼が約 0.2mm，光学顕微鏡が約 0.2μm，電子顕微鏡が
約 0.2nm である。

問8．約 30μm のスギ花粉の大きさは，約 0.1μm のウイルスの 300 倍も

ある。したがって，スギ花粉より少し小さい網目のフィルターをウイルス
は通り抜けやすい。

Ⅱ　**解答**　問 1．F　問 2．B　問 3．A　問 4．C
　　　　　　問 5．(1)㋕— B　㋖— A　㋗— C　(2)— E

◀**解　説**▶

≪ヒトの体温調節，ホルモン受容体の性質と反応，自然免疫と適応免疫≫

問 1．①正文。体温が低下すると，交感神経のはたらきにより副腎髄質か
らアドレナリンの分泌が促進され，肝臓や骨格筋のグリコーゲンを分解し
て血糖値を上昇させ，代謝を活性化させる。

②・④正文。体温が低下すると，交感神経のはたらきにより皮膚の毛細血
管や立毛筋が収縮し，皮膚表面からの放熱が抑制される。

③正文。白色脂肪組織は脂肪を栄養として蓄え，褐色脂肪組織は脂肪を分
解し，熱を産生する。

⑤誤文。これは交感神経ではなく副交感神経のはたらきである。

⑥・⑧誤文。体温が上昇すると，皮膚の毛細血管や立毛筋に分布する交感
神経がはたらかなくなり，これらが弛緩する。

⑦正文。交感神経が汗腺にはたらき，発汗を促進させる。

問 2．⑤正文。⑥・⑧誤文。皮膚の毛細血管や立毛筋に交感神経は分布し
ているが，副交感神経は分布していない。

問 3．ホルモンへの受容体の結合を強くさせたとき，特定の標的器官を構
成する細胞数は変わらないので，ホルモン濃度を十分に高くしたときに反
応する細胞数は受容体の性質を変える前と同じである。また，受容体の結
合を強くしたので，ホルモンが受容体から離れにくくなり，細胞が反応し
やすくなる。したがって，ホルモン濃度が低くても飽和した状態となる A
が適切である。

問 4．①正文。チロキシンがはたらくと，代謝が促進されグルコースや酸
素を盛んに消費して活動的になる。甲状腺を除去するとチロキシンが分泌
されないので，活動が鈍くなる。

②誤文。脳下垂体を除去すると甲状腺刺激ホルモンが放出されず，甲状腺
からのチロキシン分泌を増やすことはできない。

③・④誤文。血中のチロキシン量が不足すると，正のフィードバックによ

り間脳の視床下部から甲状腺刺激ホルモン放出ホルモンの分泌が促進され，脳下垂体前葉が刺激されて甲状腺刺激ホルモンが分泌される。甲状腺は甲状腺刺激ホルモンを受容すると，チロキシンの分泌が促進される。

⑤正文。血中のチロキシン濃度が高くなると，負のフィードバックにより視床下部からの甲状腺刺激ホルモン放出ホルモンと脳下垂体前葉からの甲状腺刺激ホルモンの分泌が抑制される。

問5. (2) 樹状細胞のような自然免疫細胞は，Toll 様受容体などのパターン認識受容体によって病原体を認識し，主要組織適合遺伝子複合体（MHC 分子）を用いて，T細胞に抗原の情報を伝える。

Ⅲ 解答 問1. (1)—C (2)—F 問2. I 問3. L 問4. E
問5. (カ)—I (キ)—F (ク)—G

◀解　説▶

≪イネの発芽の実験，植物の光受容と反応，環境ストレスに対する植物の反応≫

問1. イネの種子では，発芽の条件が整うと胚からジベレリンが放出され，ジベレリンを受容した糊粉層からアミラーゼが胚乳へ分泌され，胚乳にあるデンプンがアミラーゼにより分解されて糖になり，胚へ糖が供給される。この実験では，種子からもみがらだけを取り除いているので，糊粉層でアミラーゼを合成することができる。

(1) (a)は胚がないのでジベレリンが分泌されず，アミラーゼが合成されないためデンプンが分解されず胚乳は溶けない。(b)は胚がないが，寒天培地にジベレリンが含まれているので，アミラーゼが合成されて胚乳は溶ける。(c)は胚があるのでアミラーゼが合成されて胚乳は溶ける。

(2) デンプンがあると吹きかけたヨウ素がデンプンに取り込まれて，青紫色に呈色する（ヨウ素デンプン反応）。デンプンが分解されて糖になると，ヨウ素が取り込まれず白色のままとなる。(d)はアミラーゼ合成が行われず，寒天培地のデンプンが分解されないので，ヨウ素デンプン反応により青紫色に呈色する。(e)・(f)はアミラーゼ合成が行われて，寒天培地の種子が置かれた部分のデンプンが分解されるので白色になる。

問2. ③誤文。葉緑体では，電子伝達系に電子が流れると，ストロマ側からチラコイド膜内に H^+ が輸送される。

⑤誤文。ミトコンドリアのマトリックスでは基質レベルのリン酸化，電子伝達系では酸化的リン酸化により ATP が合成される。

問 3．(a)　フィトクロムには赤色光吸収型の Pr 型と遠赤色光吸収型の Pfr 型がある。太陽光や白色光などに含まれる赤色光を Pr 型のフィトクロムが吸収すると Pfr 型となる。光発芽種子において，フィトクロムが赤色光を吸収すると Pfr 型となり，発芽が促進される。したがって，②は誤文。また，短日植物では，その植物特有の限界暗期よりも連続暗期が長い条件下におくとフィトクロムが長時間 Pr 型となり花芽形成が促進されるが，光中断により暗期の途中で白色光や赤色光を照射していったん Pfr 型に変化させ，連続暗期が限界暗期より短くなると，花芽形成が行われない。したがって，④は正文。

(b)　クリプトクロムは青色光を吸収し，茎の伸長成長を抑制する。したがって，②は正文。③〜⑤はフォトトロピンについての説明であり，フォトトロピンが青色光を受容すると，正の光屈性，気孔の開口，葉緑体の光定位運動など，光合成が促進されるような方向に反応がみられる。

(c)　(b)の〔解説〕参照。③が正文。

問 4．実験に用いた短日植物において，限界暗期より連続暗期が長い②と④で花芽が形成される。

Ⅳ　解答　問 1．F　問 2．E　問 3．(1)—F　(2)—K　(3)—O

◀解　説▶

≪動物の精子形成，染色体の観察，赤緑色覚異常と血友病の伴性遺伝≫

問 1．②誤文。バッタ，トンボ，ホシカメムシなど昆虫類の多くは性決定様式が XO 型である。XO 型の雄の性染色体は X 染色体が 1 本だけであるから，これが不活性化するとその上にある遺伝子が機能せず，生命活動に支障をきたす。

③誤文。ヒトの精巣では精原細胞（$2n$）が精細管の周囲側に配置しており，第二次性徴以降に精原細胞が分化して一次精母細胞となり，減数分裂が行われる。

問 2．②誤文。多くのほ乳類の赤血球は無核で中央がくぼんだ円形である。魚類・両生類・は虫類・鳥類の赤血球には核があり，楕円形であるが，い

ずれの赤血球も体細胞分裂は行わない。

③誤文。分裂組織は根の先端にあるため，根元ではなく先端を切り取る必要がある。

④誤文。花粉細胞から花粉管が発芽すると，先端に花粉管核があり，中央あたりには花粉管に運ばれる精細胞がみられる。

⑤誤文。酢酸アルコールは染色ではなく固定に用いる。

問3．(1)　X染色体上にある赤緑色覚異常の遺伝子cと血友病の遺伝子hを X_h^c，色覚が正常の遺伝子Cと血友病でない正常遺伝子Hを X_H^C のように表す。男性はX染色体を1本しかもたず，X染色体上にある遺伝子がそのまま表現型となるので，正常男性□は $X_H^C Y$，赤緑色覚異常男性■は $X_H^c Y$，赤緑色覚異常かつ血友病男性回は $X_h^c Y$ と表せる。図1の家系図において，父のX染色体は必ずMさんに伝わり，兄のX染色体は必ず母から伝わり，組換えは受精後に起こらず，卵や精子を形成するときの減数分裂の際に起こる。以上のことからわかる遺伝子を記すと，次のようになる。ここでは，決まらない遺伝子を？と記した。

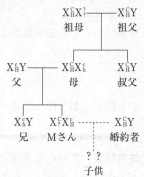

祖父の X_H^c は必ず母に伝わり，兄の X_h^c は必ず母から伝わったものである。したがって，母の遺伝子型は $X_H^c X_h^c$ である。

(2)　父の X_H^c は必ずMさんへ伝わり，Mさんは赤緑色覚異常ではないので遺伝子Cをもつから，Mさんの遺伝子型は $X_?^c X_H^c$ である。Mさんの $X_?^c$ は母から伝わったものであるが，2遺伝子間は10％の確率で組換えが起きる。したがって，Mさんの $X_?^c$ は非組換え型の X_H^c と組換え型の X_h^c のいずれかであり，Mさんの遺伝子型は $X_H^c X_H^c$ または $X_h^c X_H^c$ である。

(3)　$X_H^c X_h^c$ の母から形成される卵の遺伝子型とその比を，

$X_H^C : X_h^C : X_H^c : X_h^c = n : 1 : 1 : n$ とすると

$$\frac{1+1}{n+1+1+n} \times 100 = 10 \qquad \therefore \quad n = 9$$

したがって，母から X_H^c が伝わることによりMさんの遺伝子型が $X_H^C X_H^c$ である確率は

$$\frac{9}{9+1} = \frac{9}{10}$$

母から X_h^c が伝わることによりMさんの遺伝子型が $X_h^c X_H^C$ である確率は

$$1 - \frac{9}{10} = \frac{1}{10}$$

したがって，Mさんと $X_H^C Y$ の婚約者との間に赤緑色覚異常でも血友病でもない男子 $X_H^C Y$ が生まれる確率は，次のようになる。

[Mさんの遺伝子型が $X_H^C X_H^c$ であり，男子 $X_H^C Y$ が生まれる確率]

精子＼卵	$1X_H^C$	$1X_H^c$
$1X_H^C$	1	1
$1Y$	$1X_H^C Y$	1

よって　$\dfrac{9}{10} \times \dfrac{1}{4} \times 100 = 0.225 \times 100 = 22.5 〔\%〕$

[Mさんの遺伝子型が $X_h^c X_H^C$ であり，男子 $X_H^C Y$ が生まれる確率]

精子＼卵	$9X_H^C$	$1X_h^c$	$1X_H^c$	$9X_h^C$
$1X_H^C$	9	1	1	9
$1Y$	$9X_H^C Y$	1	1	9

よって　$\dfrac{1}{10} \times \dfrac{9}{40} \times 100 = 0.0225 \times 100 = 2.25 〔\%〕$

[Mさんと婚約者との間に赤緑色覚異常でも血友病でもない男子が生まれる確率]

$$22.5 + 2.25 = 24.75 〔\%〕$$

Ⅴ　解答

問 1．O　問 2．O　問 3．I　問 4．N　問 5．J
問 6．(1)—J　(2)—D　問 7．H

◀解　説▶

≪バイオーム，植生の遷移と環境，環境形成作用，里山の特徴，暖かさの指数≫

問 2．①誤文。熱帯・亜熱帯の森林には，常緑広葉樹のほかに，つる植物や木生シダなどが繁殖している。

②誤文。最も樹木の種類が多いのは熱帯多雨林である。

③誤文。温帯の地中海地域では夏は暑くて乾燥し，冬に雨が多く，オリーブ，ゲッケイジュ，コルクガシなどの硬葉樹林がみられる。

④誤文。年降水量が 1,000 mm 以下の草原をサバンナという。また，熱帯の年降水量が 1,000 mm を超える地域のうち，比較的降水量が少ないところでは雨緑樹林，多いところでは熱帯多雨林や亜熱帯多雨林がみられる。

⑤正文。冬の寒さが厳しく降水量が少ない内陸部では，温帯草原のステップがみられる。

問 4．クヌギ，コナラ，シラカンバは落葉広葉樹である。アコウは亜熱帯の常緑樹，スダジイは温帯の常緑照葉樹，トウヒとコメツガは陰樹の針葉樹，アカマツは陽樹の針葉樹である。シラカンバ，トウヒ，コメツガは亜寒帯でみられ，関東地方の丘陵帯ではみられない。

問 5．③誤文。里山の雑木林では，落葉広葉樹の落葉を燃料や肥料に利用する。

④誤文。里山では人の手により草刈りや樹木の伐採が定期的に行われるが，更地になったとしても土壌があり，また植物の根や種子が土壌にあるので，放置すると二次遷移が進行する。

問 6．(1)　表 2 のデータより，「暖かさの指数」は

$$(6.7 + 12.8 + 17.8 + 20.1 + 23.4 + 20.0 + 12.8 + 7.0) - 5 \times 8 = 80.6$$

(2)　(1)で求めた「暖かさの指数」が 80.6 のバイオームは，表 1 より 85～45 の範囲にある夏緑樹林に当てはまる。①ブナと⑤ミズナラは夏緑樹林，②トドマツと③エゾマツは針葉樹林，④アラカシと⑥タブノキは照葉樹林の樹木である。

問 7．①日本の中部地方における亜高山帯の針葉樹として，シラビソ，コメツガ，トウヒなどがみられる。

②・③フタバガキは熱帯多雨林，チークは雨緑樹林の樹木であり，東南アジアでみられるが，日本においては熱帯多雨林や雨緑樹林は発達していない。

④鹿児島や沖縄の亜熱帯多雨林の樹木として，オヒルギ，メヒルギがみられる。

❖講　評

　標準的な難易度の問題が中心であるが，細かい知識を要求する設問も含まれている。試験時間に対して問題数が多く，特に正文・誤文選択問題は該当する選択肢の組み合わせであることが多く，時間がかかるので注意が必要である。解答形式は，すべてマークシート式であった。

　Ⅰ　DNA の構造や細胞などの大きさに関する知識問題は基本レベルであった。また，2021 年度に続いて新型コロナウイルスを題材とした問題も含まれ，ウイルスの特徴についての基礎知識の定着度や，大きさと空気清浄機フィルターの通過についての考察力が試された。

　Ⅱ　ヒトの体温調節は基礎的な内容が中心であったが，正しい選択肢の数が問われ，取り組みにくかったであろう。ホルモンの受容体の性質を変えた実験は，難度がやや高い題材であるが，消去法で正答を導ける。免疫に関しては，自然免疫と適応免疫の基礎知識の理解度が問われた。

　Ⅲ　2021 年度と同じく植物の一生をテーマとした融合問題。発芽実験は典型問題であるが，ヨウ素デンプン反応が起きる条件に注意が必要であった。光受容タンパク質や環境ストレスに対する反応は，演習量が不足しがちな分野であり，得点差がついたと思われる。

　Ⅳ　生殖と遺伝をテーマとした問題であった。精子形成，染色体の観察は，正文・誤文選択問題の分量が多く時間がかかったと思われる。また，精子形成に関する選択肢は，難度が高かった。伴性遺伝は典型的であるものの，組換え価を考えて計算する必要があり時間がかかったであろう。

　Ⅴ　生態系について，バイオーム，植生の遷移と環境，環境形成作用，里山の特徴，暖かさの指数の出題であった。基本レベルの知識を中心とした典型問題であり，植物の特徴の知識があれば比較的容易であった。また，明治大学黒川農場の里山も題材としており，特有の出題であった。

択肢に引きずられてしまうだろう。

Ⅳの古文は『更級日記』からの出題。本文の分量は適切である。難易度は平均すると標準だと思われるが、「日ごろ」「つとめて」、あるいは敬語の「まかづ」「おはす」などの意味がわかっていれば易しい出題がある一方で、問六などは必ずしも本文中に解答の根拠が明確に書かれているわけではなく、文脈から状況を正しく把握した上で考える必要があるので難しい。文学史問題は例年通りの傾向で、基本的なレベルの出題であった。

「この日ごろ」、つまり作者が宮仕えのために家を空けていた間は「いと心ぼそくわびしかりつる」（＝たいへん心細く寂しかった）と言うのである。これを受けて「このようにばかりして」と言うのであるから、「このように」とい

う指示語が表す意味は「宮仕えで家を空けていた」こととなる。

問九　「つとめて」は〝早朝〟か〝翌朝〟の意味で使う語である。ここでは、ある日に宮仕えから帰ってきた作者に対して泣きながら訴えかけた父母の話に続くところで、「こよなくにぎははしくもなりたるかな」と、人のにぎわいが戻ってきたというのだから、その日の早朝に話が戻るとは考えにくく、翌朝の話だと考えるべきである。

問一〇　『更級日記』は平安時代中期に菅原孝標女が書いた日記なので、同じ平安時代に書かれた紫式部の『源氏物語』を選ぶ。Aの『太平記』は室町時代、Bの『徒然草』は鎌倉時代、Dの『玉勝間』は江戸時代、Eの『古事記』は奈良時代の成立とされる。

◆講　評

大問の構成は、漢字の書き取り、漢字の読み、現代文、古文の四題となっている。

I・IIの漢字問題は、入試問題としては標準的な難易度のものが多いが、「シンポウ」はすぐには思いつかなかった人もいるだろう。読みの「倦まず」はやや難しい。

IIIの評論文は、社会学者が多民族・多文化社会における対話の重要性を説いた文章である。問題文の長さは試験時間に見合っていると思われるが、「コスモポリタン」「トランスナショナル・コミュニティ」などといった専門用語が繰り返され、社会学の文献に慣れていない受験生にとっては必ずしも読みやすい文章ではない。その中で「越境人」と「対話人」との対比を軸に内容を把握できるかどうかが問われる。用語の内容理解を問う設問の難易度は高い。問四は解答部分が傍線部からかなり離れており、全体の論の構成を把握して解答しなければならず、易しくはない。選択肢から選ぶ問題も、本文の内容を正しく読み取り、ポイントになる要素を整理した上で選択肢を見比べないと、もっともらしい選

問四　「日ぐらし」は〔註〕にあるように〝一日中〟の意味である。直後の部分につなげたくなるが、「老いおとろへて」というのは状態であって、一日中繰り返すような動作ではない。老い衰えた父が自分（＝作者）を頼りにしてくれていたということにつけても、作者は父のことが恋しいし気がかりになっており、それが「一日中」なのである。宮仕えをしたものの、知らない人の中でなかなかなじめずに、家のことが思い出されてずっと恋しく思っている、という場面である。

問五　「そらに」は形容動詞「そらなり」の連用形。〝心がうつろだ。上の空だ〟といった意味で、作者がぼうっとしている様子を言っている。また、「ながめ」は、現在の意味に近い〝広い範囲を見渡す〟といったような意味もあるが、それよりも、一カ所に視点を定めず辺りをぼんやりと見やりながら物思いにふけっている様子を言うことのほうが多い。これらの意味を含んでいるＣを選ぶ。

問六　作者はこの段落ではまだ宮仕えの最中であり、家族のことは作者が思い出しているだけなので、Ａ・Ｂはこの場にはいない。そこで「人のけはひ」を感じて「ものつつまし」（＝気兼ねする。気づまりする）と感じているのだから、ＣかＤかになるが、宮はわざわざ作者の様子を隠れてうかがう必要がない。同僚である女房が、新たに加わった女房である作者のことが気になり、その様子をうかがい、宮の覚えがめでたいか、自分のライバルとなるかどうか品定めをしているのである。

問七　「まかづ」は〝退出する。おいとまする〟といった意味であり、謙譲語で、動作の受け手（対象）に対する敬意を表す。ここでは作者が宮のもとを辞去して実家に戻るのだから、作者から動作の受け手である宮への敬意を示している。一方、「おはす」は〝いらっしゃる。おいでになる〟といった意味であり、尊敬語で、動作主に対する敬意を表す。作者の帰ってくるのを待っていた父母が、作者の姿を見て〝あなたがここにいらっしゃるときは…〟と話しかけているものであるから、父母の作者に対する敬意を表している。

問八　直前で父母が言っているのは、「おはする時」と「この日ごろ」の対比で、作者が「おはする時」はよかったのに、

きて、明け方にはまだ暗いうちに自室に戻り、一日中、父が老い衰えて、私のことを事もあろうに頼もしいよりどころであるように、頼みに思って向かい合っていたが、（それが）恋しく気がかりにばかり思える。母親が亡くなった姪たちも、生まれたときから一緒で、夜は左右に寝かせて朝は起こしていたことも、しみじみと思い出されたりして、ぼんやりと物思いがちに過ごした。立ち聞きをしたり、様子をうかがったりする人の気配がして、たいそうひどく気づまりがする。

十日ほどして、退出して帰ったところ、父母が、炭櫃に火などをおこして待っていた。（私が）車から降りたのを見て、「（あなたがここに）いらっしゃるときは人の出入りもあり、召使いなどもいたのだが、ここ数日は人の声もしないし、（目の）前に人影も見えず、たいへん心細くて寂しかった。こうして（宮仕えをして家を空けて）ばかりで、私のことを、どのようにしようというのですか」と泣くのを見るのも非常に悲しい。翌朝も、「今日はこのように（あなたが）いらっしゃるから、家の内外に人が多いし、この上なくにぎやかになりましたねえ」と言って（私に）向き合っているのは、たいそう気の毒で、（私に）なんの魅力があるのだろうかと涙ぐましく聞こえた。

▲
解

説▼

問一　指示語であるから、直前の叙述を見る。ここで言う「物語」とは、文学史的な知識があれば『源氏物語』のことだとわかるだろうが、そうでなくても、同様の作り物語の本のことだとわかれば、それを見る（読む）ことだ、という理解はできるだろう。

問二　「日ごろ」は現在のような "ふだん。平生" といった意味のほかに "何日かの間。数日" といった意味がある。前の段落で「まづ一夜」お仕えしたというのと対比的に、「師走になりてまた参る」にあたって、今度は本格的に数日お仕えした、というのである。

問三　直前の部分に理由が書かれている。知らない人の間で寝ることになったことがわかる。（後半で具体的に理由が書かれている。知らない人の中にいるのが恥ずかしくて「つつましき」（＝気兼ねする）という気持ちになった、と読み取れる。

作者は「つゆ （＝まったく）まどろまれず（＝うとうと眠ることができず）」とあり、

Ⅳ

出典　菅原孝標女『更級日記』〈三　宮仕えの記〉

解答

問一　物語

問二　B

問三　C

問四　D

問五　D

問六　D

問七　「まかで」…A　　「おはする」…D

問八　A

問九　D

問一〇　C

◆全　訳◆

　まず最初に一晩だけ参上する。菊（の色合い）で濃淡合わせて八枚（の袿を）重ねて、（紅の）濃い練り絹の上着をその上に着た。あれほど物語ばかりに執心して、それを読むよりほかに、行き来するような友達、親類なども取り立ててあるわけでなく、昔風の親たちの庇護の下に隠れてばかりであって、（秋の）月も（春の）桜もただ（家族で）眺めるしかないのが常なのに、（このたび）宮仕えをするというときの心地は、自分かどうかもわからず（無我夢中で）、現実のように思われず、明け方早くには退出してしまった。（中略）

　十二月になって再び参上する。お部屋をいただいて今回は何日か続けてお仕えする。宮様のお部屋には時々、夜分にも参上して、知らない人の中に混じって寝て、まったく眠ることができず、恥ずかしくて気兼ねするので、人知れず泣けて

問八　傍線部のある最終段落によれば、グローバリゼーションによって「自分たちの居場所に絶えまなく新たな他者が入り込み、追い払おうとしても決して逃れられなくなる」ため、「私たち自身がこの社会に居場所を保」ち、「自己を実現」するためには、対話による「自己アイデンティティ」の確立が必要である、ということになる。この結論部分の説明が合致しているのはDのみである。Dにある「異なる現実…結びつけようとする意識」については「アイデンティティ」を「自分にふさわしい社会的地位」としているのが不適。「アイデンティティ」とは〈自分はこのような人間である〉といった意識のことである。

積み重ねこそが『対話人』への出発点になる」とある。そしてこれに関連して、傍線部の一つ前の段落に「ごく普通の人々が日常生活のなかで異なる民族や異なる文化をもつ他者と出会い、対立・交渉を繰り返すなかで共存を目指して対話する」といった記述もある。これらの内容に沿ったCが正解。

明に合う。BとCがやや紛らわしいが、Bは他者からの影響を「意識的にコントロールできる」について、むしろ影響を受けて自己変革の契機となる場合もある。Cについては「意識的にコントロールできるかどうか」という点が合わない。対話の目的は影響のコントロールではなく、むしろ影響を受けて自己変革の契機となる場合もある。Cに

問九　グローバリゼーションによって国境を越えて活躍する一握りの人々である「グローバル・マルチカルチュラル・エリート」がコスモポリタニズムの体現者として考えられるというのが一般的な見方であるのに対し、筆者はむしろ他者と居場所を共有し日常的な対話を積み重ねていくことがコスモポリタンの出発点であると主張しているのが本文である。この論旨に合致するBが正解。Aは後半の、一部のエリートたちが享受しているとする、トランスナショナル・コミュニティの「恩恵」が実際にあるのかどうかの議論が本文にない。Cは「他者との対話を重ねる」ことと、「立場の違う者を理解」すること、および「ともに生きて行くための協力関係を築くこと」との因果関係が逆。対話を重ねることによって、理解や協力関係が得られるのである。Dは「世界共同体を重ねる「ために」ではなく、対話を重ねることによって、理解や協力関係が得られるのである。最終段落に「自己を実現」するためであると書かれている。

問四　傍線部の後、後半で「他者との親密性の形成は対話の必要条件ではないのだ」とあるのに反する。

力が不可欠なのである」「自己の加害可能性と受苦可能性を自覚し、その痛みを感じながらもなお他者と向き合い自分を変えていく」「この世界に自分と無関係な他者など存在しないという認識をもち、そこから自分の生き方を変えていける人々」といった記述に合うAが正解。Dも一見、対話の重視に向かいそうだが、傍線部の二つ後の段落の現実とは異なる現実に生きる他者がいることを知り、そうした他者たちとの対話を試み、にもかかわらず自分の生きる後半で「他者との親密性の形成は対話の必要条件ではないのだ」とあるのに反する。

問五　傍線部の段落で問いかけているのは、「人はどのようにして自分を変えていく勇気をもつことができるのだろうか。人は自らの生活に余裕と自信がなければ、痛みをともなう他者との対話などにわざわざ乗り出さないのではないか」ということであり、次の段落以降でこれを否定していく展開になっている。こうした議論に沿った内容のBが正解。なお、Bの、「他者」が「不公平な現実に直面する」といった内容は、傍線部の一つ前の段落に出てくる。その「不公平な現実」を改善しようとすると自己の変革を迫られ「痛みをともなう」場合があるのである。

問六　「対話人」と言うときの「対話」の内実について、空欄の一つ前の段落で述べられている。そこで「他者との親密性の形成は対話の必要条件ではないのだ」「共通の言語を話せなければ対話ができないというわけでもない」と述べられているのを踏まえる。空欄Xについては前者をそのまま「親密性の形成」と取り上げているCとDが残る。残る空欄Yには〈共通の言語を話すこと〉に当たる内容が入るが、これは、右の引用の直後に対比的に出てくる「片言の言葉や身振り手振り」と比べて、より精緻なコミュニケーションを行うための手段であると考えられる。

問七　傍線部直後に、コスモポリタンを「対話人」と定義するならば「むしろ居場所を共有する他者との日常的な対話の

◆要　旨◆

近年の政治・社会理論においてコスモポリタニズムを再検討する研究が目立っている。このコスモポリタニズムの体現者であるコスモポリタンとは、単に国や文化の境界を物理的な意味で自由自在に越境する「越境人」のことではなく、他者の生きる現実への想像力をもち、自分の生きる現実とは異なる現実に生きる他者たちと対話しながら自分の生き方を変えていく「対話人」のことである。異なる他者と「居場所」を共有し接触する機会はますます増大しており、その環境下で他者と対話の関係を構築し社会を変えていくのは、自己アイデンティティを確立し、自己実現をするために必然のものとなっている。

▲解　説▼

問一　「ハイブリッド」とは、複数のものの混成物のこと。ここでは傍線部直前の、「グローカリゼーション」によって文化が国境をこえて混ざり合う、という文脈を押さえる。〈グローカル〉、つまり「グローバル」な文化と「ローカル」な文化が混ざり合っている状態を説明しているものを選ぶ。傍線部のある段落の後半で「そこに生きる人々はハイブリッドな存在として、自らの民族・文化的ルーツとグローバルな文化への帰属を両立しうる」といった記述が出てくることも参考になる。

問二　傍線部は直前にある「国や文化の境界を自由自在に越境する人々」、つまり「越境人」について言っているので、それに関する記述を確認する。すると、傍線部の二つ前の段落の後半に「国や文化を自由自在に越境し、自文化の純粋性に固執することなく他者を受け入れる」とあり、Dがあくまで「自文化の発展」にこだわっている点はこれに反する。Aは傍線部の段落の後半、Bは傍線部の二つ前の段落の末尾、Cは傍線部の次段落の傍線部3と4との間に、それぞれ「越境人」のもつ傾向として説明されている。

問三　傍線部と同じ段落の続きの部分で言及されている、「コスモポリタンになるためには、他者の生きる現実への想像

問九　B

I

解答

1、緩衝　2、切迫　3、信奉　4、殺到

II

解答

1、う　2、なご　3、けいたく　4、おちい

III

出典　塩原良和『共に生きる──多民族・多文化社会における対話』〈第10章　コスモポリタン多文化主義──「変わりあい」としての共生〉(弘文堂)

解答

問一　D

問二　D

問三　A

問四　D

問五　B

問六　D

問七　C

問八　D

私たちが他〜らである。

//////////////// · **memo** · ////////////////

//////////////// · **memo** · ////////////////

//////////////// · **memo** · ////////////////

////////////////// · **memo** · //////////////////

//////////////// · memo · ////////////////

//////////////// · **memo** · ////////////////

全国の書店で取り扱っています。店頭にない場合は，お取り寄せができます。

2025年版 大学赤本シリーズ

国公立大学 その他

私立大学①